中国城市群
The Urban Agglomerations of China

姚士谋 陈振光 朱英明 等著

中国科学技术大学出版社
2006·合肥

图书在版编目(CIP)数据

中国城市群/姚士谋等著. —3版. —合肥:中国科学技术大学出版社,2006.12(2008.8重印)
ISBN 978-7-312-02000-1

Ⅰ.中…　Ⅱ.姚…　Ⅲ.城市群—研究—中国　Ⅳ.F229.21

中国版本图书馆CIP数据核字(2006)第160407号

责任编辑:高哲峰　装帧设计:黄彦

出版发行　中国科学技术大学出版社
(安徽省合肥市金寨路96号,230026)
印　刷　安徽新华印刷股份有限公司
经　销　全国新华书店
开　本　787×1092/16
印　张　31
字　数　797千
插　页　1
版　次　1992年10月第1版　2006年12月第3版
印　次　2008年8月第4次印刷
印　数　7501～10000册
定　价　58.00元

本书再版得到以下单位的资助

国家自然科学基金委员会地球科学部
（重点项目，批准号：40535026）

香港大学城市规划与环境管理研究中心
（中国重点研究计划）
（课题号：10206177/06066/30100/302-01）

第三版编辑出版

领衔责任人：姚士谋　陈振光
主要修改人员：姚士谋　陈振光　朱英明
　　　　　　　管驰明　陈爽　官卫华　胡刚　李昌峰　等

主要写作人员

第一章　姚士谋　陈振光　陈　爽
第二章　朱英明　姚士谋
第三章　姚士谋　陈振光　陈　爽
第四章　朱英明　姚士谋
第五章　姚士谋　陈振光　胡　刚
　　　　王丽萍　阎小培　朱振国
　　　　李昌峰
第六章　管驰明　官卫华　薛东前
　　　　俞滨洋　姚士谋　范　宇
第七章　陈振光　管驰明　姚士谋
第八章　姚士谋　陈振光　张素兰
第九章　陈振光　姚　鑫　姚士谋
第十章　姚士谋　张雷

全书概要

　　一座城市不是一个孤立、封闭的体系,它与邻近的区域和城镇有着密切的联系,因此,可以说每一座城市都是区域性城市群的一个重要组成部分,尤其是特大城市和超级城市及其所形成的城市之间和城市与区域之间的地带,共同构成一个比较完整的有机整体。关于城市群或城市带的概念,不同的学科亦有不同的理解。城市地理学家常常使用"大都市连绵区或城镇密集地带"(崔功豪,周一星,1994),城市规划学家则喜欢使用"城镇高度密集地区"(周干峙,仇保兴,1996;2003);经济学家与地理学家喜欢的是"城市化地区"的城市分布概念(许学强,1995;顾朝林,1996);社会学家则常常用"都市社群网"的人际关系概念;经济地理学家则比较喜欢用"城市空间分布"的网络节点(nodal region)的概念;还有城市生态学家则称之为"城市化生态地区"等等,各有千秋。

　　用系统的思想来理解,城市群也是一个城市分布的区域系统。钱学森曾经引用过恩格斯的一句话:"一个伟大的基本思想,即认为世界不是一成不变的事物的集合体,而是过程的集合体。"并指出"集合体"就是系统,"过程"就是系统中各个组成部分的相互作用和整体的发展变化。在一个区域中,城市之间、城市与地区之间都存在着相互作用、相互制约的特定功能,它们结合在一起形成一个有机整体,因此,城市群是一个大系统。

　　因此,城市群(Urban Agglomerations)的基本概念,可以概括为:**在特定的地域范围内具有相当数量的不同性质、类型和等级规模的城市,依托一定的自然环境条件,以一个或两个超大或特大城市作为地区经济的核心,借助于现代化的交通工具和综合运输网的通达性,以及高度发达的信息网络,发生与发展着城市个体之间的内在联系,共同构成一个相对完整的城市"集合体"**(姚士谋,1992;2001)。城市群是一个区域空间、自然要素和社会经济等要素组成的有机体,是一个大系统中具有较强活力的子系统,无论在区域层次上,还是在相互联系的空间上,均具有网络性的基本特征,是一个区域经济发展的实体。从地域空间考虑,城市群是一个特定区域内相对独立的有机整体,也是一个处于动态发展中的开放性的有机系统,其经济联系的巨大流动性、社会生活的稳定性与结合性又表明它是一个充满着不断变化的物质世界和精神世界。城市群具有以下四个特征:

　　城市群形成发展过程中的动态特征。与世界上其他事物一样,城市群的形成发展过程均具有动态变化的特征。群体内各类不同性质的城市,其规模、结构、形态和空间布局都处于不断变化的过程中。

　　城市群具有区域城市的空间网络结构性。城市群不是城市单体,具有更广泛的空间网络结构性,主要反映在地区内各个城市规模的大小、城市群网的密度以及城市之间相互组合的形式上。

　　城市群具有区域内外的连接性和开放性特点。任何一个城市的形成和发展不但不能脱离区域各个城市的相互连接,而且必须与区域外的地区发生联系,随着生产力和市场经济的发展,这种相互联系的强度越来越强。由于自然条件和历史基础的原因,不仅城乡之间区域功能和经济发展水平存在着很大的差异性,而且城市之间也存在着差异性,这种差异随着城市规模变化而拉大。

　　城市群内的城市具有相互之间的吸引集聚和扩散辐射功能。在特定的地区范围内,首位城市起着核心作用,具有较强的吸引功能,随着交通运输网的进一步完善,集聚与扩散规律几乎是同时发生的。当然在区域范围内,各个城市(非首位城市)也同样具有集聚和扩散的功能,只不过由于经济实力的差异,其作用力有大有小而已。城市群以物资、人员、技术、金融、信息、文化等形式通过经济协作网络和运输通讯体系发挥集聚和扩散作用,实现集聚效益和扩散效益的有机统一,使城市群体的整体功能得到更好的发挥。随着社会生产力的进一步发展,城市群内部的调节与协调作用会越来越明显,这样又加强了地区城市群的引力与扩散力。

因此,可以这样认为,城市群地区城市的集聚与分散都是城市化水平不断提高的过程。发展中国家大多数城市仍然处在集聚过程,又称为产业的集中、人口的集中的城市化过程;而发达国家大部分城市处于分散过程,又称为城市郊区化或逆城市化过程。但是许多研究美国与西方国家城市化问题的专家教授认为,美国"城市的分散化过程是城市演化的新阶段,是经济、社会和城市化进一步发展的结果。虽然有少数城市相对甚至绝对衰落了,但宏观城市化水平是进步了、发展了。因此,城市分散过程是城市化的成熟过程而不是城市和经济的衰退过程。只要非农产业不衰退,城市就不会衰退。"(马润潮,1995;梁鹤年,1998)美国有学者称之为城市化扩散过程也就是城市群的形成发展动态过程的一个侧面。

从20世纪70年代到21世纪初,我国的城市群除了沪宁杭、京津唐、珠江三角洲、辽东半岛和山东半岛城市群发展较快、比较完善之外,还有如四川盆地,郑州-洛阳地区,长沙附近,哈尔滨附近,江汉平原和厦漳泉地区等区域的城市群也在逐步完善、逐步集中化,群体组合的趋势更加旺盛。随着我国沿海经济发达区域的工业化、外向化、现代化水平的提高,尤其是我国经济增长方式由粗放型转为集约型,集聚效益和规模效益成为工业发展的必要前提,人口载体、工业物质和基础设施的高密度高水平集中只能在城市或城市群地区而非农村社区。这就导致了遍地开花的乡镇企业和小城镇开始出现分化和重组,形成了小城镇"二次集聚"的客观趋势,城市化进程转入向大、中、小城市集聚的轨道。

但是,由于我国经济基础薄弱,工业化水平不高,城市化起步晚,发展波动大、水平低,城市发展还受到较多因素的约束,城市化面临着诸多问题,其中最基本的问题就是农村人口的巨大推力与城市对农村剩余劳动力吸纳有限之间的尖锐矛盾。长江三角洲、珠江三角洲、胶东半岛、京津唐地区和辽东半岛等人口稠密、工农业发达、城镇密集地区,人多地少与安排就业人员难度大的矛盾和劳动力过剩的问题更为突出。经过大量实践与长期研究,我们认为:加速城市化是社会经济发展的客观要求,解决农村剩余劳动力出路和城乡人口结构性矛盾,主要靠工业化、城市化以及第三产业的发展,靠城市和建制镇数量增加与城镇人口规模的扩大。根据今后15年中国经济社会发展的总目标和到下世纪中叶国民经济发展分三步走的战略,以及建设部与民政部的城市发展规划,预计中国的城市化还将持续增长,21世纪前20~30年内,我国将要建设800个左右的大、中、小城市,2.1万个建制镇(建设部规划司)。不仅现有的城镇规模要扩大,而且还要建设许多新的城镇。全国大陆地区城镇人口将达到6亿多,城市化水平约58%~60%。如果有几亿农民转到第二、三产业,进入城镇,成为城镇的新居民,并交出原来承包的耕地,不但可以比较普遍地推进农业规模经营,提高劳动生产率,逐步实现农业现代化,从根本上改变我国农村落后面貌,而且可以极大提高国家整体生产力和现代化水平。

城市与城市群的发展除了受到区域地理区位、自然条件、经济条件、历史基础和城市基础设施建设等地域基础和物质条件外,还受到全球化、信息化、现代服务业的崛起和新的巨型项目等新因素的影响。进入21世纪后,经济全球化加速进行,全球化所导致的产业转移,或者被迫进行的结构调整和产业空间重组已经成为影响当代城市发展的主导因素,对中国的国际分工和区域分工格局产生巨大的冲击,这种冲击对中国都市发展产生很多新的影响。这些新因素正在重建世界,因此必然对当今世界城市与城市群的发展也产生深刻影响。在城市与区域有组织的变化条件下,不同地区间的相互连接已经导致世界范围内城市间越来越多的相互作用(Bontje and Musterd,2005)。在这些新因素的影响下,中国城市和城市群发展呈现很多新的趋势、特征和发展模式。

中国城市发展出现新的趋势是:①城市化过程空前加速,每年沿海地区城市人口增加将近一个百分点,而内地省区仅有 0.5 左右的百分点;②特大城市、大城市不断扩展,规模越来越大,如上海、北京、广州、沈阳、天津、武汉、重庆、深圳、南京、成都、西安等;③若干个大都市连绵区大都市圈及其形成的大城市群逐步形成;④三个国际性城市将进入全球城市网络体系。我们应当清楚,城市与城市群的形成发展是一个很长的历史过程,从全国各地区分析,城市群的形成发展始终存在不平衡性,即地区的差异性。因此,探索 21 世纪城市群的区域特征,必须要遵循地区经济发展不平衡规律所支配下的城市群发展的地区差异规律,从这一基础来认识城市群的区域特征表现为:①大城市群区集聚程度越来越高,特别是首位城市的人口规模越来越大;②城市群区各类城市规模结构的演化过程中,大城市的比重有所下降;小城镇的比重继续上升;中等城市基本上维持原有的比例;③近似城市群的城镇密集区逐步增多,特别是在我国东部沿海省区一些经济发达地区;④城市群区内各个城市的边缘区出现空间迅速扩展的现象,尤其是百万人口以上的特大城市。

根据中国国情,以强大的聚集效应和辐射力为特点的中心城市发展战略,加强中心城市的作用,完善中心城市的区域城市体系,形成有机结合的城市群体,这就是我国城市群发展模式的指导思想。在这种思想指导下,按照各地区现有的经济基础、自然条件与城市发展形态,中国城市群在 21 世纪后将出现如下四种发展模式:

第一种为高度集中型的发展模式。高度集中型的发展模式在我国城市群区表现比较突出的地区是沪宁杭地区城市群(以上海为最大核心城市,集中程度最高);还有湖北中部地区的城市群区,形成了以武汉为核心城市的高度集中区域。这些区域城市集中的空间因素十分突出,社会化、生产集约化和城市规模不断扩大化的现象很明显,区域内的人口集中、物质要素的集聚和自然环境的开发利用的集约化程度也最高。第二种为双核心型的发展模式。一对城市在城市群的形成发展过程中始终起到"双核心的作用"。从地区布局的特征分析,中心城市的主从关系不明确,城市间相互依存,又相互制约,尤其体现在行政与经济职能中。例如四川盆地城市群,成都与重庆的"双核心作用"就十分相似,作用也很明显。近似于双核心型发展模式的城市群还有京津唐地区的城市群。此种模式是以行政、经济区为地域单元建立的城市群体,在城市规模差不多的情况下,双核心作用更加明显。在我国一些省区的城市地带均具有这种双核心发展模式的特征,尤其是沿海省区许多城市地带表现较为明显。如山东省的济南与青岛,福建省的福州与厦门,辽宁省的沈阳与大连等等,大部分城市地域结构都具有行政与经济双重结构性,职能分工明确,而发展趋势日益明显。第三种为适当分散发展的城市发展模式。城市化发展呈现一种在规模上由小到大(建成区扩大)和由大到小(发展郊区卫星城)的双向运动,结果在地区城市群发展模式上出现"两头大、中间小"的不平衡状态。例如,湖南省湘中地区的长沙、株洲、湘潭 3 个城市群体的发展模式呈现分散形式。长-湘-株三市附近区域还有湘乡、醴陵、郴州、韶山等几个小城市相连,共同组成一个中等规模的湘中城市密集地区。这种城市群发展模式在我国今后一段时间内,作为地区经济发展比较均衡的模式,是促进生产力布局趋向区域化、合理化的一种好的形式,将进一步得到发展。第四种为交通走廊轴线的发展模式。从我国的经济发展水平分析,许多城镇密集区的范围相对比较广阔，在可预见性的规划期限内，由于各地区财力、物力有限以及区域性基础设施水平较差，城市发展与区域经济总体布局总是沿着那些交通条件比较优越或用水、用地条件好的发展轴线展开。客观上，区域城市群的城市扩展大多数是沿着交通走廊的轴向伸延，形成经济发展轴线和城市发展地带。

面对中国城市和城市群发展的新的趋势，探索一条适宜的城市化道路和寻找适宜的城市化对策显得极为重要。关于中国城市化道路，两院院士周干峙、吴良镛教授等认为要大中小城市协调发展，以及走城市可持续发展的道路。我国经济地理界许多专家早在20世纪80年代初也提出了这个论点。为了既要保持一定的发展速度，又要维持社会稳定，安排好众多城乡人口的就业，维持城乡良好的生态环境，唯一可选择的道路，就是要协调好大中小城市（包括建制镇、乡集镇）的适度发展，提高城市环境质量，促进现代化的发展；同时将农村剩余劳动力合理安排到各大中小城市以及建制镇，如果不建立以中心城市为依托的多层次的城镇体系网络，要将几亿人安排在城市中谈何容易。中国城市化的最终目的是要促进国民经济健康、持续、快速发展，实现城乡居民共同富裕，城乡经济共同繁荣，沿海与内地协调发展。温家宝总理在2006年3月全国人大政府工作报告中指出："《〈十一五规划纲要（草案）〉》根据各个区域资源、环境承载能力和发展潜力，将国土空间分为优化开发、重点开发、限制开发和禁止开发四类主体功能区，实施不同的区域政策。同时，强调积极稳妥地推进城镇化，发挥城市群的带动和辐射作用"。从综合角度出发，未来我国城市化道路及其发展方向应采取以下几个关键性的对策：

基本对策之一

建立资源节约型国民经济体系，城市发展应走可持续、稳健的发展方针，城市化比重不能盲目追求西方高指标的路子。

由于我国人口众多、资源短缺，如人均土地面积为世界的1/3（如果是人均耕地的话，仅世界的1/5），人均森林资源为1/6，水资源为1/4。我国各项资源的人均值基本上都位居世界后列，如人均矿产资源居世界第80位，而且贫矿多、富矿少。同时我国人口增长过快，农村人口基数大，城市化比重目前很低。因此，必须建立资源节约型的国民经济体系，实行开放型的资源开发战略（周立三、吴楚才，1991，1996）。在相当一段时期内（今后半个世纪），我国城市化水平应当界定在55%~60%为宜，而不应盲目追求西方国家不同国情的高指标、高比例。这是我们通过对中国的农村人口基数，有限的耕地资源，投资规模，有限的财力、物力，城市环境容量、人口、交通压力等多种因素综合分析，得出的比较合适的城市化比例。

基本对策之二

严格控制人口数量过快增长，提高全民族的文化科技水平，提高城乡人口的素质，走健康城市化的道路，重视城市现代化的建设水准，逐步缩小城乡差别。

为了缓解我国人口过多与资源相对紧缺的矛盾，应当继续执行计划生育政策，严格控制人口增长，争取在2030年以后基本上实现人口的零增长，使人口绝对数量由21世纪中叶的16亿下降到21世纪末的14亿。人口数量过快增长，健康有序的城市化道路很难实现，这严重制约着城市现代化水平的提高。

在相当长的一个时期内，除了加强高新技术产业发展外，我国还应当大力发展劳动密集型产业，包括第二产业中的劳动密集程度较高的制造业和第三产业中的商业、现代服务业和旅游业，增加城镇中的就业岗位，吸纳农村劳力，建设社会主义新农村，稳定社会。当前，还得提高全民族的文化科技水平,提高城乡人口素质和区域发展水平。

基本对策之三

历史地、全面地认识一个城市,特别是在市场经济体制下充分认识、系统分析一个城市的地位、作用与功能定位问题,也是21世纪中国城市发展的关键,各市有关领导应当高瞻远瞩,审时度势,走健康城市化的道路与城乡一体化的新思路。

关于我国城市建设方针的一个基本认识,应当有一个全面的、历史的前景分析,不应当割断历史,片面强调"发展大城市或发展小城镇作为重点",而要遵循每个城市历史阶段和客观条件去做出评价,或说:"国家的城市建设方针是经过长期的城市建设实践得来的,是符合我国国情的方针政策,控制大城市规模,合理发展中等城市,积极发展小城镇。""城市群的发展作为我国推进城镇化的主体形态"也是经过我国经济建设长时期的实践得出来的经典理念。

SUMMARY

Cities are not isolated and enclosed systems. They maintain close linkages with neighbouring districts and other cities and towns. To this extent, every city is an important component of the urban agglomeration in the district. This is particularly the case for large and super large cities.

There are different interpretations of the concept of urban agglomeration. From the system perspective, urban agglomeration is a system of urban distribution in a district. It is a large system of cities within which cities with designated yet related functions are joined together to form an organic whole. Urban agglomeration as a basic concept is referring to a system of assembled cities in a district that has a considerable number of cities with different nature, hierarchy and scale. Relying on the natural conditions, modernized infrastructure network and highly developed information network, and with one or two super or extra large cities as the economic nuclei, the cities develop linkages and together constitute a relatively comprehensive assembled urban system (Yao, 1992).

Urban agglomerations carry four characteristics. They are:

1. **The formation and development of urban agglomerates are marked by continuous changes.**
   The cities within the agglomeration have various different characteristics. Their demography, structures and spatial distributions undergo constant changes.

2. **Urban agglomerates have a spatial network structure of district cities.**
   Urban agglomerates are not city units. They have wider spatial network structure. This is reflected in the size of the cities, the density of the network of city clusters and the intensity of interactions between the cities.

3. **Urban agglomerates are open and maintain a close relationship with both internal and external forces.**
   The formation and development of a city cannot take place without establishing linkages with other cities within the district. It is also necessary to have linkages with areas outside the district. The linkages intensify as production and market economy develop. For historical and geographical reasons, there is wide disparity in the level of economic development between cities and villages as well as that between cities. With changes in city demography, the disparity is further enlarged.

4. **Cities within the urban agglomerates serve to collect and disperse or redistribute resources to other cities.**
   The primate city, which serves as a nucleus, as well as the other cities in a district all carry conversion and diversion functions. But because the cities have different economic strength, the

materiality of their functions varies. Within an urban agglomerate, resources, labour, technology, capital and information are collected and dispersed through economic cooperation and aided by the transportation and communication system. The resulting adjustments and coordination has brought about better and more effective discharge of the overall functions of the agglomerate.

In this latest edition of the book, it is firmly believed that the conversion and diversion of the cities in the agglomeration is a process to enhance urbanization. The majority of the cities in developing cities are in the conversion process that involves the capitalization of the economic sector and of the population. For developed countries, most of the cities are in a diversion process of urbanization or counter-urbanization.

The process of diversion should not be seen as a process of urban and economic decline. It is a natural process of urbanization.

In China, since the 1970s, while urban agglomerates in regions such as the Pearl Rover Delta Region have developed more rapidly and comprehensively, those in other regions such as the Sichuan Basin have also gradually improved and become more centralized. Small towns and villages begin to re-structure themselves into small, medium and large cities.

Urbanization in China is, however, attended by many problems. Fundamental to the problem is the pressure the agricultural population brings upon the cities whose ability to absorb the surplus rural labour is limited. We are of the view that the solution to the problem lies in industrialization, urbanization and development of the tertiary sector. Within the next 20 to 30 years, Chins has to construct about 800 − 1 000 small, medium and large cities and 21 000 cities at county level. This is because the current urban population stands at close to 600 million with the level of urbanization at 50%. It is expected to have a 250 million increase with the total population estimated to be around 720 million. If a significant number of the farmers can be diverted to the second and tertiary sectors in the cities, the productivity of the labour force will be enhanced. At the same time, as these farmers give up their farm land, agricultural modernization will gradually be attained.

In the 21st century, globalization has caused shifts in economic production and structural adjustments and also sectoral re-organization. They present major challenges to urban developments. The development of cities and urban agglomerations in China has therefore taken on new trends and new development characteristics and models.

In terms of new trends, they include:

1. Accelerated pace of urbanization. The urban population increased by 100% every year.
2. Constant expansion of large and super large cities. For instance, in each of Beijing, Shanghai, Guangzhou, Shenyang, Tianjin, Wuhan, Chongqing, Xian, Nianjing and Shenzhen, the total urban population for each of them is close to or exceeds 5 million.
3. The gradual emergence of megalopolis and city clusters.
4. The three international cities of Beijing, Shanghai and Guangzhou are about to be part of the global socio-economic network.

As for the district characteristics of urban agglomerations, they include:
1. City clusters, especially primate cities, have a highly concentrated population.
2. As city clusters emerge and evolve, the ratio of large cities has suitably declined, while that of small cities has continues to rise with the ratio of medium cities remain unchanged.
3. Town clusters districts, which resemble urban agglomerations, have flourished, especially in the economically developed districts along the East coast of China.
4. In the city fringes within urban agglomerations, particularly in some of the super large cities with over 1 million populations, there are signs of rapid spatial expansion.

Finally, taking into account the economic bases, the natural resources and urban development, for the development of agglomerations in China, four development patterns are discussed. They are:

1. High concentration development pattern

    Under this pattern, city clusters have outstanding spatial factors with obvious signs of substantial socialization, production concentration and continuous expansions. Notable examples are the Shanghai-Nanjing-Hangzhou agglomeration (with Shanghai as the largest nuclear city).

2. Dual nuclei development pattern

    Under this pattern, a pair of cities serves as the two-nuclei during the formation and development of agglomeration. There is no clear hierarchy between the cities. On the contrary, the cities are inter-dependent while also check and balance each other with regard to administrative and economic functions. A clear example is the Sichuan Basin agglomeration with Chongqing and Chengdu as the dual nuclei.

3. Balanced development pattern

    This is a preferred pattern. Under this pattern, core cities should not over-dominate the growth of smaller cities so as to cause an imbalance in development. As for the smaller cities, instead of being reliant upon large city cores, they are to work together to form medium city cores so as to be socio-economically more viability.

4. Transportation based development pattern

    Urban development and regional economic distribution tend to happen along development axis, which are better endowed in terms of transportation, water and land supplies. Therefore under this pattern, road and other infrastructures are developed to connect cities that are socially and economically weak to those that are strong. The objective is to encourage more balanced growth between cities as well as affording the weaker cities more development opportunities.

In the wake of the new trends of developments of cities and urban agglomerations, the identification of a proper direction for urbanization and for developing urbanization strategies is of paramount importance. Since early 1980s, a number of economists and geographers have advocated coordinated developments of large, medium and small cities and sustainable development as the only viable options. Overall speaking, it is considered that the following three strategies will contribute to a more balanced and healthy socio-economic development between metropolises and smaller districts in China.

Strategy One

It is important for China to adopt a considered and rational sustainable economic development rather than a blinkered adoption of the high indicators used in western countries. This is because of China's vast territory and limited natural, economic and human resources, her large population (about 1/5 population of the world), the various pressures that accompany infrastructural developments as well as the disparities between the rich and the poor. Projecting into the next 50 years, an appropriate level of urbanization would be 55%—60%.

Strategy Two

There should be strict measures to prevent over-expansion of the population. There is also a need to enhance the education and technical level of the nation. The focus should be on modernizing the cities and the infrastructures. Ultimately, the aim is to reduce the disparities between the cities and the villages. China should strive to develop labour intensive sector, such as the manufacturing sector and the tertiary sector, including commerce, service industry and tourism. This will help to generate more employment opportunities.

Strategy Three

In setting the appropriate status and function of a city, it is of critical importance to have a proper and comprehensive understanding and analysis of the city in question, including its historical legacy and objective conditions. In the case of China, the key to urbanization lies in "controlling the scale of large cities, reasonable development of medium cities and proactive development of small cities."

This third edition puts forward various new theories and views on a number of aspects of the urban agglomerations in China. There are also new and additional research materials and findings. It is hoped that the materials included in this edition will arouse greater interest on the subject and contribute to the understanding and development of urban study in China.

序 一

在我国城市化持续、迅速发展的过程中,城市群的发展是十分惊人的。最明显的像珠江三角洲地区、长江三角洲地区和辽宁中南部地区,仅仅在三四十年时间内就形成了今天这样城镇密布、经济发达繁荣的局面;深圳及其周围地区的城镇发展更快,只用了二十来年时间就成长起来。这种"群体的"城市化在世界上一般恐怕至少要几十年甚至上百年才能形成。深入研究这一现象,自觉引导它的发展,促进其健康成长,显然具有重要的、长远的社会经济意义。城市群的概念在城市化过程中是逐步出现、逐步被人们认识的。早在大学读书时,我就从陈占祥教授处得知由于大城市周围卫星城市的发展,英国就有人提出Conurbation(可译为集合城市)的概念,后来学点历史,才知道城市的形成和提高有一个不断发展的过程。我国在"匠人营国"的时代,城市是"独立"的,"国"与"国"并不接壤,有不少"真空"地带,国界是模糊的。到了现代,城市数量多了,其职能也日益复杂化,城市规划也相应地发展,从要有城市规划延伸到还要有区域规划。50年代,我国城市规划工作刚展开,就注意到区域工作,曾聘请波兰萨伦巴教授引进了城市在区域中的"影响区"的概念。多年来,区域规划和国土规划思想对城市发展起了重要的导向作用。

正像姚士谋先生等在本书所阐明的那样,城市由少到多,由分散孤立到形成网络,以至形成组群,是一个历史过程,受社会经济发展水平和地理区位等条件制约,往往有不同的类型,其形成过程和运行特点也各有不同。因此,总结国内外这一现象,深入研究其发展规律,从理论高度加以概括,是估量今后各种城市群发展所必要的认识基础。本书结合中国城市发展的实际,探索了城市群发展的规律、空间分布和发展趋势,为我国研究城市发展提供了许多有益的启示,具有重要的实际与理论意义。

我国人口众多,城镇数量庞大,已经有若干个明显的城市群地区,出现一些特大城市和大城市地区(Megalopolis and Metropolitan Region)也是必然趋势。特别是在今后进一步改革开放、加快经济发展的形势下,树立城市群的观念有利于各城市认清本城市在城市群中的地位,发挥自己的特点和优势,避免重复建设和盲目开发;同时,对做好区域规划,增强地区的综合实力和群体效益是很有裨益的。本书还有另一个特点,就是从我国实际情况出发。作者参加了各地的城市调查与规划实践,大量运用了本国的资料,也广泛吸取国外有关城市群发展的理论,发展了有自己特色的基本理论。而且理论和实际相结合,易于使读者联系工作实践来思考、研究城市问题。

本书自1992年出版以来,我国城市化进程继续加快,作者进行了跟踪研究,如对城市群体间的相互关系,从物流、人流、信息流与资金流等方面做了典型调查,丰富了一些资料和实例,使再版本增添了新的内容。如今又出第三版,我相信,以促进社会经济发展和改善人类环境为根本目的的我国城市工作者、经济地理工作者、规划设计工作者、计划工作者,定会饶有兴趣地参阅本书,为此我向广大读者推荐这本论著,从而进一步研究这一问题,继续深入探索城市群发展的机制、规律和有实际意义的发展模式,共同为我国21世纪的城市发展做出更大的贡献!

中国科学院院士　　周干峙
中国工程院院士
2006年5月于北京

序 二

　　城市是社会生产力和科学文化历史发展的产物，也是区域经济发展的集聚中心。它从诞生的那一天起，就是人类文明和社会生产力进步的标志，发展到今天，它已成为区域经济发展的中心和推动现代社会高度发达的前沿基地。随着现代化生产力的进一步发展，城市在一定的区域范围内集聚、组合而逐步形成地区性的城市群体，这种空间存在形式的规模大小，以及组成群体的城市分布度、布局结构和具体的形式，也都是受经济、政治、文化、地理环境等各种因素相互作用、相互制约，在长期的历史发展过程中逐步形成的。

　　我国的城市有着悠久的发展历史，城市高度集聚与向外围扩散形成城市群，以及伴随着工业化而出现的城市化还刚刚开始，而在沿海地区城市化则发展较快。为此，正确地认识和把握城市现代化这个历史过程的客观规律性，就能够提高我们的预见能力，在地区经济发展与城市工业布局以及区域性基础设施和建设中，减少或者避免重大失误。

　　中国科学院姚士谋先生和香港大学城市规划与环境管理研究中心陈振光等先生，在国家自然科学基金委员会的赞助下，长期以来，从事城市规划与城市地理的调查。近十多年，他们在实践的基础上，通过集体协作，系统地总结了我国城市发展与城市群演变的若干问题，姚士谋在《中国城市群》(1992)这本专著里，初次提出了"城市群的基本概念"和其他一些新的观点，尽管这些见解在许多方面还值得进一步探索研究，但无疑会促进我国城市地理学对"中国城市群"的深入研究，这种钻研和开拓精神是值得赞赏和应该提倡的。

　　《中国城市群》不仅总结分析了我国城市群生长发育的因素、空间扩展过程与类型等，而且对它们的演变规律、发展个性与共性特征做了比较全面的分析论证，达到了一定的深度。作者博采众家之长，参阅与引用了许多中外代表性著作，综合地概括了城市群区域发展的动态特征以及城市与区域发展的相互关系，表达了不少新颖的观点。同时，本书对我国六个超大型城市群(沪宁杭、京津唐、珠江三角洲、山东半岛、辽宁中部与四川盆地)的形成发展条件、现状特点以及发展趋势作了较详细的分析，还对我国近似城市群的七个城镇密集地区进行了论述，分析了这些地区城镇发展的问题与前景，为读者了解全国城市发展现状以及城市群演变规律提供了一个轮廓性的概貌。

　　该书最后着重探讨了我国城市群与城市化的发展趋势，它是姚士谋等先生重要的研究成果的一部分。国家要实现四个现代化，城市发展必然走在前头。随着社会生产力的发展，现代化城市伴随着发达的交通网络的形成而在一定地域内集聚组合成一个城市群，一般都具有工业集中、商业繁华、人才荟萃、交通便利、科技发达、信息灵通、金融力量雄厚等优势条件，这也是城市群不断发展的基础条件。作者结合当前世界城市发展的新特点，论述了我国21世纪城市群发展的区域特征、发展模式和区域发展趋势，内容丰富、材料翔实，而且运用大量地理图表，比较直观地分析了许多关键问题，可以说为我国的城市发展问题研究开辟了一个新领域。

　　我国改革、开放的进一步发展，为中国城市科学的研究提出了越来越多的问题。随着中国经济深入发展，城市化水平不断提高，城市群现象也引起许多专家、学者的关注。作者于1998年获得国家自然科学基金的资助，与香港大学合作，对第一版进行修订。该著作同年获得了中国科学院自然科学二等奖，在学术界引起高度重视。该书的修改对中国城市群问题进行了更进一步的更具有深远意义的探索，虽然其中有些问题的分析论证还可以再深入论证、深入探索。但从总体看,该书的论证有根有据、观点明确,提出了不少新见解、新的思维,对我国的城市发展研究具有重要的指导作用,也有很大的参考价值。2001年该书再版后,受到广大读者的欢迎,最近出版社决定予以再版。为此,作者姚士谋、陈振光、朱英明等根据近5年来我国城市发生的巨大变化,特别是在全球经济一体化以及中国加入世贸组织(WTO)后城市群的机制和作用日趋突出等新的发展趋势,对全书进行了大量的修改补充,并且更新了不少概念和资料,使本书更能符合21世纪经济发展的客观规律。尤其是城市群概念的新认识,交通网络联系、信息环境下城市群区的发展以及城市群联系的实证分析,城市群规划、研究在我国20多个省市广泛深入地进行,我国的"十一五"国民经济规划纲要已将城市群作为我国国民经济、现代化发展的主要载体。理论研究已成为当前的热点,本书作者姚士谋等顺应了历史发展的轨迹,有一定的科学预见,为我们所瞩目。本书第三版的出版,增加了不少新的观点、新的内容、新的资料,也是本书最为精彩的部分。

为此我再度向对于研究中国城市问题感兴趣的广大科技工作者和大专院校的师生以及城市规划、城市管理工作者推荐这本科学著作,以便共同把中国城市发展问题以及城市群的研究向前推进一步。

中国科学院资深院士　　吴传钧
中国地理学会名誉理事长
2006年初于北京中关村

序 三

  自1992年和2001年《中国城市群》第一版、第二版相继问世以来，我国的经济社会得到了迅速发展，城市化进程明显加快，城市化已列入国家的重大发展战略。国家对于城市的主体地位已经确立，2005年我国的人口城市化率已达到43%，接近中等发达国家的水平。与此同时，随着特大城市和大中城市辐射吸引与扩散能力的增强，与周边地区的城镇各种联系越来越紧密，以特大城市为中心，大中城市与小城镇密切结合的新型城市区域已在全国涌现。"城市群"这个通俗易懂代表新型的城市空间组织的城市区域的学术名词已经为各级政府、专家学者和群众普遍认同。姚士谋教授在本专著第一版中提出的有关城市群的概念、结构特征与指标以及，国内五大超大城市群和近似城市群的八个城镇密集区在发展实践中已经得到证实，并且仍在继续发展壮大，逐步完善；同时各地区还出现了不同规模、不同层次、不同功能的城市群或类似城镇群体的区域，全国已有20多个省市开展了不同层次的城市群规划以及城市地区的概念规划、发展战略规划等等，城市群已成为各地经济社会发展的增长区域和富有竞争力的空间单元。近10多年来，著作引用次数广泛中国城市群的再版将对我国城市发展和城市群的规划实践与研究起到重要的指导作用。

  进入21世纪以来，就世界范围而言，经济全球化的过程加速。各地区各城市逐步纳入全球化的经济体系与市场体系之中。城市间的联系出现了多元化全方位的时空变化，合作与竞争并存，发展与制约同时存在。信息化、现代化发展日益成为人类经济活动、政治生活和科技文化交流频繁的重要手段，网络经济的时代和高新技术发展的时代日益来临，也成为城市群日趋完善的新动力和新的机制；就国内而言，科学发展观的提出，城乡统筹、区域统筹、人与自然和谐发展等等均已成为城市群以及城市群规划的重要指导思想和主要目标，也构成了当前城市群综合研究的重要内容，城市群发展已成为我国当前加快城镇化的重大举措。全国人大会议2006年3月通过的十一五发展规划纲要明确指出：城市群的发展将作为我国推进城镇化的主体形态。

  为了顺应21世纪以来新的发展形势和理论研究实践的需要，最近5年来作者又参阅了大量国外文献和吸收了国内许多规划实践的经验，增加了新的章节，修订了原来的内容与更新了资料，对城市群的理论总结和规划方法又做了进一步的探讨，并对我国重要的城市群发展变化做了修改补充，无疑地，本专著的再版，不仅有助于深化完善城市群新的空间组织的发展理论，也对我国今后"十一五"规划发展的城市化区域极具生命力的经济社会和空间单元创新的发展提供有益的指导和借鉴。为此，谨以此文，权作代序。

南京大学教授　　崔功豪
博士生导师
2006年6月

前　言

　　自 1973 年以来,我对城市与区域的发展研究一直很有兴趣,参加了不少实际工作,也发表了一些论著。1983 年,我获得美国著名的亨利·路斯科学基金会的奖学金,在密执根州立大学与威廉斯(Jack williams)教授合作研究过城市问题一年多。同时我又访问过芝加哥、明尼苏达、阿克伦大学和加拿大的多伦多、贵尔富大学,与美国、加拿大一些城市地理的著名学者 Chauncy D. Harris, Jone S. Adams, Norton Ginsberg, Laurence J. C. Ma and Peter J. Smith 等共同讨论过城市体系、城市群的一些学术问题,并在这些学校讲课与学术交流。除对美国的五大湖区、大西洋沿岸和加州一些城市地带亲自考察外,20 世纪 90 年代初来我又到日本的东京湾地区、京阪神地区,俄罗斯的莫斯科地区,德国的柏林、来比锡地区,法国的巴黎盆地与匈牙利的布达佩斯等城市密集区进行对比调查,收集了许多资料,也得到许多感性认识,为我研究中国城市群问题打下了基础,也为我发起组织编写本书与多次修订鼓起了勇气与增添了力量,从 1988 年起我就在构思本书的框架,并开始整理众多的文献资料。1999 年冬赴京都大学讲学与访问,并第 5 次考察京阪神(关东、关西)城市群地区;2000 年秋天第 4 次赴美考察美国东北大西洋沿海地区与五大湖地区城市群,获得了大量的对比资料,并在华盛顿大学地理系与陈金永教授进行深入的探讨,使本书对城市群的论证更加完善。2003 年初我到西欧访问考察了德、法、意、比、荷兰等国,有三个月的时光。2004 年与 2005 年夏季又到日本京阪神与东京大都市圈考察了一个月。2006 年 2 月我在澳大利亚与新亚兰城市地区考察访问了半个月。

　　众所周知,城市是社会生产力和科学文化发展到一定水平、社会劳动地域分工达到一定程度(尤其是商品交换)的产物。而城市群则是社会生产力较为发达,特别是商品经济与城市间的交通联系日趋发达时逐步形成与发展的。不少中外学者十分注意地区间基础设施和交通网络的形成以及商品经济活动,认为这是城市群形成的基本条件及其发展的动力。我国对城市问题的研究有着深厚的历史基础,积累了丰富的资料。解放后,在城市规划学界、地理学界、社会经济学界广泛地开展了城市问题的研究,探索的领域也是逐步深化的。尤其是 70 年代以来,我国城市规划与经济地理专业的工作者开始较为深入地研究城市体系和城镇群体,着重对我国沿海与内地城市布局比较集中、工业也相对集中的区域做了系统的研究,为中国的城市问题研究做出了较大的贡献。我们认为,从中国城市群这一领域研究开始,也是对我国城市体系发展的动态机制和变化规律以及发展趋势的一个侧面的深入研究。城市(镇)体系传统的研究领域,主要包括等级规模结构、职能结构、空间结构和发展趋势等方面;而城市群则着重研究一个地区内城市群体的形成发展规律,分布特点,形式、动态过程和空间结构特征。原书是在 1992 年正式出版,差不多又经历了 9 年的时光,中国城市发展变化极为迅速,城市化过程中各大城市群变化很大,尤其是沿海地区,重要的三角洲地区经济迅速发展,外向型经济(市场经济)的成分越来越大,促进了城市群区的内部与外部的巨大变化。有些省区的经济发达区域,综合交通运输系统逐步形成,城市群区各个城市的多层面的联系不断加强,形成了密集的城镇地带。广东省、山东省、河南省、浙江省与辽宁省的有关部门与规划专家也在着手编制城市群的规划,无疑"城市群"的理论概念得到进一步的检验,成为城市化特有的现象。尤其是城市群区内各个城市之间与外部城市的政治、经济与文化科学方面的联系日益加强,城市之间的人流、物流、信息流的联系越来越广泛、深入。近年来,我们(本书的合作者等)对全国性重点开放地区的城市群及其经济较发达地区的城市地带又进行了一系列的深入研究,探索城市群的演变规律。特别是本书作者参加了长江三角洲、京津地区、珠江三角、福厦地区以及安徽省南部等地区许多市、县城镇体系的规划实践与理论研究,并与国外的学者进行广泛的合作研究。在研究方法上借鉴了恩格斯的自然辩证法、列夫·托尔斯泰的思维方法,也注意到我国古代思想家子思的传统方法,即"博学之、审问之、慎思之、明辨之、笃行之"(五之法),从其他相邻学科的研究成果作相互比较与补充,以力求深入探索中国城市群形成发展的一些规律性问题。但由于我们的学术水平有限,修订本所研究的问题难免挂一漏万,不妥之处,敬请专家学者指导。

本书第三版从2005年春起开始修订,增加了不少新的内容与新的观点,特别是全球经济一体化的新形势下,我国城市群规划工作各地很红火,沿海与内地有20多个省市正在规划,并有所创新。本书第三版正好适应这个机遇,为今后的规划与研究提供新的思路与新的机遇。

全书共分十章,主要执笔人,第一、三章姚士谋、陈振光、陈爽;第二章朱英明、姚士谋;第四章朱英明、姚士谋;第五章姚士谋、陈振光、胡刚、王丽萍、阎小培、朱振国、李昌峰;第六章俞滨洋、官卫华、薛东前、管驰明、姚士谋、范宇;第七章陈振光、管驰明、姚士谋等;第八章姚士谋、陈振光、张素兰等;第九章陈振光、姚鑫、姚士谋;第十章姚士谋、张雷。英文摘要和中、英专业词汇(条目)由陈振光、陈彩虹、管驰明、姚士谋完成的。本书全部插图编制、清绘和资料分析由姚士谋、张建秋、朱玲茹等完成(第四、五两章插图由各篇文章编写人员自己完成)。全书最后由姚士谋、陈振光修改、统稿。在写作过程中,我们得到了建设部周干峙院士、南京大学崔功豪教授、吴楚材教授等的很多帮助;香港大学叶嘉安院士也提出过一些指导意见。同时,也得到美国、日本和加拿大等地一些朋友的帮助。还得到日本德山大学奥野志伟教授和澳洲国立大学地理研究院 Peter J. Rimmer 教授的帮助。崔功豪教授为本书特约审稿人,对本书的理论部分提出了许多宝贵意见。在此表示深深的谢意。

本书第三版的出版得到国家自然科学基金会和香港大学城市规划与环境管理研究中心的资助,特此表示深深的感谢。

姚士谋
2006年5月修订于南京九华山下

目 录

序一 ·· 周干峙（ⅰ）
序二 ·· 吴传钧（ⅲ）
序三 ·· 崔功豪（ⅴ）
前言 ·· 姚士谋（ⅶ）

第一章 城市群的基本概念 ·· （1）
　　第一节 城市群基本概念的新认识与空间特征 ·································· （4）
　　第二节 城市群生长发育的影响因素 ·· （10）
　　第三节 城市群形成的几种理论评价 ·· （15）
　　第四节 城市等级组合理论与城市群结构 ··· （19）
　　第五节 城市群区内交通网络联系 ·· （24）
　　第六节 城市空间扩展过程与模式 ·· （29）
　　第七节 信息环境下城市群区的发展 ·· （33）
　　第八节 城市群的强化、类型与分异 ·· （37）
　　注释：城市分布的空间形式 ·· （44）
　　主要参考文献 ·· （46）

第二章 城市群发展的地域结构特征 ·· （49）
　　第一节 城市群地域结构的概念 ·· （50）
　　第二节 我国城市群地域结构类型与递嬗规律 ·································· （54）
　　第三节 城市群地域结构特征 ·· （59）
　　第四节 我国城市群地域结构发展趋势 ··· （65）
　　第五节 城市群区内的"第一增长城市" ··· （69）
　　第六节 城市与区域发展的相互关系 ·· （74）
　　注释：城市群区域范围界定方法探索 ··· （80）
　　主要参考文献 ·· （81）

第三章 中国城市发展与城市群的演变 ·· （83）
　　第一节 中国城镇发展漫长的历史 ·· （84）
　　第二节 我国城市规划建设的历史演变 ··· （91）
　　第三节 近现代中国的城市群 ·· （95）
　　第四节 中国城市群的演变规律 ·· （100）

主要参考文献…………………………………………………………………… (108)

第四章　中国城市群发展联系实证研究……………………………………… (109)
　　第一节　沪宁杭城市群城市流强度分析……………………………………… (110)
　　第二节　沪宁杭城市群联系中心分析………………………………………… (120)
　　第三节　沪宁杭城市群空间联系的区位商分析……………………………… (125)
　　第四节　沪宁杭城市群批发市场联系与城市化……………………………… (130)
　　主要参考文献…………………………………………………………………… (138)

第五章　中国的超大型城市群…………………………………………………… (139)
　　第一节　沪宁杭地区城市群…………………………………………………… (141)
　　第二节　京津唐地区城市群…………………………………………………… (157)
　　第三节　珠江三角洲区域城市群……………………………………………… (173)
　　第四节　山东半岛城市群……………………………………………………… (187)
　　第五节　辽中南地区城市群…………………………………………………… (204)
　　第六节　四川盆地城市群……………………………………………………… (217)
　　主要参考文献…………………………………………………………………… (231)

第六章　近似城市群的城镇密集区……………………………………………… (233)
　　第一节　关中地区城镇密集区………………………………………………… (234)
　　第二节　湘中地区城镇密集区………………………………………………… (246)
　　第三节　中原地区城镇密集区………………………………………………… (259)
　　第四节　福厦城市密集区……………………………………………………… (272)
　　第五节　哈大齐城市地带……………………………………………………… (293)
　　第六节　武汉地区城镇群……………………………………………………… (308)
　　第七节　台湾西海岸城市带…………………………………………………… (319)
　　主要参考文献…………………………………………………………………… (329)

第七章　城市化、城市群发展的国际经验……………………………………… (331)
　　第一节　城市与城市群发展的新因素………………………………………… (332)
　　第二节　世界城市化特征、现状问题………………………………………… (339)
　　第三节　世界城市区域化的趋向……………………………………………… (350)
　　第四节　城市体系发展趋势…………………………………………………… (355)
　　主要参考文献…………………………………………………………………… (363)

第八章　中国城市群与城市化趋势……………………………………………… (365)
　　第一节　中国城市发展的新特征……………………………………………… (366)

第二节　21世纪城市群的区域特征 ……………………………………………（372）
　　第三节　21世纪城市群发展模式的探索 …………………………………………（379）
　　第四节　21世纪城市化区域的发展趋势 …………………………………………（386）
　　第五节　城市化道路及其基本对策 ………………………………………………（393）
　　主要参考文献 …………………………………………………………………………（399）

第九章　高新技术产业与中国城市群的协调发展 ……………………………………（401）
　　第一节　中国城市群的协调问题 …………………………………………………（402）
　　第二节　城市群协调机制与主要力量 ……………………………………………（408）
　　第三节　高新技术产业园区与城市群的协调发展 ………………………………（411）
　　第四节　中国城市群协调机制 ……………………………………………………（417）
　　第五节　沪宁杭地区高新技术园区与城市群协调 ………………………………（421）
　　主要参考文献 …………………………………………………………………………（429）

第十章　城市群发育机制及其创新系统 ………………………………………………（431）
　　第一节　经济全球化与城市群的成长 ……………………………………………（432）
　　第二节　城市群发育机制及其制约因素 …………………………………………（435）
　　第三节　区域发展中"城市群现象"的发展规律与空间系统 ……………………（441）
　　第四节　我国城市群区空间规划的新认识 ………………………………………（448）
　　主要参考文献 …………………………………………………………………………（455）

附录一　专业术语中英文对照 …………………………………………………………（457）
附录二　作者简介 ………………………………………………………………………（468）

CONTENTS

Preface ·· Zhou ganshi(i)
Foreword ··· Wu Chuanjun(iii)
Foreword ·· Cui Gonghao(v)
Introduction ··· Yao Shimou(vii)

Chapter 1 Basic Concept of Urban Agglomerations ······················· (1)
  1.1 New Understanding and Spatial of Concept of Urban Agglomerations
      Characteristics ··· (4)
  1.2 Influencing Factors of the Growth of Urban Agglomerations ········· (10)
  1.3 Theoretical Coments on Formation and Development of Urban
      Agglomerations ·· (15)
  1.4 City Rank-size Distribution Theory and Urban Agglomerations structure
      ·· (19)
  1.5 Relation of Traffic Network within Urban Agglomeration ············ (24)
  1.6 Progress and Pattern of Spatial Extending of Urban ··················· (29)
  1.7 The Development of Urban Agglomeration under the Information
      Environment ·· (33)
  1.8 Strengthening, Classification and Diversion of Urban Agglomerations ······ (37)
  Special Notes: Spatial Pattern of Urban Distribution ······················ (44)
  Main References ·· (46)

**Chapter 2 Characteristics of the Territorial Structure of the Development of Urban
           Agglomerations** ·· (49)
  2.1 Concepts of Territorial Structure of Urban Agglomerations ··········· (50)
  2.2 Types and Evolutive Law of Territorial Structure of Urban Agglomerations
      in China ·· (54)
  2.3 Characteristics of Territorial Structure of Urban Agglomerations ···· (59)
  2.4 Developmental Trends about Territorial Structure of Urban Agglomerations
      in China ·· (65)
  2.5 "Prime-growth City" in Urban Agglomerations ······················· (69)
  2.6 Relationships Between the Development of Urban and Regional ······ (74)
  Special Notes: Probing into the Methods of Ascertaining the boundary of Urban
        and Regional ··· (80)
  Regional Main References ··· (81)

Chapter 3 Evolution of Urban Agglomerations in China (83)
  3.1 History of Urban Development (84)
  3.2 Historical Evolution of Urban Planning and Construction (91)
  3.3 Urban Agglomerations of China in Modern Times (95)
  3.4 Pattern of Evolution of Urban Agglomerations (100)
  Main References (108)

Chapter 4 Demonstrative Study on Relation of Development Urban Agglomerations in China (109)
  4.1 Intensity Analysis of Urban Flow of the Hu-Ning-Hang(HNH)Urban Agglomeration (110)
  4.2 Analysis of the Center of the HNH Urban Agglomeration (120)
  4.3 Locational Quotient Analysis of the Spatial Relation of the HNH Urban Agglomeration (125)
  4.4 Relation of Wholesale Market and Urbanization of the HNH Urban Agglomeration (130)
  Main References (138)

Chapter 5 Super Urban Agglomerations in China (139)
  5.1 Urban Agglomerations in Shanghai-Nanjing-Hangzhou (141)
  5.2 Urban Agglomerations in Beijing-Tianjing-Tangshan (157)
  5.3 Urban Agglomerations near The Pearl River Delta (173)
  5.4 Urban Agg lomerations in Shandong Peninsula (187)
  5.5 Urban Agglomerations in Middle-south of Liaoning Province (204)
  5.6 Urban Agglomerations in Sichuan Basin (217)
  Main References (231)

Chapter 6 Quasi-urban Agglomeration in Dense City/Town Area (233)
  6.1 Dense City/Town Area in Central Shanxi Province (234)
  6.2 Dense City/Town Area in Central Hunan Province (246)
  6.3 Dense City /Town Area in the Central Henan Province (259)
  6.4 Fuzhou-Xiamen Urban Belt (272)
  6.5 Harbin-Daqing-Qiqihar Urban Belt (293)
  6.6 Dense Urban /Town Belt in Wuhan Area (308)
  6.7 West-Taiwan Urban Corridor (319)
  Main References (329)

Chapter 7 International Experience of Urban Agglomerations' Development (331)
  7.1 New factors of Urban and Urban Agglomerations' Development (332)
  7.2 Characteristics and Actuality of global Urbanization (339)
  7.3 Developing Trends of Urbanization of Cities All over the World (350)
  7.4 Developing Trends of Urban system (355)

Main References ………………………………………………………… (363)

Chapter 8   Developing Trends of Urbanization and Urban Agglomerations in China ……………………………………………………………………… (365)
  8.1   Newly Emerging Characteristics of Chinese Urbanization ……………… (366)
  8.2   Regional Characteristics of Urban Agglomeration in the 21th Century … (372)
  8.3   Probing onto the Developing Patterns of Urban Agglomerations in the 21th Century ……………………………………………………………… (379)
  8.4   Developing Trends of Urbanized Regions in the 21th Century ………… (386)
  8.5   Steps and Basic Countermeasures of Urbanization ……………………… (393)
  Main References ……………………………………………………………… (399)

Chapter 9   Harmonious Developing Between High-tech Industry and Urban Agglomerations in China ……………………………………………… (401)
  9.1   Issues on How to Harmonize Urban Agglomerations …………………… (402)
  9.2   Harmonizing Mechanism and Primary Force of Urban Agglomerations … (408)
  9.3   Harmonious Developing Between High-tech industry Zone and Urban Agglomerations ………………………………………………………… (411)
  9.4   Harmonizing Mechanism of Urban Agglomerations in China …………… (417)
  9.5   Harmonization Between High-tech Industry Zone and the HNH Urban Agglomerations ………………………………………………………… (421)
  Main References ……………………………………………………………… (429)

Chapter 10   Development Mechanism and Creative System of Urban Agglomerations ………………………………………………………………… (431)
  10.1   Economy Globalization and the Growth of Urban Agglomerations …… (432)
  10.2   Development Mechanism and Restrictive factors of Urban Agglomerations ……………………………………………………………………… (435)
  10.3   Development Law and Spatial System of Urban Agglomerations in Regional Development ………………………………………………………… (441)
  10.4   New Cognition on Spatial Planning of Urban Agglomerations in China ……………………………………………………………………… (448)
  Main References ……………………………………………………………… (455)

Appendix 1   English-Chinese Index of Terminology ……………………… (457)
Appendix 2   About the Authors ………………………………………… (468)

第一章

城市群的基本概念
BASIC CONCEPT OF URBAN AGGLOMERATIONS

引 言

科学的理论,是对事物本质及其规律的反映,它在人类实践中产生,并随着社会生产力的发展而逐步形成与完善。实验科学家海里斯(Hayris)说:"理论是真实世界的抽象概括。"他又进一步论证了科学理论建立的过程和方法:第一步,要收集资料,归纳整理,找出规律;第二步,分析形成规律的因果关系,并对规律加以抽象概括的描述;第三步,根据所导出的一般理论,对一些新的未研究的现象加以推理;第四步,对结果加以检验,修正不正确的结论[1]。任何一门学科的理论都是在对前人实践总结的基础上产生的。天文学家哥白尼说过,要善于集合相近学科的理论精华,充实自己的学科,才能推动科学的发展。

城市群的发育是社会经济集约化发展的产物和标志,是城镇密集区高层次演变的城市区域空间组织的形式。自从21世纪工业化、城市化、信息网络化高度发展以来,我国沿海的几个大型城市群区域呈现出城市区域化、国际化的新态势,我国经济发达地区的城市群现象将会越来越多地在中国大地上涌现。城市群现象有其成长发育的过程,而城市群成长发育内在的经济规律,随着社会经济的发展,其内涵也在不断地深化和日臻完善。早期,城镇密集地区仅仅表现为一定范围内的城镇数量和空间分布程度,到后来,城镇间相互联系和协调关系的不断提升(崔功豪,2003),集中反映了城镇密集区城市群多种要素的相互作用和形成机制的逐步结合。

我国的城市体系理论、城市群基本概念也是通过我国城市科学工作者大量的实践、研究,参考国内外许多重要的论著,特别是对城市形成、发展诸因素间的相互联系、相互制约的关系加以概括,系统地分析与总结出来的。

我国对城镇密集区以及城市群现象的研究,开始于20世纪50～60年代。当时海内外老一批城市与区域发展问题研究学者有严重敏、胡序威、马润潮、杨汝万、胡兆量、薛凤旋、王长升、沈道齐教授,他们致力于中国城市问题和区域规划的研究。到了改革开放后(80～90年代直至21世纪初),中国城市地理学发展到了高潮时期,成为中国地理学领域中最活跃的一门学科。在此期间著述甚多,颇有建树的学者有许学强、崔功豪、周一星、姚士谋、马裕祥、顾朝林、宁越敏教授等,他们分别从不同的角度比较深入、系统地研究中国城市发展问题。许学强重点研究珠三角地区城市群,完成了《现代城市地理学》(1995)专著;周一星着重分析中国城市概念和城镇人口统计的口径时,借鉴西方城市不同尺度空间单元体系,提出了中国都市连绵区的新概念;崔功豪在1992年出版的《中国城镇发展研究》一书中,提出了我国长江中下游城市地带形成的新认识;姚士谋在我国最早发表《中国城市群》专著(1992),提出了中国城市群形成、发展的指标体系和五大城市群的界定,同时又出版了《中国大都市的空间扩展》一书,论述了全国36个百万人口以上的特大城市(1998);宁越敏1983年在华东师范大学学习时,借鉴了法国地理学家戈特曼有关城市地带、大都市圈(Megalopis)的学说,和于洪俊共同完成了中国第一部《城市地理学概论》的专著;顾朝林近期的研究相当活跃,著作甚丰,主要致力于中国城市体系和城市国际化问题的研究。最近十多年来,我国从事城市地理学多个分支研究的中青年一代的学者也很多,有一定建树和成果的学者有陈金永、阎小培、王发曾、陈振光、林初昇、赵晓斌、陈雯、张京祥、魏亦华、刘荣增、陈田、方创琳、王德、柴彦威、朱英明、彭震伟、邹军、朱喜钢、周春山、薛德升,等等。

我国城市地理学方兴未艾,对中国城市问题的研究,借鉴了西方学者不少有益的经验,从城市带、都市圈、城市群、城镇体系、城市连绵区和城镇密集区等不同的角度、不同的模式,探索中国城市发展的动态和趋势,做出了较大的贡献。

中国城市化的迅速发展与城市群的不断形成、完善,一方面依托于全球经济一体化新形势下我国国民经济的长足发展与现代开发区工业化程度的提高;另一方面,我国城镇的现代第三产业的高度发展以及农业人口的转化(大量剩余劳力流入大中城市,尤其是沿海地区的珠江三角洲、长江三角洲地区),促进了城镇人口的迅猛增长,到2005年,中国城市化水平已达到了43.3%,预计2010年将达到47%～48%,2020年将达到58%左右(参见下表)。

中国城镇人口增长分析(1990～2005年)

年份	城镇总人口（百万）	城镇化水平（%）	其中农转非人口（百万）
1990	301.095	26.41	7.65
1991	321.72	27.02	7.70
1992	328.20	28.01	12.37
1993	346.90	29.27	15.54
1994	367.82	30.69	17.49
1995	384.20	31.72	12.91
1996	400.46	32.74	12.81
1997	415.26	33.59	11.16
1998	427.56	34.27	9.11
1999	442.07	35.15	11.76
2000	459.06	36.22	13.01
2001	480.10	37.50	12.25
2002	485.20	38.50	12.15
2003	518.40	40.60	13.61
2004	526.40	41.80	12.95
2005	538.10	43.30	12.80

资料来源:①Kam Wing Chan and Ying Hu. The China Review,2003,3(2)(Fall).
②姚士谋,汤茂林等.区域与城市发展论.合肥:中国科技大学出版社,2004.
③国家统计局.中国城市年鉴(2001,2004);建设部有关资料(2005).

第一节
城市群基本概念的新认识与空间特征

城市的形成和发展是社会生产力逐步集聚与高度集中的显著标志(尤其是现代城市),也是人类社会进步的具体体现。城市是人类聚居(包含着日常生活和文化科学艺术活动)的主要场所,又是工业、交通、商业、服务业、金融、信息业等分布的集中点,正如列宁强调的,"城市是经济、政治和人民的精神生活的中心,是前进的主要动力"[2]。

然而,我们知道,一座城市不是一个孤立、封闭的体系,它与邻近的区域和许多城镇有着密切的联系,因此,可以说每一座城市都是区域性城市群的一个重要组成部分,尤其是特大城市和超级城市及其所形成的城市之间和城市与区域之间的地带与空间,共同构成了一个比较完整的有机整体。城市群体在一般情况下,被描述成一个复杂的整体、一组互相联系着的事物或是区域生产空间。近年来,整体观念、系统思想已得到很大的发展,形成了众所周知的系统理论和综合思维的体系。系统理论的核心是什么?1+1>2是系统论的核心。部分组成系统之后,超过原来的部分之和的力量。系统、集合不是部分简单相加的和,关键在于内部的各部分之间的相互作用。用系统的思想来理解城市群或城市体系的发展也是贴切的,符合当代社会发展潮流的。从这种意义上说,城市群也是一个城市分布的区域系统。钱学森曾经引用过恩格斯的一句话:"一个伟大的基本思想,即认为世界不是一成不变的事物的集合体,而是过程的集合体。"并指出"集合体"就是系统,"过程"就是系统中各个组成部分的相互作用和整体的发展变化。[3]用钱学森的"集合体"系统来解释城市群也是非常合适的。因为在一个区域中,城市之间、城市与地区之间都存在着相互作用、相互制约的特定功能,它们结合在一起形成一个有机整体,整个城市群是一个大系统。而城市群内部各个相对独立的城市是一个个子系统,城市群形成的过程,也就是各个城市相互作用的过程,在这个过程中存在有比较严格的等级规模。贝利(B. J. L. Berry)对这种严格的等级模式有三种解释:

(1) 顺序性的市场搜寻过程:即企业家按从大中心到小中心的顺序寻找机会,形成地区产业化的集聚过程。

(2) 涓滴过程:为寻求廉价劳动力,大中心将老的和衰退的产业扩散到小中心,促进区域工业化、城市化过程。

(3) 模仿效应:即小城市的决策者模仿大中心应用的技术。[4]

从区域空间布局的角度分析,透过区域中每一个城市的形成过程及其相互关系,可以看到区域优势点集中,有发达的交通干线沟通各个城市区域,形成一个或两个以上的核心城市,由这些城市共同组成一区域城市群体。**因此,城市群(Urban Agglomerations)的基本概念可以概括为:在特定的地域范围内具有相当数量的不同性质、类型和等级规模的城市,依托一定的自然环境条件,以一个或两个超大或特大城市作为地区经济的核心,借助于现代化的交通工具和综合运输网的通达性,以及高度发达的信息网络,发生与发展着城市个体之间的内在联系,共同构成一个相对完整的城市"集合体"。这种集合体可称之为城市群**。也有人认为,"所谓城市群体是由若干个中心城市在各自的基础设施和具有个性的经济结构方面,发挥特有的经济社会功能,而形成一个社会、经济、技术一体化的具有亲和力的有机网络"[5]。不过这种观点侧重于经济职能方面,而对城市群体的地区空间概念和自然要素考虑过少。在前苏联,城市群体的基本概念是从区域城镇体系和人口分布的统一体系的理论演化而来的。前苏联在研究居民点体系时没有明确划分和考虑体系的因素,所划分的组群体系不符合经济区划和行政地域区划。

城市群是一个区域空间、自然要素和社会经济等要素组成的有机体,是一个大系统中具有较强活力的子系统的集合体,无论在区域层次上,还是在相互联系的空间上,均具有网络性的基本特征,是一个区域经济发展的实体。从地域空间考虑,城市群是一个特定区域内相对独立的有机整体,也是一个处于动态发展中的开放性的有机系统,其生产联系的巨大流动性、社会生活的稳定性与互补性又表明它是一个充满着不断变化的物质世界和精神世界。城市群与城镇体系本质特征上有许多相同之处,是一个同质的地域概念,仍属于区域城镇体系的范畴,从这种意义上考虑,城市群的紧密性、系统性、动态性特征近乎区域性的城市体系,但在初始阶段,尚未发展的城市群往往布局比较松散,动态变化比较缓慢,联系并不紧密。城镇体系是高一层次的、全面性城镇分布的地域概念,等级规模与横向联系较强;而城市群是局部地区城镇集聚的地域概念,呈有序与无序的分布状态,但其分布地区经济发展水平均较高。

具体分析城市群,具有以下四个特征:

(1)城市群形成发展过程中的动态特征。与世界上其他事物一样,城市群的形成发展过程均具有动态变化的特征。群体内各类不同性质的城市,其规模、结构、形态和空间布局都处于不断变化的过程中。有些区域条件好的并具有优越发展机遇(投资渠道畅通又有较强的经济实力)的首位城市,其动态变化就呈现稳定上升的发展趋势;反之,呈衰落下降的趋势。首位城市的变化影响着区域性城市群的每一个城市。从这一点说来,城市群的出现,是地区经济集聚发展的产物,也是区域经济集中化的高度体现。地区经济集聚主要反映在工业项目的布局集中、人口集中、技术力量的集中和区域性基础设施的集中,使城市群具有明显的规模效应。

(2)城市群具有区域城市的空间网络结构性。城市群不是城市单体,具有更广泛的空间网络结构性,主要反映在地区内各个城市规模的大小、城市群网的密度以及城市之间相互组合的形式上。城市群的空间网络结构性,有以下三个方面:①城市群网络的大小(network-size);②城市群网络的密度(network-density);③城市群网络的组合形式(type of network-composition)。以上三个要素反映了城市群网络结构的基本特征,说明每一个城市在城市群内具有特定的联系关系,城市群整体结构反映了各个城市在一个群体内的集合功能以及形成的千丝万缕的网状关系,其间既存在城市个性的发展,又产生相互作用的共性关系。[6]

(3)城市群具有区域内外的连接性和开放性特点。任何一个城市的形成和发展不但不能脱离区域各个城市的相互连接,而且必须与区域外的地区发生联系,随着生产力和市场经济的发展,这种相互联系的强度越来越强。由于自然条件和历史基础的原因,不仅城乡之间区域功能和经济发展水平存在着很大的差异性,而且城市之间也存在着差异性,这种差异是随着城市规模变化而拉大的,因此任何城市都不能孤立地发展,需要广泛地发生区际联系,实行对内对外开放,引进新的机制,才能使各个城市在区域比较之中,认清自己的优势,克服自己的劣势,求得生存和发展。"这就需要以城市群体为核心建立与全国统一市场体系互补的不仅包括消费品和生产资料等商品,而且应当包括资金、劳务技术、信息和房地产等生产要素的区域性的共同市场"[7]。

(4)城市群内的城市具有相互之间的吸引集聚和扩散辐射功能(见图1-1-1)。在特定的地区范围内,首位城市起着核心作用,具有较强的吸引功能,随着交通运输网的进一步完善,集聚与扩散规律几乎是同时发生的。当然在区域范围内,各个城市(非首位城市)也同样具有集聚和扩散的功能,只不过由于经济实力的差异,其作用力有大有小而已。城市群以物资、人员、技术、金融、信息等形式通过经济协作网络和运输通讯体系发挥集聚和扩散作用,实现集聚效益和扩散效益的有机统一,使城市群体的整体功能得到更好的发挥。随着社会生产力的进一步发展,城市群内部的调节与协调作用会越来越明显,这样又加强了地区城市群的引力与扩散力。当前在城市科学界,许多学者应用断裂点理论对城市的相互吸引作用及其引力场大小进行分析计算。公式如下:

$$D_A = \frac{D_{AB}}{1+\sqrt{\frac{P_B}{P_A}}}$$

式中,D_A为从断裂点到A城的距离;D_{AB}为A与B两个城市间的距离;P_A为较大城市A城的人口;P_B为较小城市B城的人口。

随着地区生产力水平的提高及地区城市化水平的加强,城市群体内的空间相互作用也日益加强。特别是地区经济、社会因素以及文化、科技、交通信息方面的相互作用不断增加。事实上,城市群区域就是城市密集地区的城市空间分布。"密集地区的城市(镇)与乡村间客观上已形成进入高层次的区域性综合经济体系,这些地区的城市职能和聚集效益已经不仅单独地局限于城市中心本身,而更多的表现在整个地区联系密切的城镇体系"。[8]周一星、胡序威等认为,大都市地带、城市密集区从空间形态上看,它是在核心区内构成要素的高度密集性和整个地区多核心的星云状结构,从空间组织上看,它是基本单元内部组成的多样性与宏观上的"马赛克"(Mosaic)结构。大都市带的基本组成单元是都市区,都是由人文、自然、经济社会特征完全不同的多种成分构成的。顾朝林等认为,大中城市是社会生产力在空间存在的形式和载体,这个载体,作为特定的地域经济形式具有相应的特性,概括起来有三点:①聚集性,②开放性,③枢纽性。总之,大都市地带、城镇密集区和城市连绵区都是与城市群、城市体系密切联系的基本载体,都是工业化、城市化过程中的产物。

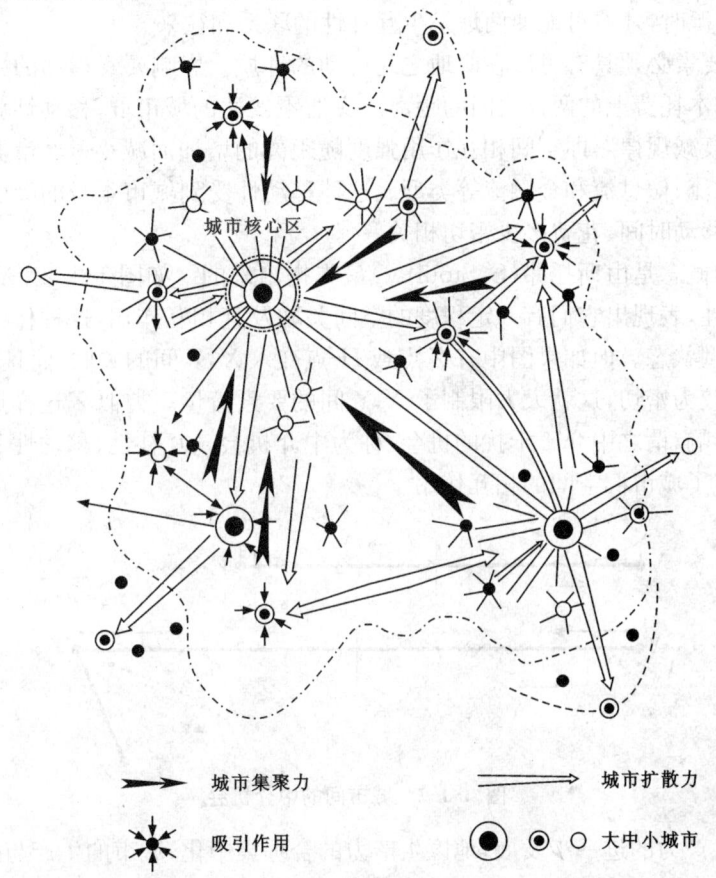

图 1-1-1　城市群集聚与扩散的相互作用示意图

区域内的经济发展因素以及有关的非经济发展因素的空间差异,是导致地区城市群体内城市之间、城乡之间的经济与非经济空间活动的主要原因。这种活动对于任何城市群体的空间作用都是至关重要的,它表明不同地点或区域的人及其活动在空间上是相互作用的,而且通过考察发现,各种空间作用具有某些共同特性和遵循某些共同原则,例如地区经济集聚规模扩大规律与市场原则。正是这种流动使各不相同的地点或区域的各种经济、社会活动互相关联,从而构成一个庞大而复杂的区域城市空间联系。

关于地区空间相互作用的基本观点和解释,在20世纪50年代,美国地理学家乌尔曼(E. L. Ullman)首先认识到空间相互作用的一般原理,他在前人研究的基础上提出了空间相互作用的三个基本观点,即互补性、移动性和中介机会,同样是适合于解释城市群发展过程的基本观点。

互补性的概念出自瑞典经济学家俄林(B. Oklin),他认为当一地有剩余的某些要素恰为另一地所需要时,那么,这两地就有互补性。例如,上海是我国最大的工业基地,产值高、利润大,职工平均工资也高,每年大约有280多万人和大、中学校的学生需要度假、娱乐,但上海市区缺乏旅游资源,就必须靠附近几个城市如苏州、杭州的风景名胜来互补,从而也产生了沪宁、沪杭铁路线上的巨大的人流。因此可以说,互补性存在的前提在于区位或区位间的社会人文资源与自然资源的差异性。但是必须指出,仅存在于一地的某种资源并不可能流动迁移,只有当另一地需要这种资源时,才有可能使两地发生互补性的联系和往来。

移动性,指要素必须具有可以在两地之间运动的性质。影响要素移动的主要障碍是体现在移动时间和成本耗费上的两极之间的距离。交通不发达的城市群,移动性就差。空间相互作用遵循"距离衰减规律",即空间相互作用强度随距离的增加而减小。城市群的移动性极其复杂,有人流、物流、信息流和金融流等类型。这种移动性受到城市本身的吸引力以及扩散强度的影响,也与移动时间、花费多少密切相关。

中介机会的概念是由斯托弗(S. Stouffer)最先提出来的。如图1-1-2,X,Y间轴线的两点,均具有互补性,表现出它们有一定程度的空间关联及其相互作用,这种作用力表现在两端最大,中间呈弱型状态。但如果图中有Z点或H点介入X,Y间的关联,而且由于Z,H,Y三者较接近,关系较为密切,这就大大限制了X,Y间的要素流量。类似Z这样点的存在及其对原空间作用的影响,谓之中介于干扰的机会,称为中介机会。互补性、移动性和中介机会共同发挥影响并构成了城市群空间的相互作用。

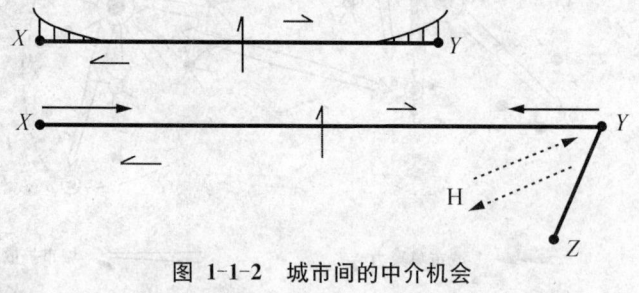

图 1-1-2　城市间的中介机会

由于社会生产力的进一步发展,地区生产力的合理集中化,城市的生产与生活进一步社会化和现代化,各地区的生产专业化与协作化特征越来越明显,要求加强各城市之间的生产、文化和科学技术的多种联系,增加交流的信息量,增强城市群的互补性。人们可以充分利用相对集中的特大型城市和大型城市的雄厚经济实力促进中小城市的发展,带动地区经济的发展,这样,同时也加强了特大城市本身区域经济基础依托。现代城市群及其区域发展特征与趋势概述如下:

(1)城市群体内应当强化其经济联系与生产协作和科技文化的联系。

(2)发展跨市域的、共同的区域性的基础设施,强化交通通讯,加强城乡联系。

(3)有共同开发、合理利用自然资源的要求与发展经济贸易市场。

(4)有比较密集的人员、物资流动联系和信息传输与通信往来等。

(5)加强专业化生产和劳动地域分工,使城市群内各个城市发展具有鲜明的特色,并得到整体繁荣与发展。

因此,可以这样认为,城市群地区城市的集聚与分散都是城市化水平不断提高的过程。发展中国家大多数城市仍然处于集聚过程,又称为产业的集中、人口的集中的城市化过程;而发达国家大部分城市处于分散过程,又称为城市郊区化或逆城市化过程。但是许多研究美国与西方国家城市化问题的专家教授认为,美国"城市的分散化过程是城市演化的新阶段,是经济、社会和城市化进一步发展的结果。虽然有少数城市相对甚至绝对衰落了,但宏观城市化水平是进步了、发展了。因此,城市分散过程是城市化的成熟过程而不是城市和经济的衰退过程。只要非农产业不衰退,城市就不会衰退。"[9]按照霍尔(Peter Hall)的观点,美国城市目前处于从绝对离心期向等级-规模分布演化的阶段转变,因此形成了城市分散化的浪潮。中心城市人口大量转移到处于增长之中的中小城市,使城市的等级-规模体系得到改善,中小城市和新开发区获得新的发展和扩张动力。美国有学者称之为城市化扩散过程,也就是城市群的形成发展动态过程的一个侧面。

关于城市群或城市带的概念,不同的学科对此亦有不同的理解。城市地理学家常常采用"大都市连绵区或城镇密集地带"(胡序威,周一星,崔功豪,1994),城市规划学家则喜欢采用"城镇高度密集地区"(周干峙,吴良镛,徐巨洲,1996)。经济学家与地理学家喜欢的是"城市化地区"的城市分布概念(许学强 1995;顾朝林 1996);社会学家则常常用"都市社群网"的人际关系的概念;经济地理学家则比较喜欢用"城市空间分布"的网络节点(nodal region)的概念;还有城市生态学家则称之为"城市化生态地区"等等,各有千秋。我国一位青年学者李世超(南京大学硕士生)在1987年的硕士论文《长江中下游城市地带》中介绍过法国地理学家戈特曼(Jean Gottmann)的城市地带学说,然后,他探讨了长江中下游城市地带形成条件、动力和特点,对城市群研究起到一定的作用。后来的阎小培、张京祥、刘荣增等博士对城市交通走廊与城市发展、城市群体内部结构、空间特征及发展机制做了较深入的分析,他们的博士论文具有一定的学术价值(1999)。美国在战后期间,"城市地理学与城市规划学的一些文献中,出现了城市群地区这个术语,但它并没有一个正式的标准。最初常把从马萨诸塞州的波士顿到哥伦比亚特区的华盛顿或弗吉尼亚州的里士满这一带东部沿海地区称为一个城市群地区。在国外,日本从东京到大阪、神户的太平洋沿岸地区,英国从伦敦到曼彻斯特一带地区,也可以看做是城市群地区"[10]。看来城市群的地区概念与城市密集地区的空间概念是相近的,特别是工业与交通比较发达的经济区域,城市之间的各种联系也尤为密切,城市群就比较容易在这些地区中发育成长。①

---

① 例如日本东京大都市圈,包括一都三县,即东京都、神奈川县、崎玉县、千叶县,面积达 1.35×10^4 km^2,人口 3 200 多万。其中东京都人口超过 1 200 多万。东京是全日本的金融中心,最大的工业城市、商业中心和政治文化中心,有全日本 30% 以上的银行总部、50% 销售额超过 100 亿日元的大公司总部,外国企业有 2/3 均在东京设立机构,还有 30 多万家大小商店,商品销售额占全国的 30%,批发总量的 35.3% 都集中在东京(东京纪事,2004)。

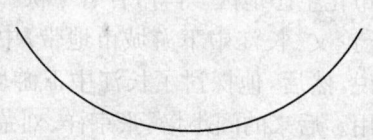

第二节
城市群生长发育的影响因素

城市群区域内各个城市的集聚过程与扩散作用都是一种复杂的社会经济现象,需要依托一定地域基础与物质条件,包括地理区位、自然条件、经济条件、历史基础和城市基础设施建设等方面。

从地理区位和经济因素分析,城市群的集聚过程就是建立在具有地域优越区位条件的地点上的城市,充分利用地区自然经济因子,成为地区经济发展的生长点和城市群集聚核心的过程。从社会与历史的因素分析,城市群的集聚就是建立一种具有城市生活方式的地域共同体,使其从简朴的居民点生活方式逐步过渡到现代化城市的生活方式的过程,通过城市机能的综合作用,提高城市人民的工作与生活标准。从城市基础设施的建设角度分析,城市群在一定区域内的集聚与扩散,就是提高城市区域的区位综合开发强度、地区的开发与建设潜力标准。这种城市群的集聚过程,既是建设多层次中心城市的一种形式,也是使地区分散建设的城市过渡到规划建设相对集中紧凑的大中城市的过程。

城市相对集中的过程中又产生城市扩散,构成城市群的布局形式。芝加哥大学社会学系的学者伯吉斯(E. W. Burgess)认为影响城市向外扩散的有向心、离心、专业化、分离等因素。霍伊特(S. Hoyt)则强调了交通易达性和定向惯性的影响。在总结前人研究的基础上,霍利(Hawley)于1981年提出以下对城市扩散作用的影响因素:A. 绝对的人口压力;B. 城市中心诸功能之间专业化和相互竞争的发展,把不具优势的职能向外驱逐;C.物质结构的老化;D.短距离运输方式的革命。

从区域城市群集聚过程与动态变化特征分析,影响城市群生长的因素,主要有内聚力、辐射力、联系率和网络功能等。对每一个影响生长的因素不能孤立、静止地考察,必须从各个因素的相互作用、相互制约方面考虑。

一、城市群体的内聚力

马克思、恩格斯对城市在社会发展中的进步作用曾经做过科学的论述,指出:"在再生产的行为本身中,不但客观条件改变着,例如乡村变为城市,荒野变为消除了林木的耕地等等;而且生产者也改变着,炼出新的品质,通过生产而发展和改造着自身,造成新的力量和新的观念,造成新的交往方式,新的需要和新的语言。"[11]

自从区域城市群形成以来,城市的发展不仅加强了城市经济发展的本身功能,而且也增大了城市群体内的聚合力。"这种大规模的集中,250万人这样集聚在一个地方,使这250万人的力量增加了100倍"[12]。马克思、恩格斯在他们的许多著作里专门论述了城市形成发展的历史作用,特别描述了英国中部的曼彻斯特城镇群工业的发展,同时也论述过伦敦、纽约这样的巨型城市。确实,在一个地区内城市聚集了大量人力、物力和财力,城市的发展还促进了交通和通讯联络的发展;现代化城市地区的科学技术高度集聚,更促进了现代交通工具、电报、传真和光纤通讯、卫星通讯的迅速发展,使区域城市群的内聚力更加加强了。城市群区域对国家或区域的社会经济与政治、文化生活的影响是任何地区所不能比拟的。大中城市集中了全国各地区的文化、艺术和科技队伍的精华,又是全国的经济、交通与信息的聚集地。如法国的巴黎集中了81%的全国晚报、78%的周报、73%的期刊和61%的经济力量;日本15家最大的百货公司、商场都集中在东京、名古屋和大阪三市。东京拥有日本80%的出版社、86%的书籍出版量;原苏联科学院有5万名科技人员,一半在莫斯科。[13]

城市群的内聚力还表现在城市经济活力的凝聚与经济效益等指标上。城市经济作为一个整体,其经济效益不等于各个部门经济效益、社会效益的简单总和,而是在所有组成部分的相互联系、相互作用中形成的综合效益。"由于城市是人群和工业高度集中的场所,有着雄厚的生产能力、发达的交通运输、先进的文化技术和灵通的情报信息,为专业化协作创造了优良的环境,而由于协作,使人力、物力、财力得以节省,劳动生产率得以提高,从而大大促进经济效益的增长"。[14]

二、城市群的辐射力

瑞典经济学家、诺贝尔奖金获得者缪尔达尔(G. Myrdal)对赫尔希曼(Hirschman)提出的"涓滴效应"与"极化效应"的城市集聚作用做了进一步的阐述,并总结了他自己多年的研究成果,写成《循环累积因果原理》一书,在书中,他提出了"扩散效应"与"回吸效应"的新观点。[15]这对于我们研究分析城市群的辐射力具有极为重要的参考价值。

缪尔达尔认为,某一地区(即城市体系的空间地域)社会因素的变化,会引起另一个社会因素的变化,而第二种的变化反过来又会加强最初的因素变化,并导致社会经济过程沿着最初那个变化的方向运动。这就是说，最初的变动会导致具有强化作用的引申变动，并使社会过程按最初的那个变动方向做进一步的发展。在特定的城市群的空间地域内，由于地区经济的增长与城市规模的不断扩大，城市群的辐射力不断加强。其变化过程是：

第一阶段，城市群的辐射力表现为单个城市的扩散，由市区向郊区的不断延伸扩散，主要是由于工业项目增加，投资扩大，基础建设水平提高，城市用地规模增大，向城市边缘地区，尤其是"七通一平"条件较好的地段发展。例如：南京从泰山新村到大厂镇地段（包括近10年内形成的浦口高新技术开发区与南京大学、东南大学新学园区等）。

第二阶段，由于城市之间的各种联系加强（人流、物资与金融信息密度加大），形成一个地区内城市群的网状式的辐射，进入更高一级发展阶段。特别是现代化工业生产力的提高，人们对城市环境质量要求日益提高，为此，城市群体内，交通走廊发展的模式尤为显著。在这一阶段，城市群的辐射力进入新的扩展时期，有三个明显的特点：①城市群体内核心城市的规模扩展速度快，其中心城市作用更加突出。②城市区域内形成许多新的增长点，尤其是交通枢纽和有重要资源开发的地点，形成若干个新的工业卫星城镇或经济中心，如：南京市的东山镇、板桥镇、龙潭镇等等。③城市间各种联系密度加大，交通出现频繁忙乱的现象，甚至出现许多"交通瓶颈"。在我国一些超大型的城市群，如：京津唐、沪宁杭和辽宁中部区域，城市间的交通运输出现高负荷的运行状况，因此，交通网络成为最突出的问题。未来城市之间的交通网络应当尽早考虑（图1-2-1）。

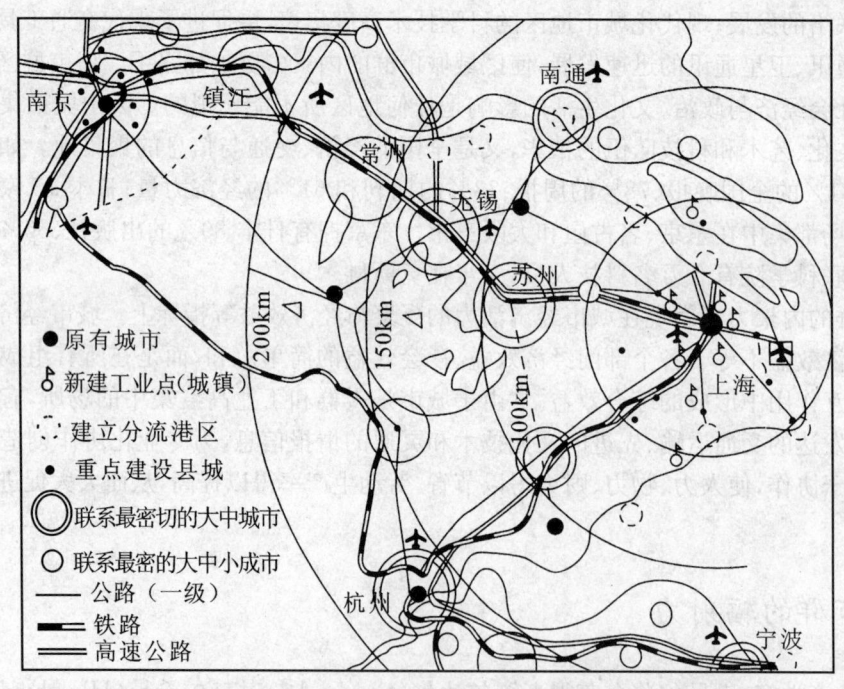

图 1-2-1　沪宁杭地区交通网络与构想图

三、城市群内相互联系和网络功能

城市群内各个城市间的相互联系的强化与网络功能作用的加强是城市群发育成熟的重要

标志。

城市之间(或城乡之间)的相互联系,在不同的经济类型区或行政区的表现形式都是不同的,带有明显的差异性。在省区一级的中心城市,在城市强烈影响区域间,主要是向心式的相互联系,首先在于各个城市和卫星城镇的居民可以乘公共汽车或火车、飞机、轮船等前往城市群内最大的经济、政治和文化中心去工作、生活、参观或参加会议交流等。同时又具有离心式的相互联系,表现出城市间的人流、物流与科技文化信息流的传播、扩散方式。而在中心城市以外次一级或二级的中心城市或其他大部分地区,城乡居民向心式交往的同时,主要发展离心式的相互联系。这种形式就是由省区级的中心城市向外地居民提供生产品、文化、教育、技术、医疗、生活、商业等方面的区域服务。与此同时,各地区所生产的不同产品,随着交通运输条件的改善、商业贸易的发展,地区之间彼此进行商品交换,调剂余缺,互通有无,相互依赖,经济联系将会大大增加,有力促进各地区劳动地域分工的进一步发展与深化。所以,劳动地域分工的发展绝不是割裂生产的发展,而是联合、协调、促进生产,使社会生产逐步形成一个统一的有机整体。每一个劳动地域分工区内,都有自己的经济中心,作为经济联系和信息交流的结点,这个经济中心,一般由一个中心城市或几个城镇组成,以此作为全区经济发展的核心,并成为城市群网络的组成部分。区内城市群的联系系统包括:省、区、县的行政经济管理技术指导系统,生产装备、技术装备和技术援助系统,文化科技教育服务系统,流动式的居民生活服务系统,邮寄和流动商业系统以及,现代通讯联络的技术系统,等等。建立这些功能系统,是当代城市化的普遍要求。[16]

在区域城市群内每一个城市之间以及城乡之间的相互联系不断加强,同时纵向联系也日趋紧密,城市群的网络功能向区域整体化方向过渡,其社会化功能又由低层次向高层次方向转化,逐步成为国家经济发达地区的一个重要标志。

城市群各个城市的功能集聚以及建立高度城市现代化环境的过程,一般都是从城市中心区向城市边缘地区扩散,然后又在边缘地区集聚建成新市镇(或工业卫星城镇),并逐步与其他城市区域交织在一起,组成更大集团化的城市群体。城市群内最大的核心城市在综合开发与现代化过程中有以下一些特点:人口增长速度和经济发展速度较快,城市内部的居民活动以及城市外部居民进入市区参观、购物与娱乐的活动频繁;大中小城市相互间的经济联系也十分紧密;城市群内各个城市的功能日趋完善化,中心城市的作用日益明显。随着城市人口与流动人口的增加,城市群之间的联系特别是交通问题日益突出。例如,根据山东淄博市的资料,城市人口每增长1%,汽车客运和货运量增长5%～10%,汽车增加20%～25%。即汽车与货流的年增长率与市人口增长率的相关比例不是1∶1∶1,而是20～25∶5～10∶1,可见城市间的交通增长更为迅速[17](图1-2-2)。

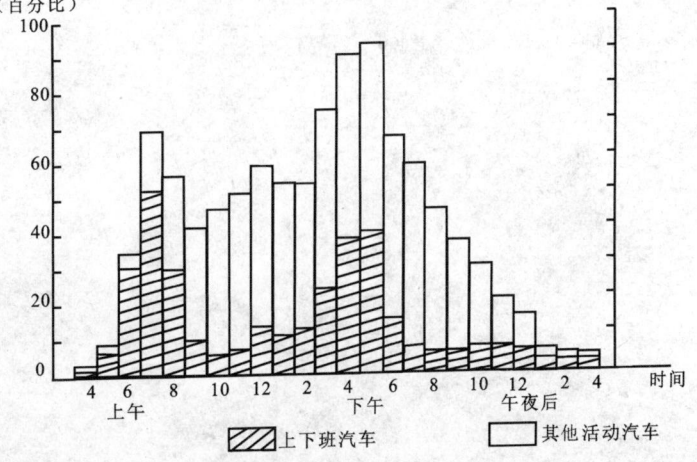

图1-2-2　中国沿海10个城市汽车活动频率(日)

由此可见,城市群的形成与发展是一些复杂的经济、自然以及各种内在规律相互作用的社会经济过程,也是一种城市集聚在一个地区内的城市化现象。南京及其附近地区的一些城镇(如:大厂、东山、龙潭、板桥、栖霞、珠江镇等),共同组成一个南京区域范围内的城镇群体。如果考察沪宁杭地区,这个范围则包括了大中小城市20座,其中上海、南京、杭州、苏州、无锡是本区的重要经济中心与核心城市,还包括宁波、嘉兴、南通、常州、镇江、常熟、宜兴等城市,是我国目前最大的超级城市群地带(国外称之为城市连绵区)。

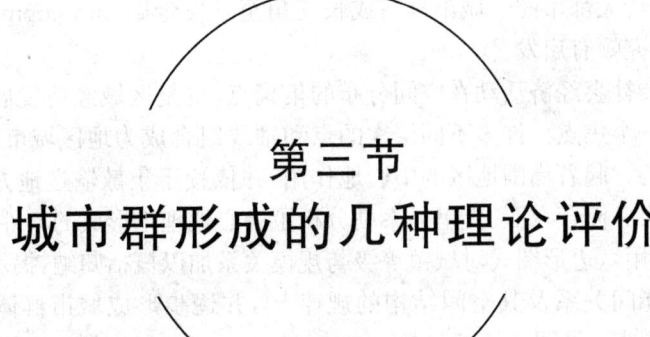

第三节
城市群形成的几种理论评价

城市群是在一定地区范围内,各类不同等级规模的城市依托交通网络组成一个相互制约、相互依存的统一体。历史上自然形成的城市群内,城市相互之间联系并不紧密,而且城市的分工协作也不好,甚至相互制约、相互排斥,只有社会生产力水平达到一定高度时,城市群体内的各个城市(尤其是核心城市)区内与区际间的联系才十分密切,分工协作也经过不断调整、变革逐步向合理化方向发展。城市群最初的组合是在生产力水平不高的历史阶段上自然形成的,往后逐步发展成为地区性城市群体以至城市体系,习惯上也有将未经改造建设的城市群称为城市体系的说法[①]。那么,在这里,城市群和城市体系都有改造、规划、建设的问题,实际上城市群的形成发展的更高阶段(更合理化)就是生产力比较发达时期的区域城市体系,形成更大的城市群了。

城市体系的概念形成与其研究的蓬勃开展固然为时较晚,许多学者认为,城市体系是一个在大城市扩散已相当普遍,卫星城镇和新市镇的建设不断涌现的时期出现的,应当是20世纪40年代形成的概念,但有关城市群体的理论却在20世纪初工业化阶段就出现了。首先是英国城市规划学者在1915年就提出过集合城市(conurbation)的概念,后来德国的地理学家克里

---

① 葛子原.城市体系的建设[D].上海:上海社会科学研究院,1983.

斯泰勒(W. Christaller)在1933年提出了著名的中心地学说,此外,他和韦伯等人还先后提出了工业区位论,这些理论长期以来对城市地理的研究以及城市建设的理论和实践都有着重大影响,当然也可以称之为城市群和城市体系的基本理论。城市地区与扩展的大都市区概念要追溯到法国地理学家戈特曼,他研究了北美城市化的空间模式,于1961年引用了"大都市带"(Megalopolis)的概念。他指出的"大都市带"不是简单指一个很大的城市或大都市地区,而是指一个范围广大的、由多个大都市连接而成的城市化区域,是有一定的人口密度分布其间的都市地带。戈特曼的大都市带概念被地理学者和规划实践者所接受,并得到广泛的重视。澳大利亚国立大学彼得·金(Peter. J. Rimmer)曾写过一篇有关亚太地区经济与城市综合开发一文,介绍过大都市—特大都市圈—城市群与成长三角至开发走廊(development corridor)的地域概念,对我们的研究颇有启发。

城市(镇)是人类社会经济活动在空间分布的集聚点,也是区域经济发展的核心和地区文化科技信息交流的一个焦点。许多不同层次的点和轴线组合成为地区城市群网,城市是地区社会经济活动的中心,"起着周围地区的中心地作用,并依赖于集散输送地方产品与向周围地区人口提供货物和服务而存在"。克里斯泰勒分析了中心地理论形成的条件,探讨了中心地担负的服务范围,并采用六边形图式对城镇等级与规模关系加以概括归纳,揭示出一定的区域内城镇等级、规模、职能间关系及其空间结构的规律[18],并逐步形成城市群体的等级规模(大、中、小等级排列)的观点。见图 1-3-1。

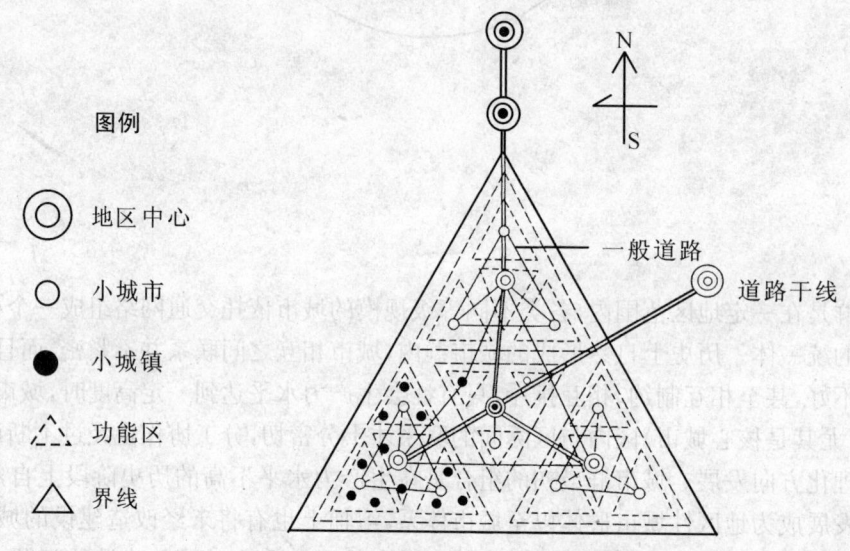

图 1-3-1 城市群体内城市等级规模体系

克里斯泰勒在考察德国南部的城市后认为,各级规模的城市是各级大小区域的中心,城市的分布存在着某种规律,他假定地理条件差异不起作用。后来经过长期研究,他认为对城市群体、城市等级体系起作用的是行政管理的划分、市场经济的作用及交通网的出现等三个条件。他由此而得出结论:一个地区和一个国家的城市群体(或体系),按照这三种原则应当形成如下的城市等级:A级城市1个,B级城市2个,C级城市6~12个,D级城市42~54个,E级城市118个[19]。

我们认为,克里斯泰勒的中心地理论的重要学术价值在于,根据市场经济原则对城市等级规模作了描述,指出在一定地域内存在着不同等级的城市,各级城市有着不同的职能。二次大战后,他的理论和方法在新建城市居民点和交通网络的规划模型中,得到了广泛的应用和很高的评价。但是,克里斯泰勒的理论还有许多局限性,他没有完全真实地反映客观实际,对于城市群体内城市分布规律和客观存在的原则没有研究深透,对于城市的形成、发展的全部社会、自然和经济因素及其相互作用仍然是认识不够的,这是由于当时的历史局限性以及他本人形而上学思维方法所造成的。

与克里斯泰勒一样,在工业区位论的学者中,无论是最低成本学派(其代表人物韦伯,Weber)、运输费用学派(爱德加·M·胡佛,Hufer)、市场区学派(夏·佛尔,Ferle)、还是边际区位学派(E·M·罗斯特朗 Rosstong)等,他们或者不考虑地理与政治条件的空间差异而企图建立一个适用于任何工业部门、任何经济制度或政治制度的"纯理论";或者过分强调了一种或某几种经济因素的作用;或者干脆否定经济原则的根本影响而认为工业区位论的确定依赖于个人的心理因素,因而都不免各执一词,失之偏颇。① 总之,这些学者从宏观、微观或从历史资料的静态、动态进行分析,对各个影响工业区位的因素及其作用大小,工业区位对于城市群形成的作用,对工业区位形成和变迁的规律,提出了大量有价值的理论、分析、模型、公式和研究方法,都是具有一定的时代价值的,尤其是对各种不同环境下现代城市的合理选址、职能及规模都有所研究,并且在近几十年的城市体系研究与建设中,付诸实践,得到较大的社会效益。"这些区位论的研究与实践,尽管其产生原因是为了资产阶级获取利润、增强竞争能力的需要,它的形成和变化受资本主义社会基本经济规律的支配,因而必然存在着谬误与缺点,但作为人类选择以最小投资来获取最大收益的场所的探讨,对社会主义城市体系的建设也是十分有益的借鉴"。②

区域城市群的形成和发展主要的原动力是地区生产力的高度集聚,开始形成若干个具有相当规模的工业点,然后逐步形成城市社会。在区域生产力发展过程中,弗里德曼(J. Friedmann)教授关于"经济增长引起空间演化"以及"支配空间经济的首位城市"的增长极理论,对于城市群的形成发展有着极为重要的指导作用。大都市带概念是根据人类聚落变迁过程的实际而形成的,其深刻含义已为许多规划工作者所认识。道克萨迪斯(Dousatis),一个著名的瑞典规划专家引用了一个"连片巨型大都会区"(ecumenopolis)的术语来概括这种正在出现的新人类聚落形式,按照他的观点,一个国家的城市体系最终会联成一个整体的人类居住群聚落形式。

弗里德曼结合罗斯托(Rostow)的发展阶段理论,建立了自己的与国家发展相联系的空间演化模型,他认为区域城市群的形成发展可以分为四个阶段[20, 21](图1-3-2)。

(1)沿海地区出现零星的聚落和小港口,并伴随着一部分人迁入内地。在第一个阶段,生产力水平低,沿海居民点聚落继续其自给自足的农业生活方式;内陆的居民点这时是孤立状态,很少与外地发生社会、经济的联系。

(2)处于工业化初始阶段,空间形态产生了极大变化,出现了所谓的点状分散的城镇。这个时期,因投资少,国家只能选择1~2个区位优势特别的城市进行开发,选定的点可能自然资源丰富、交通便利,或人口稠密,市场很大,开始产生集聚经济的效应。

(3)这一阶段的中心-边陲的简单结构逐渐变为多核心结构,边陲的部分优良地区开始开

---

① 陈振汉等. 当前工业区位理论研究的几个问题. 经济研究参考资料,北京:1998(186).
② 葛子原. 城市体系的建设:[D]. 上海:上海社会科学研究院,1983.

发,逐步形成一个区域性的大市场。这就是地区城市群的发育经济基础。[22]

（4）城市之间的边缘地区发展很快,区域性基础设施以及工业卫星城发展较快,城市之间的经济、文化科技联系比较深广,密度大,负荷重,产生城市相互吸引与反馈作用。

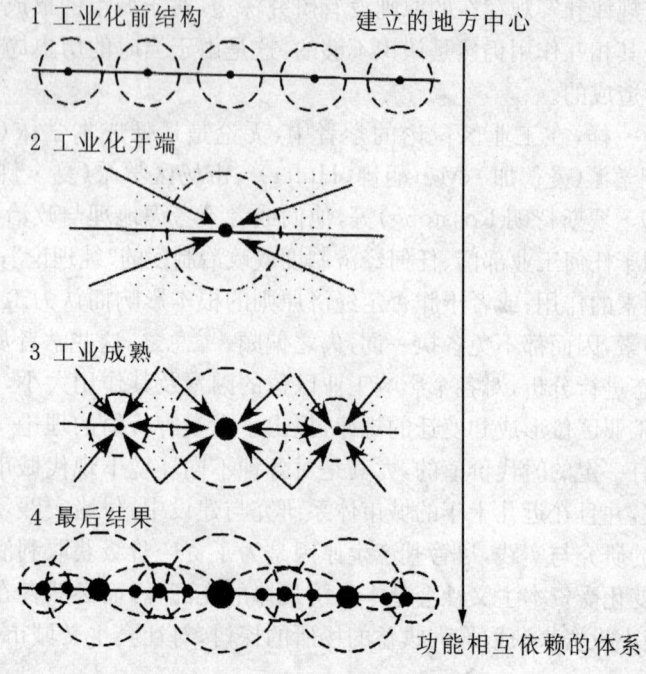

图 1-3-2　区域城市群空间演化模式

资料来源：J. Friedmann.

美国梅隆大学计算机科学系的西蒙教授（Herbert A. Simon）在70年代末期,在荷兰一次国际学术会议上提出：大规模系统的聚合模拟实验,分析了宏观社会经济系统的各个层面与形成因素,对我们研究城市群体的系统性与空间性具有深刻的启迪。他比较现实地提到,研究社会宏观系统面临两大困难：一是系统的机理不清楚或者不完全清楚；二是系统中的要素的数目以及它们之间的相互作用量如此之巨大,现有的计算机设备尚无法处理。我们研究的城市群特别是城市之间、城乡之间的物流、人流、资金流、信息流及文化科技等方面的交流,一方面是数字采集十分困难、十分艰巨；另一方面是许多原始数据的量化处理达到一定的准确性也十分困难,使我们的研究仅仅反映城市群的一种相对数据的某些层面的现象,难以概括其总体演化的精确度。① 西蒙指出：假若我们感兴趣的仅仅是它们特性的某些集合的方面,这时就可以采用适当的聚合模型预言这些集合,我们的知识及信息足以满足提供简单模型的机理与参数的需要,而对详细的模型却是不够的。借助这个模型,可以预测美国各大中城市未来的人口,简单的二次方程也可以预报美国城市的规模分布以及城市的相互作用（即城市间的各种经济、社会联系与交流）,体现城市间规模系统的聚合力。

---

① 这一次《中国城市群》修订前,我们在长江三角洲做了一些典型资料的调查,尤其对上海、南京、杭州的多种运输方式进行人流、物流以及市场商品流的深入调查（1998.10～1999.5）,分析结果见第四章。

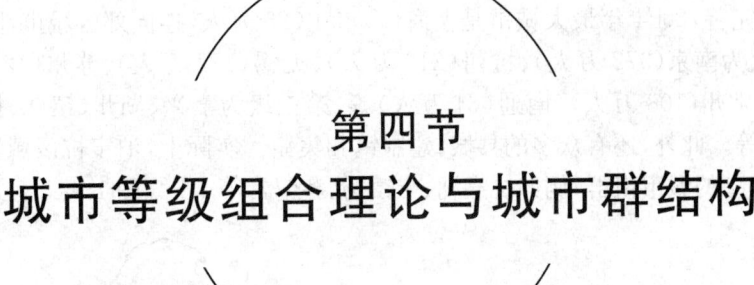

第四节 城市等级组合理论与城市群结构

由于每个城市的区位因素、人口规模和经济实力的差别,以及城市区域的发育条件不同所形成的经济职能和历史作用的差异性,便形成了区域空间范围内城市的等级规模。例如,在珠江三角洲的城市群中,广州市原是本区域内的最大城市,其次为深圳、佛山、江门、中山、珠海、东莞等市;1997年香港回归祖国后,这一区域城市群的最大城市是香港了,从其人口规模、国际性地位及其经济贸易的实力分析,2005年香港为本区域等级规模的最高点(人口有710万人,香港又是世界性的金融中心和世界性的港口、航空港,航空旅客吞吐量接近3 800万人次/年,每年港口吞吐量超过$1.6×10^{12}$ t,仅次于鹿特丹和纽约,集装箱量达$1 400×10^4$ t,居世界第一)。未来,香港、广州、深圳、澳门与珠海将形成一个国际性的城市化地区。因此,城市等级规模是一个区域性的概念,由一群城市在地区空间相互组合而成的,而且有一个首位城市或两个比较重要的中心城市[23]。

美国经济地理学家菲尔布瑞克(A. Philbrick)在区域城市研究中提出过等级组合理论,这对于我们在区域城市发展过程中研究城市组群的地域空间结构、等级差异性具有重要的实际意义[24]。

菲尔布瑞克的等级组合理论的主要观点是:

(1)人类社会经济活动在地域空间上的占用或社会经济活动的相互作用。城市相对于其周围的村落,均具有中心的作用,是人类活动最集中的场所,城市从农村获得食物、原料和其他工业品的原材料;反之,城市每时每日都向农村供应其工业品、日用百货,又作为吸引郊区农村人流的购物与娱乐的场所。从城市形成发展过程中,大多数城市人口都从农村汇集而来,经营商品,交换商品,只有城市人口达到一定规模之后,由于城市人口容量与环境容量的限制(在我国还有户口制度的限制),农村人口迁入城市地区就越来越少,仅仅是流动人口的增大。

(2)集聚活动。人们的生产活动与生活居住具有集聚的特性,这种特性的扩大与有机组合,便形成了不同规模的集聚点,并不断演化成为城市集聚区域。

由城市及其周围的地域组合成一个城市的地域,地域内有众多的城镇和中心镇,有的规模很大,有的规模次之,有的为小城市或小城镇。沪宁杭区域城市群,是我国目前最大的城市群,等级规模较为完善,2004年最大城市是上海(人口1 025万人,连同郊区城市地带,人口可达1 400万);其次为南京(372万人)、杭州(216万人)、无锡(172万人)、苏州(127万人)、宁波(109.8万人)、常州(108万人)、南通(84万人)等,第三级为嘉兴、湖州、镇江、扬州、丹阳、常熟、江阴、宜兴等。此外,还有众多的县城、建制镇和集镇。实际上,沪宁杭区域城市群又包括至少3个中、小型的城市组群,例如杭嘉湖、宁镇扬、苏锡常等[25]。(图1-4-1)

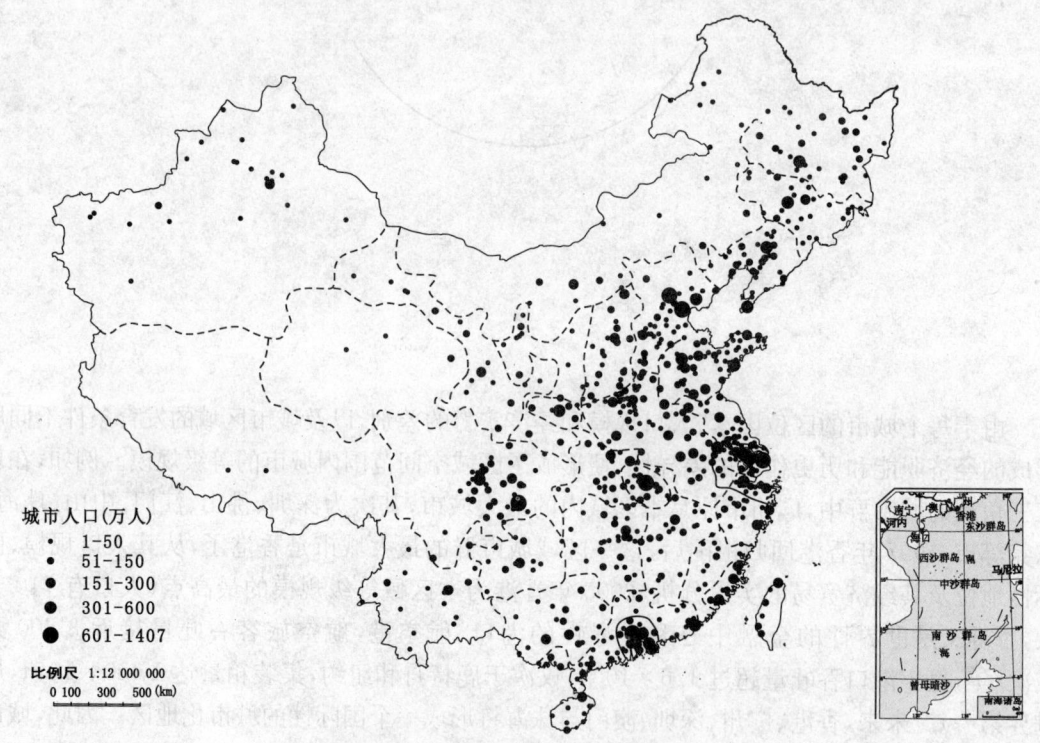

图1-4-1 中国城市规模人口等级分布图
资料来源:建设部城乡规划司,2007年。

(3)相互联系的作用。人类的社会活动通过各种交通形式(尤其是现代交通运输业的发展)产生相互联系的作用,并随着社会生产力的进一步发展,人类交往活动更趋复杂化、多样化。这就是人类社会在地域空间上逐步形成社区、聚落居民点、城镇、城市和城市群的基本前提。

例如法国巴黎地区大都市群,由于现代交通的迅速发展,巴黎与周围地区的城市(新市镇)

联系越来越方便,与欧洲和国际间的航空联系越来越密切了。到2002年,巴黎地区在最近的35年中建成的地区快速地铁有8条干线与29条支线,总长度超过545 km,其中有90 km在巴黎市区内,包括近30 km的隧道。目前,在巴黎市区与郊区已建成一系列立交-换乘枢纽,其中包括市内4个特大型换乘枢纽站,保证了区域快速地铁、普通地铁与市内街道交通之间的联系。[26]在巴黎郊区的波比尼建立了RER系统的大型换乘枢纽,并与其他方式的公共汽车、有轨电车与高架轻轨铁路联系在一起,加强了巴黎大城市的内外联系,使城市群内许多中小城市与巴黎的联系更加密切和方便。同时,巴黎已开通了至马赛、里昂、波尔多等大中城市的快速铁路、高速公路,区域之间的联系更加密切了。

(4)等级组合理论的基本结构。该理论认为人类聚合中的单元是通过等级组合的方式联系起来的。通过等级组合,形成了大大小小的人类功能组织的区域单位,也可以形成不同等级规模的城市集聚地区。

日本城市地理学家木内信藏、山鹿诚次和小林博氏等也研究城市群,不过他们是从研究大城市圈的概念开始的。小林博氏集中研究了国内外许多学者的观点,系统地提出了三点结论:①以经济职能诸关系为主体的特大城市的引力圈,着重于对东京圈进行研究;②集中通过城市人流、物流研究了大城市的日常生活圈;③在中小城市连续扩大的城市地域,研究新的卫星城、工业城与卧城。他在这三点结论之中把各个名称加以固定,避免和过去混同,是可喜的。他倡导把①称为大都市地区(Metropolitan Region),将②称为大城市区(Metropolitan Area),将③称为城市化地带(Urbanized Area)。[27]对现代城市空间结构研究影响最大的是法国地理学家戈特曼,戈氏早在20世纪20年代就已将研究领域从都市区扩展到了城市群区、城市地带,1957年发表了著名的论文《北美大都市带》,他的这一崭新的城镇群体理念引起了许多学术争论。他考察了美国东北海岸城市地带,认为那是人类社会居住形式的最高阶段,具有无比的先进性,也是20世纪人类文明的标志。

城市圈一般理解为以大城市为中心的城市群的等级体系。例如,南京有五个圈层的说法[28],北京也有四个圈层的说法。总之,研究城市群体,第一是决定其调查范围涉及怎样的广度;第二是如何明确其内部结构与外部的联系,两者必须相互结合。为便于统计资料的收集分析,一般以行政界线为基点,其中也有不以行政界线为出发点,打破行政界线研究城市吸引范围、研究城市腹地(特别是大城市、港口城市的城市群)。城市内部结构着重分析产业结构、用地结构,可以看出城市之间的互补性与联系程度。一般说来,城市功能是复杂的,其城市联系强度大,更需要城市之间的互补性,特别是改革开放之后,城市的人流、物流、信息流更加复杂,更具有多种条件因素的相互补充的条件(图1-4-2)。

菲尔布瑞克的等级组合理论是围绕着城市区域的三个假设建立起来的。

第一个假设是,任何一个区域内作为一个地域单元都可以视为均质区域。例如,一个地域内各个不同规模的城镇或城市中的住宅区、工厂区、商业区和文教区等。均质区域可以大到日本的东京湾与关西地区大阪-神户的城市地带等等。

第二个假设是,若干类似或不同的均质区域由于城市的互相联系与相互作用而产生了结点区。菲尔布瑞克认为,均质区域的相互关系可分为两种,一种是平行关系,即各均质区域之间互为平行,另一种是结点关系,即各均质区域之间与它们的核心保持有各种联系。例如,在一个经济比较发达的工业化城市区域,一个结点区必然包含一个作为核心的结点以及与结点相联系的若干均质区域。一个大的结点区可以是一个城市结点区,它包括了一个内区(称之为建成区的城市工商业集聚区域)和外区(与城市有密切联系的其他结点区,或城市边缘区,近、远郊区与小城镇等),见图1-4-3。

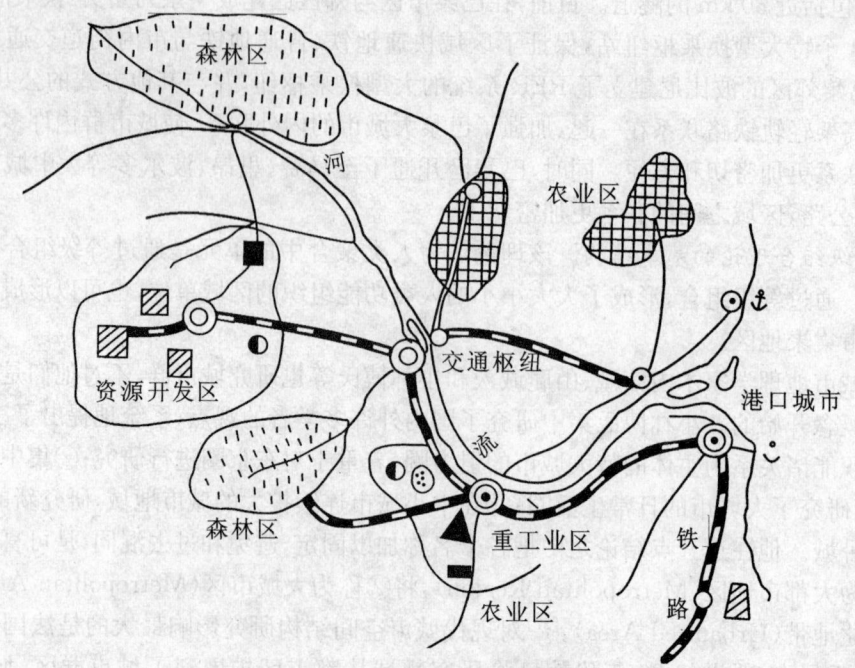

图 1-4-2 港口城市群体内城市与地区的互补性

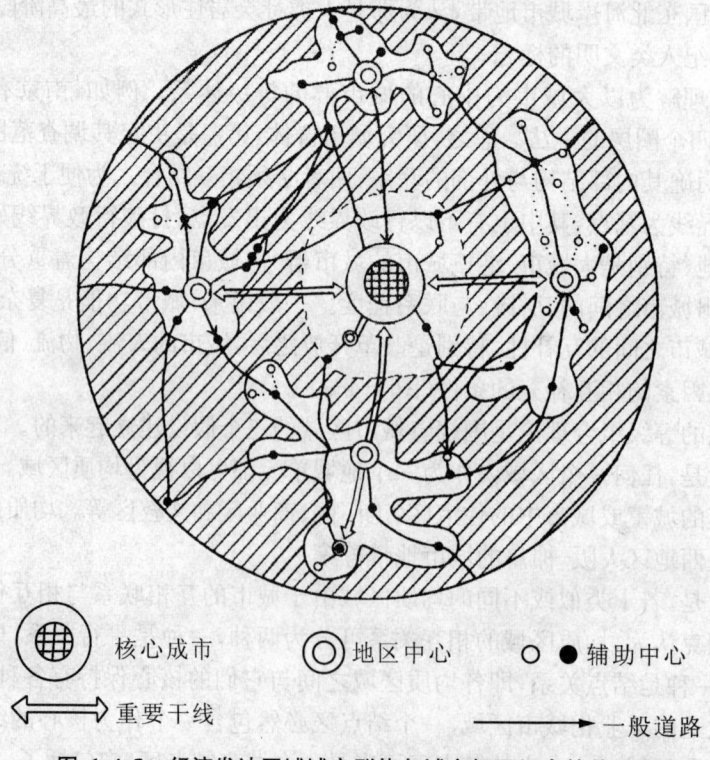

图 1-4-3 经济发达区域城市群体各城市相互组合的关系图

第三个假设是,人类占用的各种地域型区域都被安排在一个具有等级制的功能区域组合之中。而且,这个等级制的特点是,随占用单位从地表空间的较小部分扩大为较大部分,导致其规模的空间扩大和各种条件的相互作用日趋复杂化,均质区和结点区不断地交互出现[29]。

城市群是在区域内一个相对存在的整体,也是一个开放性的有机联系存在的系统,如果把城市群体划分为每一个城市存在的地域空间,并把复杂的社会经济实体分割成若干个城市单体进行研究,就容易陷入孤立、片面的思维方式,主观地割断城市之间的联系去研究城市,这不是城市群的区域系统研究的方法。从城市等级组合理论分析,城市群首先体现了生产的联系性,才能使城市成长找到经济的生长点。其次,城市群社会生活的社区性,亦体现了城市化社会化的现代生活方式。第三,城市群的商品交换、文化旅游、信息往来等等,又体现了城市群内部的有机联系性与贸易性质。第四,进入21世纪信息化时代,各个城镇、各个地区的一切活动进入信息化、网络系统的层次中。也就是说,城市群体空间中的等级与作用不仅取决于其规模和经济功能,而且也取决于其作为复合网络连接点的作用。从这个意义上看,大都市连绵区、大的经济区内的城市群区都是产业空间重组的结果,是一种新的区域——城市地域空间组织形式,是城市化发展进入高级阶段出现的以集聚与扩散为主要特征的地域城市化现象,它占据着一个国家或全球性的区域经济发展的核心区位(例如纽约、东京、伦敦、上海等)。

赫伯特·甘斯(Herbert Gans)在《莱维汤人》中对他的发现描述道:居住时间较短的居民只同本街人进行交往。两年之后,大约1/3的居民说,他们大部分时间不同本街居民交往……随着时间的流逝,人们开始在工作中、在教室里等等场合下进行接触,可以发现双方趣味相投的朋友,从而不必非要在邻里间交朋友。时间继续延长,这种较大的交往圈在朋友关系和群体的形式上发挥越来越大的作用。[30]上述例子说明了城市群内城市之间人们联系方式的一个侧面。显然,在现代生产力水平下,城市群的各个城市单体,如果存在着建立在地缘关系上的封闭式的城市生活,是与当代城市文化的交流与信息的传播大相径庭的。确实,封闭的城市生活与孤立分散的城市个体,失去城市母体的组合力量,当然会扼杀城市生产与生活的多样性与选择性,也会禁锢现代城市生活的主体性与个性。"这是与我们开放性城市群体的空间扩散规律相违背的。"[31]

从西方国家来看,区域城镇群体空间的规划,已不再仅仅是解决自身发展中遇到的问题,而更具有增强自身的吸引力与竞争力,以获得更多发展机会等空间形态以外的内容,即空间规划更多地具有了空间政策的内涵。英国著名学者霍尔(P. Hall),在70年代曾经批判美国的城市规划是"不成其为规划的,是一个猖獗的个人主义左右经济发展与土地利用规划,范围搞得很大,而物质环境过于地方性和小规模"。近年来,各国都在采取城镇群体的规划来控制城市地区空间的乱发展。

第五节
城市群区内交通网络联系

城市群的内部结构与联系虽然未及高层次的城市体系那么完善,但在工业化、城市化过程中,城市群区内各个城市之间的联系也在逐步加强,逐步完善。我们考察城市群的内部联系,主要是从公路交通(包括高等级公路与一般性的县乡公路)、铁路、航空、通讯信息与水运等方面来反映的。改革开放后,特别是我国超大型城市群区,不仅国际性的联系繁忙了,而且国内(近邻地区、城市)的联系更加紧密了。由此可见,城市群体内各个城镇间的各种联系是通过多种运输方式与信息网络有机地结合在一起,并通过高密度、大运量、常规性的网络联系来实现的。城市间的网络联系及其所反映的相互作用的研究,是进一步解释城市群的内部结构与高层次的空间联系特征的基础性工作。

一、城市群区内的高等级公路联系强度

沪宁杭城市群区 2001 年有公路里程约 2.8×10^4 km(未包括舟山地区公路里程),公路网密度高出全国 1 倍多,但每万人拥有的公路里程不及全国平均水平的 1/2(主要原因在于这里是全国水网最密集地区,内河航道有 36.8 km/100 km^2;全国水平仅有 1.15 km/100 km^2)。目前,本区与珠江三角洲、京津唐等城市群区相比,公路网密度和万人拥有的公路里程均较低,主

要是由于水网发达,过去有许多大宗货物运输主要靠水运为主。

至20世纪90年代末,沪宁杭城市群地区内高速公路网总长度超过1 000 km(含一级公路),其他公路等级低、运输量大,因此造成区内大量三级公路承担着二级公路、一级公路的交通流量。高速公路收费高,致使外省市大量货车不愿意在快速干线上行驶,车流量不足,高速路未能完全发挥通过能力大的作用。例如南京至镇江、常州段,每昼夜行驶车辆仅为2.4~3.1万辆;苏锡常至上海市路段仅有3.8~4.8万辆,只能达到设计标准的60%~80%。因此,投资效益尚不明显。"除了公路线路通过能力严重不足以外,过江通道能力也严重不足。南京长江大桥的交通量已超过设计能力的三倍以上,南通、江阴、镇江之间的过江公路交通仅靠轮渡,过江时间长,交通不畅,严重制约了长江南北两岸的联系,这也是导致江北地区至今经济仍然相当落后的重要原因之一。"①江阴大桥已于1999年12月通车,每昼夜约有1.45万辆汽车通行;芜湖长江大桥已于2000年9月30日通车,每昼夜通行车辆不足1万辆;南京长江二桥于2001年3月通车,车流量达1.6万辆;镇江长江大桥已于2005年通车。到2005年,江阴大桥每昼夜有2.8万辆,芜湖大桥为1.8万辆;南京长江一桥为5.4万辆;南京长江二桥为3.4万辆;南京长江三桥为1.8万辆;镇江润扬大桥为2.1万辆。② 随着长江三角洲高速公路网络化的形成,本地区内大都市圈、大中小城市之间的联系越来越密切,促进城市群区的完善化发展。

二、城市群区内的铁路网络

沪宁杭地区的铁路干线有沪宁、沪杭、宁宣(杭)、杭甬与浙赣线,铁路营运里程约1 450 km,铁路网密度为1.35 km/100 km^2,比全国平均铁路网密度高出1倍多;每万人拥有有铁路里程仅为0.18 km,只有全国平均水平的1/3(2001年)。同国外相比,铁路网密度只有德国、英国、日本、法国等国平均密度的1/6~1/4;每万人拥有的铁路里程平均水平更低。目前情况不仅是营运里程不够,而且是铁路技术装备落后,火车运行速度慢,难以适应本区城市间日益频繁、快速的物流,特别是人流的需要。京沪、沪杭铁路近年来在提速,但也仅为120~160 km/h,比之国外的高速铁路(日本的新干线与西欧的专用铁路),我们更显得落后。③ 由于本区城镇高密度分布、人口集中、物流巨大,铁路与公路运输仍不能适应本区城市群发展的需要,导致城市间旅客运输压力相当突出。

从表1-5-1分析,可看出我国最大的城市上海与南北两翼的城市的联系强度,与江苏七市的联系比与浙江五市的联系强一些,其中,上海与苏州、无锡、杭州、宁波四城市的城市联系强度最大,其次为南京、常州和南通、嘉兴。前四者均位于上海160 km半径以内,其他城市距离大一些,但由于南京的城市规模较大、工业基础雄厚,与上海存在产业、信息上的互补性,所以比值也较大,一般大于5。

常州、湖州、镇江、扬州因为受城市群区内第二级别城市(南京、杭州)的吸引,处于上海、南京辐射范围的分界点。上海的强辐射直接影响到苏、锡、杭、甬四大城市,苏州的长途通话量中对上海的占40%,对无锡的也36%,对宁波的有34%。其高速公路、铁路客流,以上海发往苏

---

① 杜德斌.长江三角洲城市带一体化的交通网络模式构想.经济地理,1999,19(3):92~93.
② 姚士谋,方青青,朱振国.高速公路发展与城镇规划的互动研究(2004年)//国家自然科学研究报告.
③ 杨桂山,陈雯等.长三角地区区域规划综合研究报告(2006年).

州、无锡与杭州的昼夜平均密度最大。上海大都市圈,将在今后 20 年内建成上海至苏州、无锡、昆山、嘉兴、湖州等地的轻轨铁路运输系统,更加便捷地沟通城市群内部的区际联系(图 1-5-1)。

表 1-5-1　上海与长江三角洲城市群区的城市经济联系强度表

城市名	引力系数	联系强度
苏州	77.7%	19.5
无锡	81.5%	11.9
南京	86.9%	5.6
常州	81.9%	4.4
镇江	85.0%	1.6
扬州	63.6%	1.0
杭州	74.3%	8.6
嘉兴	51.5%	7.1
宁波	70.2%	7.0
南通	66.7%	6.1
湖州	39.3%	3.0
绍兴	70.4%	1.5

资料来源:张落成.经济低谷区崛起的机理研究.南京:中国科学院南京地理与湖泊研究所,1999.

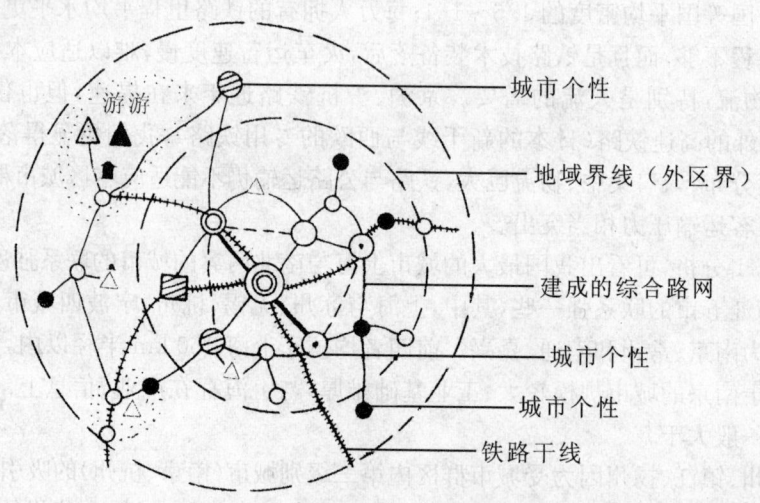

图 1-5-1　城市群区内交通网络示意图

三、城市群区内的航空联系强度

改革开放以来,我国航空事业发展迅速,特别是在我国的京津唐、沪宁杭与珠江三角洲城市群区的首位城市北京、上海、香港、广州这四大城市表现突出。航空运输在中心城市经济运行和对外人流、物流、信息流交换中的作用日益明显。为了把握航空联系所反映的城市群区内城市联系的空间扩展特征,首先要根据各大城市群区内的首位城市在我国航空运输网中的地位,根据流量大小与密度,进行城市等级划分。我们可以按照主要城市的国际、国内与省区内的航线班数、通过"紧密度"指标进行等级划分。计算公式如下:

$$G_i = (k_1 d_{i1}/\max d_{i1} + k_2 d_{i2}/\max d_{i2} + k_3 d_{i3}/\max d_{i3}) \tag{1}$$

式中,G_i 为城市群区大都市航空运输绝对结合度,反映了该大都市在国际、国内航空运输网中地位的绝对重要程度;d_{i1}、d_{i2}、d_{i3} 分别为省内、国内、国际航线的周航班数;k_1、k_2、k_3 为权值,通过资料分析与专家咨询,分别取 1、5、9。

$$G_i' = \sum_{j=1}^{n} d_{ij}/d_j \tag{2}$$

式中,G_i' 为城市群区大都市航空运输相对结合度,表示该大都市与其他城市群区大都市间联系的密切程度,反映了其在国内航空运输网中地位的相对重要程度;d_{ij} 为 i 大都市与 j 大都市间的每周航班数;d_j 为 j 大都市每周航班总数。

1998年,国内通航城市共162个,占全国城市总数668个的29%。根据公式(1)、公式(2)计算各城市的 G、国内 G'。结果如表 1-5-2。

表 1-5-2 我国超大城市群区内重要城市航空运输紧密度

城市群区	首位城市	G	G'	其他城市	G	G'
沪宁杭区	①上海	14.3	8.65	②南京 ③杭州 ④宁波	3.6 1.8 2.4	1.75 1.08 1.35
京津唐区	①北京	15.2	8.81	②天津 ③石家庄	1.6 1.45	1.12 1.05
珠江三角洲	①广州	14.1	8.45	②深圳 ③珠海	8.6 1.4	3.2 0.95
辽宁中南部区	①沈阳	6.5	2.12	②大连	5.88	2.32
四川盆地	①成都	8.3	4.85	②重庆	5.65	2.86

注:珠三角地区航空运输紧密度未计算香港的资料,所以广州为首位城市。

从表 1-5-2 中分析,属于全国性的航空中心城市有北京、上海、广州。如果将香港算入,香港兼具有国际性的航空港之一,年旅客吞吐量1998年新机场已超过2 300万人次,2005年接近3 800万人次,其中46%以上为国际航班。其次为北京3 480万人次、上海3 500万人次、广州2 700万人次、成都超过1 000万人次。国内其他主要机场(如成都、西安、沈阳、昆明、武汉、重庆、厦门、南京、天津、大连、哈尔滨、桂林等)的客流量不足1 000万人次/年。[①②] 国内最大的

---

① 陈南禄. 航运业与大城市息息相关. 香港大公报,2000-03-06.
② 全国民航工作会议. 中国民航,2004-07-27.

一些城市群地区内,国际化大都市的建设(上海、北京、广州等)以及重要的区际中心城市(沈阳、武汉、西安、重庆、成都、天津、深圳、南京、杭州、大连、青岛、昆明等),国内国际航班不断增加,国内外旅游业迅速发展,旅游度假、休闲与文化科技交流不断扩大,使我国的航空事业得到较快发展。到2006年,上海浦东国际机场国内外客运总量将达到4 000万人次,广州新白云国际机场的旅客吞吐量将达到3 800多万人次,接近香港国际性城市的水平①。这样就大大促进了珠江三角洲与沪宁杭超大城市群区的发展。

---

① 蒋应时.上海市十一五规划与长三角区域联动发展.2006-04-12.

第六节
城市空间扩展过程与模式

近一百多年来,城市发展与产业革命几乎是同时进行的,特别是工业布局的区域,由于交通条件与市场区位的原则,工业成组布局,人口大量集聚,加速了城市空间的扩展过程。但城市发展的初级阶段,交通条件不完善,人口集中在比较狭小的地域内,各种市场的经济贸易活动也并不是高密度进行的,西方地理学家称之为"前工业化时期",与工业化时期的城市化现象有较大的区别。

这种城市空间扩展的初级阶段,是城市化的第一阶段。由于交通设施未充分发展,城市工业与第三产业部门为满足所需要的劳动力,不仅吸收城市内部的积压就业人口,而且开始大量地从城市周围吸收农业劳动力,因此,郊外人口减少了。由于大量吸收人口,造成人口流动频率加大,城市空间扩展的速度(特别是市政公共设施与居民住宅)跟不上城市社会的需要,在城市地区内为劳动人民提供的却是低质量的住宅,往往是生产区与生活区犬牙交错、相互穿插,这种居住环境质量较为低劣,设施很不完善,建筑物杂乱无章,不成规范,形成了城市区域的贫困住宅区[32]。

在大多数发展中国家,由于城市建设财力拮据,不可能对城市市区投入大量资金与人力、物力进行城市更新与改建。城市工业企业与社会团体进一步聚集与发展,狭小的市区已容纳不下集中来的人口和产业,不得不向城市的外缘地区扩散,于是便开始了城市向郊外延伸扩大的倾向。这一阶段,城市经济活动特别是工业经济与商业贸易活动不断向郊外分散发展,形成一些规模不大的工业城镇与小镇,其市政设施也十分简陋。而促使这种倾向成为可能的,是交通设施的发达,最初的城市郊区化是在20世纪初铁路时代以及至郊外电车出现之后,这时,经济活动才有可能真正向郊外分散(图1-6-1)。

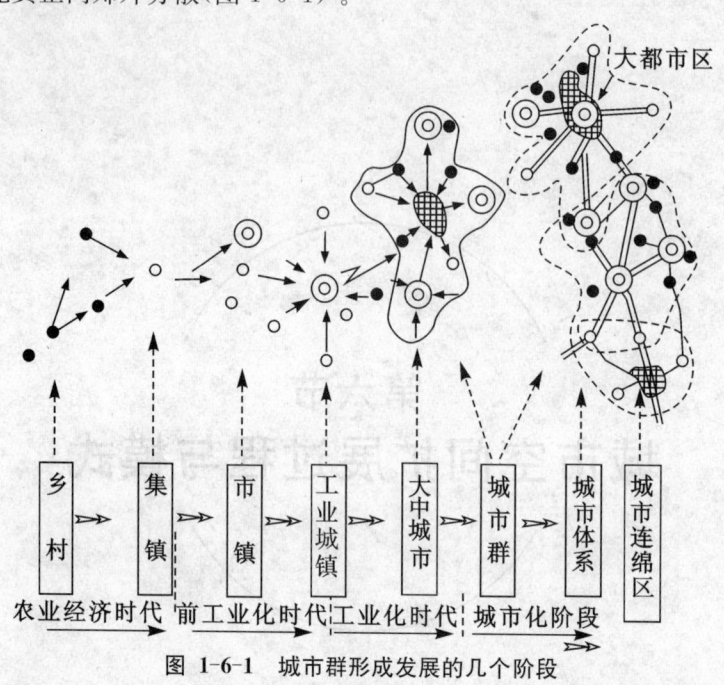

图 1-6-1 城市群形成发展的几个阶段

城市经济活动向郊外分散的倾向首先是从居住活动开始的,渐渐波及到商业活动和商品交换活动。这种城市化与前面的以集中城市化相比,应称为"分散的城市化"或称为"郊区化",分散的结果,原来的中心城市和新城市化的郊外两者合在一起,形成社会、经济结合在一起的整体关系的地域城镇分布地带。[33]

第二阶段的城市化是以工业集聚分散化与郊区城市化为特征的。日本城市地理学家田中、木内、藤冈等人在他们的城市化著作中都有精辟的论述,田中称之为"经济分散化"与"郊区化"活动。但是,应当注意的是,郊区城市化在产业活动和居住活动之间有很大差别。虽然产业在郊区开始选址定点,但主要是制造业部门,新发展起来的第三产业仍在市中心及中心城市进一步集聚。从空间布局的整体分析,中心城市的产业仍然在集中。

形成产业集聚、人口集聚与城市建筑物高密度集聚的主要因素,首先是城市交通位置与用地的区位优势,由于铁路、道路等交通设施以及上下水道及其他公共设施等社会资本在市中心及中心城市充实起来,基础设施逐步完善化并形成网络的整体效应,城市基本建设投资已发挥作用,社会资本的利用率越高,其单位成本越低,即所谓"规模的经济"发挥了作用。其次是城市企业团体、机关越是高度集中、相互靠近,社会文化交流活动的机会就越多,形成现代城市社会,越能抢先得到比较可靠的信息,高密度的经济活动形成了"集聚经济"效应,城市的各种能源交换频繁,形成了川流不息的城市社会。正如英国城市经济学家巴顿(Berton)指出,由于城市引力场聚集引力功能,使大量的人口、劳动力、资本、资源、技术和商品集中于城市,"与同类企业在地理上集中特别相关联的更进一步的聚集经济效益,是日趋积累起来的熟练劳动力汇集和适当的工业发展新需要的一种职业安排。""由于熟练劳动力的汇集,才有可能把经营家和企业家的聚集发展起来"[34]。

加强城市空间扩散过程的重要因素是交通条件的变化,尤其是铁路线的建设和汽车的出现与普及,以及城市干线道路网的建设,使那些近郊、远郊区本来是不毛之地的区域变成了城市工业集中布局以及环境优越的别墅式住宅区(尤其是资本主义国家大城市郊区化出现的城市化现象)。日本、法国发展城市郊外铁路对城市郊区化起重要作用;美国、德国、意大利等国发展高速公路,大批量发展小汽车,近年来美国、日本的汽车年产量一直保持在750~1000万辆左右,德国、英国、法国也在500~650万辆,供过于求,市场疲软。中国小汽车产量近几年发展很快,2005年全国产量达500万辆。汽车价格下降促进了中产阶级以上的有钱人在大城市郊外选择住宅用地,使城市边缘地区迅速城市化。这是城市空间扩展的主要形式。

我国城市郊区化主要表现在交通区位比较优越的地点或城市边缘地区扩大工业区和建设新村,多在大城市的郊区尤其是近郊区,使工业选点尽可能靠近城市功能较为完善的市区,职工上下班主要依靠公共交通系统,城市基础设施不断由市区向郊区延伸,形成了建成区的不断扩大(图1-6-2)。

"只有大城市地区才适宜设置机场设施,而配置铁路干线才需要有一个最低限度的城市规模,年运量达500万吨考虑规划建设铁路线,大城市一般能为全国性市场提供优越的交通条件。"[35]并且在大城市,金融和商业机构的条件更为优越,我国的情况也是如此。有一些地区虽然远离城市(20~35 km不等),但这些地区的用水用地条件较好,又具有优越的交通区位(如上海的金山卫、闵行工业区,南京的大厂镇,天津的塘沽港与经济技

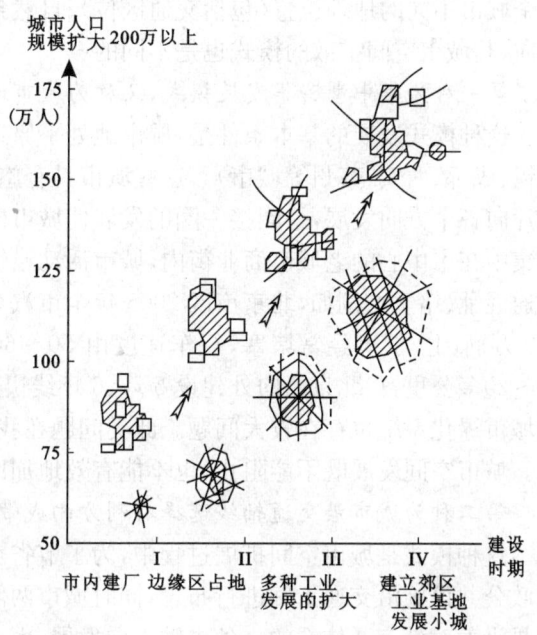

图1-6-2 中国大城市人口与用地规模扩展模式

术开发区等),因此很容易形成有一定规模的工业卫星城镇,成为我国大城市空间扩散的又一种重要形式,城镇人口规模加大,在25~40万人(2004~2005)。大上海的郊区2005年总体规划确定要发展4个规模较大的副中心:嘉定汽车城、临港新城、松江区大学城和浦东张江技术工业园区,人口规模将达到50~80万人,形成一个大上海都市圈的组合城市化地区。

当然城市的空间扩散是有条件的、有序的,只有这样才符合城市发展的自然、经济规律,才能符合城市发展的门槛要求。根据波兰科学院院士萨伦巴(Peter Zaremba)教授的分析,影响城市发展的因素主要有三个:

(1)自然地理条件对城市用地发展的适合程度(例如城市用地的坡度、坡向、高程、地基承压、地震裂度等等)。一般城市用地可分为:①不需要采取任何技术措施就适合城市发展的土地;②需要某些改造才适应城市发展的土地;③完全不适合城市发展的土地。很显然,城市空间扩展的方向主要是根据①、②类土地。

(2)城市公用设施和运输系统扩展的可能。城市基础设施的工程建设费用是十分庞大的,例如城市供水、排污、排水、供电与通讯网络工程等需要较多的投资。通过分析,可以把地分为:①可由现有公用设施网络服务的土地(只对管网线路的分支做些小规模的扩展);②需要

铺设新的干线和建设有关的构筑物用地;③不宜新建或扩建公共设施网络的土地。[35]

(3)现代城市土地利用。包括建成区内未发展的用地、环境质量低劣或荒芜废弃之地、历史遗迹、污染防护区等等。

在城市空间扩展过程中,有一些用地不需附加投资就可作为扩展用地的(如一些空旷地、交通干线附近的地基承水压力较好的平坦用地等),还有一些可以进行一部分投资改造的城市用地,以及那些应保护的区域,在编制现状图时都要用各种线条符号划出并标明。

由于上述三个重要因素影响或制约着城市空间扩展的方向规模,对城市地域结构也产生很大的影响。因此,城市空间扩展过程及其地域结构形态是有一定的规律和模式的。根据每一个城市不同的地理位置(包括交通区位)、自然条件(主要是地形、地势与用地)和城市发展的方向,其城市空间扩散的模式也是不同的。

第一种为集中型密集发展模式,又称为城市连片集中"摊烧饼"的发展形式。

这种模式发展的基本条件是,城市地处平原地区,城市四周用地条件较好(如北京、沈阳、无锡、成都、西安、苏州等城市)。这些城市具有悠久的发展历史,长时期以来城市不加限制地连片向各个方向发展,一圈接一圈的发展使城市内部拥挤起来,城市的生产活动、生产服务大多集中在市中心的老城市商业街内,城市活动错综复杂,城市功能也比较混乱,容易引起城市交通混乱、堵塞。例如,北京市区2005年全市汽车保有量高达360多万辆,其中私人汽车已达210万辆,上、下班经常堵塞,行车速度由50~60年代的40多公里(每小时)下降到现在的15~20多公里?!北京已向外建设5环、6环线快速干道也没有解决交通问题。城市生态环境和城市绿化系统也存在较大问题。此类问题在我国的上海、广州、成都、天津等大城市普遍存在。城市空间发展既不能阻止,也不能有效地加以控制。

第二种为城市沿交通轴线选择有利方向成带状发展的模式。

这种模式是城市空间扩展过程中,为了节省交通与管网投资,利用交通干线,工业企业与市政公共设施沿交通走廊进行布置,同时城市两侧可能受地形地物的限制,城市发展过程中主要是沿着对外交通体系的一条主轴方向发展,因而有些城市的地域形态成了一个带状或椭圆形发展。沿交通走廊发展可以使比较狭长的城市平面厚度保持在一个合理的尺度之间(如常州、兰州、宁波、乌鲁木齐、渡口、连云港等市)。

这种模式不会形成巨大的集中城市,因为城市成狭长式的带状发展模式或组团式,在功能结构上有利于城市的区域划分,一般的工业区布局在下风方向或下游地区;生活区布置在市区上风方向或上游地区;如果工业区布置在下风方向,与下游地区有矛盾的城市、开发区处在不同地域内,那就要具体分析、论证那些工业项目(例如:有水质污染的企业不要布置在城市上游地区;大气污染严重的企业尽可能布局在下风方向等)。带状城市的发展机制主要依托交通走廊与工业走廊的发展,各大中型企业为了运输原材料与产品的方便,都在交通走廊两侧布局,对产品运输、人流客流的分散和集聚比较有利;但往往引起市政设施、各种管线的建设加长,特别是上下水管网、污水处理与垃圾收集等的投资过大,发生人力、物力、财力的浪费现象。

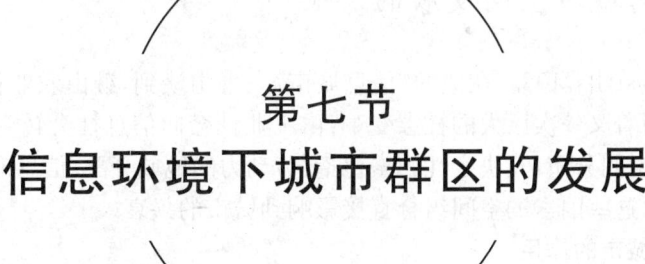

第七节
信息环境下城市群区的发展

一、信息技术与信息社会

自本世纪中以来,计算机、网络及通讯技术的快速发展,对当今社会产生了极大的冲击力。首先,人际交流的方式中电话、传真、电子邮件迅速普及,部分取代了面对面交谈、通信等固有方式,但同时增强了人们之间联系的频度,扩大了联系的范围。交流方式的改变使得社会生活的各个层面出现了新的内容,如电视教学、网络购物、远程医疗诊断、GPS(全球定位系统)与GIS(地理信息系统)支持下的自动交通引导系统等。[44]

其次,社会经济的格局发生了重大变化。在产业构成上,以计算机、网络、通讯技术为核心的高科技工业成为最有潜力和发展速度最快的产业。与之相关,银行、保险、投资、专业管理以及公共服务业等对信息及信息技术依赖程度较大的产业成为就业及经济的主体,人们往往将之称为第四产业,以区别于低技术含量、简单服务为主的第三产业。[45]

另外,新技术发展无限扩大了人们可接触信息的范围,而信息自身不属于任何人的开放性本质,使得接触与获取信息的途径成为发展的玄机。类似于农业社会的土地与工业化早期的矿石,信息的富有与贫乏决定了经济的发展。对信息的追逐,使得城市特别是大城市再次成为经济集聚的中心而受到人们的瞩目。因为大城市固有的地位，使其成为大量信息汇聚的中心，吸引了大批的信息消费群，由此而衍生出更多需求，需求则刺激信息供给机能的进一步发展，而如此循环发展的结果可能是经济在少数大城市的高度集聚。

科学革命与全球经济一体化，促进信息技术的广泛应用，社会信息技术的传输，使城市空间扩散与城市群的内外联系加快、加密。美国著名的城市地理学家贝利（B. J. L. Berry）曾经引用美国国会技术评估办公室（OTA）一个报告指出：新技术系统正在创造一种在空间上更离散的经济，从而导致都市区范围的扩大、郊区化的加速、城市间的联系加密、大城市地区人口的扩散和密度的降低。[46,47]

二、信息技术对城市空间发展的影响

卡斯达拉斯（Castells,1989）在他的《信息城市》一书中谈到，继由农业社会向工业社会转变之后，我们正经历着又一次巨大的社会变革：由工业社会向信息社会转变。在信息环境下，存在一种新的产业空间分布，其决定性因素包括：劳动力的地域分配、信息形成、生产的扩散和选址的灵活性等，而这些因素的空间组合直接影响到城市的兴衰。

1. 信息技术对城市的作用

格罗姆（Graham）和马拉文（Marvin,1996）将信息技术对城市的作用概括为四种效应，即协作效应、替代效应、衍生效应和增强效应。

协作效应，指信息技术的发展与城市发展呈现一种协同并进的趋势，在空间上表现为信息空间的扩展与城市空间延伸的复合。通讯网络的设计总是以主要城市为节点，光缆等信息通道也与公路、铁路、运河等交通线相伴连接各个城市，这样，信息的流通仍旧集中在交通发达的城市及连接各城市的交通走廊。而在城市内部，饮水、煤气、下水线路则往往为通信线路所利用，以英国为例，其国内第二大电讯公司——Mercury 公司，在建设通讯网时就沿用了伦敦主要金融区地下的旧供水网线路，因此，信息服务的主要空间还是城市地区。美国有四通八达的信息高速公路网，总长度超过 8×10^4 km，占世界信息高速公路网的 68%，联系着 14 000 多个城镇和社区。中国的信息高速公路已接近 4.5×10^4 km，到 2020 年将达到 7.5×10^4 km，连结全国 660 多个城市与 2 600 多个重点中心镇。

替代效应，指通讯技术的发展可以克服原本存在于人际交流中的一些时间和空间障碍，利用信息传递取代或减少人的来回通勤。人们期待着可以在家里办公、通过网络购物、利用多媒体技术召集身处不同地点的职员商讨事务。有了方便快捷的联络方式，公司总部不再设在地价昂贵的中心商务区，而可以分散于环境良好的任意地点。据此推而广之，人们为未来勾勒出乌托邦式的场景，认为随着信息技术的日趋完善，人的活动将摆脱距离的约束，而城市将逐渐消失。如麦克利亨（Mcluhan,1964）提出"地球村"的设想，韦伯（Webber,1968）认为世界将进入一个"后城市时代"，而 Pelton(1992)、Pascal(1987)等则认为城市将不再以地理空间来定义，而将通过电讯技术广为融合[49]。

衍生效应，表现为信息技术的发展可以促进城市经济的发展。以交通业为例，电讯的发展在替代部分交通行为的同时，衍生出一些新的交通需求，并通过改革原有交通管理模式来扩大其系统容量，从而满足新的需求。例如，我们所熟知的电话、传真、电子邮件等并没有完全取代人的出行，而是使出行更方便和高效。而电子数据交换（electronic data interchange）和即时管理法(just-in-time)在生产上的应用加快了产品的出厂速度。移动通讯的发展使旅途时间可以被充分利用,成为工作时间的延伸,从而使被电讯服务覆盖的城市地区及城市与城市之间的交通廊道变得更有吸引力。通讯技术的发展也诱发了一些新兴产业的出现,例如电话理财服务、自动取款机(ATM)等,而环球电话及电子邮件则构建了一种前所未有的广阔的人际关系网。[50]

增强效应,指信息技术的发展可以扩大原有物质形态网络,如路网、电网、水网等的容量,提高它们的功效,使其更具吸引力。例如,道路交通信息引导系统(road transportation information)使道路系统智能化,通过对交通的疏导和控制,提高道路的利用效率。2000年冬,我国东部地区与北京、广州等60个大中城市的宽带网络信息系统的建成,将加强城市群之间的信息联系,信息技术应用于城市管理,也可以创造一种智能化的城市,使城市的功能展现得更为完美,城市更向国际化方面发展。

2. 信息技术发展引起的城市空间扩展

信息技术对城市空间扩展的作用是立体、多方位、多层面的,简单地将其概括为分散或集聚都过于片面。信息技术的实质在于信息的远距离快速传递,这决定了其成为促进人口和经济分散的潜在动力,但是,就人本身而言,面对面的交流所传递的信息并非都能通过电讯网络实现,因此居住的集中倾向不会改变,分散是有限度的。就经济而言,社会生产各部门的联系包括横向和竖向的联系,一方面,公司总部与下属分部或生产厂家的竖向联系较为简单,发达的通讯技术可以化解空间距离的增加,分公司和生产厂可以游离于中心城市之外,依据劳动力、交通、土地成本等择地而建;另一方面,各公司之间、公司与服务体系间,以及各类服务体系之间的横向联系错综复杂,以信息管理为主要任务的高层决策机构,更倾向于集中分布,以便最有效地掌握信息。例如,美国纽约2001年的"9·11事件"中,两座世界闻名的世界贸易中心大楼倒塌了,引起美国100多个大中城市的信息网络中断了一个多月,造成了巨大的损失。1980年,世界跨国公司共有1.5万个,在国外的分公司还有3.5万个,而到1995年,跨国公司增加到4万个,其在国外的分公司约有25万个,跨国公司主要集中布局在国际性城市如:纽约、东京、伦敦和巴黎等。他们已控制着全球生产的40%,国际贸易的50%~60%,国际技术贸易的60%~70%。[49]

在现实环境中,信息技术的发展是非均衡的,不同地域获得信息服务的程度不同。中心城市固有的信息枢纽地位,使其首先成为信息技术服务的地区。又由于信息技术可以提高现有经济体系运作效能,滋生新的产业、创造新的就业机会,信息相对集中和通讯发达的主要城市地区的经济也必将高速发展。在全球经济一体化的形势下,信息量最大化及其信息传输完善化的地点,首先是集中在城市群区内区位条件最好、国际性交往最密、人口规模最大的那些超级城市中(如纽约、东京、伦敦、巴黎、香港、洛杉矶、上海等)。

信息技术的发展使得制造业从城市中分离出来,而高层管理机构则加速向中心城市集中。为了便于同管理机构联系,这些分离出来的产业,一般分布在交通和通讯较发达的城市外围,或沿交通走廊延伸。因此,城市空间的扩展表现为中心城市高度集聚,并向外呈非连续性用地扩展,而城市集中的地区,各城市与中心城市的联系加强,整个城市群区呈融合趋势。

三、信息技术与城市竞争

信息技术的发展为城市在区域及全球范围的竞争创造了条件,主要表现在推进经济的全球化。首先,劳动力的地域分配引起产业在全球的大扩散,信息技术强化了管理机构的控制能力,从而推动了这种生产的全球化,而发展中国家和地区一般成为承接这种产业扩散的场所。其次,信息技术发展有助于世界市场的统一和规范化,很多产品都可以在世界各地随处购得,经济变得更为开放,各个国家的经济都与全球经济紧密相关,成为全球经济的有机组成,各国经济政策也更趋于开放,限制的范围大大收缩。经营者面对如此纷繁炫目的机会和选择,其事务处理成为经营活动的重要内容,事务处理的成本在总投入中所占比重也越来越大,而信息技术则能帮助人们抓住机遇、有效降低处理事务的成本。

信息网络传输的特点决定总存在一些节点位置,这些节点一般位于基础设施条件较好的中心城市,吸引各类高层管理机构向这些信息节点汇聚。如一些世界性大城市,伦敦、纽约、东京、巴黎等在经历了自20世纪70年代至80年代初的停滞之后,80年代中开始又成为各类跨国公司总部选址的热点。信息像磁石一样吸引经济向这些节点城市集聚,而通讯技术则使得节点城市对信息网络覆盖范围具有强控制力,加之信息技术发展与投资之间的互动效应,使节点城市具有非同寻常的意义。

由于经济全球化产生的新的经济活动不可能均匀分布,也不会沿袭固有的经济部门和经济地域分配,城市之间必然面对发展的竞争,而信息技术成为城市参与竞争最有效的手段。不少大城市都确立依靠信息技术增加城市吸引力的发展战略,主要表现在如下方面:

(1)发展电讯港及高技术商务中心。计算机及现代通讯技术在办公活动中的广泛应用,使先进的通讯系统成为办公楼必不可少的基础设施,而中心商务区所拥有的通讯产品消费市场则吸引相关信息技术公司在附近集中发展。这种发展模式在巴黎的 LaDefense 和纽约的 StatenIsland 都十分成功,其他如鹿特丹、阿姆斯特丹、东京和大阪等城市也正着手此类电讯港的建设。

(2)制定政策鼓励私人投资通讯基础设施建设。这些项目包括通讯光缆、智能化办公楼、计算机网络建设等。政府可以通过出让线路权,如允许光缆沿现有路网铺设,吸引私人投资,加快通讯设施建设。另外,政府还可以通过发展计算机公众网,引导私人投资参与网路建设。

(3)在公共服务系统中大量采用信息技术促进经济发展。一般而言,政府是信息的最大消费者,信息技术在税收、财政、土地及各种条例的管理上都能发挥显著作用,在政府的公共服务系统中引入信息技术,能大大提高政府的服务效能,同时带动信息产业的发展。

(4)制定政策强化城市信息功能。在认识到信息及通讯技术在城市经济发展政策中的地位后,一些城市通过各种途径来强化利用信息的功能。如德国科隆通过在市中心设立媒体广场来强化其广播、出版中心的地位,日本 Kawasaki 曾计划建设18个"智能广场"作为智能化办公楼的中心,各办公楼间通过30 km 的光缆来连接,以实现信息城市的目标。纽约作为全球通讯中心之一,其国际长途电话的频次占全美的35%,而其拥有的铺设光缆的办公楼为470栋,高于东京的110栋和伦敦的400栋,为了进一步强化城市的信息功能,在1990年纽约制定了新的信息发展政策,称之为"一万亿的风险投入:电讯与纽约经济的未来"。[50]

总之,信息已成为城市竞争的焦点,而城市竞争的结果,在全球是少数几个信息节点城市如伦敦、纽约、东京等不断壮大为世界性城市;在各个大洲与各区域也将出现一些主要区域性的中心城市(又称为国际性城市,如巴黎、香港、芝加哥、新加坡、法兰克福、洛杉矶、上海、莫斯科、柏林、大阪和汉城等等),在这些城市及其周边地区经济高度集聚发展。

第八节
城市群的强化、类型与分异

城市群也是一种城市形成与发展过程中的城市化现象。它主要受以下两种社会生产发展规律所支配,一是城市与区域发展的相互制约的基本规律,包括区域经济发展条件、城市本身的区位条件、自然地理环境与资源条件、历史基础与上层建筑、政策措施等条件对城市群的不同程度的制约作用。二是城市与区域网络的相互协调规律,主要包括城市发展过程中区域交通网络的动态变化,人们的社会经济活动方式向多层次、多维空间转化。例如城市之间单向联系变成相向、双向和多向联系,由一种运输方式变成多种运输方式的联系;文化科技与经济贸易信息量不断加大、加密。这种有机体的"脉动"过程是城市群由低级向高级、由简单到复杂的城市化过程,其中心城市的经济活力(包括信息流、金融流和商品流等)对城市群发展和完善具有决定性的影响。

在城市化的进程下,这种数量、规模和面积的改变,使这些城市起了质的变化,而且扩大了城市的影响范围,把城市的商品货物、生活习惯、价值观念等带到迄今仍然是独立自主的农庄中去,并发生巨大变化(刘易斯·芒福德,1964)。近代社会的城市群,特别是首位城市,是一个国家或地区经济、文化和社会活动的质点。"这个质点是由自然、社会、军事和经济等重要的因素组合而成的活的有机体,也是目前人类社会进步和科技文化发达的最主要的标志。"[46] 由于现代工业社会的日益发展,城市化水平的明显提高,也促进了地区城市群的不断成熟。"城市化问题是当代社会经济发展的综合性的重大问题,涉及自然资源的合理开发利用,涉及到农村人口转化、剩余劳动力的去向以及城市职工的就业安排的问题。"[47,59]

前苏联城市地理学家皮沃瓦诺夫认为,城市化不能归结为现代城市简单的人口机械增长,而且更重要的是金融、商贸人才与信息在城市地区内的集中和城市在国家生活中所起的日益增强的作用。城市化与社会经济深刻变革有关。这些变化使某些城镇和乡村受工业、交通、各种公用事业的影响,受城市生活方式的影响。这里借用一下马克思的表述:城市化实质也就是有着广泛的社会含义的"城市关系"。由此可见,城市化水平的提高与整个区域城市群的发展、完善有着密切的关系。

城市群与地区城市化紧密相关,也与城市的集聚与扩散规律相互依存。地区城市群的发展与强化过程与三个因素有着非常密切的关系。

第一,城市群的强化与经济区内最大最活跃的城市的发展有着密切的关系。例如,京津唐城市群,北京是首位城市,50年来北京的城市建设、基础设施以及社会经济都发生了巨大变化,对于京津唐地区无疑起着十分重要的作用[61]。其他城市群区域如:珠江三角洲的香港、广州;长江三角洲的上海、南京、杭州;辽中南的沈阳、大连等市,无论是人口规模与城市功能等方面均发生较大变化,在地区经济发展中起到中心地位的作用(见表1-8-1)。

表 1-8-1 中国东部地区大城市的人口增长　　　　　　单位:万人

年份 城市	1936年	1953年	1970年	1981年	1990年	1998年	2004年	重要功能
北京	155.1	276.8	410	570	577	673.8	789	历史名城、政治文化中心
上海	372.7	620.4	602	613	750	893.7	1 024	全国最大经贸交通中心
广州	122.2	159.8	245	237	291	330.6	586	南方最大经济中心
沈阳	52.7	229.9	280	303	360	387.6	488	全国最大装配制造中心
南京	101.9	109.1	175	174	209	238.9	372	历史名城、华东第二大城市

资料来源:①姚士谋,中国城市化区域探索,城市经济研究,1989(11):23.
②建设部,1998年、2004年全国设市城市及其人口统计资料。

第二,地区内重要城市的发展不断向外围扩散,尤其是沿海经济走廊(主要是交通干线)逐步形成新的开发据点,以至形成新的城市,这也是城市群强化的重要因素。

由于城市活动(功能)类型的集中、强化,新的居民点在地区空间扩展中成为突出的节点,围绕着这些有利的节点,城市不断向外围扩散,城市群的内向性、集约性大大加强[57]。中小城市不断发展,有的成为大城市;有的大城市也正向更高层次发展。城市群区域内正存在着两种反作用力——生产力与人口的高度集中以及人口流动、信息往来而产生的城市扩散,二者互相交替发生作用。这是城市群强化的空间特征。

第三,城市群强化具有开放性、边界模糊的特征。每一个城市群当它形成或发育到一定完善地步,由于生产力水平的提高,城市群的强化由过去自成体系的状况向外向性导向发展。尤其是我国改革开放之后,东部沿海几个大的城市群都是按照国家的基本政策——对外开放而得到发展。例如长江三角洲地区随着浦东的开发,带来更深层次的开放和发展机遇,在长江两岸地带以及与长江基本平行的铁路、公路线,形成比较密集的束状交通走廊,以强化本区域的城市地带,一方面可以使国内纵深腹地向东西扩散、南北放射;另一方面,对外开放,加强了与国际市场的联系;并通过综合运输系统,联系各地的城市,对城市发展空间也起导向作用,这样也强化了城市群的空间格局。但如果两个或两个以上的城市群相互联系的区域,其边界是模糊的,正说明了城市区域之间的联系加强了,城市群之间、城乡之间不强求有明确的界线。[59]

我国国土辽阔广大,自然条件复杂,资源分布的丰缺、历史发展过程、经济开发程度与生产力发展水平等等,都存在着较大的地区差异性。我们对中国大城市群的10个定量指标做了系统分析与计算,初步结果如下,见表1-8-2。

表1-8-2 中国城市群若干定量指标

序号	指标名称与单位	超大型城市群	其他类型
1	城市群区域总人口(万人)	1 500～3 000	<1 500
2	区域内特大超级城市(座)	>2	<1
3	区域内城市人口比重(%)	>35	<35
4	区域内城镇人口比重(%)	>40	<40
5	区域内城镇人口占省区比重(%)	>55	<55
6	等级规模结构(5个等级)	较完整	不完整
7	交通网络密度(km/10⁴ km²)	铁路250～550 公路2 000～2 500	250～400 <2500
8	社会商品零售占全省比重(%)	>45	<45
9	流动人口占全省、区比重(%)	>65	<65
10	工业总产值占全省、区比重(%)	>70	<70

注:①全国各个城市群区面积范围大小不同,数据仅作为相对比较系列。
②本表指标系统依据1989～1991年与1995～1998年中国城市经济年鉴资料分类整理、加权平均计算,只作为划分超大型城市群与其他城市密集区的参考指标,其中有些项目指标如:路网密度,中原地区的铁路密度比长江、珠江三角洲区还要密一些,武汉地区的工业产值比重也较高。但这只是单项指标,其他综合指标我国的五大城市群仍高于其他地区。

由于长期的历史发展,城市群的组合区域也形成了不同的类型,从我国经济发展水平的差异特征以及城市群的规模、功能结构与布局形态来看,大致可以划分为三个大类和若干个亚类。

1. 按照城市分布的地域范围与规模等级划分

根据城市群的组合特征、城市规模、经济基础与自然环境特性,将城市群划分为三种类型(图1-8-1)。

第一类,大型或超大型的群组形式的城市群。例如:京津唐、沪宁杭、珠江三角洲地区的城市群,它的经济中心是特大城市和大城市,不仅具有一个或两个全国性的中心城市(如京津唐地区的北京、天津;沪宁杭地区的上海等),而且也有跨地区性的经济中心(如沪宁杭地区的南京、杭州等市)。这些城市拥有雄厚的科学技术、工业和文化教育等实力,沿海主要城市引进外资以及港台资本较为集中,发挥较大作用(见表1-8-3),并能发挥一定的全国性的经济中心的作用。城市群体内的核心城市,人口密度大,土地利用率较高,具有一定的资源潜力和物质基础,并能保证国家经济的合理运转,吸引各种人流、物流与信息流,特别是为本地与外地居民(旅客)提供各种各样的文化生活、服务方式,城市群的服务半径可达150~200 km,经济辐射能力较强的城市群,服务半径甚至可达全国各地。

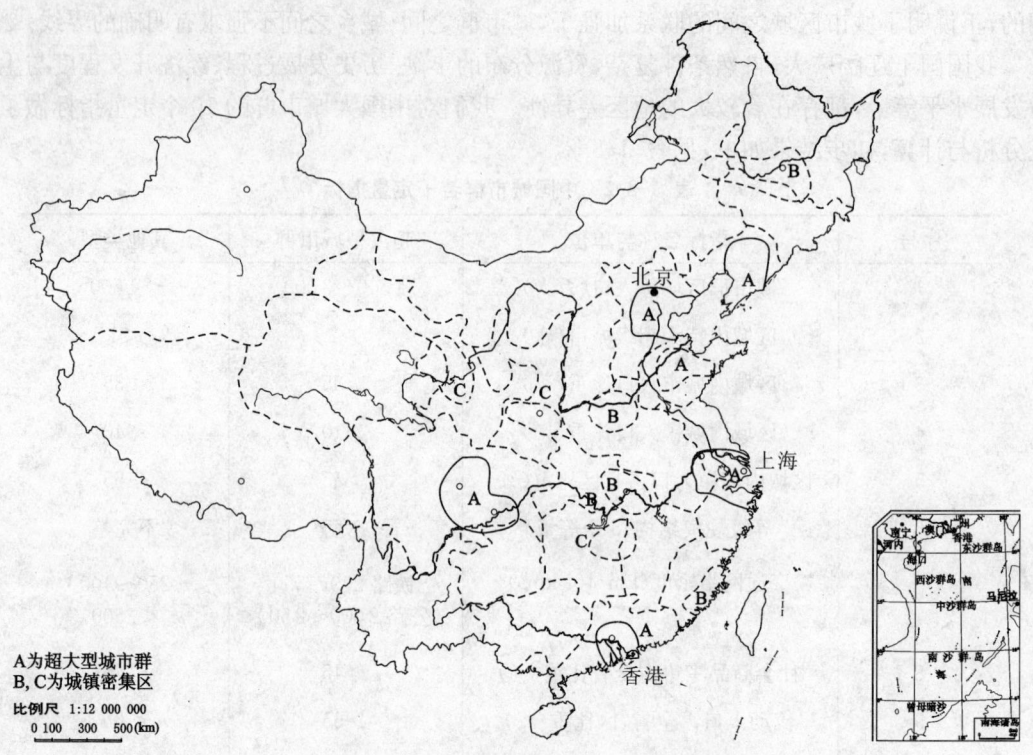

图 1-8-1 中国的城市群与城镇分布区图

表 1-8-3 我国沿海超大城市利用外资情况　　　　　　　　　单位:亿美元

年　份		1995年	2000年	2002年	2004年
上海	合同利用外资	53.60	63.90	105.72	116.91
	实际利用外资	32.50	53.90	50.30	65.41
北京	合同利用外资	27.35	43.37	55.34	62.58
	实际利用外资	14.03	24.58	17.93	30.84
广州	合同利用外资	68.57	46.35	31.66	40.22
	实际利用外资	22.53	31.15	26.53	30.64
深圳	合同利用外资	35.96	26.40	51.86	58.29
	实际利用外资	17.35	29.68	49.02	50.42
苏州	合同利用外资	56.51	46.78	100.67	141.00
	实际利用外资	23.27	28.83	48.14	95.00

第二类,中等规模的城市群组。它的中心多半是大城市或中等城市,有着较强大的省内经济基础和较强大的工业生产潜力,以及便捷的地区性交通运输体系。例如:武汉地区城市群

区、长沙-湘潭-株洲地区的湘中城市群,是属于省内经济区域范围内,工业、农业生产均比较发达,城市之间的经济联系也较为密切的地区,其服务半径约有80～100 km,经济辐射范围大多集中在省区内,或以跨省区范围为主。

第三类,地区性的小型城市群组。城镇分布比较分散,联系并不紧密,而且多为大城市的吸引范围所制约。小型城市群组的经济中心或核心城市,主要是一些中小城市,具有农业与工业生产类型的区域(工业并不发达,但农业经济的比重较大)。例如,我国沿海某些小型城市群区内的核心城市,国际化程度低,工业布局散乱,生态环境恶化,与国内外城市的联系薄弱,现代城市发育水平低;有些中西部地区的城市甚至省会城市在改革开放前,工业基础十分薄弱,区域经济联系也比较脆弱、分散,基本上属于农业经济为主的类型。但有些沿海小型城市群密集区如福厦城市带,开放后,外向型经济发展较快,特别是"三资"企业与地方性的加工工业发展较快,为本区的城市化、工业化打下基础。[63,64]

2. 按照城市性质、功能及其发展趋势划分

可以分为四种类型的城市群。

第一类,加工工业比较发达的区域城市群。

本类型属于城市分布密集地区,在一个相对地域范围内,分布着数量较多的城市与重镇(县城与县属镇),成带状或组团式布局的发展趋势。它是我国经济发展水平与城市化水平较高的地区城市区域空间组织(布局)的一种形式,在优势的地理区位、发达的农业区域、便利的交通运输网或多种自然资源综合开发较好的地区,同时具有优越的对外开放条件。如我国的沪宁杭、珠江三角洲地区的城市群属于此类。

加工工业比较发达的城市密集区,其城市群的布局特征有如下几点:①本区有着经济开发的悠久历史,人口密度较大,尤其是农业集约化水平较高,人类生存与发展的条件较为适应;②以一个较大城市或若干个大城市为经济重心,形成城市(镇)分布较为密集的地区;③各类加工工业比较发达,为全国性或跨省区的经济吸引区域;④城市之间、城乡之间的经济联系比较密切,各种信息传递较快,不同规模的城市具有不同程度的(人流、物流与信息流)枢纽性质;⑤具有外向型发展的趋势,国际性的经济贸易、文化科学技术交流以及旅游层次高、人流密度大,具有国际知名度较高的城市(如上海、广州、香港等)。[45]

第二类,原材料工业与重工业较发达的区域城市群。

此类地区有着较为丰富的地下资源或者靠近原材料产地,许多城市是在矿产资源开发利用的基础上形成发展起来的,有些大中城市也围绕着资源开发与综合加工建立起以重工业为中心的比较完整的工业体系,区域交通运输业特别是铁路交通比较发达,城市与工矿区、城市之间都有发达的陆路交通运输网。如我国辽宁省中南部地区,抚顺和本溪的煤矿、鞍山的铁矿和石灰石等,形成了工矿企业集聚的城市地带。以沈阳为中心的铁路枢纽有5条铁路线辐射出去,与大连、本溪、抚顺、阜新、营口、丹东、鞍山等大中城市都有密切的经济协作联系。

京津唐(包括张家口、承德)地区特大城市群,基本上也属于此类,以原材料工业为主的重工业部门比较集中,如唐山开滦的煤矿、张家口龙烟的铁矿,附近还有丰富的煤(山西省临近河北省的矿区)、铁、石灰石和耐火材料等,加强了本城市群内部的生产协作关系。城市和矿区、主城和工业城镇之间有便捷的交通干线,基本上也组成一个比较完整的城市群体。

本城市群的基本特征为:①能源工业、重型工业和交通运输系统比较发达,特别是运输网密度大,适宜于重载铁路运输系统(如大秦铁路),接近大型能源基地,电力负荷大、电网密度高、通讯系统较发达;②城市群中以重工业城镇的功能居主要地位,城市间以生产协作和原料、燃料运输占重要地位;③城市区位优越,历史上又是兵家必争之地,如北京、天津等市;④城市生态环境质量较差,空气质量低与水质污染比较严重,城市地下水位不断下降。

第三类,以农业-工业为主体的经济区域城市群。

此类过去仍属于前工业化社会,生产力水平不高,经济不发达,相当长时期内以农业经济为主。由于缺乏丰富的地下有用矿物资源,原材料工业不发达,交通又闭塞,原有城市基础设施水平又低,因此,区域城市群发育不完善。例如,福建沿海地区城市群与潮汕平原地区,城市规模小,功能不健全,城市群体的内外辐射力较薄弱,城市之间、城乡之间的经济联系也不甚密切,城市的吸引力与综合开发能力较低。只有改革开放之后,由于具有地理位置和优惠政策的优越性,最近十多年来,沿海地区的城市群发展较快。

第四类,交通枢纽型的城市群。

此类是由于交通运输业的发展特别是铁路干线的建设所形成的城市群。通常以铁路枢纽为中心的城市向周围地区不断扩展,交通运输较为便捷,城市交通走廊发展也较快。如:东北地区和华北地区是我国铁路网比较稠密的地区,城市群发育也比较成熟。

3. 按照城市组合的区域空间布局形式划分

可将我国各地区的城市群划分为四种类型。

第一种类型是组团式的城市群。在一个城市分布相对集中的地区内,由于城市形成的自然条件、历史基础和经济集聚的因素不同,在一个地区内形成的城市相对集中,并分成几个团块,分别都有自己的经济重心或吸引中心。例如:沪宁杭城市群是由3个或4个经济联系比较密切、城镇分布密集的并受行政区划制约的较大型、次大型或中等规模的城市群组成的(如图1-8-2)。

第二种类型是带状式的城市群。此类型的城市群基本上沿着重要交通干线(铁路或一、二级公路干线)成带状布局形式。

我国许多城市受地形因素的制约,以及后来建设的交通线的影响,其分布形态一般沿河谷方向或铁路、公路两侧发展,形成了狭长的城市地带(如长江中、下游地段的城市地带,台湾省从舌兆到高雄的高速公路、铁路两侧的城市群地带)都是十分明显的带状发展或葡萄串式的城市布局。[41,42]

第三种类型为分散形式的放射状或环状布局的城市群。此类型的城市群主要也是受自然地形、河流或交通路线制约而形成的。

我国是一个丘陵、山地广布的国家,不少城市坐落在地形复杂的地段上,有的城市用地狭小,城市布局呈分散形式。不仅在一个城市地区是这样(如重庆、渡口、十堰、淮南等),而且从城市群组的地域上看仍然是分散形式的(如淄博地区,兰州附近一些城镇等),城市布局分散,在一定程度上增加了城市建设各项工程费用,特别是给工业选址、铁路站场、生活区和公共设施建设等带来困难,增加了城市管网、道路等方面的投资。

第四种类型为群集式的城市群。由于城市群内各个城市所处的地理位置与发展阶段不同,同时也受一定的自然地形的影响,城市在一个相对完整的地段上分批分散地建设,形成几个分散城市,整体上为群集式,实际上近似分散式。就在一个城市地区,有些工业区、生活区也被分隔成几块,每块的布局又相对集中,为群集式的布局形态。

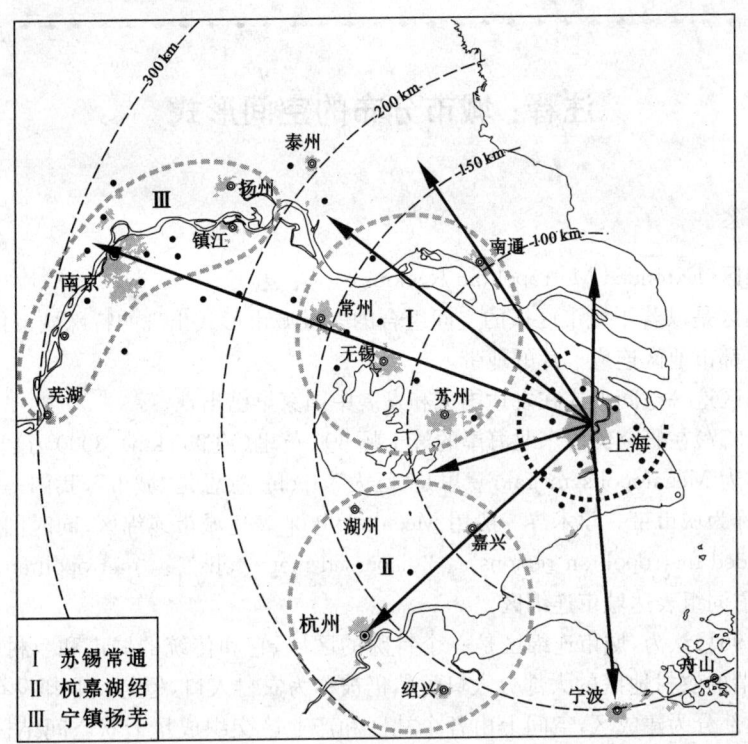

图 1-8-2 沪宁杭地区城市群区的组合

资料来源:根据长江三角洲各大城市总规修编资料对原图进行修订(2004)。

注释：城市分布的空间形式

一、基本概念

城市连绵区（Extended Metropolitan Regions）

城市连绵区是以若干城市区域的空间组合的多极城市形式出现的特殊城市化空间概念，一般指几个大都市地区连成一片的地带。

城市连绵区这一空间形式在发达国家和发展中国家早已出现。

戈特曼（1957）在研究美国东北海岸的波士顿 600 英里（约 965 km）、3000 万居民的特大城市区时将之称为 Megalopolis，megalo 意思是"巨大"，polis 意思是"城市"，我国一般称为城市连绵区，有的称为城市带。学术界一般用 Megalopolis 来表述城市连绵区，同时国内外许多学者也用"extended metropolitan regions"、"dispersed metropolis"、"metropolitan interlocking regions"等英语词组表达城市连绵区。

戈特曼（1961）认为，城市连绵区是一个特殊的区域，它和传统的城市和乡村概念相差甚远，居住在所谓的农村地区的大部分人口虽然仍被称为农村人口，但与农业却没有丝毫关系。城市连绵区大部分为建成区，空间上由各个社区和产业区交织成星云状空间结构，其间虽然分布有农田和森林等绿地，但这些绿地中分布有许多住宅或工厂，农业收入在总收入中只是很小的一部分。

城市地带（Urbanized Areas）

根据美国人口调查局的定义，一个城市地带至少包括有一个 5 万以上人口的中心城市，及其紧邻的每平方英里至少数千人密度以上的周边居住地区，不管这些地区与中心城市是什么样的关系。换句话说，城市地带取决于一个城市地区的实际人口而不管行政界限。城市地带没有固定的界限，随着年代的不同，人口发生着变化，城市地带所覆盖的范围也因此不同，整个城市地带如果被看成一个城市，人口就可分成中心城市人口和城市边缘区人口（崔功豪，1995）。

城市地带有时被称为大都市地区。大都市地区与城市地带从人口特性来看都包括农村地区，不同之处在于后者通常是一个行政单位和人口统计单位。

1919 年为了统计的需要，美国称城市地带为"Metropolitan District"。至 1950 年时，改称为"the urbanized area"、"the standard metropolitan area"、"the metropolitan state economic areas"。1983 年后，为了便于管理，美国改称"Metropolitan statistical area"。前者（标准大都市地区）是美国官方所制定的用来进行管理和财政预算的空间范围，美国 1990 年有 283 个。如果一个县或几个县共同拥有一个 5 万人口以上的城市，或拥有人口在 5 万以上的两个相近城市，那么这个县（或几个县）的行政管辖范围就可称为"metropolitan statistical area"。后者（国家大都市经济区）是指极大的大都市地区，一般包括几个主要的大都市地区，规模一般在 100 万以上人口，在 1990 年美国有 20 个。由于这些概念在国家统计方面很普遍，1990 年以来，美国常用大都市地区（metropolitan areas）代替它们[55]。

发展中国家或地区虽然也出现了类似的城市空间形式，但只是在空间或家庭层次上农业和非农活动围绕大城市核心区分布,与发达世界的城市复合体有着功能方面的区别。为了区别,麦秸(McGee,1989)借用印度尼西亚语将印度尼西亚等发展中国家这种特殊空间形式统一称为 Desakota Regions,Kota 印尼语为城镇(town),desa 印度语为村庄(village)。麦秸(1991)构造了一个说明图:

亚洲 Desakota 的特征

空间特征	空间特征	
50%以上的GDP由非农产业创造 50%以上的劳动力从事非农产业	50%以下的GDP由非农产业创造 50%以上的劳动力从事非农产业	城市成分大 ↑（上升） 城市成分小
50%以上的GDP由非农产业创造 50%以下的劳动力从事非农产业	50%以上的GDP由非农产业创造 50%以下的劳动力从事非农产业	

城市群(Urban Agglomeration)

在许多文献中,城市群也是指城市地带和城市密集区。例如联合国常用 Urban Agglomeration 的人口来代替特大城市人口。

本书中的城市群是一个广义的概念,是指内部具有功能和空间上紧密联系的城市群体,国内已广泛使用这一名词,是在特定的地域范围内具有相当数量的不同性质、类型和等级规模的城市,依托一定的自然环境条件,以一个或两个特大或大城市作为地区经济发展的核心,借助于现代交通工具与综合运输网的通达性以及高度发达的信息网络,发生与发展着城市个体之间的内在联系,共同构成一个相对完整的城市"集合体"(姚士谋,1992;2001)。

城市体系(Urban System)

城市体系一般定义为共同构成一个特定地区(例如区域、国家、洲、全球)聚落结构的所有城镇。城市体系不仅包括了一系列有形城镇客体,同时也包括了使这些城镇连接在一起的人流、物流、资金流、信息流。城市体系是一个开放的、适应性强的系统,不断改变着本身的结构和与外部联系的方式。(胡序威,1995;顾朝林,1994;2002)。

都市圈(Metropolitan Area)这种城市化的本质不在于像城市群的核心城市那样把城市做大,而在于做强,即强势产业、强势园区的联动为纽带的新型城市体,我们称之为城市圈。日本城市地理学家也常常使用大都市圈的概念如东京都市圈等。城市圈与城市群相比,在不同城市的跨区域的产业组合上更为紧密,在城市间要素流动与资源整合上更为密切。城市圈是城市群的战略支持,是承接城市群核心城市辐射力和影响力,并向城市群末梢传递信息,产生带动效应的枢纽(连玉明,2004;陈雯、邹军,2004)。

二、城市连绵区、城市地带、城市群、城市体系等概念的相互区别与差异

城市连绵区、城市地带、城市群都是用来研究城市化空间形式的概念,是地域城市化的特殊空间表现形式,是城市和乡村一种特殊的社会经济相互作用力的结果,是对由中心城市、城市边缘区、城市远郊、卫星城市、人口稠密的中间地带及精耕细作的传统农业地带等空间要素综合归纳的结果。它们之间具有内在的联系。

随着城市的扩大,尤其是像美国这样的发达国家,现代交通使城市不断蔓延,城市与农村

之间的界限越来越模糊。这些超越城市行政管辖范围，建筑物、交通等城市用地占很大比例的城市地带又相互连接，使城市与城市之间的界限变得模糊，从而构成了城市连绵区。

可以想象，城市连绵区空间范围最大，一个城市连绵区常常是一个国家的经济走廊。其次是城市群，一个城市连绵区常常包括几个城市群，最小的是城市地带或大都市地区，一个城市群可以包括几个大都市地区。

事实上，城市连绵区、城市地带、城市群都是一个人口集中的地区，这个地区通常包含一个或几个中心城市以及周边小城镇及其城市边缘区。产生这些概念的一个重要原因是无法辨别什么是城市，什么是农村。一个城市地带不能被看成一个城市，否则城市的人口规模总体上就被低估了。一个城市连绵区如果被看成是几个城市的简单相加，那么一个城市连绵区的总体实力也就被低估了，因此，这些概念的产生和发展都有着现实意义。[52]

由于城市连绵区、城市地带和城市群都包含着大大小小的单个城市或城镇，因而它们都可以被看成是一个城市体系。它们与城市体系在本质上是相同的，都属于地域城市体系的范畴，只不过它们更注重有形空间实体，注重聚落体系的空间形式，而城市体系更注重城市功能和整体区域和聚落体系的内在内容。"一种功能而不是一种空间实体。正如美国东北地区城市复合体即戈特曼所称的 Megalopolis，感官上它是一个巨大的城市带，地球表面的一部分[47]。实际上是依赖于城市提供的职业和服务业的大量人口集聚地，他们的通勤、服务、产品和信息的交换等活动将各个部分融为一体，构成了一个彼此相互作用的复杂体系。不应该将从伦敦、伯明翰到曼彻斯特的不断蔓延集聚简单地看成一个巨大的城市地带，否则，无论什么实体都将会是没有实际意义的噩梦"(Peter Hell, 1973)。

因此，在理论概念上城市体系比城市连绵区、城市地带、城市群具有更高的层次。同时，城市体系主要从区域发展出发来研究城市发展，其许多理论成果可用来解释各个不同范围的聚落体系。

21 世纪，居住在城市中的人口将首次超过农村人口，世界将步入城市化新时代。在城市化水平不断提高的过程中，城市将会采取何种空间形式一直是城市学家所关注的问题。[46,60]

早在 20 世纪 70 年代，希腊城市学和社会学者 Doxiadis 和 Papaiouannou 就预测到 21 世纪中叶世界城市化水平将达到 71%，居住在城市中的居民将达到 96 亿，同时将会出现新的称为 Ecumenopolis 的城市空间形式。每个 Ecumenopolis 是一个巨大的复合体，它作为单元最终以链的形式在世界范围内相互连接。当然，这种连接是在城市功能方面的连接，而不是世界自然空间的完全覆盖。全球化正日益改变着城市体系，其空间表现形式也处在不断的变化之中，城市连绵区、城市地带、城市群是一定城市化条件下出现的阶段性城市空间形式。

主要参考文献

[1] [英]麦克劳林 J B. 系统方法在城市和区域规划中的应用[M]. 王凤武,译. 北京:中国建筑工业出版社,1988:145~148.
[2] 列宁. 列宁全集:第19卷[M]. 北京:人民出版社,1958:264.
[3] 钱学森. 组织管理的技术即系统工程[N]. 文汇报,1978-09.
[4] Bourne L S. Urban Systems:Strategies for Regulation[M]. Oxford:Clarendon Press,1975.
[5] 肖枫,张俊江. 城市群体经济运行模式[J]. 城市问题,1990(4).
[6] 蔡勇美,郭文雄. 都市社会学[M]. 台北:巨流图书公司,1985:137~139.
[7] 肖枫,张俊江. 城市群体经济运行模式[J]. 城市问题,1990(4).
[8] 吴良镛. 加强城市学术研究,提高规划设计水平[J]. 城市规划,1991(4).
[9] 姚士谋,帅江平. 美国城市布局与规划动态[J]. 城市规划,1991(3).
[10] [美]沃纳·赫希. 城市经济学[M]. 刘世庆等,译. 北京:中国社会科学出版社,1990:25~26.
[11] 马克思,恩格斯. 恩格斯全集:第46卷,上[M]. 北京:人民出版社,1974:494.
[12] 马克思,恩格斯. 恩格斯全集:第2卷[M]. 北京:人民出版社,1974:303.
[13] 姚士谋. 城市群生长因素探索[J]. 城市研究,1991(3).
[14] 储传亨,王长升,主编. 城市科学概论[M]. 北京:中共中央党校出版社,1989:117.
[15] 蔡瀛译. 国外区域发展理论系统评价[J]. 译丛,1990.
[16] 王进益,译. 苏联城镇分布体系的建立. 北京,1987.
[17] 宋启林. 城市规划中矛盾特殊性的若干问题[J]. 城市规划,1983(2).
[18] 齐康,段进,等. 江南水乡一个点[M]. 南京:江苏科学技术出版社,1990:17.
[19] 齐康,段进,等. 江南水乡一个点[M]. 南京:江苏科学技术出版社,1990:18.
[20] Friedmann J, Alonso. Regional Development Planning :a Reader[M]. Cambridge:Mass. MII Press,1964.
[21] Friedmann J. Urbanization, Planning and National Development[M]. London:Sage Publications,1973.
[22] Friedmann J. Ferritory and Function:The Evolution of Regional Planning[M]. London:Edward Arnold,1976.
[23] 许学强. 珠江三角洲城市布局[M]. 广州:中山大学出版社,1988.
[24] 陈宗兴,等. 经济活动的空间分析[M]. 西安:陕西人民出版社,1989.
[25] 虞孝感,姚士谋,等. 长江三角洲与闽南金三角的比较研究[C]//香港亚洲地理年会文集. 1990.
[26] 中国城市规划设计院. 世界大城市交通[M]. 北京:中国建筑工业出版社,1989:126.
[27] [日]山鹿诚次. 城市调查法. 华东师大地理系翻译,1982.
[28] 陈铎. 对南京城市规划纲要的建议[J]. 城市研究,1991(3).
[29] Philbrick A. Development of Economic. New York,1985.
[30] [英]巴顿. 城市社会学[M]. 康少邦,编译. 北京:中国建筑工业出版社,1982:242.
[31] 姚士谋. 我国东南沿海开放城市布局趋势[J]. 城市问题,1990(6).
[32] [英]P·霍尔. 城市和区域规划[M]. 邹德善,等译. 北京:中国建筑工业出版社,1988:95~101.
[33] 许学强,伍宗唐,梁志强. 中国小市镇的发展[M]. 广州:中山大学出版社,1987.
[34] 伊利 N A. 城市经济学[M]. 杜力生,等译. 北京:中国建筑工业出版社,1982.
[35] [波兰]萨伦巴. 区域与城市规划[R]. 北京:建设部,1986.
[36] 姚士谋. 中国城市化进程的区域探索[J]. 城市经济研究,1989(11).

[37] ［前苏联］皮沃瓦诺夫. 城市问题[J]. 地理政策研究,1978(39).

[38] 曾尊固,沈道齐,等. 三角洲国土开发[M]. 南京:南京大学出版社,1991.

[39] 姚士谋,连光华,等. 厦门将成为大城市的趋势[J]. 经济地理,1990(3).

[40] 姚士谋. 城市地理学发展动态[J]. 地理科学,1991,11(1).

[41] 崔功豪. 城市地理学[M]. 南京:江苏教育出版社,1992:280~290.

[42] 阎小培. 广州信息产业发展水平的区际差异分析[J]. 经济地理,1998,18(4).

[43] 郭文炯,白明英. 中国城市航空运输职能等级及航空联系特征的实证研究,2[J]. 人文地理,1999,47(1).

[44] Graham S, Marvin S. Telecommunications and The City, Electronics, Urban Places[M]. London: Routledge, 1996:434pp.

[45] Organisation for Economic Co-operation and Development. Cities and New Technologies (Proceedings). 1992.

[46] McGee T G, Robinson I M, eds. The Mega-Urban Regions of Southeast Asia[M]. Canada:UBC, 1995: 384pp.

[47] Gottmann J, Robert A. Harper, Since Megalopolis, The Urban Writings of Jean Gottmann[M]. Baltimore: The John Hopkins University Press, 1990.

[48] Scot A J. Metropolis[M]. Berkeley: University of California Press, 1988:260pp.

[49] Pascal A. The Vanishing City[J]. Urban Studies,1987, 24:597~603.

[50] Pelton J. Future View: Communications, Technology and Society in the 21st Century[M]. New York: Jonhson Press,1992.

[51] Gottmann J, Harper R A. Since Megalopolis, The Urban Writings of Jean Gottmann [M]. Baltimore: The John Hopkins University Press, 1990.

[52] Gottmann J. Megalopolis, The Urbanized Northeastern Seaboard of the United States[M]. Massachusetts: The M. I. T. Press, 1961.

[53] Norton Ginsburg, Bruce Koppel, McGee T G. The Extended Metropolis, Settlement Transition in Asia [M]. Honolulu: University of Hawaii Press, 1991.

[54] Davide Ward. The Place of Victorian Cities in Developmental Approaches to Urbanization[M]// John Patten, ed. The Expanding City. London: Academic Press, 1983.

[55] Michael Timberlake, ed. Urbanization in the World-Economy[M]. Academic Press, Inc. ,1985.

[56] 姚士谋,陈爽. 长江三角洲地区城市空间演化趋势[J]. 地理学报,1998,53.

[57] Zhu Zhenguo, Yao Shimou. New Patterns of Urban Development in China[J]. Chinese Geographical Science, 2000,10(1).

[58] 姚士谋,管驰明. 经济地理学的创新思维[J]. 地球科学进展,2001(3).

[59] 姚士谋,陈振光. 我国城市群区空间规划的新认识[J]. 地域研究与开发,2005(6).

[60] 姚士谋,王成新. 21世纪中国城市化模式探讨[J]. 科技导报,2004,7(42).

[61] 牛文元,等. 中国城市发展报告(2003年)[M]. 北京:商务印书馆,2004.

[62] 连玉明主编. 中国城市年度报告(2005)[M]. 北京:中国时代经济出版社,2005.

[63] 许学强,叶嘉安,林琳. 全球化下的中国城市发展与规划教育[M]. 北京:中国建筑工业出版社,2006.

[64] 姚士谋,汤茂林,陈爽,陈雯. 区域与城市发展论[M]. 合肥:中国科学技术大学出版社,2004.

第二章

城市群发展的地域结构理论

CHARACTERISTICS OF THE TERRITORIAL STRUCTURE OF THE DEVELOPENT OF URBAN AGGLOMERATIONS

  城市群作为一个系统,它是一个城市组群的结构,一个城市组群的整体,一个各城市在地区上的集合。系统理论告诉我们,每一个结构都是由结构中相互关联、相互制约的有序元素组成的整体,这些元素对结构整体而言,是构成整体的部分。任何一个结构都不是孤立存在的,它自身是一个区域系统,同时,由于与其他系统相互联系、相互调节、相互耦合,从而组成一个更大的系统。对于构成城市群的各城市来说,城市群是一个系统;而对于城市体系来说,城市群又为其一个子系统。系统与子系统间只有在相互适应和相互耦合的状况下,整个系统才能稳定持续地发展。因此,只有把城市群置于城市体系的背景中,才能正确认识城市群结构的形成、运演、发展与递嬗的规律,从而,可以大大地促进我国城市群的持续健康发展。

第一节
城市群地域结构的概念

"结构"是指事物的基本构成部分即要素之间的相互关联,结构的性质是由这种相互关联的方式决定的。一般而言,结构要素之间相互关联的自由度随着社会经济发展水平的提高而逐步提高,因而结构日渐分化并逐步具有开放性的特征。正如J·皮亚杰所说:"从结构这个术语的现代含义来讲,'结构'就是要成为一个若干'转换'的体系,而不是某个静止的'形式'。结构从一开始就采取了一个重视关系的态度……因为这个整体只是这些关系的组成程序或过程的一个结果,这些关系的规律就是那个体系的规律"(林立平,1989)。总体而言,我国的城市正处于中心集聚阶段,城市群地域结构的运演与整饬极为活跃。为此,城市群地域结构概念的界定、研究进展及其形成机制,成为城市群地域结构研究的基本问题。

一、城市群地域结构的概念

城市群地域结构(urban agglomeration regional structure)是城市群发展程度、阶段与过程的空间反映。城市群发展必然伴随着城市群区地域结构的变化。城市群地域结构理论是研究城市群空间特征及其演化规律的基本理论。

城市群地域结构研究就是在认识各城市多层面的结构(经济结构、社会结构、规模结构、职能结构)、相互作用(人流、物流、资金流、信息流)的基础上,分析形成这种结构与相互作用的主导机制或组织原理,也就是城市结构、相互作用与形成机制三者结合的研究。城市群地域结构是各城市的经济结构、社会结构、规模结构、职能结构等组合结构在地域空间上的投影(图 2-1-1)。城市群地域结构实际上就是城市群空间结构(urban agglomeration spatial structure)。

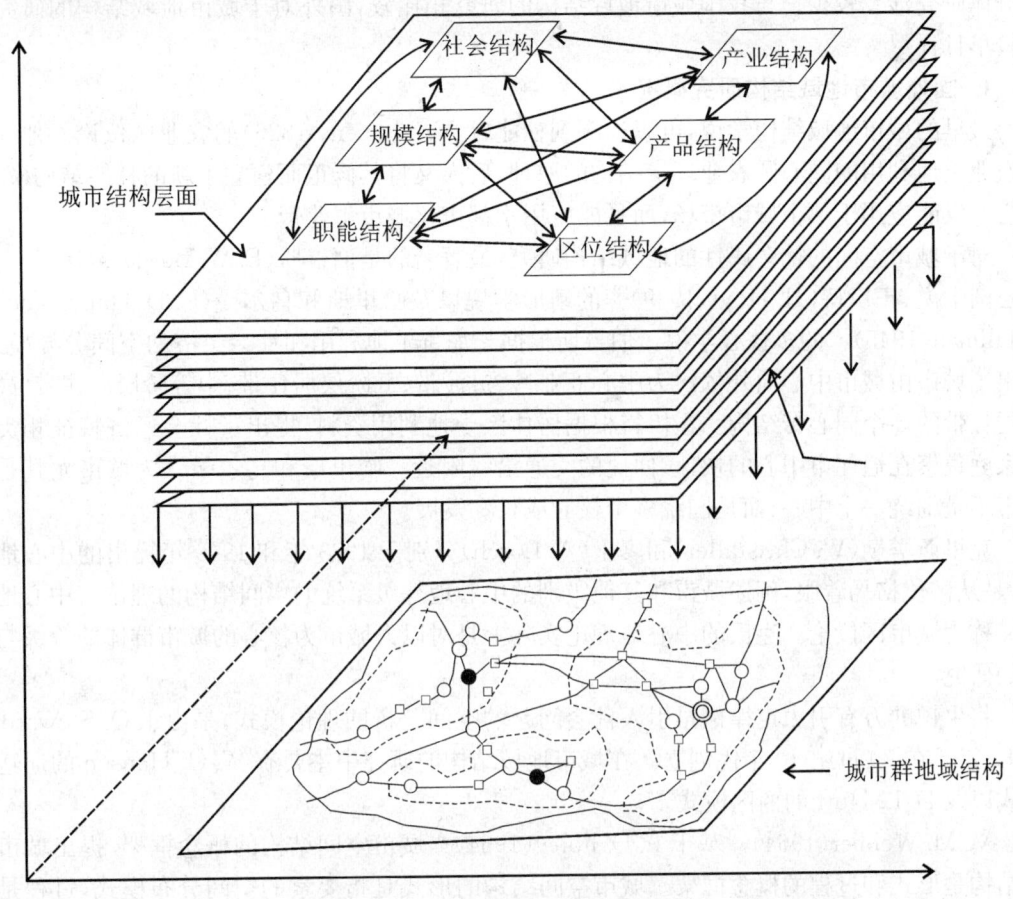

图 2-1-1 城市群地域结构示意图

从本质上讲,城市群地域结构的变化取决于一定区域社会生产力的发展,尤其是第二、三产业与交通网络的发展。城市群区域内的生产力水平的高低反映在以下两个方面:一个是处于较大区域中有利交通区位的大中城市的产生,以及相对较小区域的有利交通区位的小城市和镇的滋生;另一个是该地区越来越多的农业人口由从事农业生产活动转到从事非农业生产活动,导致农业人口数量的下降以及非农业人口数量的上升。随着生产力的进一步发展,人类的生产活动日益集中在城市,客观上造成了城市数量的增加,城市规模的扩大,城市职能的多样化,城市经济结构的转变,城市社会结构的分异。生产力的发展也导致了城市生产活动的专业化、社会化、一体化,城市间的社会经济联系得到强化。这样,在特定区域内逐步形成了相互依托的城市群,城市群的关系网络日益密切,城市群地域结构也就变得更加复杂与多元化。

二、城市群地域结构研究概况

对于城市群地域结构的研究主要是针对单个城市内部地域结构,而以大城市为核心的城市群体研究涉及较少。与我国城市地域结构的研究相比较,国外对于城市地域结构的研究相对较早且详尽。

1. 国外城市地域结构研究概况

最早的城市地域结构学说,可以追溯到杜能(J. V. Thünen,1826)的农业区位论。他提出了农业土地利用的同心圆农业环带结构的原理,后人又将其修正而建立了新的杜能结构模式,使之不仅能应用于单个城市市场,而且能应用于都市化城市工业带。

对于城市空间的社会属性的地域结构研究,最著名的是伯吉斯(E. W. Burgess,1923)[1]的同心圆学说、霍伊特(H. Hoyt,1939)[2]的扇形学说以及哈里斯和乌尔曼(C. D. Harris and E. L. Ullman,1945)[3]的多核心学说。伯吉斯根据芝加哥土地利用和社会经济的空间分异模式,提出了城市由城市中心向外依次为中心商业区、过渡带、低阶层居住带、中等阶层居住带、高阶层居住带的5个同心带结构。霍伊特根据居住区土地利用资料,提出了社会经济特征相类似的家庭集聚在通往市中心的快速、便捷的交通沿线附近。哈里斯和乌尔曼认为城市尤其是大城市不是围绕一个中心,而是围绕多个核心成长和发展。

克里斯塔勒(W. Christaller)和廖士(A. Losch)分别于1933年和1940年提出的中心地理论,是从区位格局着眼,阐述城市和其他级别的中心地等级系统的空间结构的理论。中心地理论又称为城市区位论。克氏的中心地理论实际上是对以大城市为核心的城市群体的等级与规模的研究。

将牛顿的万有引力定律最早引入社会问题的空间分析的理论模式,是由J. Q. Steward 和 G. K. Zipf 在20世纪40年代创立。在城市地域结构的研究中主要有W. G. Hansen 的通达性模式以及 D. L. Huff 的商区模式。[4]

M. M. Webber(1964)[5]基于 L. D. Foley(1964)[6] 城市空间结构的概念框架,提出城市空间结构是形式和过程的概念框架。城市空间结构的形式是指要素的空间分布模式,过程是指要素之间的相互作用,表现为各种交通流。相应地,城市空间被划分为"静态活动空间"和"动态活动空间"。

20世纪60年代以阿隆索(W. A. Alonso)为代表的新古典主义学派,基于古典的价格和地租理论,提出了区位、地租和土地利用之间的关系的城市地域结构的城市经济学理论。运用地租竞价曲线来分析城市内部居住分布的空间分异模式,为城市土地的合理利用提供了理论基础。[7]

结构学派在产业区位研究中,强调资本主义生产中社会关系的空间差异。D. Massey (1984)[8]认为,资本主义生产组织方式及其相应的空间格局导致劳动分工的地域差异,实质上是生产中社会关系的空间差异。在经济结构重组的过程中,资本的每一次流动带来新一轮的劳动力地域分工,这是地域的生产条件与资本的生产要求之间相互作用的结果,从而在各个区域形成特定的社会关系,是城市演化的一个重要机制。[9]

2. 国内城市地域结构研究概况

我国城市地域结构的研究始于20世纪80年代,研究内容既有城市地域结构的概念、类型、机制等方面的理论研究又有实证分析。

杨吾扬在《论城市的地域结构》(1986)中提出了城市地域结构的三种模式——同心圆式的城市地域理想化结构、分散集团式和多层向心城镇体系模式[10],总结出城市地域结构的演化规律,即团块状城市－星状城市－向心城镇体系－城市连绵带;在《论城市体系》(1987)中提出了中国城市地域结构的三种类型——向心集中型、离心分散型和向心分散型。[11]

许学强、胡华颖(1989)对广州市社会空间结构进行了深入的研究,运用因子生态分析方法,划分出五类生活区:人口密集混合功能区、干部居住区、工人居住区、农业人口散居区和知识分子居住区。[12]

武进在对我国历史时期的城市地域结构进行研究的基础上,对于现代城市的地域结构则介绍了 C. P. Lo 教授的中国城市内部结构的模型,Leung Chi-Kin 的大、中、小三个级别的城市地域结构,以及矿业资源型城市综合模式。[13]

顾朝林(1992)依据我国城镇体系分布形态、核心城市以及城市总量的多少,将其分为三种类型:块状城市密集区、条状城市密集区和以大城市为中心的城市群。

姚士谋(1992)首次在分析城市群个性发展与发展的共性特征的基础上,按照城市组合的区域空间形态划分四种类型的城市群:组团式、沿交通走廊带状、分散式和集群式。[14]

陈田(1992)根据影响城镇体系空间结构资源、环境和城市类型差异,将城镇体系空间结构分为四大类型,即大城市地区城镇体系类型、地区城镇群结构类型、以自然资源综合开发利用为主的城镇体系结构类型和行政-经济区城镇体系结构类型。[15]

根据中心城市的空间扩散效应,宁越敏(1993)将以上海为中心的经济空间的分异划分成三个圈层:第一圈层由紧邻上海的苏、锡、常、杭、嘉、湖、甬等七市组成,它们受上海工业对外扩散影响强烈;第二圈层由宁、镇、扬、通、绍、金等六市组成,它们受上海的经济扩散影响相对较弱;第三圈层由徐、淮、盐、连、衢、台、温等市组成,上海经济的对外扩散更少到达这里。上海与这些城市的经济联系不是在工业方面的横向联系,而是更多地反映在商品流通方面。[16]

涂人猛(1993)在分析大城市圈属性之一的层次性时,提出大城市圈在地域上通常表现为内层与外层两大基本结构层次的同心圆式多级圈层,即内层由中心区、近郊区、郊县三个功能各异、各具特色的圈层组成;外层则由与内层联系紧密的省内经济圈、跨省域的经济协作圈和边缘松散的经济辐射圈等部分组成。[17]

第二节
我国城市群地域结构类型与递嬗规律

就形成机制而言,我国城市群不同于西方发达国家大都市区连绵区或者大城市带,由此所形成的城市群地域结构类型也就独具特色。本节就我国城市群地域结构及其形成机制作简要分析。

一、城市群地域结构类型

1. 城市群空间等级结构

一般而言,我国城市群区有国家大都市(全国中心城市)、区域大都市(大区中心城市)、地区中心城市和地方中心城市。不同级别的城市中心和与其具有密切经济社会联系的次级城市,分别形成了国家级城市群、地区级城市群和日常城市群,不同等级的城市群具有镶嵌结构特点(图2-2-1)。

(1)国家级城市群(national urban agglomeration):由大都市中心支配,具有梯级状规模等级特征,每一水平的中心的数量随着人口规模的减少而增加。目前,我国主要国家级城市群有:沪宁杭城市群、京津唐城市群、珠江三角洲城市群、四川盆地城市群和辽宁中部城市群。

(2)地区级城市群(regional urban agglomeration):嵌套在国家级城市群中,展示了一个相似的但更少清晰区分的等级安排,通常被大约一个单一大都市核心组织成统一体,在地区级城市群中城市规模总起来更小。目前,我国主要的地区级城市群有:中原地区城市群、湘中地区城市群、关中城市群、福厦城市群、哈大齐城市群、武汉地区城市群、山东半岛城市群和台湾西海岸城市群。地区级城市群实际上为城镇密集地区。

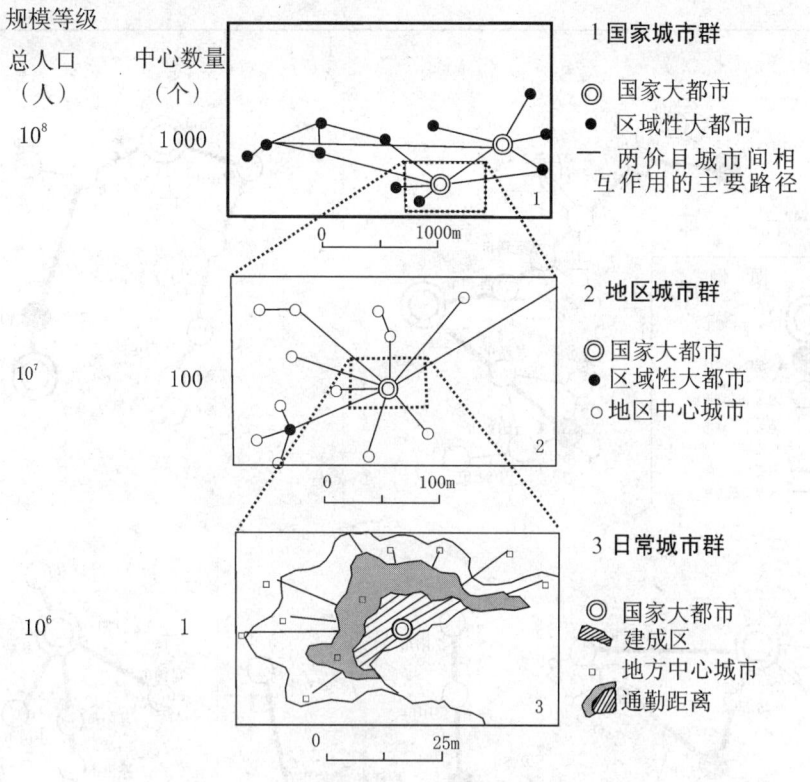

图 2-2-1　城市群空间等级结构[18]

(3)地方级城市群,又称为"日常城市群"(daily urban agglomeration):包含在地区级城市群中,代表城市居民的生活空间,并随着每一地方中心的影响及其对邻近区域的延伸、吸引和再组织而发展。日常城市群数量较多、类型多样。

在城市规模、所执行的功能以及在较大的城市群中每个城市中心的作用所规定的相互作用的类型等方面,这些体系是分等级的。不同空间等级间以复杂的方式相互联系。这种联系在城市群等级体系中的不同水平上也许呈现不同的形式。在国家级水平上,这种联系也许主要涉及经济的推动作用、信息和思想的交流,而不是货物和人员的实际移动。在地区级水平上,社会服务联系也许起支配作用。在每一种情形下,大都市和地区中心间的联系也许是单向的或双向的,也许是直接的或间接的(比如通过中等中心或大都市到达)。在地方水平上,通勤者或购物者的日常运动或社交的分布也许界定了这种体系。在过去的一段时间里,这些体系延伸而包括了空间经济或国家领土的较大部分。所有水平都是城市化过程的相互联系的方面。城市生活方式的快速增长和传播已经使城市与农村间的传统边界变得模糊不清,甚至小城市和大城市间的传统边界也变得模糊不清。

2. 城市群空间布局型式

城市群基本空间单元为城市组群。城市组群为城市群区内各城市社会、经济联系极为密切,具有类似的自然及其历史发展基础,经济发展水平和发展趋势具有内部的差异性以及外部整体的相对一致性的城市集合体。由于城市群区特定的自然条件、历史基础以及经济、社会发展水平,不同类型、不同级别的城市组群在空间的排列组合因综合运输网走向而差异明显,我国城市群地域结构又具有多样化的特点(图2-2-2)。

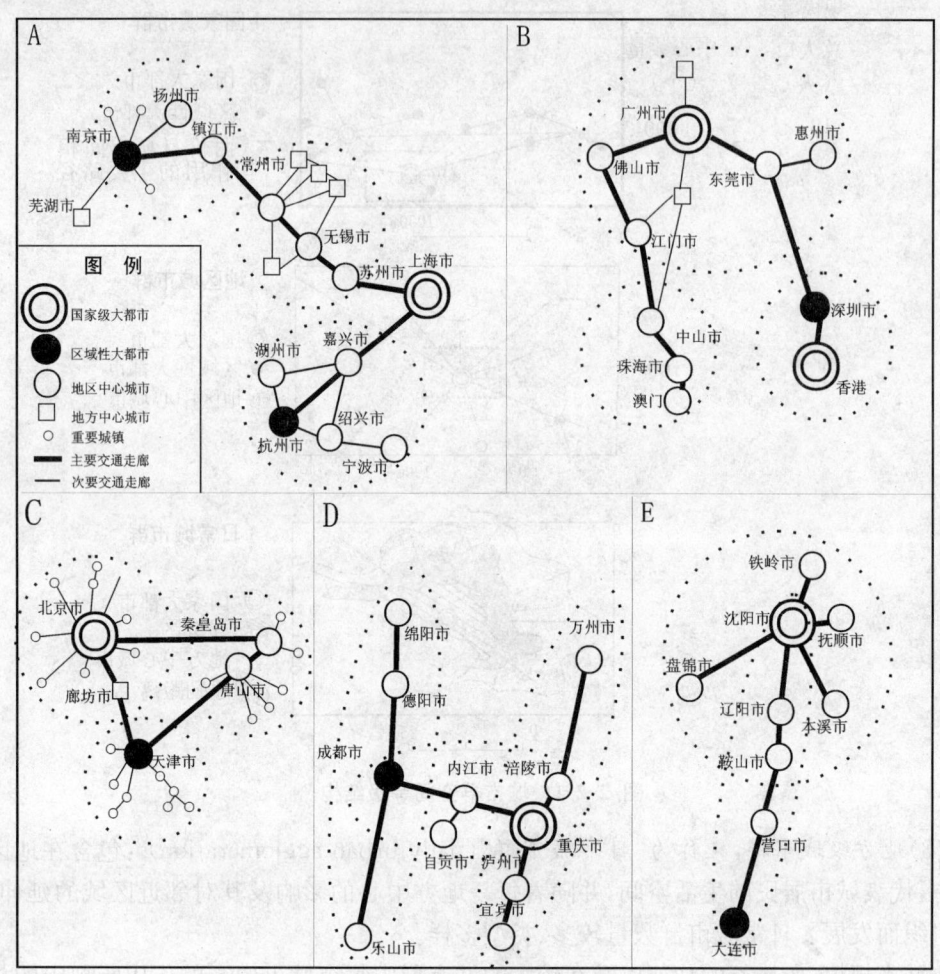

图 2-2-2 我国城市群空间布局型式

沪宁杭城市群有国家级大都市——上海,区域性大都市——南京和杭州,大致形成了沪苏锡常、杭嘉湖和宁镇扬三个城市组群,其空间布局呈">"型。

京津唐城市群有国家级大都市——北京,区域性大都市——天津,业已形成了首都、天津和冀东三个城市组群,其空间布局呈"△"型。

珠江三角洲城市群有国际大都市——香港,国家级大都市——广州,区域性大都市——深圳,澳门回归后,形成了完善的港深、澳珠和广州三个城市组群,其空间布局呈"∧"型。

四川盆地城市群有国家级大都市——重庆,区域性大都市——成都,形成了东部以重庆为中心的沿长江城市组群与西部以成都为中心的沿宝成、成昆交通走廊的两个城市组群,其空间布局呈"H"型。

辽宁中(南)部城市群有国家级大都市——沈阳,区域性大都市——大连,形成了以沈阳为中心的放射状城市组群与沿沈大交通走廊发展的带状城市组群,其空间布局呈"φ"型。

二、城市群地域结构递嬗规律

1. 结构递嬗法则

城市生态学"入侵与演替"理论启示我们,城市群地域结构的递嬗就如植物群落中的演替(succession)是入侵(invasion)现象的后果一样,在城市群区中所出现的那些城市经济结构、社会结构、规模结构、职能结构的排列、组合、分异和分化等结果,也都是一系列入侵现象的后果。人流、物流、资金流、信息流的输入,城市群地域结构就会加速改变初始相对的平衡状态,而不是囿于原有的地域结构,其分化并重新迅速整合导致了新的城市群地域结构。

系统理论强调,一定系统的结构实际上是结构要素之间相互关联、相互调节的耦合系统,结构要素时时处于动态的变化之中,它们常常改变彼此之间的关联方式,结构因而随之处于递嬗过程中,当结构要素之间的相互关联以新的方式形成耦合时,结构也就在整体上发生了改变。城市群地域结构正是由构成城市群的各个城市之间的关联方式决定的,各城市之间的关联方式发生变化,城市群地域结构这只"赫胥黎之桶"势必会被迅速增长的城市人口规模、城市职能、社会生活、经济实力等所填满,直至被撑破,从而形成新的城市群地域结构。

2. 结构递嬗规律

城市群地域结构是一个运演递进的上升过程,城市群地域结构的类型取决于城市群区各城市之间的关联方式所决定的功能地域结构的合理性,各城市功能地域结构的市场化联系越密切,城市群地域结构类型越有利于发挥城市群的整体功能。城市群区城市地域的交通区位扩展和城市功能强化的有机统一过程,是城市群地域结构的功能组织递嬗的阶段性规律的反映。城市群地域结构演化模型划分为四个阶段(图2-2-3):

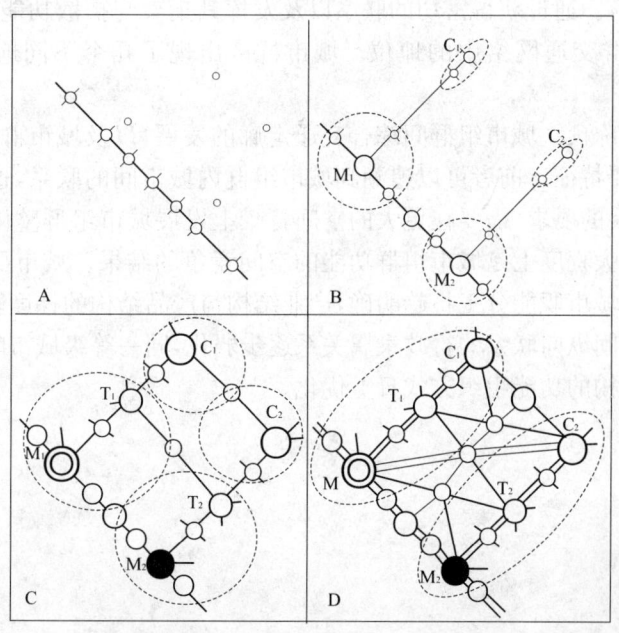

图 2-2-3 城市群地域结构演化规律

(1) 分散发展的单核心城市阶段。分散的城市间规模等级差别较小,大多数城市沿区域交通干线分布,也有少数城市分布于远离交通沿线的地区。因此,主要城市中心的吸引范围非常有限,城市间的功能联系仅仅限于狭窄的交通沿线地带的城市之间,远离交通沿线的其他城市间以及与交通沿线的主要城市间仅有微弱的功能联系。城市的专业化生产联系差,各城市周围被不同的农业地带所环绕。这是城市群地域结构发展的最初阶段,城市主要表现为单核心向外蔓生发展。

(2) 城市组团阶段。交通干线向与重要中心城市侧向联系的渗透干线方向发展,对于城市群地域结构的质的转变是至关重要的。起初的侧向联系首先从重要城市中心(M_1 和 M_2)开始,并与远离交通干线的边远城市(C_1 和 C_2)相连接。这极大地优化了两个中心城市和边远城市间的功能地域结构。随着渗透干线的延伸以及在渗透干线上较大规模的城市的建立,各城市市场区域进一步扩大,城市以内城为中心继续向外扩展,而原先的交通干线的城市则以组团方式进行功能地域结构的组织与优化。具有干线渗透优势的城市扩散与集聚作用得到加强,其功能组织方式深刻影响到远离渗透干线地区的城市。由于集聚与扩散作用过程的进行,区域交通干线上的中心城市(M_1 和 M_2)发展成为区域大都市。随着区域大都市规模的扩大以及功能的完善,与区域大都市联系密切的其他城市也得到了充分的发展,其功能地域结构的组织方式也发生了显著的变化,与中心城市联系密切的城市开始形成城市组团。

(3) 城市组群扩展阶段。区域内城市间相互联系阶段通常需要相对长的时间,这取决于与渗透干线间有着密切联系的支线网络的发展。那些位于渗透干线上的主要城市继续接受较高级城市的辐射,自身又对次级城市扩散其部分功能作用,开始扮演地区中心的角色。不久,来自这些边远城市(C_1 和 C_2)的交通支线得以建立,除了通过渗透干线间的联系外,它们之间的直接联系开始得到发展。然后,更小的城市(T_1 和 T_2)便通过起初的干线开始发展,不久,它们也开始连接起来。这种相互联系的过程继续沿着干线和支线,与日益增加的专业化生产和城市间竞争力相对应。通过获得密切的联系以及发挥其集聚与扩散功能,各城市试图改进其在正在形成的城市群交通网络中的地位。城市群区出现了几个不同地域结构功能的城市组群。

(4) 城市群形成阶段。城市组群间综合交通走廊的发展,以及城市群等级系统的出现,是成熟的城市群的重要特征。前者可以追溯到城市组群内城市间的联系,这种联系已经不能满足城市组群整体发展的要求,需要在更大的空间背景上发展城市组群整体与外部的社会经济联系,这种联系在很大程度上是城市组群功能的空间竞争的结果。城市群区各城市间的共生互控效应逐步加强,城市职能分工日趋明确,产业结构与产品结构的梯度转移的波及效应逐渐明显,不同等级城市间纵向联系的行政隶属关系逐步弱化,同一等级城市间的横向联系进一步强化,城市群地域结构的功能组织方式日益优化。

第三节 城市群地域结构特征

城市群在空间结构上是沿点-轴-面系统发展起来的,城市群地域结构的发展阶段实际上是点-轴-面系统逐步完善的过程,城市群功能地域结构单元分别经历了分散的城市、城市组团、初级城市组群、高级城市组群。不同规模等级城市"节点"是城市群地域结构形成、演化的动力源;连接各"节点"的线状交通设施(干线铁路、干线航道、公路)及综合交通走廊所形成的不同级别的城市发展轴,是城市群区城市间"流"(人流、物流、信息流、资金流)传输线,是城市群地域结构的骨架;在城市群区多条城市发展轴的基础上,逐步填充多条轴间的发展空间而形成地域结构单元——"生长面"。之后,城市发展轴进一步延伸发展,形成城市发展轴-生长面-城市发展轴的循环递进的进化过程,每次进化所产生的城市群地域结构单元规模更大、空间功能组织更合理、空间组合更复杂,最终形成城市组群这一城市群地域结构的基本组成单元。

城市群地域结构的形成是一个复杂的社会经济累积过程,是城市群区城市结构的时空耦合过程。城市群区作为21世纪我国区域经济的一种新的组织形式,将推动我国区域经济的再组织以及协调、健康发展。而深入研究城市群地域结构特征,将更好地发挥城市群整体的经济优势,促进我国区域经济的可持续发展。城市群地域结构的基本特征包括以下几个方面。

一、城市群空间结构的分形特征

分形理论是美国学者曼德尔布罗特(B. B. Mandelbrot)在20世纪70年代创立的。所谓分形(fractal)原意为破碎和不规则,用以指代那些与整体相似的部分组成的一类形体。分形的基本特征是自相似性(self-similarity)。描述分形的特征参数是分形维数,简称分维(fractual dimension),分维反映了物体填充空间的能力,通过分维分析,可以揭示系统的演化。[19]

在区域尺度上,每一个独立的城市空间可看做是一个宽广的镶嵌体、狭窄的走廊或背景基质,地域空间内的城市在城市群区是异质分布的,不同尺度的空间结构具有自相似性,在一定的无标度域中,空间单元的分布遵循分形规律。空间单元在大小、形状、数目、类型和结构方面是反复变化的,它们在区域内连续运动或流动,决定这些流动和空间单元间相互作用的空间功能。[20]

城市群是特定地域范围内不同性质、类型和等级规模的社会经济类型密切的城市构成的相对完整的城市"集合体"。城市群的空间分布具有明显的无标度特征,因此,城市群空间分布具有分形性质。

在城市群区,以城市群中心城市作为中心,定义城市分布的平均半径:

$$R_S = \langle 1/S \sum_{i=1}^{S} r_i^2 \rangle^{1/2}$$

式中,S为城市个数,r_i为某城市到城市群中心城市的距离,此距离通过Mapinfo软件包得出,$\langle \rangle$表示平均[12]。

运用上式计算我国五大城市群的平均半径R_S,得到一系列点(各城市)的坐标$(\ln R_S, \ln S)$(其中$S=2, 3, 4\cdots, N$)。将这些点标绘于双对数坐标图上(图2-3-1),得到五大城市群均呈直线分

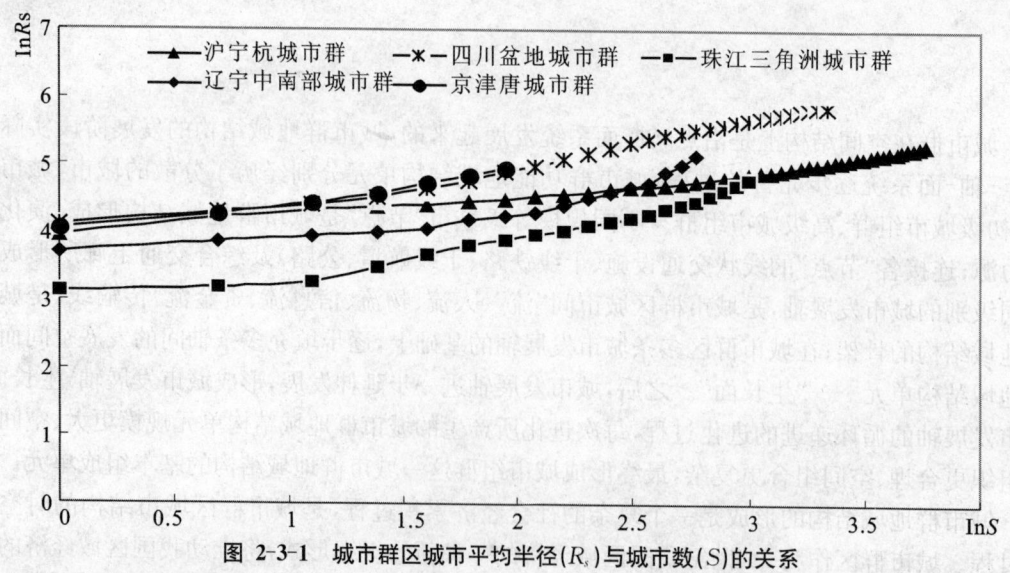

图 2-3-1 城市群区城市平均半径(R_s)与城市数(S)的关系

布的结果。根据各直线的斜率a,可求出各城市群随机集聚的分维值$D=1/a$(表2-3-1)。

表 2-3-1 我国五大城市群分维值

城市群名称	趋势线方程	相关系数 R^2	分维值 D
沪宁杭城市群	$y=0.3581x+3.8512$	0.9655	2.793
京津唐城市群	$y=0.4689x+3.9884$	0.9742	2.133
辽宁中南部城市群	$y=0.4988x+3.4411$	0.8529	2.005
珠江三角洲城市群	$y=0.5968x+2.7936$	0.9392	1.676
四川盆地城市群	$y=0.6017x+3.8290$	0.9741	1.662

由表 2-3-1 可以得出以下结论：

第一，由于城市群的分形结构是城市群区的城市"借助于综合运输的通达性"[21]所形成的"集合体"，各城市本身又是具有反馈功能的开放系统，其自身具有的耗散性、随机性和非线性导致了自相似的多重分形结构。通过分析，$R_s \propto S/D$ 成立，进一步证明城市群具有分形结构。

第二，城市群之所以形成，就在于其密切的经济社会联系，通过不同形式、速度、流向、流量的"空间流"，城市间的相互作用时时刻刻在发生发展着，而城市间的相互作用具有分维特征。[19]城市间的相互作用导致城市间的职能分工，相互作用力越大，城市间的分工越明显。就分维值而言，沪宁杭、京津唐、辽宁中南部等城市群高于珠江三角洲、四川盆地等城市群，表明前者城市间分工更明显，城市间空间流交换更强烈。

第三，城市群形成的一个极为重要的条件是，城市群区必须"以一个或两个特大或大城市作为地区经济的核心"[21]。城市群区由于中心城市的辐射作用的强度的差异，导致以中心城市为核心的城市群地域结构紧致与松散的差别。沪宁杭城市群分维值最大，地域结构最紧致；珠江三角洲、四川盆地城市群分维值最小，地域结构最松散；京津唐、辽宁中南部城市群则介于二者之间。

第四，沪宁杭、京津唐、辽宁中南部等城市群不是严格意义上的分维，因为按照分维的定义，其数值应大于分形体的拓扑维数而小于嵌入空间的维数，城市群空间结构的分维值应小于 2。[19]造成这种现象的原因在于，这三大城市群区的各城市历史基础好，改革开放后，上海、北京、沈阳等核心城市的辐射作用进一步强化，其"阴影"效应对城市群区的城市产生了相对较强的"抑制作用"。随着社会主义市场经济的进一步完善，城市间相互作用的加强，新城市的孕育将会降低城市群空间结构的分维值，将进一步优化城市群的空间结构。

二、城市群地域结构形成过程中的"二次极化"特征

城市群在形成过程中，核心城市起着极其重要的作用，在经历了极化阶段以后，城市群区的地域结构的演化进入了相对稳定的阶段。城市群地域结构的更大的转换取决于城市群边缘地区新极的产生过程，即"二次极化"过程[22]（如图 2-3-2）。由于城市群区综合交通网的发展特别是城市群边缘地区与核心地区快速综合交通走廊的建立，城市群边缘地区产生新的增长极。新的增长极的极化作用导致城市群边缘地区地域结构的重组，形成新的城市组群，城市群地域结构发生了根本的变化。当然，新的城市组群的产生也是在城市群核心城市的极化作用的宏观背景之下进行的，深深地打上了城市群核心城市影响的烙印。

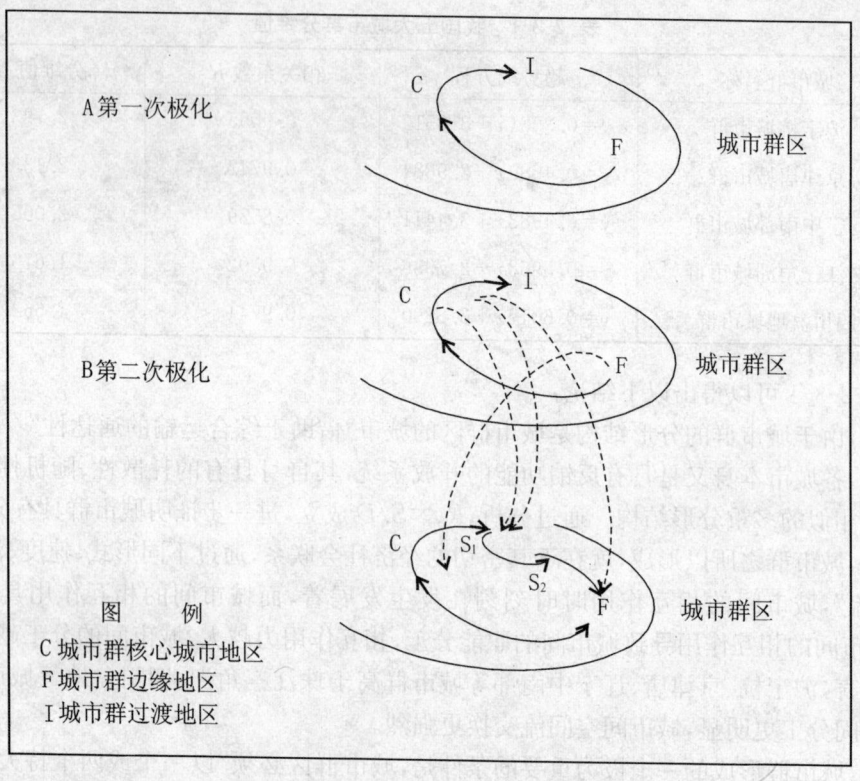

图 2-3-2 城市群的"二次极化"

三、城市群地域结构形成的交通制导作用

城市群地域结构的交通制导作用是指在一定区域的城市群形成过程中,交通运输对城市组团或城市组群等地域结构基本单元的制约、引导作用,从而形成沿交通走廊的城市组团或城市组群的城市群地域结构。城市群区城市的空间结构的差异及其所产生的空间相互作用与交通的互动控制关系如图 2-3-3。

城市群地域结构由不同等级的城市(节点)、空间流、通道和作用场(城市吸引范围)等要素组成。在一定的区域,由于劳动地域分工以及城市职能互补,作为城市空间联系的实质内容的空间流是具有方向和强度的空间矢量,空间流的方向和强度的变化,将导致空间差异,导致区域内的相互联系的产生,例如 A 城市想要与 B 城市进行贸易,而 C 城市需要自身不能提供的货物与服务,这引起了城市间货物、人员、资金、信息的流动。其中某些流动是没有阻碍的,例如航空可以在多个方向运动,而大多数这种流动受特定的交通走廊引导,流动通道的重要节点上导致新城市的产生或者原有城市的地域结构的变化。由于城市节点的增加以及交通通道或交通网络的完善,城市间的社会经济联系起初在少数城市,以后沿着交通走廊,通过不同等级的城市逐步扩大到整个区域内的所有城市,区域内城市的空间分布随之发生显著变化。

例如珠江三角洲城市群已经形成由铁路、公路、河运、海运、航空等多种运输方式组成的立体交通运输网:京广、京九、广梅汕、广茂湛等铁路;广深、广佛三、广花、惠深等高速公路和 7 条国道公路;广州、深圳、珠海、肇庆等港口;广州、深圳、珠海机场;香港是世界第一大集装箱和国际航空中心。在城市群交通运输网络中,国家级大都市、区域性大都市、地区中心城市和地方中心城市成为该网络的节点,连接各节点的线状基础设施所形成的城市发展轴成为城市群地域结构的基本组成单元,从而促进了城市群地域结构的形成与发展。

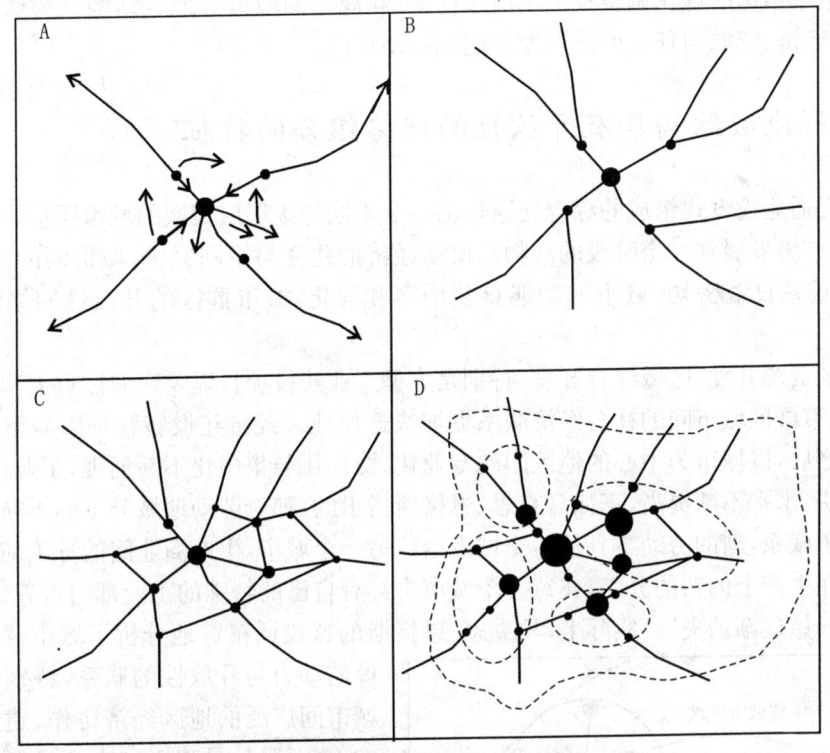

图 2-3-3 城市群地域结构交通制导作用示意图

四、地域结构在城市群经济发展中的传动作用

  城市群地域结构是城市群区经济整体协调发展的"晴雨表",也是城市群经济发展的"杠杆"。一方面,通过地域结构的变化来了解城市群区经济运行状况;另一方面,也可以通过地域结构的调整来协调各城市经济发展,以便达到城市群区整体经济发展的良好态势。地域结构的这种作用使得其在城市群区整体经济发展中具有传动作用。

  就要素禀赋(资金、技术、信息、资源等)差异而言,城市群区相互联系、相互制约的不同等级的中心城市具有多层次的地域分工,表现为:国家级大都市或区域性大都市(一、二级中心城市)与地方中心城市(四级中心城市)间传统比较优势部门间的分工以及同一部门生产过程的地域分工;地区中心城市(三级中心城市)与地方中心城市间部门间与部门内并重的地域分工;地方中心城市间产品差异化和规模经济所形成的部门内分工为主的地域分工。城市群区通过区域整合与产业互动整合的"双重整合",提高城市群区经济地域系统的组织能力及其经济实力。城市群区经济发展的地域过程是离散的,与城市地域结构的变化过程是息息相连的。

  珠江三角洲城市群由于毗邻国际大都会香港,改革开放以来接受了香港的大批劳动密集型产业及资金投入,不仅促进了珠江三角洲城市群经济的迅速发展,而且促进了其城市数量的增加、城市地域的不断扩展,城市群地域结构发生了重大变化。地域结构的变化,一方面促进了珠江三角洲城市群社会经济的发展,另一方面也带来了严重的资源与环境问题,地域结构的调整成为珠江三角洲可持续发展的重要环节之一。"珠江三角洲城市群经济区规划"为珠江三角洲城市群地域结构的优化调整提供了决策框架,新规划的城市群地域结构又为珠江三角洲城市群社会、经济、资源与环境的协调发展起到推动作用。

五、城市群地域结构具有开放性的网络组合的特征

由许多交通运输方式组成的综合交通运输以及不同等级层层镶嵌的城市所形成的网络结构,是社会生产力发展到一定阶段的产物。市场经济的建立与不断完善,城市间的经济、贸易和科学文化联系日益密切,城市的功能日益增多和强化,城市群区的开放性网络结构开始形成。

随着地区资源开发、区域综合开发,特别是大型工业建设项目以及区域性重大基础设施的规划建设,城市群区城市间的社会经济联系更加快速便捷。经济建设转移到以城市为中心的建设轨道上之后,以城市为中心的地区间的专业化、协作化与集中化不断涌现,工业化、城市化进程不断加快,水平不断提高,正如马克思、恩格斯指出的:随着劳动地域分工的不断加深,"城市彼此发生了联系,新的劳动工具从一个城市运往另一个城市,生产商业间的分工随即引起了各个城市间在生产上的新的分工,在每一个城市中都有自己的特殊的工业部门占着优势,最初的地域局限开始逐渐消失"。实际上,马克思、恩格斯的这段话精辟地分析了城市群的地域发展的动力与开放性的联系,特别是指出了城市间广泛的地区经济协作、建立多层次的工业部门,是建立城市开放型结构的前提条件。

由于地理位置、自然条件、经济基础与发展水平的差异,不同地区的城市都有与其发展条件相适应的主导产业和配套产业,经过一定时间的开发建设,许多城市最终在一个地区内形成各具特色的城市群经济。但从更大的经济区域分析,城市群不过是一个局部地区,而一个城市则是更小的一个地区。在城市群区,不同等级、规模、性质的城市构成城市网络。各城市具有一定的经济吸引范围,它们相互嵌套,形成以城市为节点、以交通线密切联系的地域网络,形成有特色的多层次的开放的城市群网络体系(图2-3-4)。

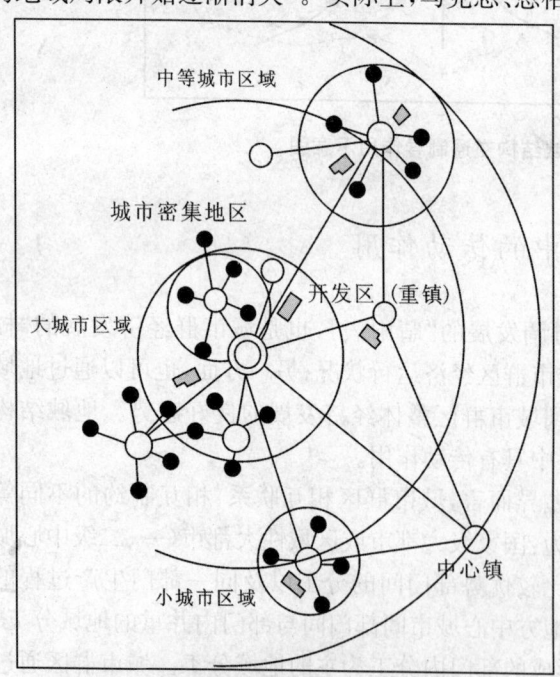

图 2-3-4 多层次的开放型城市群网络体系

第四节 我国城市群地域结构发展趋势

一、集聚与扩散将仍然是城市群地域结构演化的重要动力机制

我国正处于工业化、城市化加速发展的阶段,城市正处于中心集聚的阶段,城市群地域结构的演化具有普遍的规律性。来自工业化、城市化过程所产生的集散效应以及由此所引起的农村剩余劳动力向城市的转移和农村非农产业的迅速发展,将是我国城市群地域结构演化的重要的动力源。人口与企业的扩散、新城市的产生、卫星城镇的出现、区域交通走廊的建设以及城乡融合发展等,将是城市群地域结构变化的"风景线"。随着我国市场经济的进一步完善,城市群地域结构的演变将进入全新的发展阶段。

城市群地域结构的演变的廊道效应将会更加显著。正像20世纪90年代杰夫等对美国加州大都市空间扩展的分析一样,城市群区的集散主要沿交通干线进行,城市群内的城市建成区扩展自市中心沿交通干线呈触角式增长。

通过城市群内部的不同等级城市的集散作用,将形成由国家城市群-地区城市群-地方城市群所组成的合理分工、协调发展的城市群梯度链,把城市群内各城市紧密地联系在一起,构成合理的城市发展体系、产业发展体系、技术扩散体系、市场组合体系。

城市群是多层次的开放型网络体系,市场机制是城市群区城市间空间流得以顺畅进行的充分条件。在市场经济条件下,空间流的有序合理,一方面遵循"熵"减规律,依赖于市场机制,实现城市群区市场化;另一方面也需要政府的功能组织,通过要素的市场价格引导,需要财政、税收、利率、法律等支撑体系保证。只有将两者结合起来,城市群地域结构才能沿着有序合理、可持续发展的方向演化。

二、知识经济将赋予城市群地域结构全新的内涵

知识经济是在信息技术和知识产业发展的基础上形成的,以创造知识和应用知识的社会能力水平决定的经济。党的十四届五中全会把电子信息产业列为带动整个国民经济和结构升级的支柱产业,近年来又把电子信息产业确定为我国新的经济增长点。为此,作为知识经济的主战场的城市的发展应基于以下方面:在产业的选择上,应把制造业与服务业相结合;在管理方式上,应从过去的部门管理转向纵横交错的矩阵式管理;在产品结构上,加快从传统的模拟技术为主向数字化、网络化、职能化方向过渡;在技术支撑上,加快从依赖引进为主向引进技术、消化吸收与自主创新并举方向的转移;在企业组织上,加快从分散生产经营为主向大公司为主体、大中小企业共同发展的方向转变;在市场结构中,加快从国内市场为主向国内与国外两个市场相结合的国际方向。[23]

高校作为知识和科技汇集的场所,其兴办科技产业是科技成果转化为生产力的直接形式。以美国斯坦福科学工业园为模拟样板,创办科技工业园将是知识经济时代城市发展的新趋势。学术研究机构和应用研究单位,便捷的交通和发达的社会经济文化背景,清新优雅的自然环境,充足的建设用地保障等,是科技工业园的首选要素。我国的城市群区内,核心城市外围地区或小城镇适合创办科技工业园。科技工业园的创办不仅使城市群地域结构更趋合理,而且将进一步提升我国城市群的信息产业对经济的贡献度。例如,苏州市新加坡工业园区近几年来的工业产值一直占全市的1/3。

伴随着知识经济日益受到重视,投资也正在流向高技术产业和服务业,特别是直接流向信息和通信技术领域,由此促使与其相关的企业的产业群的形成与壮大,导致其建设用地的规模扩展,城市群地域结构也随之发生变化。

继农业经济、工业经济之后,知识经济已开始以不可阻挡的趋势介入人类的社会生活。随着制造业在国家国民生产总值中所占的比例的逐步下降,信息业和服务业所占的比例的渐次上升,城市群地域结构的变化将与此相适应,成为工业经济向知识经济的转变的有利保障。

三、城市居住空间演变将成为影响城市群地域结构的重要因素

人的空间行为(如居住行为、迁居行为)和生活方式都在很大程度上影响着城市景观生态格局的变化,从而不断改变城市的能流、物流、信息流的空间态势,进而影响城市群地域结构。

中心城市内部的空间建筑、经济发展、居民生活以及社会环境等社会空间不仅受经济空间结构的制约,而且随着经济发展,越来越受社会因素的影响,并且产生了许多社会-生态问题。我国工业化、城市化的快速发展,带来了城市地域结构的变化,城市土地利用模式在城市经济空间中遵循地租原理。目前,虽然人们对居住的选择还是更多地考虑生活的便利性和邻近性,

但是对于居住选择的环境因素意识正日益增强。城市居住地点与环境的变化,引起城市社会区域的分化,城市居住空间必然发生分化与分离。

居住分离是近年我国工业化、城市化过程中独有的空间特征,城市居住分离的倾向有两个同时进行的空间过程:一是城市的郊区乃至远郊区居住区、别墅区或卫星城镇的出现,二是大规模的旧城改造与开发建设所形成的城市内城进一步繁荣。这两种空间过程的动因不是空间经济学强调的物质距和成本距,而是贝利(B. J. L. Berry)所谓的社会距离梯度(Social distance gradient)①。因为前者反映了生活方式改变这一社会距离因素;后者则源于大财团、公司总部、高级管理与专业人员的邻近性这一社会因素。因此,城市的居住空间的变化受社会因素的影响逐步增大。

城市群空间由自然空间、经济空间和社会空间三部分组成,其中经济空间和社会空间随着社会经济的发展而容易发生显著的变化。随着我国社会经济的快速发展,人民生活水平的提高,价值观念的转变,人们对城市居住空间的选择正发生显著的变化。首先,对生活环境的要求提高。经济的快速发展也带来了城市环境质量的下降,首先富裕起来的社会阶层已经出现了迁出市区到郊区的环境优雅的别墅区居住的新动向,有些连片的居住小区已经形成卧城,促进了城市空间的向外扩展。例如南京市东郊风景区北侧、东侧以及市区南部江宁区百家湖一片生活区、别墅区等,已经成为改革开放后那些高薪阶层、富人安居乐业的地方。其次,居民文化、修养水平的提高,对城市的文化品位提出了更高的要求,城市周围的自然山水、文物古迹,乃至民俗民居、小桥流水等自然与人文景观均成为休闲活动的对象,导致城市空间随之扩大。

四、企业或企业集团的组织及其行为日益影响城市群地域结构的演化

随着社会主义市场经济的逐步完善,中心城市的对外扩散将主要以企业或企业集团为载体,企业或企业集团的组织与行为成为影响城市群地域结构演化的重要因素。

从劳动地域分工和工业生产组织理论角度,企业为了获得最大效益,企业纵向联合、空间分散的生产组织方式,比纵向联合、空间集聚的生产组织方式要优越;而纵向分离、空间分散的生产方式最为优越。而从企业的联系费用来看,企业在一定空间范围内不可能分离得太远,还需要一定的集聚。城市群内大城市的工厂企业从市区迁向郊区的定位是上述两个方面综合考虑的结果与反映。原有城市的空间扩展导致城市群地域结构发生变化。

斯科特(Allen Scott)在微观经济学产业组织理论,特别是其中的交易与分工学说基础上,创立了工业-城市区位论。他认为纵向一体化是企业出现的原因,而企业的纵向分解及由此产生的联系网络是城市出现的原因。某一地点的区位优势不是一成不变的,而是随着企业内部的生产和组织机构的动态变化而变化的。工厂区位扩散到城市边缘区后,因集聚经济的原因在当地产生新的生产综合体。因为城市是生产活动、人口高度聚集的地方,城市化与工业化息息相关,新的生产综合体必然会形成新的城市。[24]新城市的产生使城市群地域结构发生重大变化。

"生产转包"是指企业分解生产活动,把部分加工生产向外转移,给予同行业别的独立厂家

---

① 王兴中. 城市居住空间结构的演变与社会区域划分研究. 国家自然科学基金项目(A) 49371025 研究成果.

去生产的企业生产组织的一种新形式。随着世界经济的国际化、区域集团化,以及城市的国际化与开放性水平进一步提高,新的形势使得传统的决定经济集聚的作用降低了,城市发展产生了新的动力,出现了"生产转包"的城市发展形式[25]。在"生产转包"的过程中,城市群空间结构变化中最为显著的是,公司总部、研究与设计机构,以及管理人员与专业人才多在中心城市;而大量的分厂或占地多、技术含量低的简单的加工组装企业则分布在次级中心城市,促进了城市空间的外延扩张。随着城市群区不同等级城市间的"生产转包"的进行,城市群区地域结构将发生重大变化。

第五节
城市群区内的"第一增长城市"

第一增长城市一般是指城市群体内的核心首位城市,也称为区际性的中心城市。对中心城市的认识(有的学者称为经济中心、发展中心等等)是最近20多年来,特别是改革开放之后,学术界讨论得比较多的一个问题。[1][2] 对中心城市的研究,不仅仅是研究一个城市本身,还要研究该城市与其他城市的关系,以及和它所联系区域内的城市群的相互关系,所以讲中心城市,必须讲经济区,讲区域的城市群,两者是相互并存的,没有城市群区域的概念,也就没有中心城市的概念,更谈不上"第一增长城市"的概念。

在20世纪六七十年代,传统区域经济发展理论学者强调发展中心作用,提倡在比较落后的地区建立发展中心,发挥把工业吸引集中在首位城市(primate city)的作用,带动落后地区的经济发展。这种发展中心可能是现有城镇(如菲律宾、泰国及马来西亚等国家的情况),也可能是一个新的城市(如委内瑞拉就有这种情况),总之,是首位城市之外的区域中心。建立发展中心的设想,与传统的区域经济发展理论的市场规律、区域平衡发展的假设完全吻合,这是一

---

[1] 1982年在北京召开了全国城市发展战略思想学术讨论会,并于1986年出版了《城市与经济区》与《中国城市发展战略》两本书。

[2] 1985年、1990年,中国城市规划委员会在西安、四川召开了学术委员会专门讨论城市发展战略等问题。

种以城市为主的发展战略。[26] 80 年代后,我国许多学者提出区域发展的中心城市论,即以经济中心为网络的区域发展战略,推动了我国城市建设与城市现代化的步伐,同时不少学者又深入探讨城镇体系、城市与区域发展、城市群等内在规律性问题,使我国的城市科学研究进入一个新的历史时期。[27]

城市群内的第一增长城市即中心城市,其经济实力与人口用地规模都是第一位的,代表了区域城市群范围内的经济发展水平与城市经济基础设施的水平。对于城市群体内中心城市与其他城市的相互关系以及地域概念,其主要的理论分析系统为:①要建立在一个城市的地域空间整体概念上;②要建立在多种功能作用的城市性质综合概念上;③要建立在经济网络中(城市群网)最重要的结节点之间交通枢纽的区位概念上。区域城市群体内的第一增长城市系指"中心城市"(central city),是与卫星城镇(satellite town)相对而言的,指的是城市中心连片发展的部分,包括城区、近郊区(近郊工业区、仓库区、公园风景区和蔬菜基地等)。中心城市是城市区域的一部分,是城市内部空间结构的概念(internal spatial structure)。[28] 但我们必须改变对中心城市发展水平仅仅使用单一指标(如人口规模或工业产值等)作比较衡量的做法,而要用多项统计指标,按主成分分析求得一个综合的"城市发达指数"或"城市增长系数"。将我国主要城市群区或城市密集地带的中心城市作比较,可以较确切地反映出它们的相对发展水平。[29]

主成分分析的数学模型为:

$$Z_1 = L_{11}X_1 + L_{21}X_2 + \cdots + L_{m1}X_m$$
$$Z_2 = L_{12}X_1 + L_{22}X_2 + \cdots + L_{m2}X_m$$
$$\cdots\cdots$$
$$Z_l = L_{1l}X_1 + L_{2l}X_2 + \cdots + L_mX_m$$

如果用矩阵表示就是:$Z = LX$

$$\begin{bmatrix} Z_1 \\ Z_2 \\ \vdots \\ Z_m \end{bmatrix} = \begin{bmatrix} L_{11} & L_{12} \cdots L_{1m} \\ L_{21} & L_{22} \cdots L_{2m} \\ \vdots & \vdots & \vdots \\ L_{m1} & L_{m2} \cdots L_{mm} \end{bmatrix}, X = \begin{bmatrix} X_1 \\ X_2 \\ \vdots \\ X_m \end{bmatrix}$$

主成分分析法是按以下五个步骤完成的复合过程:

A. 原始指标的标准化处理;

B. 计算出相关的系数矩阵;

C. 用雅可比法求解相关系数矩阵的特征值与特征向量;

D. 主因子贡献率的标准;

E. 获得城市主因子得分和城市发达指数。

原始指标选自《中国城市统计年鉴(1998)》,共有 35 种,分属以下五个方面:

① 土地面积和人口方面的指标:全市市辖区面积、市区与建成区面积、全市总人口与市区非农业人口、全市流动人口、自然增长率和全市科技人员数等。

② 经济方面的指标:全市国民收入总产值、社会总产值、工农业总产值、轻重工业产值、全民与集体企业总产值、利税总额、固定资产原值、平均工资收入与财政收入等。

③ 商业、服务业方面的指标:全市每万人拥有的零售商业和服务业机构、零售商业人数、饮食业人员数、服务业人员数等。

④ 基础设施方面的指标：市区每万人拥有的公交车辆数和出租汽车数、每百人拥有的电话机数、人均拥有铺装道路面积、人均下水道长度、人均生活用电量、市区日供水量、市区人均居住面积和人均绿地面积等。

⑤ 文教卫生方面的指标：全市每万人中在高校的学生数、每万人拥有的病床数、卫生人员数等。

根据上述数学模型，将有关数据输入电子计算机运算，会得到各城市的发达指数 Q（表2-5-1）。Q 值越大说明各城市群区的城市发展水平越高，城市首位度与吸引力越强，基本上可以反映各个大城市的客观实际。

表 2-5-1　全国经济发达区各重要的城市发达指数

类 型 区	城 市 名	1998年 GDP（亿元）	城市发达指数（Q）
沪宁杭地区	上海	2 973.3	481 055
	南京	618.7	312 104
京津唐地区	北京	1 781.0	413 301
	天津	1 053.7	382 516
辽宁中部地区	沈阳	790.0	331 146
	大连	649.2	321 051
珠江三角洲	广州	1 298.3	398 821
	深圳	1 289.0	398 803
其他省会城市	武汉	876.7	352 101
	成都	578.0	295 821
	重庆	706.0	325 821
	西安	456.2	261 103

一个城市群体内具有不同层次、不同规模和不同性质的城市，群体内必然有一个或两个城市，它们是一个城市群在特定范围内自然形成区域经济网络的核心和现代科技文化交流的信息中心。这种中心一般要同时具备以下四个条件：

(1) 必须是经济发达的城市，在城市区域内居首位或第二位的城市。由于城市性质不同，功能就有差别。例如，桂林是全国著名的旅游中心之一，但不是广西的中心城市。广西的中心城市是南宁，这是从政治、经济、文化科研和信息流通等条件评定的。当然从区域城市群的观点考察，南宁也是本区域的第一增长城市，从人口规模、用地规模以及城市基础设施的增长比例分析，南宁市超过广西区域内任何一个城市。

(2) 必须是多种工业综合发展的城市。只有单一的工业发展的城市不可能被认为是中心城市。如鞍山是大型钢铁工业城市，但算不上辽宁的中心城市，只有沈阳、大连才能称得上辽宁的中心城市。综合性的工业城市，具有多种功能、复杂的产业结构和空间布局系统，并与其他文化科技、政治职能相互联系在一起。

(3) 必须是商业贸易发达的城市。单纯是工业生产发达，而不具备交换集散特点的城市，不能成为交换中心。任何一个地区的城市群，其中心城市一定是商品经济与贸易交往最发达的中心，它既起到集聚人流与商品的重要作用，又起到吸引与辐射分散各种工业品和农副产品的作用，其商品交易量的品种与数量也是所在区域内各个城市中占第一的。例如南京市新街口两大百货公司每年所经营的商品达28 140多种,而附近其他城市仅有1.5~2.0万种左右;南京市中心的日用百货有51%的数量为外地旅客(包括马鞍山、芜湖与宁镇扬地区的旅客)所购买,而其他城市的日用百货50%左右为本城市居民所购买。

(4)必须是多功能综合发展的城市。由于城市的生产发展和商品兴旺,必然会发展科学技术、文化教育事业,随之而来的是交通发达、金融发达、就业人员增多,最后导致城市的综合全面发展。

近代工业尤其是重工业和一些运量大的工业都离不开交通。大城市交通运输的优势,对这些工业有极大的吸引力,许多工厂向大城市、经济中心城市集中,尤其是向城市群体内"第一增长"的中心城市高度集中。例如上海,作为沪宁杭地区城市群的最大的中心城市,其重要作用具有全国意义,目前工业总产值占全国的1/12,财政收入和出口产值也占全国的1/8。

区域中心城市的功能,应随着工业化的提高及外向型经济的发展而转化,当我国社会从工业社会发展到后工业社会和信息社会时,金融信息和科技文化中心的功能会逐步加强,成为经济中心城市的主要功能(表2-5-2)。我国各大城市群区内重要的核心城市,九五、十五时期的

表 2-5-2 中央直辖市与副省级城市主要经济指标增长

城市	2003年GDP(亿元)	2010年预计GDP(亿元)	2010年人均(美元)
上海	9 415(2005)	15 000	10 000
北京	3 663		7 500
天津	2 447		7 000
重庆	2 250		6 100
广州	3 496	10 000	9 500
深圳	2 895	6 000	12 000
沈阳	1 603	5 000	6 800
大连	1 632	4 400	7 000
武汉	1 662	4 900	6 500
成都	1 870	4 000	4 200
西安	942	2 500	3 000
南京	2 413(2005)	4 500	6 500
杭州	2 400(2005)	4 600	7 800
宁波	1 786	4 400	7 400
济南	1 365	3 500	5 600
青岛	1 780	4 800	6 500
厦门	759	2 000	9 000
哈尔滨	1 414	3 300	4 600
长春	1 338	3 100	4 500

资料来源:①中国统计年鉴(2004);各省市有关经济统计年鉴(2004,2005)。
②宁波经济,2006(1):5~8。

经济增长较快,今后十一五的规划发展将稳定增长。上海、广州、大连等城市将会向这方面转化。随着国家经济实力的增强,中心城市第三产业的迅速发展,区域性的基础设施的逐步加强,工业向大城市集中的局面会逐步改变,但经济中心城市作为工业中心的功能和地位是不会因之而消失的。联合国区域发展中心的前主席本成教授在《后工业社会的大都市问题》中写道:"日本大城市中枢管理功能(central managerial function)的有效发挥是日本战后经济增长的关键因素,如果日本在变动的世界环境中能够生存,它必须加强大城市的中枢管理功能。"日本的经验很值得借鉴,我国大城市的管理功能就是要发挥每一个地区城市群的中心城市的枢纽作用,使之起到领导和骨干作用。

第六节
城市与区域发展的相互关系

城市与区域发展的相互关系是我国新形势下经济发展与空间布局应当鼎力研究的迫切问题,特别是在城市人口、工业较集中与交通较为繁忙的区域。由于人们认识水平的差别、实践经验的多少各不同,因此所提出的处理问题的方法与措施亦有差异。当前城市与区域发展的问题较多,新旧矛盾交叉,布局也较为纷乱,行政分割,政出多门,处理的难度也较大。

几十年来对城市问题的研究以及对规划与实践发展的相互关系的探索,说明必须从系统的观点和动态发展角度,分析城市与区域发展的相互关系,揭示其地区经济发展与中心城市本质的联系因子,掌握其内在的规律性,为制定我国城市建设与地区经济发展提供科学依据,合理地布局生产力,为社会主义现代化建设服务。

一、城市与区域发展的互相联系

现代化的城市,特别是大城市和超大城市,是一个国家或地区经济、文化和社会活动的空间存在形式,是由自然、社会、军事和经济等重要的因素组合而成的有机体,也是目前人类社会进步和科技文化发达最主要的标志。

不少国内外专家学者认为,"城市是区域发展的中心,区域是城市成长的基础",两者是相互补充、相互促进、不可分割的有机整体。任何一个城市的形成和发展都离不开一定的地域范围,城市的发展都有它辐射的经济区域。《中共中央关于经济体制改革的决定》指出,"要充分发挥城市的中心作用,逐步形成以城市特别是大、中城市为依托的,不同规模的,开放式、网络型的经济区"[30]。

研究城市与区域发展相互关系时,应当注意一个区域内城市的集聚与区域经济活动的特征,主要表现在三个方面的相互作用:①区域经济活动的展开往往只依托中心城市的功能作用的集中、强化与扩散;②经济活动中心的长期形成以及城镇的空间结构发展与交通线布局的扩散密切相关;③区域内外社会物质交流活动中心连同这种活动形式表现出来的企业之间与人和地的关系的集聚性。以上三方面的作用,表现在城市有机体日日夜夜流通的物质与建筑的拓展形式上,并依赖区域空间作用基础,使城市不断形成扩大,同时又促进了地区资源与社会人力资源的开发和利用,形成了城市与区域发展相互融合的地域生产综合体,这也是人类有史以来空间结构特征上表现出来的最复杂的有生命力的有机体。正如有的学者所指出:在现代化发展过程中,有一个城市与区域先后发展、空间扩散(依赖城市体系和交通网)的步骤。城市与区域开发过程的"循环及累积因果作用",也是人力、物力与财力投入产生集聚效应的结果。

二、城市的中心作用与建成区的扩展

城市无论其规模与综合实力的大小,在任何一个国家或地区经济发展中都起着十分重要的主导作用。就城市与经济关系而言,经济是城市的实体,是城市的主要功能。城市是经济活动的舞台,也是经济发展水平的表现形式和指示牌。

城市是多功能的,有着多种的中心作用,有政治中心、经济中心、文化中心和对外活动中心等,其中最重要的是经济中心。因此可以说,城市社会中,许多活动都是围绕着经济活动而进行的。城市的经济中心地位,首先是指城市对组织经济、管理经济和发展经济的核心作用。由于现代化经济发展是一个复杂的过程,城市的经济功能也是多元化的,主要表现在生产、流动、金融、外贸、信息、消费与娱乐等活动环节中。实质上城市也是区域发展的生产中心、流动中心、金融外贸中心、文化科技活动中心等(图 2-6-1)。

一般说来,城市愈大,影响的区域范围就越大,各种物质流向和经济活动也更为浩繁。例如,我国的上海市和广州市居于我国经济比较发达的两大三角洲的区域发展中心,也是具有全国意义的区域经济中心。1998年上海市区人口953万人,占全国城市人口(非农业总人口)的2.5%,GDP国内产值2973亿元,占全国城市工业总产值的12.1%,外贸出口额占全国的18%;广州市区人口330万人,GDP国内产值1298亿元,其中外贸出口额占全国的16.5%,占广东全省的35.1%。可见,上海、广州在全国经济发展中具有举足轻重的地位。[31]

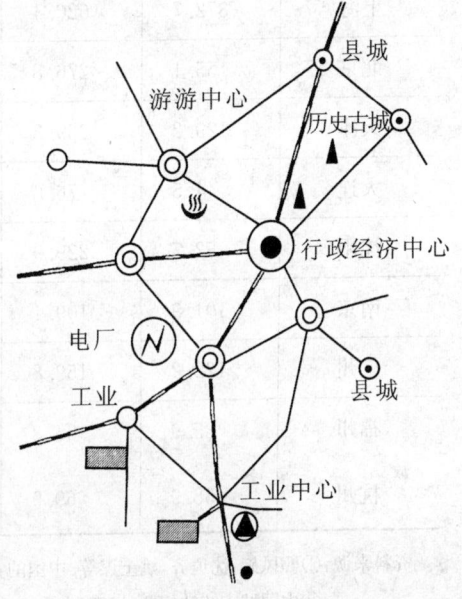

图 2-6-1 城市区域各个城市功能的发展

在工业革命后,特别是最近 50 年来,发达国家和发展中国家的城市都在急剧地发展,这主要是由城市中心作用(本质活动)所决定的。从 19 世纪初到 20 世纪 80 年代,城市人口特别是大城市人口增长很快,参见表 2-6-1。

表 2-6-1 世界上若干大城市的人口增长　　　　　　　　　　　　　单位:万人

年份\城市	巴黎	伦敦	纽约	东京	上海	加尔各答
1800 年	64.0	80.0	6.0	76.0	55.0 (1843 年)	45.0
1900 年	360.0	650.0	450.0	200.0	330.0 (1936 年)	195.0
1980 年	610.0	780.0	1 210.0	850.0	650.0	313.4
1998 年	650.0	790.0	1 250.0	1 240.8	953.0	650.0
2004 年	658.0	810.0	1 240.0	1 280.5	1 024.0	705.0

资料来源:①[英]汤姆逊. 城市布局与交通规划. 北京:中国建筑工业出版社,1982.
②世界银行,1987 年、1995 年、2004 年世界发展报告等有关资料。
③建设部,城市人口资料,1998 年、2004 年;上海为市区人口。

从表 2-6-2 分析中国的大城市,可以看出近半个世纪以来特别是解放以后,工业经济,以及社会团体、企事业的集聚,促进了城市人口的急剧增长。

表 2-6-2 中国沿海大城市的人口增长(1936~2004 年)　　　　　　单位:万人

城市\年份	1936 年	1953 年	1970 年	1981 年	1998 年 (建成区人口)	2004 年
上海	372.7	620.4	700.0	613.4	893.7 (911.5)	1024
北京	155.1	276.8	500.0	543.0	673.7 (684.3)	790
天津	129.2	269.3	360.0	502.2	483.5 (489.3)	525
大连	44.5	76.6	165.0	145.2	200.1 (203.1)	225
沈阳	52.7	229.9	280.0	391.8	387.6 (389.6)	488
南京	101.8	109.1	175.0	208.7	238.9 (247.2)	372
广州	122.2	159.8	250.0	307.7	330.6 (336.5)	586
福州	35.9	55.3	68.0	109.3	105.7 (108.5)	134
杭州	58.9	69.9	96.0	115.6	134.6 (139.3)	216

资料来源:①薛凤旋,沈道齐,姚士谋等. 中国的大都市. 北京:商务印书馆,1986.
②中国城市统计年鉴(1985)。
注:1936~1981 年为城市市区人口。括弧内为 1999 年非农业人口。

三、城市与区域合理发展的原则

我们在探索城市与区域合理发展的原则时,不能满足于某些仅对局部地方适合实用的原则。城市与区域是一个具有点、线、面"三维"空间的地区,也是生产力长期形成发展的经济实体,处于自然、经济和社会各种矛盾的统一体中。因此,为了促进区域经济的健康发展,必须探索城市与区域合理发展的基本原则。

根据我国城市地理学家与城市规划者长期的实践经验,城市与区域合理发展的原则一般可归纳为如下几点:

1. 集中布局的原则(即非均衡发展原则)

人们常说:"平衡发展是相对的,不平衡发展是绝对的。"在任何一个地区(或城市区域),人们常常可以见到:在许多大中城市里出现地区生产力(工业企业)的集聚,人力、物力和资金不断集中,由此造成区域发展的不平衡现象。而通过把主要中心城市的工业、技术、资金扩散和推广到整个地区,带动地区生产力发展,可以消除区域发展不平衡的现象。"发展城市和人口分布的城镇聚集体形式以及加强生产力的区域集中(物化劳动和积累也与此过程密切相关),这些都是完善社会生产(其中包括人口分布)的重要方针。区域生产要素的集中客观上引起积聚过程的质变"。[32]根据我国经济建设经验,生产力的集中布局(尤其是同类企业、工业的成组布局)可以减少基础设施的投资,有利于提高交通和邮电项目的建设投资利用率和降低管理费用,有利于企业间、地区间的科技文化交流和形成城市社会。前苏联在20世纪60~70年代开发东部和南部区域,采取集中布局原则,确定区域内合理的结构体系成组地布局工业,取得了显著的经济效益。因此,"对新建企业来说,基建投资平均可节约8%~15%;对改建企业来说,可节约3%~5%;用地需要量可减少10%~12%;工业生产职工人数可减少4%~5%;交通运输和工程管线长度可减少5%"。当然这种集中布局的优势也是有一定限度的,如果超过某种范围(超过门槛)就开始失掉自己的经济优势。[33]因此,对我国一些经济发达区域,城市过分集中,工业企业过分饱和,土地负载量超过常规,往往会出现各种"城市病",我们也应引以为戒。

2. 城市与区域相互协调的原则

在城市规划与区域规划(包括国土规划等)的工作实践中,不少人都能意识到相互协调的重要意义,但有时往往又很难处理好这些问题。城市与区域发展的矛盾很多,诸如用地、用水、企业布局、交通线路配置,生活区、工厂区、垃圾与工业污水要处理好、协调好并非易事,工业发达地区环境问题更加严重,例如苏州、无锡市郊的太湖水质问题,农村面源污染治理也很紧迫。

城市与区域发展的相互协调的原则,就是在城市与区域的规划和建设中应考虑近远期发展的协调性、局部与整体利益的统一性以及发展生产力与生态环境保护相关性等问题。例如,南京东郊风景区(中山陵)在前两年经济发展过程中,附近一些单位和个人为了追求经济利益,在中山陵2~3 km范围内设厂办企业,破坏了风景区的建设;某些单位借口发展生产,破坏了景观。今后必须保护闻名中外的东郊风景区的整体性,使之与城市发展与区域经济发展相互协调起来。[34,35]

3. 城市发展与区域经济发展有机结合的原则

按照经济地理学观点,任何一个城镇都是地域的中心,都拥有特定的经济吸引的地域范围,这正是"经济区"的理论基础,城市与经济区如影随形,是一个事物不可分割的两个方面。从这一点来说,城市-区域的概念实质上就是经济区的概念。比如说,任何一个大大小小的经济中心,都有其相应的经济地域范围,这样,从全国到地方、从上到下,形成了一套完整的多层次的城镇居民点体系。只有这样,城市与区域的发展才能有机地结合在一起,真正发挥中心城市的作用与区域基础的机能。

城市与区域发展的有机结合主要表现在三个方面:①城市发展的方向、性质与规模的确定,主要依据城市所在地区(尤其是经济区)的自然经济基础和所承受的容量。自然资源的丰度(例如有价值的矿产开采储量等)很大程度决定了城市发展的主导职能。如大同市的煤矿、包头市附近的铁矿、茂名市的油页岩、景德镇市的陶土等等,这些工矿城镇均应围绕着地区的自然条件、自然资源,考虑城市的性质、发展方向与规模。当然,城市规模还要考虑城市的经济辐射强度、地区农业基础和农副食品基地的建设。②城市对外交通干线的规划建设要与本区域经济开发方向相适应,有利于地区经济发展。例如:闽南金三角地区,城市交通线除了鹰厦铁路外,主要依靠公路运输和海上运输,公路运输目前很不适应对外开放的形势,除了提高现有的福厦公路级别(包括高速公路)、扩建漳汕公路之外,还要规划建设"三南公路"(由厦门经漳州、龙岩直通赣南、湘南地区的二级公路)和福厦快速干道(利用外资),适时适应闽南地区经济开放,加强与东南亚各国的贸易关系,加强对台贸易和经济文化的交流,有着十分重要的意义[36]。③有机结合表现在有一个稳定合理发展的环境容量。由于城市的发展,受地区自然和社会多种因素的限制,因此,在规划城市发展时,就必须从区域发展的角度考虑城市合理的产业容量、用地容量、用水容量、大气容量、生物容量和区域环境容量等等。只有这些容量合理,才能为生产的发展和居民的活动创造良好的经济和环境条件(图 2-6-2)。

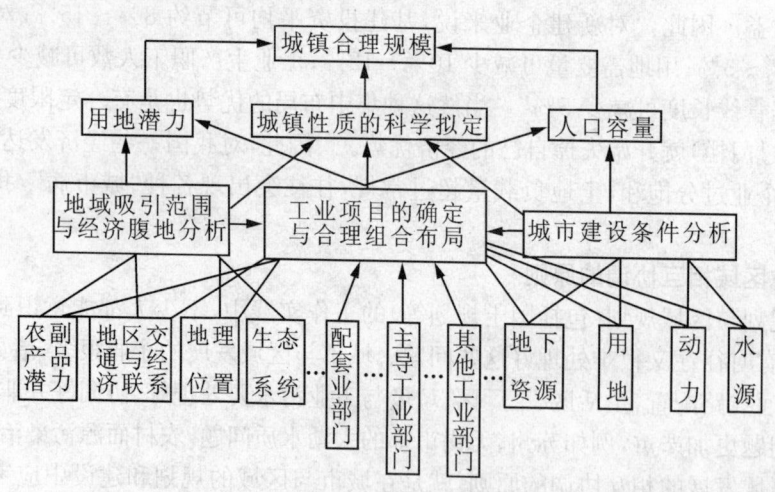

图 2-6-2 城镇合理规模(容量)各要素关系图

4. 城市与区域经济发展的经济联系原则

城市形成发展过程是人与物在地域空间上不断集聚的过程,随着生产力的进一步发展,每个城市的有机体都在不断储存与辐射自己的"能量",影响着自己与周围地区。由此可见,城市形成发展过程就是与周围地区不断加强经济联系的过程,尤其是特大城市,每天城市本身的吸引力与物质消耗都必须依托区域,才能促使城市有机体的运转与再生。例如:北京的人流趋势,北京铁路枢纽日旅客发送量从1970年的2.02万人、1982年的6万人、1987年的10.5万人,到1989年增至15万人左右,1998年达36万人;全年发送旅客超过2 400~3 000多万人次;2000年春节期间北京车站日发送量达40万人。北京日发旅客列车108~160多对,其中140对由北京站发出;85对由北京新建的西客站发出;丰台西站日办理货车辆数约1.72万辆[37,40],为全国最大的编组站之一(图2-6-3)。

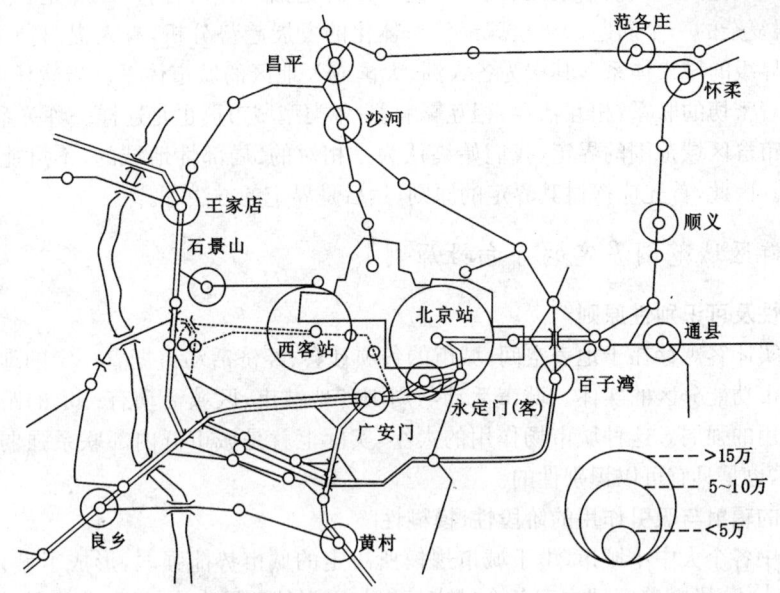

图 2-6-3　北京大都市各个火车客运量日平均流量示意图(1995年)

　　总之,城市与区域发展的相互关系,随着社会生产力的日益发展,随着工业化、城市化、现代化水平的提高,城市群之间和各城市之间的人流、物流、信息流、资金流等日益增强,城乡关系日益加强。我们在探索这些关系时,必须按照区域经济发展的内在规律,加强中心城市之间的相互协调、相互支援,使其相得益彰。[38,39]

注释：城市群区域范围界定方法探索

城市群区域范围如城镇密集区、大都市连绵区的范围一样，目前很难界定。究竟范围如何划分，是很复杂的一个问题。从全球经济一体化的发展趋势分析，有人提出把全球城市体系，当作"世界级的城市体系"，其次为各大洲、大国或大地区的城市体系。当然任何一级的城市体系都有着密切的联系，相互依存、相互影响着；各类型城市群也是这样一种关系。

关于城市群区域范围的界定，我们始终认为是相对的、局部性地域的，不可能有明确的、绝对的界线。因此，首先应探讨其界定的原则，然后是界定的方法等。

一、城市群区域范围界定的导向性原则

1. 客观性及可识别性原则

城市群实体客观存在于地表空间，城市的各项社会、经济活动占据着一定的地表空间，形成相应的城市功能分区的实体。城市活动与周围各地城市、区域活动有一定的距离，形成城市场空间作用的强弱。这种城市场作用的大小，实际上就是城市群内部联系强弱的表现，是客观存在的，也是具有可以识别性的。

2. 城市的辐射与吸引作用的阶段性、模糊性

城市群中各个大中小城市，由于城市规模所决定的城市势能强弱，形成了城市的辐射与吸引作用的大小，影响着区域之间各个城市辐射与吸引的范围大小，城市作用是绝对的，而城市作用的大小则是相对的，这里有一定的地区界线（主要是经济区的界线，中心城市在区域内作用大小的地区界线等），但是这里具有一定的数学上的模糊概念。

3. 统一性及其空间相互联系的原则

城市群实体地域空间不是孤立存在的，它与周围地域每一个城市发生着空间相互联系的作用。城市吸引着周围地域人口、资源分配与城镇联系，也为周围地域和各个中小城市提供城市服务、市场、就业机会等等。这一城市的互动机制是城市实际地域以现状用地的方式再扩展的动因。

二、城市群区域范围界定的方法问题

（1）依据城市场引力公式，计算城市群内部各类城市的综合经济实力的辐射范围，主要客货流密度以及信息流强度，分直接辐射与间接辐射的区域范围进行界定。

（2）按照经济区划分方法，界定城市群的区域范围，例如沪宁杭区域城市群区，内部包括江、浙两省与上海市经济发达区，江苏省的苏锡常、宁镇扬两大经济区，可以作为城市群的内部分区。

（3）按照行政区划的方法进行划分，但这种方法缺乏一定的客观经济规律的依据，方法上存在着不严密性与松散性。

（4）按照城市群区内的人流、物流、资金流、信息流的规模、流向、疏密程度进行划分，按照各中心城市经济联系的强度分析计算，这种方法比较复杂，资料难于取全、程度复杂，一时难于划分，我们还在进行研究探索之中。

主要参考文献

[1] 林立平. 封闭结构的终结[M]. 兰州:甘肃人民出版社,1989.
[2] Hoyt H. The Structure and Growth of Residential Neighbourhoods in American Cities[M]. Washington D. C: Government Printing Office, 1939.
[3] Harris C D, Ullman E L. The Nature of Cities[J]. The Annals of the American Academy of Political and Social Science, JCCXII, 1945:7~17.
[4] 马玫. 城市地域结构理论问题回顾[J]. 城市问题,1995 (5).
[5] Webber M M. The Urban Place and Nonplace Urban Realm[M]// Webber M M, et al., eds. Exploration into Urban Structure. Philadelphia: University of Pennsylvania Press, 1964.
[6] Foley L D. An Approach to Metropolitan Spatial Structure[M]//Webber M M, et al., eds. Exploration into Urban Structure. Philadelphia: University of Pennsylvania Press, 1964.
[7] Alonso W A. Theory of the Urban Land Market[J]. Papers and Proceedings of the Regional Science Association, 1960, 6: 149~158.
[8] Massey D. Spatial Division of Labour: Social Structure and the Geography of production[M]. London: Macmillan, 1984.
[9] 唐子来. 西方城市空间结构研究的理论和方法[J]. 城市经济与区域经济,1998 (1).
[10] 杨吾扬,杨齐. 论城市的地域结构[J]. 地理研究,1986 (1).
[11] 杨吾扬. 论城市体系[J]. 地理研究,1987 (3).
[12] 许学强,胡华颖. 广州市城市社会空间结构的因子生态分析[J]. 地理学报,1989, 44 (4).
[13] 武进. 中国城市形态——结构、特征及其演变[M]. 南京:江苏科学技术出版社,1990.
[14] 姚士谋. 中国城市群基本概念的新认识[J]. 城市研究,1999 (1).
[15] 陈田. 省域城镇空间结构优化组织的理论与方法[J]. 城市问题,1992 (2).
[16] 宁越敏,严重敏. 我国中心城市的不平衡发展及空间扩散的研究[J]. 地理学报,1993 (2).
[17] 涂人猛. 大城市圈及其范围研究[J]. 城市问题,1993 (5).
[18] Bourne L S. Urban Systems: Strategies for Regulation[J]. Oxford: Clarendon Press, 1975.
[19] 刘继生,陈涛. 东北地区城市体系空间结构的分形研究[J]. 地理科学,1995 (2).
[20] 张宇星. 城镇生态空间理论初探[J]. 城市规划,1995 (2).
[21] 姚士谋,陈爽. 长江三角洲地区城市空间演化[J]. 地理学报,1998, 53 (12).
[22] 马武定. 城市化与城市可持续发展的基本问题[J]. 城市规划汇刊,2000(2).
[23] 康泰. 为什么要重视发展知识经济[N]. 经济日报,1998-02-26.
[24] 宁越敏. 从劳动分工到城市形态[J]. 城市问题,1995 (2).
[25] 叶舜赞. 大城市和国际城市集聚与扩散机制的探讨[J]. 城市问题,1994 (4).
[26] 许学强,伍宗唐,等. 中国小市镇的发展[M]. 广州:中山大学出版社,1989:5~6.
[27] 周干峙. 为我国 21 世纪的城市交通发展作好准备[J]. 城市规划,1996 (3).
[28] 吴良镛. 北京宣言:中国城市建设未来[M]. 北京:中国建筑工业出版社,1999:21~28.
[29] 叶舜赞主编. 西南城市开发与建设[M]. 北京:科学出版社,1991:18~20.
[30] 陈为邦. 序二・走可持续发展的道路[M]//中国大都市的空间扩展. 合肥:中国科学技术大学出版社,1998.
[31] 国家统计局. 中国城市统计年鉴:1985,1998[M]. 北京:中国统计出版社,1985,1998.
[32] [英]伊利 N A. 城市经济学[M]. 杜力生,等译. 北京:中国建筑工业出版社,1986.

[33] 姚士谋.我国区域综合开发若干问题初探[J].热带地理,1989,9(2).
[34] 吴友仁,等.研究城镇合理规模的理论与方法[M].南京:南京大学出版社,1986:25.
[35] 姚士谋.厦门经济特区经济辐射功能与发展趋势[M].地理学报,1989,44(2).
[36] 陆大道,陈汉欣,等.京津唐区域经济地理[M].天津:天津人民出版社,1988:97.
[37] 宋家泰,崔功豪.城市规划原理[M].北京:商务印书馆,1988.
[38] 周干峙.在全国城市规划学会第一次会议上的讲话[J].城市规划,1991(1).
[39] 宁越敏.世界城市的发展趋势[J].城市问题,1990(1).
[40] 李京文.中国交通运输要览[M].北京:经济科学出版社,1989:75~92,205~208.
[41] 胡序威,杨冠雄主编.中国沿海港口城市[M].北京:科学出版社,1990:79~92;53~56.
[42] 国家统计局.中国经济年鉴;中国城市经济年鉴.北京:中国统计出版社,1996~2004.

第三章

中国城市发展与城市群的演变
EVOLUTION OF URBAN AGGLOMERATIONS IN CHINA

中国城市群

第一节
中国城镇发展漫长的历史

中国是世界四大文明古国之一,城镇发展有着悠久的历史。在漫长的古代社会里,我们的祖先创造了北京、南京、西安、杭州、洛阳和苏州等城市规划和城市建设的不朽之作,并以其宏大的规模、鲜明的层次、发达的手法等独特风格著称于世,形成了中国自己特色的城市发展与建设的体系,对世界文明做出了杰出的贡献。

随着社会生产力水平的不断提高、生产工具的改革、铁器和陶瓷器的广泛使用,城镇手工业和商业逐步得到发展,全国各地的城镇与集镇不断兴起。到新石器时代晚期,我国社会和经济发展在各方面已取得了巨大进步,社会进一步分化,聚落得到初步的发展。此后,我国已形成3条农业地带,即黄河流域的以种粟为主的旱地农业区、长江流域及其以南稻作农业区、北方草原游牧区。由于采用了一些比较先进的农具,提高了农业生产力,剩余产品进行市场交换,由此产生了城市的雏形——居民点聚落[1]。

在中国古代,城镇的形成发展是与地区经济的发展及其军事政治的原因联系在一起的。自夏至西周长达1 300年的历史长河,是中国古代城镇聚落的最早发展时期,总的特点是,集聚的居民点规模小,功能单一,仅仅是农产品的交易场所,人流不多,小集镇规模不大,数量也很少。秦王朝统一中国后,建立了强大的中央集权及郡县制度,全国出现了许多小城镇,首都与全国各地有驿道相通,初步形成了以各级行政中心为主体的城镇格局。我国的政治、经济的重心在黄河流域,这里也是当时中国农耕经济最发达的地区,居民村落比较稠密,全国大部分城市也分布于这一地区。咸阳、长安、洛阳等先后作为都城,是当时全国性的中心城市。后来,随着各地经济、文化和军事发展的需要,各地的城市也陆续建设起来。当时的燕、涿、邯郸、大梁(今开封)、临淄、彭城(今徐州)、寿春(今寿县)、吴(今苏州)、江陵、成都、番禺(今广州)等等,都是较大区域的中心城市。汉武帝时为抗击匈奴,开发西域边疆,沿进军路线建了一些新的城镇(即河西走廊城市地带的原型),如武威、张掖、酒泉、敦煌等。所以,"中国古代规划城市不仅局限于城市本身,而且往往从与城市在行政、军事、经济上有密切关系的地区着眼。城市位置多选择在靠近河川、交通便利、水源充足、土地肥沃、物产丰饶的地区,而且各级城市的建置和分布,都与整个地区的山川形势、江河交通、人口规模、经济发展有着密切的联系,以便更好地发挥作为统治中心的作用。"[2]这就是我国古代城市规划所具有的城市分布区域规划布局的地理基础的初期思想。

由于各地区经济、政治上的稳定发展,许多城市也得到较大规模的建设与发展,一些中心城市就逐步成了城市地区的首位城市。因此,城市集聚地区的发展,与地区经济,特别是陆路交通的发展有着密切的关系。中国又是一个封建大国,中央集权制占统治地位。"大一统"是中国封建社会区别于西方国家封建社会的显著特征之一。中国封建社会的城市是国家和地区的各级统治中心,城市是人类文明的象征,也是封建王权集中的象征。随着中心城市的人口、财富与权力的集聚,城市成为统治阶级建设自己安乐窝的要塞之地。加上交通道路的发展,中心城市与附近的城镇或边远城市建立了密切的联系,这就是城市集聚地区形成的初始阶段。"以我国历史记载城市的起源,政治因素占很重要地位,而且随权力结构的产生,造成了有闲阶级的贵族,而城市亦为其产品。"[3]

根据古代典籍所记载的关于远古历史的传说,大约距今 5 000 多年前,在我国号称"膏壤沃野"的中原地区,已经有很多部落活动在黄河中下游的河谷、平原和丘陵地带,过着以农业为主的生活。大体在关中平原、晋西南盆地和豫西伊、洛一带,以至太行山东部的河北地区,我国古代劳动人民首先在这里创造出了中国古代文化,进行农耕,修水利,修村道,也建设了乡邑,后来发展出城池。

周武王在渭水中游流域建立西周,确立以镐京(今陕西长安西南)作为新都,东面的河洛地带,以王城为中心,是周王朝镇抚东方的重镇,称为"成周"。许多重要城镇之间都有驿道联系,初步形成了中国最早的原始的城市聚落,适应当时生产力水平的发展需要。在公元前 770 年周平王迁都王成(又名洛邑,今河南洛阳),初时的王畿还比较大,包括河南的西府和陕西的两州,跨越黄河中游南北,地方六百里,约有十二邑(如图 3-1-1)。依此推断,我国最初的城市乃是统治阶级所创建的据点,是其政治军事力量的所在地,从事

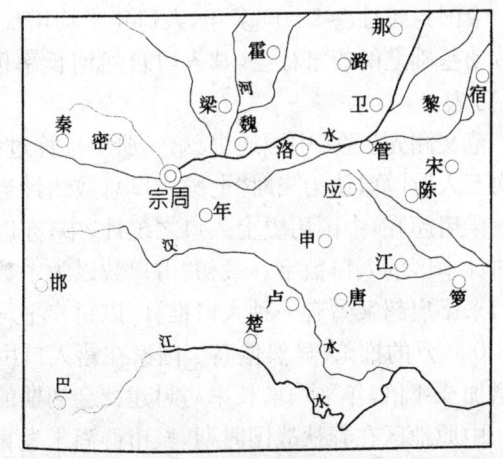

图 3-1-1 西周时期中原地区城镇分布

农业生产的农民供养在城市居住的统治阶级,城镇发展不能损害与削弱农业生产,更不能破坏

地区的生态环境,处于原始农业状态。当然城镇的发展规模就很小了,商品市场也不活跃。[4]

据宁越敏等研究,中国城镇产生过程主要在黄河中下游地区。自新石器时代后,中国存在着南北两条主要的发展基线,一条是黄河流域,另一条是长江流域,都在中下游地区,也是我国古代农业经济比较发达的地区,促进了城镇的形成与发展。

我国中原区域城市集聚地区(包括关中地区)的基本态势为:

1. 为全国地域开发历史最早的地区

中原地区是我国农耕历史最早的地区,在战国时期,封建社会取代奴隶社会,社会生产力获得进一步发展,由于历史上牛耕、铁器在农业上广泛使用,既促进了土地的大量开垦,又提高了耕作技术,社会经济大大发展了,在我国春秋时期,分散于各地的荒地进一步得到开发,大小城邑和新的居民点在中原地区如雨后春笋般地涌现出来。"千丈之城,万家之邑相望也"[5];"三里之城,七里之廓"[6]比比皆是。秦吕不韦封文信侯,"食河南洛阳十万户",有"家僮(奴仆)万人","食客三千"。[7]封地户口之众,也反映了当时人口的稠密。城市作为政治、文化中心从城市产生之日起就开始了,但城市初期受宗教礼仪文化与建筑文化的影响,出现了文化繁荣的统治阶级支配城市发展的时代。

2. 城镇兴起与都、邑的繁荣

我国自春秋时期始,奴隶制社会开始解体,至战国时代,封建制度最终得以确立。春秋诸侯争霸,原来各个小国的城镇逐步成为军队、政治的统治中心,各自控制一块小地盘,城镇分散为多中心的格局。春秋战国时期,我国中原地区不少都城的规模较大,如齐都"临淄之中七万户",大街之上"车毂击、人肩摩,连衽成帷,举袂成幕,挥汗成雨"[8],反映了封建社会早期城市人来人往熙熙攘攘的繁华景象。"魏都大梁、宋都睢阳、楚都陈及寿春均因鸿沟水系的开凿,成为重要的经济都会而被定为国都。卫都濮阳因地处濮水之北,交通便利,为三晋及齐货物的集散地,而成为人口集中的繁荣城市。"[9]

中原地区在春秋到战国时期,还兴起了许多中小商业城市,如韩之荥阳、楚之宛、郑之翟、三川之二周(指成周、洛阳,东周筑二城)等,无不"富冠海内,皆为天下名都"。[10]

3. 当时中国人口的估计与城市聚落的发展

中国封建社会 2 000 多年,人口年平均增长率为 1.5%。建立在原始的生产力水平及强制性劳动基础上的奴隶社会,其人口自然增长率极低,倘为前者之半,即 0.75%,则春秋后期为 450 万人。

范文澜先生在《中国通史》第一册中推算过中国战国时期的人口,"按五人出一兵"及"每户平均五人"计算,认为当时"七国人口总数约计当在二千万左右"。[11]

梁启超在《中国历史上人口之统计》中,亦以苏张之说为据,其对战国人口的推算,却过高地估计本区的人口数字。最初"由户数以为中数,则二百五十余万户,应得二千余万人也。"[12]但后来梁启超又另有一种人口推算,以每户平均数大体在八口左右,从而得出战国时期人口已有 3 000 万的推论,显然偏高。国家在籍人口由春秋后期 450 万人猛增至 2 000 万,两个半世纪增加 3.4 倍,年平均增长率与封建社会初期的 1.5%正不谋而合。[13]

中原地区在春秋战国时期,城市群尚未发育形成,仅仅是以长安、洛阳为政治中心形成一个区域性的松散的城镇分布状态,由简易的驿道、邮路相互联通,城市的商业与其他市政设施很不完善,主要依靠农业经济。

秦、汉后,中国版图已定,政治体系渐次定型,经济发展较稳定。秦、汉都市的发展,不单因政治势力膨胀所促成,也由于交通、工艺和手工业有较大的进步,而社会制度日趋成熟,城市发展也较快,且相对集中。据《汉书·食货志》记载,当时除长安、洛阳外,邯郸、临淄及成都均为一等大都市。当时成都有7.63万户,与长安的8.08万户相差不远,可见,我国西南地区的经济开发也已经开始,并建立了较大的据点。汉代边城除具有军事防御作用外,还是进行经济贸易活动的场所,由官府组织定期或不定期的贸易活动,称"互市"、"合市",有些城市像甘肃的酒泉位于丝绸之路上,发展较快。新疆的库车当时也有8.1万人。

三国至隋朝间(公元220~618年),除长安、洛阳、建康(南京)作过都城外,邺城(河北临漳县)、平城(大同),也曾作为都城来建设。南北朝之后,我国经济重心逐步南移,长江中下游陆续成为重要的经济繁荣地区,城镇分布的格局有较大变化,隋朝时全国的政治、军事中心仍在中原,这就出现了政治中心与经济中心相分离的情况。为解决这一问题,开通了大运河,促进了国内商业经济与农村经济的发展。

这时沿着我国大运河两岸出现断断续续的城市地带。如:京口(镇江)、广陵(扬州)、淮安、平江(苏州)、杭州等市得到较大的发展,这一带也成了仅次于我国城市分布比较密集的中原地区的江南城市地带。两晋南北朝时期,北方地区城市衰落,南方城市稳步发展,一兴一衰,使以前存在的巨大差距缩小了,这是本时期城市发展中的最主要特点,但北方战乱时,一些城市仍然保留当时的风采。

唐宋时代(公元618~1279年)共有661年。我国社会经过多次内乱后,有一个稳定发展时期,国家元气恢复、国力大张,社会文化又达到另一个高峰。唐宋两个朝代是我国封建社会高度发育时期,城镇数量与规模不断扩大,唐代全国10万户的城市有10多个,北宋时增至40个。唐长安、北宋开封、南宋临安等都发展成为当时世界著名的都城。这一时期,我国长江流域及其南方地区的农业、手工业得到进一步发展,促进了这些地区城镇的繁荣与发展。在河流三角洲和交通枢纽的地方,如:扬州、广州、泉州、南昌、温州、杭州、长沙、成都以及北方一些城市也发展起来,成为我国各地的经济中心,并且带动了附近地区城市的集聚发展。这时长江中下游和一些三角洲地区的城市集聚区开始发展。据《汉书》记载,当时扬州十分繁荣,他引用杜牧的诗句说:"扬州,胜地也。常有绛纱灯万数,辉罗耀烈空中,九里三十步。街中珠翠填咽,貌若仙境。"[14]见表3-1-1、表3-1-2。

表3-1-1 宋代部分州县城人口表

城镇名	人口数(人)	户数(户)	依据资料	附注
建 康	170 000	35 000	《建康集》卷四	北宋末南宋初
苏 州	210 000	10万余	《范文正公集》卷四	北宋前期
潭州、武昌、福州		10万余	《真文忠公集》卷十	南宋时
大名府		数万户	《续资治通鉴长编》卷四	咸平二年(999年)
成 都		10万	《剑南诗稿》卷九	南宋时
镇 江	56 800	14 300	《[至顺]镇江志》卷三	嘉定间(1208~1224年)
温 州		1万余	《汉宾集》卷七	乾道初
襄 阳		1万	《宋诗记事》卷十六	北宋时

续表

城镇名	人口数（人）	户数（户）	依据资料	附注
汀州		5 285	《永乐大典》卷七八九〇	南宋中后期
扬州	19 138	4 226	《嘉靖惟扬志》卷八	绍熙间
仪真		5 855	《[隆庆]仪真县志》卷六	嘉定间
盐城		4 000	《后村大全集》卷一四八	嘉定间
鄞县	9 283	5 321	《[宝庆]四明志》卷十三	南宋宝庆间
歙县	10 139	1 931	《新安志》卷三	乾道八年(1172年)
汉阳军		3 000	《勉斋集》卷三十	南宋中期
永州		3 000	《耻堂存稿》卷四	南宋中后期
嵊县		1 194	《剡录》卷一	南宋时
荆门军		500	《盘洲文集》卷四九	南宋前期
归州		300~400	《入蜀记》	乾道六年(1170年)
昭州		数百	《道乡集》卷二五	北宋中期

表 3-1-2 宋代部分镇市人口表

城镇名	户数	依据资料	附注
景德镇	数千至万户	《东昌古迹志》	北宋时
江陵府沙市	万户以上	《宋史》卷六三	南宋前期
秀州鲒埼镇	数千户	《许国公奏议》卷三	南宋中期
秀州澉浦镇	5 000 余户	《海盐澉水志》卷上	南宋时
吉州永和镇	数千户	《[永乐]东昌志》	北宋景德间
太平州采石镇	数千户	《三朝北盟汇编》	南宋绍兴间
潭州桥口镇	2 000 余户	《宋会要辑稿·职官》四八	南宋中期
福州海口镇	2 000 余户	《[淳熙]三山志》卷十九	南宋前期
镇江府江口镇	1 600 余户	《[至顺]镇江志》卷三	南宋嘉定间
金牛镇 利州 青乌镇	5 314 户	《元丰九域志》卷八	元丰间
安丰军故步镇	千余户	《宋史·五行》	南宋嘉定间
广州香山镇	千余户	《宋会要辑稿·方域》	元丰间
蜀州新渠镇	近千户	同上	南宋乾道间
建州黄亭镇	100 余户	《夷坚丁志》卷五	南宋初
楚州吴城镇	88 户	《宋会要辑稿·方域》一二	南宋初
梓州富顺监13镇	11 184 户	《元丰九域志》卷七	元丰间
鄂州新店市镇	数百户	《宋会要辑稿·职官》四八	南宋时

资料来源：部分资料引自郭正忠. 唐宋时期城市的居民结构：表二. 史学月刊,1986(2).

元、明、清时代(公元1271~1911年),长达641年。封建经济已很发达,资本主义经济萌芽,因对外贸易和商业的发展,城镇的数量不断增加、规模不断扩大、职能不断分化。尤其是海港商业城市有较大的发展。据《元史·食货志》记载,有市舶司所在的大商业城市有:泉州、上海、温州、广州、宁波等。

当时的中国形成了省府(州)-县的行政体制,加上有发达的水运、驿道,基本上奠定了今日我国各地以省府(省城)为中心的若干个城镇群,逐步形成了城镇体系的初步格局。当时全国有名的大城市约有30个,除北京、南京外,还有西安、开封、洛阳(中原地区城市群的核心)、上海、扬州、宁波、杭州、苏州等(长江三角洲的城市群)、福州、厦门、泉州等(福建沿海城市带)、北京、天津、广州、南昌、成都等市也发展较快。清代北京人口,据美国学者钱德勒提供资料,1750年时北京有90万人;1800年时为110万人;1845年为164.8万人;宣统年间,北京城内与近郊,商业比较繁华,人口集聚,总人口达154.9万人。

鸦片战争以后,我国逐渐沦为半殖民地半封建社会,与此同时,资本主义经济也开始发展,特别是在一些沿海城市。这时在沿海、沿江、沿铁路线以东的地区,如上海、天津、青岛、广州、大连等兴办了一些民族工业、公用事业和商业网点。自通商口岸开辟之后,中西方文化交流不断增进,使沿海的大中城市发展较快,沿海城市逐步发展成为我国的加工工业中心和贸易口岸,近代工业交通线路、港口码头不断兴建,也促进了各地区城市群的形成与发展。

在漫长的封建社会以至鸦片战争后半殖民地半封建社会,由于生产力发展水平低下的原因,城市群的形成发展极为缓慢。城市之间、城乡之间联系极为松散,许多地区处于封闭与半封闭状态,不少城市也处于孤立、半隔离的境况,这也反映我国广大地区尤其是农村社会与区域经济乃是自给自足的经济。农村中的产品除了缴纳赋税、田租外,剩余而需要作交换贸易者数量有限,区域性的商品经济不发达,传统经济占主导地位,历代统治阶级的根基深深扎在农村经济与赋税农政以及手工劳动的基础之上,整个地区处于前工业化的时期。因此可知,近代沿海资本主义经济发展之后,特别是工业化初期,中国的城市群才开始形成发育,在此之前,城镇发展极为落后,城市群发育不完善,其主要特点是:

(1)城市(镇)发展仍处在初级阶段,城市(镇)的发展对农业和自然条件的依赖性很大。我国古代人崇尚自然,认为保持自然环境之美不仅有利于形成适合于人们居住的良好环境,而且有利于城市布局的发展。孔子以前就提出过"仁者乐山,智者乐水"的自然主义思想。因此,我国许多古代的城市布局都很分散,大部分城市位于农业自给自足区域,沿河流或重要驿道干线分布,是一个散状式结构。秦汉时代,中原地区95%的城镇分布在靠河流、道路之处。

(2)城市地区每个城市的吸引力与辐射力微弱(除沿海几个大的港口城市外),区域内城市数目少,两极分化,规模小,发展缓慢,基础设施较差。许多城市都是消费性城市,缺少工业基础,交通运输工业也极为落后,缺乏经济造血功能[15]。

(3)大多数城市都以手工业、商业、行政与军事为主要功能,经济结构单一,技术设备落后,经济效益很低,其城市经济功能和跨区域性的贸易功能不突出,城市经济很不发达,基本上没有地区性的生长点。由于缺乏工业或跨区性的贸易,城市经济不能兴盛,城市布局带有很大的局限性。如,南宋时的临安(杭州),为了解决工商业发达、人口集中造成城市拥挤的矛盾,在郊区发展了15个市镇,但由于没有理论指导,小区域的城市群仍然不能形成。

(4)长期封建社会的统治,使各个地方形成农业经济的封闭状态,加之后来军阀割据,城市间的交通网尚未形成,运输方式依靠水运或公路为主,铁路尚未出现,许多城市的通讯设施也极为落后,信息传递缓慢,因而,地区间的联系与城市间的联系很不发达。

(5)都市生活形态和传统的社会结构偏于保守,处于非开放系统,受几千年来的"安土重迁"、"人离乡贱"的儒家思想所支配。这种传统、保守的思想来自以农立国的观念,农业是决定一切的因素。作为地区乃至国家统治的中心城市,一方面在政治上统治着农村,另一方面又在经济上仰仗着农业经济的支持,历代统治者都深知"地者,政之本也"[16]。"中国传统社会大部分从事耕种的农民,有不可与土地分割的密切关系。中国人民的纯朴、和平、保守的性格当与其从事农业生产有关,盛行儒家的价值观念。加上着重血缘关系的社会结构,使得人民不大愿意离开老家,不容易有大量人口流动。"[17]

总的说来,半封建半殖民地的生产关系束缚了地区生产力的发展,社会结构重农轻商,生产力水平低。区域内各个城市多属"前工业化城市"类型,功能单一,结构简易,都市化程度低,城市建设落后;区域性的基础设施很不完善,交通体系未能形成,因而区域内城市分散而未形成有机的整体——城市群。中国城市群落的发展受"皇权至尊"和以农立国的传统思想的影响较为根深蒂固,封建社会经济结构制约着城市的发展(见图 3-1-2)。

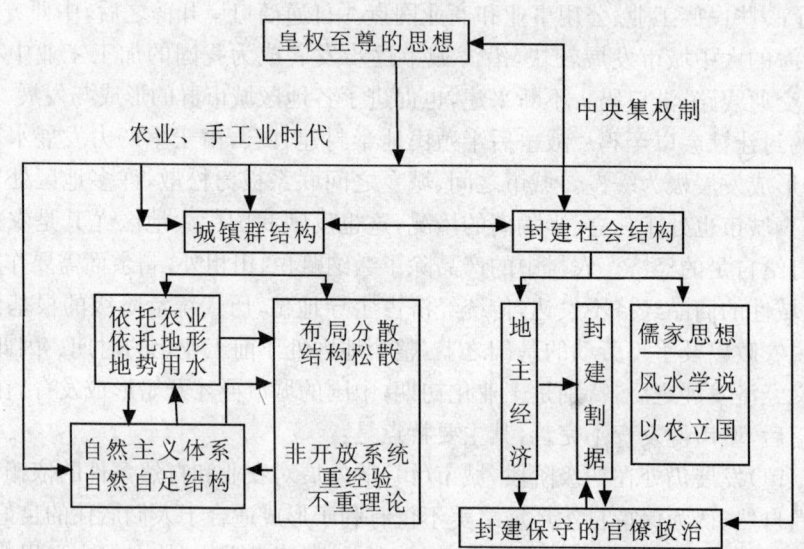

图 3-1-2 旧中国城镇群落形成与社会结构的关系

第二节 我国城市规划建设的历史演变

我国古代城市发展,虽然从政治、军事为主发展到经济文化与旅游等多功能的城市,规划思路也有变化。从我国许多古代城市的变迁,可以清楚地看到城市功能演化的轨迹,反映了当时规划思想的拓展。长期以来,我国学术界流行着傅筑夫先生的一种观点,他认为我国古代城市的发展,有一个显著的特点:由于封建制度的影响,城市只能在"王制"-"礼"的规范中发展,因此,古代城市规划思想以王权为至尊,各级统治阶级的县、省驻地都有王权支配的中枢,城市发展规划都要按照统治阶级需要建设的,很少考虑工商业与人口发展的需要。与此同时,为了控制国土辽阔的国家,行政体系不断完善,相应地建立起比较完善符合统治中心,并按此思想设计规划城市。

我国的城市规划和建设有悠久的历史。从考古发掘资料看,最早的居民点有西安的半坡村,那是新石器时代氏族村落的遗迹,总面积约 5×10^4 m^2,距今有五六千年,在那里已经可以看到,半地下的居室、地面建筑、公用建筑、制陶场和公共墓葬等都有一定的布局;最早的具有相当规模的城市遗址是商都,在今河南郑州,城为长方形,面积较原郑州城还大 1/3,是商代帝王的都城,距今已有 3 500 多年的历史了;其次是殷墟,在今河南安阳附近,距今也有 3 300 多年,发掘出来的遗址有宫殿、手工业作坊、粮仓等,比商都规模还大。此后,到周代和春秋战国时代,随着社会生产力的发展,城市也相应地进一步发展,就我们所知,公元前 7 世纪至 4 世纪,较大的城市就有齐临淄、赵邯郸、燕下都、楚郢都、韩荥阳等,这些城市都有一定的功能分区,表现出一定的规划布局思想。

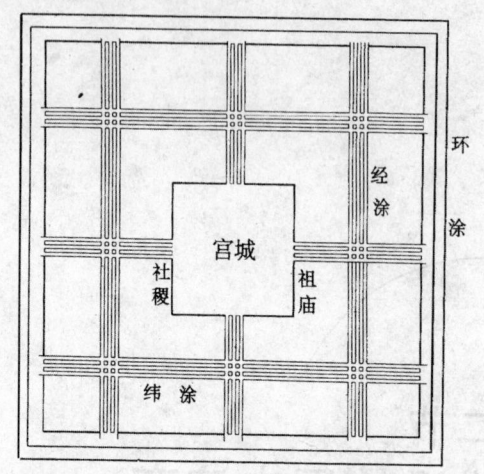

图 3-2-1 周王城复原示意图
资料来源:宁越敏等. 中国城市发展史. 合肥:安徽科学技术出版社,1994:115.

城市规划的理论、思想也见诸文字记载。《周礼·考工记》载有一系列的城市规划"法规",如:"匠人营国,方九里,旁三门,国中九经九纬,经涂九轨,左祖右社,前朝后市。"[18]《考工记》这部书可能出自后人手笔,但基本上表述了周礼的思想。周礼规定,王城方九里,而诸侯的都城最大则不准超过王城的三分之一;"九经九纬"是指纵横的道路,"经涂九轨"是指道路宽度,一轨约八尺,帝王都城路宽九轨,诸侯都城路宽就只准七轨;还有,宗庙必在宫城之左,社(供农作物之神的地方)必在宫城之右,市井则在宫城之后(见图3-2-1)。这些都是以后历代儒家所遵守的城市规划制度。

从历史上看,在我国城市建设方面的论述中很早就有儒家、法家两种对立的思想。公元前600多年,春秋时代法家先驱管仲任齐国宰相时,反对没落的奴隶制度,适应新兴地主阶级的需要,主张耕战政策节约民力,对城市建设就一反周礼的陈规旧制,主张从客观实际情况出发,要考虑到地形、水源等自然资源条件,不拘泥于形式,代表了一种朴素的唯物主义观点。

《管子·八观》称:"夫国城大而田野浅狭者,其野不足以养其民,其城大而人民寡者,其民不足以守其城。"《管子·权修》称:"地之守在城,城之守在兵,兵之守在人,人之守在粟,故地不辟则城不固",这些讲的就是不要搞大城市的空架子,用现在的话来说就是主张以农业为基础。《管子·乘马》又称:"凡立国都,非于大山之下,必于广川之上,高毋近旱而水用足,下毋近水而沟防省。因天时,就地利,故城郭不必中规矩,道路不必中准绳"[19]。说的是要选择地形地势,城市既要近水源,又能防洪防涝,而且要力求适用,不搞形式主义。《管子·八观》还说:"山林虽广,草木虽美,禁发必有时,国虽充盈,金玉虽多,宫室必有度。"他认为:"台榭相望者,亡国之庑也。"这是反对铺张浪费,主张勤俭建设。我国的历史名城大多数的选址都是依山傍水,占据一定的山前平原,选择自然条件合宜、协调的处所。古代城邑约有2500处,其中古都约有200处,在漫长的历史发展过程中,城市的兴衰、变迁,都在不同程度上受到自然环境与人类社会活动的影响和制约。

20世纪60年代后期发掘出来的齐国都城山东临淄遗址(见图3-2-2),体现了管仲的思想,古临淄的城墙随地形而曲折,宫城设在大城的西南角,宫殿又偏处宫城的西北角,不在中轴线上,全城东西约3.5 km,南北近4.5 km,分布有炼铁、炼铜、铸币、制骨等手工业遗址。据《战国策·齐策》记"临淄之中七万户",后来又发展到十万户左右。看来,按照管仲的思想,当时的临淄已经经过规划,逐步地建设成一个从奴隶社会向着封建社会转化的大城市了。

第三章 中国城市发展与城市群的演变

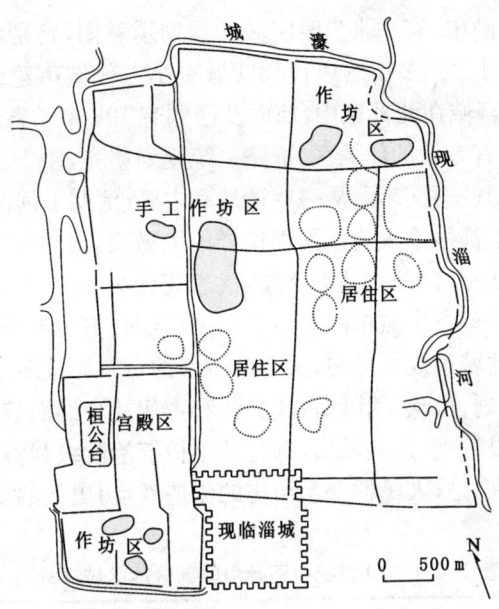

图 3-2-2 齐临淄城遗址图

到汉、唐时代,城市建设发展达到新的水平,出现了像长安城那样具有更为完整的总体规划的封建社会大城市(见图 3-2-3)。西汉长安城建于 2 100 多年前,考古发掘证明,汉长安城周长 25.7 km,四面各有三门,有些建筑物的边缘,已密布陶管水道,全城划分有 160 个里(指闾里),并分设九市,商业相当发达。汉代还有一些小城市,看来也是有城市规划的。"文化大革命"期

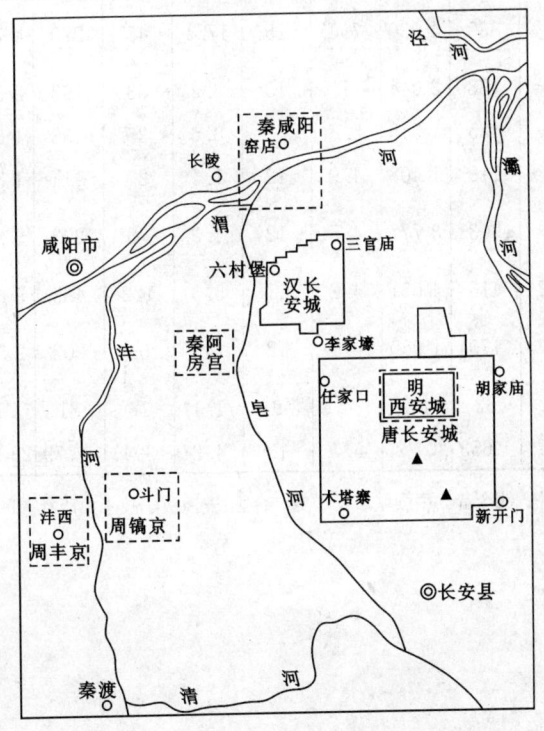

图 3-2-3 历史上长安城变迁图

93

间发掘出来的内蒙汉墓壁画中,有一张当时宁城的规划示意图,特别考虑军事布防,是一种边防要塞的城市规划。距今1 300多年的唐代长安城更是古代城市建设史上有名的大城市了,唐长安城周长35.56 km,宫城在北部正中,前面及两侧有108个长方形的坊,形成拱卫宫城之势,东西设有大的市集,还有专设的使馆区,道路系统规划整齐,主干道宽达220 m。往后到宋代,汴京最盛时期,人口达到一百多万,从一些遗迹和古画(清明上河图)看来,汴京规模也是相当可观的,历代统治者除了都很重视建设国都这样的大城市,对许多中小城市,也有认真细致的城市规划,如宋时的平江府,即现在的苏州城,代表我国公元10世纪前后的规划设计水平。保留至今的宋平江图石碑,刻下了城市的总体规划图。明代开始在元大都基础上建设的北京城,集中体现了封建时期的城市规划思想,关于此城市的资料比较多,实物至今可见[20]。

我国历史上的城市规划,反映了我国古代文化和古代社会的面貌,是我国人民的一份宝贵遗产。从古籍、遗迹中可以看到,这些城市,都是从维护统治阶级利益出发,反映统治阶级和广大劳动人民的尖锐对立。但是,人民群众是历史的创造者,历史上的城市建设充分表现了我国古代劳动人民的聪明才智。

表 3-2-1 19世纪中下叶中国部分地区城镇分布

区域	面积(km^2)	1843年						1893年					
		总人口(百万)	城镇数(个)	城镇人口(千)	城镇人口比重(%)	城镇平均人口(千)	城镇密度(个/$10^4 km^2$)	总人口(百万)	城镇数(个)	城镇人口(千)	城镇人口比重(%)	城镇平均人口(千)	城镇密度(个/$10^4 km^2$)
长江下游	192 740	67	330	4 930	7.4	15	17.1	45	270	4 750	10.6	17	14
岭南	424 900	29	138	2 044	7	15	3.2	33	193	2 863	8.7	15	4.5
东南	190 710	26	125	1 515	5.8	12	6.6	26	138	1 668	6.4	12	7.2
西北	771 300	29	119	1 408	4.9	12	1.5	24	114	1 301	5.4	11	1.5
长江中游	699 700	84	303	3 777	4.5	12	4.3	75	293	3 905	5.2	13	4.2
华北	746 470	112	416	4 651	4.2	11	5.5	122	488	5 809	4.8	12	6.5
长江上游	423 950	47	170	1 950	4.1	12	4	53	202	2 503	4.7	12	4.8
云贵	470 570	11	52	445	4	9	1.1	16	81	714	4.5	9	1.7
合计	3 920 340	405	1 653	20 720	5.1	12	4.2	394	1 779	23 513	6.1	13	4.5

资料来源:宁越敏,张务栋,钱今昔. 中国城市发展史. 合肥:安徽科学技术出版社,1994:56~65.

第三节
近现代中国的城市群

美国学者施坚雅(Skinner)和中国地理学家沈汝生分别对1893年和1937年中国城市的规模、等级和分布进行了研究。美国学者认为,中国关内18个省,不包括台湾省,1893年已有3.9万个城镇和集镇,其人口规模可分为三级:①4 000人以上的小城镇共有877个,合计人口2 080.7万人,平均每个小城镇23 700人;②2 000~4 000人的城镇共有902个,合计人口270.6万人,平均每个小镇3 000人;③2 000人以下的小镇37 221个,合计人口1 180.1万人,平均每个集镇320人。

20世纪中期,世界城市化现象日益明显,但中国由于生产关系的桎梏,生产力仍然十分落后,因而城市发展缓慢。许仕廉的研究表明,1912年,中国人口约有3亿左右,居住在农村地区的占66%(比例偏低——作者注),居住在2 500人至1万人左右的集镇(农民与商人)的约占22%;真正居住在城市的人口不足12%(其中居住在1~5万人与5万人以上城市的人口各占其半)。[21]

中国属于发展中国家,历史上不仅自然灾害频繁,而且政局不稳,战乱也多,因此城市发展较为落后,城市群发展也很缓慢。据程光裕《中国都市》一书,20世纪30年代,全国有207个都市,其中1~5万人的城镇有68个,占33%;6~10万人的有46个,占22%;11~25万人的有58个,占28%;26~100万人的有28个,占13.5%;100万人以上的城市有7个,占3.5%。

当时出现了长江三角洲、珠江三角洲、辽宁省与河北省的一些城市地带,是具有一定规模的城市集聚区域,但城市群尚不完善。

新中国成立以后,生产力得到解放,随着国民经济的迅速发展,我国的城市化与城市群体不断发展提高,特别是改革开放以来,一大批新兴城市崛起,不仅使我国的城镇在数量和规模上有了空前发展,而且城市群体的地区结构和功能结构也日趋合理。

建国以来,随着我国社会主义经济建设不断发展,城镇人口也在逐步增长。1950年我国城镇人口6 169万人,1980年增至1.34亿人,1989年又增至2.085亿人。非农业人口由1950年的9 137万增至1980年的1.635亿人。我国城镇人口增长快于总人口增长,但占总人口的比重仍不高,1950年其比重为11.2%,到1980年为13.65%,1989年为18.89%;1998年为24%,加上城市中暂住人口,实际达到30%。而同期世界城镇人口增长的比重由1950年的29.8%提高到1980年的39.6%,1996年为44.0%。我国城镇划分标准的变动以及农村人口自然增长高于城市等原因,对我国城镇人口比重的提高有一定的影响,但总的说来仍反映出我国城镇化水平不高的特点[22,23]。根据1982年和1990年我国人口普查资料,包括郊区人口在内的市镇总人口比重分别为20.6%和26.0%,与世界160多个国家(地区)的资料比较,说明了我国城市化水平仍较低,反映在经济发展水平上与世界先进国家比较仍有较大的差距。

从我国城市群的形成发展过程、特点和地区差异来看,现代中国的城市群的发展进程和问题有以下几个特点。

1. 城市化进程逐步加快,城市规模序列日趋合理

据全国统计资料分析,我国1949年仅有136个城市,城市人口仅2 903万人。到1989年,全国设市建制的城市有450个,城市人口达14 613.6万人。40年间平均每年增加城市8.5个,城市人口每年增加293万人,40年间城市人口净增11 710.5万人。

1949年,我国特大城市、大城市、中等城市和小城市个数之比为1:1.4:3.2:21.6,1989年发展到1:1.1:3.9:9.6,由此可以看出,中等城市个数增长的倍数最大。特大城市、大城市的个数增长的倍数要比小城市大些。城市人口增长数中,特大城市人口增长最多,达到总数的40.6%,其次是中等城市,占27.3%,大城市占15.4%,小城市仅为16.7%,见表3-3-1。

表 3-3-1 1949~2004年我国城市规模分组增长情况

城市规模(万人)	1949年		1980年		1990年		1998年		2004年	
	城市数	万人	城市数	万人	城市数	万人	城市数	万人	城市数	万人
100以上	5	1 029	15	3 509.7	31	6 260.2	37	7973	49	11 655.8
50~100	7	508	30	2 220	28	1899.6	48	3 349.9	78	5 113.8
20~50	20	605	70	2 111.8	119	3 703.0	205	6 161.6	213	6 483.7
10~20	25	356	108	1 193.6	289	3 165.6	378	4 450.1	231	3 976.3
5~10	79	405	108	1 193.6	289	3 165.6	—	—	89	
合计	136	2 903	223	9 035.1	467	15 028.4	668	21 928.1	660	27 229.6

资料来源:①胡兆量.中国城市化道路初探.北京:中国展望出版社,1988:117.
②中国城市统计年鉴(1981,1990,1998,2003,2004).
注:香港、澳门特区未计入。

近几年来,我国城镇规模序列又发生一些新的变化趋势。农村经济体制改革,给小城市与县属镇注入新的活力,促进了小城市的建设,小城镇成为城市规模序列中发展最快的一组,其人口发展高达9.1%(最慢的大城市组仅1.4%),各类城市绝对人口数字与城市数目近十年来的变化如表3-3-2所示。

表 3-3-2 我国各类城市动态变化分析

分类 年份	特大城市		大城市		中等城市		小城市		合计	
	数目	城市人口	数目	城市人口	数目	城市人口	数目	城市人口	数目	城市人口
1980年	15	3 509.7	30	2 220.1	70	2 111.5	108	1 193.6	223	9 035.1
1989年	30	6 070.0	28	1 974.3	117	3 625.0	275	2 999.9	450	14 613.6
1998年	37	7 973.1	48	3 349.9	205	6 160.9	378	4 450	668	21 928.1
2004年	49	11 655.8	78	5 113.9	213	6 483.7	320	3 976.3	660	27 229.7

资料来源:①姚士谋.中国城市化进程的区域探索.城市经济研究,1990(12).
②中科院南京地理所姚士谋等.中国城市发展报告(1999).
③建设部城乡规划管理中心资料(2004).

2. 城市群区域特大城市与大城市发展较快,均有集中化的趋势

第二次世界大战后,各国各地区城市化进程中的一个显著特点就是大城市发展较快,进而城市不断向外围扩展,在一个经济发达、交通方便的地区不断集聚,并在有利的地理位置上产生新的城市。1987年,英国牛津大学出版了联合国人类聚落中心编著的《人类聚落的全球报告》一书,概括了城市集聚的社会现象,同时也强调了"人口向大城市集中,城市向发达区域集聚,是一种城市化的普遍现象"。

最近半个世纪以来,明显表现为这种现象的有美国的大西洋沿岸(从波士顿到华盛顿的交通走廊地带)、日本的本岛中南部沿海区域(从东京到名古屋、大阪区域)、英国的中南部地区等等,这些地方成为世界上城市高度集中化的地区。[24]

由于经济发展与工业项目集中布点,现代中国城市群区域发展较快。特别是在京津唐、沪宁杭、辽中地区和珠江三角洲这四个地区,城市密布,人口集中,特大城市和大城市发展较快,并有集中化的趋势。"联合国人类聚落中心使用城市集聚区(Urban Agglomeration)作为衡量城市规模的标准,它的定义是被一群密集的、连续的城镇所形成的轮廓线包围的人口居住区。我国目前放宽了有关城镇人口的统计范围,一般居住在城市10个月以上的暂住人口、流动人口亦算入城市化的人口。根据2001年全国第五次人口普查资料,全国城市化水平已达到36.1%,预计到2020年城市化水平可达58%左右。但城市集聚区的界线常常跨越行政界线,也可能受到其限制,视当地城市化发展水平而定。"[25]我国城市集聚区也有类似情况,主要表现在:①城市集聚区内首位城市发展迅速,规模越来越大(如上海、北京、广州、沈阳等);②城市多是伴随工业、贸易与第三产业的发展而产生;③城市功能随着城市的经济吸引力扩大和产业的增加而日益多样化;④由于城市规模方案执行不力,城市发展控制不严,城市交通、环境与住宅问题逐渐产生,不少城市出现恶化现象,见表3-3-3。

表 3-3-3 我国五大城市群区重要变化分析

集聚区	1953年		1980年		2004年	
	城市数	首位城市人口（万人）	城市数	首位城市人口（万人）	城市数	首位城市人口（万人）
沪宁杭	9	上海 563	12	上海 608.6	42	上海 1 024.99
京津唐	3	北京 206	6	北京 466.5	10	北京 789.43
珠江三角洲	3	广州 130	6	广州 233.8	36	广州 586.35
				香港 480.5		香港 780.60
辽宁中南部	4	沈阳 120	14	沈阳 280	17	沈阳 480.50
						大连 245.20
四川盆地	7	成都 95	16	成都 170.1	33	成都 281.40
				重庆 261.5		重庆 441.46

资料来源：①宁越敏.论世界大城市的发展趋势[J].城市问题,1990(4).
②姚士谋.试析我国沿海地区城市群的区域演化.城市经济研究,1995(8).
③中国城市年鉴(1998,2004).

3. 城市空间布局集中于沿海的比重有所下降

1949~1989年40年间,我国东部区域城市个数占全国的比重有所下降,中、西部地区的城市个数有所上升,中西部地区过去城市少,现在地下资源开发较多,新的工业镇与交通枢纽不断产生。特别是在"一五"、"二五"期间,当时我国经济建设的政策强调充分利用沿海、大力发展内地、平衡布置生产,我国工业发展重心转向华中、西南地区,随之城市发展重点也放到了中、西部地区。1949年与1976年相比,东部的城市数未增加一个,反而减少一个;而在中、西部却新增加53个城市。[26]1989年与1949年相比较,东部城市增加105个,而中部增加132个,西部增加78个。1998年比1989年东部增加126个城市,中部增加58个城市、西部增加33个城市。如表3-3-4。

表 3-3-4 我国三个地带不同时期城市数量增长比较

地区	1949年		1965年		1989年		1998年		建国50年来城市增加数(个)
	城市数	百分比	城市数	百分比	城市数	百分比	城市数	百分比	
东部	68	50.0	67	39.6	172	38.2	298	44.6	230
中部	55	40.4	72	42.6	187	41.6	245	36.7	190
西部	13	9.6	30	17.8	91	20.2	124	18.7	111
全国	136	100	169	100	450	100	667	100	531

资料来源：①胡兆量.中国城市化道路初探.北京：中国展望出版社,1988：310。
②民政部有关资料分析计算。
③建设部有关资料(1998)。

由表3-3-4分析可知,中、西部地区由于第一、二个五年计划重点建设项目较多,新兴的工业城市也较多,而东部地区主要是利用沿海城市的工业基础发展经济,尚未新建各类工业城市,因此城市数目几乎没有增加。只有到了改革开放之后,由于经济发展较快,形成了市带县的新格局,各省、地区纷纷设市建制,县改市或新建市的城市发展较快,相应地也增加了城市分布的密度,逐步形成各种不同区域类型的城市群。

从20世纪70年代到90年代末,我国的城市群除了沪宁杭、京津唐、珠江三角洲和辽中工业区城市群发展较快、比较完善之外,还有如四川盆地、郑州-洛阳地区、长沙附近、鲁中地区(济南-淄博-青岛)、哈尔滨附近、江汉平原和厦漳泉地区等区域的城市群也在逐步完善、逐步集中化,群体组合的趋势更加旺盛(见图3-3-1)。随着我国沿海地区(经济发达区域)的工业化、外向化、现代化水平的提高,尤其是我国经济增长方式由粗放型转为集约型,集聚效益和规模效益成为工业发展的必要前提,其人口载体、工业物质和基础设施的高密度高水平集中只能在城市或城市群地区而非农村社区。这就导致了遍地开花的乡镇企业和小城镇开始出现分化和重组,形成了小城镇"二次集聚"的客观趋势,即村镇发展由初始阶段的分散布局,就地扩张为有重点的布局和集中建设,使城市化进程转入向大、中、小城市集聚的轨道。

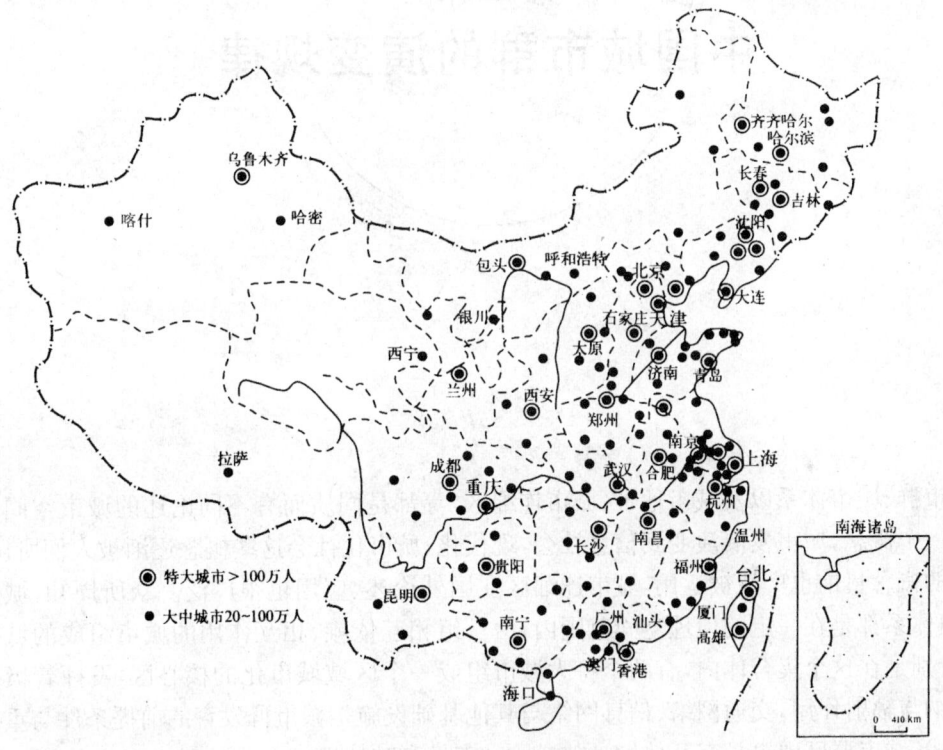

图 3-3-1　中国大中城市空间布局图(2005年)

第四节
中国城市群的演变规律

城市群、城市体系以及城市地带（城市连绵区）等都是同质而有不同论述的城市空间布局形式的一个概念，城市发展演变到信息社会，现代化、城市化社会这些概念逐渐被人们所认知，城市群的概念目前也广泛被运用，城市连绵区在国外论述、应用也很广泛。众所周知，城市群区、城镇体系都是在一定的地理空间范围内，由一组相互依赖、相互作用的城市组成的城市集合体，特别是在这个集合体内，有两个特大城市组成一个区域城市化的核心区，发挥着极为重要的吸纳与辐射作用，交通网络、信息网络与其他基础设施是城市群发育的前提条件与重要的联系方式，城市群区内也具有开放性、层次性、动态性和整体性。

在城市群、城市连绵区理论产生以前，中外许多地理学家、城市科学家与经济学家都在探索城市形成发展的理论，美国、英国、德国以及中国许多近代地理学家也在探索。其中，德国著名的地理学家克里斯泰勒（W. Christallon）1933年提出的中心地学说，是关于城市形成发展的区位理论，这种理论的前提条件主要有两点：①某一地区具有均质的地理条件，均匀的人口分布，其收入水平相当，人们对货物的需求及消费方式也将是一致的；②有一个统一的交通系统，对同一规模所有城市的便利程度相同，交通费用与距离成正比，朝各个方向行动均可以。这一理论对于我们研究城市群的演变发展规律具有一定的指导意义，尽管它有一定的时代局限性。

科学理论产生在一定的生产力发展和社会实践的基础上。关于城市的发生发展、城市地带或城市群以及区域城镇体系的演化规律的理论也与社会经济发展密切相关。过去一段时间,各国的地理学家、社会经济学家研究城市与城市体系的内容甚广,科学假说也很多。这类假说的典型代表是刘易斯·芒福德(Lewis Mumford)的城市发展阶段假说。他对研究的区域或城市选取一些反映其活力特征的指标要素,认为这些要素的总体表现是区域与城市的发展阶段的标志。

芒福德是霍华德以后最著名、影响最大的城市发展理论家,按芒福德的分类,城市形成的要素是:①历史的发展;②自然结构特征;③地理区位;④区域基础。如果构成城市形式的变量不同,城市形式绝不相同,如亚洲地区的城市与纽约市就截然不同,我们认为中国新疆和青海的城市与江南地区的苏杭也迥然有异。

芒福德认为一个城市的主要功能是为人类交往提供一个舞台。在这一地点,人们扮演各种角色粉墨登场,它是文化和社会关系的象征。

芒福德的城市发展阶段假说主要考虑的要素是:①人口增加,主要是机械增长;②科学技术的进步;③工业专业化加强;④传统与现代文化的协调发展;⑤人类的价值取向;⑥作为生物的人类与自然环境的协调程度。

城市发展的第一个阶段,芒福德称为"生态城市"(Ecology-city)。这时,植物和动物开始驯化,出现了第一批供永久性居住的村庄。这一阶段,每个村庄的人口很少,同村庄以外的人交往比较少。

城市发展的第二阶段,村庄成为"城市"(Polis)。它由两个以上村庄合并,并增加了防卫的功能,防卫与共同宗教是社会交往的基础。劳动专业分工加强,生产力提高,艺术等文化活动也产生了,这时社会组织的基础依然是基本社会关系。

"大城市"(Metropolis)是城市发展的第三阶段。由于地理因素或自然资源的缘故,一个城市逐渐统治了其他城市地盘。人口自然增长和移民导致城市规模扩大、劳动专业化更强,城镇之间和地区之间的交流范围增大,文化的接触引起社会变化速度加快。这又导致认识冲突,人们形成了一种扩张意识,人际交流的容量与数量增加——文化繁荣、成熟。例如,日本的大城市地区大阪-神户,半个世纪以来,城市扩大了3倍多,并且进行了人工填海修建港区、机场与游乐中心等建设(如图3-4-1)。

第四个阶段是"特大城市"(Megalopolis),这是资本主义城市衰退的开始,人口密度加大,价值取向不再以自然为基础,而以"利润"与"地位"为城市价值基础。工厂支配了城市一般活动,人们生活条件、居住条件普遍恶化,芒福德认为特大城市是一非自然环境,人们失掉作为生物的自然属性与和谐,与"生物自我"相脱离,且生物自我和自然环境的契合丧失掉,人类健康受损,人类自身的再生产受到抑制。城市的规模,在数量和密度两方面增大到空前的程度,社会发展受阻。如日本东京大都市的规模不断扩大,尤其是人口和用地不断向郊区扩散,变成十分庞大的城市母体(大都市圈),如图3-4-2,城市规模的不断扩大,引起了城市区域生态环境质量的下降,"城市病"的矛盾越来越尖锐,目前世界各地城市都普遍产生同类性质的问题。[27]

针对上述城市的衰败,芒福德提出,基于"生活第一"原则,创立一个有机秩序的环境。有机秩序中的城镇必须适合人类意愿和生物需求及社会需求,为了确保人类需求的满足,城市规模和密度必须严加限制。如果人口变得过多,他会失去认识和理解环境的能力,芒福德认为现在城市是违反人性的,是主要社会问题和心理问题的原因。为此,他制订了内容广泛的计划,这些计划是世界各国制订新城市发展规划时最主要的指导性原则。以芒福德的理论为代表的规划理论是"自然生态决定论"。总之,芒福德的理论学说对我们研究城市发展与城市集聚地带内部形成规律有很大的参考价值,但是如何结合我国的实际,探讨城市群的演变规律尚需作深入的分析。

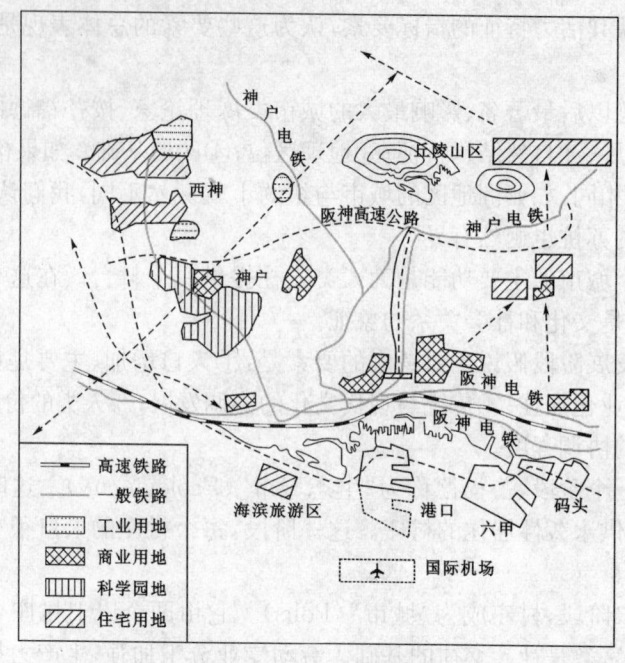

图 3-4-1　神户地区的填海工程与西神、六甲的开发

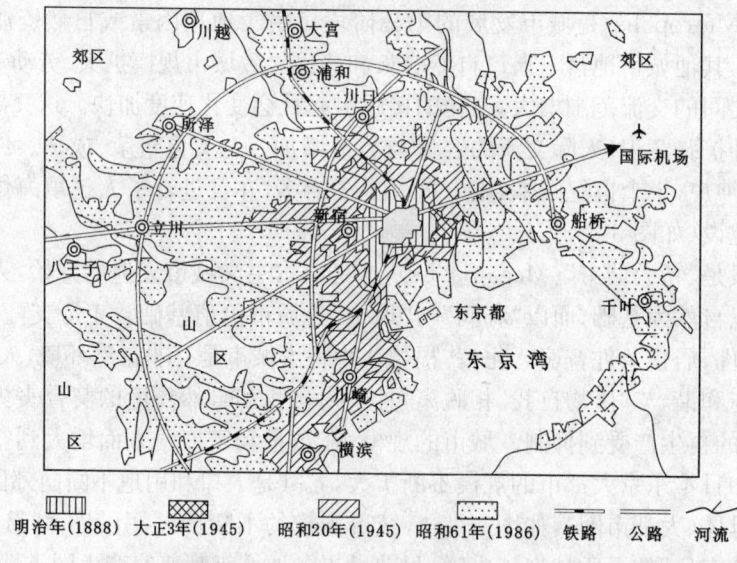

图 3-4-2　东京大都市区域的形成过程

有关中国城市发展规律以至城市群演变过程的探讨也是十分复杂的,目前研究此类问题的学者并不多,绝大多数研究城市体系和城市地带的地理学家、社会学家与历史学家认为,很多变化的因素来自体系之外的事件与政策,它们对城市的地点、规模、经济和发展速度都有着重要影响。例如,唐山地震带来的毁灭性影响、第二汽车制造厂的选址对十堰市与襄樊市形成

的作用、攀枝花大铁矿的开采对渡口市的建设起决定性影响等等,甚至一些西方有名的城市体系学者(如波彻、贝利和尼尔斯等)都对在这种复杂因素的作用下,城市成长的不确定性感到困惑,他们认为任何统计学模式都对预计城市增长速度的规律变化无能为力,有的甚至断定,城市体系的演变实际上是不可知的。[28]

实际上,城市的个别发展变化或城市群体的具体演化规律确实难以预料与测定,但就一个地区经济发展进程而言,人们并非无法探索,实际上人们已经掌握了城市发展的若干规律。

自然科学家和社会科学家都把事物发展变化的原因分成两类:内因与外因。我们认为,城市群发生、发展的内在因素是生产力的发展和变化,其中大中型工业项目的选点、布局以及交通干线的建设起决定作用。其次为第三产业的发展以及信息产业的发展,这也对城市群形成产生巨大作用。外因则包括自然因素(地下矿物资源、气候条件和环境等等)和社会政治因素(人口分布、生产力布局的方针政策)的干预和影响,以及领导的决策作用(如深圳、珠海特区的建设以及高技术开发区的设立,对珠江三角洲城市群的演变产生重大影响)等等。我国大城市及其所在的城市地带,其形成发展是由社会经济文化的内在机制决定的。可以从三个层次分析大城市发展的内在机制:①大城市发展的普遍性机制;②我国大城市发展的内在机制;③具体大城市发展的特殊机制。[29]

在城市发展和城市群形成的矛盾运动中,对城市区域发生影响的因素很多,诸如自然、经济、政治、文化、科学、军事等等,但归根到底在整个过程中起决定性作用的还是生产力。政治和人文因素不过是一定经济基础的集中反映,社会因素实际上是生产发展要求和城市的自然环境所提供的质量与容量相互作用、相互制约的结果①。

城市群就是由许多不同性质规模的城市集聚在一个区域,并由发达的交通运输系统将各个城市紧密地结合在一起而形成的活生生的城市群体。城市群的发展同其他事物一样,有它自身运动的规律。分析城市发展与城市群区域形成的许多国内外重要的事实可见,我国城市群的演化规律也是离不开一定的历史条件,离不开社会生产力的发展,其演化机制与原动力可以概括为以下四个方面。

1. 人们的第一需要对城市群的"个体"——城市形成起"酵母"作用

在生产力极为低下的原始社会里,城市诞生以前,人们生活的唯一来源是靠原始自然界。生产力方式是共同劳动、共同分配,没有剩余产品,食物没有保障,人类过着狩猎和采集的生活,这是原始社会的旧石器时代,我国社会尚未出现城市。只有到了距今约 5 000 年的新石器时代,由于生产工具的进步,促进了生产发展,这时社会出现了第一次分工,农业与狩猎、畜牧业开始分离,于是人类开始了定居生活,居民点开始形成,在原始社会瓦解时期,纺织、冶炼和手工制造工具开始兴起,手工业与农业开始分离,形成了社会第二次大分工,这时居民点开始聚集,便形成了城市的雏形,正如马克思和恩格斯所指出:"某一民族内部的分工,首先引起工商业劳动和农业劳动的分离,从而也引起城乡的分离和城乡利益的对立"。[30]

我国近代著名学者梁启超研究了大量的史料与地志,他认为:"城郭不过是农民积储粗粮,岁终休燕之地而已,其后职业渐分,治工商业者,吏之治人者,皆以城阙为恒居,于是始有'国'与'野'之分。野扩为村落,国衍为城市。"[31]那么,城市最早出现于何时?中国著名的历史学家吕振羽在其《历史前期中国社会研究》一书中列举了有关"夏邑"的记载,而且还比较肯定地

---

① 葛子原. 城市体系的建设[D]. 上海:上海社会科学研究院,1983.

说夏代的农民已经用砖、瓦来建筑城池了。[32]

2. 我国社会的商品交换是城市群形成发展的催化剂

我国漫长的封建社会里,商品交换促进了城市的发展,也推动了城市群的发育成长。"城市同商品经济密不可分,体现在二者发生、发展的全过程,既同生又同兴衰,将来同趋于消亡。"[33]由于社会生产力水平的逐步提高,古代社会中出现剩余农副产品和手工业品,于是各部落、各村落之间出现物资交换,物资交换需要有固定集中的场所,就是最初的"市"。一般说来,大多数的城市或集镇都是有一定吸引范围的贸易市场或物资的集散地。"日中为市"、"所易而退,各得其所"的商品交换就是形成城市的重要原因。随着社会生产力的发展,城市之间、城乡之间的商品交换日益频繁,城市经济日益发展壮大,从这一种意义上说,在一个地域内,商品交换确实起到了城市群发展的催化剂作用,这种作用力愈强,城市群内部的城市相互作用也愈强。

3. 地域条件是城市群集聚组合与扩展组合的基本因素

城市群是有许多城市集聚的城市区域的概念,其疏密程度主要受地形条件相对平坦程度的制约,人口密度较高的平原区内,由于长期人类的耕种经济发达,具备一定的用水、用地条件和优越的地理区位,就容易形成相对集中分布的居民点和城市。例如江苏省,仅有土地面积 10.2×10^4 km^2,但分布着41个城市,1 000个建制镇,平均每2 300 km^2 就有一座城市,每102 km^2 就有一个建制镇,尤其是苏南地区城镇密度更大,可见经济发达的平原地区,城市分布密度大,城镇化程度高达41%左右。这也是城市群集聚和扩展的演化规律之一。而在新疆地区,土地面积辽阔广大,但大多数为高原、沙漠地区,不适宜人类聚居,城市群也发展不起来。全区有19个城市、169个建制镇;平均每 9.3×10^4 km^2 才有一个城市,平均14 224 km^2 才有一个建制镇,城市分布非常稀疏,城市之间距离太远,联系不紧密,城市群难以形成。[34]又如,京津唐地区城市群形成主要受其发展条件所制约,如图3-4-3所示。

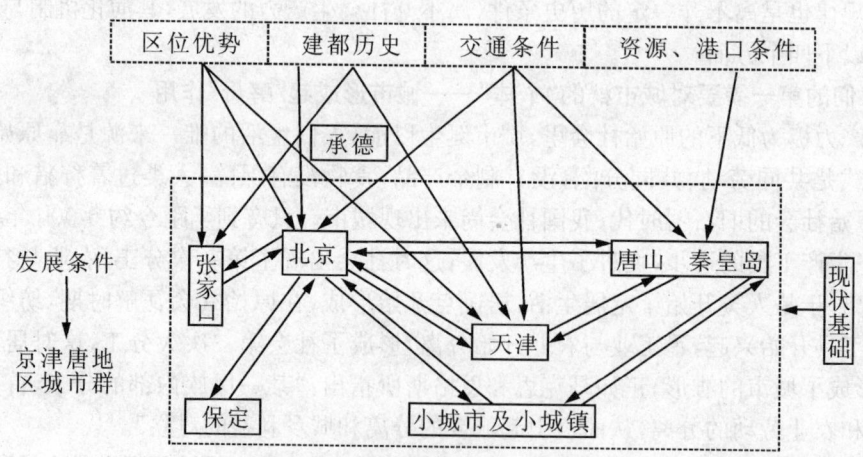

图 3-4-3 京津唐城市群形成因素分析图

4. 交通网络的发展是城市群日趋完善化的最重要条件

一个地区内的城市间如果没有发达的交通运输条件,其城市群的形成演化是不可能的,特别是当代社会,交通网络更为重要。由于每一个城市所处的地理位置不同,所处的地区地下资源丰度和经济实力也有差异,其城市的发展方向也有差别,因此每个城市都有其优势与劣势。

在城市群发展过程中,每个城市都遵循一定的内部机制,因地制宜、扬长避短,逐渐形成自己的特色,在一定的地域内担负着某方面的功能。特别是在城市形成发展漫长的过程中,每一个历史阶段都是与交通工具的革新密切相关。在现代生产力水平支配下,城市之间要彼此合作,形成各有特色的劳动地域分工,构成整个地区功能体系,都需要发达的交通运输网作为依托,并作为城市的政治、社会和文化活动的连结枢纽,交通网络的发展是城市群日益发达的基本条件。如图3-4-4。

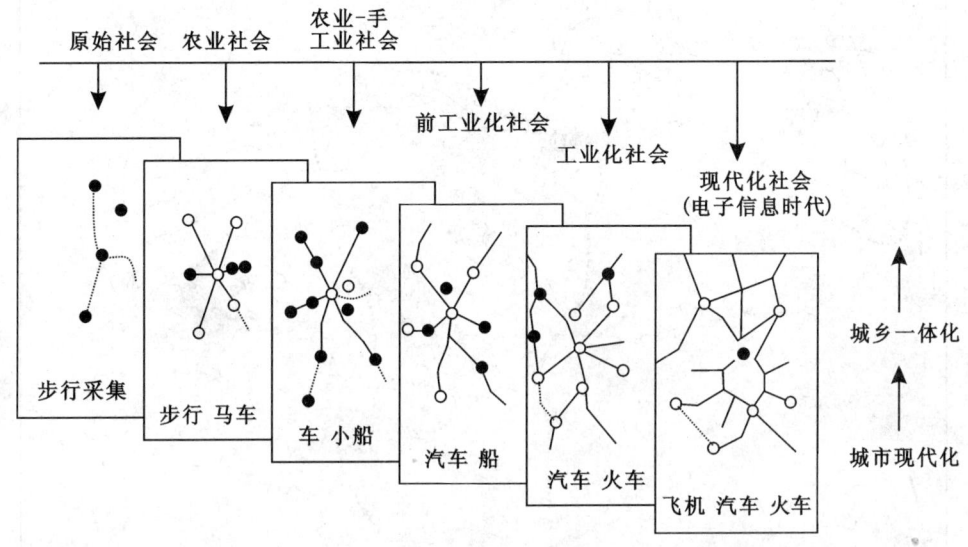

图 3-4-4 社会发展阶段中交通工具的演化对城市群的影响

以沪宁杭地区城市群为例(见图3-4-5),上海为本区最大的核心城市,其次是南京、杭州、无锡等,上海与南京之间有311 km,共有城市7个,平均每44 km有一个城市,平均城市人口180万人,20世纪80年代末沪宁铁路有49个车站,每昼夜客车对数超过36对,为全国客流密度最大的城市地带;货运密度超过$5\,600\times10^4$ t·km/km,列车牵引重量达3 300 t,仅次于北京至沈阳距间。[35] 到90年代末期,高速公路迅速发展,铁路提速,交通运输局面出现空前良好的势头。以上海铁路总站为例,1999年8月之后,每天发往全国各地的火车客运班次增至156列,平均每6~8分钟有一列车开出,如果加上货车,则每2~3分钟就有一列火车运行,2004年,上海火车站客运班次增加到185列。交通运输条件极为方便,大大加强了沪宁杭城市群区的内外联系。

在沪宁杭地区,正是由于现代化交通线路的发展,沿线原有的城市得到进一步发展,其他5~10万人的新市镇、小城镇也不断增加,特别是大中城市不断扩大,功能全、规模大、城市间距小、相互联系密切,相应的交通运输能力增大。随着本区工业化、城市化进一步发展,不仅铁路、长江航运不断改善,综合运输能力提高,而且上海至南京、杭州之间也新建了高速公路,甚至高速铁路,加强民航客货运输量,使得沪宁杭地区的城市群日臻完善,成为我国最大的超级城市群,也将接近美国东北部(波士顿到华盛顿)的超级城市群规模,类似于日本的关东、关西大型城市群(从东京至名古屋、大阪地区)和德国的鲁尔区城市群(图3-4-6)的发达水平。在这三个大城市群中,大中小城市高度集聚,工业发达,人口集中,土地利用高度集约化,举世瞩目。

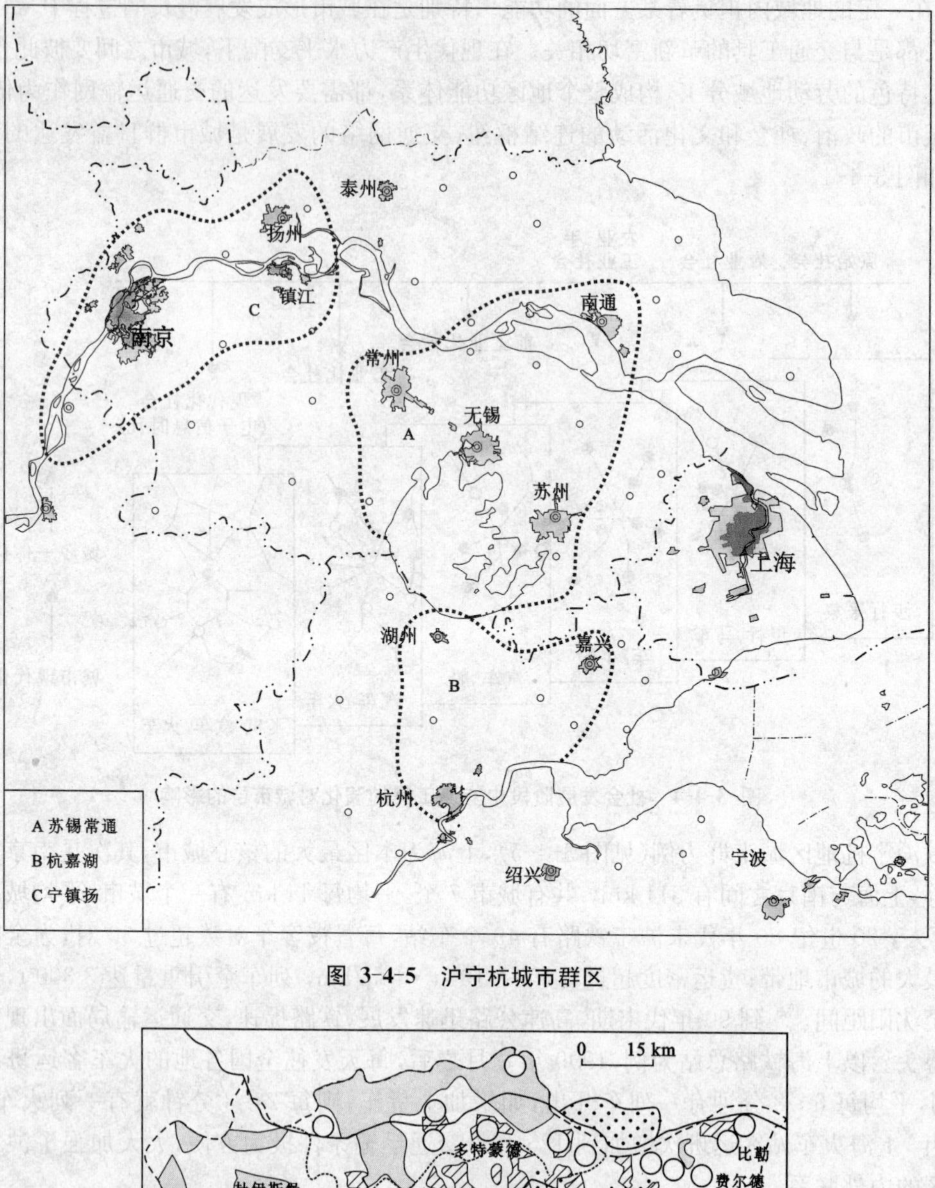

图 3-4-5 沪宁杭城市群区

A 苏锡常通
B 杭嘉湖
C 宁镇扬

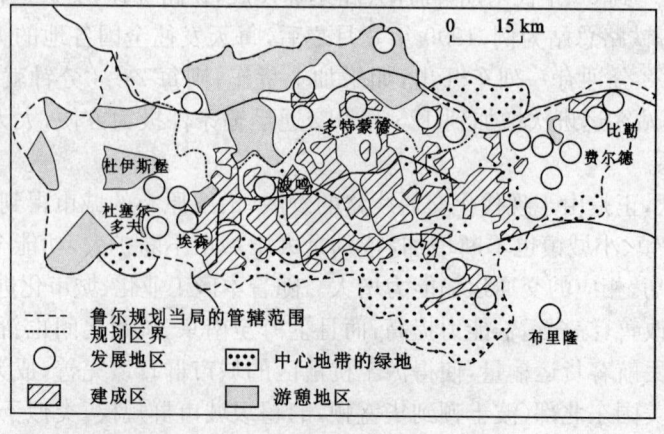

图 3-4-6 德国鲁尔区城市群区

总之,由于现代工业化、社会化速度加快,城市化进程也呈现上升趋势,同时促进了城市群区域空间的日趋完善、成熟。城市群的发育是一种地域空间集聚的过程,是建立在城乡地理基础上的。城市的形成和发展需要基础条件。我国古代城市(镇)的形成和发展的基础条件是商业、手工业与农业的分工;并受生产力水平、政治、军事等因素的制约。我国城市化进程和特点深受长期形成的传统二元经济结构制约,早期属于消费性商业型的城市(古代、近代中小城镇大多数为集市贸易发育的场所);近代至现代我国城乡分割明显;现代城乡二元结构突出,我国地域差异大,受自然条件影响显著,城乡经济实力悬殊,城乡物质生活和文化生活形成强烈的反差。[36]城市分布不均衡,呈金字塔型规模结构,乡村空间组合型结构主要呈子母型、集块型、主轴型、散居式中心型,各地经济发展不均衡,城市化水平差异大,城镇在地区空间集聚呈不规则型,城市群发育受各地区经济水平、工业化水平制约,也出现地区的明显差异性。近代城市群的发展模式,依据社会经济结构的变化,将会出现城市空间的有机集中和有机疏散的统一(朱喜钢,2002),也可能成为组团式城市群的发展,实现城乡统筹与城乡协调发展的和谐形式(牛文元,2004)。这些都与各地区的经济结构、人口结构、工业结构与环境结构有很大关系。[37,39]因此,我国各地区的城市群规模、结构与经济实力也不一致的,出现了超大型城市群、一般性的城市群以及不完善、不成熟的城市群地区。

主要参考文献

[1] 宁越敏,张务栋,钱今昔. 中国城市发展史[M]. 合肥:安徽科学技术出版社,1994:36.
[2] 鲍世行主编. 跨世纪城市规划师的思考[M]. 北京:中国建筑工业出版社,1989:29.
[3] 李誉淦. 中国社会与都市化[M]//蔡勇美,郭文雄. 都市社会发展之研究. 台北:巨流图书公司,1986.
[4] 蔡勇美,郭文雄. 都市社会发展之研究[M]. 台北:巨流图书公司,1986:155.
[5] 战国策·赵策.
[6] 孟子·公孙丑(下).
[7] 史记,卷85,吕不韦传;战国策·齐策.
[8] 傅筑夫. 中国封建社会经济史:第二卷[M]. 北京:人民出版社,1982:620.
[9] 王育民. 中国历史地理概论:下册[M]. 北京:人民教育出版社,1988:10.
[10] 桓宽. 盐铁论·通有;南齐书·魏虞传.
[11] 范文澜. 中国通史:第一册[M]. 北京:人民出版社,1985.
[12] 梁启超. 饮冰室文集之十. 1940.
[13] 王育民. 中国历史地理概论:下册[M]. 北京:人民教育出版社,1988:13~14.
[14] 蔡勇美,郭文雄. 都市社会发展之研究[M]. 台北:巨流图书公司,1986:159.
[15] 姚士谋. 中国城市化发展战略的研究[J]. 城市科学,1988(3).
[16] 管子·管子篇(农政);管子·八观.
[17] 李誉淦. 中国社会与都市化[M]//蔡勇美,郭文雄. 都市社会发展研究. 台北:巨流图书公司,1986:163.
[18] 周礼·考工记;管子·八观.
[19] 晋书·孝帝纪;管子·乘马;管子·八观.
[20] 宋家泰,崔功豪. 城市规划原理[M]. 北京:商务印书馆,1988.
[21] 蔡勇美,郭文雄. 都市社会发展之研究[M]. 台北:巨流图书公司,1986:161.
[22] 马清裕. 我国城镇化的特点及其发展趋势[J]. 经济地理,1989(3).
[23] 宁越敏. 论世界大城市的发展趋势[J]. 城市问题,1990(4).
[24] 姚士谋. 美国风光[M]. 北京:中国青年出版社,1987:174~178.
[25] 宁越敏. 论世界大城市的发展趋势[J]. 城市问题,1990(4).
[26] 董黎明,顾文选. 2000年我国城镇体系空间战略设想[M]. 北京:中国展望出版社,1988.
[27] 刘易斯·芒福德. 城市发展史[M]. 倪文彦,宋俊岭,译. 北京:中国建筑工业出版社,1989:125~141.
[28] Simnons J W. The Organization of the Urban System[M]// Bourne L S, Simmons J W, eds. Systems of Cities: Readings on Structure, Growth and Policy. New York: Oxford University Press, 1978.
[29] 胡兆量. 中国城市化道路[M]. 北京:中国展望出版社,1988:120.
[30] 马克思,恩格斯. 马克思恩格斯全集:第3卷[M]. 北京:人民出版社,1974:24~25.
[31] 梁任公. 中国之都市[M]. 北京:商务印书馆,1940:159.
[32] 吕振羽著. 史前期中国研究[M]. 北京:三联书店,1961:35.
[33] 储传亨,王长升. 城市科学概论[M]. 北京:中共中央党校出版社,1988:140.
[34] 姚士谋. 江苏省城镇体系发展问题[M]. 江苏建筑,1988(4).
[35] 陈航,张文尝. 中国交通运输地理[M]. 北京:科学出版社,1999:165.
[36] 顾朝林. 中国城镇体系[M]. 北京:商务印书馆,1994:125.
[37] 牛文元,等. 中国城市发展报告(2002~2003). 北京:商务印书馆,2004.
[38] 姚士谋,王成新. 21世纪中国城市化模式探讨[M]. 科技导报. 2004.(7):42~45.
[39] 朱喜钢. 城市空间集中与分散论[M]. 北京:中国建筑工业出版社,202:9~35.
[40] 沙里宁. 城市,它的发展、衰败与未来. 顾庆源,译. 北京:中国建筑工业出版社.1986.
[41] 牛文元等. 中国城市发展报告(2003)[M]. 北京:商务印书馆,2004.

第四章

中国城市群发展联系实证研究
DEMONSTRATIVE STUDY ON RELATION OF DEVELOPMENT URBAN AGGLOMERATIONS IN CHINA

第一节
沪宁杭城市群城市流强度分析

一、城市流强度的涵义

在全球经济一体化的背景下,城市化高度发展的城镇密集区域城市群区、城市之间各种物质流与文化科技方向的交流不断增强,构成了城市内部与外部组织的紧密化与动态化系统的复杂化[1]。一方面促进了地区之间的产业资本,生产技术要素和大批物质要素的流动;另一方面又促进城市化快速成长,实现社会经济结构的高级化①。

1. 城市流

城市流是指在城市群区城市间人流、物流、信息流、资金流、技术流、空间流,在城市群区所发生的频繁的、双向或多向的与人类相关的物质流动现象。

城市群区发达的综合交通运输网的通达性与便捷性,是城市流得以实现的基础与保证。在我国的城市群区,已经形成了以铁路、公路为主的综合交通运输网。城市群区有在全国铁路

---

① 吴城强,宋小冬. 城市运营管理信息化研究. 国家中长期科学技术发展战略专题研究:第12分专课. 2003.

网中起骨干作用的Ⅰ级国家铁路干线、Ⅱ级区域铁路干线,随着地方经济的快速发展,各地也自筹资金兴建了数量可观的Ⅲ级地方铁路;城市群区已经形成了通向各大港口、铁路枢纽、开放城市、旅游胜地的Ⅰ、Ⅱ级干线公路,联系省首府和主要城市的干道的以Ⅱ级路为主、Ⅲ级路为辅的省道,以及以县(市)为中心,联系县(市)内乡镇的以Ⅲ、Ⅳ级路为主的县道。20世纪90年代以来,城市群区连接各中心城市间的高速公路和汽车专用公路的建设也方兴未艾。城市群区已经形成了不同种类、不同级别的公路所组成的区域公路网。例如长江三角洲地区沪宁高速在2005年开通了八车道的快速干线以及沪杭涌、宁杭、苏嘉杭和沿江高速公路构成了密集的高速公路网,形成了地区之间的城市强流。

城市群区城市集聚与辐射功能是城市流得以进行的推动力。城市群区的城市集聚是指社会经济要素由非城市地域或者由城市地域向城市地域的流动。随着城市群的发展,城市集聚的数量和强度进一步加大。社会经济要素流动,由非城市地域向城市地域的主要以物流为主,转化为由城市地域向城市地域的主要以人流、信息流、技术流等非物质流为主。社会经济要素向城市的集聚,是工业化、城市化进程加速的宏观背景下,城市化规模经济的必然结果。不同部门或行业的各类企业,随着向城市的集中并伴随着城市的工业化、城市化的发展,在某一城市的密集配置能够大幅度地降低生产成本,取得更大的规模经济效益[2]。城市群区的某一城市具有独特的从业人员、市场、服务、基础设施等比较优势,像一块巨大的磁铁一样,吸引着城市外(农村或其他城市)的各种利益主体向此城市所在的区位集中,从而取得高于农村或其他城市地区的效益。可以说,城市化规模经济是城市集聚的根本动力,也是城市群区各城市迅速发展的基本动力。

城市群区的城市辐射是指社会经济要素由城市地域向其他城市地域或农村地域的流动。在工业化、城市化进程中,经济与城市发展逐步由粗放性的外延发展为主转化为以集约型内涵发展为主的发展模式。城市群区某一城市在集聚过程中得到发展,同时城市的发展过程也促进了城市集聚。但是,由于城市公共资源有限性的制约,生产要素的集聚过程具有一定的"门槛",当城市集聚超过这一"门槛"后,就会出现城市的规模不经济现象,城市集聚因此受到较大的"阻力"。新技术、新产业的勃兴,改变了城市经济活动的空间区位,导致城市集聚吸引赖以产生的动力丧失,或者产生集聚吸引的动力逐渐失去原有的作用,有些部门或行业的某类企业在相对较为分散的区位也获得了较为可观的效益。另外,由于城市群区规划特别是城市群区基础设施规划的重视与强化,城市群区交通运输状况大为改观,城市群区城市与农村在地域上更为紧密地结合在一起,城市群区城市社会经济要素的辐射,极大地促进了城市以及城市群整体的发展。

城市集聚与城市辐射是城市流相互联系、相互制约的两个方面,二者具有不同的方向,同时存在于城市的功能运动中。城市发展以及城市辐射需要以城市集聚作保证,城市集聚也需要以城市辐射为前提,城市集聚与城市辐射具有互为因果累积循环的关系,即城市流是在城市辐射—城市集聚—城市再辐射—城市再集聚的无穷循环中进行并完善的。

城市流的表现形式为人流、物流、信息流、资金流、技术流等在城市群区的空间流动。

2. 城市流强度

城市流强度是指在城市群区城市间的联系中,城市外向功能(集聚与辐射)在所产生的聚射能量及城市之间与城乡之间相互影响的数量关系。

城市流强度的公式为:

$$F = N \cdot E$$

式中，F 为城市流强度，N 为城市功能效益，即各城市间单位外向功能量所产生的实际影响，E 为城市外向功能量。

城市功能是城市流产生与发展的内在机制，城市功能是城市中进行的所有生产、服务活动的总称，它是由城市的各种结构（地域结构、产业结构、产品结构、技术结构等）所决定的机能，这种机能在城市与其外界的联系中，就表现为城市流，通过城市集聚与城市辐射对城市群区的发展产生影响。[1]

根据城市联系的范围的不同，城市功能分为城市外向功能与城市内向功能。外向功能是城市在与外界联系中所产生的经济活动，而内向功能是城市内部的经济联系所产生的经济活动。由于城市流是城市与外界的联系中所产生的那些经济活动，因此，这些活动即构成了城市的外向功能。

城市流强度是说明城市与外界（城市或农村）联系的数量指标。对于城市间联系极为密切的城市群区，对城市间城市流影响因素、城市流规模结构、城市流规模体系的分析，将有助于认清城市群区城市间的定量联系，为城市群区的规划、发展提供科学依据。

二、城市流强度计算公式

考虑到指标选取的容易性以及代表性，选择城市从业人员为城市功能量指标，则城市是否具有外向功能量 E，主要取决于其某一部门从业人员的区位商，i 城市 j 部门从业人员区位商 Lq_{ij}：

$$Lq_{ij} = \frac{G_{ij}/G_i}{G_j/G} \quad (i=1,2,\cdots,n; \quad j=1,2,\cdots,m) \tag{1}$$

若 $Lq_{ij} < 1$，则 i 城市 j 部门不存在着外向功能，即 $E_{ij} = 0$；若 $Lq_{ij} > 1$，则 i 城市 j 部门存在着外向功能，因为城市的总从业人员中分配给 j 部门的比例超过了全国的分配比例，即 j 部门在 i 城市中相对于全国是专业化部门，可以为城市外界区域提供服务。因此，i 城市 j 部门的外向功能 E_{ij} 为：

$$E_{ij} = G_{ij} - G_i \cdot (G_j/G) \tag{2}$$

i 城市 m 个部门的总的外向功能量 E_i 为：

$$E_i = \sum_{j=1}^{m} E_{ij} \tag{3}$$

i 城市的功能效率 N_i 用人均从业人员的 GDP 表示，即

$$N_i = GDP_i/G_i \tag{4}$$

i 城市城市流强度 F_i 为：

$$F_i = N_i \cdot E_i = (GDP_i/G_i) \cdot E_i = GDP_i \cdot (E_i/G_i) = GDP_i \cdot K_i \tag{5}$$

式(5)中为城市外向总功能量占总功能量的比例，反映了城市总功能量的外向程度，称之为城市流倾向度。[1]

三、沪宁杭城市群的城市流强度

沪宁杭城市群区城市发展的自然条件优越，历史、经济基础好，改革开放后，特别是社会主

义市场经济的建立,极大地促进了该地区社会经济的发展。2003年沪宁杭地区以占中国1.04%的陆地面积,5.89%的人口,创造了中国20.4%的GDP、15.7%的财政收入、48%的外商投资和32.5%的进出口总额,人均GDP 26 558元,为全国平均3倍多,成为中国经济发展速度最快、经济总量规模最大的区域之一。全国经济实力最强的35个城市中,本地区占了10个;全国综合实力百强县中,本地区占了59个(王士兰,2004)。"以电子计算机为代表的信息技术所提供的信息收集、传送、处理、存储与建立复杂的数据库,也加强了城市强流。"[①]沪宁杭地区城市群区城市的整体功能得到进一步加强,城市群区各城市的集聚作用与辐射作用所引起的城市流日益强化,城市的外向功能有了长足的进步,表现在各城市的主要外向服务部门从业人员在数量上有了很大提高。表4-1-1为1997年沪宁杭城市群不同等级的中心城市的主要外向服务部门从业人员。

表 4-1-1　沪宁杭城市群各城市主要外向服务部门从业人员　　　　单位:万人

城　市	交通仓储邮电业	批发零售业	金融保险业	房地产业	社会服务业	教育文化广播影视业	科研综合技术服务业
上海	31.87	97.49	6.26	14.49	43.3	30.57	10.71
南京	12.33	24.76	1.99	2.75	9.06	9.24	4.00
无锡	2.43	7.75	0.82	1.17	2.83	2.62	0.79
常州	1.80	7.74	0.55	0.94	2.03	1.7	0.34
苏州	2.79	6.85	0.57	1.18	3.09	2.6	0.55
南通	3.30	3.60	0.50	0.70	1.40	1.30	0.20
扬州	1.63	3.14	0.3	0.63	1.14	1.5	0.36
镇江	2.64	5.23	0.34	0.65	1.29	1.38	0.16
杭州	7.32	17.32	1.75	2.27	7.92	6.31	2.38
宁波	10.43	33.95	1.10	0.59	3.89	1.31	0.42
嘉兴	1.64	4.15	0.38	0.5	2.79	0.93	0.18
湖州	2.09	5.05	0.45	0.9	1.03	1.47	0.11
绍兴	1.14	4.04	0.35	0.29	0.64	0.57	0.09

资料来源:中国城市统计年鉴(1998).

利用公式(1),求出沪宁杭城市群不同等级中心城市的主要外向部门的区位商(表4-1-2)。由表4-1-2可以看出,沪宁杭城市群区各中心城市中,只有国家级大都市——上海、区域性大都市——南京、杭州的主要外向服务部门的区位商全部大于1,其余的中心城市均为个别部门的区位商大于1。

---

① 吴志强,宋小冬. 城市运营管理信息化研究. 国家长期科学技术发展战略专题研究:第12分专题. 2003.

表 4-1-2　沪宁杭城市群各城市主要外向服务部门的区位商 Lq_{ij}

城　市	交通仓储邮电业	批发零售业	金融保险业	房地产业	社会服务业	教育文化广播影视业	科研综合技术服务业
上海	1.017	1.149	1.024	5.148	1.775	1.411	1.664
南京	1.467	1.088	1.214	3.642	1.384	1.590	2.316
无锡	0.761	0.897	1.317	4.080	1.138	1.187	1.204
常州	0.656	1.042	1.028	3.814	0.950	0.896	0.603
苏州	0.882	0.800	0.924	4.153	1.254	1.189	0.846
南通	1.487	0.599	1.155	3.512	0.810	0.848	0.439
扬州	1.024	0.729	0.966	4.407	0.920	1.364	1.101
镇江	1.610	1.179	1.063	4.415	1.011	1.218	0.475
杭州	1.210	1.057	1.483	4.177	1.681	1.509	1.914
宁波	1.348	1.621	0.729	0.849	0.646	0.245	0.264
嘉兴	0.664	0.621	0.789	2.256	1.452	0.545	0.355
湖州	0.691	0.617	0.763	3.315	0.438	0.704	0.177
绍兴	0.990	1.296	1.558	2.803	0.714	0.716	0.380

利用公式(2)($Lq_{ij} > 1$)计算 i 城市 j 部门的外向功能量 E_{ij}($Lq_{ij} < 1$ 时，$E_{ij} = 0$)以及城市的外向功能量 E_i(表 4-1-3)。表 4-1-3 表明，区域性大都市——南京、杭州的外向功能量均超过 10，国家级大都市——上海则高达 57.09，说明其在城市群区的联系中所具有的突出地位。值得一提的是区域性中心城市——宁波，其外向功能量高达 15.69，高于杭州市的外向功能量。其较高的外向功能量主要是由于批发零售业很高的外向功能量的强劲拉动作用造成的。宁波优越的区位条件以及较高的外向功能作用，将使宁波市在沪宁杭城市群区南翼的区域性增长中心地位得到加强。

表 4-1-3　沪宁杭城市群各城市外向功能量　　　　　　单位：万人

城　市	交通仓储邮电业	批发零售业	金融保险业	房地产业	社会服务业	教育文化广播影视业	科研综合技术服务业	E_i
上海	0.53	12.66	0.15	11.68	18.90	8.91	4.27	57.09
南京	3.92	2.00	0.35	2.00	2.51	3.43	2.27	16.49
无锡	0	0	0.20	0.88	0.34	0.41	0.13	1.97
常州	0	0.31	0.01	0.69	0	0	0	1.02
苏州	0	0	0	0.90	0.63	0.41	0	1.94
南通	1.08	0	0.07	0.50	0	0	0	1.65

续表

城　市	交通仓储邮电业	批发零售业	金融保险业	房地产业	社会服务业	教育文化广播影视业	科研综合技术服务业	E_i
扬州	0.04	0	0	0.49	0	0.40	0.03	0.96
镇江	1.00	0.79	0.02	0.50	0.01	0.25	0	2.58
杭州	1.27	0.94	0.57	1.73	3.21	2.13	1.14	10.98
宁波	2.69	13.00	0	0	0	0	0	15.69
嘉兴	0	0	0	0.28	0.87	0	0	1.15
湖州	0	0	0	0.63	0	0	0	0.63
绍兴	0	0.92	0.13	0.19	0	0	0	1.23

根据1997年各城市的 G_i、GDP_i（表4-1-4），利用公式（4）、公式（5）求出各城市的 N_i、K_i、F_i（表4-1-4）。据此做出沪宁杭城市群主要中心城市的城市流强度柱形图（图4-1-1）。

表 4-1-4　沪宁杭城市群各城市城市流倾向度与城市流强度

城　市	G_i（万人）	GDP_i（万元）	N_i	K_i	F_i
上海	591.69	26 994 700	45 623.05	0.0965	26 04615.0
南京	158.72	5 708 307	35 964.64	0.1039	59 3021.7
无锡	60.28	3 150 032	52 256.67	0.0327	103 053.4
常州	51.81	1 415 811	27 326.98	0.0197	27 875.76
苏州	59.74	1 979 486	33 135.02	0.0324	64 126.32
南通	41.9	1 184 739	28 275.39	0.0393	46 611.25
扬州	30.05	1 080 156	35 945.29	0.0319	34 448.72
镇江	30.95	1 099 984	35 540.68	0.0833	91 584.63
杭州	114.25	5 238 807	45 853.89	0.0961	503 339.2
宁波	146.11	3 291 683	22 528.8	0.1074	353 529.7
嘉兴	46.6	925 651	19 863.76	0.0246	22 775.26
湖州	57.07	1 374 293	24 080.83	0.0110	15 135.63
绍兴	21.75	699 361	32 154.53	0.0567	39 661.03

由图4-1-1看出，依据城市流强度值，沪宁杭城市群区的中心城市可以分为三类：高城市流强度值中心城市——上海，中城市流强度值中心城市——南京、杭州、宁波，低城市流强度值中心城市——无锡、常州、苏州、南通、扬州、镇江、嘉兴、湖州、绍兴。城市流强度值不同的三类城市与外界区域所发生的实际联系差异巨大，上海市极大的城市流强度值表明其理所当然成为沪宁杭城市群联系中心，南京、杭州与宁波分别成为沪宁杭城市群北翼、南翼的城市组群的联系中心。在此，值得一提的是宁波市，由于其较高的外向功能量（高于杭州市）与城市流强度值（低于杭州市），已经与杭州市一起成为沪宁杭城市群南翼的组合联系中心。

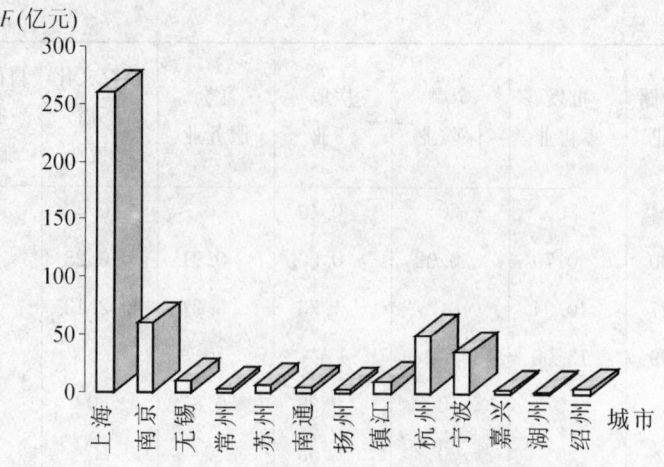

图 4-1-1　沪宁杭城市群城市流强度柱形图

四、沪宁杭城市群城市流强度模型

由于城市流是城市与外界区域相互作用而发生联系的结果,实质上是城市内部机制的结果。因此,一方面,城市经济实力影响城市流强度,城市的经济实力越强,其与外界的集聚与辐射作用就越强烈,城市流强度值越大;反之,城市流强度值越小。另一方面,城市的综合服务能力也深刻地影响到城市流强度,如果说城市经济实力是城市流得以进行的基础,那么城市综合服务能力则是城市流能够持续的保证,城市综合服务能力对城市流的影响极其显著。沪宁杭地区城市流强度最集中表现在铁路、港口和高速公路的运营中,从最近10年的资料分析可见:铁路客运密集区段为上海与南京、杭州之间,其中上海与苏锡常地区密集度最大,其次为沪杭、沪宁与沪甬之间;港口货物集中在上海港、宁波港、南京港、南通港域镇江港区间;高速公路主要集中于上海与南京、杭州、苏州、无锡、宁波等城市之间,客货流密度为全国最大(姚士谋,朱振国 2002)。在本研究中选择城市市区 GDP、市区第三产业产值 TPV 分别作为城市经济实力、城市综合服务能力的指标。根据影响城市流强度的定性分析,选取建立沪宁杭城市群城市流强度模型的统计资料(表 4-1-5)。

表 4-1-5　沪宁杭城市群城市流强度模型样本数据　　　　单位:10 亿元

城　市	GDP_i	TPV_i	F_i
上海	269.947	130.681	26.046
南京	57.083	27.503	5.930
无锡	31.500	13.747	1.031
常州	14.158	5.185	0.279
苏州	19.795	7.754	0.641
南通	11.847	4.378	0.466
扬州	10.802	4.585	0.344
镇江	11.000	4.654	0.916

续表

城 市	GDP_i	TPV_i	F_i
杭州	52.388	25.707	5.033
宁波	32.917	15.928	3.535
嘉兴	9.257	2.567	0.228
湖州	13.743	3.881	0.151
绍兴	6.994	3.112	0.397

由上述两张散点图可以得出，F 与 GDP、TPV 间具有线性关系，故将城市流强度模型定义为线性方程：

$$Y = a_1 X_1 + a_2 X_2 + C$$

利用回归分析法，对表 4-1-4 与表 4-1-5 中的数据进行分析，分析结果如表 4-1-6。

表 4-1-6 回归分析结果表

	系数	标准误差	t 统计	P-值	回归统计	
截距	−0.003	0.249	−0.010	0.992	R 平方	0.996
GDP	−0.184	0.080	−2.312	0.043	调整的 R 平方	0.995
TPV	0.579	0.162	3.565	0.005	标准误差	0.485

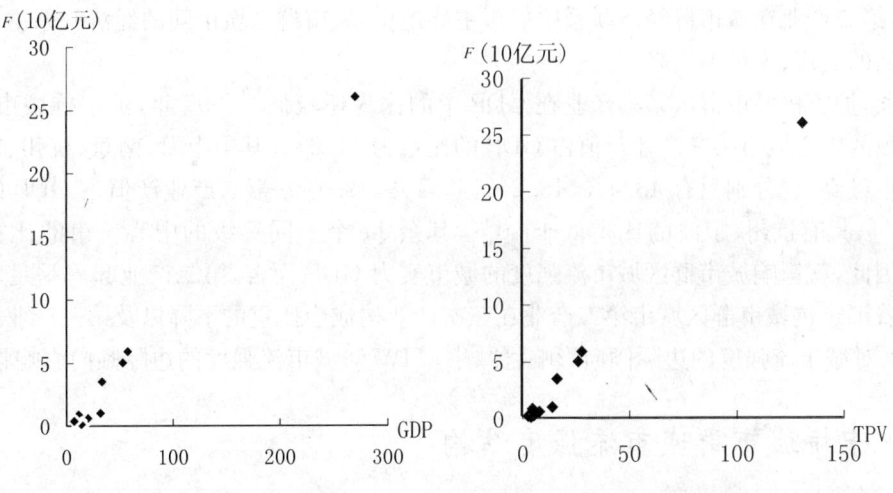

图 4-1-2a F 对 GDP 的散点图　　图 4-1-2b F 对 TPV 的散点图

因此，沪宁杭城市群各城市城市流强度与国内生产总值、第三产业产值间的关系模型为：

$$F = -0.184 GDP + 0.579 TPV - 0.003$$

模型统计（显著性）检验：第一，回归模型的显著性检验。由表 4-1-7 看出，线性回归模型在 0.05 的显著性水平上通过 F 检验，是高度显著的。另外，在回归统计中，R 的平方高达 0.996，表明回归模型效果很好。第二，回归系数的显著性检验。由表 4-1-6 可知，回归模型的回归系数 a_1、a_2 进行 t 检验的值 t_1、t_2 的绝对值均大于 $t_{0.05}(9)$。因此，本模型所选择的国内生产总值、第三产业产值都是高度相关的，对城市流强度具有显著影响。

表 4-1-7 方差分析表

	df(自由度)	SS(平方和)	MS(方差)	F	显著值 F
回归	2	596.25	298.12	1264.84	9.46E−13
残差	10	2.36	0.24		
总计	12	598.61			

在城市流强度模型中,回归模型中系数 $a_1<0$,$a_2>0$,说明沪宁杭城市群城市流强度具有与国内生产总值呈负相关,而与第三产业产值呈正相关的变化规律;F 对 GDP 的边际倾向为 −0.184,表明在 TPV 不变的条件下,GDP 每增加 1 单位,F 相应减少 0.184 单位。F 对 TPV 的边际倾向为 0.579,表明在 GDP 不变的条件下,TPV 每增加 1 单位,F 相应地增加 0.579 单位。显然,TPV 对 F 的影响远远大于 GDP 的影响。因此,沪宁杭城市群城市流强度受第三产业的影响最为深刻,即第三产业在城市群经济联系中的作用已经占居主导地位。城市间资金、技术、信息交流逐渐增多,实物交流逐渐减少并位居次要地位,表现在城市间的交通仓储邮电业、金融保险业、房地产业、社会服务业、教育广播影视业、科研综合服务业等生产性、消费性服务业日趋活跃。从城市群发展的阶段与发育程度来看,沪宁杭城市群已经发展到以第三产业为主导的外向功能联系的较高级阶段。

沪宁杭城市群发展的初期,城市流强度与国内生产总值、第三产业产值呈同向相关的变化规律,且 F 对 GDP 的边际倾向远远大于 F 对 TPV 的边际倾向,城市群强度受第二产业的影响深刻,第二产业在城市群经济联系中居于主导地位,城市群区城市间的经济联系主要表现为物质产品的交流、人员的往来。

目前,沪宁杭城市群区第三产业在 GDP 中的比重还较低。1997 年,沪宁杭城市群 13 个不同等级的中心城市第三产业产值占 GDP 的比重为 41.2%,其中上海、南京、杭州、宁波四城市的比重最高,也分别只有 48.4%、48.2%、49.1%、48.4%;第二产业产值占 GDP 的比重高达 54.8%,只有杭州、宁波的比重低于 50%,其余 11 个不同等级的中心城市的比重均高于 50%。因此,就影响城市群区城市流强度的城市实力 GDP 而言,第二产业起着举足轻重的作用。随着沪宁杭城市群区城市第二产业在三次产业构成中比重的下降以及第三产业比重的上升,GDP 对城市流强度的边际倾向影响将减小,TPV 对城市流强度的边际倾向影响将增大。

五、沪宁杭城市群城市流强度结构

所谓城市流强度结构是指构成城市流强度的影响因素之间的相对数量比例关系。

由公式 $F_i = GDP_i \cdot K_i$ 可知,构成城市流强度的因素最终可以概括为城市总体实力与城市流倾向性两个因素,二者之间的相对比例关系影响到城市流强度的大小。既有较高的总体实力又具有较高的综合服务能力的城市,方能具有较强的城市流强度。

利用公式:
$$GDP'_i = GDP_i / \max GDP_i \tag{6}$$
$$K'_i = K_i / \max K_i \tag{7}$$

对于沪宁杭城市群,i 城市的 GDP_i、K_i 值利用公式进行规一化处理,得到其相对值 GDP'、

K'_i(表 4-1-8),做出沪宁杭城市群各城市城市流强度的结构图(图 4-1-3)。

尽管上海市为沪宁杭城市群的唯一一个高城市流强度值中心城市,但是,城市流强度结构突出的特点是,上海市是沪宁杭城市群区不同等级中心城市中唯一的 GDP'_i 小于 K'_i 的城市,这是上海市城市流结构中极为突出的问题,上海市不仅是沪宁杭城市群区的集聚与辐射中心,而且也是整个长江流域乃至全国的集聚与辐射中心,具有较高的城市总体实力无疑是必要的,但是从上海市在沪宁杭、长江流域乃至全国城市流中的地位相比,从城市群的可持续发展着眼,进一步提高其综合服务能力显得更为重要与必要。

对于城市流强度值中等的中心城市——南京、杭州、宁波来说,其城市流结构的显著特点是,GDP'_i 远远地小于 K'_i,尤其是宁波市与南京市的 K'_i 还高于上海市的 K'_i。从加强其与城市群区其他城市的联系方面考虑,今后的发展除了进一步加强城市综合服务能力的建设以外,强化城市的总体实力更为迫切,只有这样,才能真正提高其城市流强度,促进其健康发展。

表 4-1-8　沪宁杭城市群城市流强度结构

城市	GDP'_i	K'_i
上海	1.00	0.898
南京	0.211	0.967
无锡	0.117	0.305
常州	0.052	0.183
苏州	0.073	0.302
南通	0.044	0.366
扬州	0.040	0.297
镇江	0.041	0.775
杭州	0.194	0.895
宁波	0.122	1.00
嘉兴	0.034	0.229
湖州	0.051	0.103
绍兴	0.026	0.528

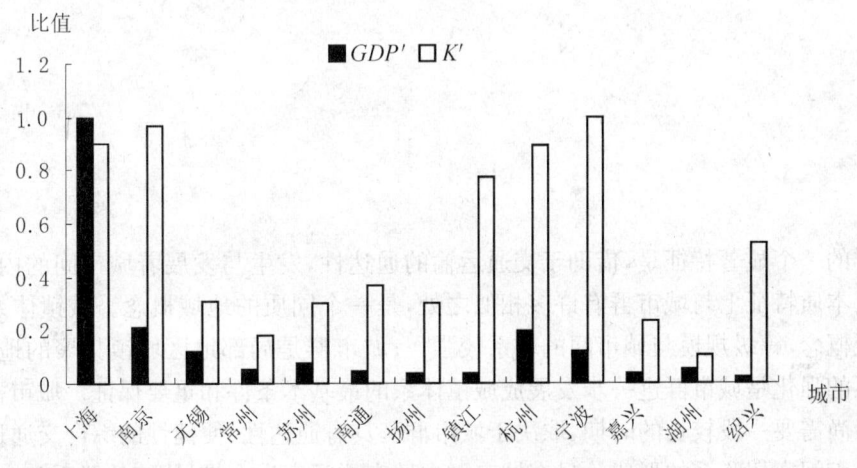

图 4-1-3　沪宁杭城市群城市流强度结构图

低城市流强度值中心城市——无锡、常州、苏州、南通、扬州、镇江、嘉兴、湖州、绍兴,它们的 GDP'_i、K'_i 均较低,且 GDP 大于 K'_i。相对较高的城市流倾向度说明了沪宁杭城市群区域性城市中心相对于其城市总体实力而言,具有较强的综合服务能力,与其他城市间的联系较密切。今后应当在继续提高其综合服务能力的同时,大大地提高其城市的总体实力,重点应放在产业结构的调整与升级,逐步转移部分传统产业到城市群区以外其他地区,大力发展科技含量高、附加值高、外向带动力强的支柱产业和新兴产业,与城市群区其他城市在产业上形成前向、后向与旁侧联系的网络关系,提高其总体实力。

第二节
沪宁杭城市群联系中心分析

城市群的一个显著特征是,借助于交通运输的通达性,发生与发展着城市间的内在联系。城镇体系在本质特征上与城市群有许多相似之处,是一个同质的地域概念。城镇体系是高一层次的地域概念,等级规模与城市间的联系较强[2];城市群是局部地区城镇集聚的地域概念,城市间联系的强化是城市群进一步发展成城镇体系的最基本条件和重要保证。城市群发展成为城镇体系尚需一段较长的时期,取决于城市群区具有通达性、便捷性的综合交通运输网的存在及其城市间密切联系的形成。只有城市群内城市群间产生大量、快速的联系与交流,区域社会经济的发展达到较高程度,才能把城市群区内规模不同、职能各异和空间区位分离的城市结合成具有一定网络结构的有机整体,即城镇体系。因此,从此种意义上讲,城市群区城市间联系及其联系中心的形成与加强,标志着城市群发育程度的提高。

在城市群区城市间,人员、物质、资金、信息的交流无时无刻不在进行着,其中人员交流在城市间联系中起着极其重要的作用,人员交流的流量与频度是城市群发育程度的重要标志之一,是城市群区城市间交流联系的最活跃、最积极的部分;信息交流在促进城市间联系中的作用越来越突出,成为城市群进一步发展的"催化剂";物质、资金交流是城市间联系的基础与保证。在城市群区城市间的联系中,物质、资金交流与人员、信息交流二者具有投入-产出的关系,而投入是决定产出的,因而后者也十分重要。城市间的各种交流联系,浑然一体,互相制约,缺一不可。

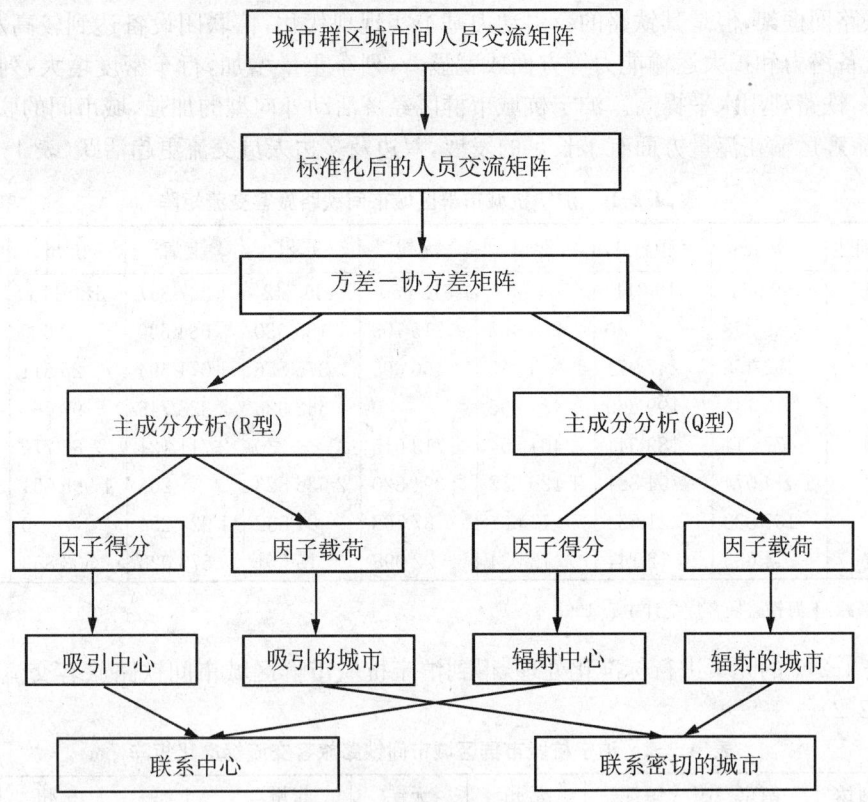

图 4-2-1　城市群区城市间联系的主成分分析方法的程序

本节试图以铁路旅客交流联系的资料,通过主成分分析方法[3],分析沪宁杭城市群区城市间联系及其联系中心的地位作用。

一、城市间联系的主成分分析方法的程序

城市间联系的主成分分析方法程序可以概况为:第一,收集城市间人员交流的基本数据,构造原始数据矩阵;第二,对原始矩阵进行标准化处理;第三,求出方差-协方差矩阵;第四,利用 STATISTICA 应用软件进行主成分分析,分别计算出 R 型与 Q 型的因子得分、因子载荷;第五,分别给予因子得分值、因子载荷值的阈值,将大于因子得分值阈值的因子得分确定为联系中心(吸引中心或辐射中心);将大于因子载荷值阈值的因子载荷确定为与联系中心联系密切的城市。

二、沪宁杭城市群城市间联系的主成分分析

1. 沪宁杭城市群区人员交流状况

沪宁杭城市群铁路旅客交流量在整个城市群区人员交流量中占居独特的地位。一方面,沪杭铁路(1905 年)和沪宁铁路(1908 年)的通车历史长,对沪宁杭城市群区城市间的联系起到

了重要的推动作用,这是我国其他城市群区无法比拟的;另一方面,目前,沪宁杭城市群虽然尚未形成铁路网框架,但是其铁路的牵引动力基本实现现代化,信联闭设备达到较高水平,在挖掘现有设备潜力和扩大运输能力等方面成就显著,列车重量增加,行车密度增大,列车速度大幅度提高,铁路利用水平提高。沪宁杭城市群区经济活动外向型的加强,城市间的联系日益密切,铁路旅客运输在流量方面有了长足的发展,双边及多边人员交流更趋活跃(表4-2-1)。

表 4-2-1 沪宁杭城市群区城市间铁路旅客交流矩阵　　　　　　　　　单位:人

发送/到达	南京	镇江	常州	无锡	苏州	上海	杭州	宁波
南京	30 964	519 211	504 778	513 650	436 742	1 337 337	189 115	20 264
镇江	539 833	0	253 463	215 709	185 380	684 630	22 600	7 235
常州	492 468	247 971	0	466 695	375 556	1 071 594	25 311	8 251
无锡	513 148	199 869	431 995	0	662 926	2 328 746	97 762	9 962
苏州	477 711	189 341	401 454	713 615	0	2 711 121	83 779	17 327
上海	1 414 074	704 821	1 126 512	2 394 820	2 636 883	263	1 995 061	595 104
杭州	167 823	21 534	17 665	87 768	84 832	1 922 254	0	460 753
宁波	44 683	12 144	13 034	22 098	15 651	673 023	503 863	0

资料来源:上海铁路局客货统计中心 1998

对表 4-2-1 的元素进行标准化处理,得到沪宁杭城市群区城市间铁路旅客交流标准化矩阵(表 4-2-2)。

表 4-2-2 沪宁杭城市群区城市间铁路旅客交流标准化矩阵

发送/到达	南京	镇江	常州	无锡	苏州	上海	杭州	宁波
南京	0.01142	0.19151	0.18619	0.18946	0.16109	0.49328	0.06976	0.00747
镇江	0.19912	0.00000	0.09349	0.07956	0.06838	0.25253	0.00834	0.00267
常州	0.18165	0.09146	0.00000	0.17214	0.13852	0.39526	0.00934	0.00304
无锡	0.18928	0.07372	0.15934	0.00000	0.24452	0.85896	0.03606	0.00367
苏州	0.17620	0.06984	0.14808	0.26322	0.00000	1.00000	0.03090	0.00639
上海	0.52158	0.25997	0.41552	0.88333	0.97262	0.00010	0.73588	0.21950
杭州	0.06190	0.00794	0.00652	0.03237	0.03129	0.70903	0.00000	0.16995
宁波	0.01648	0.00448	0.00481	0.00815	0.00577	0.24825	0.18585	0.00000

2. 对沪宁杭城市群区城市间铁路旅客交流矩阵进行标准化处理

利用公式
$$X_{ij} = (X_{ij} - \min X_{ij})/(\max X_{ij} - \min X_{ij})$$

对表 4-2-1 的元素 X_{ij} 进行标准化处理,得到沪宁杭城市群区城市间铁路旅客交流标准化矩阵(表 4-2-2)

3. 计算沪宁杭城市群区城市间铁路旅客交流方差—协方差矩阵

利用公式:
$$\sigma_j^2 = \sum_{i=1}^n (X'_{ij} - \overline{X}_j)^2/n \quad (j=1,2,3,\cdots,n)$$

$$\sigma_{jk} = \sum_{i=1}^n (X'_{ji} - \overline{X}_j)(\overline{X}'_{ki} - \overline{X}_k)/n \quad (j,k=1,2,3,\cdots,n)$$

计算出沪宁杭城市群区城市间铁路旅客交流矩阵 R，其中元素 $r_{ij} = \sigma_j^2, r_{jk} = \sigma_{jk}$（表4-2-3a）。此矩阵即为以接受城市作为变量，发送城市作为样本的方差-协方差矩阵。

表 4-2-3a　沪宁杭城市群区城市间铁路旅客交流方差-协方差矩阵

发送/到达	南京	镇江	常州	无锡	苏州	上海	杭州	宁波
南京	0.02318	0.00894	0.01745	0.04032	0.04585	−0.02244	0.03153	0.00828
镇江	0.00894	0.00775	0.01104	0.02258	0.02471	−0.01074	0.01674	0.00354
常州	0.01745	0.01104	0.01687	0.03466	0.03916	−0.01362	0.02777	0.00617
无锡	0.04032	0.02258	0.03466	0.07389	0.08426	−0.04794	0.06516	0.01703
苏州	0.04585	0.02471	0.03916	0.08426	0.09096	−0.05960	0.07436	0.01969
上海	−0.02244	−0.01074	−0.01362	−0.04794	−0.05960	0.10098	−0.05486	−0.00979
杭州	0.03153	0.01674	0.02777	0.06516	0.07436	−0.05486	0.05482	0.01527
宁波	0.00828	0.00354	0.00617	0.01703	0.01969	−0.00979	0.01527	0.00699

将表 4-2-1 沪宁杭城市群区城市间铁路旅客交流矩阵进行转置处理，利用上述同样的方法，进行标准化处理后，得到以发送城市作为变量，接受城市作为样本的方差-协方差矩阵（表4-2-3b）。

表 4-2-3b　沪宁杭城市群区城市间铁路旅客交流方差-协方差矩阵

发送/到达	南京	镇江	常州	无锡	苏州	上海	杭州	宁波
南京	2.08740	0.79469	1.54000	3.64561	4.43963	−2.09024	2.83926	0.88914
镇江	0.79469	0.76593	1.02832	2.12487	2.47898	−0.95078	1.53528	0.39020
常州	1.54000	1.02832	1.54557	3.15488	3.84660	−1.19819	2.51946	0.66782
无锡	3.64561	2.12487	3.15488	6.98997	8.43663	−4.78705	6.16041	1.89778
苏州	4.43963	2.47898	3.84660	8.43663	9.61451	−6.01112	7.36010	2.28144
上海	−2.09024	−0.95078	−1.19819	−4.78705	−6.01112	10.24673	−5.38743	−1.08624
杭州	2.83926	1.53528	2.51946	6.16041	7.36010	−5.38743	5.09712	1.67422
宁波	0.88914	0.39020	0.66782	1.89778	2.28144	−1.08624	1.67422	0.85652

4. 沪宁杭城市群区城市间铁路旅客交流方差-协方差矩阵的主成分分析

利用 STATISTICA 统计分析软件包分别对以接受城市作为变量、发送城市作为样本的方差-协方差矩阵，以发送城市作为变量、接受城市作为样本的方差-协方差矩阵进行主成分分析，分别得到 Q 型、R 型累积贡献率大于 85% 的特征值及其主成分（表 4-2-4），以及主成分载荷矩阵、主成分得分（表 4-2-5）。

表 4-2-4　累积贡献率大于 85% 的特征值的主成分特征值及其百分数

主成分	Q 型			R 型		
	特征值	百分数	累积百分数	特征值	百分数	累积百分数
1	7.864172	98.30215	98.30215	7.849235	98.11544	98.11544

表 4-2-5　第一主成分因子得分与载荷

城　市	Q 型因子		R 型因子	
	得分	载荷	得分	载荷
南京	0.05902	0.994952	0.01485	0.994587
镇江	−0.33326	0.988558	−0.33835	0.985278
常州	−0.05192	0.990653	−0.08064	0.988868
无锡	0.92716	0.999607	0.89941	0.999663
苏州	1.15861	0.998554	1.23613	0.998520
上海	−2.01656	−0.971105	−2.00550	−0.969505
杭州	0.66755	0.999079	0.62808	0.998740
宁波	−0.41062	0.988975	−0.35398	0.988742

三、结果分析

Q 型、R 型因子得分绝对值分别反映城市的扩散能力、吸引能力；Q 型、R 型因子载荷绝对值分别反映了扩散中心与吸引中心的扩散范围与吸引范围。对于经济联系不太密切的非城市群区，当 Q 型因子得分绝对值超过 1 时，该城市可看做是扩散中心；当 R 型因子得分绝对值超过 1 时，该城市可看做是吸引中心；当 Q 型因子载荷绝对值超过 0.5 时，该城市可看做是扩散中心扩散范围；当 R 型因子载荷绝对值超过 0.5 时，该城市可看做是吸引中心吸引范围[4]。对于经济联系密切的城市群区，当 Q 型因子得分绝对值超过 2 时，该城市可看做是扩散中心；当 R 型因子得分绝对值超过 2 时，该城市可看做是吸引中心。当 Q 型因子载荷绝对值超过 0.9 时，该城市可看做是扩散中心扩散范围内与扩散中心交流联系极为密切的城市；当 R 型因子载荷绝对值超过 0.9 时，该城市可看做是吸引中心吸引范围内与吸引中心交流联系极为密切的城市。

由表 4-2-4 看出，无论 R 型还是 Q 型主成分分析，沪宁杭城市群区城市间铁路旅客交流方差-协方差矩阵特征值第一主成分的累积百分数已高达 98%。由表 4-2-5 看出，Q 型、R 型主成分分析第一主成分得分值的绝对值大于 2 的城市都是只有上海市，说明上海市在沪宁杭城市群区人员交流中突出的扩散与吸引中心地位。

就第一主成分因子载荷值而言，R 型与 Q 型的因子载荷的绝对值均大于 0.9，而且差别较小，说明了沪宁杭城市群区的南京、镇江、常州、无锡、苏州、杭州、宁波等城市与扩散、吸引中心城市——上海市的铁路交流联系都极为密切。众多的城市与扩散吸引中心城市的密切联系，一方面促进了各城市功能的发展，极大地促进了城市群组群子系统的协调，城市群功能系统的强化、城市群层次系统的完善；另一方面也进一步强化了上海市在城市群区的集聚与辐射功能，为城市群区产业结构、产品结构与技术结构的调整与转移创造了条件，有利于城市群区产业结构的重组与高级化，加快了沪宁杭城市群向更高级的城市体系演化的进程。

第三节
沪宁杭城市群空间联系的区位商分析

根据空间模型理论,城市即为一定空间区域的"点",实际上它是一个因含有复杂的空间联系而形成的经济活动的集中区域。通过空间联系,城市间将发生"吸引"、"扩散"、"组织"与"营销"等作用,形成具有一定等级结构的、发生与发展着密切联系的、具有镶嵌结构的"面",即城市群。在其空间联系的过程中,城市经济的和非经济的要素必然发生集中或分散这些空间分布变化,导致城市群区城市的专业化与协作化发展。城市群区空间联系的变化,相应地引起地理要素的空间分布的变化;城市群区地理要素的集中与分散的空间变化,反映了城市间空间联系的弱化或强化。城市间空间联系的"空间流"的流向与流量的精确测定是困难的事情,而城市的某一地理要素(尤其是经济要素)的空间分布的变化却是容易度量的,因此,本节尝试用地理要素的时空间分布状况的变化来研究城市群区城市间的空间联系。[5,6]

一、区位商的概念

区位商(location quotient)是由哈盖特(P. Haggett)首先提出并应用于人文地理的区位分析中[5,6]。区位商简单地讲,就是比率的比重。用公式表示:

$$Lq = \frac{x_i / \sum_{i=1}^{n} x_i}{X_i / \sum_{i=1}^{n} X_i}$$

式中，Lq 为某地区 i 部门对于整个区域的区位商，x_i 为这一地区 i 部门的某一指标(例如产值、产量、就业人数、客货运量等)，X_i 为整个区域 i 部门的同一指标，为部门总的数量。区位商能够反映一定地区某一地理要素在整个区域的空间分布状况(专门化或分散化)。

二、区位商在城市群空间联系中的应用

我国的城市群区是由众多的城镇所组成的特有的等级结构，这种结构由不同的空间模型按照一定的顺序组合排列而成，这种空间特有结构反映了区域经济系统的范围和时空变化，这种系统由相互依赖的空间联系为纽带，形成特有的城市集合体。在这种系统中，不同的城市在等级结构中的地位与作用迥然不同，其在城市群区的经济联系网络中的空间分布状况各异，区位商可以反映城市群区城市间经济联系的空间分布状况。

在城市群区城市经济联系中，利用不同年份的运输资料，可以分别计算各城市不同年份铁路、公路的客、货运输量分别占各城市运输总量的比例，从而求出各城市的铁路、公路的客、货运输的区位商；将区位商大于或等于 1.00 的各城市，计算出其铁路、公路的客、货运输量之和占城市群区铁路、公路的客、货运输总量的百分比；分析不同年份客、货以及客、货运输联系的集中化或分散化趋势，进而分析城市群区运输联系的时空变化。

(1) 利用 1987 年、1991 年、1997 年的城市市区的旅客、货物运输量资料，计算长江三角洲城市群区 13 个地级市的运输联系区位商(表 4-3-1)。

表 4-3-1 长江三角洲城市群城市运输联系区位商

城市	1987 年				1991 年				1997 年			
	旅客运输		货物运输		旅客运输		货物运输		旅客运输		货物运输	
	铁路	公路	铁路	公路	铁路	公路	铁路	公路	铁路	公路	铁路	公路
上海	3.58	0.23	0.61	1.10	3.16	0.20	0.70	0.92	4.34	0.33	0.62	0.99
南京	2.39	0.68	2.24	0.79	1.85	0.78	1.88	0.83	0.73	1.04	1.61	0.95
无锡	1.44	0.98	1.38	0.76	1.36	0.95	1.08	1.09	0.73	1.06	1.21	1.23
常州	1.38	1.01	2.26	1.00	0.62	1.20	1.06	1.84	1.24	1.00	2.36	1.16
苏州	0.60	1.17	1.45	0.48	0.66	1.16	1.36	0.89	0.77	1.06	1.20	1.14
南通	0.00	1.15	0.00	0.50	0.00	1.20	0.00	0.94	0.00	1.15	0.00	1.33
扬州	0.00	1.25	0.00	0.96	0.00	1.34	0.00	1.14	0.00	1.17	0.00	1.26
镇江	0.91	1.12	2.51	0.84	0.65	1.18	1.01	1.14	0.83	1.06	1.08	0.79
杭州	3.16	0.15	3.91	0.69	2.86	0.23	2.82	0.94	5.00	0.34	4.48	0.67
宁波	0.00	1.34	0.00	1.36	0.61	1.15	1.92	1.78	0.22	1.13	2.16	1.09
嘉兴	5.68	0.00	18.1	0.00	0.70	1.08	0.24	0.73	0.88	1.04	0.42	0.79
湖州	0.03	1.10	0.19	0.82	0.03	1.21	0.30	0.80	0.03	1.17	0.23	0.85
绍兴	0.44	1.13	5.26	0.50	0.56	1.17	2.11	1.02	0.61	1.09	3.03	0.72

资料来源：根据《中国城市统计年鉴》(1988，1992，1998)计算得到。

(2) 根据表4-3-1,列出区位商大于或等于1.00的各城市不同年份的铁路、公路的客、货运输量(表 4-3-2)。

表 4-3-2 长江三角洲城市群运输联系 $Lq \geqslant 1$ 城市及其运输量

年份	铁路旅客运输		公路旅客运输		铁路货物运输		公路货物运输	
	城 市	运输量（万人）	城 市	运输量（万人）	城 市	运输量 10^4	城 市	运输量 10^4
1987年	上海	2 610	常州	1 650	南京	958	上海	26 962
	南京	1 284	苏州	5 509	无锡	137	常州	834
	无锡	894	南通	3 867	常州	169	宁波	1 506
	常州	544	扬州	5 086	苏州	87	小计	29 302
	杭州	949	镇江	2 190	镇江	149	城市群	37 403
	嘉兴	158	宁波	5 310	杭州	368		
	小计	6 439	湖州	2 192	嘉兴	30		
	城市群	7 661	绍兴	1 165	绍兴	98		
			小计	26 969	小计	1 996		
			城市群	31 922	城市群	3 362		
1981年	上海	2 594	常州	3 975	南京	904	无锡	658
	南京	1 226	苏州	4 371	无锡	128	常州	1 204
	无锡	831	南通	3 450	常州	136	扬州	365
	杭州	920	扬州	3 748	苏州	95	镇江	714
	小计	5 571	镇江	2 326	镇江	123	宁波	1 645
	城市群	7 774	宁波	1 968	杭州	261	绍兴	200
			嘉兴	782	宁波	348	小计	4 786
			湖州	1 379	绍兴	81	城市群	17 606
			绍兴	916	小计	2 076		
			小计	22 915	城市群	3 441		
			城市群	31 922				
1997年	上海	2 779	南京	10 353	南京	926	无锡	2 267
	常州	490	无锡	6 488	无锡	171	常州	1 236
	杭州	914	常州	2 735	常州	193	苏州	1 275
	小计	4 183	苏州	6 225	苏州	103	南通	1 584
	城市群	7 353	南通	3 216	镇江	106	扬州	874
			扬州	2 472	杭州	225	宁波	3 452
			镇江	2 737	宁波	528	小计	10 688
			宁波	9 434	绍兴	71	城市群	47 134
			嘉兴	1 247	小计	2 323		
			湖州	3 066	城市群	3 621		
			绍兴	1 149				
			小计	49 122				
			城市群	51 006				

资料来源:中国城市统计年鉴(1988,1992,1998)。

(3) 由表 4-3-2 进一步计算出 $Lq \geqslant 1$ 的各城市不同年份的铁路、公路的客运、货运量占沪宁杭城市群的铁路、公路的客运、货运总量的百分比(表 4-3-3),并绘出其时间变化图(图 4-3-1)。

表 4-3-3　沪宁杭城市群区 $L_q \geq 1$ 的各城市的运输量之和占全区运输总量的百分比（%）

年 份	旅客运输		铁、公路旅客运输	货物运输		铁、公路货物运输	铁、公路客、物运输
	铁路	公路		铁路	公路		
1987 年	84.05	84.48	84.27	59.37	78.34	68.86	76.56
1991 年	71.66	82.72	77.19	60.33	27.18	43.76	60.47
1997 年	56.89	96.31	76.60	64.15	22.68	43.41	60.01

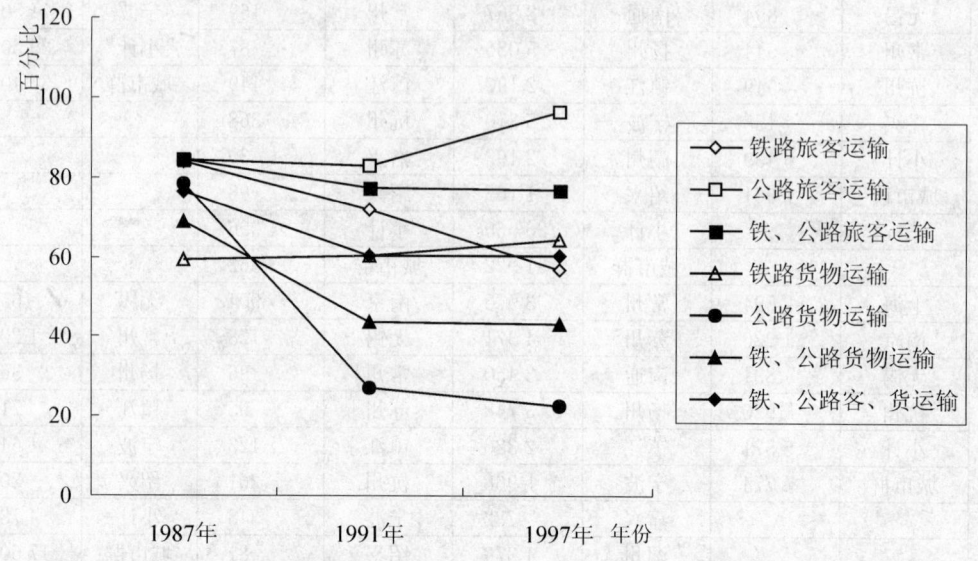

图 4-3-1　$L_q \geq 1$ 的各城市的运输量之和占沪宁杭城市群区运输总量的百分比的变化

三、沪宁杭城市群区城市间经济联系特征

分析表 4-3-3 与图 4-3-1，可以看出不同运输方式、不同运输对象的 $L_q \geq 1$ 运输量之和占沪宁杭城市群区运输总量的百分比随时间而呈现的集中化或分散化的趋势。由于城市客货运输量的多少基本上反映了城市间经济联系的强弱，因此，各城市不同运输方式、不同运输对象的时间变化规律也就反映了城市间经济联系强弱的变化趋势。若呈增长，则说明运输量趋向集中，城市群区城市间的经济联系减弱；反之，则运输量趋向分散，城市群区城市间的经济联系加强。

（1）沪宁杭城市群区城市间经济（运输）联系在 20 世纪 80～90 年代呈明显的加强趋势，但是 20 世纪 90 年代以来经济联系加强的趋势显著趋缓。表现在 $L_q \geq 1$ 的各城市的铁、公路客、货运输量之和占城市群区的铁、公路客、货运输总量的比例由 1987 年的 76.56% 急剧下降到 1991 年的 60.47%，平均每年下降 4.02 个百分点；而到 1997 年仅为 60.01%，由 1991 年到 1997 年平均每年下降 0.06 个百分点。这种状况的出现与长江三角洲城市群区近年来产业结构、产品结构的调整，城市粗放式生产方式的改变，以及普遍强调城市经济增长质量，减少工业生产的高投入、高消耗，加大产品的技术含量等息息相关。尽管如此，沪宁杭城市群城市间信息、技术等非实物要素的交流仍然日趋活跃,城市间经济联系的层次大大提高。

(2) 沪宁杭城市群区城市间旅客运输与货物运输联系都呈加强之势,但是相对而言,城市间的货物运输联系加强的趋势要比旅客运输联系加强的趋势更剧烈。表现在 $Lq \geqslant 1$ 的各城市的旅客运输量、货物运输量与城市群区旅客运输总量、货物运输总量的比例,分别由 1987 年的 84.27% 和 68.86% 下降到 1997 年的 76.60% 和 43.41%。前者年均下降 1.54 个百分点,而后者下降却高达 3.32 百分点,表明城市间的货物运输联系的时间变化更密切。这种状况从更深层次上说明,尽管长江三角洲城市群区为我国最为发达的城市群区,但是城市群区经济整体上仍然处于第二产业发达、第三产业有待进一步发展的阶段。

(3) 就旅客运输联系而言,长江三角洲城市群区城市间的铁路运输联系呈现加强的趋势,而公路运输联系却呈现减弱的趋势。表现在前者 $Lq \geqslant 1$ 的各城市的铁路旅客运输量与城市群区铁路旅客运输总量的比例由 1987 年的 84.05% 下降到 1997 年的 56.89%;后者 $Lq \geqslant 1$ 的各城市的公路旅客运输量与城市群区公路旅客运输总量的比例由 1987 年的 84.48% 上升到 1997 年的 96.31%。说明了尽管在长江三角洲城市群区运输总量中旅客铁路运输量的比例在逐渐下降(由 1987 年的 17.6% 下降到 1997 年的 12.2%),而旅客公路运输量的比例在不断上升(由 1987 年的 73.4% 上升到 1997 年的 84.8%),但是在长江三角洲城市群区城市间铁路旅客运输联系相对更分散,而公路旅客运输联系相对更集中。

(4) 就货物运输联系而言,长江三角洲城市群区城市间的铁路运输联系呈现减弱的趋势,而公路运输联系却呈现加强的趋势。表现在前者 $Lq \geqslant 1$ 的各城市的铁路货物运输量与城市群区铁路货物运输总量的比例由 1987 年的 59.37% 上升到 1997 年的 64.15%;后者 $Lq \geqslant 1$ 的各城市的公路货物运输量与城市群区公路货物运输总量的比例由 1987 年的 78.34% 下降到 1997 年的 22.68%。说明长江三角洲城市群区由于更加重视城市间高等级公路的建设,地级市间均具有一级公路或高速公路相连接,城市间已经形成快速、便捷的运输通道,因此,城市间工业生产所需的原料、燃料以及产品能够及时得到流转,城市间公路货物运输联系日渐密切。而铁路线路及里程近年来未发生变化,而且城市群区城市间的距离又近,不适宜铁路运输,必然导致城市间货物运输联系相对减弱。

第四节
沪宁杭城市群批发市场联系与城市化

一、批发市场群的建设大大加快了沪宁杭城市群区城市化进程

在沪宁杭城市群区市场化进程中形成了独特的批发市场结构。首先,就批发市场的客体结构而言,进入批发市场群的商品,按生产来源分,既有工业品又有农业品;按商品用途性质分为生产资料和消费资料;按交货方式分为现货商品和期货商品。生产资料和消费资料中均分别包括工业品和农产品,而且许多商品既是生产资料又是消费资料。因此,沪宁杭市场群现已呈现出消费品批发市场、生产资料批发市场、工业品批发市场和农副产品批发市场相互交叉、相互渗透,现货与期货成功地实现对接的结构。[7]

其次,就批发市场的主体结构来说,在市场上从事交易活动的组织和个人,包括生产经营组织、中介组织和最终消费者,既是市场客体的供给者和需求者,又是商品流通渠道的连接起点和终点,在整个商品流通中起着主导作用(图4-4-1)。目前,沪宁杭市场群的主体结构已经呈现出所有制多元化的特点。

最后,从批发市场的空间结构角度,市场主体分布在一定地域范围发生着密切的联系。市场主体的分布是其特定的地理、历史、自然、社会和经济等因素综合作用的结果。集中是批发

市场的本质特征,它要求市场主体尽可能向城镇集中,以发挥更大的群体效应,因而出现了市场要素向不同规模、不同辐射功能的批发市场依托的城镇集中的城市化进程。

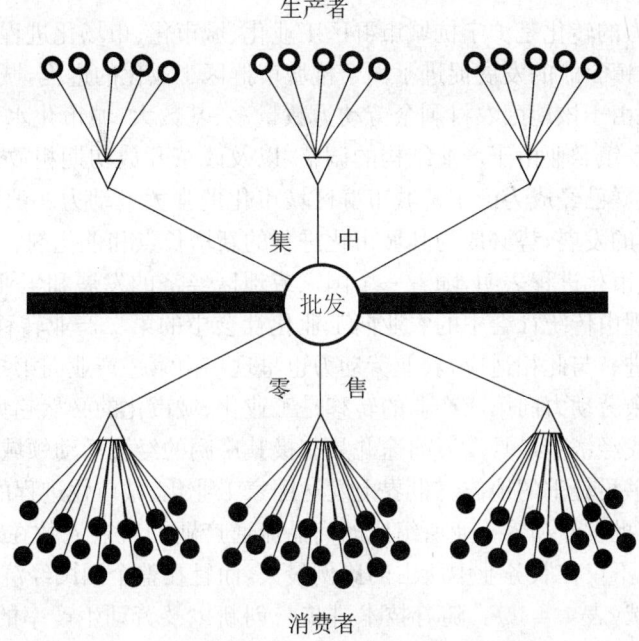

图 4-4-1　批发市场客体结构与主体结构的有机结合[8]

沪宁杭城市群区批发市场的结构特点,导致市场供求主体之间的商品流通通过不同吸纳与辐射作用的批发市场来加以实现。在整个城市群区,国家级批发市场为市场群的中心,一方面联系着若干个市场供求主体另一方面在不同级别的批发市场之间保持着密切的联系,从而在城市群区形成一个相对完整的批发市场网络空间结构。就市场要素的集中程度和市场辐射半径的大小而,言,批发市场层次越高,数量越少,但是市场主体密度越大,经济实力越强,流通功能越强,辐射半径越大,市场要素向城镇集中的进程越快,进而导致城市化进程越快,沪宁杭城市群区市场化进程极大地推动其城市化进程,反过来,沪宁杭城市群区城市化水平的提高、进程的加快也有利于其市场群的发育与完善,二者是相辅相成、共促发展的关系(如图 4-4-2)。[7]

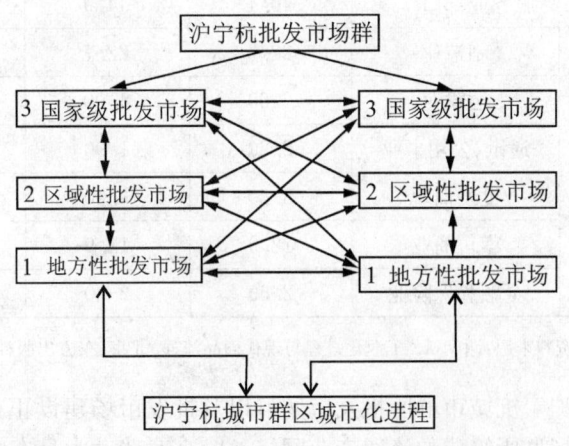

图 4-4-2　沪宁杭城市群区市场化与城市化的关系

二、批发市场群的培育促进了农业剩余劳动力的转化

农业剩余劳动力的转化是沪宁杭城市群区工业化、城市化、市场化进程中的至关重要的问题。改革开放后,乡镇企业的发展促进了沪宁杭城市群区工业化的进程,城市化水平也有了较大幅度的提高,但是由于该地区农村剩余劳动力数量多、基数大,城市化水平还是远远地低于工业化水平。目前乡镇企业由于产业结构的调整,以及改革开放初期粗放式发展环境的不复存在,乡镇企业的发展已经成为沪宁杭城市群区城市化的强大推动力。沪宁杭城市群区批发市场的培育、市场群的发展,势必成为其城市化进程的新增长点和催化剂。

世界工业化、城市化进程表明,随着一个国家或地区经济的发展和工业化进程的推进,其主导产业不断地实现由传统社会中的农业向工业化社会中的第二产业转移,并由此向后工业社会的第三产业推进。与此相适应,农业劳动力也呈现出由第一产业向第二产业、第三产业转移的规律。农业剩余劳动力向第三产业的转移是工业化、城市化的必然趋势。[8]

第三产业在现代经济中最具发展前途并具有极其广阔的经济活动领域。其中商品流通产业在第三产业具有举足轻重的地位。世界上发达国家工业化、城市化进程的实践也充分说明,随着经济的发展,由批发业和零售业所组成的商品流通产业的就业人数在总就业人数中所占的份额逐步上升,它不仅在服务业中所占的比例最大,而且在整个国民经济中成为仅次于制造业的第二大就业领域(表 4-4-1)。随着技术进步与创新以及劳动生产率的提高,社会劳动力资源将日益向第三产业倾斜,流通产业劳动力就业人数将超过制造业部门[9]。

表 4-4-1 美国各部门和主要行业的就业变化(%)

行业		1929 年	1937 年	1947 年	1956 年	1965 年
农业部门		19.9	18.8	12.1	8.30	5.70
工业部门		39.7	36.3	42.1	42.0	39.6
服务业部门		40.4	44.9	45.8	49.7	54.8
工业	制造业	22.8	22.7	26.7	27.1	25.9
	运输业	6.60	4.90	5.30	4.30	3.50
	通讯、公用事业	2.20	1.90	2.10	2.30	2.10
服务业	批发商业	3.80	3.90	4.50	4.50	4.70
	零售商业	12.9	12.9	13.9	13.7	13.7
	金融和保险业	2.60	2.30	2.20	2.80	3.30

资料来源:谢朝斌. 工业化过程与现代商品流通. 北京:东方出版社,1995.

沪宁杭城市群区批发市场群以及批发市场建设正处于逐步繁荣和壮大的上升阶段,由批发市场群所组成的流通产业网络是一个对劳动力具有高吸纳弹性的经济部门。随着沪宁杭城市群区经济社会的持续、快速发展,流通部门中的批发业经营规模的扩大、服务项目的增加,需要投入更多的劳动力,其中有相当部分是农业剩余劳动力。

随着沪宁杭城市群区商品经济的发展,商品生产在空间地域结构和生产环节结构上,社会化、专业化水平越来越高,产业间的联系日益密切,导致越来越多的"中间服务需求"性产品和

劳务加入到商品和服务流通过程,劳动力尤其是农业剩余劳动力加入到商品流通部门能够更好地组织中间性商品和服务的流通过程,更好地配置包括农业剩余劳动力在内的所有资源,促进区域的可持续发展。由表 4-4-2、图 4-4-3 看出,市场从业人员、流动人口均超过镇区非农业人口,妙桥中国羊毛衫商城既吸纳了当地的农业剩余劳动力,又吸纳了外地的农业剩余劳动力。

表 4-4-2　妙桥中国羊毛衫商城人口构成

	1993 年	1994 年	1995 年	1996 年	1997 年	1998 年
镇区总人口	3.15	3.15	3.2	3.2	3.2	3.2
镇区非农业人口	0.25	0.25	0.3	0.3	0.4	0.4
镇区流动人口	0.8	1.3	1.3	1.3	1	1
市场长期从业人员	0.3	0.45	0.45	0.2	0.18	0.15
市场临时从业人员	0.5	0.6	0.6	0.3	0.25	0.25

资料来源:妙桥中国羊毛衫商城市场管理处。

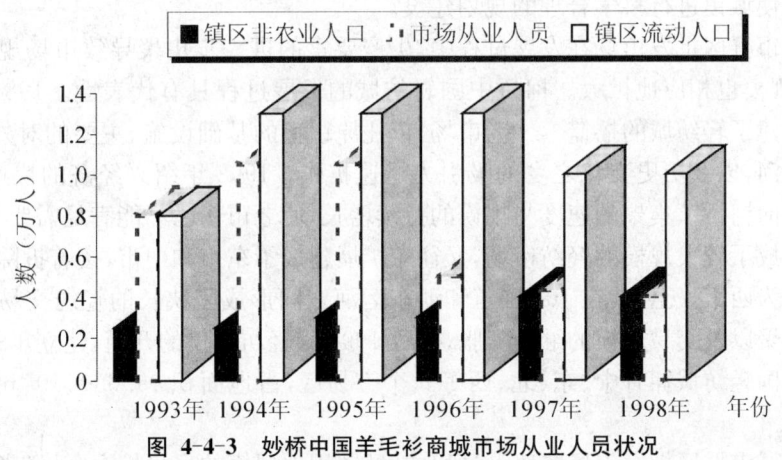

图 4-4-3　妙桥中国羊毛衫商城市场从业人员状况

此外,沪宁杭城市群区具有悠久的手工业生产的传统,而且沪宁杭批发市场群中就有为数众多的手工业品批发市场,存在着十分明显的"个人性"和"家庭化"。例如妙桥中国羊毛衫商城位于张家港市妙桥镇,共有 9 000 户人家,却有 6 000 多个家庭直接或间接参与针织业,妙桥人巧手编织由来已久,并素有"针织之乡"的美誉。"妙桥不夜乡,织女灯下忙"的奇妙景观更是早已闻名于天下。

总之,由于沪宁杭城市群区批发市场领域具有高弹性劳动力就业,因而成为农业劳动力转化的重要"蓄水池",促进了沪宁杭城市群区农业剩余劳动力的转化,进而促进了该区城市化水平的提高。

三、批发市场群的建设拓展了城镇的辐射与集聚功能,推动了城市群的发展

沪宁杭城市群区批发市场依托交通区位条件良好的城镇逐步发展起来,城镇成为批发市场形成与进一步发展的载体。集聚与辐射是城镇的本质特征,是城镇最为重要的功能。因此,集聚性和放射性也是批发市场最基本的特征。

1. 批发市场集聚性与城镇发展

批发市场的集聚性又称集中性或吸引性,其最大特点是市场主体、市场客体的高度集中性,它是通过资金、商品、劳动力、技术、信息等生产要素向批发市场所依托的城镇大规模集聚来实现的。生产的发展,特别是第二产业与第三产业的发展,要求生产诸要素的大量使用,要求资本、劳动力、原材料等的高度集中。城镇发展、规模的扩大,靠的就是资本、商品、劳动力不断地向城镇的集中。在市场经济条件下,批发市场所依托的城镇具有的集聚特点更为突出,它通过在管理手段上引进国外先进技术,实现管理现代化、科学化,通过具有远程、高效的传输设施,提高生产要素集聚的规模效益。批发市场的集聚性特征一方面造成城镇用地规模的扩大,另一方面也促使城镇进行科学合理的规划建设。

沪宁杭城市群区批发市场在发展过程中,生产要素的进一步集聚导致市场规模的持续扩大,城镇用地规模也相应地扩大。柯桥中国轻纺城的发展过程具有代表性。1984年,在柯桥镇老城东部兴建了轻纺城的摇篮——老市场,依托原镇上的基础设施、主要的对外交通线104国道和浙东运河,以及历史文化之乡的吸引力迅速扩张。1992年绍兴经济的快速发展,批发市场生产要素向柯桥镇集聚的速度与规模的持续增长,使老市场已不能满足需要,柯桥很快在东北路一带形成了较大规模的轻纺市场,又往东扩展建成了东市和中市,接着拆除老汽车站一带的旧房开发为西市。至此,在104国道和浙东运河之间形成了狭长的轻纺交易带。生产要素的进一步集聚以及交易规模的继续膨胀,导致1994年轻纺大桥的开通,建立了北市。目前,绍兴市柯桥中国轻纺城拥有中、东、北、西等六个交易区,占地面积19.65×10^4 m²,建筑面积29.4×10^4 m²。[①]

在沪宁杭城市群区批发市场的建设过程中,城镇用地规模的盲目扩大,已经影响到市场的持续发展,如何解决市场规模持续发展要求与市场规划设计的矛盾,成为批发市场进一步发展的关键问题。为此,批发市场规划的指导思想应从逐步规划逐步实施向长远规划、分期实施、在实施中不断修正规划的动态规划思想转变。例如,常熟招商城的开发建设起步较早,是在当地政府、开发商、规划设计单位在合作中逐步尝试、逐步规划、逐步实施的摸索中建设起来的(图4-4-4)。目前常熟招商城的发展过程中已经暴露出批发市场在用地结构、用地布局以及市场配套设施等方面的问题[8]。

2. 批发市场辐射性与城镇发展

批发市场的辐射性又称输出性,是指通过商品或生产要素由市场区向市场外部的流通,在其流通所达的范围内产生积极的作用,既能促进区域内商品市场、要素市场的发展,又能促进批发市场所依托的城镇的发展。

---

① 赵苑. 江浙地区区域市场建设规划研究[D]. 南京:东南大学,1996.

沪宁杭城市群区之所以成为我国经济最为发达的核心区,除了其他的因素外,与由若干个不同级别、层次、类型、辐射功能的批发市场所形成的批发市场群有着很大的关系[11]。各种专业批发市场集聚了重要的原材料和各种名优、土、特产品,然后再向外扩散,使区域商品市场、要素市场的辐射力和商品、生产要素的输出量迅速增长,扩大了利润,增加了积累,从而促进了城市群的发展。例如柯桥中国轻纺城,其主导产品布匹的辐射力可达全国除台湾省、西藏自治

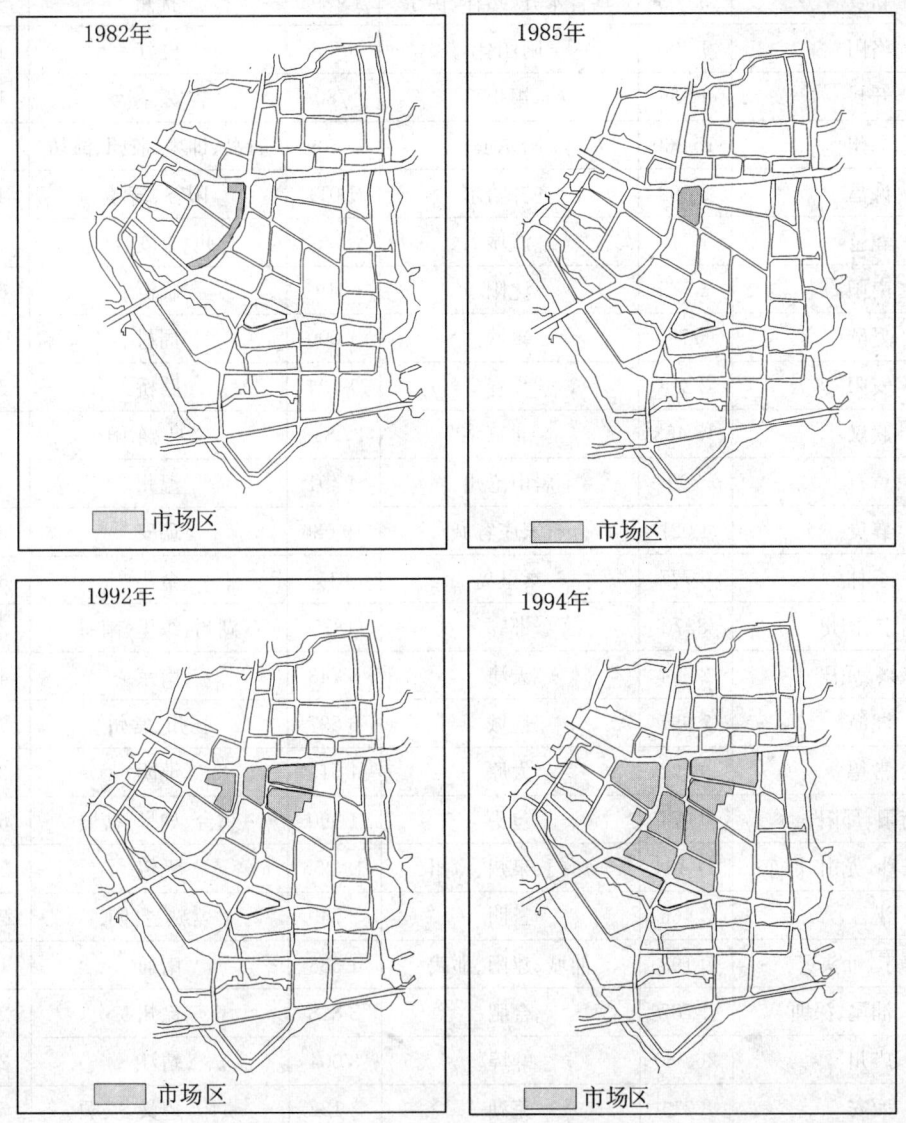

图 4-4-4 常熟招商城分步开发建设示意图

区以外的所有省区的主要城市,商品的输出量也较大(表4-4-3,图4-4-5)。若以城市群或城镇密集区作为辐射量的计算单位,则其辐射量的特点是城市群明显地多于城镇密集区,城市群区又以京津唐城市群区最多。全国最大的铁路枢纽,客运量最集中的是北京站和北京西站,而货运流已转移到天津、郑州、沈阳、石家庄等外地,为北京分解了密集的铁路物流[14]。批发市场商品辐射量既具有近邻辐射的特点,又具有远辐射的特点,而且后者在其辐射量中占更大的

份额(如图4-4-6)。

表 4-4-3 柯桥中国轻纺城批发商品流量与流向

辐射城市	辐射量(t)	辐射城市	辐射量(t)	辐射城市	辐射量(t)
驻马店、信阳、固始	1 457	秦安	2 216	赣州	3 245
新乡	3 008	乌鲁木齐、喀什、伊宁	13 595	抚州	3 726
洛阳	1 720	阿图什	4 755	九江	1 414
开封	1 836	银川	780	吉安、萍乡	1 602
郑州	15 260	哈尔滨	9 809	青岛、即墨、胶州、潍坊	5 110
许昌	2 362	齐齐哈尔	1 011	阳谷、菏泽	4 569
鹿邑	1 718	海城	18 252	德州、泰安、济宁	2 223
南阳	2 575	沈阳	819	临沂	6 706
夏邑	779	兴城	1 000	周村	17 414
安阳	2 216	长春	1 734	路桥	6 248
武汉	18 453	北京	27 843	义乌、东阳	5 112
黄石	709	唐山沧州	4 491	温州	3 370
襄樊	4 027	石家庄容城	19 086	瑞安	3 647
玉林	6 777	秦皇岛	811	金华	3 265
南宁、柳州	8270	邯郸	1825	湖州、织里、南浔	2 485
东兴、凭祥	2 994	天津	5 743	南京	4 650
湘潭	7 957	运城	6 597	扬州、常州	2 609
常德	3 433	太原	1 515	淮阴	3 157
衡阳、邵阳	9 674	包头	1 890	东台、如皋、盐城	6 985
株洲、长沙、龙山、邵东	11 154	厦门、泉州、漳州	13 356	无锡	2 568
湛江	3 466	三明	2 749	常熟、江阴	21 881
普宁、汕头	9 193	浦城、建阳、邵武	1 683	南通	1 656
海丰、汕尾、深圳	4 787	合肥	3 818	徐州	2 961
广州	26 080	蚌埠	3 004	靖江	2 122
西安	8 314	芜湖	3 122	贵阳、遵义、安顺	7 973
乾县	1 328	临泉	3 642	昆明	2 759
汉中	2 313	安庆	2 245	成都、南充、达县	12 115
榆林	—	宿州	3 613	重庆	16 609
兰州	6 499	南昌、鹰潭、上饶	7 548		

资料来源:柯桥中国轻纺城运输管理中心。

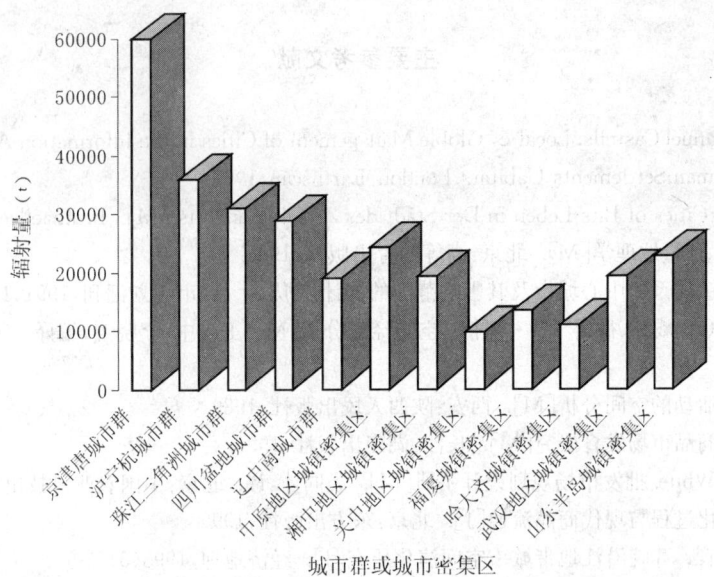

图 4-4-5　柯桥中国轻纺城商品批发辐射力图

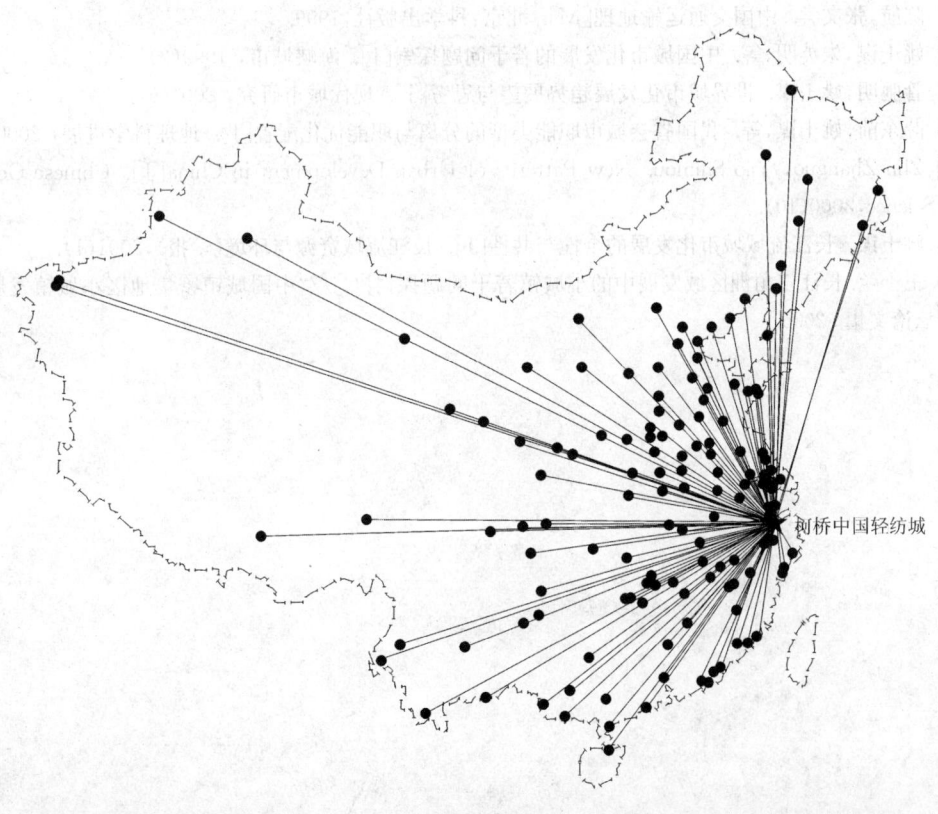

图 4-4-6　柯桥中国轻纺城批发商品在城市群或城镇密集区的分布图

主要参考文献

[1] Jordi Borja, Manuel Castells. Local & Globle Management of Cities in the Information Age. United Nations Center for Human Settlements Uabitat. London: Earthscan, 1997.
[2] Mitchell W J. Cities of Bits Leben in Der Stadt des 21 Jahuhunderts [M]. Birkhaellseer, 1996, 2000.
[3] 张超,杨秉庚. 计量地理学[M]. 北京:高等教育出版社,1985.
[4] 虞蔚. 省域城镇体系的中心城市及其影响范围的统计模拟[J]. 城市规划汇刊,1991,1.
[5] [美]詹姆斯·O·威勒,彼得·O·穆特. 空间经济分析[M]. 王兴中,李晓宝,编译. 乌鲁木齐:新疆人民出版社,1988.
[6] 陈宗兴. 经济活动的空间分析[M]. 西安:陕西人民出版社,1989.
[7] 柳思维. 中国商品市场发育研究[M]. 长沙:湖南出版社,1996.
[8] J. D. Tracey-White. 批发市场规划设计手册[M]. 裘同才,译. 北京:中国农业科技出版社,1996.
[9] 谢朝斌. 工业化过程与现代商品流通[J]. 北京:东方出版社,1995.
[10] 朱英明,姚士谋. 苏皖沿江地带城市空间演化研究[J]. 经济地理,1993(3).
[11] 姚士谋,陈爽. 长江三角洲城市空间演化趋势[J]. 地理学报,1998,53(12).
[12] 顾朝林. 新时期我国城市化与城市发展政策的思考[J]. 城市发展研究,1999(5).
[13] 陈南禄. 航运业与大城市息息相关[N]. 香港大公报. 2000-03-06. A15.
[14] 陈航,张文尝. 中国交通运输地理[M]. 北京:科学出版社,1999.
[15] 姚士谋,朱英明,等. 中国城市化发展的若干问题探索[J]. 海峡城市,1999(2).
[16] 管驰明,姚士谋. 世界城市化发展趋势展望与思考[J]. 现代城市研究,2000(6).
[17] 薛东前,姚士谋,等. 我国省会城市职能类型的分离与职能优化配置[J]. 地理科学进展,2000(2).
[18] Zhu Zhanguo, Yao Shimou. New Patterns of Urban Development in China[J]. Chinese Geographical Sciencc, 2000(10).
[19] 姚士谋. 长江流域城市化发展的个性与共性[J]. 长江流域资源与环境(学报),2001(1).
[20] 王士兰. 长江三角洲区域发展中的小城镇若干问题探讨[C]//"中国城镇密集地区小城镇发展"学术论坛论文集. 2005.

第五章

中国的超大型城市群
SUPER URBAN AGGLOMERATIONS IN CHINA

我国几个超大型城市群区发展规划要点

城市群区	主要问题	潜在性有利因素	规划要点与导向性发展
1. 沪宁杭区	①重大基础设施的协调作用未尽发挥；②经济发达区的生态问题日趋恶化；③产业重构，城乡土地资源有限	①制造业强势与经济效益高；②人才素质较高并有强劲的发展潜力；③交通、信息与物流枢纽的综合功能作用强劲；④金融外贸功能强	①充分利用技术力量强、人才素质高的原有基础；②在有限资源情况下，划分出三大类规划发展区规划控制区与生态保护性区域；③加强城市群运营过程中的合作发展、集取作用；④构建综合运输体系，实现城乡一体化；⑤突出上海国际化都市的观点，大力发展两翼城市
2. 京津唐区	①生态环境恶化，水资源短缺；②大首都圈过度扩展；③京津两大城市的联合发展不力，中小城市发展能力弱	①全国性首都机能的发挥；②国内外资金、人才、信息、交通和文化宝库的集聚作用；③在亚太地区建成国际性城市的辐射、吸引功能强	①城市职能应高度集聚，避免重化工、重工的再集聚；②规划建设城市化地区多层次的生态网络；③控制京津地区的人口规模，城市人口应有机疏散、重点发展郊区城镇；④发挥全国性人才、资金、产业基础乘数效应；⑤发展滨海新城
3. 珠三角区	①原有产品单一、产业体系薄弱、工农业联系发散；②城镇分工业联系链条不紧密；③人才素质不高，外来人口过多，城乡整体效应差，城市化水平质量欠佳	①毗邻港澳、有利于本区域国际化，对东南亚产生巨大影响；②金融工业、服务行业加工能力强势；③本地区的经济腹地广大，有利于我国各类轻型产品走向国际市场；④中小型城市市场发展潜力巨大	①发挥企业的创新精神，加强与内地企业的合作；②严格限制过多占用土地资源、生物资源与保护淡水资源；③港穗深珠基础设施、统一布局的一体化；④加强珠三角城市核心区的集聚与辐射作用发展珠三角城市群的集聚与辐射作用

注：依据多年来的调查研究以及参考国家发改委、建设部、国土资源部领导与专家分析得出上述导向性意见（2006年5月）。

第一节 沪宁杭地区城市群

沪宁杭地区(又称为长江三角洲)是全国极为重要的城市经济区,将会发展成为全国第一个全球化区域,成为国际化新型的加工制造业中心以及我国重要的创新基地。上海将建成为国际航运中心和金融贸易中心之一,以及重要的信息港,将与南京、杭州、苏锡常地区形成重要的全球经济一体化的先导区。

沪宁杭地区位于我国东部沿海居中的地理位置,我国经济发展进入近代社会后,这里一直是我国经济最发达、生产力布局与城镇集聚程度最高的地区之一。改革开放后,本区工业化、城市化过程发展较快,核心地区城镇高密度分布,土地利用高度集约化,人口高度集聚,逐步成为世界六大城市群之一。城市群区总人口超过7 500多万,总面积达 9.93×10^4 km²,城市化程度高达 45% 左右,总共约有 43 个大中小城市以及 540 多个建制镇,每万平方公里约分布 100 个城镇,已经形成了包括特大城市(5座)、大中城市和小城镇、乡集镇各具特色的城市群网络体系,其城市数量、城市人口规模、工业企业集团与发达的乡村工业组成一个庞大的地域生产综合体。全区地处长江三角洲与杭州湾沿岸,包括一个中央直辖市——上海和 15 个省辖市。见图 5-1-1 与表 5-1-1[①]。

---

① 长江三角洲与沪宁杭城市群区域有不同的行政范围,长江三角洲地区包括原来 15 个省辖市,2004 年又增加了浙江省台州市。还有些学者建议将芜湖、滁 州市也划入长江三角州地区。

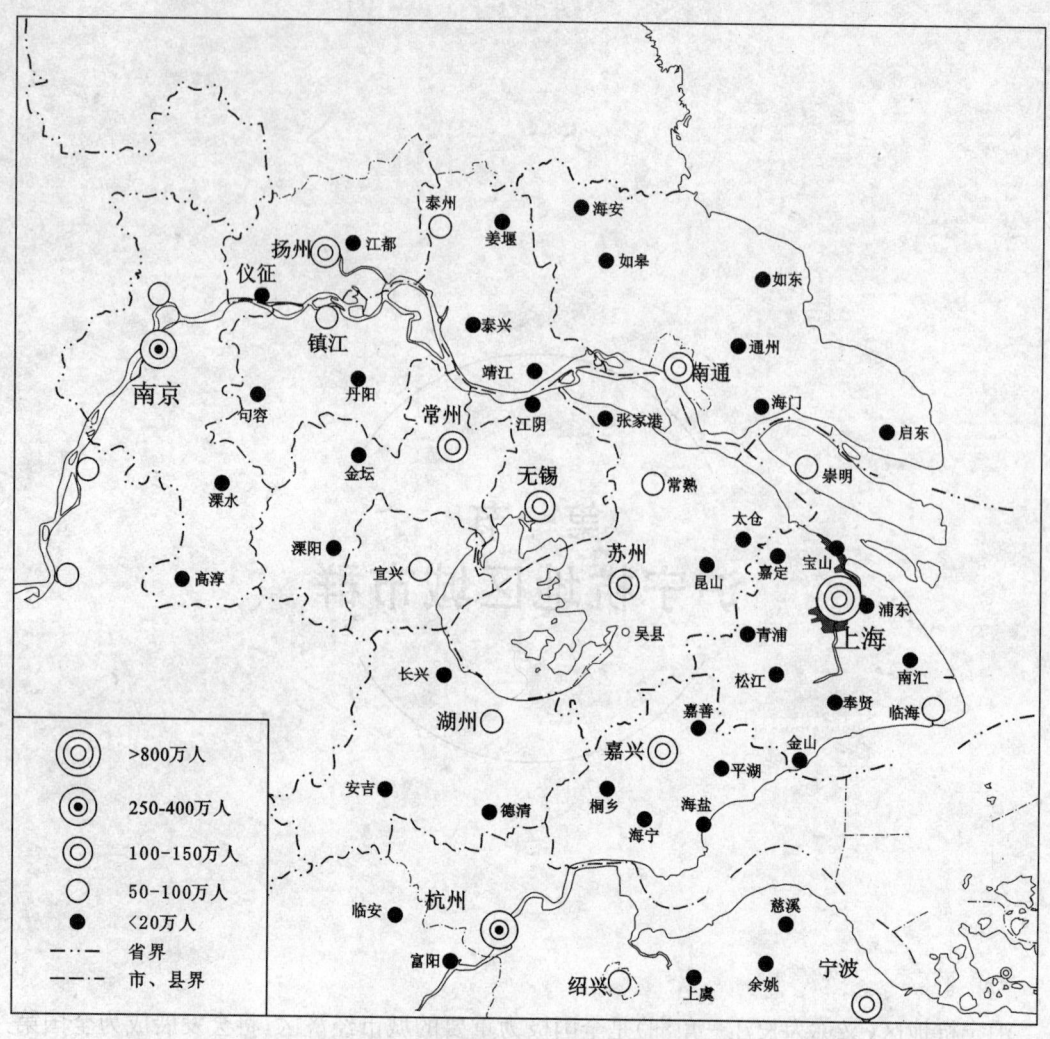

图 5-1-1 沪宁杭区域城市群范围及交通网络

表 5-1-1 沪宁杭地区城市群

人口规模 （万人）	城市数 （个）	城市人口 （万人）	比例 （％）	主要城市名
>800	1	1 024	39.6	○上海（超大城市）
250～500	1	372	14.4	⊙南京（超大城市）
100～250	3	314	12.2	·杭州、无锡、苏州、宁波、常州
50～100	4	241	9.3	∷南通、扬州、镇江、嘉兴……
20～50	12	322	12.5	
20 以下	22	311	12.0	
合 计	43	2 584	100	

资料来源：根据《中国城市年鉴(2004)》资料计算。

注：无锡、苏州、常州的城市人口 2002 年已超过 100 万人。

沪宁杭地区城镇形成发展历史较悠久,是我国目前最大的地区城市群集聚区之一。它以全国最大的经济中心和外贸基地——上海为核心,包括了苏锡常、杭嘉湖与宁镇扬三个相对较小的城镇群体。沿着沪宁、沪杭铁路与长江下游地段,随着经济的发展与对外开放,这里逐步形成城市地带,其形成发展与未来的演变趋势引起国内外学者的极大关注。

沪宁杭地区城市群进入21世纪后的发展,为世界所关注。自从党的十四大提出要把上海建设成为国际经济、金融和贸易中心(之一),成为带动长江三角洲发展的龙头的目标,上海便被赋予了带动长江三角洲和长江流域地区经济发展的历史使命,同时也有全国意义。据中科院南京地理所的综合研究,初步确定了上海、南京、杭州作为长江三角洲三大核心城市的功能定位。上海要建成为国际的经济、贸易、金融和航运中心之一,建设成为国际化大都市的目标定位。南京与杭州作为发达省区的政治、经济和文化中心之外,南京要努力建成为长江三角洲区域的现代服务业与创新中心以及全国重要的重化工和先进的制造业基地;杭州要突出强化生态与人居功能,打造国际著名的绿色之都(旅游名城)(杨桂山、陈雯,2005)。

一、沪宁杭地区城市群的形成条件分析

沪宁杭区域所依托的肥沃的长江三角洲,是一片沃野千里、水网密布的平川,"这里是我国古代的农业文化区之一,开发历史悠久,物产富饶,人杰地灵"[1],耕作历史较长。本地区农业与手工业的繁荣,使商品经济发展起来,在一些交通地理位置优越的地点形成了城镇。长江下游地区和杭嘉湖平原历史上也是人口比较密集的地带,有着良好的农业基础和交通条件。这些都成为沪宁杭地区城镇发展的前提条件。

在我国封建社会时代,生产力发展水平很低,本区城市的发展极为缓慢。当时已有一定规模的重镇,如苏州、常州、南京等,在春秋战国时期,还是地方性的小城镇。东汉之后,随着我国经济重心从黄河流域转到长江中下游地区,大量的移民南迁,长江三角洲首先是我国经济发展与人口集中的地区,很自然地,沪宁杭地区的城市(镇)得到了较大的发展(见表5-1-2)。1844年,上海开埠后便有从事对外贸易的英美洋行11家,其中包括比较著名的怡和洋行、颠地洋行

表 5-1-2 沪宁杭区域重点城市形成过程年表

年代	南京	杭州	苏州	上海	宁波
公元前 472 年	建越城	建于秦朝			
公元 221~280 年	金陵	(钱塘)	秦代:吴郡治		
公元 317~420 年	建邺		(公元前 22 年)	渔村	
(东晋)		杭州	东吴	青龙镇	公元 400 年始建宁波
420~589 年	建康	开六井	苏州	唐天宝(746 年)	
937~975 年	金陵		苏州	上海镇(1250)	宁波港
(南唐)		临安府			
1421 年后(明)	南京	筑城(1359)		青龙镇	(1848 年
1853~1864 年	天京	杭州城		上海港(明)	后五口
1911 年	南京	(1620)		上海市	通商)

等。1854年，外国洋行数增加到120多家。到清政府垮台、辛亥革命胜利后，上海的外国洋行增加到1145家，上海逐步成为我国工商业比较发达的大都市，也是长江三角洲的城市群首位城市。

沪宁杭区域城市群的形成发展具有如下四个优越条件：

1. 面向海洋、依托长江、倚靠内陆发达交通联系世界各地的区位优势

本区域内众多的城市中，以上海、南京、宁波和南通的区位优势最好，这也是本区域内城市形成与发展的一种空间优势。以上海这个核心城市为例，"面向海洋"指的是上海位于亚太地区的国际主航线上的一个枢纽，上海与世界各国，特别是日本、东南亚及大洋洲的海上联系十分方便，是我国进入太平洋地区最重要的门户。

"从我国沿海航线看，上海距大连港560海里，距天津750海里，距广州910海里，正当我国沿海南北航线的中枢。"[2]上海又是我国第一大河海港，沪宁、沪杭两条铁路和已建成的高速公路在此衔接，其腹地之广，居全国之首。上海站通往全国各省会与重要城市的列车、航班仅次于北京，但每天的流动人口为全国第一。"上海的腹地，按照联系程度，可分为四个层次：一是长江三角洲；二是长江下游苏、浙、皖三省；三是整个长江流域；四是全国与世界各国"[3]上海这个区位优势反映了沪宁杭地区城市群形成的最基本条件，上海与其腹地联系的第一、二个层次就是指以上海为核心，包括南京、苏州、无锡、杭州、宁波、南通等重要城市组成的区域城市群，它们之间的空间关系与经济联系最为密切。

沪宁杭地区城市群已经形成了以上海为核心的最大城市群，不仅上海与本地区43个城市，180多个县城、县属镇之间建立密切联系，而且其他城市（镇）之间（如南京与苏锡常，杭州与嘉兴、宁波、湖州，南京与杭州等）也逐步建立了较为密切的经济、文化、科技与旅游等方面的区际联系，活跃了城市交流、信息沟通和商贸来往。根据上海铁路局资料，1998年暑假7~8月间，发往全国各地的旅客人数达2204.8万人，平均每天发送旅客36.5万人。2004年，暑假的旅客流量超过1998年的1.4倍，货运量也大大增加，目前上海正在规划铁路南站，扩大站场，增加营运列车，方便长江三角洲各大中城市的多种联系。其中客流密度最大的区段为上海至苏州、无锡，其次为上海至杭州、南京、常州、宁波等城市的区间，几乎占全营运路线的71.5%，这区间也是节假日、春节人流最集中的区间。见表5-1-3。

表5-1-3 上海与附近几个大城市的客货流（火车）

区间	客流 （万人次/年）	每年货运 （×10^4t/kg）	春节期间最大客流 （万人次）
上海→苏州	1086.1	1286	350.8
上海→无锡	1021.5	1660	298.8
上海→南京	814.2	995	250.9
上海→杭州	925.2	850	285.0
上海→宁波	680.8	910	220.5

资料来源：根据上海铁路局1998年与2004年列车运行资料，计算春节期间客流量每年春节前后一个月计算。

2. 农业生产集约化程度高，商品经济发达，城乡与城镇之间流通关系密切，是本地区城市群形成发展的生存基础

明朝初期，京杭大运河全部开通，本区内运河西岸农业发展很快，商品交换也愈发达，加之明朝首都在南京建立,给江南带来一派生机。本区的城市发展很快,主要是由于种桑养蚕和植棉业的发展,使与农村商品经济密切联系的大中小城市蓬勃兴起,如无锡、苏州、常熟、嘉兴、湖州等。可以说,沪宁杭地区的城市群体的框架结构,在这一时期开始形成。从明清时代起,商品经济的萌芽与发展,使沪宁杭城市群的"亲和力"又得到大大加强。

19世纪中叶,本区人口密度达到750人/km^2,为全国之冠。到20世纪80年代,人口密度已超过全国平均水平的6倍,达1050人/km^2。本区农业开发历史悠长,太湖流域的商品粮一直是全国著名的。1957年本区提供征购粮食14.8×10^8 kg,占全国征购总数的43.7%;1965年24.6×10^8 kg,占全国的50%;1984年净征购36.4×10^8 kg,占全国的3.1%(全国不少省区已建立商品粮基地,所以太湖地区的比重在下降,但绝对数量仍在增加)[4]。在面积3.53×10^4 km^{2}的太湖平原,80年代每年提供的商品粮可供给2 080万人(按每人一年175 kg)吃一年,供给当时本区22个城市共1 622万人是绰绰有余的。本区内还有丰富的海产、水产、水果、经济作物等。宁镇扬与南通地区的粮食生产与农副产品也很丰富。由此可见,本区每年提供大量的粮食和农副产品,是本区城市群生存与发展最根本的基础条件。但到了90年代后,本区工业化、城市化发展迅速,太湖地区农业土地资源年年减少,10年间减少土地860多万亩(合57.4万多公顷)。城镇不断扩大,商品粮已经没有多少了,有些市县仅仅能满足本地区之需。

我们认为,地区性的商品粮与农副产品的丰富是城市群生长发育的基本前提,也是城市规模扩大的必要条件,反之,则制约了城市群的形成发展。但商品粮减少后,本区与外区物资交流加强,甚至进口粮食与食品,城市群呈现外向性。

3. 工业选点布局与区域性基础设施的建设是本地区城市群发展的"生长点"与"增长轴地带"

鸦片战争后,中国沦为半封建半殖民地社会,在沪宁杭地区表现尤为明显。由于沪杭铁路(1905年)和沪宁铁路(1908年)的通车,长江与大运河航运的发展,本地区大中城市发展迅速。"上海作为帝国主义、官僚买办的根据地和桥头堡,建立起庞大的内河和陆上运输网,向腹地倾销洋货、掠夺原料,还纷纷在上海就地开办洋行工厂,成为近代工业经济向长江三角洲扩散的中心。而苏州、杭州、无锡、嘉兴等则转变为深受上海影响和控制的次级中心,并成为民族资本兴办农副产品加工企业的场所,如无锡的纺织和粮油加工业;南通在张謇开拓下发展起来植棉、纺织、晒盐、机械相结合的产业。原料、劳力、资本和技术上的联系,使长江三角洲诸城市形成有机整体。"[5]在这一基础上,长江三角洲的西端沿铁路、沿长江也发展了许多近代工业和农副产品加工工业等,逐步使南京、镇江、常州、扬州等城市也发展起来,与上海、无锡、苏州、杭州等城市组成庞大的城市群。因此,可以说,城市工业的选点布局是城市群发展的重要生长点。

特别是解放后,像上海、南京、无锡、苏州等大中城市,国家与地方在这里扩建了许多大中型骨干企业,使得这些城市规模不断扩大,城市之间的联系更加密切。改革开放后,本地区主要城市的重要工业部门如石油化工、冶金电力、建材等增长速度较快(见表5-1-4),促进了城市的发展。同时本地区的基础设施建设进展很快(图5-1-2),如沪宁杭铁路复线工程、自动闭塞设施,使铁路运输能力增加6倍;此外大型电厂(望亭、谏壁、宝山、南通、南京热电厂等)的扩建和超高压输电网(11万伏至22万伏)的建成以及上海至南京、杭州间的一级公路和高速公路的修建,现代化的通讯设施(如程控电话、光纤通信)的建设将使沪宁杭区域的城市之间的经济、文化和信息交流更加密切,城市群的引力与扩散力更加强化,城市化水平将提高得更快。因此,本地区城市群的生长点、增长轴线更为完善,也是促使城市群体的集聚、组合向着更高一级的层次发展。

表 5-1-4　沪宁杭地区主要工业部门年均增长速度

工业部门	1980～1985年 （占十市%）	1985～1988年 （占十市%）	1985～1988年 （占十四市%）
冶　金	14.79	8.83	9.60
电　力	0.33	14.86	13.54
煤　炭	12.28	2.81	0.32
石　油	4.70	19.20	14.00
化　学	14.96	19.84	22.41
机　械	11.80	21.49	21.49
建　材	15.40	29.97	39.40
森　林	10.74	11.55	15.24
食　品	7.88	15.82	14.23
纺　织	5.51	19.33	18.75
造　纸	17.34	28.76	27.71

资料来源：高汝熹．长江三角洲产业结构变动研究．城市经济研究，1990(12)．

注：十市指上海、苏州、无锡、常州、南通、杭州、嘉兴、湖州、宁波、绍兴；增四市为南京、镇江、扬州、舟山市（均为地级市以上）。

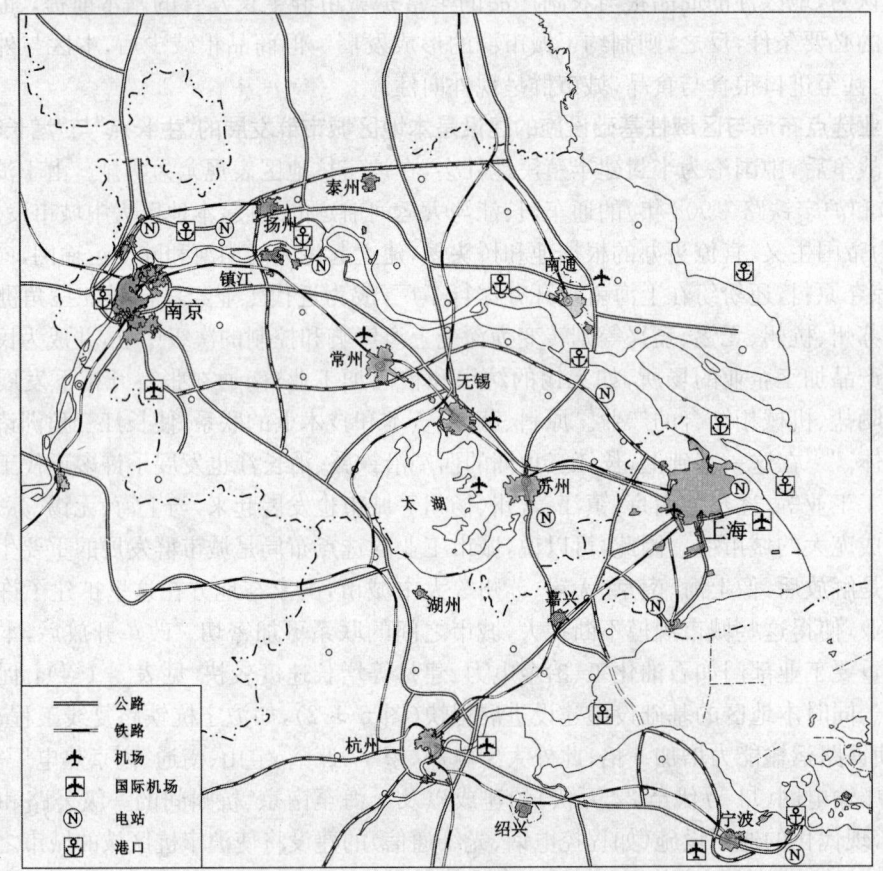

图 5-1-2　沪宁杭地区基础设施布局图

4. 外向型经济的发展、高技术开发区的建设,是本区城市群发展的"添加剂"

我国实行改革开放后,对本地区城市群的发展产生深刻影响,尤其是投资环境较好的一些城市,引进外资企业,建设高新技术开发区,特别是浦东开发区、苏州新加坡工业园区以及昆山、张家港与宁波开发区的建设,近十多年来发展很快,至 2004 年,江浙沪三省市,已累计批准三资企业达 7.5 万多家,合同利用外资共有 1580 多亿美元,其中 70% 集中在沪宁杭城市群地区。从总量分析,上海、南京、杭州、宁波市区最多;从投资密度看,苏州、无锡、南京和杭州的分布密度最大。苏州从 1998 年以来,每年约有 28.5 亿美元的外资投入,仅次于上海每年的 30~34 亿美元,增强了城市综合实力与国际贸易的外向度,为本区域城市群的发展增添了活力(表 5-1-5)。

表 5-1-5 沪宁杭地区重要城市高新技术开发区概况

城市	2000 年企业(个)	2000 年外资企业投资(亿美元)	高技术开发区面积(km^2)	发展方向
上海	1797	31.60	120　45 (浦东)(闵行)	电子、生物 机械、造船
南京	890	8.12	40　20 (江宁)(浦口)	仪表、电子、信息、生物工程
杭州	515	4.30	42	电子、生物
南通	120	1.43	20　31 (狼山)(市区东)	轻纺、食品、玩具、化工
无锡	140	10.82	45	电子、仪表
宁波	110	6.22	36	机械、化工
苏州	260	28.83	60	电子、信息、生物

资料来源:上海、江苏、浙江三省有关统计年鉴(2002~2004)。

二、城市集聚与空间布局特征

长江三角洲这块富饶的土地,仅占全国国土面积的 1.2%,却集聚了全国 21% 的国民生产总值,财政收入也占全国的 20%(2005 年)。1998 年国内生产总值 GDP,上海市区达 2 973.3 亿元,为全国之冠,其次为南京 618.7 亿元,居全国第 13 位。到 2005 年,上海地区的 GDP 总产值为 9 144 亿元、南京与杭州地区也达到了 2 400 亿元。本区以悠久的经济开发历史、雄厚的产业实力、便捷的水陆交通,以及扼守我国东部沿海开放带的中部位置和沿长江产业密集带,组成超级城市群,为全国之冠,在世界上也是城市集中分布的发达地区之一,城市集聚与空间布局特征主要如下:

1. 初步形成以上海为区际中心,南京和杭州为次一级中心的城市群网络体系

这种网络体系是建立在区际交通运输网与城市间各种联系的基础上。长江三角洲内公路、铁路、水运、航空、管道五种运输方式俱全,比其他地区城市群的交通网络要相对完整与发达。1989年公路密度为28.4 km/100 km²，航道密度为26.7 km/100 km²，主要铁路如沪宁线、沪杭线等，都已修成复线与自动闭塞。全地区客运总量中，公路占74%，铁路占16.5%，水运占9.1%，民航占0.4%；货运总量中，公路占52%，水运占40%，铁路占7.9%，民航货运占的比重很小。到1998年，本区公路网密度为38.5 km/100 km²，航道密度为36.8 km/100 km²，铁路密度比全国水平高出一倍多，加强了区内外的各种联系，提高了城市化水平。至2005年，已修通了沪宁之间的八车道的高速公路，沿江高速、常苏嘉高速、宁杭高速、宁通高速、宁合高速以及苏通大桥、杭州湾大桥即将通车，促进了本地区各个城市之间的紧密联系；同时也开通了上海与南京、杭州、宁波、苏锡常之间的城际铁路，几乎每半小时均有列车与各地联系。长江三角洲地区有如此发达的水陆交通网，便于大中城市的集聚与扩散，大部分城市用地扩展都是沿交通走廊发生的，特别是苏州、无锡、常州三市之间，非城市化区域不断缩小；郊区工业化、城市化现象不断发生，形成了工业城市化地带，同时发生城市集聚组团现象。

2. 沪宁杭地区内城市人口规模增长加快，特别是在基础工业和加工工业城市

改革开放20多年来，本区许多大中城市发展更加明显，我们可以从表5-1-6的数字中得到证实。

表 5-1-6 沪宁杭城市群区重要城市人口增长   单位：万人

城市	1949年	1960年	1970年	1990年	1998年	2004年
上海	452	644	580	750	893.7	1024
南京	68	111	86	209	238.9	372
杭州	62	96	95	110	134.6	216
无锡	47	632	57	82.7	95.1	172
苏州	40	47	40	70.6	96.5	127
常州	19	32	26	53.1	77.3	107
南通	8	15	12	34.3	46.8	83
嘉兴	7	10	11	21.2	26.2	35
镇江	16	24	33	36.8	47.5	56
宁波	27	36	45.0	70.5	73.1	109

资料来源：①三角洲国土开发. 南京：南京大学出版社，1990：136.
②中国城市经济年鉴(1991).
③中国人口统计年鉴(2000).
④中国城市经济年鉴(1998，2004)(非农业人口).

本区的中小城市无锡、常州和镇江等，由于工商业的发达兴旺，加工工业不断增加与扩大，城市人口规模增长较快。例如，常州市，解放初期仅19万人，建成区16.5 km²；由于工业项目不断增加，第二产业也发展很快，城市人口1998年接近80万人，每天的流动人口也有10～15万人，建成区面积扩大到62 km²。至2005年，城市人口超过120万人，流动人口30万，建成区面积达110 km²。

3. 铁路沿线城市密集，城市间距离正在缩小，有些交通走廊地区城市有连绵发展的趋势

沪宁杭地区经济发达，人多地少，城镇密布，但由于本区内交通网络系统尚未形成，干线骨架也不完善,特别是铁路建设远远不能适应本区城市群区域化、现代化的发展需要,仅仅有沪宁、沪杭两大铁路,南北向与其他城市的联络干线缺乏,因此本区城市发展的特点是沿着铁路分布,称之为交通走廊式的城市发展地带。例如,沪宁铁路仅291 km,沿线共有大中小城市8座,小城镇32个,平均每36 km处有1个城市、4个城镇,城市与城镇平均密度占全国第一。尤其是苏锡常地区,许多城市工业区与小城镇几乎沿着铁路发展,所剩下来的郊区农业土地已经不多了(图5-1-3)。

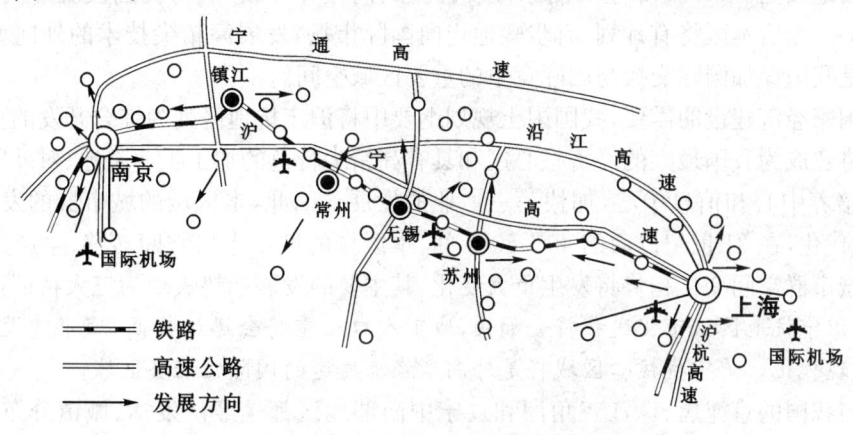

图 5-1-3 上海至南京区间城市密集地带(铁路与公路)

从目前现行体制与经济发展水平分析,沪宁杭地区城市群存在若干亟待解决的问题。

其一,本区内主要核心城市功能尚不完善,城市现代化设施水平较低,经济实力不强,难以形成以点带面的发展格局。如上海、南京都是我国著名的特大城市,内部的现代化水准低,虽然近年来建成1～2条地铁线与高架内环线,但还没有健全的立体交通运输系统,缺乏大运量的地铁与高架轻轨铁路,人流、车流较为混乱,没有像东京、大阪那样的快速地铁运输系统。

其二,区域间缺乏完善的基础设施,城市功能作用不能发挥,城市群体内缺乏有机联系。沪宁杭区间,仅靠屈指可数的3～4条铁路干线,南京与杭州间缺乏铁路联系,虽然近几年来沪宁、沪杭甬高速公路已建成,但平均昼夜的车流量仍在2.1万辆以下,未达到国际化、现代化水准,其他一、二级公路系统也不完善,多数为单向性的或支线性的低质量的公路,水运与民航事业也不发达,影响城市现代化的建设。由于人口稠密、水网密布、农业集约化发展,在一定程度上阻碍了交通的发展。

其三,本区内城市建设用地较为紧张,用地结构不尽合理,特别是太湖流域内的城市。这一带土地资源十分有限,人均耕地不足一亩,有的县市仅有0.45～0.53亩(约0.030～0.035 ha),还不足全国人均耕地的一半。由于人多地少,城市按人口平均占有建城区的面积数低,目前区内一般大中城市人均占有建城区面积仅55～75 m^2,有的城市如苏州、无锡甚至低于此数,这样也限制了城市现代化设施的建设,束缚了城市各项用地按比例合理发展。用地紧缺,建房见缝插针,给老城改造带来极大困难,严重地打乱了城市总体布局,同时也给城市生态环境造成不利的影响。但小城镇、建制镇占地面积过大,发展松散,必需通过市域规划或区域规划进行综合平衡,补偿大中城市用地紧缺的状况。

三、城市群区域的发展趋势

沪宁杭地区位于我国生产力总体布局沿海发展轴与长江产业带所形成的交叉处,本区也正是"T"字形结构两条主轴线的交汇处。改革开放之后,1984年国务院批准长江三角洲为我国三个开放地区之一;1990年上海浦东开发区正式向世界开放,成为我国发展外向型经济的"热点"之一。今后本区将有计划、有步骤地走向国际市场,发展高精尖技术的外向型产业,这里无疑将是我国参加国际交换与国际竞争的重要区域空间。

根据国家经济建设的需要,我国国土规划纲要中将沪宁杭地区列为综合开发的重点地区,这一地区将建成为我国最大的经济核心区和具有高精尖特色的加工工业基地、对外贸易基地、重要人才培养中心和信息中心,加快第三产业的发展。因此,本区域的城市群的发育更加成熟,更加现代化,在21世纪以后的40~50年间,本区域的城乡人口空间转移、生产力布局、产业结构和城市群空间变化趋势将发生重大变化,其主要的发展趋势表现为三大特征:

首先,沪宁杭地区城市化进程将会加快,城市人口比重将会迅速提高,城市建设更富有江南特色,更现代化。沪宁杭核心区域将是外向型经济发达的国际化经济区域。

本区与我国的京津唐、珠江三角洲和辽宁中南部地区都是经济发达、城镇分布集中的区域,也是我国城市化程度较高的区域。根据2004年的资料分析,本区人口密度与城市分布荷载量具有集中趋势(表 5-1-7)。

表 5-1-7 沪宁杭地区几个省、市的城市集中趋势分析

项目 省 市	人口密度 (人/km²)	城市个数	城市人口 (万人)	每万平方公里 城市数 (个)	每万平方公里 城市人口 (万)
上海市	2 350.0	1	1 041.4		1 560.0
江苏省	716.3	44	2 822.4	4.3	282.2
浙江省	455.2	35	1 157.5	3.4	115.7

资料来源:根据《中国城市年鉴(2004)》计算(非农人口计算)。

其次,本区域的核心城市上海将建设成为我国最大的经济中心和太平洋西岸有影响的国际城市。

1990年,国务院决定开放、开发浦东,使上海的浦东成为国际瞩目的现代化新城。这是发展上海、建设上海的重大步骤,也是促使沪宁杭地区城市群更加完善、更加现代化的战略方案。根据上海城市总体发展规划的方案,按"改造上海、开发浦东、建设现代化的新上海"的战略思想,浦东现代化新城的建设具有重大的实际意义:①建设一个高起点、多层次、大规模的经济开发区,不仅可以使上海老工业基地焕发新的活力,而且对沪宁杭经济区域的城市现代化也起到推动作用,以至影响到全国。浦东新区规划建设 350 km²,城市人口 280 万,加上原来上海浦西老市区 250 km²,750 万人,上海将真正成为远东第二大城市(仅次于东京),上海市区外环线以内,已有 660 km²,1999 年实际城市化区达 590 km²。这是上海今后 50 年内走向国际化城市的重大部署。②浦东新城市的建设,必须按照21世纪的高要求,布置综合性交通网络,完善城市基础设施,有便捷的通讯系统及良好的城市生态环境。这样,像上海周围区域,影响最

大的沪宁杭地区也得与这里进行现代化的配套,尤其是区域性的交通、能源、供水、通讯和环境保护工程等都要按现代化的标准进行建设。浦东新区陆家嘴将建成具有现代化国际水准的CBD,一条百米宽的世纪大道展现在我们的面前,新城风貌将光照人间。[6] ③浦东的建设要依托沪宁杭地区,依托全国,因此,浦东新区建设过程中也需要本区和全国的支援。特别是像浦东新城的中心区(陆家嘴),应当建成为现代城市的窗口和城市功能最集中的中枢,成为上海甚至本区域的城市经济、文化科技和贸易金融的活动中心,加快第三产业的发展。南京、杭州、无锡、宁波、南通和苏州等重要城市都要在这里设立驻沪经济、贸易机构,加强上海与邻近城市的多种联系。

第三,本区域城市群发展趋势将逐步体现发达国家现代化城市的功能,如枢纽化、现代化、国际化的综合功能,使本区内大多数城市形成外向型、多功能、集约化,以及城市之间相对形成有机结合、密切相联的城市群体。

过去相当长的历史时期内,沪宁杭城市群体内,大多数城市的引力都是沿着沪杭、沪宁铁路向上海集聚的,其他城市间的横向联系比较微弱。以1980~1990年人流平均指数分析,本区内12个城市间上海流向的旅客比重占47.1%,南京、杭州流向的旅客分别占12.5%和11.3%,苏州、无锡流向的旅客分别占10.2%和9.5%,而其他城市之间的旅客流向仅占全区的9.4%。90年代后上海客流在苏州与南京方向有增加的趋势。在未来的城市化发展过程中,沪宁杭城市群,不仅要加强区际之间的联系,而且还要加强区内城市之间的联系。现代化的信息网络、电子信箱、传真、电子传输系统将使群区内外的城市联系更加密切。虽然各个城市向上海的集聚在绝对数量上会大大增加,但各大中小城市间的横向联系也会大大加强,客流的比重相应地会加大,这就反映了本区城乡一体化程度的提高,区域城市化水平的不断增加。

21世纪前50年是中国经济建设非常关键的时期,又是充满希望、努力奋进的年代。沪宁杭地区是我国经济最发达的区域,在改革开放的年代中,本区域的核心城市上海、南京、杭州其发展趋势如何,很值得探索。

上海市发展的新格局

上海是中国最大的经济中心和贸易港口城市之一,市域面积6 340.5 km^2,1998年人口1 310万人,其中市区(非农业)人口950万(其中浦东人口仅为100万);2005年总人口接近1 295万人(另有380万流动人口未算入内),共465万户人家,平均人口密度2 133人/km^2。浦东新区522 km^2,185万人(另有流动人口150万人),人口密度3 461人/km^2。2010年,上海中心城市(建成区)规划人口为900万,浦东新区为120万;2020年将达到150~180万人,老城区将疏散50万人。用地远期规模为630 km^2(其中,老区270 km^2;浦东新区200 km^2,150万人;宝山50 km^2,35万人;闵行60 km^2,48万人)。上海郊区工业卫星城镇已初步形成(图5-1-4)。

今后50年,从我国和世界区域经济发展的趋势分析,上海发展的战略构想应从三个方面考虑,这是浦东开放后的重大转变。

1. 上海应建成为亚太地区最重要的国际化、现代化的超级城市之一

上海位于太平洋西岸的国际航线上,从这里到东京、汉城、香港、马尼拉、曼谷等的航程几乎差不多,已经成为亚太地区的交通枢纽。国务院提出上海要建成国际航运中心。港口吞吐量要达2×10^8 t以上,其中集装箱量达500×10^4 t。近年来建成的海上大、小洋山新港、海上高速公路长达34 km,集装箱吞吐量将达到1千万标箱。上海又处于中国东部发达地区以及长江入海口的交汇处,海陆交通十分方便,目前也是中国第二大国际航空港,具有优越的地理区位与广阔的经济腹地。上海可以依托亚太地区的经济发展形势,借鉴东京、香港和新加坡等国际城市的现代化建设经验。今后发展的总体布局思想是:建设步子起点要高,层次要多元化,综合辐射能力要强,城市规划布局要新。上海市政府提出了"开发浦东、振兴上海;服务全国、面向世界"这一总体战略,2004年上海高层建筑已超过4 000多幢,据市建委预测,今后将会有更多的高层建筑,上海的摩天大楼数量将会超过纽约、东京,这将给城市带来许多负面影响。继1998年420.5 m高88层的金贸大厦落成后,460 m高94层的世界第一高楼"环球金融中心"也将在10年内建成(纽约的世界贸易中心有110层,但高度仅有420 m;芝加哥市的西尔斯大厦高110层,但高度也仅有441 m)。但有不少专家认为,上海的高层建筑不能太多、太滥,否则影响城市环境质量,城市空间也应有一个合理的规划,同时要提高经济效益。从当前上海浦东开发的新局面分析,许多国内外专家认为,浦东大规模的开发,实际上是把浦东建成一个新上海,好像东京大规模开发多摩地区一样。新建的浦东国际机场,具有世界一流水平,今后10~20年内,国内国外旅客总量将达到5 000万人次/年,达到国际性城市的水平。可以预见,在21世纪的建设历程中,上海将成为远东地区仅次于东京的城市人口,达1 200万人左右的超级城市(据有关人口专家预测,上海到2020年人口可达1 500万人)。[①]

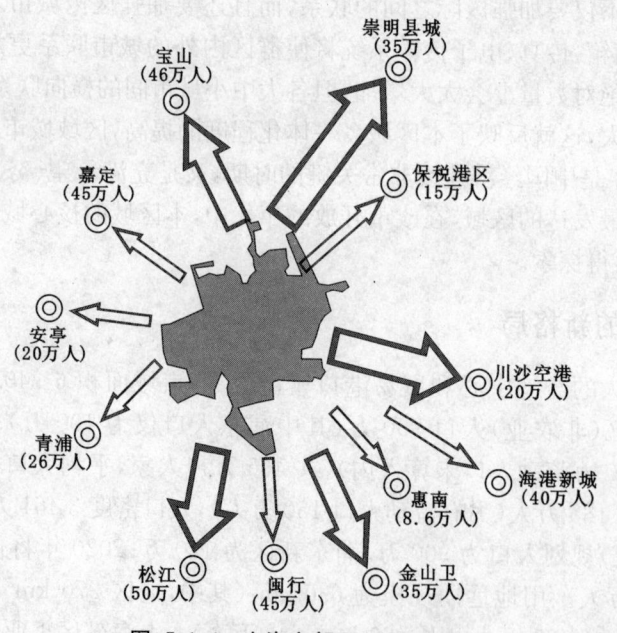

图 5-1-4　上海市郊区工业卫星城

2. 上海将继续保持中国最大的经济中心、金融中心和重要的国际贸易港口城市的地位

半个世纪以来上海一直都保持着中国最大的经济中心和港口城市的地位,工业总产值超过3 000亿元,港口货物吞吐量达1.48×10^8 t。其劳动生产率和创造的工业产品及财政收入

---

① 据华东师范大学人口所王桂新博士预测,上海市今后每年人口增长4.2万人,2020年上海市区人口密度达2 218人/km^2,比1996年的人口密度增加161人/km^2。

为全国之冠。1998年,全国人均国民生产总值6 727元(当年价),上海市高达2.8万元,其次为北京1.8万元、天津1.4万元、广东1.2万元;全员劳动生产率全国平均水平为14 850元,而上海高达2.9万元;全国每个工业职工创税收为7 500元,而上海高达1.8万元。虽然这几年上海市主要经济指标占全国的比重有所下降,但2005年上海市的经济发展绝对数量仍在增加,在全国具有举足轻重的地位。2005年上海市区(含郊区县)GDP总量达到9144亿元,为全国大都市之首,人均已达6 000美元,十一五规划将达到人均1万美元。上海处于长江入海口的南岸,面向亚太地区,背靠经济发达的长江三角洲,又是长江流域最大的口岸,其经济腹地广大,面积达180×10^4 km^2,为亚太地区其他超级城市的腹地所不及。这个巨大的流域,人口众多(4.4亿人),物产富饶,城镇密布,工业沿长江轴线发展,长江干流有30个大中型港口城市,与上海发生密切的经济、贸易关系。大小洋山港的集装箱码头建设很快,34 km长的海上高速公路已与港口连结,2005年集装箱总吞吐量已达1 800万标箱,到2010年可达到2 400万标箱。今后通过相互协作与运输分流,发挥上海港的物资集散作用,使长江三角洲地区形成以上海为中心的港口城市群,也是沪宁杭区域城市群的重要组成部分。

3. 以上海为经济发展的"增长极",促进长江流域各个城市的经济增长,使之成为一个有机整体

上海对长江流域的作用通道,目前主要是长江和铁路干线,2004年计划修建沿长江的铁路干线与高等级公路,再造几个长江大桥。沿长江的南通、张家港、江阴、镇江、扬州、南京、马鞍山、芜湖等直至九江、武汉、重庆与上海结合,组合了长江中下游的港口地带,从而把经济发展扩散到长江沿岸和上游地区。沿京沪、沪杭、浙赣铁路,上海又和南京、合肥、南昌等大城市连成一片,把经济发展扩散到长江三角洲以外地区。上海增长极的作用,还可以通过沿海通道发挥出来,加强了沪宁杭地区城市群体的聚合力和辐射力,加快对外开放,促进上海城市国际化、现代化的建设。只有以上海为增长极并联合沿江沿海通道各城市,才能强化以上海为中心的沪宁杭城市群体现代化的建设,见图5-1-5。

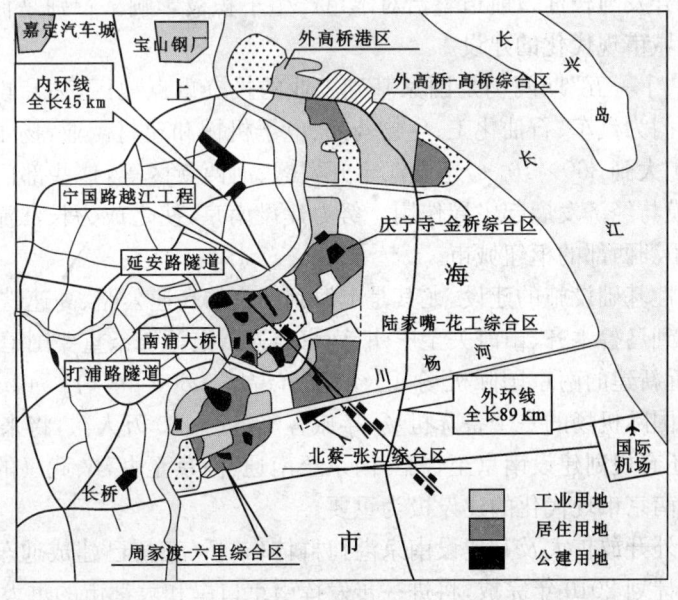

图 5-1-5 大上海发展趋势(浦东开发与老市区关系)

南京市发展的新构想

从大布局考虑,南京的区位优势仅次于上海,却具有相对于武汉、重庆的比较优势。在沪宁杭区域中,从南京的经济地位与交通优势分析,南京又是华东地区重要的中心城市。目前,南京是我国铁路、公路、水运、航空和管道五种运输方式齐全的综合性交通枢纽之一,在大地区规划中,今后是4条国道、14条省级公路、5条铁路、13条航线和35条国际航空线的交汇点;是鲁宁输油管道的终端。南京港是我国第一大内河港,万吨轮船可以直驶新生圩港区,兼有海港功能,年吞吐量4560×10^4 t,南京还是全国八大邮电通讯枢纽之一。这种优越的地理位置和交通条件,对于沪宁杭区域的城市群建设将起到重要作用。从小布局分析,南京又是宁镇扬地区城镇体系的核心城市,也是江苏省省会、全国著名的历史文化名城。为了加快南京地区的改革开放,迎接上海浦东开发的高潮,发挥南京优越地理条件和长江综合开发的优势,提高城市化水平,尽快形成以长江为轴、南北发展的新格局,促使南京成为区域性的现代化城市,南京应成为现代化、国际化有影响的全国性中心城市之一。

1996年,南京行政区域(一市五县)的总人口有516万,其中全市城镇人口有245.2万人,城镇化水平为47%。1998年南京市区建成区人口236万人,建成区面积190 km^2,到2004年,南京建成区人口372万(未包括流动人口、暂住人口65万)。建成区面积已达270 km^2(未包括江宁新区),主城区面积扩大到绕城公路以内已有350 km^2,人口超过400万。全市域建制镇共有100个,其中沿长江靠近市区的重要工业城镇有大厂镇(人口有35万人)、板桥镇(人口约20.5万人,包括梅山钢铁厂生活区)、浦口镇(包括泰山新村),人口超过25万左右;珠江、龙潭、汤山、栖霞、光化门和西善桥等各镇人口10~15万人,构成了以南京主城区为核心的沿江城镇地带,成为沪宁杭地区城市群的一个重要组成部门,其中河西新区人口达28万,东山新市区达40万人。全市(含郊区县)人均已达3 000美元,GDP总量达2 400亿元(2005年)。

今后南京市的发展构想,主要考虑以下几个导向因素:

(1)上海浦东开发与长江口航道整治对本市产生了积极影响。特别是促进南京地区经济与国际接轨,促进城市现代化的建设。

(2)南京地区"十一五"期间仍是国家基础工业的投资重点地区,估计投资有750亿元左右,其主要工业部门为汽车、石油化工、生物药品、电子机械和建材工业,扬子乙烯工程扩大到120×10^4 t,南钢扩大到360×10^4 t,建设江宁开发区、河西新区等,这些部门和地区的建设对南京市的人口规模与经济发展起主导作用。努力建设南京,使之成为长江流域四个大中心城市之一和长江三角洲西部的枢纽城市。

(3)加速区域性基础设施的建设,尤其是上海到南京的高速公路、高速铁路(子弹列车),从北京至福州、上海到乌鲁木齐、山海关至广州、南京至连云港等4条重要国道(一级公路);还有在江宁禄口镇附近新建的南京国际机场,已经完成,占地3 800亩(约254 ha),是一个大型国际机场,作为上海国际机场的一个备降机场,年旅客流量达410万人次,将来开通国际航班,可达800万人次。还有规划建设南京至合肥,南京至南通,南京至九江、武汉的沿江铁路及其长江航运的开发,对南京市现代化的建设极为重要。

(4)南京市对外开放扩大及其建设南京港口群体(二桥、三桥已建成通车)的完成,南京南站、高速铁路车站计划2010年完成,将进一步发挥南京口岸和大都市的重大作用。地铁二、三号线将完成。依托滨江港口的优势,建设成为全国重要的重化工业和先进制造业的基地(钢铁、化工、汽车、建材、电子等)。

(5)充分利用南京的科研单位、高等院校集中优势,建设高新技术产业。南京大学、东南大学等全国重点大学及中科院南京分院等所属各研究所,集中有40多名院士与著名科学家,应发挥南京市人才集中的优势,率先形成长江三角洲区域的重要创新中心。

总之,南京将被建设成为我国东部在东南亚地区具有国际影响的全国中心城市之一,保护南京古都风貌,逐步形成长江流域仅次于上海的区域经济的开发中心。南京的综合实力(城市竞争力)已排在全国十大城市的第七位(2005年)。到21世纪中叶,南京将成为中国第八位的300~350万人口的现代化超大城市(建成区扩大到250 km²),并含有部分国际城市的功能(图5-1-6)。

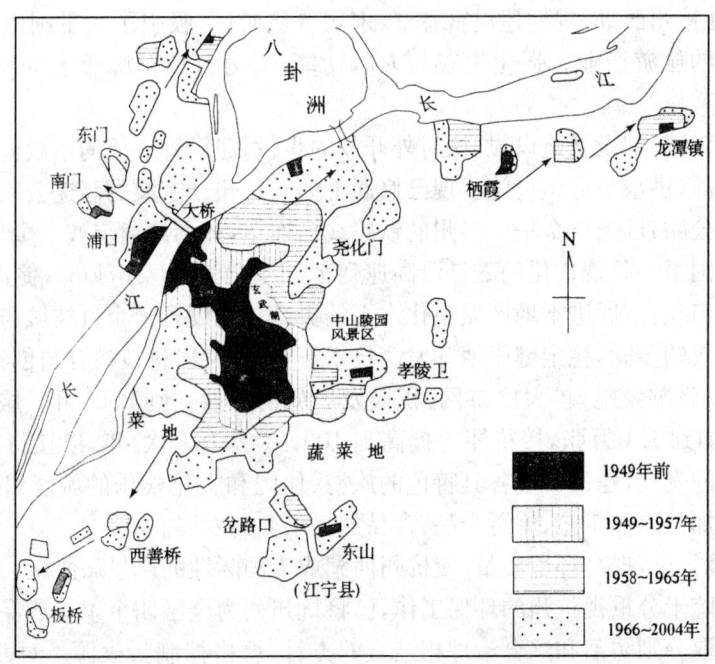

图 5-1-6 南京城市形成与发展的动态的过程

杭州市发展的新趋势

杭州是我国六大古都之一,为全国重点保护的历史文化名城与风景区。建于秦代,古称钱塘,隋朝开皇九年(公元589年)改钱塘为杭州,至今已有2 100多年的历史。解放以来,杭州一直是浙江省的政治、经济、文化中心;建成区人口已达134万,建成区面积118 km²,还有西湖风景区49 km²,含宋城、钱塘江畔旅游区(1998年);杭州近5年来,发展很快,已建成4座钱塘大桥,市区跨江发展,尤其是向东南方向的萧山新市区,扩大了建成区面积,到2005年,杭州市域人口达410多万,城镇人口高达225万人,建成区面积已达180 km²,在浙江省区中始终占第一位。

从杭州市的自然、经济状况与风景旅游资源的优势分析,杭州市今后将特别重视发展风景旅游事业,并根据风景旅游业的需要,调整城市结构和城市布局。目前杭州市的城市结构,除市区西部为西湖风景名胜区外,城市建成区基本上呈单一中心和南北长25 km、东西宽8 km的狭长形布局。规划考虑,逐步将其调整为多中心的"组团"式布局,根据市规划局编制的总体规划方案(1998年调整方案),要求"保护西湖风景区,开辟钱江新市区,逐步改造老城区,调整工业结构,发展近远郊的卫星城镇,力争15~20年内把杭州建设成为一个现代的国际旅游城市和区域发展中心"。

2001年省政府对杭州市做了行政区划调整,已将萧山市划入市区,作为杭州市的一个郊区,扩大了规划范围。要实现这个宏伟目标,杭州市政府号召全市人民,提出了四条重要措施(2004年省政府又做了重大研究,吸纳了全国20多位专家学者的意见)。

(1)科学地确定了杭州的城市性质与发展方向,向东、向南发展,加强对西湖风景区的保护与建设,充分发挥江湖、山林、洞壑、溪泉等自然特色,修整保护古建筑和历史文物,搞好城市园林绿化。同时,在杭州西部,规划建设富春江、宋城等旅游区,吸引了大量国内外游客,从长远着手发展浙江省的旅游产业。强化生态与人居功能,努力打造国际著名的绿色之都与旅游城市。

(2)搞好城市的基础设施建设,加快对外开放的步伐,建设好一流的市政公用服务设施,搞好城市交通和能源、供水与通讯设施。现已修通上海—杭州—宁波的高速公路,修建杭州—南京—合肥的高速公路;杭州—金华—温州的铁路线已通车,计划修通宁波—金华铁路。十一五规划中将完成我国第一条现代化的磁悬浮高速列车(上海至杭州210 km),促进上海与浙江省东部地区的开发与联合,促进本地区城镇化水平的提高。建设若干个科技城与大学城(浙江大学),扩大对外开放的步骤,稳定健康地开发高技术产业区,突出科技教育与创新功能。

(3)加快建设旅游设施,扩大旅游网,积极发展旅游事业。到2005年,旅游床位由1994年的5 000张增加到1.1万张,接待能力提高到100~140万人次/年,以接待国际游客为主,并加快第三产业的发展,建设5个各具特色的旅游、休闲和文化娱乐的城区组团,突出文化休闲游憩的功能。加强旅游工艺、旅游产品、食品加工工业的发展。

(4)治理环境污染,提高环境质量,使杭州西湖成为国际性的风景旅游区。

中央和国务院十分重视杭州的环保工作,已将杭州列为全国四个重点环保的城市之一,今后规划将继续采取分别防治和综合治理相结合的方针,严格控制污染源。对西湖周围有污染的工厂要限期治理或搬迁,防止新的污染企业再布局在市区或风景区附近,积极治理纵贯市区的中河和东河,将污水处理后排入钱塘江。同时,保护好钱塘江两岸的自然风物,将其建设成为现代化的旅游新景点,使之与整个沪杭地区的风景区建设有机地结合起来,近几年来成为全国第一个现代化、环境质量优越的城市化区域,远景规划为国际旅游文化休闲的著名城市。

第二节 京津唐地区城市群

重要的区位条件、优越的地理环境是古代大都市集聚与形成发展的区域经济背景及历史基础。近代工业的建立与商业的繁华及其现代交通网络、信息化的发展,是京津唐地区城市群形成的最重要条件。根据国家发改委与中科院地理所(2005年)最新研究表明,京津唐城市群扩大到京津冀都市圈的大范围,包括了一些城市群的外围边缘地区。

一、京津唐城市群区域发展条件分析

1. 地理区位优越,东西南北要冲

该城市群地处东北亚的中心位置,位于我国华北大平原的北隅,西面和西北为太行山山脉和燕山山脉所环绕,东南面为华北平原的北部平川,东北与辽宁接壤,东有渤海与东北亚各国隔海相望。海岸线北起山海关,南至天津岐口,全长约560 km。南连鲁、皖、江、浙,北通东北,西至沿黄各省,内陆腹地十分广阔,为北上南下、西行东出的要冲。

京津唐地区包括北京市、天津市、河北省的唐山市和廊坊市等,总人口为3 395万人,城镇化水平为48%(1999年)。到2005年本区域总人口已达3 879万人,城镇化水平高达56%(尚未包括承德、张家口、保定的人口)。土地面积52 635.8 km²,约占全国土地面积的0.55%,其中,山地丘陵约占全区面积的37%,平原和滨海洼地约为全区面积的63%。[1]

几代为首都的历史古都北京,是该城市群的心脏。历史上对北京的地理位置的重要性有精辟的论述。如"幽如在渤碣之间,其地负山带海,风气刚劲,自古为用武之地"。"幽兰之地,龙蟠虎踞,形势雄伟,南控江淮,北连朔汉,驻跸之所,非此不可"。这说明优越的地理位置是北京成为我国文明古都的重要因素,也是当今建设首都的有利条件。天津亦是"地当九河要津,路通七省甬舟……当海河之冲,为畿辅之门户",地理位置十分重要。地理区位的优越,为该区域两大中心城市的兴起和发展奠定了坚实的基础。

2. 自然条件优越,资源丰富多样

该区处于暖温带季风气候带,气候温暖,水热同季,十分利于植物生长,生物资源丰富。区内有山地、丘陵、平原各种类型的地貌结构。其中平原地区土壤肥沃,农业开发历史悠久,盛产各种粮食作物;山地林果业发达,有全国自古闻名的优质水果;沿海地区土地资源更为广阔,在历史上都是进一步开发的地理空间。

该地区是我国矿产资源的富集地区之一。煤炭、铁矿、海盐、石油、建材等贮量非常丰富。资源分布比较集中,形成了大型和较大型矿区,历史悠久的如唐山开滦煤矿、冀东铁矿、汉沽盐场等。

京津唐地区系海滦河流域,在历史上,还是我国北方水源较为丰富的地区。至当代,由于经济社会的高速发展,导致水资源紧缺及环境问题日趋严重。用各种途径解决供水与搞好水土保持问题,是保证京津唐地区经济社会与城市持续发展的关键因素之一。

3. 自古交通便捷,促进城镇发展

北京的最早前身蓟城的诞生和发展,最主要的原因就是处于重要的交通枢纽上,数条古代大道相汇于此。蓟城临近古代永定河渡口,距今2 000年前的战国时代就有这一集散地。大运河的开通,使北京成为南北货物集散中心。天津的河海之利,唐山唐沽铁路的建成,秦皇岛海运优势的发挥,为该地区城镇的发展和繁荣提供了非常有利条件。

当今,北京是全国的首都,中国的心脏,使本区居于全国的中枢地位。地区内交通十分便捷,已形成了铁路、公路、海运、客运及管道运输的现代化立体交通网络体系。铁路干线和重要公路辐射全国各地,北京、天津、塘沽、唐山等高速公路的建成,大大缩短了区内外的距离,天津、秦皇岛、唐山等大中型海港与全国沿海各口岸及世界100多个国家、地区的港口有密切的联系。在全国仅有的三个亚欧大陆桥起点站中,本区有最大的起点站天津。以北京为中心的航空运输,与国内外城市紧密相连,交通通讯的便捷,空间在变化,具有空间结构的城市、城镇群也在发生着转变(图5-2-1)。

4. 开发历史悠久,经济基础雄厚

本地区自然条件优越,又有着丰富的土地、生物、矿产等资源,是我国古文明发祥地之一,农业经济发达,集约化程度很高。这些为本地区国土资源的开发和经济发展提供了极有利的条件。矿产资源丰富,分布集中,并且蕴藏量丰富,矿产资源的开发兴起了一批工业城镇。由于本地区历史悠久,经济一直比中原、华北其他地区发达。近、现代经济的发展,使京津唐地区

---

[1] 胡序威、叶舜赞在重点基金项目"京津唐地区的空间集聚与扩散研究"中表述:本区面积为5.53×10^4 km^2,总人口3 365.8万人(1995年),有10个市,建制镇356个,城镇密度为66个/10^4 km^2,城镇化水平为45.8%。

成为全国最大的三个工业基地之一,仅次于以上海为中心的长江三角洲和辽宁中南部地区。北京又是华北地区和全国重要的出口商品基地和外贸基地。总之,京津唐地区是华北地区的经济核心,对全国其他地区,特别是西北地区的经济发展产生越来越大的影响。

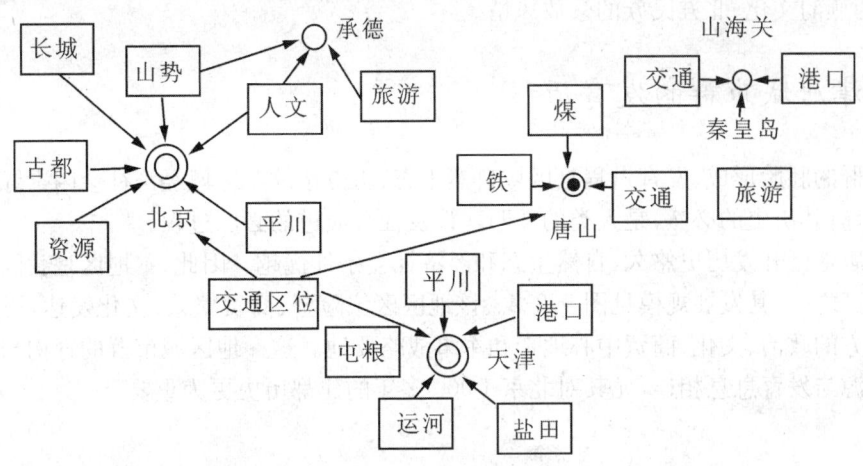

图 5-2-1　京津唐城镇群演化与诸条件的关系

5. 文化教育发达,科技智力密集

京津唐地区历来是文化教育中心,明代较元代有更大的发展,清代北京仍为中外闻名的文化城。北京是世界著名的"文化古都",是我国近代科学、文化机构建设最早、最集中的地方。近800年来绝大部分时间是全国的政治、文化、教育中心。解放后,由于首都的地位,又集中了大量文化、教育、科技等各种优秀专业人才,成为全国知识人才的宝库,科技智力密集,为其他城市群无法媲美。各类研究院所、大专院校聚集,特别是中关村地区智力密集程度之高,不仅居全国之冠,在世界也属罕见。首都集中了60多所高等院校与中国科学院一流水平的研究所,其中有以北京大学、清华大学、中国人民大学等为代表的世界有名的高校。天津的文化教育、科技也十分发达,除地方科学院所之外,中央的很多院所也布局天津。南开大学、天津大学是著名的全国重点大学,天津市全市人口的文化素质仅次于北京、上海,位居全国第三。

6. 人文胜迹量多,旅游资源丰富

京津唐地区开发历史悠久,有着丰富的人文景观资源。京津唐同处燕山、太行山与华北平原及渤海的交接生态带,这种山地、平原、海洋的自然生态景观和暖温带半湿润落叶林气候特征构成了该地区的自然生态基础环境,地域不大,变化多样,生态景观类型丰富多彩,可以满足游客不同欣赏品位的需求。从人文视角看,京津唐地区,历史上就是一个以战国时期燕国疆域为主体的区域,700余年的元明清三朝又使之成为京畿要地,是三北交往的咽喉,不仅是汉民族和少数民族文化融合的地带,也是兵家必争之地,人文资源在神韵统一的基础上,又体现出富有变化的鲜明特征,成为我国人文景观最富有特色的代表性地域之一。

北京是世界少有的历史文化名城,文物古迹、皇家园林、古代建筑和革命遗迹遍布各地。全市各类文物古迹8 000多处,国家列为重点保护的有24处,市级保护的有20多处,其中有多处被列为"世界之最",属世界级保护单位的有长城、故宫、周口店等,实为我国人文胜迹的瑰宝之地。

天津历史悠久,历来都是首都之门户,是北方最大的商业中心和进出口市场,历史文物多,民俗风情独特,城市建筑宏伟,形成了城市景观的独特魅力。

秦皇岛市有自然风光极美的北戴河休疗养旅游胜地、天下第一关的山海关。

京津唐旅游文化既有完整的统一性又有个性特色,可以领略宏伟的"帝都"、壮美的北国风光、古老的燕韵文化、北方民族的豪放风情。

二、京津唐城市群的发育历程

城市群的胚胎形成、发育过程是区域自然生态、历史条件及区域经济社会因素综合协调发展的过程,有其历史的必然,是人类的文明建设及社会演进的必然过程。

京津唐地区开发历史悠久,自然生态和经济社会条件优越。因此,本地区是我国城镇发展较早的地区之一,其发展规模见图 5-2-2。该地区区位险要、商贸繁荣、文化发达,历史上就成为我国北方的政治、文化、商贸中心地带和军事战略要地。这一地区城市群的育构与京津唐之大城市起源与发育息息相连,尤其对北京 1 000 多年的建都历史更为重要。

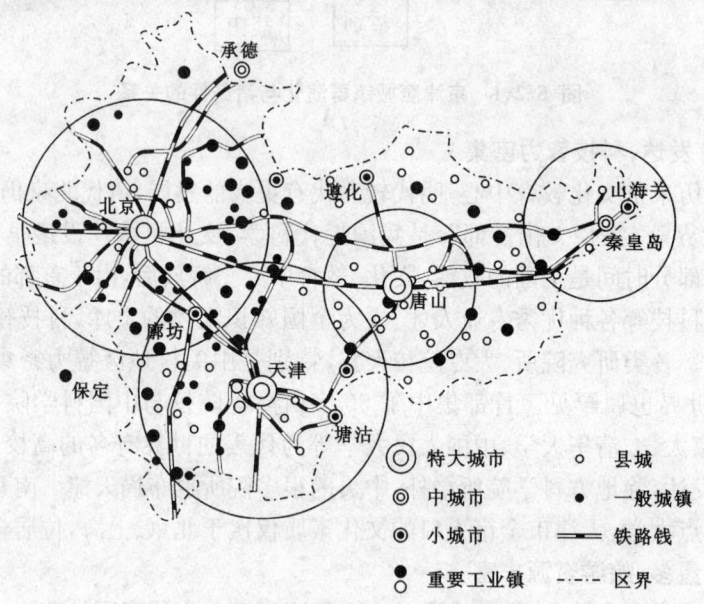

图 5-2-2 京津唐城市群规模分布图

1. 北京城市的发育演变

北京地理位置重要,城市发展条件优越,在我国漫长的历史演变过程中经历了大国都邑、北方重镇、北朝政治中心,最终成为全国的政治和文化中心,为世界瞩目的大都市。

北京是一个历史非常悠久的古城,我国历代王朝多次在此建都。北京聚落形成于我国古文明发祥地——华北平原的北缘。据历史记载,远在 3 000 多年前,这里发育了原始聚落。在 2 000 多年前的战国时代,在今北京广京门附近建立了燕国的都城,称"蓟"城,是北京城的最早前身。蓟城作为一个诸侯国的都邑先后持续了 800 多年。燕国在春秋战国时期发展成为北方强国后,北京地区就成为燕国的核心区,蓟城就成为天下名城,手工业、商业以及文化艺术等多方面的兴盛都相当可观,蓟城在当时就有"富冠天下"之誉。

北京的战略地位十分重要,它"左环沧海,右拥太行,北枕居庸,南襟河济",从这里通达燕山南北,扼控关塞内外,为兵家必争之地。自秦统一中国后,直到隋唐1 000多年里,蓟城一直是中国北方的军事要地和贸易中心。公元12世纪初,女真族统治全国,改燕京为中都,开始了北京作为封建王朝统治中心的历史。金朝注重开发北京地区,对京城进行了大规模的改造和扩建,为了漕运开凿人工运河,并修建卢沟桥,使北京通往南方的大道畅通无阻,为这一地区的发展奠定了基础。

1267年元世祖(忽必烈)建新城,名为大都,从此北京成为全国性的都城。马可·波罗在游记中记载:"外国巨价异物及百物之输此城者,世界诸城无与伦比。"大都城当时的贸易确实发达,市场景象繁荣,四方商旅云集城中,并开始成为全国文化中心。1403年命大都府北京,这是北京城定名的由来。

明初,为加强北方的防御,由南京迁都北京。明定都北京后,其周围地区也得到了进一步的开发,移民定居,屯田耕种,奠定了北京郊区村落分布的基本格局。明代北京文化有了更大的发展。都城建设布局结构更加严谨,建筑更加雄伟,是封建时代都城建设中无与伦比的杰作。它奠定了迄今北京城市建设的基础。

清定都北京,商业和手工业空前繁荣,仍为中外闻名的文化城市,琉璃厂文化街是当时宗师文化昌盛的标志之一。《四库全书》是古代世界最大的一部丛书,西北郊的"三山五园",尤其是圆明园和颐和园是我国古典园林艺术的瑰宝,圆明园博得了"万园之园"的美称。只是进入鸦片战争以后,中国沦为半封建半殖民地社会,北京的建设不但很少进展,而且屡遭严重破坏。

1949年,中华人民共和国成立,建都北京,给北京地区的发展带来了极大的契机。新中国是我国近代史以来空前统一、强盛的国家,首都作为政治中心的功能不断增强,又是发展社会主义文化艺术和科学技术的强大中心。国家政治文化中心的地位也使北京成为全国最大的信息中心。北京这座六朝古都,积累了千年文化古迹,是我国规模最大、内容最丰富的历史文化名城。丰富的文化古迹是中华民族自豪的历史见证,它们对中华民族具有强大的凝聚力,也让世界人民深深向往,所以北京是我国最大的旅游中心。

解放以后,北京的工业迅速发展,特别是发展了大量的以原材料为主的重工业,给北京市的城市建设发展和生态环境问题带来了严重后果,以后逐步得到了调整。

十一届三中全会以来,我国的改革开放不断深化,北京作为首都和北方区域的中心得到了快速的发展,城市建设取得了巨大成就,现代化的基础设施建设不断提高。周围中心城市及小城镇也得到了迅速发展。2004年春,国务院审批了北京市城市总体规划,特别调整了城市性质与发展方向,将北京确定为首都与国际性大都市,将原来的经济职能去除了。北京今后20年的发展更有利于生态城市发展,首钢、房山石化企业将在5年内搬迁至河北沿海布局。至此,首都圈城镇的格局逐步形成。北京正在向建设一个世界瞩目的历史文化名城,城市人口将发展到1 000万人以上的国际大都会、洁净、优美、生态文明的国际性大都市而努力奋进。

2. 天津城市的发育演化

天津位于华北平原东部,正当海河上游的永定河、大清河、子牙河、南运河、北运河等五大支流汇合处,北依燕山,东临渤海,现全市面积约1.13×10^4 km²。天津市区距北京铁路里程137 km,距唐山125 km,东距渤海50 km。长期以来,天津为首都的门户、我国北方经济中心之一。

追溯历史,早在战国时期,天津平原就出现了众多的聚落和村镇。不过天津市的真正兴起是借漕运的机遇。金朝定都中都(今北京)后,从豫、鲁、冀调京的漕粮由水路经直沽(今天津)

转运,因此在现在天津三叉口一带形成著名的军事和漕运聚落,即直沽寨。元朝定都北京后,开辟了从长江口至直沽的海运,地处南北运河交接之地又是海运登陆地点的直沽寨,便兼有内河和海运码头的功能而空前繁荣。元朝时,天津的制盐业也更为发达,随着漕、盐两业的发展,当时海津镇(今天津)人口不断增加,经济繁荣,为天津城市的形成创造了条件。明永乐二年(1404年)始置天津卫,次年筑天津城,同时直线疏浚了南北大运河,漕运业迅速发展,并促进了商业发展。天津不仅成为军事重镇,同时也是南北运输的中心,明末,天津已成为北京在经济上的首要的辅助城市。天津经过金、元、明三代,特别是元明两朝的经营建设,到了清初已形成为通都大邑。

由于天津的进一步发展,经济地位日趋重要。至1824年清雍正三年,改天津为天津州,后又升为天津府,管辖六县一州。正是因为北京长期作为都城,需要漕运而促进了天津城市的形成和发展。随着长芦盐区的形成,天津还成为盐业产销和转运中心,漕、盐业带动了商业、手工业和各种服务业的发展,这是天津城市形成的基本因素。鸦片战争前夕,天津就已形成拥有20万人口的城市。在《畿辅统志》上对当时的天津有这样一段记载:"地当九河要津,路通七省舟车……当海河之冲,当畿辅之门户,俨然一大都会也。"

鸦片战争后,1860年天津被辟为通商口岸,以其固有的江海通商之利,随即成为资本主义国家对中国进行经济侵略的据点。外国资本的输入,贸易洋行和加工工业在天津出现,民族工业随之相应发展,海河航运逐步发达。北宁(京山)铁路、津浦铁路相继于1889年、1912年通车。天津自开埠至解放前夕,人口由40万增至近200万。2005年天津市域总人口达765万,城镇非农人口达530万人,另有流动人口接近100万人。天津以其巨大的内在潜力和优越的港口条件,发展成为我国仅次于上海的北方贸易大港和工商业经济中心,成为华北、内蒙古的出口门户。

解放以后,由于全国和区域工业布局的变化,首都北京由消费性城市变为生产性城市,国家在天津的工业基本建设投资大大低于北京,因此,天津工业发展减慢,加上经济体制的变化,传统市场一度蜕变,但作为华北经济中心和港口城市作用依然存在。十一届三中全会以后,天津以建设现代化的港口城市为目标迅速发展,逐步建立起一个门类齐全的现代化综合工业体系,已初步形成了一个包括海运、铁路、公路、内河航运和空运的综合性交通枢纽。商业和对外贸易发展,城市的改造建设事业取得巨大成就。天津城市在工业生产、商业、金融业、对外贸易、交通运输等方面,不仅在京津唐城市区域具有重要作用,而且是我国重要的工业基地、北方最大的工商业城市和重要的进出口口岸,它不仅联系着包括宁夏、陕北、豫北以及鲁西北等在内的广大地区,在我国北方经济活动中也起着举足轻重的作用,工业生产在国内具有重要地位。天津市的建设正在紧紧围绕着"华北的经济中心、重要的外贸口岸"这一城市性质进行着。

3. 唐山市的发展演变

唐山市在明朝永乐年间,还只是一个小村落,居民多从事农业、采石和陶瓷等生产活动。19世纪后期,随着我国沿海地区经济的发展,特别是近代工业的出现,需要大量的原料和燃料,这就使富藏原材料、燃料产地的唐山出现了发展的生机。1877年,清政府成立"开平矿物局",随着采煤业的发展,居民增加,商业日趋繁荣,始建乔屯镇,后改名为唐山镇。1879年,修建了我国最早的铁路之一——唐胥铁路。1906年创办了该屯区的采煤总局,即开滦矿务局。1928年唐山镇改名为唐山市,1938年开始独立建制,当时面积74.75 km²,人口13万。随着煤矿业、陶瓷工业、钢铁工业的发展,唐山市在全国享有一定的盛名,成为冀东地区物流、能流交换基地。目前全市总人口达295万,其中城镇人口157万人,是河北省的一个重要工矿城市(2005年)。

解放以后,唐山工业经过改造和扩大,内部结构逐步趋向综合发展,围绕煤炭工业,大力发展钢铁和电力工业,带动了冀东广大地区的资源开发、工业的兴起和经济的繁荣。如迁安、遵化的铁矿,五官营和石门寨石灰石的开发,还有秦皇岛港口等,都与唐山的发展和繁荣息息相关。市带县体制的实施,更有利于这一区域的统一开发、合理布局,更加充分地发挥了唐山市区域中心城市的辐射作用,突出了唐山作为冀东经济中心的职能。

1976年的强烈地震,使唐山市遭到灾难性的破坏,从地面建筑物到地下工业设施绝大部分被破坏,死者有25万伤者超过40多万人。在党中央的亲切关怀和全国各地的大力支援下,英雄的唐山人民克服了重重困难,经过10年的恢复建设,唐山市在废墟上重新站立起来。在震后重建中,为了缓和市区用地、用水紧张和环境污染的矛盾,分散市区工业和人口,在原市区北部20多公里的丰润县城东侧开辟了新区。老市区经过恢复重建也旧貌换新颜。一个崭新的新唐山已站立在冀东大地上。唐山市是京津唐地区能源和原材料供应基地,同时还是冀东地区的政治、经济、文化中心,唐山的发展对区域内其他城镇的发展具有十分重要的意义。

4. 其他中小城市和小城镇的发展

秦皇岛的历史,可追溯到公元6世纪隋唐时期,那时名"秦王岛",常有渔船小帆停泊。1898年清政府正式把秦皇岛开辟为商埠。随后,英、法、意、日、比等帝国主义势力侵入并占领这一地区,修铁路,建码头,办工厂,置别墅,使人口迅速增加,发展成为城市。解放前,秦皇岛一直是帝国主义为掠夺煤矿资源建立的一个设备简陋的地方性出口港,经济以交通运输为主,运输业人口占总就业人口的60%以上,工业职工仅占20%,主要从事玻璃生产和桥梁制造。解放后,经多年的经济建设,原有工业有了很大发展,并新建了造船、轻工机械、食品纺织等工业。20世纪70年代后期,随着经济和文化水平的提高,旅游业也相应发展起来,成为本市经济的重要组成部分。现代服务业等第三产业发展很快,到2005年秦皇岛的城市人口超过75万人,每年到此旅游、观光、考察的人数超过250万人次。

秦皇岛市的形成和发展与它自身的地理位置和自然条件有极其密切的关系。它南临渤海,北靠燕山,处在东北通向华北咽喉要道上,地理位置十分重要。它所辖3个区自然条件各具特色,海港区沿岸潮平浪静,不冻、不淤,具有北方建港得天独厚的自然条件。北戴河区,自然风光无限美,气候条件极为优越,是发展休疗养业和旅游业的理想之地。山海关区,自古称天下"第一关",还有孟姜女古庙,是珍贵的旅游资源。现在秦皇岛市不仅是全国重要的能源输入港口,而且是全国最大的平板玻璃生产基地,还是华北地区理想的海滨休疗养和旅游胜地,每年夏天,许多国内外人士在此度假。秦皇岛市已成为一个全国闻名的旅游城市。

廊坊市是20世纪60年代末期新兴的小城市。它位于天津、北京两大城市之间,交通便利。自1969年专区驻地迁至廊坊镇后,才兴办了一些地方工业,城镇建设得到逐步发展。后来,由于北京限制大城市规模,不少中央直属单位不易迁入,而选中了位于北京行政界线边缘、交通比较便利的廊坊作为落脚点。这些是廊坊市形成和发展的主要因素。1982年3月,国务院批准设市,全市面积203 km²,总人口12.3万人,城镇人口10万人,是京津唐地区的一座新兴的小城市。京九铁路通车后,这里成了北京的一个工业城市与交通枢纽。2005年总人口75万,城镇人口达45万人,成为京九铁路的重要起点与枢纽。

京津唐三大城市的兴起与发展,带动和促进了该地区小城镇的发育。打开历史,在辽、金、元、明、清五个封建王朝把北京作为陪都和首都时,围绕都城就有一个很大的"京畿地区"。这些城镇除了军事和政治的作用外,还有不少与都城有着密切的经济文化联系。如现在的通镇(当时称通州)为京东的重要城镇,明代东南漕运粮食每年有 400 万石,其中 3/10 储存在这里;南面的张家镇在元代就是重要的水陆中转码头,为百货汇集之处;现属天津市的宝坻县,在金代就成为畿内重镇,是当时重要"国宝"盐仓所在地,"宝坻"之名亦由此而得;北京南部大兴县采育镇,是明代专为皇家繁育家禽的副食品生产基地,旧有"鹅鸭城"之称;现属河北省的保定,是历史上重要的军事重镇和文化辅城;张家口市在历史上则是北京西北的重要军机要地和贸易中心;现属天津的塘沽、汉沽、杨柳青、军粮城、咸水沽在历史上是经济、交通、军事上的重要名镇。由此可见,古代北京、天津的周围就已逐步形成了许多联系密切的外围城镇。近百年来,现代工业的兴起,唐山煤、铁资源的开发,秦皇岛港口的兴起扩建,也促进了两城市周围小城镇的发育壮大。

解放后,随着北京、天津、唐山三大城市经济社会的迅速发展,又先后在各市辖区内扩建、新建了许多工业区和小城镇。如北京,远郊 10 个县区扩建,新建了 50 多个小城镇工业点,其中规模较大的有 24 个。天津也新建了 4 个近郊工业城镇和 3 个远郊滨海城镇。这些小城镇的建设主要是围绕着各自的中心城市,成为远郊区县的经济、政治、文化小中心,成为各中心城市联系广大农村地区的纽带。

三、京津唐城市群的基本特征与持续发展的思路

(一)京津唐城市群基本特征

1. 中心城市的重要地位

按京津唐地区城市群的规模分级,城市群除了三个特大城市外,大城市数量少,中小城市也相对缺乏。京、津、唐三市是该地区人口、产业高度集聚区,是地域城市群强有力的核心,在地理位置上呈三足鼎立的分布。三市总人口占全区总人口的 45.5%,非农业人口占全区的 84.2%,国民生产总值占全区的 79%,工农业总产值占全区的 69.1%(2001 年)。

京津唐地区在全国国土利用结构中占独特位置,其中心城市具有全国的意义。同时,由于本地区的几个中心城市发展密切相关,对区域内的城镇发展具有领导作用和强烈影响。

京津两市是全国一级中心城市,是国家首都和带动整个华北地区及部分西北、东北地区的中心城市,是全国经济发展的基地,北京不但是全国的政治、文化中心,而且也成为全国重要经济中心。天津曾是仅次于上海的综合性工商业大城市,其中许多产品闻名全国,现为全国第三大城市,为我国具有国际地位的综合性外贸大港。

唐山是冀东最大的政治经济文化中心,以煤、铁为主的能源和原材料基地。最近 10 多年来发展很快,特别是重工业和文化教育方面。

2. 京津唐城市群的空间结构及其拥有三大城市圈的超大城市群

从城市群地域空间结构来看,三个特大城市沿铁路线布局,已经形成了多中心组团式的空间结构。每个中心城市又形成了单心圈层式的结构,即围绕着市区由内向外,把市和郊县的全部地域分为各具功能又互相联系、有机组成的"市-郊-县-乡镇"四个层次。京津唐城市群由三大城市圈组成,即北京圈城镇群、天津圈城镇群、冀东圈城镇群(唐山、秦皇岛共同构成)。廊坊

市由于在20世纪60年代才开始兴起,主要是截留部分进京单位和人口,所辖北部四县与北京相对紧密,而南部四县与天津相对密切。

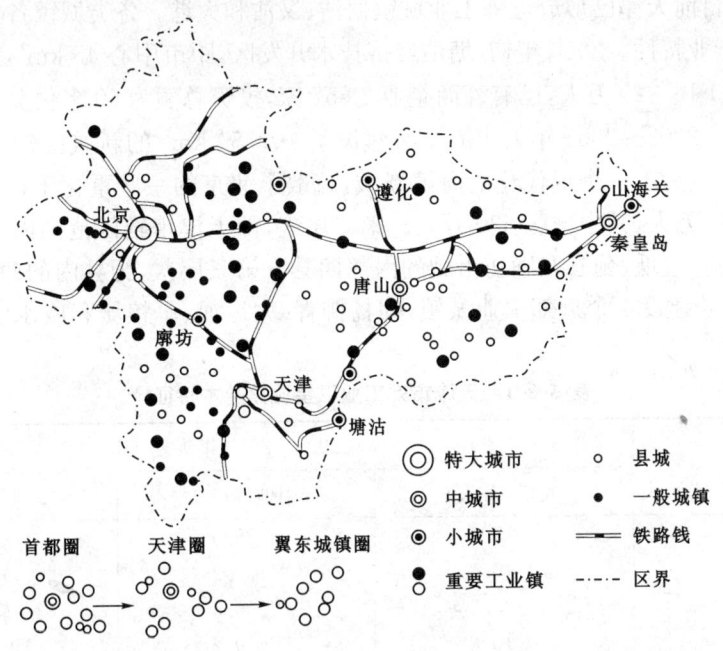

图 5-2-3 京津唐城市群组团式发展

(1)首都圈城镇群

首都圈城镇群包括在北京市域范围内的城镇及外围河北省廊坊市北部的城镇。以北京为核心,在周围形成了数个有密切联系的小城镇群,按其层次结构可分为:第一层次,北京近郊的重要城镇,包括燕化、通镇、黄村、昌平、长辛店等;第二层次,作为各县经济、文化、行政中心的县城,有顺义、怀柔、密云、平谷、延庆、三沙、大厂、季河、固安等;第三层次,为独立的工矿区、镇,包括北京的良乡、疏河、南江、安定等。在北京大都市的形成发展过程中,建成区的蔓延扩大,工业卫星城镇的建设,开发区的建立和大量外来人口的集聚等因素,起了很大的促进作用。北京中心区由1949年的165万人增长到1998年的674万人,还有外来人口150万人未计入;建成区面积从109 km^{2}扩大到490 km^2(周期)。远郊新建扩建的工业卫星城有24个,人口规模不等,约5~10万人。近5年来北京郊区发展很快,快速交通已建立了五环、六环高速公路,2004年总人口达1 017万人,非农业人口为789.4万人,还有流动人口380万人。

北京首都圈城镇群作为北京的一个直接腹地,已成为北京市的有机整体,但北京作为首都,它的意义和作用并不在于此,历史上就在北京周围形成了相当范围的京畿地区,区内大小城镇与北京发生着军事、政治、经济和文化等方面的联系,在此基础上发育的城市与北京的联系当然更为密切,都有着为首都服务或分担一些重要职能的作用。天津不但是北京的门户、军事要地、物资交流的出海口,而且日益分担北京的经济、外贸、金融等职能。保定地区的涿县等城镇已建设了一定数量的中直单位,张家口地区正逐步成为首都的副食品基地,承德旅游区已成为北京旅游网络中不可缺少的组成部分。这些地区对北京起着不可替代的作用,可以说,河北省的全部已成为北京的经济吸引范围。

(2) 天津圈城镇群

天津圈城镇群包括天津市域范围内小城镇以及廊坊南部的各县。第一层次，天津近郊和远郊的卫星镇。目前天津已形成近郊工业城镇塘沽、汉沽和大港。各类城镇各具特色，职能各异，具有鲜明的产业特性。2000 年初，塘沽经济技术开发区，距市中心 45 km²，距机场 38 km，规划 33 km²，人口 15～20 万人，已有外商企业 2 557 家，投资总额为 60 多亿美元，居全国各大开发区的第三位。2002～2005 年天津滨海区建设了一个 50 km² 的新城区（开发区），外商投资将近 110 亿元，成为了一个现代化的海滨新城，疏散了北京的一些重化工产业。2004 年天津总人口达到 764 万人，其中城区 530 万人。第二层次，即天津市辖区范围内各县的县城，包括静海、宁河、武清、宝坻、蓟县及廊坊市域的南部四县。第三层次，为县内的建制镇和主要乡镇。1958 年起开始建设 4 个近郊工业城镇，即杨柳青、大运河、军粮城和咸水沽，其基本情况见表 5-2-1。

表 5-2-1　天津市郊工业卫星城镇基本特征

城　镇	2000～2010 年规划		
	人口（万人）	用地（km²）	职　能
杨柳青	15.1	25.5	综合
大南河	10.0	8.2	轻纺
军粮城	5.2	5.5	轻工
咸水沽	10.0	9.2	轻工　仪表

资料来源：胡序威等. 沿海城镇密集区空间集聚与扩散研究. 2000：312.

(3) 冀东城镇群

冀东城镇群主要由两个子城镇群组成，一是唐山市域内的城镇群，一是秦皇岛市域内的城镇群。唐山市城镇的发展是依矿设点，布点散，规模小，唐山市市区由老市区、东矿区和丰润新区组成，在其周围形成以工矿业为主的小城镇如赵各庄、范各庄、古冶、开平等。秦皇岛市由三片组成，即海港区、山海关区、北戴河区，再一个层次是由各县的县城和一般建制镇组成，作为县、区的政治经济文化中心。2000 年时唐山市城市人口 121 万人（中心区 61 万人），建成区面积 170 km²（中心区为 65 km²）。2004 年唐山总人口为 295 万人，非农业人口为 158 万，城市发展很快。

3. 城市群产业结构

从北京、天津、唐山、秦皇岛四个中心城市看，农业已在三大产业中占相对小的比重，均在 5% 以下，北京仅为 1% 左右，唯有天津占 10% 左右。工业仍是目前城市的主导产业，尤其是唐山和天津，占到 60%～70% 的比重。秦皇岛具有相当的旅游城市的职能，第三产业也较发达，北京市的第三产业也相当发达，并有迅速发展的趋势。

北京、天津的工业部门门类齐全，结构较完整，均以加工工业为主，属于综合性加工工业城市。唐山市主要工业部门专业化程度较高，主要以煤炭、冶金、电力和建材为主。

北京不仅是全国的政治文化中心，而且也是全国的经济中心，其经济中心表现在两个方面，一是全国最大的服务中心；二是全国低水耗无污染或轻污染的知识、非知识密集型工业中心。这种中心地位不仅与北京的特点相适应，而且有利于南北经济的协调发展、国家的长治久安。

北京的周围地区，特别是天津对北京建设国际都市有十分重要的意义。这主要是因为一个发达的周围地区经济是国际城市必不可少的区域基础,特别是天津枢纽港是北京的海上门户。因此,北京要立足于建设国际城市的战略高度,积极促进优势互补,共同发展,努力协调好与周围地区,特别是与天津、唐山的关系。为此,要形成共识,树立城市群整体的战略思想,要把与首都特点不相适应的产业及其相关技术、市场尽可能地配置在适宜的周围地区,扶持其经济的发展。

天津是我国北方最大的工商业港口城市,其发展总体趋势是建成为我国北方商贸金融中心、技术先进的综合型工业基地、全方位开放的现代化国际港口城市。

唐山市是一座具有百年历史,被称为"中国近代工业摇篮"的重工业城市。特定的自然历史条件,百年发展历史,使它成为一个以煤炭、钢铁、电力、建材、陶瓷为支柱产业的资源型工业城市,在京津唐城市群经济区乃至全国发挥着重要作用。今后要大力发展高新技术,调整传统的经济发展模式,将科技兴市战略作为唐山跨世纪发展的战略选择。

秦皇岛市根据自然特征与经济社会条件,应按交通运输(包括港口、铁路)、工业(机械、建材、食品)、休疗养旅游业三个方面大力进行发展。

京津唐地区(如果包括石家庄和保定),其经济实力较强,对本地区与河北省的经济、城镇发展起到核心作用(参见表5-2-2),但本地区的城市群主要以北京和天津两大核心为主,其次是唐山、秦皇岛、张家口等城市。

表 5-2-2 京津唐(冀)地区经济发展概况(2003年)

城 市	总人口 (万人)	市区人口 (万人)	地区生产总值 (亿元)	固定资产投资 (亿元)
北 京	1 148.8	790.0	3 663.1	1 999.9
天 津	926.5	560.5	2 447.6	933.86
石家庄	910.5	210.1	1 377.9	415.55
唐 山	310.1	159.6	910.0	—
保 定	105.0	85.2	760.0	—

资料来源:中国统计年鉴(2004)。

4. 城市群网络与"流"

北京是我国北方重要的交通枢纽城市,也是全国的中心,铁路、公路、航空运输都非常便捷。以北京为中心向外辐射的铁路和公路网络连接着京津唐地区的重要城镇,而且城市距离很近,来往所需时间短,这为该地区城镇间的密切联系提供了便利条件。

从京津唐地区人流总量分析,该地区客流主要以铁路和公路为主。其中,北京占了全区客运总量的61.4%,充分体现了该区最大中心的作用。天津和唐山的客流量分别占全区的18.0%和23.0%,从北京放射状的铁路线连接了该地区的主要城镇。2000年初北京到天津、唐山、秦皇岛都有直达列车,到天津7列/日,到唐山3列/日,到秦皇岛4列/日,张家口3列/日,承德5列/日,还有许多过境列车。另外,北京设有许多长途汽车站,直达该地区的主要城市以及各城市市域内的县城。每年春节、五一节、国庆节,京津地区发往全国各大中城市的列车比平时增加30%,人流量北京站每天达30多万人,天津站达18万人;民航客机加班60多个航班(北京),加强了与全国各地的联系。北京和天津的国际机场已联合运作,有利于两市的发展。北京首都国际机场,近几年来每年旅客高峰时量超过3 600万人次,为全国最主要的空港,与国内外有着密切的联系。

从物流看,北京地区占了全区总运量的 49.5%,其次是天津市 29.3%,唐山市 13.3%。冀东方面有丰富的煤、铁、建材资源,冀西北地区还有一定量的煤、铁、建材(2000 年)。整个区域物流的总体特征主要表现在资源的西行和轻工业品的东行,即北京、天津吸收唐山矿产资源和部分农产品,唐山则从京津引入轻工业产品、生活用品。天津和秦皇岛已成为该地区两大出海口,两城市的年吞吐量分别达到 2063×10^4 t 和 6945×10^4 t。

城市流动人口迅速增加,是改革开放以来商品经济迅速发展的综合性反映,是城市从封闭、半封闭状态走向全面开放的必然结果,流动人口对于促进城市间和城乡间的联系和交流起到了积极作用。北京 1949 年暂住人口 6.1 万,1984 年 21.4 万,1990 年暂住人口 90 万,流动人口 127 万,1998 年暂住人口达 165 万人,2005 年达 380 万人。大量流动人口,尤其大量的农村人口的盲目流入,有一定的正面效应,但也有较多的负面效应,诸如社会治安、计划生育、城市环境、青少年教育等不易管理。

改革开放以来,在不断调整产业结构、充分发挥中心城市的作用、加强地区间的科技交流协作中,京津唐地区城镇科技协作、信息网络初步形成。例如廊坊位于京津两市之间,70%以上的工业同京津有协作关系,在跨区域的协作单位中,85%以上是同京津两市协作。就是冀北地区的保定也在利用吸收京津两市的人才、科技,并在电子、化工、轻工、建材等行业数百个单位与京津唐地区的企业、科研单位、大专院校建立经济技术联合体,初步奠定了该地区的经济技术协作网络的基础。

5. 城市群区生态环境

在整个区域内,城市生态系统、平原农业生态系统和山地生态经济系统相互镶嵌,交错分布,组成完整的区域生态景观。上述三大生态系统通过物、能的转换及输入输出,互相依存,互相影响。

京津唐城市群中北京、天津、唐山三大城市,由于历史的原因,人口和工业高度集中,许多工厂企业与居民区混杂,排放大量的"三废",严重影响城市生态环境,导致城市规模过大,能源、水源供需矛盾突出,交通运输紧张,住房和绿地缺乏。由于城市性质、职能、自然和社会经济条件的差异,三市环境特征也各不相同,相比之下,北京的环境质量较好,但远不能适应首都建设国际化大都市的要求。天津的水资源短缺,是环境质量的重要影响因素之一,由此引起水污染、地面沉降问题突出。唐山突出的问题是空气污染十分严重。此外,矿山开采导致地表景观破坏,也是特殊的环境问题。

京津唐地区的大气污染主要集中在大城市及其近郊区,其次为各工矿区和小城镇,其中以北京、天津、唐山市区的污染面积大,大气环境质量最差,污染物主要产生于燃料燃烧和各种机动车辆的尾气排放。主要污染物有 SO_2、烟尘、NO_x、CO 等。

北京是泥尘大气污染严重的十大城市之一。2006 年 4 月中,发生过一次较大的沙尘暴,2 天内全市降尘量达 30×10^4 t,十分惊人。每年春季的黄尘、泥雨特别严重,这与建设国际化大都市的要求极不相适应。北京清洁能源不足引起大气污染,特别是近年来机动车辆猛增,如 1981 年 12 万辆,1994 年达到 84 万辆,1998 年已超过百万辆。由于我国汽车工业发展很快,各地城市私人汽车猛增。2005 年北京私人汽车已高达 210 多万辆。2005 年全市机动车达到 360 万辆,给北京市的交通带来严重问题,汽车尾气污染非常严重。虽然北京已采取严格措施,引进先进技术设施,限制机动车尾气排放,实施达标排放,但任务相当繁重。

京津唐地处海河、苏运河、滦河流域的中下游,境内共有大小河流 100 多条。河流上游和大部分水库原来水质良好,基本未受污染或轻度污染。但是京津唐地区重化工、钢铁工业发展后,北京全市每年有13亿吨工业废水,其中城区8亿吨(2005年)。河水遭受严重污染,水质明显恶化,主要以有机污染和重金属的污染为主。城市和工矿下游各河段,实际上已成为工业废水和城市污水的退水河道,多数河段均受到有机污染,水中 NH-H、COD、油、酚、悬浮物含量高,溶解氧含量很低,不少河段出现大型生物带。

地下水是该城市群生产和生活的重要来源。近些年来,由于地下水开采过快,开采量超过补给量,导致地下水位大幅度下降,出现水源不足、水量衰减、污染加剧、地面沉降等一系列环境问题。平原地区地下水埋深仅20 m,近5年来每年下降一米以上,水资源严重缺乏。北京密云水库2004年仅有6.49亿立方,但实际可供水仅2亿吨,每年在减少。

本区海岸线长560余公里,由于工业废水、生活污水以及沿海工厂、船舶和海港作业直接污染、入海河流域面积内的农田污染物等,使近海岸带遭受明显污染,主要表现为有机污染,重金属还未构成污染威胁。

在京津唐地区,水资源不足是一个区域性的突出矛盾,不但给经济、社会和生产、生活带来严重影响,也是本区的生态环境质量的主要制约因素之一。由于水资源短缺、时空分布不均和开发利用不合理,以及本区人口增长过快、森林大量被伐、山区森林面积减少、植被退化,造成本区环境旱化、水土流失,水、旱、泥石流等自然灾害增多。人口、工业的高度集中,布局不合理,水资源量开发越来越大,水体污染严重,水循环条件恶化,大量开采地下水,形成严重的地面沉降,北京地下水下降及漏斗区主要集中在城市东郊和西郊两大片。东郊自20世纪60年代以来地下水位以每年1~2 m的速度下降,目前水位埋深已达20~30 m。西部地区,是地下水较丰富的地区,但由于自70年代以来的过量开采,使地下水位以每年0.5~1.5 m的速率下降,形成区域性下降漏斗。北京的地面沉降区主要位于市区东北部,年沉降速率超过50 mm,年沉降度有的趋于100 mm。天津市由于过分开采地下水,地下水位严重下降,已形成市区、塘沽、汉沽三个局部下降漏斗,大面积地下水深埋40 m。地面沉降量大面广,沉降速率有逐年增加的趋势,塘沽区近几年的地面沉降尤其严重。

北京作为我国远期规划中的一个国际性大都市,拥有强大的经济技术基础和发达的贸易、科技、文化与金融信息行业等等,其辐射作用应适应全球经济一体化的要求,城市综合功能要大力加强。必须做到"要使京津唐地区在进一步工业化与城市化的过程中,经济和人口的发展及其空间布局的演化,与当地的水土资源和生态环境状况相互协调。"[9]

(二)京津唐城市群持续发展的基本思路

1. 充分发挥中心城市的辐射力

京津唐城市群区中京、津、唐三大城市是群区的核心,具有强大的吸引力和辐射力,在区域经济社会发展中,中心城市应依靠优越的经济发展水平、科技力量、文化魅力,通过多种渠道,不断地向周围地区扩散人口、产业、资金、信息、技术,在中心城市组织生产、流通、生活、生态、旅游及其为周边综合服务的过程中,把中小城市、城镇以及广大农村地区的各种经济社会活动有序化、群落化,构成一个有机的统一整体。其中,北京作为中国的首都,为了应对世界政治、经济、文化发展的挑战,必须发展成为世界城市体系的一部分,突出在全球经济发展、文化交流、管理等活动中的组织功能与协调功能;要从全球政治、经济、文化联系的高度,参与国际事务和社会分工,逐步获取应有的发展空间。

今后应该在两个层面上加强"共生"作用,一是中心城市间的联合和相互作用。目前,三大中心城市呈现三足鼎立的态势,各大城市圈城镇群相对独立,自成体系,应进一步加强三大中心城市间的有机联系和相互作用。二是进一步加强中心城市对周围地区的扩散作用,通过科技、资金、信息的流入,带动周围中心城镇,农村乡镇和广大农村腹地的发展。要加强京、津两市的联合,建设功能齐全的"复合型"国际大都市,加强分工协作,建设具有各自特色、世界一流水平的产业链及其信息行业。

2. 建立城市群的"和谐"结构

对三大中心城市城区的进一步扩张应有所制约,建立强有力的二级中心城市,完善城市群的层次结构。目前,北京、天津、唐山中心区人口高度密集,产业集中,又加上流动人口的无序状态,使城市的住房、交通、基础设施、生态环境呈现超负荷状态,不利于城市和整个群区的经济社会发展。[10]应科学、有序地疏散市区过分集中的人口和产业,重点建设一批卫星城和工矿城镇。从目前北京和天津卫星城建设的状况看,由于城镇规模过小,虽有一定的截流作用,但还不能起到较大的疏导作用,因而不能从治本上解决中心城市的过分拥挤、超负荷的问题。因此,在今后发展中,要健全京津唐地域空间规划体系,改善城乡建设空间布局,搞好跨省、市的区域规划。以京津双核为主轴,以唐保为两翼,疏解大城市的功能,发展中等城市,增加城市密度,构建大北京地区的组合城市,优势互补,共同发展。在资源环境的约束下以及有利于北京市人口、资源、环境的协调发展,搞好城乡统筹,构建和谐社会,必须严格控制人口过快增长,特别是适度控制流动人口增长。同时也要建立强有力的二级经济中心和一批以工矿城镇和农村乡镇为主的三、四级中心,不断完善城镇群的层次结构,共同组成规模性质不同的、相辅相成的、有机联系的城市群,使整个城市群区域协调、健康、持续发展。根据水资源、土地资源以及绿色空间等因素,北京未来20~30年内总的人口规模不宜超过1800万人(北京城市总体规划.2000~2020年),其中市区应控制在1000万人以内。

3. 优化中心城市的产业结构

京津唐三市自然条件、地理区位都很接近,但是由于行政体制上的束缚,一定历史时期内又缺少科学的区域经济发展规划,在历史上对首都北京的城市性质、发展方向认识不准确。建国后,由于"将北京建设为生产性城市"思想的引导,使北京上了很多不适合在首都发展的耗水量多、污染重的工业项目。特别造成京津两市产业各成体系,产业结构雷同,大量重复生产、重复建设,分工不明确,影响了两市及整体经济的发展。城市是一个生态经济社会巨系统,城市经济是一个开放的互补的经济子系统,不可能大而全,也不可能小而全。因此,要使区域经济走上整体发展的道路,加强城市间的共生互补,必须调整优化城市的产业结构,在发挥优势的前提下,明确分工,互补互惠。[11]

现阶段正需要科学地分析历史基础,以及区位、资源、经济、社会的优势,调整产业结构,协调好城乡间的关系,在跨世纪的发展中把握时机。京津唐在资源特征上具有较大的互补性,京津两市也是如此。北京在经济发展的高级要素上有较强优势,天津初级生产要素比较丰富。北京拥有丰富的人力资源,高级人才荟萃,这是当代区域经济竞争中最活跃、最珍贵的要素。与之相应,高科技、新技术在北京大量发展聚集,有利于更高层次的创新。作为首都,政治经济决策中心,金融供给相对充足而及时,能满足投资的资本需求。北京又是全国最大的交通枢纽和通讯中心,计算机网络发达,信息流迅捷,为产业结构的升级换代、经济的飞跃发展开创了优越的环境。而天津拥有较原始的基本的生产要素,一般劳动力相对富余,石油、天然气、海盐等自然资源较丰富,可给予充分的开发利用。当然,天津作为直辖市、全国第三大城市,整体生产要素结构还是相当高级化的。[12]北京的发展目标是建设国际化大都市,而现代化的港口建设是一个重要条件,因而,天津港口功能是京津协调发展的重要因素。国务院在2004年已批准北京市总体规划,城市性质确定为:首都、国际性大都市,非常简练明确。并且将首都一些重化工、钢铁企业等在今后10年内大搬迁,迁至河北沿海地区,北京将成为一个世界著名的国际性城市之一。北京要走向世界与国际接轨,天津是其窗口和门户。唐山市,由于地理区位、资源条件、历史基础等,城市功能定位、产业发展方向较为明确。①

总之,京津唐城市群实现一体化的协调、健康、持续发展,必须要有一个良好的生态环境。今后20年是京津唐地区高速发展时期,将导致地区资源与环境支持能力产生大的矛盾,由于本地区水、土资源短缺,生态环境有恶化趋向,长期制约京津唐地区的经济增长与人民生活环境的改善,因此应特别注意这一些关键问题的解决(陆大道、陈田,2004年)。首先要对整个区域进行生态环境规划,进行全区域的综合治理、建设、管理。从根本上解决水资源短缺问题,这是京津唐城市群持续发展的根本战略性问题之一。优化能源结构,解决城市大气污染问题。优先发展治理环境的基础设施建设,尽快解决水污染、固体废弃物污染的治理与综合开发利用。进行全区域的大环境绿化,根据不同地区的生态特征,大力发展经济林、生态经济林、生态林等,以取得显著的经济、社会、生态效益。在城市群的发展中实施生态经济管理,优化产业结构和空间布局,发展生态工业,建立工业生态园区,发展智能化的"都市农业",供给城市居民的是"绿色食品"。在区域内建立不同类型的各有特色的自然保护区。

4. 京津唐城市群空间结构的调整优化

当前京津唐大城市,近郊的大量耕地已被占用,且还在不断地向外延伸;淡水资源更加紧缺;内外交通负荷愈益沉重;大城市的环境污染仍相当严重;生态问题仍未得到有效的控制。在这种基本态势下,京津唐地区区域发展战略之一是逐步调整现已形成的城镇、人口、工业、基础设施等的空间布局,严格控制大的工业项目继续向京津特大城市聚集,走可持续发展之路。京津唐城市群空间结构演化的总体思路应是:核心城市的"有机疏散"和区域范围内的"重新集中"相结合,实施双核心/多中心都市战略。以此缓解空间压力,努力使区域发展由单中心向多中心形态转变,形成完善的城镇网络,促进区域整体均衡发展(吴良镛等,2002)。今后开发建设的方向应是:①向沿海地带推进。京津唐地区有500多公里的海岸线,滨海地带有百万亩盐碱荒地,石油天然气资源丰富,是建设新的工业城镇和建设占用土地多、耗水量大、有污染的工业项目的适宜空间。②重点开发冀东地区,这里分布着丰富的煤炭、铁矿、耐火粘土矿产资源,尤其在滦河中下游地区,近年来已陆续建设了一些大工程项目。新建的大型企业应尽量布局在冀东滨海地区。③发展远郊小城镇。选择地理区位适中的城市,将其建设成为区域发展的次级中心,发展成为实力雄厚的中等城市。④调整区域基础设施的空间结构,使人流、物流、能流、信息流畅通无阻,使整个区域的生产力布局平衡、健康、持续发展。

5. 建设京津冀大交通和旅游网络

目前京津冀地区区域交通总体布局存在缺陷,铁路与公路网络都以核心城市为中心向外放射,以致关内外的交流给北京和天津带来大量的过境运输,干扰核心城市交通。许多重要城

---

① 参考北京市、天津市规划局、城市规划设计院有关北京、天津市的城市总体规划修编方案(2003～2004年)。

市之间、城市重要交通枢纽之间交通联系仍然不方便,客货运输缺乏选择与必要的竞争。从国际经验看,城市职能和空间的疏解必须与城市地区的公共交通体系的建设,以及周边地区中小城市的建设相配套。因此,必须建设综合交通运输体系,重组发展空间。在此地区,要把航空港、海港、信息港三者与区域及城际现代化综合交通网络有机联系起来。北京目前已建成13条地铁路线,每天乘车人数超过120多万人次,未来30年内将建设20多条地铁新线,每天乘车人数达到250万人次,接近巴黎、东京的水平,有利于整个城市的经济发展与人们的交往。应积极推进城际快速轨道网络建设,强化通道运载能力,为城市布局的扩展和城市体系的组织创造新的条件,促进京津两大枢纽进行分工与协作,实现区域交通运输网络从"单中心放射式"向"双中心网络式"转变(吴良镛等,2002)。

京津冀地区复杂的自然地理条件使生态景观资源丰富多彩,可以满足多层次游客的不同品位需求。从人文历史看,京津与保定以北地区,古代就是一个以战国时期燕国疆域为主体的整体。700余年的元、明、清三朝又使之更加完整统一。同时,本地区作为与"三北"交通的咽喉要地,不仅是汉民族与少数民族文化的交融地带,更是兵家必争之地。人文景观资源在神韵统一的基础上,又体现出富于动态变化的特征,成为我国闻名的人文景观最富有特色的代表性区域之一。

京津冀在旅游开发中,在统一性的基础上,结合区域旅游资源的开发,培育新的经济增长点,寻求互补功能,合理组织旅游线路,使冀地成为北京、天津旅游线的自然延伸和拓展。要完整地理解京津文化的特质,要领略"帝都"壮美的北国风光,感悟燕韵文化的精深,必须走出京津步入河北。该城市群区域的旅游业,应环绕京津,进行全方位开拓,展现城市群区大旅游的气魄,建立京津冀大旅游网络,迎接21世纪旅游消费的高速发展。[①]

6. 京津唐城市群的区域拓展

由京津唐三个特大城市为核心的城市群已成为全国重要的人口、产业、科技、文化、信息、城镇集聚的区域,三大城市(尤其是京津)的经济、科技、信息辐射场已远远超过该地区。三大城市凭借其经济、科技优势地位,必将带动更加广泛地区的区域经济社会的发展,而京津唐外围地区的自然生态、经济社会发展的态势也必将影响三大城市以及区域中其他城市的发展。因此,应从更大区域范围考虑该城市群的布局、结构和功能。据北京市政府的决定,在首都周围,已与河北省5个地市(石家庄、保定、张家口、承德、沧州)、110个县建立起有固定联系的环京经济技术协作区,逐步建成城市化区域。实际上早已远远超过了传统的京津唐城市群的区域范围,京津唐城市群的区域空间扩展是经济社会生态发展的必然结果。

综观京津唐地区城市群的发展,首都北京正朝着国际性大都市发展,但必需在生态环境与交通体系方面下功夫,防止"大城市病"的发展,应当构建人与环境的和谐发展;而天津市时是北京国际化都市区域的一个重要部分,国务院于2006年正式批准,在天津建立一个现代化的滨海新城,开发区面积达120多 km^2,作为21世纪的北方"新浦东"模式来建设,滨海新城充分利用天津大港的区位优势,发展重化工、高新技术开发区;唐山是一个重工业型的煤矿、煤化工、冶金、机械的大城市,未来的发展潜力也是巨大的,但必需在生态环境与防震措施方面作更大的努力。总之,未来的京津唐地区超大城市群将是我国重要的现代化经济发达区。

---

① 参考清华大学吴良镛院士等的有关京津冀地区发展规划研究报告(2002~2004)。

第三节
珠江三角洲区域城市群

珠江三角洲地区位于广东南部、珠江下游,毗邻港澳,面向南海,地理位置重要,自然条件优越,是我国经济最发达地区之一。地域范围包括广州、深圳两个副省级城市,珠海、佛山、江门、东莞、中山、肇庆、惠州及香港、澳门等城市。土地面积为 4.27×10^4 km²,占国土总面积的 0.43%;人口为 4 900 万人(其中外来人口 2 500 万),占全国的 3.84%。经过 20 多年的发展,这片区域已积聚了整个广东经济总量的 80%强,国内生产总值、税收和地方一般预算财政收入也均占全省的 80%多。珠江三角洲还是广东利用外资的主导地区,仅 2002 年实际利用外资达 116.19 亿美元,占全省的 88.6%。经济的迅猛发展使原来以农业为主的珠江三角洲地区城市化加速形成,城镇化水平约为 72.7%,高出全省平均水平 17 个百分点,是广东城镇化水平最高的地区。这里已初步形成了连片的城市群,沿珠江东西两岸崛起了两条产业带,人口和产业高度聚集,辐射能力强劲。

一、近代商品经济的发展与城市群发育

历史上,珠江三角洲商品经济就较为发达,因而出现了像番禺(今广州)、佛山、陈村、石龙等中国名镇。近代以来,珠江三角洲各大中小城市及城镇的商品经济与文化生活深受香港、澳

门的影响,尤其是香港、广州、东莞和佛山等城市相互之间的交往、联系比较密切。但是,1949年以后的一段时间内,把商品经济与资本主义等同起来,实行严格的计划经济,国营和供销合作商业控制整个流通领域,取消自由市场,甚至连家庭副业也禁止。这种政策的实施,严重压抑、禁锢了生产力,使市场萧条、城市化水平下降。50~60年代,除广州市人口超过100万以上,整个珠江三角洲地区没有一个20万人口以上的中等城市,城市仅有广州、港澳和佛山、江门、肇庆、惠州(后面4个城市人口均在20万以下),还有32个建制镇。

1978年实行联产承包责任制后,根据市场承受能力,逐步、坚决地调放价格,把118种统购、派购农副产品减为不到5种,农贸市场逐步得到开放。1984年明确规定,允许农民进城经商、办服务行业,珠江三角洲的发展要按"贸工农"的方针进行,逐步建立贸工农型的生产结构,即以市场为导向,计划经济必须以市场需求为前提等基本观念已经被越来越多的人所接受。1985年国家提出"争取几年内先把港澳需要的鲜活商品基本上包下来,并在此基础上进入日本、东南亚中东市场","对港澳鲜活商品出口主要由珠江三角洲来承担"。这样,珠江三角洲的农副产品就开始面向港澳和东南亚,以进出口贸易换取外汇,吸引外资为珠江三角洲的大小市镇发展提供了良好的物质基础。随着"三来一补"乡镇企业蓬勃发展,大中城市的工业化、城市化水平不断提高,这也成为本区社会经济发展的主旋律。结合这里毗邻港澳"区位优势",采用"前店后厂"发展模式,本区形成了一大批全国知名的企业集团。1987年党的十三大提出"商品经济是社会主义不可逾越的一个历史阶段",从此把"大力发展商品经济"推进到珠江三角洲地区的每一个城镇。90年代后,其商品经济、外向型企业闻名全国。

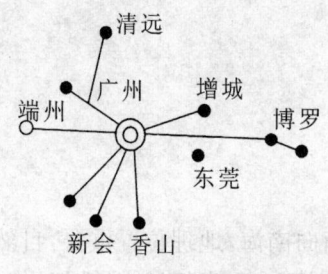

图 5-3-1a 元代以前广州单中心放射型网络　　图 5-3-1b 明清(鸦片战争前)穗澳双中心"T"形网络

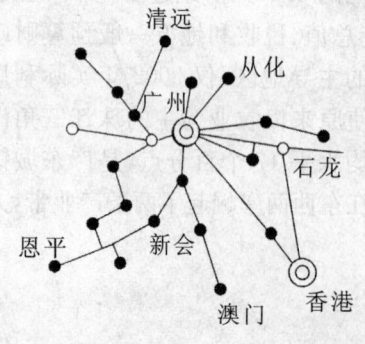

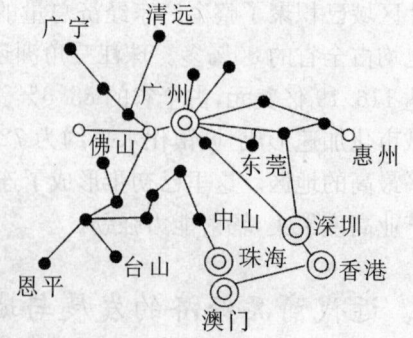

图 5-3-1c 鸦片战争到解放前穗港双中心"I"形网络　　图 5-3-1d 改革开放后穗港澳三中心梯形网络

资料来源:郑天祥. 中国城市发展研究. 1992,1998.

1990年,珠江三角洲外贸出口额达96.24亿美元,远远超过上海、江苏等省市,占广东省的比重为91.14%。因而有人把珠江三角洲说成是"培育中国社会主义商品经济的摇篮"。1997年,全国沿海城市中实际利用外资的前四名城市依次为:广州26亿美元,深圳24亿美元,大连11.4亿美元,福州11.21亿美元。国际贸易出口总值名列前茅的城市中,深圳有212亿美元,广州65亿美元,其次为福州33亿美元,大连26亿美元。

商品经济的大发展,带动的是物资丰富、市场活跃、城市繁荣,反过来,人民生活水平的提高,购买力的增强,在社会需求方面又促进商品经济的进一步发展,形成一种良性循环,强化了城市在流通领域中的作用,增强了城市作为消费中心的功能。至2004年,珠江三角洲地区已有3个特大城市:香港760万人、广州560万人、深圳450万人;还有大中小城市14座,建制镇由1978年的32座增加到374座,城市化水平已达到42%,外地来本区打工的人口超过2500万人,其中在深圳、广州、东莞等市分别达到400多万人。

目前,珠江江三角洲已成为全球最大的制造业生产基地,其生产规模已超出美国东岸或者欧洲中部。珠江三角洲的城市群,首先就是在这个"地基"上打造的,一开始就各自具有鲜明的产业群特征。在2001年广东全省3 354亿元的工业增加值中,深圳、东莞、惠州以电子信息为主的产业群占了1 200亿;广州地区,以汽车、机电为主的产业群占了787亿;佛山(含南海)、顺德、中山,以家用电器为主的产业群占了747亿;珠海的生物制药、家电,江门的纺织化纤,肇庆的电子基础元器件,则分别占了162亿、204亿和101亿。

二、从"珠三角"到"大珠三角"

珠江三角洲城市群形成了以广州(佛山)为中心的中部都市区、以深圳(香港)为中心的珠江东岸都市区、以珠海(澳门)为中心的珠江西岸都市区,三大都市区在产业发展上各有侧重,在发展方向上以广深(香港)与广珠(澳门)为两条发展主轴。

(一)中部都市区

中部都市区是以广州为中心,包括佛山、肇庆的端州区、鼎湖区、四会市、高要市。这一地区人口稠密,城镇众多,现状人口密度已达1 235人/km²,广州与佛山几乎连成一片。这一地区是联系全国、全省的铁路干线、高速公路、航空、港口的交汇点,珠江三角洲与外界联系的交通枢纽和门户,全省政治中心所在;其工业门类齐全,为全省最大的综合性工业基地;亦是珠江三角洲经济区商业贸易、科技开发及科学研究之重心所在。这一地区山地旅游资源比较集中,如鼎湖山、流溪河森林公园、黄龙带森林公园、王子山自然保护区、大封门自然保护区。

2000年7月,广州市将与之接壤的南北两个县级市番禺、花都撤市建区,构建"大广州",从而使市区范围从原来的1 443.9 km²膨胀到3 718.8 km²,面积达到7 400 km²。2003年1月8日,紧邻广州的佛山市,将其所辖的各自相对独立的南海、顺德、三水、高明四市囊为"己有",市域面积共计3 781 km²。广州以外的城市化人口335万。"东进南拓"的"大广州"以及"左拥右抱"的"大佛山"共同构成了珠江三角洲都市圈中最为紧密层次的"广佛都市区"。目前广州至佛山全长22 km的地铁已动工建设。

广佛都市区

广佛都市圈渊源深厚,历史上有广州就有佛山,现在广州、佛山很多基础设施联系紧密,像佛山市南海区的自来水就是广州供给的,南海的房地产自称是"中山九路"。广州修建地铁,也在芳村留有衔接口,宽带网南海已经和广州连通,很多基础设施彼此共享。广州和佛山在地域上联系密切,广州、佛山两市实际上已经连成一片。目前,两市面积共有 11 181 km²,占珠江三角洲的 37.5%;城市人口 1 528.1 万人,占珠江三角洲的 42%,城市化水平 80.7%,比珠江三角洲城市化水平高出 9 个百分点。

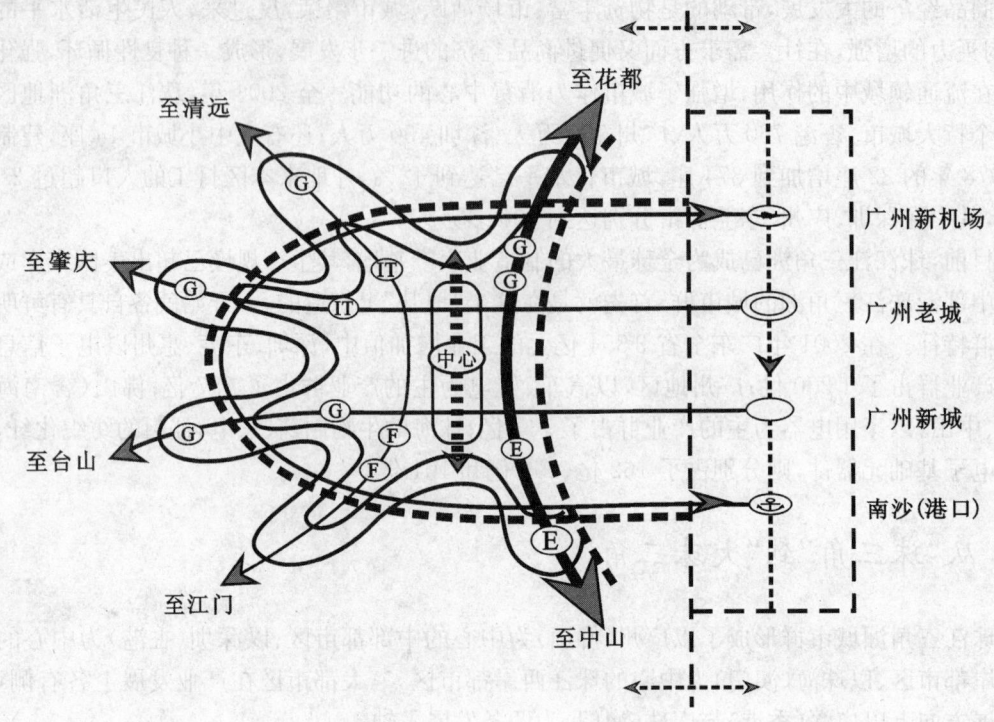

图 5-3-2 广佛都市区关系图

资料来源:广州市规划局;广州省建设厅(2004)

表 5-3-1 广佛总体情况数据统计表(2001 年)

类　别	广佛都市圈	占珠江三角洲的比重(%)	占广东省的比重(%)
面　积	11 181km²	37.5	6.2
人　口	1 528.1 万人	42.0	20.2
城市人口	1 233.7 万人	42.0	26.0
国内生产总值	3 754.1 亿元	44.9	35.6
工业总产值	5 754.2 亿元	47.9	31.0
社会消费品零售总额	1 623.1 亿元	52.0	36.0
城乡集贸市场成交额	692.7 亿元	—	32.9
全社会固定资产投资	1 216.4 亿元	47.4	34.3

续表

类　别	广佛都市圈	占珠江三角洲的比重(%)	占广东省的比重(%)
外贸进出口总额	341.0亿美元	—	19.3
外贸出口总额	179.7亿美元	19.8	18.8
实际利用外资	43.4亿美元	30.6	27.6
城乡居民储蓄存款	3 931.3亿元	51.3	39.6
财政收入	329.5亿元	44.2	28.5
邮电业务量	251.5亿元	40.6	25.1
货运量	36 494万吨	—	27.7
城市化水平	80.7%	—	—

资料来源：广州市规划局(2004)；广州省建设厅(2003)。

快速轨道交通

2004年7月10日，投入1 000亿元，以广州为中心连接珠江三角洲经济区9个城市的珠三角快速轨道交通建设正式启动，这个促使区域一体化的轨道交通网络，可望实现珠江三角洲城市群一小时"生活圈"。再造珠江三角洲最重要的是以快速轨道交通系统等重大基础设施建设来构筑珠江三角洲协作大平台。

快速轨道交通将极大地促进珠三角城市功能、布局、需求和产业诸方面的结构升级，从而打造一个崭新的珠江三角洲。时空格局的改变，将全面提升珠江三角洲区域城市群的整体竞争能力。珠江三角洲城际快速轨道交通就是珠江三角洲城市群内部的"公交"系统，轨道交通快速、准时的优势将给商务、旅游、购物等出行带来质的飞跃，提升珠江三角洲综合运输系统的水平。城际快速轨道网把区域内分散的城市连成一个整体，强化了城市群之间的联系与分工，增强了城市间的配套能力，提高了经济质量，有利于产业集群向中心城市集结，中小城市专业化分工将进一步强化，从而促进整个区域的产业升级和转型。

中心城市广州职能

广州市是珠江三角洲的基础工业和机械装备制造业中心。目前，除广州市有大型的钢铁、石化、造船、汽车制造、重型机械等基础工业、重型工业和机械装备制造业外，珠江三角洲的其他城市都没有。而现在广州市又从战略的高度把汽车工业作为第一支柱产业，并正在建设南沙临港工业基地。广州是中国南方国际物流中心，有亚洲一流的国际机场，有在建的国际枢纽深港和全国性铁路网络、高速公路网络，有正在动工建设的亚洲第一大火车站。广州是中国南方大商都，华南现代服务中心。香港是主服务中心，广州是副服务中心。广州是珠江三角洲科教和研发中心，高新技术产业基地和研发中心。广州市拥有的高等院校、科研机构、科研人员和科学技术工作者，是珠江三角洲城市中最多、最强的。广州是国内重要的大文化、大体育消费市场之一。广州是岭南文化古都，是中西文化最早交流和融合的都市，是华南文化中心城市，广东省行政中心。

中国城市群

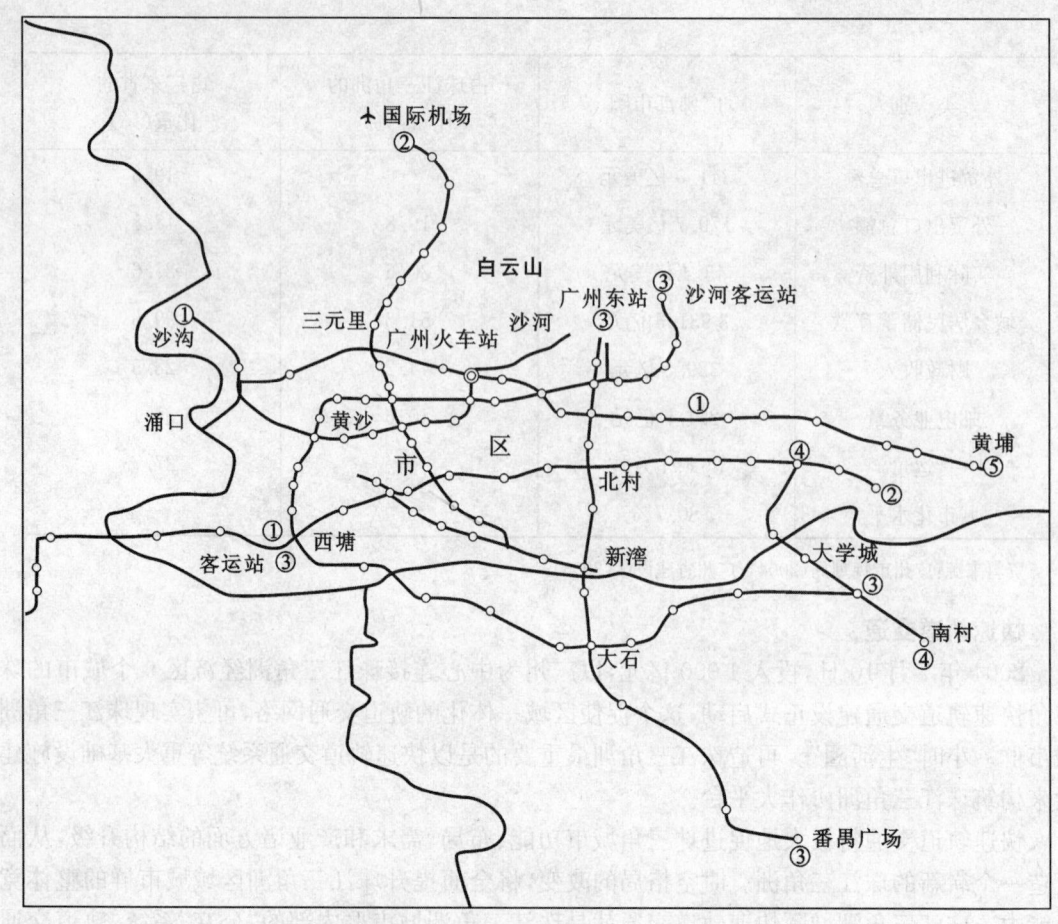

图 5-3-3　广州市地铁建设规划图
资料来源：广州市规划局编制中心（2004）。

（二）东岸都市区

东岸都市区以深（港）为中心，包括东莞、惠州两大副中心。这一区域主要有以对外商贸为主的第三产业，工业开发与研究相结合的科研及通讯器材、电子仪器、能源化工等工业。中心城市深圳特区和香港，正逐步实现功能互补和结构性对接，共同形成国际性金融、贸易、旅游城市，带动全区的第二、三产业发展。这一区域的国际航空港和对外联系的铁路已基本形成格局，今后综合交通运输系统建设的重点将放在港口及相应的疏港交通和高速公路网上。在生产组织和经贸方面与香港有密切的联系，外向型经济比较发达，是全国对外经济联系的"窗口"和最大的出入口岸。京九铁路的建成和香港主权的回归，无疑更强化了该地区的这一功能，成为珠江三角洲经济走向国际化的前沿地带。香港迪斯尼乐园的建成，吸引了国内外大批游客集聚香港，以主题公园为特色的旅游大环境将逐步形成，本区发展以城市旅游为主的旅游业，第三产业前景广阔。

深港融洽

深圳与香港一起共同成为大都市区的前景已经较明朗。香港是国际性商业、贸易、金融和旅游中心，今后将发展成为有显著地位的国际城市，深圳、惠东、惠阳、东莞是珠江三角洲外向型经济和"三来一补"最发达的地区,成为与香港的社会经济融合度最高的地区。港资一直是深圳最主要的投资来源。截至2002年,港商在深圳实际投资累计达200多亿美元,占外商在深圳实际投资金额的70%多,深圳港资企业约9 000余家,占深圳外资企业的80%左右。深港两地在银行资金结算、保险、风险投资的金融领域展开了一系列实质性的合作,深圳多家公司在香港创业,部分股票也在香港上市。

长期以来,香港市场上的禽、蛋、鱼、肉、菜以及鲜奶均主要来自深圳,每年经深圳水库供往香港的东江水达11亿多立方米,大亚湾核电站输电到香港,自20世纪90年代始,深圳高科技产业崛起,深港合作领域从"三来一补"发展到金融、商贸、航运、交通、物流、旅游等多个方面。合作模式和组织形式多样化,科技合作成为新热点,深圳市、北京大学和香港科技大学联合共建了深港产学研基地,香港4所大学相继进入深圳虚拟大学校园。

由于香港城市用地空间狭小,许多中产阶层的富裕港民,到深圳、东莞等市购买住房,房价较之香港要便宜一大半,不少港民在周末来往于深圳、惠州之间,通勤系统日趋发达,从这点看,香港在居住空间已延伸到深圳、东莞、惠阳等地。港人在深圳消费购物可以刷卡,香港企业法人签发的港币票据可在深圳兑现,深港两地港币票据由过去的国际结算变成同城结算,深港双方提出的港币支票到财时间由原来的5~7个工作日缩短至2个工作日,越来越多港人选择在深圳工作、居住、置业、旅游与休闲。

深圳把与香港的资源、功能互补摆在极其重要的位置。在口岸、交通、大型跨境基础设施、城市功能、环保等方面妥善安排。同时在资源分配、地域分工、市政基础建设等方面推动深港的协调和衔接。深圳已有4个陆路口岸与香港相通,频繁来往于珠江三角洲和香港之间的大量车流均须通过深圳交通干道。铜鼓航道、东部通道、粤港高速公路、沿江高速公路、皇岗/落马洲跨界人行通道等跨境大型基础建设工程项目正在建设中,深港西部通道已完工。香港分流到深圳的货运日益增多,深圳市出口贸易总额位列中国内地大中城市第一。

穗港城市走廊

从广州到香港,沿广深高速公路分别是广州市区-广州黄埔区、新塘镇-东莞市区-东莞厚街镇、虎门镇、长安镇-深圳松岗镇、沙井镇、福永镇深圳宝安区、南山区-香港;沿广九铁路则分别是:广州市区、广州黄埔区、新塘镇、石滩镇、惠州石湾镇、东莞石龙镇、常平镇、樟木头镇、塘厦镇、深圳平湖、布吉镇、深圳罗湖区和香港。这里城市绵延成带状分布,基本联成一体,成为珠江三角洲城市群主轴——城市走廊。在人口分布上,香港人口规模为710万左右,深圳人口规模为700万左右(含暂住人口450万),广州人口规模为1 000万左右,东莞和惠州的人口规模分别为560万与150万左右(含暂住人口410万),也就是说,整个珠江三角洲东岸的人口总量达到3 200万左右,即便去掉惠州,在穗港走廊上,四个城市的人口规模也将近3 000万。

从产业结构上看,从广州到香港的城市走廊上,已形成一体化结构,香港为金融和物流中心,深圳为金融和物流次中心,广州和惠州为重化工业基地,深圳、东莞和惠州为高新技术产业制造基地。

(三)西岸都市区

这一区域包括珠江口以西,银湖以东的地区,行政范围主要包括珠海市、中山市、江门市的部分地区。2004年,这一地区人口363.6万,面积6 179 km^2,人口密度635人/km^2。化纤、机械加工、家用电器、微生物、计算机制造等工业和旅游业已形成一定的特色,具有一批发展势头好、发展潜力大的中小城市,如珠海、江门、中山等。这一地区矿产资源贫乏,目前与外界联系相对不便。共同利用珠海高档次、大规模的港口、机场开展与外界的交流,发展经济,是区内各城市发展的共同要求。共同开发、利用、保护西江水资源也是这一地区成为整体的一个基础。这一地区人文和自然旅游资源比较丰富,在相互利用的基础上,形成发展旅游业的整体优势,也是其经济发展的重要内容。

由于区内中心城市集聚程度较低,实力较为均匀,各城市发展协调性不强,珠江西岸一直是珠江三角洲发展较为缓慢的地区。为实现珠江三角洲协调发展,将通过发展西岸地区,建立起与粤西、大西南的广泛合作与交流,促进共同发展。西岸都市区是全国著名侨乡,广东省商品农业生产基地。西江干流贯穿本区,具备发展航运和海运的有利条件,可发展依托于港口运输的临港工业和远洋运输业,如能源、重化工、机械工业及高技术的医药微生物工程,以及休闲度假性旅游业和以物资转运为主的港口贸易等第三产业。在空间结构上,则形成以珠海、澳门、中山、江门为中心的多核心结构。其中,珠海将完成与澳门对接,实现珠澳一体化,成为本区的主要核心。

港珠澳大桥

深圳和珠海之间的差距为什么这么大?深圳和珠海两个都是经济特区,开放政策都一样,起步的时候珠海的条件甚至还略好于深圳,为什么改革开放20多年拉开这么大的差距?差距是怎么来的?珠江三角洲经济相当大的一个特征是来料加工的外向型经济,主要靠香港的辐射作用带动,如资金、技术、人员等。香港能够产生辐射作用的一个重要条件就是交通方便,资金、产品、人员来往都处于"3小时经济圈"内。而珠江西岸则处于"3小时经济圈"以外,从香港运货到珠海,路途曲折,往返一次需要约12小时,因此,建设港珠澳大桥对于西岸都市区的发展是至关重要的。

港珠澳大桥是开拓香港活动空间,加强香港与珠江西岸联系的通道,对香港的未来发展非常紧迫。香港未来经济发展的出路就在于和内地的联系,打开西部通道对香港的航空、航运等现代物流业、旅游业,对国内投资以及劳动力就业等都有好处。香港资金要扩张,而东区发展已经饱和,向发展潜力巨大的西部地区投资是必然选择。香港需要扩张、珠江西岸需要发展,两者加起来,是1+1>2的结果。港珠澳大桥建成后,将加速"大珠江三角洲"世界最重要制造业中心向西岸扩展,珠海依托香港的国际服务业优势和国际化中心城市优势,可以发展成为粤西的制造业中心城市。

大桥建成后,从珠海到香港只要半个小时,使珠海等地接受香港的辐射更强。港、珠、澳的发展空间更大,不仅可带活珠江三角洲西部,而且可以带动整个大珠江三角洲地区成为全球最具竞争力的地区,发展势头不可阻挡。大桥建成后,将会大大节省时间、成本,还可以刺激港口之间的竞争,加快物流业的发展。香港物流服务若能全面覆盖珠江三角洲西部,可为香港海运、空运带来30%至35%的额外货源;同时,大桥把香港、澳门、珠海连成一线,能够拉动一向较为薄弱的澳门加工业,加强粤港澳大旅游圈的合作。

CEPA加速港珠澳大桥建设进程,目前大桥建设的资金、技术都没有问题,需要的是各方统一思想,加快立项建设步伐。

(四)"大珠江三角洲"城市群形成

随着CEPA的进一步实施,粤港澳经济一体化加快推进,珠江三角洲城市群必将发展成为"大珠江三角洲"城市群。"大珠江三角洲"是指广东省珠江三角洲地区 41 690 km²、香港 1 070 km² 和澳门地区 27.3 km² 的地区,陆地总面积为 42 787 km²。传统意义的"珠江三角洲"包括:广州、深圳、佛山、珠海、东莞、中山、惠州七个城市,而"大珠江三角洲"则将香港和澳门涵盖其中,总体经济实力惊人。今后 10～20 年,广东将发展成为世界上重要的制造业基地之一,香港将发展成为世界上重要的以现代物流业和金融业为主的服务业中心之一,澳门将发展成为世界上具有吸引力的博彩、旅游中心之一和区域性的商贸服务平台。目前,香港、澳门与传统"珠江三角洲"区进出口贸易额超过 6 000 亿美元,在 2002 年,区内的本地生产总值达 2 820 亿美元,比瑞士和瑞典等欧洲经济体系还要高,虽然面积不大,大珠江三角洲经济区却跻身全球第十七大经济体系。

根据香港规划署 2001 年的一项调查,过去 10 年港人来往内地数目增加 2.4 倍,而内地访港人数增加了 4 倍。根据有关资料,从 2003 年 1 月至 2005 年 12 月,内地访港人数已高达 861 万人次,香港政府旅游收入高达 15 亿港元,占全港旅游收入的一半。由于国务院开放了香港个人旅游的政策,内地已有 38 个城市手续简便,可以自由出入香港,旅游签证很快,每年罗湖口岸在节假日进出香港人数高达 20 万人,促进了香港市场的繁荣与经济的长足发展。港人的主要目的地以珠江三角洲城市为主,占总数的 95%,单是深圳、广州及东莞三地(深圳 61%,东莞 11%,广州 8%)占全部旅运的 80%。此外,在内地工作的近 20 万港人中,约 79% 的工作地点是在珠江三角洲城市(主要如深圳 37%,东莞 25%,广州 11%)。香港规划署 2001 年的一项居住意向调查显示,经常在内地居住的港人中(约 41 000 人),超过 90% 的居住在珠江三角洲。展望未来 10 年,约有 17 万港人欲往内地居住,其中 66% 将选择珠江三角洲城市。

在空间结构上"大珠江三角洲"的城市结构由两个中心城市、三个都市圈、两大城市发展轴构成:

两大中心城市为:香港和广州。香港是以国际功能为主的中心城市,广州是以区域功能为主的中心城市。

三大都市区为:香港-深圳一体化的都市区;广州-佛山一体化都市区;澳门-珠海一体化的都市区。

两大城市发展轴为:珠江口东部城市发展轴和珠江口西部城市发展轴。珠江口东部城市发展轴主要包括香港、深圳、东莞、惠州等城市,以制造业为主、服务业为辅,发展成为世界最重要的信息产业基地、高新技术产业基地和石油化工工业基地(惠州)之一;珠江口西部城市发展轴主要包括澳门、珠海、中山、佛山、广州、江门等城市,以制造业为主,服务业为辅,发展成为世界最重要的家电和五金制造业基地、高新技术产业基地和基础工业基地(珠海)之一。

香港:香港的城市功能定位是"大珠江三角洲"的龙头和中心城市,以服务业为主、制造业为辅,发展成为世界上最重要的以现代物流业和金融业为主的服务业中心之一及高新技术产业基地。

澳门:以旅游业为主的服务业城市。

广州市:作为华南地区的中心城市和全国的经济、文化中心城市之一,应发挥政治、经济、文化、商贸、信息中心和交通枢纽等功能,使广州发展成为繁荣、高效、舒适、既适宜创业发展又适宜居住生活的综合性国际城市。

深圳市:作为经济特区,在经济体制甚至政治体制创新方面具有得天独厚的优势,因此它的作用是要充分发挥经济特区的带头和示范作用,同时发挥地缘优势,逐步实现与香港的功能互补,发展成为具有高科技特色的国际性城市。

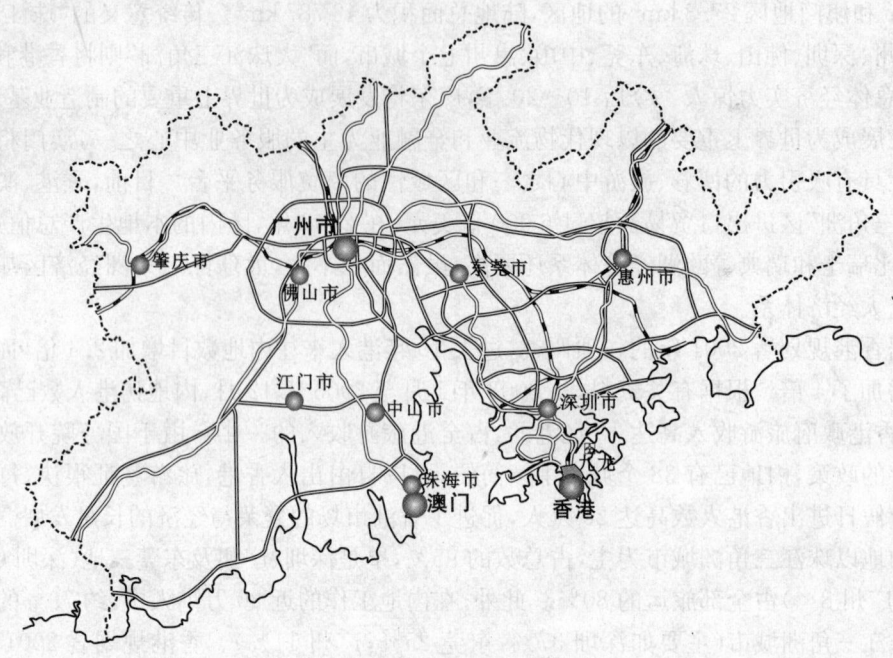

图 5-3-3　珠三角城市群交通网络协调规则图

资料来源:广州市规划局(2006)。

佛山、珠海、东莞、惠州、中山、江门、肇庆等区域性中心城市,则要在各自区域范围内发挥带头作用,重点加强城市若干专门化职能的建设,发展资金、技术密集型产业及大规模、集团化的工业生产。通过这样多级中心城市的发展联动,整个珠江三角洲的城市群将联成一张网络,形成特大城市-大城市-中等城市-小城市(中心镇)及卫星城镇(其他城镇)的有序城镇规模结构。

这个城市群主要特征为:一国两制、人文相通、网络共享、优势互补、共兴共荣,聚集力、辐射力都很强的多核心群星式的绿色城市群。所谓多核心,就是具有强大的聚集力与辐射力的中心城市不是一个而是多个;所谓群星式,就是有许多城市聚合在同一区域,这些城市各自具有明显的产业特色,放在全球都有自己的独特定位;所谓绿色,就是坚持可持续发展战略。合作的目标应是共同把大珠江三角洲城市群建设成为高新技术产业带、出口创汇基地、对外开放的窗口、连接海内外的物流中心。

(五)泛珠江三角洲区域合作

21世纪,粤港澳区域经济面临新的发展环境。一方面,中国已成为WTO正式成员,2010年又将与东盟十国共建自由贸易区,将更高程度地融入世界经济全球化,作为外向依存度最高的一个地区,粤港澳可能再次优先获得各种发展机遇;另一方面,国内地区之间的竞争态势已经形成,粤港澳区域凸显欠缺战略腹地的弱势。因此,经济腹地的培育和建设对珠江三角洲城市群未来的发展具有重大的战略意义。

广东与相邻的及珠江上游的八省区(福建、广西、江西、湖南、海南、云南、贵州、四川)位于我国南部地区,地域辽阔,人口众多,市场巨大,经济总量较大。地方财政收入、外贸出口和实际利用外资等指标占全国比重皆在30%以上。11个省区的面积199.56×10^4 km^2,占全国的20.8%;人口4.536亿人,占全国的34.8%;2002年,GDP为48 496亿元人民币,占全国的41.8%。11省区各地的经济地理、自然条件不同,在经济发展过程中存在不同的相对优势。长期以来,广东与8省区在交通运输、物资交流、能源开发、科研技术和文化旅游等众多领域都有紧密的合作关系。据不完全统计,"九五"时期至今,广东与8省区签订的经济技术合同协议金额累计达5 500多亿元,合作项目超过8 000个。长期的经济技术合作,为建立紧密的区域合作关系奠定了良好基础。

"泛珠江三角洲"客观上形成各具特色、各具优势的不同发展层次。香港特别行政区是国际性的金融、物流、信息和旅游中心,服务业占明显优势,也是统领这一区域走向世界、参与国际科技经济合作的龙头。澳门特别行政区与欧盟、葡语系国家关系极为密切,是引进发达国家先进技术的重要桥梁,其独特的旅游资源,和香港的迪士尼乐园,同样可与9省区共建纵横交错、相得益彰的旅游经济圈。珠江三角洲是世界最重要的制造业基地之一,其完善的产业配套、良好的融资体系、充足的劳力供应和便捷的交通系统,是内地参与国际合作和科研成果产业化的理想之地。而广东周边和珠江上游各省区的资源丰富,人才众多,科研力量雄厚,市场容量广阔。

建立"9+2泛珠江三角洲经济协作区",加强各省区之间的经济技术交流与合作,不但能够实现优势互补,形成最为广泛的产业配套体系,有助于培育和壮大高新技术产业与基础装备产业,推动和实现传统产业的技术创新与高效发展,而且还可以节省能源和原材料消耗,保护生态环境,提高经济发展的效率与质量。与此同时,借助各省区的不同优势,联合开展科技攻关,还将大大提升这一区域的创新能力,增创产业发展新优势。而广阔的市场潜力,则必能形成强大的发展后劲和国际竞争力。

因此,应该按照"优势互补、互利互惠、合作共生"的原则,着力推动"泛珠江三角洲"的建设。在基础设施建设、自然资源开发、产业结构配套、旅游资源互补、物流运输服务、生态环境保护、劳力资源调剂、人才培训交流、科技文化合作等领域开展合作。通过10~20年的努力,把它建设成为推动各省区经济社会发展的强有力的协作架构,使这一区域成为中国乃至亚洲地区最重要、最具影响力和竞争力的经济区域。

三、珠江三角洲城市群未来发展趋势

珠江三角洲地区是我国改革开放的前沿地带,是市场经济启动较早,经济发展势头迅猛,区域一体化的先发地区。但近几年,随着改革能量的充分发挥,政策优势的逐渐消失,区域不合理的分工布局、相互之间的恶性竞争、资源浪费等内耗以及来自长江三角洲强有力的竞争,珠江三角洲出现外资转移、经济增长速度相对放缓的不利局面。另外,珠江三角洲大部分城市江段、河道水质污染严重,区域供水排水交错,部分城市饮用水水源地水质受到影响,跨区水污染日益突出。珠江三角洲形成了以广州、佛山为中心的酸雨高发地带,各城市机动车尾气型空气污染问题日益凸显,已出现光化学污染征兆,并形成了区域大气复合污染现象。氮肥污染、农药残留与持久性有机污染有所增加。

同时,CEPA的签署和实施以及包括粤港澳在内的"大珠江三角洲"经济区的建设,将为珠江三角洲地区经济的再一次崛起带来重大发展机遇。珠江三角洲与香港、澳门地缘相近,人缘相亲,加上经济联系的历史渊源,使粤港澳的合作成为珠江三角洲地区经济发展的重要推动力量。在内地与香港、澳门签署更紧密经贸关系安排的制度框架下,如果能够抓住这一得天独厚的先机,珠江三角洲必将实现经济的再一次起飞。

因此,必须对珠江三角洲城市群实施战略性整合,加速珠江三角洲与外围地区的要素流动,在更高层次上互补互惠,从内核和外延两方面做大做活珠江三角洲。

1. 发挥香港、澳门的特殊作用

香港是全球最具竞争力的自由港之一,是国际贸易、金融、商业航运和信息中心。同时,香港也是国际上东西方科学文化与艺术交流的桥梁与枢纽。香港近10年来,国际贸易中集装箱吞吐量一直为世界第一,每年达1 400万标准箱;香港大屿山国际机场,每年的旅客吞吐量高达4 100万人次,仅次于东京为亚洲第二大航空港,货物吞吐量超过$200×10^4$ t,为国际繁忙的枢纽机场之一。澳门经济规模较香港小,但它是东西方文化汇聚交融之地,博彩、旅游、金融保险等产业有一定优势,也实行自由港政策。改革开放后,港澳将大量劳动密集型产业转向珠江三角洲地区,成为珠江三角洲经济发展的动力源之一,也促进了内地经济的发展和港澳的持续繁荣与稳定。今后,应进一步加强珠江三角洲与香港、澳门的联系,创造更加良好的合作空间与机遇。"大珠江三角洲"的中心和龙头是香港,这是毫无疑问的,由香港这个以国际金融中心、物流中心、航运中心为主的国际服务业中心支撑,才能带动"大珠江三角洲"城市群制造业的发展,广东才能发展成为世界上最重要的制造业基地之一。

2. 以科技为先导,实现产业结构升级

要使目前仍受跨国公司控制的"地区生产者"成为一个拥有自我创新能力、自主知识产权、能独立自主进行产业结构战略性调整的高新技术的"世界工厂",就要改变过去科技研发能力弱、产业附加值低的状况,加强研发力量,独立设计和制造具有自主知识产权的名牌产品。加大对高新技术产业的投入,特别是促进信息、生物制品、新型材料等知识密集型产业的发展。以科学技术为先导,运用清洁制造技术,减少环境污染。继续以劳动密集型立足,确保市场份额;以科技为动力,实现产业的高级化和高质化。

3. 加强基础设施建设,实施内联外延

尽快开始港澳珠大桥的建设,加快建设珠江三角洲城际快速轨道交通系统,使大珠江三角洲形成真正意义上的"1小时交通圈"。加强大珠江三角洲五大机场的合作机制与地理分工,形成大珠江三角洲通往世界各地和内陆省份的强大航空网络。广州新白云机场已成为中国的四大干线主枢纽国际机场,近几年来旅客吞吐量已达到3 100万人次,仅次于香港、上海和北京。香港、深圳、广州三个世界级大港,加上珠海、汕头、中山等构成的港口群,可以充分发挥江海联运的作用,构成远通世界各地、内连珠江三角洲内陆的多层次水运网络。进一步完善以广州为中心的放射状高速公路网。这些基础设施的建设和完善,不但能加强珠江三角洲内部的合作,而且有利于向外延伸和拓展,逐步紧密连接西南八省区,为泛珠江三角洲区域经济合作打下基础。

4. 加强珠江三角洲城市之间的合作

珠江三角洲城市群各个城市之间存在竞争和合作的双重关系。各个城市只有在互利合作的基础上才能获得更大发展,但在合作中也必然存在着竞争,这种竞争,应该是基于合作基础上的有序竞争,而不能发展成恶性竞争,否则,将会对各方产生不利影响。因此,珠江三角洲的各个城市应注重分工与合作,在沟通与交流的基础上形成一致的区域规划构想,并根据自己的区位优势、资源特色,建设具有自身特色的产业结构,完善区域内的产业链和共同市场。珠江三角洲要继续发挥龙头作用,就必须加强珠江三角洲城市群各城镇之间、城乡之间以及珠江三角洲与周边地区之间的资源、设施与空间整合,达到内部优化、外向拓展,形成区域一体化的发展格局。

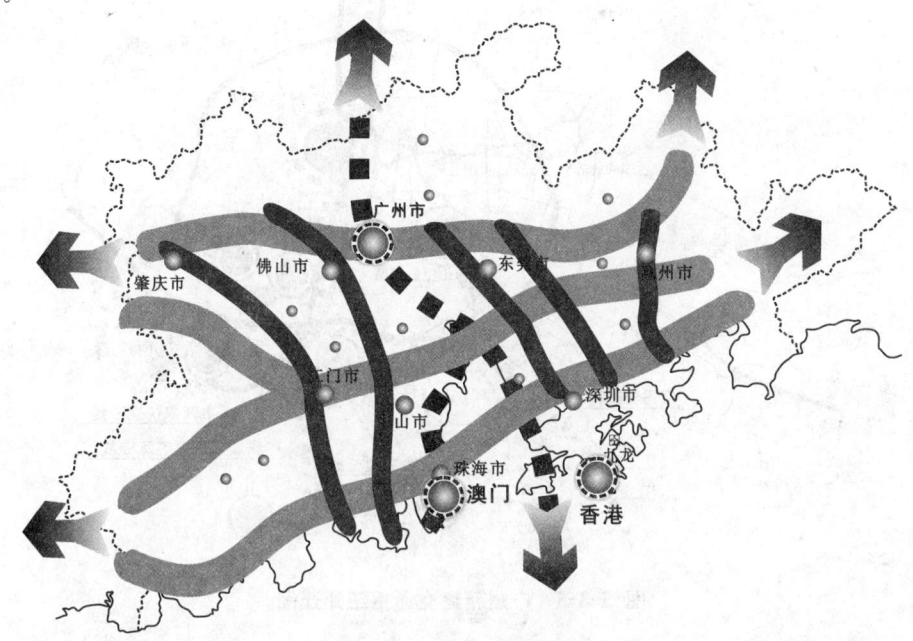

图 5-3-4 大珠江三角洲城市群轴线发展结构图

由于大珠江三角洲城市群的三极发展不平衡,加上香港、澳门的特殊地位,加强各地政府间的协调与交流非常必要。应加强广东省政府、特区政府和各个城市政府间的对话,加强粤港、粤澳经济合作联席会议等协调架构的作用,形成完善的科学决策和调控系统。① 在市场经济条件下,民间交流对区域经济活动的协调作用不可低估,活跃的民间交流可以作为政府协调机制的补充,共同保障城市群区域经济系统的顺利运行。

5. 扩展珠江三角洲城市群东西两翼

发展东西两翼临海工业,尤其是石化、钢铁工业。东翼以汕头为龙头,发展临港工业,加快发展海洋资源性产品精深加工、能源工业和滨海旅游。西翼以湛江和茂名为龙头,发展临港工业、滨海旅游和外向型渔业,发展壮大石化、轻纺、家电、五金和以高岭土为主的资源深加工、皮革加工、农产品加工等产业。充分发挥东西两翼良好的沿海港口条件,在东西两翼地区建设一批沿海大型骨干电厂,把两翼发展成为全省电力供应基地。在天然气和石油基础设施方面,进一步扩展和完善汕头、潮州、揭阳、湛江、茂名、阳江等城市的燃气管网基础设施建设。

出台一系列扶持政策,为两翼发展创造良好的软环境。把两翼地区建成广东省低商务成本的首选地区和珠江三角洲的重要腹地,撤并收费站,解决路桥收费过高问题,通过分类指导,

---

① 珠江三角洲地区城市群规划已完成了修编,由国家建设部、广东省人民政府以及中山大学合作编制完成(2002~2003年)。

降低门槛,解决两翼企业难以享受省优惠政策问题等。

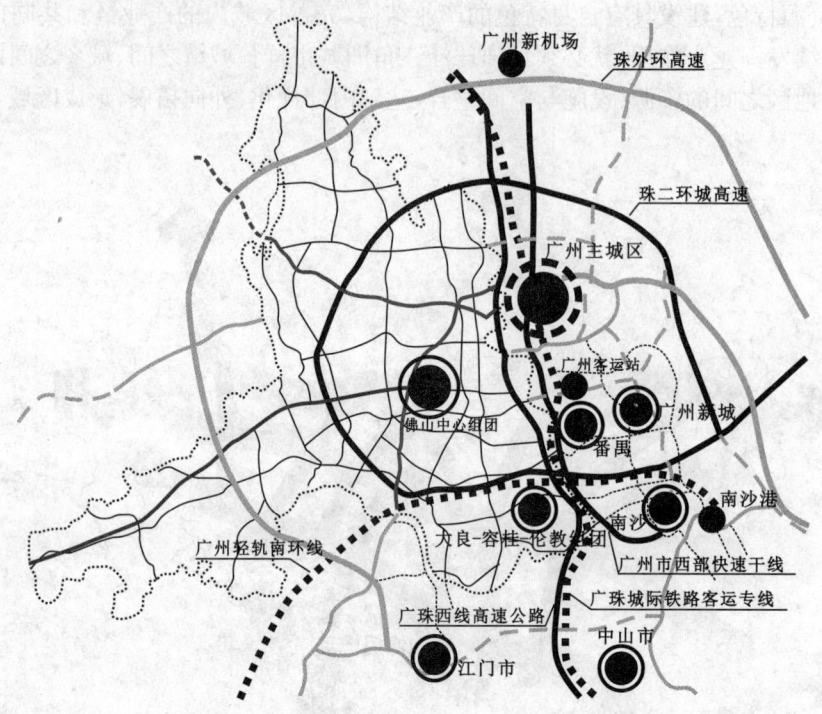

图 5-3-5 广州新建交通枢纽外迁图

6. 文化重构是根本

外来直接投资在中国区域经济争霸的过程中扮演着越来越重要的角色,它在珠江三角洲与长江三角洲之间的游离变化,近年来也引起了世人的关注。从经济角度分析得不出合理的解释时,外来直接投资的文化选择问题便凸显了出来。由于广东与上海两地的文化形态和文化底蕴不同,其对外来直接投资选择的影响显现出不同的特点。根据有关数据显示,在投资主体方面,广东的外来投资以港澳台为主(其中有七成以上为港资),上海以欧美日为主;在技术结构方面,外商在广东多投资劳动密集型产业和IT产业的低端组装业,在上海趋向于高级的第三产业如金融、寿险业、研发机构、工厂高端产业和重化工业;在投资规模方面,投资上海的通常为大中型企业,而投资广东的大多为中小企业。因此,以文化为底蕴的人文环境在全球经济中成为至关重要的影响因素,珠江三角洲要在新一轮经济较量中走得更稳、更远,文化重构必然成为一道绕不过去的弯。珠江三角洲地区应该重视严肃文艺,重构珠江三角洲地区新形象;兼容各家之长,重建岭南文化;大力发展教育,重塑岭南新人;大力引进人才,再造岭南新血液。①

---

① 珠江三角洲城市群,全区 2004 年户籍人口 2 451.34 万人,GDP 总量达 1.34 万亿元,占全国 10%,按户籍计算人均近 7 000 美元,成为世界上新兴瞩目的经济发达区,国际商贸发展区,工厂产业区(见许自策、蔡人群在全国地理学术年会上的报告.兰州,2006.8)。

第四节
山东半岛城市群

山东半岛城市群以胶济铁路(包括其延伸部分蓝烟铁路和桃威铁路)、济青高速公路、青烟高速公路和烟威高速公路为主干线,沿线串联了济南、青岛、淄博、东营、烟台、潍坊、威海、日照8个城市,为我国近年来城市群成长的后起之秀,是山东省社会经济和城镇发展布局的脊梁,对山东省的城镇群的形成起着至关重要的作用,是山东省城市化水平最高、发展最快的地带。本区面积 7.3×10^4 km^2,是黄河中下游地区的主要出海门户,是北方大陆伸向西太平洋的最前缘(图 5-4-1),向西可连接沿黄河经济协作带,向东以青岛为出海口可与韩国、日本、朝鲜及东南亚诸国建立便利的联系。

按公安局户籍人口统计,2004 年本区总人口 3 941 万人,按当年价计算,地区生产总值 8 338.90亿元,以占全省 46.6%的陆地面积和 42.9%的人口,创造了占全省 65.7%的地区生产总值,人均GDP 为全省平均水平均的 1.5 倍左右,地均 GDP 为全省的 1.4 倍,地方财政收入高达全省的 56.5%。区内城市除了东营外,其他 7 城市的地区生产总值均超过 1 000 亿元以上,成为"经济巨人";本区聚集着经国务院和省政府批准的 50 家经济开发区和 9 家高新技术产业开发区,以及包括海尔、海信、青啤、轻骑、浪潮、重汽、胜利油田、齐鲁石化在内的一大批"巨人"型企业;胶济铁路横贯东西,济青、京福、潍莱、同三等高速公路四通八达,青岛港年吞吐量超过 1.3×10^8 t,已经成为我国沿海第二大外贸口岸,集装箱吞吐量居全国第三位;2004 年山东半岛城市群共有30个城市,占全省的62.5%,城市化水平自"九五"以来一直高于全省平均水平10个百分点左右;集中了山东省80%的科研院所、科研人员和大中型企业工程技术人员。

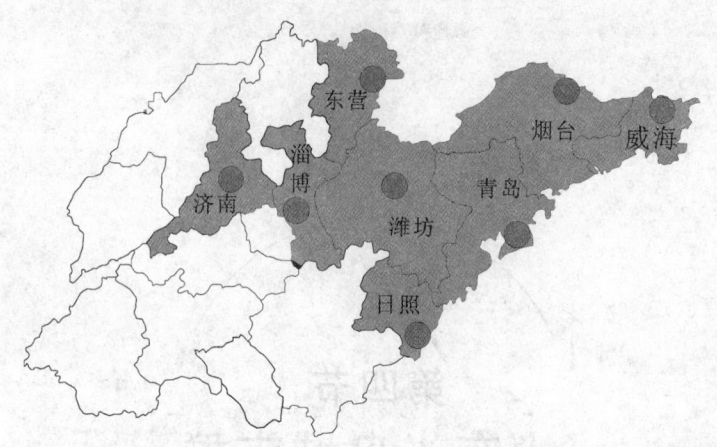

图 5-4-1　山东半岛城市群地理位置示意图

一、山东半岛城镇及城市群的发展历程

1. 山东半岛城镇发展历程

山东半岛历史悠久,是中华民族的重要发源地之一。举世闻名的龙山文化、大汶口文化就是在山东境内首先发现的。西周初期,龙口一带的莱子国是有名的富强之都,仅造铁徒就达4 000多人。据史书推测,战国时期齐都临淄大约已有42万人口,其他主要城市人口估计也有数万人。西汉时山东人口达1 200余万,占当时全国的1/5强,是全国人口最密集的地区之一。汉代临淄已成为一个全国性的大商业都市。据推测,当时临淄人口已近百万。到了隋唐时期,淄博的青瓷、青州的丝织和沿海各县的晒盐业均达到鼎盛。同时,商业、交通也很发达,登州和莱州是当时国内重要的海外交通门户和造船业中心,在对日本、朝鲜等地的贸易交往中占有突出的地位。到宋代,由于辽、金南侵,密州板桥镇(今青岛)成为当时北方唯一的出海口,一跃成为全国著名的贸易港口之一。元末明初,连年战乱,山东几乎成为无人之境。但经明朝政策的大力扶持,人口与经济得以迅速恢复。清代时,境内经济、人口增长极为迅速,全国产金5 000两,胶济带地区就占4 000两。人口密度由17世纪中叶的每平方公里11人增加到19世纪中叶的212人,奠定了城市与人口发展的基础。[①] 鸦片战争以后,各国列强占青岛、租威海,对胶济带地区实行疯狂的经济掠夺,到民国末年,胶济带地区的经济已濒临崩溃的边缘。建国以后,因港口和铁路的陆续兴建,使城市发展步入现代时期。

济南是一座有着悠久历史的古城。2 600多年前,就建有城郭,最早出现史册的名称为"泺"。春秋战国时代,济南为齐国之泺邑。2 000多年前的汉代改称济南。公元前164年设立济南国。明初济南已为全省的省会,一直至今。1929年7月设济南市至今。1928年4月至1937年底,日本帝国主义先后两次侵占了济南,济南人民深受暴虐的入侵强盗的压迫和经济

---

① 韩光辉,赵英丽,丁超. 山东半岛城市群地区城镇发展历史. 2003.

掠夺,致使大部分工厂倒闭,无辜同胞惨遭杀戮。1945年8月日寇投降后,国民党反动派又进行强盗式的劫收,城市又遭到了摧残蹂躏,民生凋敝,物价飞涨,古城一片萧条。1948年9月24日,济南获得解放,这座古城终于回到了人民的怀抱,开始了新的历史时期。1947年城市人口达57.48万人,2003年城市人口突破243.29万人,成为山东省第一个特大城市。[①]

青岛地区昔称胶澳。1891年(清光绪十七年)清政府在此设防,是为青岛建制的开始。1897年,德国以"巨野教案"为借口强占胶澳,从此青岛沦为殖民地。1914年,日本取代了德国侵占了胶澳。第一次世界大战结束后,中国收回胶澳,开为商埠,设立督办公署,直属北洋政府。1929年,南京国民政府接管胶澳商埠,设青岛特别市。1930年改称青岛市。1938年日本再次侵占青岛。1945年国民政府在美国的支持下接收青岛。1949年6月2日,青岛解放。1980年城市人口达98.78万人,2003年人口已达到200万人,成为山东省第二大城市。

烟台,因古代在临海山上设"狼烟台"而得名,地处胶东半岛东部,隔海与辽东半岛相望。公元前221年秦始皇统一八国后,划归齐郡。唐宋时属登州管辖。元、明、清至民国年间,烟台属登州福山县管辖。1934年,改烟台为特区,属山东政府。1938年,日寇侵烟后,改为烟台市,属登州道。1948年10月,烟台解放,属胶东行署。1950年为省辖市。1958年为县级市,属烟台行署。1983年10月撤销了烟台专署,组建省辖地级市烟台市,实行市管县体制至今。1860年,烟台被辟为通商口港,烟台对外贸易有了较大的发展。1930年,城市人口超过13万人,1990年为61万人,2000年为84.56万人,2004年发展到102万人的大都市。

威海向为海防要冲,明代设威海卫,清代一直在此驻扎军队。光绪年间,北洋海军的基地也设于此,大量的陆海军聚集在威海城内。1932年威海城市人口达19.5万人。1947年威海设为省辖市。改革开放后发展迅速,2004年城市人口已达45万人。

潍坊一直是鲁东和鲁西之间以及山东半岛南部与北部之间的陆上交通的汇合点。在近代交通体系建立之前,它已是鲁东地区的商业重镇。在19世纪70年代,潍坊成为内地土特产和洋货经烟台进出的中转站。在20世纪50年代初期工业以食品加工为主,纺织、金属加工业次之,在此基础上发展了机械工业。市区人口和面积分别由1949年的8.33万人和4 km² 发展为1978年的19.65万人和26 km²,2004年城市人口已达75万,市区面积为80 km²。

2. 山东半岛城市群发展历程

在建国初期,山东省经济仍处于农业经济占主导地位的发展阶段,1949年全省90%的工业集中在胶济铁路沿线的济南、青岛、淄博等城市,广大农村几乎是一片空白。全省共有15个市,其中有11个城市集中在本区,济南、青岛、淄博、潍坊均在胶济沿线。但只有省会城市济南和青岛、烟台、威海三个沿海城市有低标准的基础设施,其余城市还谈不上有成形的市政基础设施。1949年,沿海有货物吞吐量和旅客发送量的港口8个,邮政和电信也主要集中在济南、青岛、烟台几个城市和地区。

新中国成立后至改革开放前,由于受国家政策的影响,投资重点向内地倾斜,青岛、烟台、威海等经济基础较好的地区没有成为投资的重点地区,但淄博、东营等城市在"优先发展重工业"思想的指导下得到重点投资和发展。受当时经济思想影响,各地区经济自成体系,联系和合作没有得到加强。严格的城乡户籍管理制度和"上山下乡"的号召等因素又影响着城市人口的增加和城市化水平的提高,影响了山东半岛地区城市的发展格局。

---

① 王新峰,周一星. 山东半岛城市群职能定位与结构调整. 2003.

改革开放以后,对外开放是推动山东半岛城市群形成的主要动力。1984年青岛、烟台作为首批沿海开放城市对外开放。青岛、烟台抓住机遇,充分发挥区位、资源、经济、政策等多种优势,发展外向型经济,实现了经济的腾飞。1985~1991年,威海、潍坊、淄博、日照被列入第二批对外开放城市。随后,整个山东半岛被列为经济开放区,东营市被国务院批准为沿海开放经济区。实行对外开放政策以来,山东半岛地区充分利用区位优势及有关优惠政策,大力改善基础设施条件,不断扩大对外贸易和利用外资、引进技术的规模,促进了经济的快速增长[①]。乡镇企业异军突起,为城镇发展增添了新的活力。经济联合日益加强,城乡一体化随着横向经济联合的深入而发展,城市间的联系与合作随之加强。原有城市规模不断扩大,新建了一批小城镇,城市体系不断完善。对外开放使青岛、烟台、威海、潍坊等均获得了快速发展。其中威海是发展最快的城市。威海在被列为对外开放城市的前后,10年GDP年均增长速度相差8.8个百分点,正是对外开放,使威海经济实现了腾飞,改革开放以来,外商直接投资82%都集中在山东半岛城市群地区。1992年至今,山东省紧紧抓住国家对东部沿海和交通干线地区实行重点倾斜的机遇,对胶济、陆桥和京九沿线及黄河三角洲等经济区域实行倾斜政策,进行了重点培植,提出了以青岛为龙头,烟台、威海、新石铁路、津浦铁路、济青公路两侧设区布点,形成整体对外开放新格局。同时,山东提出并实施了"海上山东"及"黄河三角洲开发"两大战略,促进了半岛地区及东营市的发展。

济南、青岛两主要城市,在改革开放后,差距一度曾有所缩小,但由于20世纪90年代以来青岛工业的快速发展,两者的差距又逐渐拉大,2000年达到了2.3个百分点。1978~1990年,济南、青岛年均经济增长速度分别为12%、9.4%,第二产业增加值的增长速度则分别为10.6%、9.7%,青岛均慢于济南,但1990~1999年,济南、青岛的年均经济增长速度分别为16.7%、15.5%,尤其是青岛的第二产业发展提速,年均增速达17.5%,快于济南15.7%的增长速度。1979~2000年青岛利用外商直接投资是济南同期的4.97倍。而济南的经济更大程度上则是国有投资导向型。

山东半岛城市群主要核心城市是青岛、济南、烟台和淄博等,到2004年这四个城市的市区人口分别达到了256万、221万、102万和155万人,也是整个山东省的四大核心城市,其中济南和青岛是计划单列的副省级城市,发展极为迅速。

二、山东半岛城市群现状分析

1. 自然资源丰富,但发展后劲不足

山东半岛属于暖温带季风性气候。夏季盛行偏南风,高温多雨,冬季受寒潮侵袭,气温低、降水少,春季干旱多风,蒸发大。年平均气温在11℃~14℃之间,胶东半岛略低。年平均降水量在550~950 mm之间,高于同纬度的其他地区。山东半岛日照资源丰富,日照时数多年平均在2 300~2 800小时。可以说,农业气候条件十分优越。

山东半岛的地形多样,沿胶济线的两侧有中山、低山、丘陵台地、盆地和平原等多种地貌景观,几个主要的城市都临近山地,如济南、淄博和潍坊都位于泰山和鲁山以北,烟台位于艾山以东,青岛则位于著名的崂山以南。地形条件不仅使气候资源,如降水和气温重新分配(在山麓

---

① 李昌峰,姚士谋. 山东半岛城市密集地带区域发展研究报告. 2001.

两侧的气温与降水完全不同,地理景观亦随之有很大的差异),也影响到城市与交通线的扩展与布局形态。山东半岛为我国最大的半岛,岛伸入黄渤海中,港湾罗列,海岸线长,北起无棣县北端的大河口,南至日照市南端的秀针河口,海岸线全长 3 121 km,占全国的 1/6,拥有很多天然良港、大型盐场和海产养殖场。沿海风景秀丽,冬暖夏凉,成为良好的避暑游览胜地。

山东半岛矿产资源丰富,种类齐全,采冶业自古以来称著于世。目前,已经探明了数十种有工业价值的矿产资源,尤以石油、天然气、煤、金刚石、金、铝土矿及石墨在国内占有重要地位,远为其他沿海地区所不及,是山东半岛经济发展的坚实物质基础。

丰富而优良的资源组合条件,为山东发展以资源开发为基础的、相对完整的产业体系提供了得天独厚的支持条件,也为近现代山东经济的发展做出了巨大的贡献。但是,半岛城市群地区的主要矿产资源经历了较长时期的开采,煤、铁、铝等大宗矿产资源已经进入稳产期、减产期甚至停产期,比较优势在逐步下降。与此同时,石油资源虽有了突破,水资源短缺却日益成为制约山东半岛经济发展的"瓶颈",对山东城市经济的持续发展构成基础性制约。

2. 区位条件优越,但没有充分利用

山东半岛的宏观区位处在我国以上海为界的北方海岸线的中偏南段,北面与辽东半岛形成环抱渤海之势,突出在黄海之中,构成中国北方大陆伸向西太平洋的最前缘。东面与朝鲜半岛、日本列岛隔海相望,是中国内地最接近韩、日两个亚洲发达国家的地区,具有得天独厚的对外开放条件。

从国内区位看,山东半岛处在南方发达地区长江三角洲和北方发达地区京津、辽中南之间,是我国黄河中下游地区的主要出海门户。沟通南北的运河和沿海航道是古代山东最重要的对外联系通道。1904 年胶济铁路建成以后,又形成了沟通海内外的东西向联系通道。1908 年津浦铁路的修建进一步强化了山东在国内南北向经济联系通道的重要地位。

然而,山东半岛目前的发展状况却与这样优越的区位优势并不相称。山东总体上还属于沿海外向型经济起步滞后的地区,山东的进出口额占全国的比重大体保持在 6% 左右,外向度处于全国第九位,远低于全国总体水平。

山东半岛虽然与它的后方腹地具有传统的经济联系,但由于这些地区大都不属于发达地区,对外经贸活动形成的流量规模有限,大多又属于山东半岛港口群与天津港、连云港、上海港的共同腹地。胶济铁路强化了半岛地区的交通枢纽地位,但 100 年来没有向西进一步延伸,直到 2000 年 4 月邯济铁路通车以后,河北南部、河南北部和山西的一部分地区才可能进入山东半岛港口的腹地范围,但此时各地区传统的对外联系通道已基本形成。

山东沿海港口群的服务功能远未得到充分发挥,目前的紧密腹地基本上局限于山东省境内。对 1997 年海关资料的分析,山东全省的进出口货物 95% 经由青岛海关,而青岛海关全部的进出口货物有 91.3% 来自山东省内(周一星、张莉,2000)。这种严重缺乏省外腹地支撑的局面,大大制约了半岛地区的经济发展,抑制了山东在全国的经济地位。

3. 经济基础优越,各市发展特征鲜明

城市的发展归根结底是经济的发展。进入现代社会以后,经济的发展,特别是工业的发展必然会促使人口和资源从乡村向城市集中,最终形成一个以城市为主的社会。这就是现代城市化过程。突出的经济优势可概括为以下几个方面:

经济实力强。2004 年,该区国内生产总值达到 10 179.37 亿元,地方财政收入 468.37 亿元,分别占全省的 64.03% 和 56.54%(表 5-4-1),人均国内生产总值 25 827 元,人均地方财政收入1188元,分别比全省平均水平17 348元和904元高;城镇居民人均可支配收入10 785元,农民人均总收入6 316元,分别比全省平均水平1 348元和850元高;工业实力雄厚,全部工业总产值达到12 043.36亿元,占全省的56.40%;外向型经济发展优势明显,对外贸易进出口总额5 222 997万美元,占全省的85.93%。累计实际利用外资826 667美元,占全省的84.17%;社会消费品零售总额2 831.6亿元,占全省的63%;崛起了寿光蔬菜批发市场,即墨、淄川和济南服装批发市场,淄博齐鲁化工商城等一批在全省、全国有影响的大市场。拥有各类金融机构8 000余家。集中了省内4家证券、资产交易中心。农林牧渔业总产值达到1 653.93亿元,占全省的47.89%。特别是水产、畜牧、蔬菜、水果、花生、黄烟等效益高的产品尤为突出。

表 5-4-1 山东半岛城市带主要经济指标(2004年) 单位:亿元

指标	GDP	地方财政收入	金融机构存款余额	农林牧渔业总产值	工业产值	社会消费品零售总额	实际利用外资额(万美元)
城市带	10 179.37	468.37	10 226.73	1 653.93	12 043.36	2 831.66	826 667
全省	15 896.91	828.33	14 514.28	3 453.91	21 338.24	4 483.45	982105
比例(%)	64.03	56.54	70.46	47.89	56.40	63.16	84.17

"八五"、"九五"时期发展速度较快,近年来速度有所减缓,对全省经济发展的贡献大。"八五"期间,城市群地区的地区生产总值年均增长20.1%,高出全省平均增长速度3.4个百分点,其中第一产业增速为11.9%,高出全省4.7个百分点;第二产业增速为23%,高出全省2.1个百分点;第三产业增速为21.6%,高出全省3.6个百分点,充分体现出了本区在全省经济发展中的"领头雁"、"排头兵"作用。1990~1998年,全省国内生产总值增加了5 651.01亿元,其中来自本区的达3 560.82亿元,占全省总增加量的63%。但近年来,由于山东半岛城市群地区进入了工业化的中后期,基数较大,增长速度有放缓,2003~2004年,城市群地区的地区生产总值增长率为18.1%,低于全省平均数0.6个百分点,第一产业增加值的增速为11.3%,低于平均数1.7个百分点,第二产业增加值增长率为22%,低于全省平均数1.2个百分点,工业增加值增长率为22.2%,低于平均1.3个百分点,第三产业增加值的发展速度与全省平均发展速度持平。

2004年,山东省一、二、三产业在地区生产总值中的构成为11.5∶56.3∶32.2,将城市群地区8市的产业结构与全省相比,可以看出各市的经济发展特征鲜明。在产业结构方面,按照一、二、三产业的比例关系,可大致把八市分为三种类型:第一种类型,包括济南、青岛和烟台三市。第一产业比重分别为7.3%、7.5%和10.5%,低于全省11.5%的平均水平;第二产业比重分别为45.9%、54.1%和56.7%;第三产业分别为46.8%、38.4%和32.8%,高于全省32.2%的平均水平,明显体现出大城市的产业结构特点。第二种类型,淄博和东营2个市。第一产业比重很低,仅占国内生产总值的4.4%和4.6%,低于全省平均值7~8个百分点,第二产业比重很高,分别达64.7%和80.7%,高于全省平均值近10~30个百分点,第三产业比重明显偏低,仅为30.9%和14.7%,低于全省平均值近5~20个百分点,为典型的重化工业城市。第三种类型包括潍坊、威海和日照三市。第一产业为9.8%~16.1%,略高于全省平均水平,第二产业为49.3%~61.1%,与全省平均水平相当,第三产业为29.1%~34.6%,略低于全省平均水平,表现出城乡经济均衡发展的产业结构特点①。

表 5-4-2　2004 年山东半岛城市群各市结构分析(%)

地　区	第一产业	第二产业	第三产业
济南市	7.3	45.9	46.8
青岛市	7.5	54.1	38.4
淄博市	4.4	64.7	30.9
东营市	4.6	80.7	14.7
烟台市	10.5	56.7	32.8
潍坊市	14.5	54.8	30.7
威海市	9.8	61.1	29.1
日照市	16.1	49.3	34.6
全省	11.5	56.3	32.2

资料来源:周一星,杨焕彩. 山东半岛城市群发展战略研究. 北京:中国建筑工业出版社,2004.

4. 城市发展的人口基础好

山东省是我国的一个人口大省。1949 年底,山东人口已达 4 549 万,仅次于四川省。虽然解放后山东省人口自然增长率低于全国平均水平,并有近 400 万的净迁出人口,但因其人口基数大,人口增长仍十分可观。2004 年末,总人口达 9 180 万,仅次于河南省(9 717 万),为我国人口第二大省。2004 年,山东省人口平均密度为 585 人/km²,仅次于江苏(724 人/km²),在世界上也属于人口最密集的地区之一。2004 年,山东省人口情况如下表(表 5-4-3)。从表中可以看出山东半岛城市群地区的人口密度较大,非农业人口的比例比其他地区高,城市化进程较快,具备支持城市群发展的人口因素。

表 5-4-3　山东半岛城市带人口情况表(2004 年)

指　标	比例(%)	全省	合计	济南	青岛	淄博	东营	烟台	潍坊	威海	日照
总人口(人)	43.0	9 163.4	3 141.4	590.1	731.1	415.0	178.8	646.8	50.7	248.4	280.5
土地面积(km²)	38.2	156 700	73 150	8 154	10 654	5 938	8 053	13 746	15 859	5 436	5 310
农业人口(人)	37.7	6 212.2	2 340.0	282.1	380.2	230.6	94.4	410.7	602.7	134.7	204.6
非农业人口(万人)	54.3	2 951.2	1 601.5	308.0	351.0	184.2	84.5	236.1	247.9	113.7	75.9
人口密度(人/km²)	—	585	659	724	686	699	222	471	536	457	528
非农化水平(%)	—	32.2	40.6	52.2	48.0	44.4	47.2	36.5	29.1	45.8	27.1

山东城镇数目及其密度在全国名列首位,市镇人口密度也较高。2004 年底,全省共有 1 271 座建制市镇,平均每千平方公里的土地面积上有 8.1 个,而山东半岛城市群地区共有建制市镇 601 座,平均每千平方公里的土地面积上有 10.0 个。2004 年,山东半岛城市群现有建制市镇 601 个,占全省总数的 47.3%。其中,副省级城市 2 个,地级市 6 个,县级市 22 个,建制镇 571 个,建制镇的数量占到全省的 46.7%。城市群地区的非农化水平达到 40.6%,远远高

---

① 任建兰,李红. 山东省重化工业结构演进与区域经济持续发展. 人文地理,2001(1).

于全省 32.2% 的平均水平。

5. 优越的基础设施条件

已形成以高速公路、铁路、港口、航空为主体的发达的交通网络体系。铁路以胶济和蓝烟线为主轴,在济南与国家大干线京沪铁路交汇,自西向东串接了张东、张八、辛泰、益羊、青临、胶黄、桃威等铁路,形成"鱼骨"状的铁路框架。公路四通八达,济青高速公路和青烟、烟威、胶黄等高等级汽车专用线将各市连为一体,2004年山东省已建成3 033多公里的高速公路,为全国第一,各县城均有二级以上公路相通,半岛城市群地区高速公路建成1 748.6 km,占全省的57.7%。2004年,半岛城市群地区公路总通车里程达38 172.6 km,占全省公路总长度的49.09%,公路网密度63.8 km/10^2 km^2,远高于全省49.6 km/10^2 km^{2}的平均密度。航空事业发达,已建成济南、青岛、烟台、潍坊、威海5个机场。济南遥墙机场、青岛流亭机场和烟台莱山机场是山东省乃至华东、华北地区的骨干机场,民航客运量和航空货运量分别占全省的90%和86%以上。有海港25个,其中青岛港为我国的第四大港口,担负着华北、华东及西北内陆货物出海的重任。港口泊位256个,其中万吨级以上的86个。2004年,75个县市区全部开通了国际国内直拨程控电话,固定电话用户数1 471.2万户,占全省总容量的58.57%。区内已建成水库3 684座,总库容100.5×10^8 m^3,其中大中型水库119座,总库容78.1×10^8 m^3。引黄济青工程已发挥效益,引黄济淄工程也已建设,农田有效灌溉面积已占全区耕地面积的72.1%。

表 5-4-4　山东半岛城市群地区公路情况表(2004年)

地　区	公路里程 (km)	等级公路 里程 (km)	高级、次 高级路面 里程 (km)	高速公路 里程 (km)	晴雨通车 里程 (km)	公路密度 (km/10 km^2)
全省总计	77 768.0	77 758.0	67 465.0	3 033.0	77 483.0	49.6
济南市	4 594.4	4 594.4	4 553.7	194.0	4 586.2	56.0
青岛市	6 156.4	6 156.4	4 448.1	524.5	6 156.4	57.5
淄博市	3 729.0	3 729.0	3 558.6	147.9	3 587.4	62.2
东营市	4 688.7	4 688.7	4 688.7	132.8	4 688.7	59.4
烟台市	6 390.6	6 390.6	4 887.5	368.9	6 390.6	46.3
潍坊市	7 673.7	7 664.4	5 150.6	204.5	7 613.3	48.3
威海市	2 528.3	2 528.3	1 893.7	36.4	2 528.3	46.0
日照市	2 411.5	2 411.5	1 751.7	139.6	2 411.5	45.5
城市群地区合计	38 172.6	38 163.3	30 932.6	1 748.6	37 962.4	63.8
城市群地区占全省比重	49.09%	49.08%	45.85%	57.65%	48.99%	—

资料来源:山东省交通厅(全省公路规划根据2002~2010年)。

6. 四大城市经济区定位明确

周一星教授根据定量分析的方法将山东省划分为八个城市经济区,即:济南城市经济区、济宁城市经济区、淄博城市经济区、青岛城市经济区、烟台城市经济区和临沂城市经济区,其中有四个在山东半岛城市群地区。这四大城市经济区定位明确,发展方向清晰,对整个区域经济的发展起到了极大的带动作用。

济南城市经济区：目前在该城市经济区内部已经形成了以济南为中心，以铁路、高速公路、国道和省道主干线构成的完善的联系通道。但从中心城市济南市与该区内其他几个城市的经济联系来看，济南与德州和济南与聊城的经济联系不够强，这是与目前这两个城市的规模和实力偏小紧密联系的。本经济区的未来发展应积极发挥资源、原有产业基础、交通和区位的优势，加速工业化和城市化进程，壮大各级城市的实力，大力发展商贸、旅游等第三产业，增强对其西部地区和北部地区的辐射影响能力，拓展山东半岛的腹地。

淄博城市经济区：该区交通发达，经济区内部经济联系紧密，对外通过胶济铁路、胶济高速公路和山东省其他部分紧密联系。其未来发展应以黄河三角洲开发和胶济经济带发展为主要战略依托，以建成我国能源、化工、建材、农牧渔业的重要基地为目标。在对外经济联系上除了继续利用现有的联系通道外，应积极建设向北的对外联系通道，一是加快东营港的建设，使其成为本经济区一个重要的出海口；二是利用规划中的德东铁路和环渤海高速公路，直接向北同京津、华北和东北地区联系。

青岛城市经济区：该经济区内由于青岛、潍坊和日照市区都各处一隅，空间距离较长，市区之间经济联系不够强，但在该经济区内的其他县市大多和青岛都具有紧密的联系。其未来发展应以外向型经济为主导，大力开展对外经济技术合作，积极参与国际竞争。在对外联系方面除继续利用原有的胶济铁路、济青高速公路、蓝烟铁路、青烟高速公路、青威高速公路同山东半岛其他几个经济区联系外，还应在潍坊开辟新的联系通道连接未来的大莱龙铁路和环渤海高速公路，加强同华北和京津唐地区联系；通过胶新铁路和沿海高速公路的兴建，积极发展同长江三角洲的联系。

烟台城市经济区：该经济区交通发达，内部存在着较为紧密的联系，但与山东半岛其他经济区的联系比较薄弱。其未来发展应在利用海洋产业、旅游、港口等资源优势的基础上，充分发挥区位和对外开放的优势，加大利用外资的力度，瞄准国内国外两个市场，争取提前实现现代化。在经济联系上，应借跨海轮渡建设之机，加强同青岛城市经济区的联系。同时通过大莱龙铁路、德东铁路、龙烟铁路的建设和规划中的环渤海高速公路加强与华北和京津唐地区的联系。

在更大的区域层面，山东半岛应积极参与环渤海经济圈的经济一体化进程。经济全球化和经济区域化是当今世界经济发展的两大特征，从某种意义上讲，经济区域化是经济全球化的一种过渡或局部表现，它是全球化形成过程中一种优先的选择和必经之路。据预测，随着国际经济重心向亚太地区的转移，位于东北亚国际合作区中心地带的环渤海地区，将成为国内继长江三角洲、珠江三角洲之后东部沿海地区经济发展的第三增长极。而根据省际经济联系的分析，京津唐地区是山东半岛城市群省际联系的主要方向。因此，在更大的区域层面上，山东半岛城市群应将自身的发展融入整个环渤海经济圈的发展中。在这个经济区内对自身的发展进行准确定位，突出自己的优势，积极参与环渤海经济圈经济一体化进程，做好与该经济圈内其他城市在港口、跨流域调水、交通等重大基础设施上的协调。

7. 城市群地区城镇规模等级分析

山东半岛不仅是全省经济的中心地带，也是全省人口最为密集的地区。一般而言，经济的快速发展必然会推动人口在地域上的集中，形成一系列城镇并形成城镇体系。改革开放以前，在限制城市发展的政策影响下，城市发展的速度较为缓慢。改革开放以后，这一被遏制的力量终于显露出来,在1982~1990年短短的八年间,城市的个数增长了2倍,从8个变为20个,城市人口增长了1倍多。而从1990~2004年的八年中,城市数量增加到30个,是1990年的1.5倍。

2004年山东半岛城市群拥有2个超大城市——青岛和济南,3个特大城市——淄博、潍坊、烟台,5个大城市——日照、诸城、莱阳、威海、东营,7个中等城市——青州、高密、胶州、即墨、平度、寿光、龙口。小城市15个(图5-4-2)。

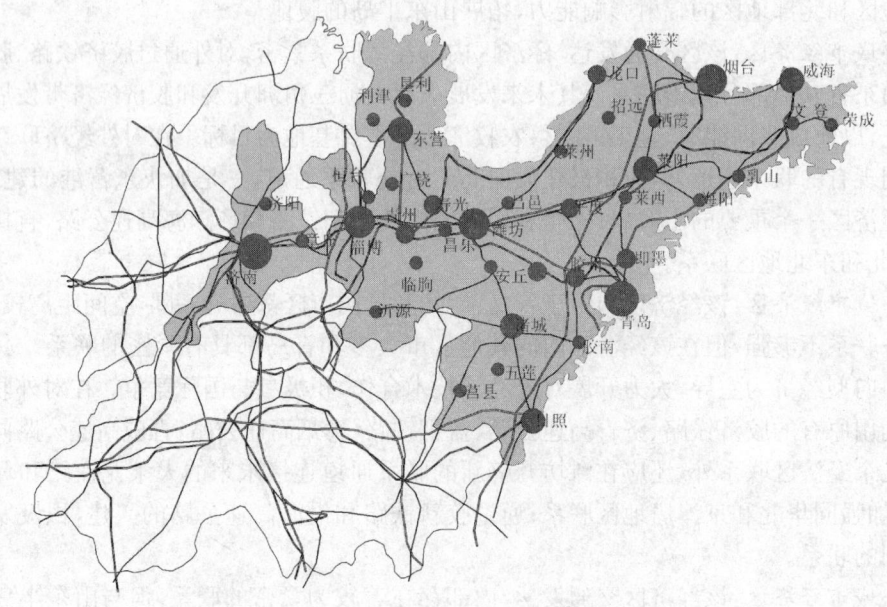

图 5-4-2 山东半岛城市群地区城市规模等级图

1982~1990年的八年间,小城市的发展最为瞩目。1982年小城市仅威海1个,城市人口仅4.8万。1990年小城市个数达13个,城市人口达179.4万人,是1982年的37倍。而1990~1998年的八年间,大中等城市的发展却是后来居上,极为迅速。1990年没有大城市,1998年本区出现了烟台和潍坊两个大城市。1990年中等城市仅烟台与潍坊两市,人口仅88.1万人,而到了1998年中等城市的数量上升为11个。城市群32个县城中有22个发展成为中等城市或者是小城市,占总数的69%,从一个侧面反映了乡村城镇化进程的迅猛之势。

8. 城市群地区主要城市职能分析

城市之所以会组成城市体系就在于各个城市依照其规模等级的不同而具有不同的职能分工和服务地域,共同构成区域社会的经济网络,从而带动整个区域经济的发展。根据周一星、孙则昕在1997年《地理研究》第一期发表的《再论中国城市的职能分类》一文,采用了城市劳动力结构资料,利用中图法和纳尔逊方法进行分类,从聚类分析图上截取了三个断面,对我国465个城市进行了职能分类,得出比较符合实际的、能与国际接轨的全国综合性城市职能分类。山东省半岛城市群主要城市职能分类见(表5-4-5),其中"其他第三产业"是指"房地产管理、公用事业、居民服务和咨询服务业"、"卫生体育和社会福利事业"、"教育文化艺术和广播电视事业"、"科学研究和综合技术服务业"、"金融保险业"等五个相关性很高的小行业,大体相当于第四产业。

济南、青岛是特大型的综合性城市,淄博属典型的重工业城市,烟台是以工业、交通运输业

表 5-4-5　山东半岛城市群主要城市职能分类

城　市	职能分类	规模级	高于平均值的产业部门和平均值以上的标准差	高于平均值以上工业部门的标准差
济南	大区级大型综合性城市	超大城市	科学研究和综合技术服务 2,国家机关、政党机关和社会团体 1.5,教育、文化艺术和广播电视 1.5,地质普查和勘探 2,房地产管理、公用事业、居民服务业和咨询 0.5,交通运输、仓储及邮电通信,金融、保险	机械 0.5,其他 0.5
青岛	大区级超大型综合性城市	超大城市	工业 0.5,旅游房地产管理、公用事业、居民服务业和咨询 1.5,卫生、体育和社会福利 0.5,科学研究和综合技术服务 0.5	化学 1.5,机械 1,电子 0.5,纺织 0.5
淄博	特大型工业城市	特大城市	工业 0.5,商业、公共饮食业、物资供销和仓储 0.5,交通邮电	石油 2.5,建材 0.5,建筑 0.5
烟台	以工业、交通运输为主的综合性城市	特大城市	工业、交通,其他三产,房地产管理、公用事业、居民服务业和咨询 0.5,科学研究和综合技术服务 0.5,交通运输、仓储及邮电通信、地质普查和勘探	化学 0.5,机械 0.5,皮革 0.5
潍坊	以工业为主的综合性城市	特大城市	卫生、体育和社会福利 0.5,机关团体 0.5,工业、地质普查和勘探,交通运输、仓储及邮电通信,商业、公共饮食业、物资供销和仓储,教育、文化艺术和广播电视	机械 1,电子 0.5,纺织 1
威海	其他第三产业职能明显的高度专业化工业城市	大城市	机关团体 1,工业 0.5,房地产管理、公用事业、居民服务业和咨询,金融保险 0.5	化学 2,机械 1,缝纫 1.5,皮革 2,文教 2.5,其他 1.5
东营	高度专业化的石油城市	大城市	工业 1.5	
日照	地方中心性建筑业特别突出的城市	大城市	商业、公共饮食业、物资供销和仓储 2,金融保险 2,教育、文化艺术和广播电视 1,卫生、体育和社会福利 0.5,交通运输、及邮电通信 1.5	建筑业 2.5

为主的综合性城市,潍坊是以工业为主的综合性城市,威海是属于第三产业比较发达的高度专业化的工业城市。城市的主要工业部门排序反映了工业部门构成状况。正如我国大多数城市一样,本区城市职能结构相近,专业化分工不明显。仅淄博的石油加工产值约占其总产值的1/3左右,是一个典型的专业化城市,其他城市都以纺织、机械、食品、轻工为首要行业。化学、电子也有较重要的地位。18种行业分类中其余行业产值尚不到各城市工业产值的一半。可见各城市间产业雷同化现象十分严重。产业结构雷同化妨碍了专业化发展和规模经营,降低了经济效益。各中心城市的主要职能等级和类型与十年前相比没有发生太大的变化,保持了较强的稳定性和一致性,其中一个共同的特点是工业职能都得到了不同程度的加强。

9. 城市群地区主要城市空间布局分析

城市布局不仅是城市自身的空间表现,也会对城市机能的发挥产生影响。城市群内部主要城市空间形态因受地形与交通线的影响而呈现出各自不同的形态,各具特色。

济南是全省的政治、经济、文化、科技、教育和交通的中心,全国的超大城市之一。其城市布局受南部连绵的山地丘陵和北面黄河的影响而呈现"东西带状组团式"结构,商业、居民点和布局过去主要集中在南山、北水之间的市中心。由主城区和王舍人、贤文、大金三个边缘组团组成,主城区和各组团之间以绿化空间分隔。主城区的范围东至大辛河、西至二环西路、北至黄河、南至分水岭,可划分为一个核心区和11个功能各有侧重的片区,核心区为历山路、经十路、铁路围合的地区,白马山、泺口、黄台、七里河是以工业为主的片区;无影山、工人新村、北园、洪楼、七里山是以居住为主的片区;文东为科研文教片区;千佛山为风景旅游片区。王舍人组团位于中心城市最东部,重点发展冶金、石化、轻工工业;贤文组团位于主城区和王舍人组团之间,以济南高新技术产业开发区新区为主体构成,重点发展电子信息、材料、光电仪一体化等产业;大金组团位于中心城市西部,是新兴的高新技术产业园区,重点发展电子信息、生物工程、材料科学等新兴产业和仓储业。济南市现在建成区面积已达 116.2 km^2。

青岛是中国东部沿海重要的经济中心和港口城市,国家历史文化名城和风景旅游胜地。其主城区共辖有市南区、市北区、四方区、李沧区、黄岛区、崂山区和城阳区。空间布局已形成"两点一线"的发展格局,即由市南、市北、四方、李沧、崂山5个区组成的东部市区、黄岛新经济区为主的西部市区、城阳区及青黄公路部分地域为主的环胶州湾岸带,形成了环抱胶州湾的整体发展态势。东部市区重点是通过发展第三产业,迅速完善服务功能,逐步把市南、市北区建成贸易、金融、信息综合型的中央商务区,四方、李沧两区基本完成现有产业的改造、重组,崂山区重点是培植高新技术产业和开发旅游资源,成为连接国内外的高新技术接口和以研究开发为主的技术新生区,初步建立起国际旅游度假胜地雏形。西部市区以黄岛新区为主,集中了经济技术开发区、保税区、高新技术产业实验区和优惠政策,逐渐成为吸引东部老市区人口的主要区域。环胶州湾以城阳区为主,是临港型产业发展的优选区。青岛市建成区面积现为 113.9 km^2。见图 5-4-3。

淄博市是由几个城镇组成的国家重要石油化工基地,是历史文化名城,鲁中地区经济、科技、信息中心和交通运输枢纽。全市由张店、淄川、博山、临淄和周村5个区组成。张店为全市中心城区,其周围包括湖田、南定、马尚等重点工业镇,但在空间上比较分散。东部临淄区包括辛店和南仇两大部分,辛店为区政府所在地,南仇为齐鲁石化基地。南部博山区形状狭长,周围的夏家庄、域城、八陡、山头等都与城区连成一体,共同形成南部以陶瓷为主的中心城区,也是淄博大都市区向沂蒙山区辐射的前沿。中部淄川区为著名的建材基地和商业城,未来将与城南镇、黄家铺连为一体。西部周村区为全省的丝绸基地之一,纺织业发达,是半岛城市群上的重要的增长极。五区的建成区的面积已达到130.5多平方公里。

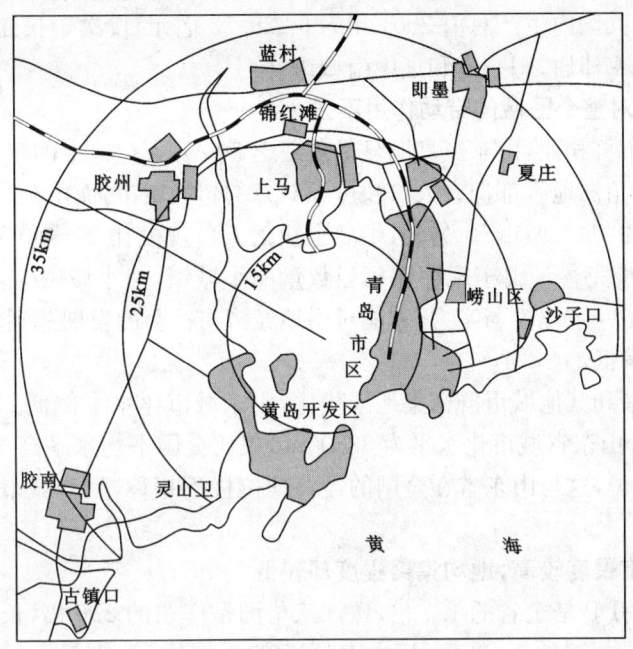

图 5-4-3 青岛市空间扩展图

烟台市区的发展和布局,老市区开始是围绕港口建设而形成,后来逐步向周围扩展工业区和居住区,现包括芝罘区、福山区、莱山区和牟平区。整个市区可以分为八大组团,组团间以天然河流、山脉、绿地形成永久隔离带。芝罘区为全市的行政管理、交通枢纽、商业服务和旅游接待中心。烟台现形成以芝罘海滨地带为中心,以烟威、烟青、烟福一级干线公路为轴线,贯通南北山海,融山、海、城、岛于一体的海滨组团式城市格局。2000年,烟台市建成区人口接近85万,建设用地面积为 118.7 km^2。

三、山东半岛城市群与其他城市群比较

改革开放以来,我国沿海地区作为开放的前沿阵地,经济迅速发展。这些地区的城市作为区域经济增长中心,其发展更是迅速,城市化水平不断提高,许多城市连绵成带,已经相继崛起了珠江三角洲城市群、长江三角洲城市群、京津唐城市群、辽中南城市群、浙江杭甬城市群、闽东南城市群、山东半岛城市群等。这些城市群经济总量不断增加,工业化速度不断增长,但在经济总量、经济结构、城市群发展规模与布局、城镇运行机制等方面各有特点,并且存在一定的差距。

1. 城市群发育状况对比

与全国其他城市群相比,山东半岛城市群的发育程度不及长江三角洲、珠江三角洲。如从主要城市沿铁路线发展的形态,即城市集聚情况来看,沪宁铁路长 219 km,有大城市 5 座,平均每 58 km 一座;沈大铁路长 397 km,平均每 133 km 有一座大城市;而山东半岛的胶济(兰烟)铁路长 630 km,约 126 km 两座大城市,因此山东半岛城市群的发展程度不及长江三角洲

地区,而略好于辽中南城市带。另外,从人口与经济集聚程度也可以看出,2001年山东半岛城市群地区集聚了3 980.7万人,在全国八大城市带中,其人口规模仅次于长江三角洲地区,位于八大城市带的第二;其国内生产总值2001年为6 228.72亿元,仅次于长江三角洲地区和珠江三角洲地区,而高于京津唐、闽东南和辽中南城市群。

2. "核心城市"对整个区域的带动作用不强

与全国其他城市群相比,山东半岛明显呈现缺乏500万人口以上的超大城市和中等城市。长江三角洲、珠江三角洲地区都拥有人口超过500万的超大城市,而山东缺乏对整个半岛地带具有强大辐射作用的"龙头城市"。另外,半岛也缺乏人口规模在20~50万的中等城市,半岛城市体系有待进一步完善。山东现存在相当数量的小城镇,但小城镇综合实力不强,规模偏小。小城镇只有具备一定规模与实力,才能对当地经济与社会的发展起到较大的拉动作用。

3. 城市化水平偏低

与全国平均水平和其他城市群密集地区相比,山东城市化水平偏低。根据第五次人口普查数据资料,2000年山东省城市化水平为38.00%,仅比全国平均水平高1.91%,在全国各省(直辖市)中排第14位,这与山东省在全国的经济地位极不相称,呈现城市化水平明显偏低的特点。

4. 半岛的人均集聚度较高,地均集聚程度却较低

山东半岛人均GDP是全省的1.5倍,珠江三角洲是广东的2.6倍,长江三角洲是江浙沪的1.31倍,闽东南是福建的1.22倍,辽中南是辽宁的1.15倍,京津唐是京津冀的1.48倍。从地均GDP来看,山东半岛是山东的1.7倍,珠江三角洲是广东的3.42倍,长江三角洲是江浙沪的1.53倍,京津唐是京津冀的2.39倍,辽中南是辽宁的1.65倍,闽东南是福建的2.27倍。因此,从人均值看,半岛的集聚程度较高,而从地均值看,其集聚程度则较低。

四、山东半岛城市群发展制约因素分析

1. 产业结构层次低,结构调整的任务艰巨

2004年,山东半岛城市群区国内生产总值中一、二、三产业的比例为11.5∶56.3∶32.2,体现出明显的工业化中后期阶段的产业结构特征。但与国内其他经济较发达的区域相比,差距仍然很大。广东珠江三角洲经济区,2002年一、二、三次产业的比例为9.43∶50.17∶40.4,第一产业低于山东半岛城市群区2个百分点,第二产业低6个百分点,第三产业高8个百分点,其产业结构的层次明显优于山东半岛城市群区。

2. 各城市产业自成体系,经济联系松散

一是产业趋同化现象明显。受行政分割和地方利益驱动的影响,各地竞相发展近期收益明显的轻加工工业,产品多集中在一般性的机电产品、耐用消费品、纺织服装、日用工业品和食品等行业。各城市无论规模大小和条件差异,产业门类都十分齐全。各市都拥有机械、电子、化工、能源、纺织、建材、食品、饮料等行业,产业结构类似,特别是加工工业基本上齐头并进,一方面造成建设布局分散,优势产业不能够更快集聚优势、发挥效益,减缓了各市产业结构优化升级的步伐;另一方面使城市间产业互补性降低,不利于形成区内产业的合理分工和协作。二是交通运输等大型基础设施建设盲目追求自成体系。区内已有济南、青岛两大机场,但在相距100多公里的范围内,又建起了潍坊、烟台、威海三个机场,从而导致机场服务范围缩小,客源

不足,能力闲置。不少地方不顾自身条件和区域港口职能分工的要求,热衷于追求本地港口的大型化,人为地影响了地区间合理的交通经济联系,降低了港口建设投资效益。三是在产业组织结构调整中,地方政府和企业的注意力过多集中在本行政辖区的范围内,跳不出自己的地域圈子,谋求更大的发展空间。目前已组建的企业集团,绝大多数都局限于本行政辖区,跨地区的太少。

3. 资源紧缺,环境污染加重

人均耕地迅速减少,土地开发后备资源不足。2004年,山东省共有耕地695.1×10^4 ha,半岛城市群地区有273.6×10^4 ha,占全省的39.36%。城市群地区人均占有耕地只有0.069 ha,低于全省人均0.074 ha的平均水平,已经接近国际公认的人均0.067 ha耕地的警戒线。同时,土地开发后备资源不足,开发难度越来越大。目前,全区尚未利用的土地资源仅有78.2×10^4 ha,其中适宜开发为耕地的不足30×10^4 ha。水资源严重不足,已成为八市共同面临的突出问题。山东半岛城市群地区八市都是全国严重缺水城市。水资源总量119.9×10^8 m^3,人均361 m^3,亩均341 m^3,虽略高于全省平均水平,但由于经济发展快,用水量大,缺水问题已经十分突出。近年来,黄河来水量大幅度减少,更加剧了本区严重缺水的问题。地下水过量开采,造成地下水位大幅度下降,城市地下水漏斗区面积不断扩大,沿海地区海咸水入侵越来越严重。在环境方面,一是空气污染严重。区内6个省辖城市中,有5个城市的空气质量达不到三级标准,淄博属重污染城市,济南、潍坊、青岛属污染城市,烟台属轻污染城市,只有威海是清洁城市。污染物以二氧化硫为主,个别城市同时受降尘的影响。空气污染已导致青岛、潍坊、烟台、济南等城市出现酸雨,尤以青岛、潍坊为重。二是地面水质恶化,大部分地面水体受到污染。分布在区内的8条省控河流中,除烟台的大沽夹河水质符合五类标准外,其他河流均出现超标断面,尤以小清河超标最为严重,济南还乡店断面最大累计超标高达58.4倍。水库、湖泊受总氮、总磷超标的影响,大部分水体呈重富营养化。城市生活饮用水水源地有42.6%的测点检出超标项目。近海岸海域,除威海和长岛辖区内的水质符合一、二类标准外,青岛、烟台约一半的城市近岸海水水质受到了较严重的污染。三是固体废物增加,城市噪声降幅不明显。1991~1998年,八市工业固体废物产生量由1 881×10^4 t增加到2 461×10^4 t,平均每年增长3%。随着工业发展、人口增长和城市化进程加快,工业固体废物和生活垃圾处理问题将日益突出。

五、山东半岛城市群发展措施

山东半岛城市群1982~1990年城市人口的年平均增长率为9.34%,1990~1997年的年平均增长率为6.41%,这个发展速度不仅高于我国大多数地区,而且还高于许多快速工业化和城市化的国家和地区的城市发展速度。现在半岛城市群已进入城市化的中期阶段,即进入了城市化的高速发展时期。因此,以保守的估计,按每年4%的城市人口增长速度,2010年区内城市人口将达到1 500万人,再加上建制镇人口,城市化水平将达到45%左右,从而进入城市化地区的行列。

同时,城市规模等级结构也会发生较大的变化。1997年,大城市烟台城市人口已达到80.06万人,以其近6%的发展速度,4~5年内即可跨入特大城市行列。同时,一批小城市如文登、高密、青州、即墨、胶南等很快将超过20万人,成为中等城市。与此同时,一大批县城镇会成为小城市。到2010年,区域内可能会拥有由4个特大城市,1~2个大城市,10多个中等城市和一大批小城市所组成的发达的城市体系。

为了加快实现上述目标,应当采取一系列有力措施。

1. 积极发展乡镇企业和外向型经济,加快城市化进程

目前,沿海城市快速发展主要来自两种力量的推动,一是乡镇企业的发展与集中,二是外向型经济的发展和外资的引入。因此,能否加速和引导乡镇企业和外向型经济发展是本区未来10年城市能否快速发展的关键所在。乡镇企业的发展不仅使大批农民从第一产业转移出来,而且推动了产业在地域上的集中和城镇的快速发展。

外向型经济对城镇发展促进最大的要数珠江三角洲,不用说深圳、珠海等特区的快速崛起,就是南海、中山、顺德等城市的发展也令人瞩目。山东半岛的地理位置优越,沿海城市如烟台和威海距韩国不到100海里,离日本也不远,是韩国、日本在中国投资的最佳区位,并且山东半岛拥有丰富的人力资源。随着改革开放的深入,山东发展外向型经济的潜力会更大地发挥出来,城市发展必然进入一个新的阶段。可以预测2010年时,山东半岛的城市群将会成为我国最有活力的城市群之一。

2. 统筹规划沿线的城镇布局

防止城镇在空间上无限制地连为一体,城镇间通过发达的交通、通信、信息高速公路、能源等基础设施相联系。不同城市间以绿化带、森林公园或农田保护区相隔离,保护好城市内部的河流水面,搞好城市绿化,使城市绿化、大环境绿化、自然水面融为一体,提高城镇连绵带的环境质量。加强各中心城市之间的地域分工与功能协调。济南要突出省会中心城市的地位,强化科技教育、管理协调和金融证券功能;青岛立足沿海优势,发挥对外开发的龙头作用,建设海洋科技开发中心与经济中心;淄博突出重化工业基地职能;潍坊突出民俗特色,建设新型综合性城市;烟台、威海发挥口岸城市优势,重点发展海洋产业和外贸加工工业。

3. 以城市经济区组织协调区域生产力布局

淡化行政区划对经济发展的制约,城市发展应以合理的经济取向为主,处理好与所在经济区中心城市的关系。如诸城、高密、海阳受青岛市的影响力较大,其发展应协调好与青岛市在产业选择、基础设施建设、资源开发利用等方面的关系。齐河县处于济南城市经济区内,应抓住济南建设现代化省会城市提供的机遇,调整发展战略,建成济南的卫星城,承担交通枢纽、工业基地、高效农业基地等职能。另外,积极培植跨地区的大型企业集团,打破封闭、保守的发展模式,以市场为导向,促进生产要素在区域中合理流动。协调区域交通运输、邮电通信等基础设施网络建设,增强城市间的联合与协作。确定大型基础设施的合理服务范围,避免重复建设。

4. 突出发挥优势,推进工业结构高级化进程

山东半岛城市群地区已有了雄厚的工业基础,在全省占有明显的优势。在今后的发展中,应在深化企业改革、盘活存量、优化增量、推进工业结构高级化方面狠下功夫,着重抓好培植主导产业、壮大企业集团、实施名牌战略等关键问题。以市场为导向,以效益为中心,重点发展化工、机械、电子、汽车四大主导产业,改造提高建材、纺织、食品、饮料等传统行业。要从加强组织协调、加大政策扶持力度着手,切实抓好企业集团的组建工作。以名牌产品为龙头,以在国内同行业中具有领先水平、市场占有率较高的大中型企业为依托,按照产品关联度强、生产技术联系密切的原则,以资产为纽带,搞好资本运营,通过联合、兼并相关企业,尽快组建一批跨地区、跨行业的企业集团。"十一五"期间，争取每个市都能够形成 5~8 个以上的大型企业集团，以此带动全区企业组织结构的优化调整。

5. 加强基础设施建设，改善投资硬环境，增强经济发展的支撑能力

要坚持适度超前、合理布局、量力而行、注重效益的原则，正确处理基础设施建设与整个经济发展水平、企业、社会和地方财力承受能力之间的关系，把重点放在改造提高和综合配套上，保证基础设施基本适应国民经济和社会发展的需求。交通运输，以开发建设港口为先导，配套发展现代化的铁路、公路、航空、管道运输，集中力量加强重要通道、重点港口、重点枢纽、重点空港的建设，提高技术等级和综合运输能力，形成以沿海港口为枢纽，以铁路和公路为骨架，以航空、管道为补充的四通八达、综合营运、人便其行、货畅其流的现代化立体交通运输体系。邮电通信，重点是加强与全国和国际通信干线的联系，扩大通信能力，提高通信质量和技术水平。水利设施，要把解决水资源供需矛盾和消除水患摆到全局性、战略性的位置，坚持当前与长远兼顾、防洪排涝与供水灌溉相结合、大中小型工程相配套和开源与节流并重的原则，以大中型水库保安全、水资源开发、农田灌溉、城市供水和节水工程为重点，搞好水利设施建设。

6. 突出中心城市的特色，强化对区域经济的辐射带动作用

应根据现状基础、发展特点和各自优势，进一步明确中心城市在区域经济中的地位和作用。通过强化生产、流通、服务等综合功能，增强中心城市的集聚、扩散效应，加快山东沿海地区城乡经济发展一体化进程。

目前，济南、青岛、淄博、潍坊、烟台、威海、东营、日照八市均已成为不同层次的区域中心城市，经济发展各有特色。今后均应加大经济结构特别是工业结构调整力度，增强城市经济实力，进一步发挥不同区域的经济中心作用。对于济南和青岛二市来说，应从更高的角度来审视自己，搞好功能定位。

第五节
辽中南地区城市群

　　区域、城市领域存在两个辩证的发展趋势:其一,区域发展的日趋工业化、城市化;其二,城市发展的日趋区域化、现代化。随着社会经济发展的加速,城镇日益呈现出群组化、网络化的演进特征,这就是城市群的现象和发展过程。由于东北地区丰富的煤铁等资源,以钢铁、机械、煤炭、电力、石油化工和建材等工业为主的全国最大的重工业基地,以及长期形成的东北地区便捷发达的交通网,使辽宁中南部较早就形成了城镇群体的雏形,成为我国著名的六大城市群之一。本区包括2个副省级市、6个地级市和9个县级市以及19个县,建制镇318个。进入20世纪90年代以来,辽宁中南部各城市经济、科技、文化和交通等联系更加密切,经济社会呈现相对发达,群组间协作发展的程度较高;目前可以清晰地界定"以沈阳、大连为双中心,包括鞍山、抚顺、本溪、辽阳和营口七个地级市及其所辖的十二县八市(县级市)",已经构成实际的城市群地域。2004年其主要临界指标分别是:①城市密度,每万平方公里1.78座城市;②人口密度,每平方公里480人;③城市化水平64%;④人均GDP为21 200元,其中沈阳市城乡人口平均GDP达到2.73万元;⑤交通网线路密度,每百平方公里42 km的路网。本区是全国著名的工业化、城市化区域,是人口密度、经济密度、交通网络高度集聚的区域。

一、城市群形成背景与发展条件

"城镇不仅是空间秩序的核心,也是社会秩序的核心,地理空间的组织是人类在特定的文化、社会、经济、政治和技术背景下进行活动的结果"(R·G·詹森)。因而城镇及其所在区域的演化是在社会经济发展过程中建构空间的过程。

(一)城市群形成的历史基础

根据沈阳新乐文化遗址、鞍山战国遗址以及本地区发掘的其他遗迹分析,早在新旧石器时代,辽中南地区已有人类居住;战国和西汉时期,本地区出现了城镇或城镇雏形,后多毁于战祸。从城镇形成时期、城镇规模、职能与发展特点等分析,大致可将本地区城镇发展的过程分成四个历史时期。

1. 先秦两汉时期

这一时期形成了襄平(今辽阳)、侯城(今沈阳)、海州(今海城)等主要城镇,多分布在区位适中、自然与经济条件优越的地区。襄平形成于战国时期,曾是燕国辽东郡的治所,是东北地区最古老的城镇之一。侯城是由于公元前206年,汉代设侯城县(辽、金称"沈州"),中部都尉治所,驻有汉军,成为西汉在东北地区的军事重镇。

本期形成的城镇具有数量少、规模小、发展极其缓慢、政治军事职能突出等特点。

2. 两晋明清时期

这一时期,高句丽、辽和金少数民族占据辽中南地区,建立封建割据政权,恢复和发展生产力,促进物资交流,客观上推动了本区城镇的不断发展。如辽代鞍山和辽阳地区的冶炼业已达鼎盛时期,号称铁州。明代,在东、西鞍山之间建有方城一座,在城墙上方刻有"鞍山驿堡"四个大字。

本期形成的城镇,具有规模小、发展缓慢、设施简陋、军事政治职能较突出,但经济职能逐步增强等特点。

3. 军阀和俄、日占领时期

这一时期,日、俄帝国主义侵入,为了掠夺本区丰富的农林矿产资源,殖民者先后兴建了苹果、柞蚕、粮食等农副产品生产基地及煤、铁、铜、菱镁矿、滑石矿和铅锌矿等矿业采掘基地,同时兴建冶金、机械、建材、电力、轻纺等现代工业基地。此外,大力进行铁路、港口(旅顺)等交通建设,个别的甚至编制殖民地建设规划(如俄国对大连市编制城市规划)。因此,对地区城镇的发展与布局具有很大的定型作用,鞍山、抚顺、本溪、大连和沈阳等城市均是在这一时期形成现代化的基础或得到发展的,从而奠定了本地区城市分布的现代格局,但具有较浓厚的殖民地色彩。

4. 社会主义建设时期

建国后,国家对辽中南地区的重工业基地着力进行营建,一度成为影响中国国家发展的举足轻重的工业基地,如沈阳飞机制造工业、大连造船工业、鞍山钢铁工业,迄今依然是中国国家发展的支柱。根据全地区城镇经济社会发展,特别是城镇人口的增减状况,可将本地区建国后城镇的发展过程分为三个阶段:

(1)1949~1960年,城镇人口迅猛增长阶段。此阶段建设以鞍山为中心的东北地区重工业基地,如全国"一五"计划156项建设项目有26项集中在辽中南地区的城市中,促使鞍山、抚顺、本溪等工矿城市的人口急剧增长。如鞍山市1950～1959年机械增长41万人,平均每年机械增长4万人,到1959年鞍山市区总人口高达87.4万人。值得注意的是,此阶段特别是"大跃进"时期,超越社会经济发展的真实需要,出现"过度城市化"现象,多少对社会的发展起到了负面的影响。

(2) 1961～1977年,城镇人口缓慢曲折发展阶段。前一阶段累积的社会经济问题由于自然灾害的冲击得以全面引发,国民经济实行调整方针,下放、关、停、并、转了大批工业企业等,致使大批城镇职工被精简下放,城市人口大量迁出。据统计,仅沈阳和鞍山两市就迁出城市人口50多万(沈阳减少41.29万)。"文革"期间,城市人口大量减少,甚至出现机械负增长局面。

(3) 1978年至今,城市人口稳步增长阶段。改革开放初期,辽中南城市群总的城市建设用地总量不足,人均指标偏低,特别是长期受"重生产、轻生活"的不正确建设指导思想影响,同时,空间的高度集聚造成建设用地紧张及结构不合理。因此,各个城市在空间上的发展主要体现为个体的面状空间扩展。但中国第一条高速公路建设完成后,城市布局沿公路空间延伸的特征显著。特别是90年代以来,城市开发区新区建设成为市区扩展的主要动力。不论是城市空间景观,还是城市功能区调整,均焕然一新。尤其是大连新型生态城市的建设开辟了该城市群发展的新篇章,生态环境与经济发展真正走上了一体化、可持续发展的道路。21世纪初,该城市群发展分化成两个有个性的城镇群,即以大连为核心的城乡结合型的城市化区和以沈阳为核心的大城市化区(都市圈),这两大核心发展很快,对东北亚形成一个重要的城市化地区。

(二)城镇发展条件

从总体上分析,一方面,辽中南城市群发展有其自身独特的自然资源与自然条件基础,另一方面,本地区长期发展形成的社会经济结构既有其合理的成分,又有其不合理的成分,反过来又影响着城市群的进一步发展,这两个方面的因素均对城镇的发展构成潜在的机遇与挑战。综合考虑辽中南城市群的发展历史、现状及未来的机遇,其城镇发展条件基本可归结为以下四点:

1. 区位条件"堪称优越"

辽中南城市群位于辽东半岛和渤海经济圈的北缘,在由俄罗斯、韩国、朝鲜和中国构成的东北亚经济圈中占有重要地位。本地区从地理空间上分析,东进可达韩国、朝鲜和日本;北上可去俄罗斯、蒙古;通过大连海港或内陆南下可达南亚和东南亚一些国家。随着辽东半岛对外开放步伐的加快和"东北亚经济圈"的不断发展壮大,将大大推动本地区产业结构的跨世纪调整,加速工业技术改造和外向型经济的发展,促进老工业基地焕发青春。

2. 综合运输网络较为发达

本区已形成以沈阳为中心的陆路及航空枢纽,以大连为副中心的海运及航空中心,拥有包括铁路、公路、航空、海运和管道五种运输方式;沿长大、京沈、沈丹、沈吉、沈承、沈大6条铁路和公路干线,组成向四周放射的十分发达的综合交通运输网络(见图5-5-1)。沈阳、本溪、鞍山、抚顺、辽阳、营口和大连及其所辖的各市县的县城均处于这种高密度现代化的交通网的紧密联系之中,即使一南一北两大中心城市沈阳与大连,直线距离400多公里,建有我国最早的一条高速公路——沈大高速公路,实际旅行时间仅需5～6小时。城市流场强较大。据统计,1996年辽中南城市群七城市的铁路货运量和客运量分别为$11\,007 \times 10^4$ t和8593万人;公路客货运量分别为40 756万人和46 510×10⁴ t。

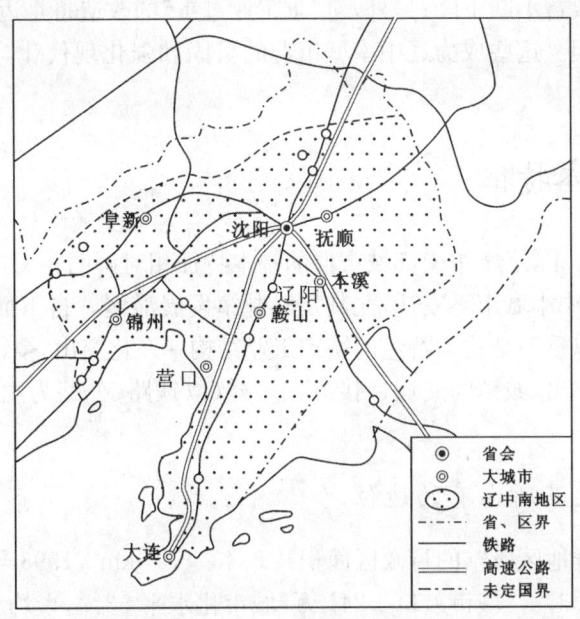

图 5-5-1 辽中南城市群区位与空间范围图

3. 建立在丰富矿产资源基础上的重工业群体

辽宁中南部地区位于华北地区北缘环太平洋成矿带上,具有良好的成矿环境。因此,本地区的矿产资源丰富、储量巨大,而且品种齐全、种类繁多、组合条件好、易于开采。如铁矿、菱镁矿、滑石矿、煤矿等资源在全国占据重要地位。在充分利用开采自然资源的背景下,利用旧有的工业基础,建成了以冶金、机械、石油化工、建材、电力工业为支柱的,全国最大的重工业基地。抚顺、鞍山、本溪等城市的兴起无不与资源及重工业的发展有关。尽管近年来,本地区的产值、利税总额、主要工业品产量在全国的位次逐渐后移,但所占的重要地位并未根本改变。1996年重工业化率依然高达73%以上,主要工业产品的市场销售具有全国意义,特别是飞机、船舶已成为该城市群区工业的基本荣誉产品。

4. 人才优势明显及新型城市建设经验丰富

据统计,2004年本地区有中国科学院及中央各部委的各类研究院所达40多个,高校48所,企业及科技机构中从事科研活动的人员达20.87万人,占全省的70%以上。其在冶金、机械、自动化、新材料、航空技术等方面的科研实力强大。这些是建立高科技开发区,加强老工业技术改造,进行产业结构调整的重要前提。

另外,20世纪90年代以来,中国传统的城市布局建设的形式面临严峻的挑战,被迫做出了艰难的调整。生态城市的建设,标志着新的建设以人为本的思想潮流。以大连为代表的新的城市发展中心的出现,大片绿地、开敞空间、无障碍建筑等特征,概括出了具有划时代的大连城市建设经验,为辽中南城市群的发展探索出了可持续发展的新路。

虽具有上述多种有利条件,但辽中南地区,长期以来没有进行过统一规划、合理布局与综合平衡工作,未建立宏观调控机制和体系,缺乏统一的领导管理机构。城市发展在各自为政的体制与条件下,形成大城市过分集中大量工业、人口及科研文教事业单位,其中心区用地、用水、用电、交通、住房的负荷严重超载,尤其是辽中地区环境污染难以得到有效控制,城乡经济效益、社会效益、环境效益不断下降;另外,对"重工业过重"的改造将是迈入知识经济时代和信息社会不可避免的负担。这些成为辽中南城市群的巩固和强化现代化,乃至辽宁经济可持续发展的重要制约因素。

二、城市群的基本特征

在全国六大城市群中,辽宁中南部城市群的基本特征相对鲜明:一方面,城镇规模体系中,大城市所占比重最高,中小城市不发达,尤其是建制镇发展滞缓,"自下而上"式城市化推动模式不明显;另一方面,以重型结构为特色的城市工业结构单一化突出,乡镇办企业滞后,城乡二元地域经济结构更显突出,城镇间交通连接方式多样(以铁路、公路为主),等级较高,线路密度极大。

(一)发展现状及其所占有的地位

辽宁中南部城市群地区所辖的行政区面积共 8.43×10^4 km²,1998年人口2 326万,分别占全省的56.5%和57.3%。城市人口1 241万,城市化水平53%,人均GDP 10 447元(约合1 000多美元),按一般城市化发展规律,目前辽中南城市群已进入城市化发展的加速期,也即进入中心城市集中发展和城市发展区域化阶段。

从空间上分析,90年代以来,辽中南城市群的发展由于大连市的迅速崛起,群区经济重心有南移的倾向。表现在大连的人均GDP超过沈阳,城市发展的规模和体量接近沈阳,另外,辽南地区的大连、营口的县级市数量众多,超过辽中地区。

根据表5-5-1的数据分析,辽中南城市群的经济社会发展地位在辽宁省内举足轻重。值得指出的是,2004年城市群内各企业生产的重工业产品产量占据全省的90%以上,在全国也有一定地位,尤其是生铁、钢、成品钢材等产量占全国前一、二位。如成品钢材占全国的13.4%,位居第一。这些充分说明,该城市群是全国占有重要地位的重工业基地。

表 5-5-1 辽宁中南部城市群基本情况分析表

基本项目\城市	沈阳	大连	鞍山	抚顺	本溪	辽阳	营口	合计
土地总面积(km²)	12 980	12 574	9 252	10 816	8 420	14 046	16 260	84 384
其中 市区面积(km²)	3 495	2 415	624	714	1 518	574	701	10 041
建成区面积(km²)(2004)	291	248	136	122	107	82	85	1 071
年末全市总人口(万人)(2003)	689.1	560.2	345.3	225.5	156.6	182.4	229.2	2 388.3

续表

城市 基本项目	沈阳	大连	鞍山	抚顺	本溪	辽阳	营口	合计
市区非农业人口 (万人)(2004)	406.4	236.9	127.3	126.4	84.5	58.9	63.6	1 104
GDP(亿元)(2004)	1 900.7	1 961.8	1 006.0	375.0	293.6	290.0	318.3	6 145.4
社会消费品零售 总额(亿元)(2003)	655.7	483.5	101.2	120.9	53.4	34.6	46.6	1 495.9
实际利用外资额 (亿美元)(2003)	22.0	19.5	1.3	0.6	0.3	0.2	1.7	45.6

资料来源:《辽宁省统计年鉴(2005);中国城市统计年鉴(2004);2005年城市建设统计年鉴.

(二)城镇的等级规模分布及其特征

该城市群以沈阳、大连为两个核心城市(其中沈阳为中国十大超级城市之一),由6个地级市辖12县9市共335个城镇(其中17个城市,318个建制镇)组成,城镇密度为每万平方公里38.4个城镇。

表 5-5-2 辽中南城市群城镇人口统计

城 市	人口密度 (人/km^2)	市域总人口 (万人)	总人口(万人)		城镇化水平(%)
			小计	流动人口	
沈阳	620	720	480	159	80
大连	580	589	274	131	64
鞍山	410	358	145	56	61.5
抚顺	280	226	141	30	71.5
本溪	210	158	96	22	68.0
营口	188	229	85	41	48
辽阳	176	180	71	28	51

资料来源:①辽宁省第五次人口普查资料;沈阳市总体规划(2004年)。
②中国城市人口年鉴(2004).

根据《城市规划法》确定的城市人口规模分级标准,结合本地区城镇人口规模发展现状,将城市群335个市镇划分成8个等级(见表5-5-3)。即,第一等级非农业人口大于200万的超大城市;第二等级非农业人口100~200万的特大城市;第三等级非农业人口50~100万的大城市;第四等级非农业人口20~50万的中等城市;第五等级非农业人口10~20万的小城市;第六等级非农业人口5~10万;第七等级非农业人口3~5万;第八等级非农业人口3万以下。

表 5-5-3　辽中南城市群城镇规模体系(2004年)

城镇等级	等级标准(万人)	行政等级	数量	城镇名
一(超大城市)	>300	副省级	2	沈阳、大连
二(特大城市)	100~200	地级市	2	鞍山、抚顺
三(大城市)	50~100	地级市	3	本溪、辽阳、营口
四(中等城市)	20~50	县级市	3	铁岭、海城、瓦房店
五(小城市)	10~20	县级市	7	新民、普兰店、庄河、凤城、大石桥、盖州、灯塔
六、建制镇	5~10	县城镇	318	桓仁、小市、清源、新宜、辽中、牌楼等

注：铁岭是地级市(1999)。
资料来源：辽宁省统计年鉴(2004)。

综合分析认为,辽中南城市群的城镇等级规模(见图 5-5-2)的基本特征是：①城镇等级规模层次较分明,但不协调,大城市以上类型城市数量较多,特大城市化发展主流明显。②中小城市不发达,城镇体系不完善。空间上,辽中的五大中心城市区,自 1985 年至今,仅设置了新民、海城、灯塔三个县级市,大部分县城和大型工矿区(镇)仍未升格为小城市；而辽南以大连为中心,主要以"自下而上"式的县级市发展为主,仅长海县未升格为市。③小城镇的数量虽占绝对优势,但城镇人口却占很小的比重,难以发挥区域中心的作用,导致城市发展的区域化特征不明显。

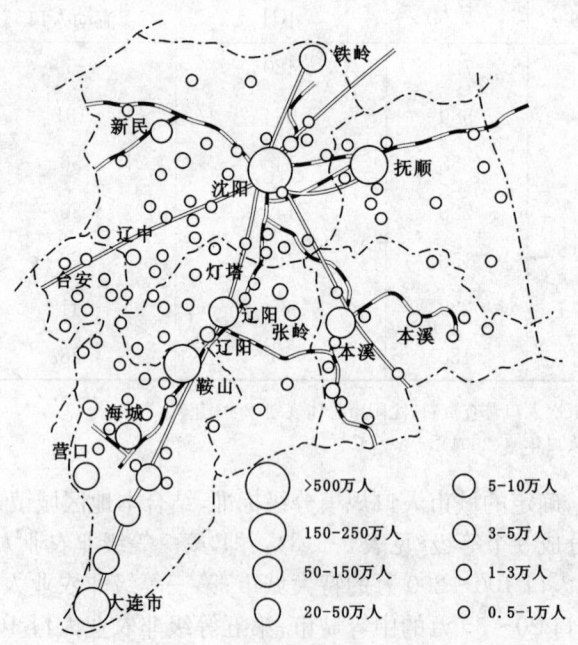

图 5-5-2　辽中南地区城镇分布趋势图

三、城镇的经济职能结构特征

辽宁中南部城市群的主要城市,从经济发展的产业结构与地域特征来看,具有很大的特色。首先,历史上所造成的"重工业化"结构特征突出,特别是以沈阳为中心的辽中5个城市,均以钢铁、机械、石油化工为主导产业,从所有制角度分析,国有全民企业占据压倒一切的地位,导致"结构转型"的代价巨大,进展困难重重。其次,20世纪90年代以来,以大连为中心的辽南地区,外向型经济及非国有经济的飞速发展,迅速改变了城市产业结构的特征,带动了新型城市的建设与发展,以港口、工业、旅游为特色的大连北方海滨城市形象有力地塑造了辽中南城市群的新外观,并为该城市群的跨世纪发展提供了经济上改造的思路。依据现有资料分析,目前群区主要城市的职能传统性工业特色浓厚(表见5-5-4)。

表 5-5-4 辽中南主要城市的经济职能

城 市	主导产业特征	城市类型
沈阳	以装备制造、机械工业为主的综合性城市	省际中心城市
大连	以港口、工业、服装、旅游为特色的海滨城市	省际中心城市
鞍山	以钢铁工业为主的专业性城市	省区中心城市
本溪	以钢铁工业为主的专业性城市	地区中心城市
抚顺	以石油化工、煤炭工业为主的综合性城市	地区中心城市
辽阳	以化纤、轻纺工业为主的专业化城市	地区中心城市
营口	港口、旅游、工业城市	地区中心城市
丹东	轻工、旅游、港口城市	口岸型城市

综观辽中南城市群主要城市的产业结构,基本上处于"二三一"的形式(见表5-5-5),处于从劳动、资源密集型为主加快向资本、技术密集型过渡的结构变动转换期。沈阳市工业发展态势良好,可以积极发展的工业部门有:交通运输设备制造业、食品加工业、专用设备制造业、电子及通讯设备制造业、通用机械制造业。具备产业基础,但需要改造提高可选择性发展的工业部门是医药制造业、橡胶制品业、电气机械及器材制造业、化学原料及制造业、农副产品加工业等。沈阳将成为我国最大的装备制造业基地。2004年,沈阳的重工业仍占全市工业总产值的76.2%。鞍山、本溪、抚顺三市的第二产业产值和就业比重过大,第三产业发展相对区内其他城市滞后,这点应该引起足够的重视,以避免未来可持续发展中可能出现的问题。另外,辽中南城市群区城市性质的专业化特色浓,因而一些具有全国意义的产业产品的外销度高,区内市场小,这促进了对海港和对关外交通连接线建设的重视。随着以大连为代表的新经济发展主流和各城市的经济结构调整,辽中南城市群之间的人才、物资、金融、信息和科技文化的交流联系正逐步加强,该城市群将体现高级发展阶段的特征,除了生产的信息化和高附加值化外,更主要的是要以人为本全面进入服务性信息社会。

表 5-5-5　辽中南城市群主要城市的产业结构(2003年)

城　市	GDP(%)		
	第一产业	第二产业	第三产业
沈阳	5.50	47.32	47.18
大连	8.96	47.93	43.11
鞍山	5.47	55.50	39.03
本溪	7.16	55.46	37.38
抚顺	7.78	58.54	33.68
辽阳	10.58	49.69	39.73
营口	12.11	52.28	35.61

资料来源：中国城市统计年鉴(2004).

三、21世纪城市群发展模式

根据国家对东北重工业基地建设和发展的新要求，"振兴东北、发展东北"以及辽宁省社会经济发展的内在趋势，参考国际城市群发展的理论经验，21世纪初及较远的一段时间，辽中南城市群地区的城镇等级结构、城镇职能结构和空间网络结构将发生较大的调整，将逐步达到社会城镇化，经济联系密切化，城乡"经济社会和环境"协调发展，并实现高效益的可持续性。同时，部分中心城市经济走向国际化、现代化，成为整个城市群与国际接轨的窗口的示范。同时可以清晰地看到，该城市发展存在两种模式：①以铁路、高速公路为主的交通走廊模式（两核心即沈阳与大连）的城镇带。②以大沈阳为中心的大都市圈放射状发展模式。

（一）首位城市的性质、规模与功能作用

21世纪，辽中南城市群一南一北两大核心城市大连和沈阳，将会先于其他城市，率先进入现代化、国际性城市行列，空间上以它们为两大中心，分别组成辽中城市组团和大连城市地带，共同构成可持续发展的总体城市群态势。

1. 强化核心城市——沈阳

沈阳市是我国东北地区最大的交通枢纽，是沟通我国关内外的咽喉。5条铁路干线汇聚于此。贯穿辽中南7座城市和两个港口的沈大高速公路，目前已向长春、哈尔滨延伸。该市是城市群的首位城市、辽宁省的省会，经济发展规模和交通枢纽价值伴随政治地位，其中心城市的作用是东北地区的其他城市所不能替代的，即使在未来的东北亚经济圈中也占据重要位置（见表5-5-6）。

从市域范围分析，沈阳目前以东西长20 km、南北宽15 km的椭圆形建成区为中心，在市区周围形成苏家屯、陈相屯、虎实台、新民、辽中、新城子、三台子等37个镇（不包括法库、康平两县）的城镇子体系，成为沈阳空间结构重要组成部分，起到分散沈阳中心城区人口和工业的作用。沈阳城市发展已进入外延扩展与内涵增加相依存、近域推进与远郊生长相结合、平面改造与立体发展相促进的新阶段。

表 5-5-6 沈阳市社会经济发展状况（2003年）

	GDP（亿元）	总人口（万人）	非农人口（万人）	建成区（km²）	土地面积（km²）	实际利用外资（亿美元）
市区	1 390.72	488.4	401.0	261	3 495	22.42
市域	1 603.4	689.1	440.6		13 000	

资料来源：中国城市统计年鉴(2004).

沈阳市的职能性质，依据长远的设想，将建设成新科技、大生产、大流通的国际化城市，实现传统工业基地向多功能经济中心的转变。东北亚中心城市是其最终奋斗目标，以它为核心，联合鞍山、本溪、抚顺、辽阳，带动形成现代化的辽中城市组群。

沈阳市城市总体规划提出建设"一个中心区，四个副城区（两个边缘组团），七个卫星城，五十个小城镇"的四级市域城镇布局结构，进一步充实辽中南城市群实际的协作体系。中心城区与副城（包括边缘组团）建设用地规模规划为 440 km²，城市人口控制在 460 万人；卫星城规模控制在 10～20 万，条件较好的可达 30 万人；小城镇规模为 1～2 万，条件好的可发展到 2～3 万人。现在沈阳是东北地区的中心城市，交通发达、商家云集。市区内的五爱市场是我国北方最大的小商品集散地，专业门类齐全，辐射东北三省以及华北、山东、内蒙等地。现在也有很多俄罗斯、朝鲜、韩国、蒙古商人来此地采购、交易。与之相适应的，流通网络体系完整，已形成"一环五射"的高等级公路网，以及拥有全国最大的铁路货运编组站——苏家屯站和东北最大的航空港——桃仙机场。沈阳已成为东北大物流中心。沈阳市发展战略规划以及城市总体规划已经完成(2000～2020年)，经过省政府以及许多国内知名专家论证认为：沈阳将建成为东北亚区域性的国际城市，中国装备制造业中心，东北综合经济区的中心城市，辽宁省省会，具有清初文化特色的历史文化名城和生态旅游城市。2010年市域总人口将达到 1 000 万人，建成区人口接近 700 万人，是亚洲东北亚地区仅次于东京、汉城的第三大城市。

2. 迈向国际性的港口旅游城市——大连

大连是一座年轻的沿海口岸城市，国家计划单列市，首批沿海开放城市。决定大连城市发展的主导因素是其优越的地理位置和良好的建港条件，即背倚东北地区我国重工业基地和重要的商品粮基地，南与山东半岛共扼渤海湾，是东北地区对外开放的窗口和出海口。

大连市经济发展水平较高，已经形成了以机械、冶金、石油化工、建筑材料、轻纺和电子为主的工业体系，20 世纪 90 年代以来，外向型经济迅猛发展，成为辽宁省乃至东北地区最大的外商外资流入地，极大地优化了原有的产业结构。1996 年人均国内生产总值 13 677 元，2004 年人均 GDP 为 2.8 万元之多，仅次于沈阳，列辽宁省第二名。

从城市发展的空间扩展分析，自 1987 年大连市金县改为金州区，扩大了城市规模（见表 5-5-7），城市结构模式和功能都发生了相应的变化和调整。大连金石滩国家旅游度假区（1992 年 10 月，国务院批准以接待海外游客为主的旅游度假区）建立新市区，使城市走上跳跃式发展的路子。新市区、中心区、金州区和旅顺口区构成了辽中南城市群南端组团式城市雏形。全市拥有 40 多个市民广场、绿地，成为全国第一个生态型城市。同时，大连有影响的艺术活动，大大提高了大连的内外知名度，如国际服装节、音乐节、旅游节。

表 5-5-7 大连市区规模扩展表

年 份	1985年	1990年	1996年	2004年
总人口规模(万人)	162.9	239.6	257	280
建成区面积(km^2)	84.2	131	227	250
备注		包括中心区(中山区、西岗区、沙河口区和甘井子区)和旅顺口区	包括中心区(中山区、西岗区、沙河口区和甘井子区)和旅顺口区、金州区及经济技术开发区	

注:大连市区人口规模包括郊区小城镇人口在内(参考大连市总体规划2004年)。

21世纪,大连将继续发挥东北地区重要的对外窗口作用。其经济发展的贡献份额在辽中南城市群中将更加巨大。以大连为核心、沈大高速公路和沿海至丹东形成两大城镇发展轴,共同构成辽中南城市群南端向东北腹地扩展的社会经济辐射轴引力场区。

根据大连城市总体规划,到2020年大连都市区将发展成为人口280万,建成区面积260 km^2 的比较合理的现代化大城市。

(二)地区城镇体系的建立与持续发展

辽中南城市群地区的城镇体系还不完善,尤其以辽中地区的规模体系不平衡性为最大,呈现出:发达的大中城市与缺乏生气的小城镇并存的城乡"二元"地域经济结构态势,导致城乡发展很不协调。虽然城镇职能结构的"单一化"及"过分偏重"的特征有所改善,第三产业不发达,但资源因素对城市发展的根深蒂固的影响,难以在较短的时期内消除,因此,该城市群的21世纪发展面临着极大的挑战。

从空间上分析,辽中南城市群由两个各有特色的子群组成,即辽中城市组团和辽南城市组团构成,两子群在经济及资源领域存在极大的互补性。城镇的空间分布网络结构,将形成以沈阳市为中心,以长大、沈丹、沈山、沈吉和沈承5条交通干线为依托的轴线,向四周放射的辽中城镇分布体系;以大连为中心的,以沈大铁路及高速公路为发展轴的辽南扇状城镇分布体系(都市圈层结构)。但遗憾的是,该城市群还仅处于静态实体空间结构的发展阶段,离动态空间组织结构的形态还存在较大的差距,同时,缺乏市场力的调控和组织,社会特征的技术信息化较弱。

为了迎合21世纪辽中南城市群区发展的实际需要,结合各城镇结构体系上的现状特征,应该建立健全地区城镇体系,以利充分发挥大城市在经济、技术、科学文化等方面的优势,并在经济上形成群区各城市利益共同体;建立面向交通和流通(市场)的新型空间城镇体系结构,以协作、互补、相互依赖的指导原则定位群区各城市的作用。适当调整城市群各城镇的职能结构,促使对城镇规模等级结构方面以县域经济带动的中小城市与小城镇的发展进行适应和调整,在内容和层次上使城市群进入更高的发展阶段。主要表现为:①城镇工业结构"重工太重,轻工太轻"的局面继续得到改善,如鞍山、本溪、抚顺面对新世纪已经做出必要的产业结构调整的选择;②产业结构中,科研、商业、房地产业等第三产业比重逐步上升;③技术结构中,以信息化为代表的高科技不断发展,传统工业得到现代化技术改造;④经济结构类型组成多样化,外向型及个体、集体经济进一步壮大。

(三)区域城镇群体的发展模式、发展规律探索

辽中南城市群是在近100多年民族资本工商业的发展以及在日俄殖民主义统治下逐步发展起来的,特别是经过新中国大规模工业化建设而不断壮大起来。这种"自下而上"式的、主要发展大企业大城市的城市化发展道路,其核心是国家计划因素对城市群的形成初期具有决定性的作用,因此成为中国城镇发展的传统模式。随着中国经济发展的转型,市场化的因素在经济及城市发展中的作用愈益明显且不可避免,城市间的联系不再是单纯的行政隶属关系,经济力更强有力地支配着城镇的空间扩展和辐射范围。资源导向型传统工业城市随着科技及交通的日益现代化,将逐步失去强有力的发展优势,新型的科技导向型服务性新兴城市将成为新世纪的发展主流,城市信息化、城市环境园林化,通过市场和商品的流通及劳务,建立相邻城市之间的密切联系,赋予城市群以新的发展内涵。本区以大连为代表的市场导向的"自下而上"式城市发展模式对传统的城市发展模式提出了挑战。

总之,辽中南地区城市群与其他沿海地区城市密集区(大的城市群区)比较,有许多明显的特点,也是我国重要的城市化区域。首先,本区是我国东北经济区的重要门户,在当今全球经济一体化的趋势下,辽中南城市群区是亚洲地区东北亚经济圈的重要组成部分;其次,本区矿产资源丰富,开发历史悠久,工业基础雄厚,重工业比重大,是我国重化工、机械、造船和有色冶炼的重要基地,城市环境问题比较严重;第三,整个地区城镇密布、交通方便,有完善的综合运输体系和发达的大交通走廊,海外交往也十分便利;第四,本区属于全国城市化水平最高、以大城市为主体的城市体系,城市群区域发育比较完善,大中小各级城镇有序发展,协作比较紧密[34]。

作为城市群地区,首先应该是城乡协调、城乡一体化的典范。辽中南城市群地区大中城市及交通干网的密度为全国之最,为该城市群的经济发展提供了较好的条件,但由于发展战略的失衡,造成该城市群大城市中心区工业、人口和科研机构、高等院校等企事业单位过分集中,交通拥挤,住房用地紧张,环境污染严重,城市病有所扩大,经济效益、社会效益和环境效益下降。未来的产业结构调整与城市发展战略的重新定位,将有助于城市解决上述问题。这种思想应着眼于城镇是有群体性、层次性和系统性特征的,单个城市应该呈现众星拱月的"星座结构"的认识,大城市群的发展模式或城市化途径,应是大、中、小城市与小城镇相结合,并形成以大城市为中心,交通干道为轴线、规模不等、职能各异、分布科学有序、各具特色的城镇网络,如图5-5-3。在辽中南城市群发展现状的基础上,展望新世纪,大城市规模得到适度控制,产业结构持续调整,工业技术改造加强,城市基础设施建设完善,中小城市及小城镇得到大力发展的趋势。同时,20世纪80年代以来,"管理的高层次集聚、生产的低层次扩散、控制和服务的等级体系扩散方式"构成的信息经济社会的城市群发展新趋势将日益显现。

以环境及山水园林等回归自然的城市建设方针是可持续发展的主要内涵,充分利用大连已经拥有的新型城市建设经验和国内地位,极力推动辽中南城市群的区域生态环境建设,改变原有工业基地的思想认同,创造现代城市群区的概念,加大吸引外资的能力,努力改善城市开发区的投资环境,提升整个东北地区的开放度(表5-5-8),成为该城市群的重要建设内容。

可以预计,该城市群21世纪发展将完成结构职能的现代化转型,重视建造空间组织结构,同时,部分有条件的城市如两大核心城市大连和沈阳将走进国际性城市的行列,起着领导和组

织辽中南城市群正常经济、社会、环境等发展的作用,城市群区各城镇之间的信息、技术、资金、人员的交流将日益强化。

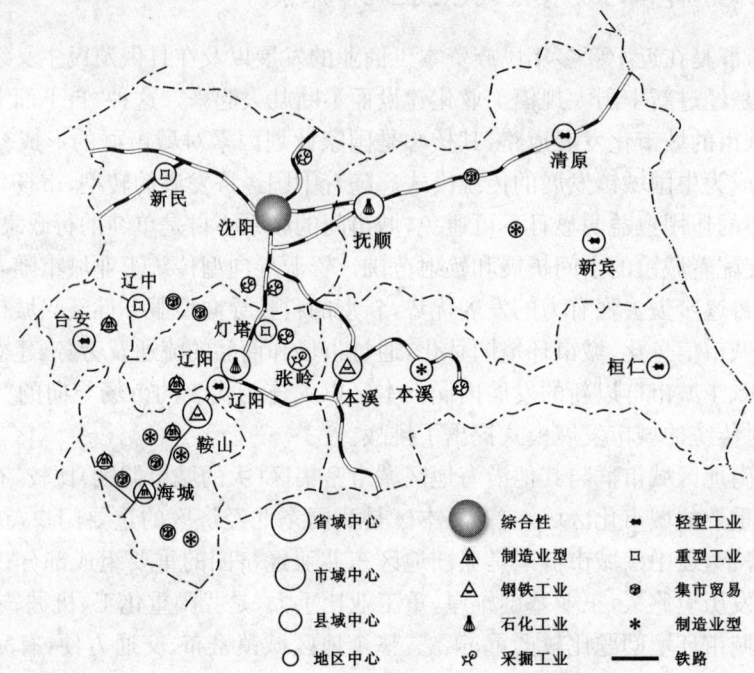

图 5-5-3　辽中地区城镇职能结构规划图

表 5-5-8　东北地区主要城市开放程度比较(2003 年)

城　市	外贸依存度 (%)	外商投资水平 (%)	进出口总值 (亿美元)	实际利用外资 (亿美元)
沈阳	21.99	11.72	42.6	22.7
大连	87.63	11.20	173.0	22.1
长春	3.26	4.64	52.2	7.5
哈尔滨	1.14	1.58	19.1	2.7

资料来源:南京大学城市规划设计研究院.沈阳城市总体规划宏观层次综合研究报告(2005~2020).

第六节
四川盆地城市群

四川盆地,位于我国四川省东部和重庆市境内。面积为 17×10^4 km²,占川、渝总面积的 33%,城市人口 2 015.5 万[①],占川、渝城市总人口的 90%,是我国西部地区人口密度最高、城市分布最稠密的地区,也是我国开发历史悠久、物产量丰饶的内陆城市群分布地区。

四川省是我国人口最多的一个内陆省份之一,地处长江上游,面积约 48.5×10^4 km²,约占全国国土面积的 5.1%,人口 11 659.5 万人[②],其中非农业人口 2 544.10 万人,约占全国总人口的 8.2%。GDP 总产值已达到 6 100 亿元。从自然条件、地理特征看,全省明显分为东西两大部分。东部为盆地地区,自然条件比较优越,交通运输条件较好,人口密度高,城镇分布稠密,经济、文化较发达;西部为山区,自然条件复杂,资源丰富,但交通运输条件较差,人口密度较低,城镇分布稀少,经济、文化相对落后。

重庆市,位于四川盆地东南边缘,长江、嘉陵江横贯辖区,总面积 8.24×10^4 km²,2004 年总人口 3 130.10 万。城镇非农人口为 754 万人。GDP 总值接近 3 000 亿元。地形以低山丘陵为主,雾日时间长,有"雾都"之称,原辖于四川省,考虑到三峡水电站建设的背景,1997 年,

---
① 城市人口数以城市非农业人口计算,下同(1998 年底数)。
② 为 2004 年四川、重庆市人口数,资料来源为《中国统计年鉴(2004)》。

全国八届人大五次会议通过设立重庆中央直辖市。

一、四川盆地城市群的形成与发展条件

四川盆地城市群的形成与发展,取决于盆地本身优越的自然、经济与社会、历史条件,也离不开川渝的内部与外部环境条件。

(一)自然条件

1. 地貌类型复杂,区域差异显著

川、渝地势起伏,西高东低,地形高差悬殊,地貌十分复杂,山地面积占两地的50.32%,高原占28.50%,丘陵占8.64%,平原仅占2.54%,四川西部高原高山隆起,海拔2 000～3 000 m以上。盆地周围为山地环境,海拔1 000～2 000 m。特别是盆地西缘山地海拔较高,主脊可达3 000 m以上,成为四川盆地与川西高原、高山的明显分界。

上述地形地貌特征,对川、渝的交通运输、人口与城镇的分布和工业、农业生产的发展都产生深刻的影响。

2. 气候温和,雨量充沛,耕地分布相对集中

四川盆地地处亚热带气候,除一部分高寒山区外,大部分地区气候温和,雨量充沛,特别是四川盆地底部,年平均温度为16℃～18℃,极端最低温度0℃左右,>10℃的积温为5 000～6 000℃,无霜期达280～320天。大部分地区的降水量在1 000 mm左右,盆地西缘山地可达1 300～1 800 mm,为我国多雨地区之一。川、渝的耕地集中分布在盆地地区,特别是盆地底部,其面积仅占川、渝土地总面积的28%,而其耕地面积却占了川、渝耕地总面积的75%。其中,成都平原的都江堰灌区,沱江、涪江、嘉陵江中下游、宜宾、重庆,为人口最稠密地区,耕地最为集中,垦殖指数高达60%以上,为我国重要的粮食和经济作物生产基地之一。由于川、渝地势起伏较大,气候的垂直变化十分明显,为发展立体化农业生产、开展多种经营创造了良好的条件,成为全国重要的农业发展基地。

3. 河流众多,水利资源丰富

由于川、渝地貌复杂,降水充足,江河众多,水系发达,地表径流非常丰富。盆地内有着著名的长江及其支流嘉陵江、岷江等流经盆地地区。河流多年平均流量达$3 131 \times 10^8$ m³。但由于径流资源的地区分配和季节分配很不平衡,有3/4的地表径流量分布在山地、高原地区,而占川、渝3/4的丘陵、平原地区,地表径流量只占1/4。60%～70%的径流量集中在6～9月的夏季,洪、枯量相差悬殊,因此,常带来洪灾与旱灾的危害。但本区水力资源的理论蕴藏量达1.5×10^8 kW,仅次于西藏自治区,其中可开发量达$9 167 \times 10^8$ kW,约占全国可开发量的1/4,居全国首位。众多河流的水力资源为川、渝和盆地工农业的发展与城镇建设提供了极为有利的条件。

4. 矿产资源种类繁多,储量丰富

川、渝是我国西南地区矿产种类最多,储量最丰富的两个省市,也是我国资源配套程度、自给率较高的省市之一。重要矿产有铁、煤、天然气、石油、金、铜、云母、芒硝等,有全国最大的井盐产地。据统计,区内已找到的矿产有123种,已探明具有一定储量的矿产89种,已经开采的有60多种。由于储量与分布相对集中,为合理开发利用、建设各具特点和规模的矿山基地及

工矿业城镇提供了有利的条件。

5. 自然景观得天独厚,旅游观光资源异常丰富

"天下山水之冠在蜀"的特殊自然气候与地质、地貌条件,构成了雄、奇、壮、美和秀丽多姿的自然山水景观。峨眉山、乐山大佛、青城山、都江堰、剑门蜀道、九寨沟、黄龙、贡嘎山的海螺沟、缙云山、钓鱼城、金佛山、石林竹、长江三峡、巫山的大宁河等都是我国著名的风景名胜区和游览地。1982年国务院公布的第一批44处国家重点风景名胜区中,多数位于盆地地区。得天独厚的自然风景资源与灿烂悠久的都市文化和丰富多彩的多民族人文景观,为发展川、渝的城市群体与我国的旅游观光事业,振兴地方与民族经济,提供了广阔的发展前景。

(二)社会、经济条件

1. 农业的稳定发展,是盆地城市群发展的基础

优越的自然、气候条件和悠久的开发历史,使川、渝的农业生产在全国占有重要的地位。特别是盆地地区,自古以来素有"天府之国"的称谓。粮食和油菜籽、牲畜饲养以及柑橘、茶叶、桐油、蚕桑等经济作物产量都居全国的首位,是我国重要的粮食生产基地和畜牧与经济作物生产基地之一。十一届三中全会以来,四川农林经济空前繁荣,乡镇企业、集市贸易、庭院经济发展迅速,使农村经济结构发生了深刻的变化。据有关部门统计,近年来农村剩余劳动力约占农村劳动力总数的30%左右,很多农村劳动力从传统的农业转向工业、副业和商业、服务业。农业的稳定发展和农村劳动力的转化,为本区城镇和工业的发展创造了重要的物质基础与技术条件,并且形成了以农业发展为基础,以工业发展为主导的城乡一体协调发展的经济格局。

2. 工业门类齐全,形成了比较完整的工业体系

建国以前,四川工业基础十分薄弱。建国以后,经过各个时期的建设和发展,工业已经成为国民经济的主导部门,形成了门类齐全、比较完整的工业体系。全省大中型企业的拥有数量和职工人数居全国第二位。机械、电子、天然气化工、盐化工、医药化工、建材水泥等重工业以及食品、丝绸、造纸、制革、酿酒等轻工业在全国都占有突出的地位,不仅成为我国重要的重工业基地和军事工业基地,也是我国重要的新兴综合性工业基地之一,为我国内地工业部门最齐全、实力最雄厚的省区。重庆市是具有悠久历史的老工业城市,汽车、机械等工业在全国都具有举足轻重的地位。不仅对于我国幅员辽阔、资源丰富的西部地区的开发与建设,乃至对于整个国民经济建设都具有重要的战略意义,并对促使盆地城市群的进一步集聚、发育与成熟产生重要的作用。

3. 交通运输条件优越,在本地区已形成发达的交通网络

建国以来,国家对川、渝的铁路、公路、航空等运输方式进行了大量投资与建设,使川、渝交通运输条件发生了深刻变化。

铁路建设从无到有,先后建成了成渝、宝成(电气化)、川黔、成昆(电气化)、襄渝等干线,营运里程已达4 500多公里,居全国前列。成渝、川黔、襄渝等干线将逐步实现电气化。成都市已经建成为西南地区最大的铁路运输枢纽。随着西部大开发战略的实施,"十五"期间,西部大中型项目中,将修建遂宁—重庆—怀化,达县—万县,万县—枝城铁路以及内江—昆明等新的铁路线。

川、渝公路网建设已形成四通八达的局面,公路通车里程超过1×10^5 km(其中四川7.44×10^4 km,重庆2.72×10^4 km),公路通车里程居全国前列,公路网密度远高于全国平均水平,主要集中在四川盆地城市市域。成渝、重庆—长寿高等级公路正在建设中,在西部大开发重点规划的8条大通道中,其中有2条是从盆地引出的:成都—西藏彰木口岸,重庆—湖南长沙,这将进一步加强盆地与外界之间的联系。

近年来,川、渝航空运输有了长足的发展,成渝两市已经建成为西南地区主要的航空枢纽,新建的重庆江北机场已经开通26条以上的航线,成都双流机场是西南航空枢纽、国家一级机场,通往国内近60个城市和省内的西昌、南充、达川等城市以及新加坡等国家。两大机场的旅客流量近两年来超过1 000万人次。民航短途航线也有了很大的发展。近年来已开通国际航线共12条,成都机场国内外旅客吞吐量超过1 400万人次,为国内重要的干线机场。

因陆路交通的发展和作用的明显提高,水运相对下降,内河航运里程约8 800 km,内河水运潜力还没有充分发挥。重庆至宜昌可通航3 000 t级船舶,三峡大坝建成以后,一年中有半年可以通航万吨巨轮。

随着工农业生产的发展及人民物质、文化生活水平的提高,交通运输事业的发展与经济发展之间的矛盾更加尖锐,主要是运输网络的分布极不平衡,成都平原与盆地地区交通网络比较发达,而川西、川北高原地区和盆地东部山区,铁路与公路分布密度稀少。

虽然四川盆地在全国经济活动中占有重要的地位,但由于自然、历史等原因,目前这里的经济发展水平和劳动生产率仍然比较低,特别是按人均产值、产量来衡量,甚至低于全国平均水平。

4. 人口众多,分布极不平衡

1990年底,四川省人口超过1.08亿,92%的人口集中分布在占全省土地面积33%的盆地上。2004年四川省总人口为8 529.4万人(重庆除外),仍是我国人口稠密的省区之一(见图5-6-1),每年外出打工的流动人口高达1 000万人。人口平均密度为190.7人/km²,低于我国

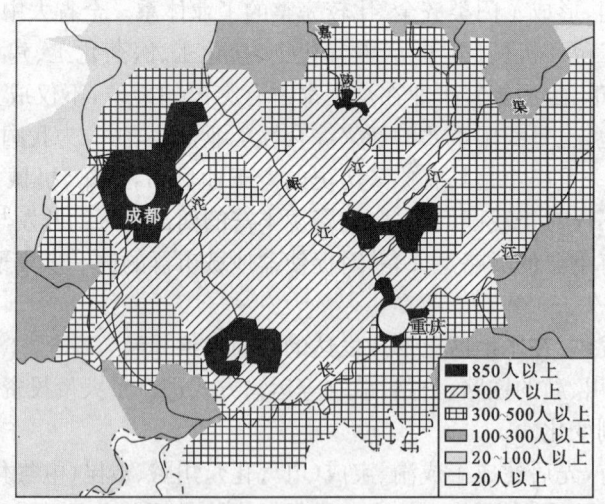

图 5-6-1 四川盆地人口密度图

东南部沿海各省区,远高于西北、西南各省区。盆地的成都平原地区,2000年时每平方公里达530人,其中成都、重庆、内江、自贡、泸州附近地区,每平方公里高达700~900人,是全川人口分布最稠密的工业地区;四川盆地的边缘地区,人口密度为每平方公里100~300人之间,包括涪陵、万县、宜宾。到2004年,盆地内城市群更加发展,城区与郊区的人口密度在不少城市已

经超过 4 600 人/km²，成都市区更是达到 6 800 多人/km²。

人口分布的不平衡性，给四川经济建设和社会发展带来较大影响。东部地区人多地少，劳动力资源丰富，但矿产资源、森林资源与能源相对缺乏；西部地域辽阔，森林、草原、水力、矿产资源十分丰富，但人口稀少，劳动力资源缺乏，技术力量薄弱，城镇分布密度很低，影响地区开发建设速度。建国以来，国家投入了大量的人力、物力、财力，有计划地组织了人口向西部地区迁移，开发建设了新型的钢铁工业基地攀枝花市和航天发射基地西昌市。

二、四川盆地城市群的基本特征

1. 城市发展历史悠久

四川盆地城市群有着悠久的发展历史。早在公元前 4 世纪，这里就形成了以重庆为中心的巴国和以成都为中心的蜀国的奴隶统治中心。公元前 329 年，巴、蜀两国都被秦所统治，重庆与成都乃为两地首府。

重庆地处四川盆地东部的河谷丘陵地带，长江干流与嘉陵江的汇口。由于有两江水利之便和重要的地理位置，自古以来为军事要地。东汉时期，重庆就是物资集散的港口。唐宋以后，重庆与长江中下游地区的经济联系日趋密切，商业活动日益兴盛。南宋时，重庆由州治改为府治，其辖区范围也大为增扩，重庆逐步成为川东地区政治、军事、经济、文化中心。至明朝中叶，重庆的纺织、织布、缫丝、酿酒等工场作坊逐步兴起，手工业日趋繁荣。到了清代，商业与手工业得到了进一步发展，重庆逐步成为西南地区的物资集散和商品交换的重要中心。清朝末年，由于朝廷腐败与帝国主义的侵略，于光绪十六年（公元 1890 年）、二十一年（公元 1895 年）清朝政府先后与英日签订了不平等的《烟台条约续增专条》与《马关条约》，重庆先后被开辟为商埠。此后，英、日、美、德、法等国的侵略势力与资本先后渗入重庆，打破了闭关自守的封建经济，使重庆成为资本主义世界的商品流通市场和半殖民地性质的工商业城市。

民国 18 年（公元 1929 年），重庆正式设市建制，至抗日战争前夕，重庆已有各类工矿企业400 余家，人口 47 万，市区面积 93.5 km²，成为长江沿岸城市中仅次于上海和武汉的重要商品贸易口岸。重庆山城的自然风光早已驰名中外。

抗日战争时期，国民政府 1937 年于迁都重庆，重庆的城市性质、职能与产业结构发生了深刻变化。重庆不仅成为战时的首都和中央院辖市，而且也是当时远东地区反法西斯的指挥中心。由于战争需要，东部沿海地区的人才、技术、企业大量涌入，军、政、文化、教育机构纷纷内迁，各类工业企业急剧增加到 1 700 家，职工达 10 万余人，使重庆成为中国战时的政治、军事、经济与文化、教育的中心。1941 年城市人口突破 70 万，至抗战末期猛增为 124.6 万人，市区面积扩大为 328 km²。这期间重庆拥有的工业企业数、职工人数和各项固定资产设备数量几乎都占国民党统治区的 1/3，成为全国最大的工业基地。抗战期间，重庆人口的急剧膨胀，使重庆的城市基础设施背上了沉重的包袱，城市环境质量大大下降。抗战胜利后，国民政府迁回南京，不少企业、机关迁回原地，加上通货膨胀，社会秩序混乱，重庆的工业生产水平急剧下降，城市经济大为衰退，全市人口也由抗战末期的 100 多万人减为解放前夕的 96 万人。

成都建城已有 2 300 多年的历史。早在公元前 316 年，秦灭蜀后，秦惠王派张仪、司马错仿秦都咸阳在此修建城池。公元前 252 年，李冰任蜀守，修建了著名的都江堰水利灌溉工程，促使成都平原成为"水旱从人，不知饥馑，世号陆海，谓之天府"的天府之国，并使灌区许多小城市得到了发展。公元前122年,成都便成了蜀锦等手工业品生产的"故乡",同时也是"南方丝绸之路"的起点。东汉时期,成都已成为我国五大古都之一(即洛阳、成都、南阳、临淄、邯郸),人口达8万户。三国时期,成都与长安、扬州、敦煌齐名,成为全国最繁荣的城市之一。明初,朱元璋封朱椿为蜀王,并在城中心修蜀王府(俗称"皇城")。明末,农民起义军领袖张献忠曾于崇祯十七年(公元1644年)攻入成都,建立西京,成为大顺政权的政治中心。清康熙时期,在城西南修筑"满城"(俗称"少城"),今日成都城市的路网格局,仍基本保留了大城、皇城、少城三个风格不同的道路系统,成为这座古老的历史文化名城的显著特征。

围绕重庆、成都两个城市,逐渐形成了盆地西部以成都为中心的德阳、绵阳、乐山、雅安、广元以及都江堰、广汉、大邑、峨眉山等城市和以重庆为中心的涪陵、万县、达县、南元、泸州、自贡、宜宾以及合川、江沣等城市群。它们都是具有千年以上建城历史的古老城市(镇)。

2. 城市化进程加速发展

据统计,1990年底,四川省共有城镇765座,其中城市23座,建制镇743座,平均城镇密度仅为1.4座/1 000 km²;到1998年底,川、渝共有城镇2 348座,其中城市36座,建制镇2 312座。平均城镇密度为4.1座/1 000 km²,城镇密度提高了近3倍,平均每5万人口左右一座城镇,但在空间分布上很不平衡。

在盆地内城镇分布高度集中,分布了川、渝80%的城镇,盆地内的平均城镇密度为100座/1 000 km²。川、渝36座城市中33座分布在盆地。其中,特大城市2座(重庆、成都),中等城市14座(自贡、江津、德阳、乐山、泸州、绵阳、内江、宜宾等),小城市17座(永川、资阳、简阳、都江堰、峨眉山市等),盆地内的城市数量占川、渝城市总数90%以上。特别是成都平原城镇分布密集,是全国城镇分布最密集的地区之一,其分布密度接近长江三角洲、珠江三角洲、京津唐地区和东北辽南地区。而盆周山地平均城镇分布密度远远低于盆地地区(见图5-6-2)。

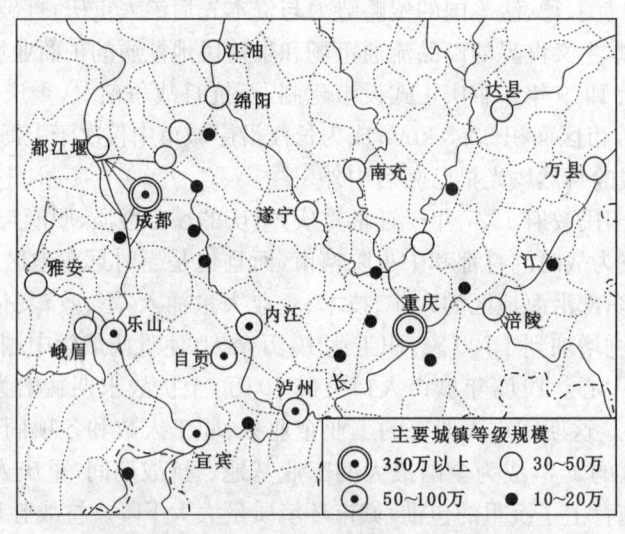

图 5-6-2 四川盆地城镇群布局图

建国以来,川、渝的城镇建设有了很大发展,城镇人口也从1949年的246万人发展到1998年的1 999.72万人,增长了8.13倍,但城镇化的水平仍然比较低。1950年,四川城镇化水平仅为4.3%,1957年增加到11.2%,1965年下降到9.5%,1980年仍停留在9.18%的水平。1980年以后,城镇化速度加快,至1990年上升为12.74%。1998年,四川城镇化水平为16.8%,重庆为19.68%,同全国水平(23.9%)相比,还有较大的差距。城镇化水平仍远低于东北、西北及东南沿海各省、区,也低于全国平均水平,其中四川仅高于广西、贵州、云南、西藏四个省区。但盆地城市化水平较高,近年来也发展较快。1984年,盆地内城市人口621.36万人,占四川城市总人口的90%,到1990年,城市人口增加到756.7万人,6年人口增长速度明显加快;到1998年,盆地内城市人口达到1158.3万人,1991~1998年9年内年均增长4.8%,远远高于80年代水平。

3. 城市体系由单体系变为双体系

重庆市中央直辖后,盆地内的城镇体系发生了很大的变化,由于行政区划的变化,盆地内的城镇体系由原来的单体系变为双体系,即:一是四川盆地川域内城镇体系,二是重庆市城镇体系。两套体系共存,使原来的中级平衡型城市体系变为以重庆市为中心和以成都为中心的两个首位型分布体系。盆地内四川的二级城市主要有自贡、绵阳、乐山、南充等城市,人口均在30~50万之间,远远低于成都市人口,城市首位度由原来的1.38变为4.62。重庆境内则没有二级城市,四个县级市中仅有江津(21.54万)、合川(20.22万)两市人口刚刚超过20万,是中等城市。重庆市城市首位度更是高达14.3。这两套城市规模体系都是极不平衡、不稳定的体系,对城市的发展有较大的促进作用。根据城市发展规律,城市将由现在的不稳定的中级首位型分布发展成为更高级的平衡型分布,继续发展成为更高级的首位型分布。

4. 城市等级规模不够完善合理

1990年盆地城市规模结构中(见表5-6-1),特大城市(100万人口以上)2个,人口398.01万,占盆地城市人口的52.6%,中等城市(20~50万人之间)6个,人口174.75万,占盆地城市人口的23.1%,小城市(20万人以下)13个,人口183.94万,占全省城市人口的24.3%。没有50~100万人口之间的大城市。1998年盆地内城市规模结构中,特大城市2个,人口534.50万,占盆地城市人口的46.1%,中等城市14个,人口422.27万,占盆地城市人口的36.5%,小城市17个,人口201.98万,占盆地城市人口的17.4%。2004年,特大城市有2个,50~100万人口的大城市有4个,为自贡、泸州、绵阳、南充,中等城市有14个,其余为小城市。

表 5-6-1 盆地城市人口与数量发展情况统计

年 份	城市		特大城市		中等城市		小城市	
	个数	人口(万人)	个数	人口(万人)	个数	人口(万人)	个数	人口(万人)
1984年	15	621.36	2	365.4	6	166.79	7	89.17
1990年	21	756.7	2	398.01	6	174.75	13	183.94
1998年	33	1258.3	2	534.50	14	422.27	17	201.98
2004年	37	1633.11	2	774.23	14	411.42	17	228.4

资料来源:四川省统计年鉴(1999,2004);中国城市统计年鉴(2005)。

四川盆地原在一个四川省区内,后来重庆单独独立成为中央直辖市(2004年市域总人口达3130.10万人),现在的四川省总人口达8529.4万人。如果从城市群的角度分析,群区内各个城市人口、非农人口见表5-6-2。

表 5-6-2　四川盆地城市群各城市人口统计（2004 年）

城　市	总人口（万人）	非农人口（万人）	流动人口（万人）
重庆	1 016.12	448.5	86.8
成都	480.0	290.1	82.5
内江	142.0	38.6	6.2
自贡	110.2	54.8	9.5
绵阳	120.3	60.5	18.1
泸州	150.2	46.8	8.2
东山	120.8	48.6	8.0
宜宾	80.8	35.8	7.5
南充	190.2	61.5	9.4

从以上城市等级规模结构来看，成都、重庆两个特大城市的中心地位仍然十分突出，城市人口规模发展迅速递增。1990～1998 年 9 年共增加了 247.52 万人，平均每年增长速度为 10.3%，远远高于大城市人口增长速度，主要是小城市发展较快，升级为中等城市，使中等城市人口增加较快。由于缺乏 50～100 万人口的大城市作为较大区域的经济中心来影响和带动中小城市的发展，使城市的等级规模体系很不完善和合理，一方面使成、渝两个特大城市的人口规模得不到合理的控制，大大加重了城市基础设施建设的压力；另一方面也影响了中小城市的发展。

5. 城市职能和类型多样，但近年有趋同趋势

在城市职能上，它们多为一个地区或行政管理中心，而且在经济上表现出多样性，如自贡自古为盐业城市，内江为"甜城"，泸州、自贡、宜宾为"酒城"，万县为川东门户，绵阳为"电子工业城"，德阳为"电机工业城"。它们在城市的历史文化与建筑风貌上也各有特点，别具特色。但是近年发展的一些中小城市，它们的职能同原来已有的城市有很大的相似，没有新型城市的特色，地区内城市多为资源开发型城市，因此城市发展对"外推力"的依赖性很强。据统计，盆地内 33 座城市中，有 21 座城市以煤炭工业为城市主要工业产业，以机械工业为主要产业的城市有 21 座，以建材工业为主要工业产业的城市为 17 座，以煤炭、机械两工业为主的城市也达到 16 座，以电子、轻工产业为主的城市有 6 座，而且各城市在这些产业部门的 GDP、职工人数比例也比较接近。

6. 城市的布局与江河分布的关系密切

川、渝境内山势起伏，河流纵横交错。源远流长的长江在川、渝境内汇集了嘉陵江、岷江、乌江等几条大的支流，加上它们的二级支流，在盆地内形成了发育的水系，构成了完整的树枝状河网系统，而城市绝大多数是沿江河的沿岸布局，在河流的一侧或两侧发展，或位于两条或多条河流的交汇口。如重庆位于长江干流与嘉陵江两大河流的汇合口，泸州位于长江干流与沱江的汇合口，宜宾位于岷江与金沙江的汇合口，乐山为岷江、青衣江与大渡河的汇合口等。据调查，盆地内 33 座城市中就有 30 座分布在长江及其他支流上，95% 的城镇靠近江河分布，这些城市（镇）中，由于多数都位于冲积平原和沿江河的高河漫滩和一级阶地上，因此城市（镇）既享有饮水、航运和灌溉之便，但也常常受到洪水的威胁，同时，长江水源正在逐渐受到城市工业污水、生活污水的污染。

7. 城市基础设施不断完善

近年来,川、渝两地加大了对城市基础设施的投资力度,城市建设和城市改造较之20世纪80年代有较快的提高:人均铺装道路在90年代初的6年内(1990~1995年),由于城市人口的迅速增加,不但没有增加,反而略有下降,但是,从1995~1997年,人均铺装道路却有明显的增加。重庆市人均铺装道路达到3.0 m^2。近年来,城市通讯业发展迅速,信息的传递渠道拓宽,1990年末,四川邮局数仅为1 226个,至1997年,川、渝邮局数增加到6 600个,增加了近5倍;电话拥有量也明显提高,1990年四川每百人电话机拥有量为1.84部,到1997年,四川、重庆城市每百人电话机拥有量均增加到4部,提高了2.2倍;公交系统、卫生机构等城市基础设施都有较大幅度的发展,城市基础设施在不断完善(见表5-6-3)。

表 5-6-3 四川盆地城市基础设施发展

重 要 指 标	1990年	1995年	1997年	
			四川	重庆
人均铺装道路(m^2)	2.0	1.9	2.3	3.0
年末邮局数(个)	1 226	5 865	3 950	2 665
每百人拥有电话机数(部)	1.84	2.19	4	4
卫生机构数(个)	5 440	6 997	5 722	2 553
每万人拥有公共汽电车(辆)	2.2	2.1	3.5	4.4

三、四川盆地城市群的发展趋势

(一)主要城市的性质、规模与功能作用

1. 重庆市

作为长江上游经济中心、水陆交通枢纽的重庆市,是中国西南地区最大的工业基地和历史文化名城。境内山地、丘陵占80%以上,所以也是全国著名的山城。2004年建成区面积已达295 km^2,还有扩展的趋势。预测2010年城市人口达750万人,建成区为380 km^2。

建国初期(1949~1954年),重庆曾被定为中央直辖市,作为西南地区的政治、经济、文化的中心,城市经济得到迅速恢复与发展。1952年成渝铁路修通,1957年宝(鸡)成(都)铁路通车,加强了重庆与川西及北方省区的联系。1965年川黔铁路建成,1981年襄(樊)渝铁路通车,进一步沟通了重庆与贵州、云南及中南、华南多省区的联系。1964年开始的"三线"建设时期,重庆地区被列为国家建设的重点地区之一。改革开放以来,重庆的建设步伐大大加快,1983年,国家批准重庆为全国第一个经济体制综合改革试点城市,1984年国家对重庆实行计划单列。同时,为了充分发挥特大城市的骨干作用和经济中心的职能,重庆与原永川地区合并,辖区由九区四县扩大为九区十二县,以加强市县的工作,有利于打破城乡分割、条块分裂的局面,有可能使重庆在更大的区域范围内进行城市布局结构的调整与生产力的合理分布。1997年,全国人大八届五次会议通过设立重庆直辖市,全市辖区面积8.24×10^4 km^2,总人口3 072万(1999年统计资料)。至1999年底,建成区面积接近240 km^2;人口规模达365万人左右,为我

国西南地区最大的城市。2004年城市人口达690多万（郊区仍有一部分农业人口），占全市域总人口的1/4左右。建成区已扩大到310 km², 但其国内生产总值高达1950亿元，在全国占第10位次。全市已形成了机械、化工、纺织、冶金、精密仪表、食品等工业部门为主体的工业体系。重庆的重型汽车、摩托车、精密仪器、仪表、有机化工与化学合成药物、维尼纶短丝、优质钢材、铝材与铝合金材料等在西南地区与全国占有突出的地位，同时，重庆作为"五省区七方"（即四川、贵州、云南、广西、西藏自治区以及重庆、成都两大城市）的商业、贸易、金融的中心地位正在形成与加强。

重庆市目前辖14个区、4个县级市、22个县，本市其他县迁入人口达78.74万人（2000年）；外省市迁入人口有21.24万人，迁入的劳动人口中，15～34岁的占了75%，分布在服务行业为主。改革开放以来，重庆的基础设施不断完善，江北新机场已建成通航，成渝高速公路建成，随着我国最大的内河航运干线长江的整治与开发，市内长江航道的整治以及三峡工程的建设，重庆不仅可以连接中国的沿海包括上海、南京、武汉、宁波、港澳、台湾等重要港口，而且将可以直接与日本、朝鲜、印尼、菲律宾、新加坡等邻国通航，其城市的综合功能与经济中心的辐射和吸引范围不断扩大，重庆已与110多个国家和地区建立了经济、文化联系，因此，未来的重庆，不仅将在实现中国东部地区"长江经济走廊"的发展战略和西部地区的经济中发挥她的重要的功能，而且在国际经贸与文化交流中也将日益显示出她的重要影响与作用。重庆市直辖后，重庆的战略地位将由原来的西南地区经济、文化中心，提升为我国西部地区中心，为长江经济带上的重要城市之一。目前，我国南北方向有东部沿海、中部沿京广铁路两条轴线，随着西部大开发的深入，将在我国西部形成第三条南北轴线，与东西轴向的长江经济带相交汇，重庆市将成为这两条轴线交汇点。在今后的发展中，重庆应朝着建设我国西部地区最大的现代化城市迈进，并在某些城市功能方面发挥大区域经济中心的作用。

2. 成都市

成都市地处四川盆地的西部，成都平原的腹心，为四川省省会，也是中国著名的历史文化名城和重要的科技、文化、教育中心。

建国以后的"一五"时期，成都即为国家重点建设的城市之一。许多大中型工业建设项目在成都定点，当时国家156项重点建设项目中，布置在成都的就有10项，此后在"二五"计划与"三线"建设时期，工业得到进一步发展，先后在成都建成了新兴的东北郊工业区、东郊工业区、北郊工业区以及黄田坝、青白江独立工业区和卫星城，一些近郊工业点相继建成。成都市郊区有两个重要的工业开发区，一个是大面镇，约20 km², 20万人；另一个是华阳镇，15 km², 约18万人，需要10～15年基本建成。这使成都市形成了以机械、电子、纺织、冶金、化工等大中型工业为骨干的综合性新兴工业基地。在工业产品中，尤以飞机制造、量具刃具、电子设备与元器件、无缝钢管、化肥等产品在西南地区与全国占有重要的地位。同时，在交通运输方面，成渝、宝成、成昆（明）铁路干线的相继建成，成渝高速公路的建设，航空事业的迅速发展，以及科研、文化、教育建设事业的不断发展，已使成都市的性质、功能与作用发生了深刻的变化。特别是改革开放以来，城市建设进入了新的历史发展时期，城市人口由建国前夕的50余万人发展到1995年的214.61万人，建成区面积由20 km²发展到140 km²。至1999年底，建成区面积为165 km², 人口规模达225万人左右。2004年城市人口为285万人，建成区面积为210 km², 国内生产总值GDP已超过1600多亿元。成都市的综合经济实力大大增强，形成了工业项目齐全，具有相当发达的科学技术水平的综合性工业城市。

由于得天独厚的自然地理与悠久的文化历史,成都市及周围地区的风景名胜、文物古迹多姿多彩,都江堰、青城山、杜甫草堂、武侯祠等都是我国有名的风景名胜地。近年来,成都的城市基础设施建设有了很大的发展,其经济辐射和吸引范围正在不断扩大,成都不仅成为东连重庆及攀西,带动全省经济、文化发展的省会城市和经济中心,而且也是西南地区第二个最大的经济中心。重庆市直辖后,由于行政区划的原因,重庆对四川省中小城市的辐射力会有所下降,而成都成为四川最大的城市,也是四川唯一的特大城市,对成都平原、四川盆地,乃至四川全省城市,其辐射力都增强,将发挥其应有的龙头作用,带动周边城市群的不断发展,建立以其为中心的合理完善的城市等级规模体系。

(二) 盆地城市群合理发展模式、发展规律探索

1. 树枝状的城市分布体系与网络状的城市发展模式

四川盆地城市群的分布与发展,除了自然条件的影响外,主要取决于以下四个最基本的因素:①河流分布;②矿产资源与农业资源的分布;③铁路的建设;④成、渝两个重要经济中心的带动与影响。河流是四川盆地城市群分布的基础,矿产资源与农业发展是盆地城市群形成与发展的基础,而铁路交通的发展和成渝两市的吸引与辐射作用是盆地城市群进一步集聚与发展的重要条件,使盆地内城市群在树枝状城市群分布的基础上,形成了沿着两条主要轴线的城市带,即东部以重庆为中心的宜宾、泸州、重庆、涪陵、万县等城市组成的沿长江中上游的城市发展轴,西部以成都为中心的沿宝成铁路与成昆铁路沿线的广元、江油、绵阳、德阳、广汉、成都、乐山、峨眉山等城市发展轴,明显地形成了盆地发展走廊方向,与成渝铁路、成渝高速公路相连接,形成重庆—内江—成都的东西联系轴,组成了 H 型的发展模式。今后要重点发展以下四个发展轴:①沿成昆铁路和成乐高速公路的成都—眉山—乐山—西昌—攀枝花轴线;②沿成渝、内宝铁路,成渝和内宜高速公路的成都—内江—自贡—宜宾轴线;③沿成达铁路的成都—遂宁—南充—达川轴线;④沿建设中的成雅高速公路的成都—雅安轴线;以及以重庆为中心,发散型道路轴线城市体系的建设。随着今后盆地内铁路干线和公路交通网的进一步完善和商品经济的进一步发展,成、渝两市辐射力与吸引力进一步扩大,东、西两条城市发展走廊之间横向联系将进一步加强,从而将改变树枝状的城市分布体系,形成不同层次和等级规模的大、中、小城市分工协作、合理发展的网络状的盆地城市群发展模式。

2. 城市发展预测与城市结构体系的逐步完善

随着改革、开放事业的进一步推进,根据国民经济与社会发展计划,今后 10 年,川、渝的城乡经济将比过去 10 年有更大的发展,城市化发展水平将由现在的 12.7% 增加到 20% 左右。根据中心地理论与四川盆地城市群的现状基础与发展潜力的分析,至 2010 年后,盆地城市群的结构体系和等级规模将逐步趋向合理与完善。

(1)作为西南地区重要工业基地和经济中心的重庆、成都两个特大城市,将通过区域规划、调整产业结构,着力解决城市发展用地、交通与环境保护等方面的矛盾,严格控制城市人口与用地的发展规模。两市城市人口发展速度比过去 10 年有所下降,但仍继续有所发展。这有利于强大的吸引力作用和进一步完善中心城市的运行机制、科技、文化、教育事业的发展,以适应外商投资项目的增加与进一步完善基础设施的需要。根据建国以来两市人口自然增长和机械增长的平均值以及近 10 年来人口发展的趋势,预计 2010 年,重庆市的人口规模将由现在的 319.39 万发展到 400~450 万人。成都的人口规模将由现在的 214.61 万发展到 300 万左右。

特大城市的辐射作用将进一步提高,综合经济实力将大大加强。

(2)随着重庆市直辖以后,自贡、绵阳、泸州这些城市的地位明显提高,将进一步发挥作为区域性经济中心的职能,成为大区或省级综合性城市,随着城市各项配套设施的进一步完善和能源、交通和原材料工业的进一步发展,其人口发展规模将由现在的30~50万的中等城市发展到2010年的70~80万人口的大城市,作为"反磁力吸引中心",甚至成为人口超过100万的特大城市,以平衡成、渝两个特大城市的吸引作用,从而改变盆地城市群长期缺少大城市的格局,使城市体系的规模逐渐趋于合理。

(3)乐山、自贡、达川、广元等市是地区的政治、经济、文化中心,或重要的工业城市,发展历史悠久,有良好的建设条件与协作条件,并具有相当的经济实力,分布也比较均衡,是盆地城镇体系发展的骨干,可以发展成为区域发展中心。其中,如广元还是川北的门户,水陆交通方便,这些城市今后都将有可能作为新的工业项目选址的对象。到2010年,它们将有可能从现在的小城市跨入中等城市的行列。

(4)德阳、内江、南充、宜宾、遂宁、雅安、巴中等城市,多为县级中小城市,但是都是有名的工矿城市,不但要加强资源的开发,提高资源的利用率,还必须加强基础设施的发展,完善城市的职能,走出一条老工矿城市的新路,不能因资源减少和衰竭而导致城市的衰竭,今后要发展成为地区级工商、工矿城市。

(5)盆地地区众多的县城,长期以来作为广大的农业地区经济、行政管理的中心与城乡结合部,发挥了重要的桥梁和纽带的作用。随着城乡社会、经济的进一步发展,其经济实力正在逐步增加,但工业化水平还比较低。随着乡镇企业的发展,大城市工业的扩散和市带县体制的实施以及旅游事业的发展,县城的工业化水平与城市化水平逐步提高,县城的基础设施与居住环境质量得到进一步地改善,其中像合川、永川、江津、简阳、资阳、绵竹、大竹等原有县城,现在已经发展成为中小城市,现在盆地内的不少县城,如长寿、大足等县城,由于它们优越的地理位置和良好的建设条件,到2010年前后,极有可能由县城发展为中小城市。

表 5-6-4 2010年盆地城市发展预测   单位:座

年 份	特大城市 (100万人)	大城市 (50~100万人)	中等城市 (20~50万人)	小城市 (20万人以下)	合计
1998年	2	0	14	17	33
2010年	4~5	4~5	20	28~30	50~55

资料来源:1998年城市数来源于《中国城市统计年鉴(1999)》;重庆、成都等市城市总体规划(2002、2004年)。

3. 逐步缩小城镇发展的差距

从总体的发展态势看,由于自然、地理、交通和行政等原因,盆地城市群的集聚程度与城市化的发展速度大大高于周边地区,而盆地西部的成都平原,其集聚程度与城市化发展速度又大大超过盆地东部地区。城市将进一步在盆地内集聚,与周边地区的城市化水平差异将进一步拉大,因此,需要加强盆地东部丘陵地区和四川西部山区的城镇建设与区域性能源、交通、通讯等基础设施建设,加强边远山区和少数民族地区的城镇建设,以及科技、文化、教育的发展,逐步缩小地区之间的差距。

4. 建立不同层次与规模的产业结构协调、分工合理的城乡一体化城镇网络体系

四川是中国最大的省份之一。建国以来,国家对四川省投入了大量资金与人力,使其工业基础与经济实力大大增强,形成了工业门类齐全的工业体系;另一方面,四川也是国家重要的农、副业生产基地,四川农业经济的发展对整个国计民生有举足轻重的意义。因此,在实现城市化、现代化的进程中,必须认真考虑农、轻、重相互配合,大、中、小城市协调发展的问题;同时,要十分重视农村小集镇的建设和乡镇企业的发展,要打破行政区划的界线,使重庆与成都携手共进,优势互补,壮大成渝城市群,并逐步建立以成、渝两市为中心、以大中城市为骨干、以广大城市(镇)为基础的大中小城市(镇)相结合、分工合理、产业结构协调的城乡一体化的城镇网络体系。

(三)以城市为依托,大力发展能源和现代化、立体化、网络化交通运输与通讯网络

四川盆地多丘陵,能源、交通和通讯网络的发展对全省和盆地城市群的建设有着决定性的影响。利用多方面的条件和多种渠道,以成、渝两市为中心,建立四通八达的现代化、立体化交通运输与通讯网络,把川、渝城乡联系成有机的整体,是加速川、渝工农业生产与城市化进程的关键。

四川盆地人多地少,土地资源相对比较缺乏,但水力资源丰富,充分利用其得天独厚的水利条件,发展水电与水上交通运输,是发展四川盆地城镇与城乡经济的重要的环节。近年来,由于铁路、公路交通的发展,水运交通相对衰退,这是不正常的现象。重新振兴水上运输,发展水上交通运输,不仅可以充分发挥盆地江河纵横的水利之便,密切盆地城镇群体之间的经济、文化联系,而且可以大大缓解陆地交通的压力,节约建设用地,减少环境污染,降低运输成本;而提高水上能力的关键在于提高船舶的设施水平与运行速度,整治航道,改善水陆联运条件,方便群众,从而形成水、陆、空便利的现代化、立体化、网络化的交通运输与通讯网络。

(四)城镇发展与环境保护的同步与协调

根据世界城市化与工业化的一般规律,随着地区工业化与城市化的加速,相伴而生的是环境的恶化与生态的破坏。因此,如果没有城市发展与保护生态环境的相应政策和强有力的措施,城乡工业化的发展、城镇的集聚与区域的城市化,就只能意味着资源的更大消耗、水源和大气的污染、生态的破坏与环境质量的下降。社会学家、经济学家对于这种现象早已忧心忡忡,发出了"只有一个地球"的严重警告。他们认为,水资源与大气、环境的污染和无控制地乱占、滥用高产农田是一种"物质非经济"形式,这种物质非经济形式在短期内不会影响经济增长率,但持久下去,因其代价太大而无法补偿所引起的生态破坏和环境质量的严重损失,将最终使建设的目的归于失败!四川盆地城市密集的城市化地区,地处长江上游及农业高产地区,地区生态环境质量如何,不仅直接关系到盆地城市群的生存与发展,而且也直接影响到长江中下游城市化地区的生存和发展。因此,要十分重视维持生态平衡与环境建设,保护江河水体免遭破坏和污染。改善生态环境,是西部大开发首先要研究和解决的一个重大课题,在我国西部大开发战略中也明确提出了"西部开发,生态先行"的方针。要认真贯彻环境保护法和国务院关于加强长江中上游绿化和防护林建设的规定,提高绿化覆盖率,减少水土流失,合理进行城镇工业的布局与调整;在盆地高产农业地区进行城镇规划与建设,要十分珍惜土地,节约用地;避免重复建设,大力做好工业"三废"的治理,加强城市与区域性的环境建设,使城市、经济建设与生态环境保护二者之间平衡发展。

四、西部大开发战略带来的契机

1999年与2005年初,中央经济工作会议部署,抓住机遇,着手实施西部地区大开发战略,给四川盆地城市群发展,给四川省、重庆市城市发展都带来了很好的机遇。

1. 四川"12345"的总体发展思路

四川将围绕一个中心(增强四川经济特别是工业经济竞争力),培育两个支撑(以成都为中心的2个成德、绵阳高新技术开发区),抓住三大工程(基础设施、生态环境和人才工程),调整"四大结构"(所有制、产业、企业组织和城乡结构),逐步形成五大支柱产业(电子信息、水电、装备制造、旅游和饮料业)。

2. 重庆市总体战略思路

坚持"创新跨越、强市富民"的战略方针,充分利用重庆作为西部工业重镇、三峡库区开发建设、区位承东启西三大优势,把重庆建设成为长江经济带西部增长极、成渝经济带和长江上游经济中心三大制高点,发挥重庆在西部地区的战略支撑、对外窗口和区域经济辐射的三大功能。

3. 西部大开发促进盆地城市群的发展

四川"12345"发展思路的运行,将进一步强化成都首位城市的作用,培育成(都)德(阳)绵(阳)高新技术产业区,形成成都平原经济圈,盆地城市职能将逐步趋向高新技术产业化,工业由目前的劳动力、资金密集型转化为技术密集型,进一步调动盆地城市地区本身的积极性,通过政策引导,利用优惠政策,吸引国内外资金、技术、人才等投入到城市建设中去。城市化进程进入一个加速发展的新阶段。

重庆市将建设成为重庆大都市圈,与成渝城市带、长江沿江城市带,共同组成我国横贯东西的现代化城市体系,将推进跨区域性的运输大通道、通讯干线建设,强化重庆区域性交通枢纽和信息枢纽功能,随着兰(州)渝铁路、遂(宁)渝怀(化)铁路、沿长江铁路(峨眉山—宜宾—重庆—万州—恩施—武汉)的建设,建设完善成都—重庆—武汉—上海高速公路和重庆—宜宾—昭通—昆明高速公路之后,重庆将形成四通八达的交通局面,城市之间联系明显增强,城镇网络将逐步完善,对整个盆地区的城市发展都将有很大的促进作用。

西部大开发战略的实施,给西部地区带来了无限的生机和活力,给四川盆地城市群的进一步发展带来千载难逢的机遇,重庆、成都以及盆地内的中小城市,将进一步扩大开放,深化改革,引进外资,加速西部地区的发展。基础设施的不断完善,道路交通、通讯的发展,国家政策的倾斜,将吸引大批外资到西部地区。而西部地区城市多为资源开发型城市,对"外推力"的依赖性比较强,外商的投资,将大大加快西部能源、资源的开发,加速城市化的发展速度。盆地城市群必须抓住机遇,加快改革力度,加快基础设施建设的步伐,借鉴美国西部开发经验,在盆地内建设有美国"硅谷"性质的高科技城市,把盆地城市建设成为我国西部地区新型现代化城市。

主要参考文献

[1] 虞孝感,吴楚材,姚士谋,等. 上海经济区国土开发与整治[J]. 南京地理研究所集刊,1988(5).
[2] 王士兰,娄延安主编. 世界第六大城市群[M]. 北京:中国建筑工业出版社,2005:36~45.
[3] 姚士谋,朱振国,William Chang. 长三角城市群区域成长若干规律问题[M]//王士兰主编. 世界第六大城市群. 2005:124~132.
[4] 马湘泳,虞孝感. 太湖地区乡村地理[M]. 北京:科学出版社,1990:138.
[5] 曾尊固,沈道齐. 三角洲国土开发[M]. 南京:南京大学出版社,1991:119.
[6] 姚士谋,陈爽. 长江三角洲地区城市空间演化趋势[J]. 地理学报,1998,56(6).
[7] 北京地方志,清朝(1~3)畿辅通志(天津),上卷.
[8] 胡序威,陆大道,等. 京津唐区域地理[M]. 北京:科学出版社,1991:60~62.
[9] 胡序威,周一星,等. 中国沿海城镇密集地区空间集聚与扩散研究[M]. 北京:科学出版社,2000:329~330.
[10] 吴良镛等. 京津冀地区发展规划战略研究报告[M]. 北京:中国建筑工业出版社,2005.
[11] 赵京兴. 北京的城市功能与首都经济的基本特点[J]. 北京规划建设,1996(5).
[12] 马玖. 天津城市发展研究——产业、地域、人口[M]. 天津:天津人民出版社,1997:15~18.
[13] 许学强,周一星,宁越敏. 城市地理学[M]. 北京:高等教育出版社,1996:168~176.
[14] R. Ying-Wang,Kwok. Chinese Urban Reform, What Model Now. M. E. Sharpe, Ine, 1990.
[15] 许学强,刘琦. 珠江三角洲的发展与城市化[M]. 广州:中山大学出版社,1988.
[16] 许自策. 珠江三角洲城市化的发展趋势与问题[J]. 热带地理,1986(2).
[17] 郑天祥. 以穗港澳为中心的珠江三角洲经济地理网络[J]. 中山大学学报,1991.
[18] 广东省建委. 珠江三角洲经济区城市群规划[M]. 北京:中国建筑工业出版社,1996:45~58.
[19] Xu Xueqiang. Chinese &. Open Door Policy and Urbanization in the Pearl River Delta Region[J]. International Journal of Urbna Regional Research, 1990,14(1).
[20] 中国社会科学院. 当代中国的城市建设[M]. 北京:中国社会科学出版社,1990.
[21] 黄炳康,傅缓宁. 四川省经济区划[M]. 成都:四川科学技术出版社,1989.
[22] 周勇主编. 一个内陆城市的崛起[J]. 重庆:重庆出版社,1990.
[23] 黄光宇. 要重视山地的开发与保护[J]. 展望. 1989.
[24] 王育民. 中国历史地理概论:下册[M]. 北京:人民教育出版社,1990:476~495.
[25] 韩国今. 隋唐五代史纲[M]. 北京:人民出版社,1979:51~60,191~198.
[26] 叶舜赞主编. 西南城市发展与建设[M]. 北京:科学出版社,1991:55~60.
[27] 胡序威,等. 中国沿海港口城市[M]. 北京:科学出版社,1990.
[28] Rebertkrier. The effect of various archotetural styles on the urban space. Germany.
[29] 应龙根等. 区域发展与环境对策[M]. 北京:科学文献出版社,1989.
[30] 郑弘毅. 港口城市探索[M]. 南京:河海大学出版社,1991.
[31] 沈阳市规划设计院. 辽宁中部城市群规划(交通、城镇、人口). 2003~2004.
[32] 辽宁省城乡规划设计院. 辽宁省城镇体系研究. 1998,2003.
[33] 孙晋山. 辽中地区城市发展研究[J]. 城市科学,1989(2).
[34] 胡序威,周一星等. 中国沿海城镇密集地区空间集聚与扩散研究[M]. 北京:科学出版社,2000:333~338.
[35] 顾朝林. 中国城镇体系研究[M]. 北京:商务印书馆,1994.

[36] 顾朝林,姚士谋,赵令勋,等. 沈阳市城市总体规划宏观层次综合研究(2005~2020年)(有关城市发展战略与功能定位部分)[R].

[37] 姚士谋主编. 中国大都市的空间扩展[M]. 合肥:中国科学技术大学出版社,1998:292~310.

[38] 周一星,杨焕彩主编. 山东半岛城市群发展战略研究[M]. 北京:中国建筑工业出版社,2004:56~85.

[39] 薛克主编. 山东省区域发展战略研究[M]. 济南:山东科学技术出版社,1999.

[40] 周一星. 城市地理学[M]. 北京:商务印书馆,1997.

[41] 经济月刊社编. 西部"密谋"[J]. 经济月刊,2000,3.

[42] 孟奇. 重庆直辖后四川城镇体系布局设想[J]. 城市发展研究,1998,1.

[43] 姚士谋. 长江流域国际化大都市建设的前景[J]. 科技导报,1995,10.

[44] 国家统计局编. 中国统计年鉴[M]. 1998,1999. 北京:中国统计出版社,1998,1999.

[45] 黄光宇,等. 重庆城市发展思考[J]. 城市科学,1994(2).

[46] 姚士谋,张立生,陈爽等. 长江流域经济发达地区城市发展思路[J]. 长江流域资源与环境,1999,8(1).

[47] 姚士谋. 长江流域城市个性与共性问题研究[J]. 长江流域资源与环境(学报),2001,10(2).

[48] 王圣学,刘科伟. 陕西城市发展研究[M]. 西安:西安地图出版社,1995.

[49] 吴启焰. 城市密集区空间结构特征及演变机制[J]. 人文地理,1999(1).

[50] 胡序威. 沿海城镇密集地区空间集聚与扩散研究[J]. 城市规划,1998(6).

[51] 许学强,周一星,宁越敏. 城市地理学[M]. 北京:高等教育出版社,1995,2002:76~95.

[52] 陈田. 我国城市经济影响区域系统的初步分析[J]. 地理学报,1987(4).

[53] 周一星. 再论中国城市的职能分类[J]. 地理研究,1997(1).

[54] 胡焕庸,张善余. 中国人口地理:上、下册[M]. 上海:华东师范大学出版社,1984:262~278.

[55] 马洪主编. 中国国情(分省区)[M]. 北京:中共中央党校出版社,1991:250~281.

[56] 胡序威. 城镇与工业布局的区域研究[M]. 北京:科学出版社,1988.

[57] 陈敏之. 发展中的中国城市[M]. 上海:上海人民出版社,1986.

[58] 崔功豪. 中国城镇发展研究[M]. 北京:中国建筑工业出版社,1992:45~58.

[59] 陆大道. 中国工业布局理论与实践[M]. 北京:科学出版社,1989.

[60] 陆大道. 我国区域开发的宏观战略[J]. 北京:地理学报,1987,42(2).

[61] 吴传钧. 国土开发规划与生产布局[J]. 经济地理,1984(4).

[62] 刘再兴. 生产布局学原理[M]. 北京:中国人民大学出版社,1984.

[63] 姚士谋主编. 中国大都市的空间扩展[M]. 合肥:中国科学技术大学出版社,1998:125~140.

[64] 姚士谋. 长江流域城市发展的个性与共性问题[J]. 长江流域资源与环境,2001,10(2).

[65] 鲍超,方创琳. 从地理学的综合视角看新时期区域规划的编制[J]. 经济地理,2006,26(3):177~180.

第六章

近似城市群的城镇密集区
QUASI-URBAN AGGLOMERATION IN DENSE CITY/TOWN AREA

第一节
关中地区城镇密集区

陕西省人民政府最近提出"一线两带"建设关中地区现代化的社会经济与城市带,指以西安为中心,以陇海线陕西段和宝鸡到潼关的高速公路为轴线,以及国家关中高新技术产业开发区带和国家级关中星火产业带为依托所形成新的产业经济体系和城镇体系。这是西北大开发的重要基地,也是提升整个关中地区城市竞争力和开发大西北的重要举措[①]。

一、关中地区城镇密集区形成发展的历程

关中地区是我国古文明的发祥地之一,也是我国较早出现城市的地区之一。关中地区城镇密集区的形成,是3 000多年以来城市系统由单一职能发展到综合功能,从孤立城市到组合城市的城镇群,规模由小到大,城镇数量越来越多,这是生产力布局长期历史演变的结果。

1. 孤立城市阶段

夏商时期,关中地区出现了国家和城市,但规模小、结构简单,有城而无市。商末,周民在岐山之南周围建立了第一个都城"京",揭开了关中城市发展的新时期。随后在沣河附近又相

---

① 段汉明,陈兴旺."一线两带"建设与关中城镇群的双向促进机制. 经济地理. 2005(6).

继建立了沣镐二京,沣镐作为西周奴隶主王朝的首都长达363年,是当时全国的政治、经济和军事中心,也是关中地区第一次出现的最大城市和第一次出现的全国性都城,同时也是中国古代统治王朝在关中地区建立国都的开始。这一时期也出现了若干小的城市。

秦及秦统一中国之后,是关中城市发展史上又一重要历史时期。如秦国的雍城、栎阳(4 km^2)和咸阳(45 km^2,70万人)。咸阳是沣镐之后出现的第二座全国性政权的都城。从春秋到秦代,关中地区已有40余座城池。

2. 城镇密集区萌芽阶段

西汉是关中城市发展的第三个重要时期。汉代长安城面积达36 km^2,人口50万以上,手工业、商业极为繁荣。同时长安城附近还形成了一批繁华的陵园卫星城,如平陵、长陵、安陵、阳陵和茂陵等。陵园卫星城人口以每座10~20万人计,当不下数十万以至百万人,初步形成类似于城镇密集区的集合体。汉长安城是周秦之后第三座全国性大城市,西汉时关中地区已有近80座城市。

隋唐是关中城市发展的极为重要的历史时期,隋、唐两朝均建都于长安,城池面积达84 km^2,人口愈百万。这是我国古代,也是当时世界上最大的城市,是关中城市发展史上继周、秦、汉之后出现的第四个全国统一政权的都城。当时,关中地区有较大城市60余座。[①]

3. 城镇密集区发展停滞和动荡阶段

五代至元朝,由于政治、经济中心的转移以及战乱的影响,关中城市发展处于停滞状态。元代关中地区著名城市有长安、同州、华州、耀州、乾州、凤翔和陇州等。明清两朝,由于官方实行向关中移民和恢复经济的政策,使原有城市得到一定的发展,并出现了一些新的工商城市。近代以来,特别是1934年陇海铁路贯通关中之后,古代封闭的城市结构、模式逐渐被打破,铁路沿线开始出现一些小的商业城镇。西安也获得了一定的发展,人口恢复到11万人。铁路沿线的渭南、咸阳、虎镇和宝鸡等古城镇出现了近代工业;铜川开始机械采煤;新的工业城镇蔡家坡也形成了。另外,关中东部和西部的经济政治中心大荔和凤翔,分别由渭南和宝鸡取代。

抗战时期,因沿海和东部地区厂商及院校、文化团体大量西迁,河南黄泛区难民大量西逃,使关中各城镇人口迅速增加,城镇发展出现了空前的繁荣。宝鸡因所处的交通枢纽位置,成为陕西与西南、西北的物资转运中心;大量移民涌入使其成为关中第二大城市;蔡家坡成为轻工业城镇;铜川发展为煤炭工业城市等。这一阶段城镇发展的动力是工业内迁和人口的流入,因此具有很大盲目性,城市发展也不稳定。

城镇密集区的发展一般要经历三个阶段:一是城市区域集中扩展阶段,表现为城市以集聚作用为主,单一孤立中心城市突出,城市间距较大,城市密度较小,城市化水平较低;二是城镇密集区集聚形成阶段。城市的扩散作用明显,城市单体规模较大,密度也大,城市间距小,城市化水平高;三是城镇密集区组合与扩散阶段。城镇密集区交通已实现了网络化,都市的扩散作用不断增强,形成相互联系又相对独立的城镇密集区组成的地域组织。20世纪50年代以来,关中城市发展进入新的历史时期,大体经历了两个阶段,即城市区域阶段和城镇密集区阶段。

4. 城市区域集聚阶段

建国后,随着生产布局的调整和区域经济的发展,关中城市也获得长足发展。"一五"和"二五"时期,国家重点在关中布局了机械、电子和纺织工业,在156项重点项目中,陕西占24

---

① 王学圣,刘科伟. 陕西城市发展研究. 西安:西安地图出版社,1995:59~62.

项,其中绝大部分在关中地区,另有50余个大中型项目也在陇海铁路沿线城市建设,形成了西安、咸阳、宝鸡、兴平、蔡家坡、铜川和余下等城镇密集地带。但人口规模不大,均在5~10万人。

"三五"和"四五"时期,陕西地处内地,成为三线建设的重点,国家在陕安排项目400多个,累计投资126.5亿元。这些项目以西安为中心,形成包括咸阳、宝鸡、渭南、韩城和铜川等城市为主的机械、纺织和动力工业基地。截止到1976年,共有五市七十三镇,城镇人口437.3万人。

5. 城镇密集区阶段

改革开放以来,关中地区因其拥有的工业基础、科技实力和教育资源,推动着陕西省社会经济的快速发展,显示出巨大的发展潜力,城市发展迎来又一次高潮,表现为城市数量增加,城市区域扩大。目前,关中地区有城市9座,其中5个地级市、3个县级市和1个示范区、393个镇,城市化水平为46.1%,其中西安市总人口716.58万人,GDP接近1 200亿元(2005年)。目前界定的"一线两带"实际上指关中地区 5.55×10^4 km²,总人口达2 200万人,GDP为1 950多亿元,分别占全省的27%、60%、74%,是陕西省城镇密集区域和经济最发达的地区。基本情况见表6-1-1。

表 6-1-1　关中城镇密集区概况(2002年)

面积 (万 km²)	总人口 (万人)	非农业人口 (万人)	非农人口 比重(%)	市镇人口 (万人)	城市数量 (座)
5.55	2 179.9	623.05	38.60	1 824.67	11
市镇数量 (座)	县以上城镇 数量(座)	城市密度 (座/10⁴ km²)	城镇密度 (座/10⁴ km²)	县以上城镇密度 (座/10⁴ km²)	重要城市 间距(km²)
446	58	1.98	80.36	10.45	30

资料来源:陕西统计年鉴(2003)。

二、关中地区城镇密集区范围和类型的界定

关中城镇密集区区域从行政上包括了西安、宝鸡、渭南、咸阳和铜川等五个地级市的范围。在不同级别的城镇密集区区域,城镇密集区所包括的范围有所差别。城镇密集区范围的界定是一项综合性的工作,其核心是城市化水平的高低,并考察紧密联系城市化水平的相关指标。这里将关中地区按行政区划分为47个基本区域(以县市为单位),选取区域人口密度、非农业人口占区域总人口比重、人均国内生产总值、区域国内生产总值占关中地区比重、国内生产总值与区域面积之比、建制镇占乡镇数的比重、居委会数占居(村)委会数比重等七项指标分别从人口、经济和地域政区特征三个方面来衡量其对城市化水平的贡献率,它们的权重分别是0.15,0.20,0.10,0.10,0.10,0.15和0.20。由计算可知各单元综合指数介于-0.7~4.3之间,平均指数为0,据此可将关中城镇密集区划分为五级(见表6-1-2),归纳为两个层次,一是沿陇海铁路(宝鸡-潼关)、咸铜铁路(咸阳-西安-铜川)的城镇密集分布区,综合指数大于-0.2,城镇分布集中于铁路沿线和高速公路两侧;二是城镇密集扩展区,包括侯西线(西安-韩城-侯马)、西延线(西安-蒲城)、宝成线(宝鸡-凤县)及陇海铁路南北延伸区域,310,312,

108,211,210等国道沿线及其周围地区。狭义的关中城镇密集区(带)指陇海(宝鸡—潼关)、咸铜(咸阳—铜川)铁路沿线形成的条状地带；广义的关中城镇密集区包括关中地区5个地级市。这里重点讨论广义的关中城镇密集区。

表 6-1-2　关中城镇密集区各城市化区域综合指数(2004年)

综合指数	市县区数量(个)	市县区名称	面积(km²)	总人口(万人)	非农业人口(万人)	城市化水平*(%)
>1.0	4	西安、宝鸡、咸阳、铜川	2 301	716.6	333.43	59.6
0~1.0	9	阎良、岐山、凤县、渭南、韩城、华阴、潼关、兴平、三原	9 542	350.2	74.02	29.5
−0.2~0	12	临潼、户县、耀县、宝鸡县、凤翔、扶风、眉县、杨凌、武功、泾阳、礼泉、华县	13 313	540.1	66.55	21.4
−0.2~−0.5	9	长安、高陵、陇县、太白、乾县、蒲城、澄城、合阳、富平	13 202	421.3	46.21	20.6
<−0.5	12	蓝田、周至、麟游、千阳、永寿、长武、淳化、彬县、旬邑、大荔、白水、宜君	17 006	365.1	32.45	18.5%

资料来源：①陕西统计年鉴(1998)；中国城市统计年鉴2004(北京).
②陕西县情。
注：仅指市区非农业人口占区域总人口比重。1998年杨凌作为省辖区从咸阳市分离出来，2002年长安县纳入西安市成为长安区。

从都市区的现状和发展考察，关中城镇密集区可划分为若干都市区。按照都市区划分的标准：①由中心市和外围非农化水平较高、与中心市存在密切社会经济联系的邻接地区两部分组成；②凡城市实体地域内非农人口在20万以上者视为中心市；③外围县市必须满足：全县(市)GDP中非农产业占75%以上，社会劳动力总量中从事非农活动的占60%以上，并与中心市相毗邻；④大郊区的县级市在其城市实体地域满足中心市条件的同时，整个市域还须满足③规定的非农化指标，方可视为都市区；⑤若一县市能同时划入两个都市区，主要依据行政原则，其次考虑联系强度原则[①]。据此关中地区可划分为5个都市区，即西安、咸阳、宝鸡、渭南和铜川都市区。除西安都市区范围较大外，其他都市区均局限于行政范围以内。

关中城镇密集区的地域类型，从其规模等级进行分析，属于中等规模城镇密集区，其核心部分即狭义的关中城镇密集区，包括一、二、三级县市(除凤县和韩城)及四、五级县市中的长安、高陵、富平、周至等27个县市，面积2.64×10⁴ km²，总人口508万人，非农业人口485.5万

[①] 胡序威. 沿海城镇密集地区空间集聚与扩散研究. 城市规划, 1998(6).

人,城市化水平35.46%,城市数量11座,重要城镇17座,核心城市西安服务半径80~100 km(2001年)。从地区内城市性质功能及发展趋势分析,关中城镇密集区属于工农业均相对发达的城镇密集区。区域原材料工业、能源工业和加工工业都有一定基础,高新技术产业也具有特色;同时,区内自然条件较为优越,"八百里秦川"为其核心区,农业经济较为发达,处于城镇密集区的发展上升时期。从城镇密集区的形态分布看,关中城镇密集区属于条带状分布形式,以狭义的关中城镇密集区特点最为明显。如沿陇海铁路城镇密集区绵延300 km,平均宽度30~50 km,向南、向北则过渡进入秦岭山地和渭北高原(见图6-1-1)。

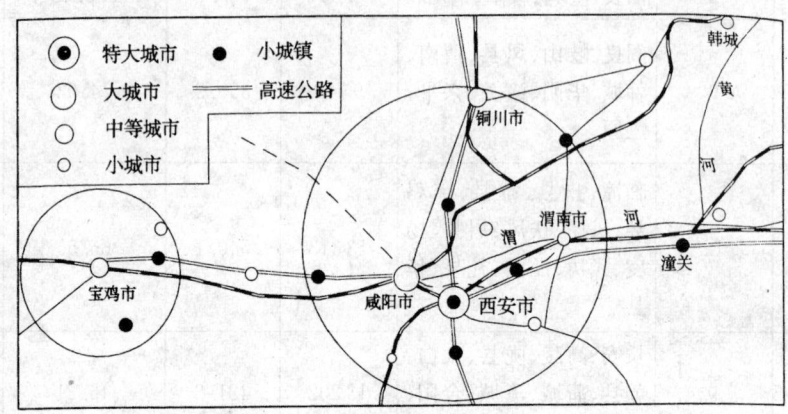

图 6-1-1 关中地区城镇分布

三、关中城镇密集区形成的背景条件

1. 历史基础和区位条件是关中城镇密集区兴起的前提

关中地区是我国古文明的发祥地,也是我国历代王朝建都历史最长的区域,这里曾是我国城市相对密集、城市规模较大的区域,现有城市西安、咸阳都是具有3 000多年的历史古城,历史文物世界驰名。西汉时关中地区商贸、农业与手工业发展较快,人口集中,咸阳当时有50万人,长安仅为30万人,到了唐代,长安成了全国的政治、经济、文化中心,城市人口达到80多万(王学理,1996)。[①]

区位条件是关中城镇密集区兴起的前提。关中地处我国地理几何中心,出于政治统治的需要,诸多王朝建都于此,相应地兴起了一批城市。从宏观分析,关中是我国东部地区,特别是北方联系西南和西北的重要通道,也成为城市建设的最佳区位。从微观区域分析,关中北可达塞外,南抵秦巴、四川,东至中原,西及陇东,为重要咽喉区和东西南北文化、物资和人员等的汇集之地。"八百里秦川"是关中的主体,位于其核心部位。这里平原广布,物产丰富,风调雨顺,交通便捷,信息灵通,成为城市经济、科技与工业开发区的集中分布区。

2. 资源开发和工业项目的建设加速了城镇密集区的发展

近代以来,特别是建国以后,随着国家投资开发这里的自然资源,以及不同时期大型工业项目的建设,不断完善着城镇密集区。"一五"时期20余项重点项目,包括飞机制造(西安、阎

---

① 殷汉明.关中城市群的历史、现状与发展趋势[D].西安:西北大学,2006.

良)、兵器工业(西安)、电子工业(西安、咸阳、宝鸡)、电力机械(西安)、电站设备(西安)和煤炭工业(铜川、韩城),以及大批配套项目,如仪表(西安)、纺织(西安、咸阳、渭南)等,一并建设。同时,地方也安排了一批较大项目,如电力(宝鸡)、纺织(西安)、机械(西安)等。"一五"时期,大型项目推动了西安、咸阳和宝鸡的发展,也形成了兴平、蔡家坡、铜川、余下和虎镇等一批新城(市)镇。随着工业项目的建设,城市科教文卫和基础设施建设也同步发展,城市的量和质都得到了提高。

"二五"和经济建设调整时期,国家在陕项目和地方项目主要摆在西安、咸阳、宝鸡、兴平、铜川及韩城和澄合、蒲白矿区,使关中地区各城市规模扩大,城市化水平有较大提高。"三线"建设和"文革"时期,陕西被确定为重点建设地区,在陕投资的400多个项目中,除部分属于新建外,大部分是从东北和沿海地区大城市老企业中分建或成建制迁建的。这一时期,迁陕职工中仅技术人员和技术骨干约在10万人以上,建筑安装队伍多达20余万人。但这一时期并没有带动陕西城市化的大发展,主要原因是片面强调"山、散、洞",造成布局不合理所致。

改革开放以来,实行市场经济,经济建设重点东移,国家在陕的直接投资相对较少,这一时期城市及其群体的发展主要靠市场引导。国家部分投资的大中型项目,三线企业的并迁及交通和第三产业的发展,促进了城镇密集区的演进。近10多年来,西安经济实力发展较快,在全国各大城市中排在14位,开发区规模大、工业项目多、流动人口达60多万人,城市形态向南、向西伸展。[①]

3. 发达的交通网络成为城镇密集区形成的纽带

如前所述,陕西城市是以孤立的形态各自发展并形成相当规模的,而从城市区域到城镇密集区的形成则是伴随着交通网络的建设而进行的。陕西现状城镇密集区布局首先沿陇海与咸铜线发展,其次是沿候西和宝成线发展。

20世纪30年代中期,陇海铁路贯通关中,使古代封闭的城市结构、模式被打破,沿线出现了一些小的城镇,关中东西部中心城市发生了转移。1937年陇海铁路的通车,宝鸡及川陕公路的建设,使宝鸡成为继西安之后的第二大城市。50年来,关中地区建设了宝成、候西、西延、西户、南同蒲等铁路,对陇海、咸铜线进行了技术改造。80年代建设了西临高速公路、西铜一级公路和咸阳国际机场,90年代建设了西宝高速公路(南线和北线)、西蓝高速公路、西阎高速公路、西潼高速公路和西康铁路(已建)。2004年后,关中11个城市全部分布于铁路沿线,其中10个城市有高速公路或一级公路连通。在关中地区所有县市中,有铁路或高速公路经过市区或县城的占75%以上;市区或县城2/3以上处于国道线上;所有重要市镇均有主干公路相连。目前,西安已成为我国西北大开发的重要交通枢纽与经济重心。

4. 商品经济,特别是发达的农业促进了城镇密集区的形成

商品经济(市场经济)一方面促进了人流、物流、信息流的传输,加强了城市间的联系,推动了城镇密集区的形成;另一方面,发达的农业也为城镇密集区的形成提供了条件。关中自古是我国的重要粮棉生产基地,目前有耕地$170.99×10^4$ ha,粮食产量$572.1×10^4$ kg,占全省的54.8%;粮食单产3 493 kg/ha,比全省平均水平高27.5%。全省78.9%的商品粮基地县,全部商品棉、奶山羊和秦川牛基地县,56.5%的瘦肉型猪基地县,77.3%的苹果基地县,均分布于关中地区。所有这些成为关中城市规模扩大、城镇密集区发展的必要条件。

---

① 崔功豪,王兴平. 关中地区城市群规划报告[R]. 西安:2006-08.

四、关中城镇密集区基本特征

1. 城镇密集区内部等级规模结构特征

关中城镇密集区现有城市11座,县城、重点镇、建制镇446座。依据市区非农业人口数将各城市划分为不同的等级规模,基本情况见表6-1-3。

表6-1-3 关中城镇密集区内部等级规模结构

规模等级 (万人)	城市数量		城市非农业人口		城市名称
	座	百分比	万人	百分比	
>200	1	9.0%	218.8	54.3%	西安
20~50	4	36.5%	134.8	33.4%	咸阳、宝鸡、铜川、渭南
5~20	5	45.5%	46.0	11.4%	阎良*、临潼*、兴平、韩城、华阴
<5	1	9.0%	3.5	0.9%	杨凌#

注:标*者为市辖区飞地,标#者为省辖区。

关中地区城镇密集区等级规模具有如下特点:

一是城市总规模较小。区域城市非农业人口623.05万,仅占全区域总人口的28.58%,与同等面积规模的珠江三角洲城镇密集区、京津唐城镇密集区及人口规模接近的吉林中部、黑龙江东部和重庆城镇密集区相比,无论城市人口规模,还是城市数量均偏小(见表6-1-4)。

表6-1-4 关中城镇密集区与其他城镇密集区的比较

城镇密集区	面积 (万km²)	人口 (万人)	城市人口 (万人)	城市数量 (座)	城市平均规模 (万人)
关中	5.52	2 085	693	11	86.63(63)
珠江三角洲	5.23	3 094	1 175	28	41.96
京津唐	5.55	3 310	1 457	9	161.89
吉林中部	9.82	1 855	780	15	52.00
黑龙江东部	18.57	1 677	953	19	50.16
重庆	2.61	1 618	424	5	84.8

部分资料来源:代合治. 中国城镇密集区的界定及其分布研究. 地域研究与开发,1998(2).
注:括号中的数字为包括市辖区飞地的情况。

二是城市等级规模结构畸形。按照城市规模划分的标准,即超大城市(人口大于200万)、特大城市(人口大于100万)、大城市(人口50~100万)、中等城市(人口20~50万)、小城市(人口小于20万),关中镇密集区超大城市数量占9%,特大城市仅有一个,特大城市和大城市、中小城市数量分别占45.5%、54.5%,城市首位度达5.05。这种结构特征不利于中心城市的辐射,难以带动城镇密集区的发展。

三是各规模等级城市人口分布相对不均衡。关中城镇密集区中超大城市人口占全区域人口的54.3%,中等城市占33.4%,而小城市占12.3%。将关中城市细划为7个规模级(大于50万,40～50万,20～30万,10～20万,5～10万,小于5万),城市等级规模不平衡系数为0.648[①]。2002年地区44.4%的城市人口集中在核心城市西安,而人口小于20万的小城市仅拥有区域城市人口的30.1%。这种"倒金字塔型"的等级规模结构导致城市群体系扩张受阻,难以逾越规模层次断层,中心城市只能以近域扩散为主,等级扩散不畅,各中小城市无法为特大城市分流减压,多中心城市发展格局难以形成。

2. 职能结构特征

综合分析关中城镇密集区中各城市的职能,归纳出其职能细化特征见表6-1-5。从现状分析,关中城镇密集区工业职能较为突出,旅游职能优势明显。城市主导工业部门以机械、电子、煤炭、纺织、电力、冶金、化工和建材为主,特别是机械、电子和纺织工业地位重要,重工业比重较大,轻重工业产值比为36∶64。从职能综合特征看,除西安具有大区级意义外,其他城市只具有地区性或地方性意义,并以中小型规模为主。同时,关中城市群缺乏专业化的小城镇发展基础。一些城镇工矿企业大多为计划经济时期发展的国营企业和军工企业,它们的生产力布局独立性较强,对地方经济的组织协调能力不足,区域城镇专业化分工网络难以形成。

表 6-1-5 关中城镇密集区职能结构特征

城 市	优势职能	显著职能	主导工业部门	职能特征
西安	工业、旅游	科技、文化、卫生、教育、体育、金融	机械、电子、纺织	大区级、特大型、综合性
宝鸡	工业	交通、建筑、商贸	机械、电子、冶金、食品	地区级、中型、综合性
咸阳	工业	科技、教育、服务业、建筑、商贸	电子、纺织	地区级、中型、综合性
铜川	工业	旅游	冶金、煤炭、建材	地区级、中型、专业性
渭南	工业	建筑、交通	冶金、能源、化工	地区级、小型、专业性
韩城	工业	旅游、建筑、地质	煤炭、电力	地方性、小型、专业性
华阴	工业	建筑、旅游	电力、机械、化工	地方性、小型、专业性
兴平	工业		化学、机械	地方性、小型、专业性
临潼	旅游	工业	机械	地方性、小型、专业性
阎良	工业		机械	地方性、小型、专业性
杨凌	科教			地方性、小型、专业性

3. 空间分布特征

(1) 城镇密集区空间网络框架初步形成。关中城镇密集区的空间网络构建于相对完整的交通体系之上和较为密切的经济联系之中,区内铁路、公路、航空、管道运输齐全,铁路网密度为 2.3 km/10^2 km^2(全省为0.9),公路网密度为 35 km/10^2 km^2(全省为20)。城镇密集区公路客货运量分别占全省的73.4%和94.8%,邮电业务总量占全省的78.9%。城市网络框架基本形成以陇海铁路(西宝、西潼高速公路)为主轴,咸铜、候西铁路为副轴,由10多座城市和近20座县以上重要城镇组成的城镇密集区。

---

① 不平衡系数 $s = [\sum_1^n y_i - 50(n+1)]/[100n - 50(n+1)]$ ($i=1,2,\cdots,n$);其中,n 为规模等级个数,y_i 为各规模等级按占城镇人口的比重从大到小排序后,第 i 级的累积百分比。

(2) 城市分布呈集聚形式。关中城镇密集区城镇化分布不平衡系数为 8.2836[①]，城镇相对集中于陇海、咸铜线上。陇海线（包括西宝-西铜高速公路）城镇密度（县城和重要城镇）为 6.19 座/10^2 km，咸铜线（包括西铜一级公路）城镇密度（县城和重要城镇）为 5.85 座/10^2 km。重要城镇平均间距 28 km，核心城市西安与咸阳、长安有连绵化趋势，如西安与咸阳城市集中连片区已相距 10 km 左右，西安每年不断向南扩展，西安与长安已经连成一片了。

(3) 三级多核城市圈层空间分布明显。一级圈层以西安、咸阳为核心，其辐射范围包括整个关中城镇密集区，共 48 个城市（镇），辐射半径达 200 km 以上；二级圈层包括宝鸡、渭南、铜川三市，它们的辐射距离可达 50～100 km，在西安方向其影响分界点大约在 50 km（扶风）、20 km（临潼）、25 km（耀县）；三级圈层包括韩城、兴平、杨凌、阎良、华阴等城市，其辐射半径约为 20～50 km。

4. 城镇密集区的功能联系

城镇密集区内部城市间的联系强度主要受城市经济活动影响能力的制约，即投资集聚能力、市场集聚规模和技术经济水平三个因素影响[②]。具体地说，城镇密集区体的联系决定于城市的影响力、交通通讯状况、商品经济发达程度、专业化特点和产业结构特征。关中城镇密集区内部影响域可在四级水平上进行考察[③]，一级水平的城市是具有全国或大区意义的城市西安，其影响范围包括陕西大部、豫西、晋南、宁夏、甘肃大部、青海东部。二级水平上的城市为省域或省域内较大的区域性中心城市，关中地区只有西安，由于距离阻力增加，其影响范围有所缩减，即东到省界，西至天水，南抵巴山，北至安塞，其影响范围仍然覆盖了关中城镇密集区。三级水平的城市为省内地区中心，除西安外，宝鸡、咸阳、渭南、铜川也具有此级别职能，西安的影响范围缩减至市境及咸阳和商洛大部；宝鸡影响范围为市境及平凉地区；铜川影响范围包括市域及延安、咸阳和渭南部分地区、庆阳地区；咸阳影响范围包括市境大部及庆阳地区；渭南主要影响市域范围。在四级水平上，除以上城市外，增加了韩城等城市，各城市影响范围以市域范围为主。关中城镇密集区发达的运网构筑了城市间较为密切的联系，区内重要的东西向干道有陇海铁路（复线、电气化）、西宝-西潼高速公路、310 国道、312 国道；南北向的干线有咸铜铁路、候西铁路、宝成铁路（复线、电气化）、西延铁路、西康铁路、西铜一级公路、108 国道、210 国道、211 国道。由于城市等级规模结构的断层（缺失特大城市、大城市，小城市的数量偏少），使城市间的辐射受阻，城市间的向心力（西安）突出，中心城市的离心力减弱，表现为西安与区内其他城市间经济、社会发展和城市规模的巨大差异。

另一方面，区内城市的产业职能较为明确，产业结构既存在趋同性，又存在互补性。趋同性表现为关中地区的主导产业为机械、电子、纺织和煤炭，电子工业在西安、咸阳、宝鸡三市都是最重要的行业之一，轻纺工业在西安和咸阳都是支柱产业，机械工业均为西安和宝鸡的支柱行业，能源工业在铜川、韩城、华阴均占重要地位。互补性表现为城市二级产业差异明显，如能源工业中，铜川是以煤炭为主，华阴以电力为主，韩城煤炭和电力地位同等重要；电子工业中，

---

① 不平衡系数 $I_a = \sqrt{\sum_{i=1}^{n}[\frac{\sqrt{2}}{2}(Y_i-x_i)^2]/n}$ $(i=1,2\cdots,n)$；其中，n 为区域个数，Y_i 为 i 单元城镇人口占区域人口比重，X_i 为 i 单元面积占区域面积比重。

② 陈田. 我国城市经济影响区域系统的初步分析. 地理学报,1987(4).

③ 王圣学,刘科伟. 陕西城市发展研究. 西安：西安地图出版社,1995.

西安以仪表、家电、微电子为主,咸阳以电子元器件、彩电为主,宝鸡以无线电电子为主等。机械工业中,西安以综合性机械工业为主(矿山、电力、轻工),宝鸡以重型机械、车辆生产为主。城市间相互作用(或联系程度)强弱的度量,可引用计量城市间相互经济作用强度方法的思路,计算结果见表 6-1-6。

表 6-1-6 关中城镇密集区城市间相互作用强度

单位:百万元·万人/km²

城市	西安	铜川	宝鸡	咸阳	渭南	韩城	兴平	华阴	杨凌	临潼
西安	0	141.8	78.0	6250.6	695.8	18.7	672.8	50.6	52.7	1691.0
铜川		0	3.9	37.3	16.2	3.1	8.9	2.1	1.2	11.0
宝鸡			0	25.4	6.6	1.1	11.0	1.2	3.4	5.1
咸阳				0	83.0	3.0	875.7	8.3	30.7	118.5
渭南					0	4.5	18.4	30.0	2.3	240.8
韩城						0	1.1	1.6	0.2	2.1
兴平							0	2.2	30.3	21.6
华阴								0	0.3	7.9
杨凌									0	2.3
临潼										0

资料来源:陕西统计年鉴(1998).

注:作用强度 $E=\dfrac{\sqrt{P_1V_1 \cdot P_2V_2}}{r^2}$;$P_1$、$P_2$ 分别为两城市的人口数,V_1、V_2 分别为两城市的国内生产总值,r 为两城市间的距离。

五、关中城镇密集区的发展趋势

1. 城市化进程不断加快,城市空间快速扩张

关中是陕西省经济最发达的地区,人均国内生产总值比全省平均水平高 35%。这里工农业基础雄厚,投资环境相对优越,是陕西省重点建设地区。随着产业的扩张和基础设施的建设,原有城市规模会扩大,新城市也将不断涌现,城市人口所占比重也会提高。1998 年区域人口为 2085 万人,城市化水平 33%。2004 年区域人口达 2410 万人,城市化水平 38.5%。预计 2020 年,区域人口接近 3000 万,城市化水平将达到 60% 左右[①]。届时,临潼、耀县、蔡家坡、彬县、户县(余下)、三原、蒲城、华县、凤翔、杨凌、阎良、岐山、大荔、澄城、富平、宝鸡县晋升为市。城市规模结构中,超大城市 1 个(西安),大城市 4 个(宝鸡、咸阳、铜川、渭南),中等城市 8 个(韩城、华阴、兴平、临潼、户余、蒲城、宝鸡县、长安),其余均为小城市。

关中地区城市土地面积 7187 km²,建成区面积 328 km²,总人口 1200 多万人,市区非农

---

① 陕西省建设厅,陕西省计委. 陇海兰新地带(陕西段)城镇体系规划. 2003.

业人口 750 多万人,人均用地 94.4m²。预计 2020 年,建制市人口发展到 400 万人左右①。按人均用地 100 m² 计算,要新增城市建设用地 472 km²,再加届时 570 万建制镇非农业人口(需建设用地 570 km²),城市和城镇共占地 1 370 km²,占区域土地面积的 2.4%。② 今后必需走健康城市化道路,节地、节水、节能,走可持续发展之路。

2. 核心城市西安的中心功能进一步强化

西安是我国具有大区意义的超大型城市,随着西康铁路的通车,西安-南京铁路的兴建以及西安航空港的扩建,西安与全国的联系将进一步密切,中心功能更加突出。西安未来将形成中心城市区和外围组团(未央、洪庆、新筑、六村堡、纪杨、纺织城、草滩、泾河、韦曲、临潼、阎良)的组合型城市,人口超过 435 万,用地 440 km²。它在工业生产、人口用地规模、科教、文化、交通、基础设施建设等方面仍将在关中城镇密集区中处于垄断地位。

3. 城镇密集区内部联系以首位城市为核心形成功能地域网络

从城市间的联系强度看,西安与其他城市的联系强度约占关中城镇密集区总联系程度的 42.8%,今后相当时期,这一特征不会有大的改变。目前,城市间的联系以陇海铁路(西宝、西铜高速公路)、咸铜铁路(西铜一级公路)联系为主。随着交通条件的改善和产业分工的细化,其他城市间的联系也会加强,最终以西安为中心形成高速发达的网络。

为了强化城镇密集区的联系,扩大城镇密集区规模,必须着力以下几方面的建设:①培育二级中心城市。由于关中地区缺少 100 万以上人口的特大城市(包括现在和未来一段时期),使核心城市的辐射与传递受阻;同时,城市的反磁力作用微弱,加剧了西安的集聚功能。关中城市群体系中的咸阳、宝鸡、渭南、银川和杨凌等城市,具备了发展大城市的优势和条件,今后应主动接受中心城市西安的产业、产品和技术转移,并向其他中小城市和城镇进行辐射。②在次级轴线上引导发展中小城市,特别是小城市。关中地区小城市数量少(仅 3 座),且主要分布于主干线上。在未来的发展中应设置 15～20 个小城市,培育 4 座大城市和 5～8 座中等城市,并使它们至少 1/3 以上分布于次级交通线上,使城市间的联系和传递多层次化,由线拓展至面。③重新定位各城市的性质和功能,基本情况见表 6-1-7。

4. 城市发展轴线的多元化和与周边城镇密集区联系的强化

城市群区域发达的综合交通运输网的通达性和便捷性,是城市群发展的基础和保证。在西部大开发进程中,陕西省对以高速公路和国道为主骨架的区域公路网持续投入了巨大的人力、物力和财力,区域交通走廊逐渐形成并完善,成为城市密集区发展的重要轴线和支撑。目前陇海铁路(陕西段)、西潼-西宝高速公路成为关中城市发展一级轴带,其他次级发展轴带有:①西安－铜川－黄陵发展轴带,它是 210 国道、咸铜铁路和西康铁路的一部分,是联系内蒙古、西南、中南的重要通道;②蓝田－西安－彬县－长武一线,该轴带是 312 国道的一部分,也是未来西安－南京、西安－中卫铁路线的一部分,是连结华东、华中、西北的重要通道;③陇县－宝鸡－凤县发展轴,该轴线为银川－昆明交通线的一部分;④韩城－西安线,它是日照－侯马－韩城－西安东西发展轴带的一部分。三级发展轴带东西向的有:西宝公路北线、周至－户县－蓝田线;南北向轴带有:周至－乾县－白水－渭南－蓝田线、澄城－大荔－罗敷线、三原－淳化－旬邑线、富平－耀县－七里镇线(部分参考《陇海兰新地带(陕西段)城镇体系规划》)。

---

① 陕西省建设厅,陕西省计委. 陇海兰新地带(陕西段)城镇体系规划. 1992,2003.
② 有关资料来自全国城市规划年会. 西安:2005-09.

表 6-1-7 关中城镇密集区城市性质与功能的定位

城市	性质与功能
西安	世界级历史文化名城,西部重要交通枢纽,西北地区经济、文化、商贸、信息和金融中心,以技术密集型工业为主,教育、科技、旅游业发达的综合性城市,大西北的中心城市
宝鸡	连接西南和西北的交通枢纽,以发展机电、有色金属加工、轻工为主,商贸发达的陕西西部及川、陕、甘邻近地区的中心城市
咸阳	关中中部中心城市之一,以发展电子、纺织及其他技术密集型工业为主,并具有旅游业发展前景的历史文化名城,西安重要的国际机场所在地
渭南	以发展化工、冶金等高耗水、高耗能工业为主的关中东部中心城市
铜川	连接陕北与关中的交通枢纽,以发展煤炭、建材、陶瓷工业为主的铜川市域及临近地区中心城市,陕西省重要的区际开发中心
韩城	以发展煤炭、电力、化工、冶金工业为主,并有旅游业发展前景的历史文化名城和关中东北部中心城市
华阴	关中东部的交通枢纽,以发展机械、制药等工业为主,旅游业发达的城市
兴平	以发展机械、化工为主的工业城市
临潼	联系陕北、陕南的交通枢纽,以发展机械、旅游服务业为主的旅游城市
杨凌	以农业教育、科研和发展农产品深加工为主的科学城
阎良	航空工业科研和生产基地

部分资料来源:陇海兰新地带(陕西段)城镇体系规划(2002～2010年)。
注:未来设市城市暂不列出。

关中城镇密集区的演化不是孤立的,通过轴带的建设和联系的加强,关中与四川盆地城镇群、郑洛汴城镇密集区和河湟谷地城镇密集区、晋中城镇密集区的联系得到加强。围绕发展轴出现规模不等的城市组群,如西安-咸阳、铜川-耀县、兴平-七里镇、户县-余下、临潼-新丰、华阴-华山-孟塬等。

总之,以西安、咸阳为经济重心的关中地区城镇密集区,虽然地域较小,城市集中度不高、城市规模与经济实力也不发达,但他们的开发潜力较大,尤其是作为西北大开发的重要基地与中心城市,其发展前程非常远大。特别是将来这里将成为欧亚大陆桥的重要通道。

第二节
湘中地区城镇密集区

本区是指由长沙、株洲、湘潭三个中心城市及其周边城市与城镇共同组成的一个地区性的城镇密集区。它地处湖南省东部,北承武汉,南接广州,为湖南省乃至整个中南地区重要的经济中心。本区城镇包括省辖市4个(长沙、株洲、湘潭、岳阳)、县级市4个(醴陵、湘乡、韶山、浏阳)、8个县(宁乡、茶陵、望城、株洲等)以及建制镇177个。所包含的行政区域有12个市县,面积达 28 088 km², 总人口为1238万人,分别占湖南省的13.3%和18.9%,其政治、经济、文化地位在全省起着举足轻重的作用(见表6-2-1,图 6-2-1)。

一、长株潭城市区域形成发育过程与条件分析

(一) 长株潭城市的形成过程

湘东是湖南开发最早的地区。早在春秋战国时期,长沙即为楚国的南方重镇,其后均为郡、州、路、府治。我国最早的地理著作《禹贡》中就提到:"长沙,荆州之域,古三苗国地"。秦时长沙依靠舟楫之利的区位优势,形成一个小型的聚居之地。虽然规模不大,但却是本区的经济、行政和文化中心。在整个封建社会时期,长沙的经济远不如湘潭。明朝,随着商品经济萌芽

表 6-2-1 长株潭城市区域在湖南省经济中的作用(2000年)

项 目	全省数量	其中长株潭城市区域的地位	
		数 量	比 例
总人口（万人）	6 550	1 238	18.9%
总用地（km^2）	211 188.87	28 088.12	13.3%
人口密度（人/km^2）	3 150	5 780	—
国内生产总值（亿元）	3 691.9	1 161.5	31.46%
人均国内生产总值（元/人）	5 639	9 382	166.38%
财政收入（亿元）	177	53.4	30.17%
人均财政收入（元/人）	270	431	—
城镇居民可支配收入（元）	5 815	6 732	—
农民人均纯收入（元/人）	2 197	2 782	—
社会商品零售总额（亿元）	1 364.7	489.2	—
进出口额（亿元）	19.61	16.9	86.2%
建制镇密度（个/10^{2}km^2）	0.47	0.59	—
镇占乡镇数量比重（%）	42.6	52.5	—

资料来源：2001年湖南省统计年鉴。
注：2004年湖南省人口6 599万人，非农人口仅1 408.7万人。

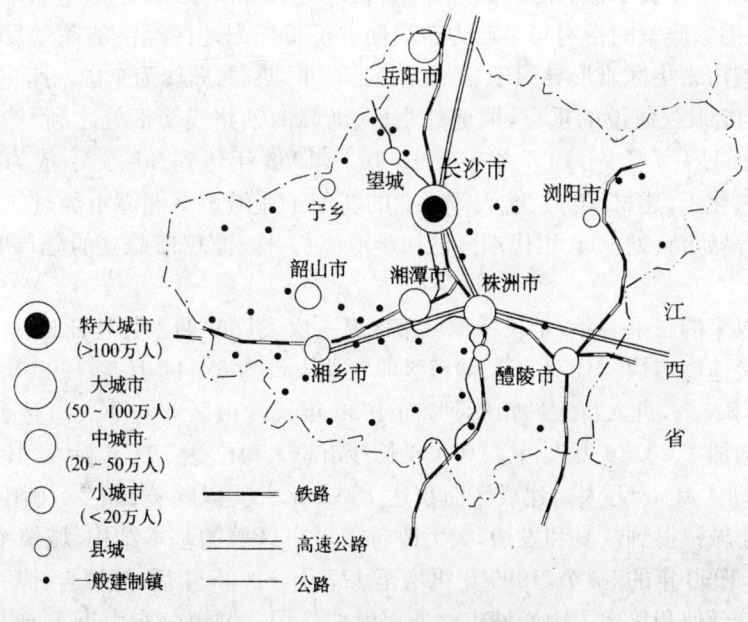

图 6-2-1 长株潭城市区域城镇分布

在湖南出现,湖南境内江河汇合地段出现了一批以商业为主导职能的城镇,湘潭即为其中的代表。湘潭位于湘江中下游交接地段和下游航行起点及涟、涓两支流汇合处,境内农业发达,矿产资源丰富,航运便利。明末,湘潭已成为湖南四大商埠之一,至清代则更成为湘江中下游最主要的工商业城市,其物资集散范围已不仅仅局限于本区,向东从江西延伸到浙、闽、苏等省份,向南延伸至广东,西达川滇,北去晋冀之境,成为湖南金融中心,号称"小南京"。与前两个城市相比,株洲在本区则一直扮演着配角,虽然株洲所在地早在公元225年(三国时期)就设立建宁县的建制,较湘潭设县还早270余年,但是因其水运腹地湘江支流渌水流域不大,物产不丰,所以城市发展得不到有力的支撑,长期处于停滞状态,清代后行政上属于湘潭县。清康熙三年(公元1664年)起长沙成为湖南省治,1922年定为湖南省会,1933年设长沙市。1949年湘潭设市。建国前的漫长时期,主导湘东地区城市发展的因素以行政、商业两大因素为主,城市工业基础相当薄弱。但是该地区历来粮食、经济作物生产较为发达,矿产资源较为丰富,人文基础较好。伴随区域经济的发展,在地方资源加工利用的基础上,在一些水运较为发达的地方,一批地方城镇得到兴起和发展。

1918年粤汉铁路湘鄂段通车和1935年粤汉全线通车并与京汉铁路接轨,正式奠定了长沙在本区中心城市中的核心地位。长沙以其城市发展基础和湘江上下游物资集散中心(米市由湘潭的易俗河转到长沙靖港,长沙取代湘潭成为全国四大米市之一)以及湘东、鄂、赣各省物资的集散转运地,且成为南至广州、北至天津、东到上海的物资出入通道。1903年萍醴铁路和1931年醴株铁路相继通车,株洲成为萍乡入湘江去武汉以及江西的土特产和手工业品的转运点,占据了湘潭的江西吸引区,株洲也因此开始崛起。特别是粤汉、株萍铁路相交,株洲地位日趋重要,成为以陆运为主的交通枢纽,并相继发展了部分加工业。湘潭因长沙和株洲的崛起,商业地位不断下降,主要承担转运和通过作用,无论是水路、陆路物资集散均以湘西为主。

解放以后,国家政策的指引与生产力布局促进了长株潭地区经济的蓬勃发展和城市区域的迅速形成。城市密集区雏形导源于"一五"、"二五"时期,株洲作为全国八座重点建设城市之一,成为全国156工程建设的重点,取地处京广、浙赣两铁路线交汇处之利,首先得到迅速发展。1949年株洲只有7千人,1957年突破10万人,1963年达到20万人,成为一个拥有有色冶金、铁路机械、化工、建材、电力、航天等行业的新型工业城市。湘潭市经过"二五"时期的大发展也跻身中等城市行列。60年代本区已初步形成长、株、潭三市鼎立的分布形态,成为全省经济中心。

改革开放以来的二十多年,是长株潭城市区又一次发展时期。其特征是:①3个中心城市特别是长沙发展速度增快。1977年长沙市区非农业人口为68.44万人,1990年增加到111.33万人,年均递增3.8%,进入特大城市行列,而1999年长沙市区非农业人口达到了139.69万人,比1990年增加了28.36万人口。2004年长沙市总人口已达198.6万人,其中非农业人口165万,暂住流动人口28万人。建成区面积达180 km^2。②以醴陵、湘乡、浏阳、宁乡、攸县等为代表的一批小城镇得到恢复和发展,大大改善了城市区域的基本结构,城镇个数由1978年的21个猛增到1990年的57个,1999年再增至177个。2005年后,城镇合并后有所减少。小城镇的发展充分延伸和传递了中心城市向外辐射的作用。城镇分布由近水向近陆转移,众多的不同水平的地方城镇组成了长株潭地区城镇体系的良好基础。③湘中地区已成为湖南省经济发达、人口稠密的工业化、城市化地区,城市区内经济社会联系日益密切,城乡一体化趋势明显加强。

（二）长株潭城市区域发展的基本条件

1. 地理位置适中，区位优势明显

长株潭城市地处东承（江西、浙江）西拓（贵州、四川）、北伸（湖北、河南）南展（广东、广西）的位置，地处全国腹地、江南十字路口位置，是我国沿海向内地推进的重要支撑点，经济区位十分优越。优越的区位条件是长株潭城市区域化发展的基本因素。

2. 发达的交通网络

长株潭三市间拥有便捷的水、陆、空立体综合交通运输网络。长株潭等城市位于湘江主航道两侧。常年百吨船只可直达长江，水运通航里程达1 164 km，有年吞吐量100万吨以上的港口3个，主航道湘江通过三市市境的总长为191 km；107、106、319、320四条国道交汇于此；京广、湘黔、浙赣及醴茶四大铁路通过，株洲站成为江南最大的编组站，株洲成为全国七大铁路枢纽中心之一；长沙已建成黄花一级机场，已开辟民航线45条；区域公路通车里程共10 673 km，京珠高速公路、106国道、107国道和上瑞高速、长常高速、319国道、320国道构成三纵四横公路主干网，1810、1816、1823等15条省道以及更多的县道、乡道、厂矿专用路与高速公路、国道一起，构成稠密而完整的公路网，公路网密度明显高于全省平均水平。京珠高速公路穿行在长沙与株洲之间，南北交通十分方便。发达的水路、铁路、公路、航空运输构成中南腹地巨大的立体交通枢纽，为城市群的发展提供了重要保证。

3. 雄厚的经济基础

长株潭城市地区是湖南的主要工业基地，工业生产居全省领先地位，共有工业企业5 500多家，乡镇企业2 400多家，全省1/2的大型企业、1/3的中型企业集中于此，为全省最大的加工工业区。本区生产的48种主要工业产品在全省同类产品中所占份额有9种占1/3，15种占50%含以上。湖南省2003年国内生产总值达4 638亿元，2005年接近5 800亿元，其中本地区占有64%的比重，为湖南省的经济核心区。长株潭城市区域农业生产条件较好，农业生产水平高于全省平均水平，粮食、生猪生产占全省36%以上，农业生产具有土地资源丰富、气候条件优越、人力资源富有、农业科技人才密集等基本特点。

4. 自然条件优越，资源较为丰富

长株潭地区为亚热带季风气候，是全省水热资源最为丰富的区域之一，区内水系发达，全省最大的河流湘江纵贯南北，并有捞刀河、浏阳河、涟水、渭水、渌江、靳水等许多支流为城镇发展提供了便捷的交通和充足的水源条件，长沙、湘潭很早就是湘江流域的重要河港城市。境内平原、岗地和水域面积比重大（三者合计占全地区土地总面积的53.13%），大部分地区地形起伏不大，地质构造相对稳定，地质环境较好，无大面积滑坡与泥石流灾害，适合城镇的布局与发展。本区矿产资源较丰富，分布有锰、高岭土、菊花石、海泡石、花岗岩、陶瓷粘土、硫、熔剂石灰岩和白云岩等多种矿产。以这些矿产资源为依托，形成了永和、铜官、丁字等工矿城镇。

5. 科技实力雄厚，创新能力强

湖南省的综合科技实力列全国第六位，而全省大多数的高水平科研人员和高水平科技成果集中于长株潭地区。区内拥有28所高等院校及众多的科技机构，还有众多的技术工人和管理干部，形成了一批科研单位、高等院校和技术开发相结合的新型机构，为吸收消化国内、国际先进技术和建立自己的创新科技提供了较好的基础。

长株潭是湖南开发最密集的地区。1988年10月，长沙科技开发试验区（长沙国家级高新技术开发区的前身)成立,标志着湖南省开发区建设的开始。目前有省级以上开发区14个,其中国家级开发区3个,省级开发区11个。从开发区的性质来看,有高新技术开发区、经济技术开发区、经济开发区、旅游经贸开发区及工业小区等不同类型。经过高新区作为世界各国各地区发展知识经济、加速高科技产业发展的通用空间组织形式,在科技创新中正发挥着越来越重要的作用。在长沙高新技术开发区、经济技术开发区、浏阳生物医药园和湘潭市的工业园都产生了一批经济效益好、依托当地优势,在国内甚至国外都有相当影响的优秀企业。在长沙高新技术开发区以创智软件园、湘计算机等为龙头的电子信息企业,以金瑞科技、湖南海利等为重点的新材料产业,以中联重科、中汽长电等为主体的制造产业,以亚华种业、隆平高科、九芝堂等为先导的生物医药制造产业集群初步形成,发展特色日益凸显;在长沙经济技术开发区,LG飞利浦曙光电子、三一重工、长丰猎豹、长沙力元新材料成长性好,实力不断增强。长沙的工程机械、卷烟制造,株洲的冶金、电力机车,湘潭的钢铁、电机等,都具有与世界同步的先进技术。

经过几个五年计划的建设,长株潭地区的开发建设已具备相当规模,成为本区经济发展的新增长点。近年来,长株潭地区的高新区取得了令人鼓舞的成绩,以长沙高新区为例,截至1998年底,园区累计完成高新技术工业产值266.3亿元,技工贸总收入282.3亿元,实现利税44.3亿元,上缴国家税金15.4亿元,出口创汇1.85亿美元,已形成电子信息、光机电一体化、生物医药、新材料及精细化工等支柱产业。长沙是省会城市,2004年全市GDP总量达1 050亿元,占全省的1/5,其中本地区的高新技术园区的工业产值也占全省的40%左右。目前,长株潭地区3个高新区的横向联系和内部整合作用加强,对长株潭地区高新技术产业的一体化发展及创新能力的提高发挥着日益重要的促进作用。有关部门正考虑以长沙高新区为龙头,建设湖南的硅谷——岳麓科学城。倘若这一设想变为现实,对长株潭乃至整个湖南经济发展的推动作用将是巨大的,同时也会对长株潭城市群的发展,有着深刻的影响。

长株潭城市区域发展也有一些制约因素。一是条块分割的管理体制直接影响城市群产业关联效益。如长株潭三市市属以上的企业分属于中央14个部、省27个厅(局)和公司、市23个局等64个条条,和中央部、省、区(县)、乡(镇、街)、村(居委会)等6个层次的块块。在建设上,重复投资、条块投资现象也严重,各城市特色难以充分发挥。二是能源、原材料短缺,基础设施滞后,经济发展受阻。电、煤自给率不到60%和40%;冶金、机械、化工、建材等行业长期开工不足;交通设施动力趋饱和;原材料基本上靠调入,缺口较大。三是工业"三废"污染严重,环境质量下降。长株潭三市沿湘江分布,三市间的湘江段仅80 km,水体污染较为严重。随着工业迅速发展,城市规模急剧扩大,城市污水排放量越来越大,环境污染的问题越来越突出。目前湘江流域仅有长沙、衡阳、岳阳三市建成城市垃圾处理设施。

二、长株潭城市区域发展的基本特征

(一)城市分布规模等级结构及基本特征

长株潭城市分布规模等级结构的基本特征,我们可运用反映规模-序位关系的幂函数方程,对其进行定量分析:

$$P = KR^{-q}$$

其中,R为规模序数,K为常数,q为分布数,P为城市人口规模。

根据1998年长株潭城市地区内设市城市和建制镇的非农业人口资料,我们运用回归分析方法求出下述回归方程:

$$P = 184.5186 R^{-1.7226}$$

样本城市15个,线性化后的回归方程相关系数$R=-0.9042$。

从上述分析,我们可看出长株潭城市区分布规模、结构的基本特征是城市规模分布呈首位型。一是首位城市为城市密集区规模结构的主体,回归方程中$q=1.7226$,大于1,整个城镇体系的首位度为2.52,长株潭三市人口占城市人口总数70.7%;二是小城镇量多而规模较小,10万人口以下的城市总数达156个,城市非农业人口仅18.2%;三是缺乏20~50万人的中等城市作为长株潭三个大城市与其他小城市(镇)之间的桥梁。在人口规模等级上表现为不完整性。四是具有明显的层次性。从各级规模城市人口增长状况来看,大中城市其数量未变而规模递增;小城镇人口的增长则以城镇数量的增加为主,各城镇自身发展速度并不快,见表6-2-2。

表 6-2-2　长株潭城市区域城市人口规模结构

规模 (万人)	城市(镇)数	城市非农业人口 (万人)	平均规模 (万人/个)	占总数的比例 (%)
>100	1	162.4	162.4	39.6
50~100	2	116.5	58.2	31.1
20~50	0	0	0	0
10~20	3	37.30	12.43	11.1
5~10	2	12.27	6.13	3.6
1~5	11	22.43	2.04	6.7
0.3~1	26	12.47	0.48	3.7
<0.3	117	15.92	0.14	4.2
合计	162	336.55	2.08	100

(二)城市职能结构及基本特征

1. 对设市城市的三次产业结构分析

从设市的三次产业结构(表6-2-3)看,各城市的产业结构存在明显差异,7个城市可以分为三类:

第一类:第三产业>第二产业>第一产业的城市,包括长沙、韶山两市。长沙是全省经济最发达的城市,产业结构的高级化水平较高,属于典型的经济较为发达的三次产业比例模式。韶山是区内和省内经济实力最弱的城市,第三产业比重大,主要是由于该市为旅游城市,旅游业较为发达而工业基础薄弱。

第二类:第二产业>第三产业>第一产业的城市,包括株洲、湘潭两市。均为全省经济发展水平较高、工业发达的大城市,工业在国民经济中的地位突出。

第三类:第二产业>第一产业>第三产业的城市,包括浏阳、醴陵和湘乡三市。这三个城市均为县级市,第一产业比重大,第三产业比重小,第二产业虽有一定基础但实力不雄厚,产业结构的整体层次较低。从整体上考察,设市城市产业结构的突出问题是第三产业发展滞后,信息产业与电子工业发展缓慢,既影响城市产业结构的升级,又影响城市多功能作用的发挥。

表 6-2-3　长株潭地区设市城市产业结构（市辖区,2004 年）

城　市	第一产业		第二产业		第三产业		国内生产总值（亿元）
	总量（亿元）	比值（%）	总量（亿元）	比值（%）	总量（亿元）	比值（%）	
长　沙	10.35	1.52	279.38	41.06	390.69	57.42	680.43
浏　阳	25.04	20.70	56.77	46.93	39.16	32.37	120.97
株　洲	5.68	2.60	120.76	55.25	92.12	42.15	218.55
醴　陵	16.62	17.92	51.68	55.73	24.43	26.35	92.74
湘　潭	4.70	2.54	95.80	51.90	84.09	45.56	184.59
湘　乡	19.02	28.88	26.17	39.74	20.68	31.39	65.87
韶　山	1.81	15.32	4.88	41.29	5.12	43.38	11.81

资料来源:湖南统计年鉴(2005).

2. 设市城市的工业职能分析

根据 1998 年各设市城市的轻重工业比重(表 6-2-4)可将长株潭的 7 个城市分为四类。

表 6-2-4　长株潭地区设市城市(市区)轻重工业比重（1998 年）

城市	轻工业		重工业		工业总产值（亿元）
	产值（亿元）	比重（%）	产值（亿元）	比重（%）	
长　沙	110.52	59.21	76.13	40.79	186.65
浏　阳	6.97	55.41	5.61	44.59	12.58
株　洲	14.85	9.60	139.76	90.40	154.61
醴　陵	13.48	72.83	5.03	27.17	18.51
湘　潭	18.06	24.09	56.92	75.91	74.98
湘　乡	6.49	34.25	12.46	65.75	18.95
韶　山	1.40	74.07	0.49	25.93	1.89

第一类:轻工业城市。包括醴陵、韶山两个市,其轻工业产值比重占 70% 以上。

第二类:综合性工业城市。包括长沙、浏阳两个市,轻、重工业发展较为均衡,重工业产值比重在 40%～50% 之间,轻工业产值比重略高于重工业产值比重。

第三类:重工业城市。包括湘潭、湘乡两个市,重工业产值比重在 65% 以上,居于明显优势地位。

第四类:超重工业城市。仅包括株洲市,重工业产值比重达 90.40%,居于绝对优势地位。

采用纳尔逊(H.J. Nelson)统计分析法,对长株潭的工业内部行业结构进行分析,得表 6-2-5。

表 6-2-5　长株潭地区 7 个设市城市的工业主导行业

城市	工业主导行业
长沙	食品饮料制造及烟草加工,机械工业,交通运输设备制造业
浏阳	烟花鞭炮,化学工业,皮革制造业,建材及其他非金属矿物采选业
株洲	交通运输设备制造业,有色冶金及压延加工业,化学工业
醴陵	烟花鞭炮与陶瓷,建材及其他非金属矿物采选业
湘潭	黑色冶炼及压延加工业,电气机械及器材制造业,机械工业
湘乡	化学工业,建材及其他非金属矿物采选业,黑色冶炼及压延加工业
韶山	纺织业,电子通信及设备制造业,建材及其他非金属矿物采选取业

由表 6-2-5 可知,长株潭地区各城市的工业主导行业层次较低;高新技术行业、高附加值行业较少,缺乏大型龙头企业和有自主知识产权的高科技产品,品牌效应不强;产业关联度不高,主导产业不明显,以传统工业部门作为主导工业部门,如食品饮料制造及烟草加工业、低层次的机械工业和化学工业、低层次的冶金工业等;其次,工业部门结构趋同,工业主导行业重复布局严重,如 7 个城市中,4 个城市的主导行业中有建材及其他非金属矿物采选业。长沙重点发展电子信息、机械、食品,株洲重点发展有色冶金、化工、机械、建材,湘潭重点发展机电、冶金、化工、建材,虽然有一定的区别,各有一定优势和特色,但也存在一定的重复,产业发展上各自为政,产业同构的现象十分突出。而且现状产业多为传统产业,前后关联效应不强,主导产业产品链条短,深加工度不够,带动作用不明显。支柱工业中拥有较高集中度的行业不多,缺乏跨市发展的大企业、大集团。

今后长株潭城市密集区的发展,必须重视构建高效益和高层次的城市经济结构,注重突出特色和优势互补。在西部大开发、加入 WTO 和全省经济加快发展的背景下,长株潭三市要注意根据各自的产业特点,强调产业整合和资源共享,强化其承东启西、联南继北、带动全省、科技创新的主体增长极职能,力争形成梯度分工、战略合作、各展所长的新局面。其中,长沙作为长株潭地区最具潜力的中心城市,应以高新技术产业和第三产业为重点,特别是要加快发展以电子信息为主的高新技术产业,加快发展现代服务业,强化区域中心城市功能;株洲作为有基础优势的工业城市,要强化其铁路枢纽的门户职能,增强创新能力,改造提升传统产业,培育发展新材料、生物医药、电子信息等先进制造业;湘潭要强化其地方中心城市和综合工业基地的辐射职能,加快冶金、精细化工、机械、建材、纺织及原料等传统工业的升级改造,积极培育教育、文化、旅游等第三产业和高新技术产业,建成新型的加工工业中心和新兴的科教基地。值得注意的是,在三市经济一体化的过程中,具体情况须区别对待,有的宜合,有的宜分,不搞"一刀切",在资金落实和项目安排上亦应有所区别,特别注意合理布局,城乡结合、融为一体。

(三)城市区域空间结构及基本特征

1. 城市区域空间结构的形成

长株潭城市区域空间结构是逐步形成的,影响这一结构的因素很多,其中最重要的是交通运输方式的变化。现代铁路和公路出现之前,水运一直是城市运输的基本方式。湘江是湖南省境内最长且开发最早的河流,湘江水运的发展是本区城市形成的第一个因素。在湘江两岸很早就出现了一批政治、商业城市,如长沙、湘潭等。这一时期,城市空间结构的特点是沿湘江成带形分布,各城市也沿河面带形发展。现代铁路的出现,是本区城市形成的重要因素。京广、浙赣、湘黔铁路的建成,不仅使长沙、湘潭两市在运输方式变化的情况下重新发展,而且使位于三条铁路线交汇处的株洲迅速崛起。铁路的出现还使各城市形态出现新的变化,即城市由沿河成带形发展变为沿铁路发展,加之一些政策、投资等因素的共同作用,形成长株潭三市各具特点的城市形态。

随着改革开放 26 年来商品经济的发展,区域交通运输方式向综合性、网络化发展,长株潭城市群也逐步形成以长株潭三市为中心的圈层式空间结构。长沙、株洲、湘潭三市的 GDP 占全省经济比重进一步上升,由 1997 年占全省比重 31.2%,上升到 2004 年的 35%;1997 年人均 GDP 为 7278 元,到 2004 年为 1.25 万元。同时,城市化水平加速,全部城镇人口由 1997 年的 411.8 万人,上升到 2004 年 580 多万人,城市化水平由 1997 年的 31.5% 上升到 2004 年的 43.5%,上升了 12 个百分点。历史发展历程表明:交通条件对长株潭地区城市发展产生了深远的影响,研究分析区域交通发展趋势是促进城市密集区不断发展的关键。

2. 长株潭城市区域空间结构的基本特征

长株潭城市区域空间结构已基本形成三级圈层式城镇群体结构,即核心城市圈、近辐射城市圈及外围城市圈。其中,长沙市区人口接近 145 万人、流动暂住人口还有 40 多万,人均 GDP 为全省首位,成为本城市群的核心城市(2005 年)。

核心城市圈包括长、株、潭 3 个主城及 11 个近郊城镇组团,它们构成城市区域的核心;近辐射城市圈是 3 个核心城市辐射半径为 50 km 内的各级城市,包括醴陵、湘乡、宁乡、浏阳、韶山、长沙、株洲、望城等县市的多个小城镇,它们受三市影响日益增强,成为长株潭一体化的重要组成部分;外围城市圈为长株潭三市面上的外围腹地,辐射半径大致为 80~100 km,包括衡山、湘阳、汨罗、平江、攸县等城镇。

3. 城市形态的演化

在城市、地形等因素的作用下,加之现代交通网络的形成,长株潭各城市形成不同的城市形态,如长沙形成在湘江和京广铁路两轴线间集中紧凑发展的块状结构;株洲、湘潭则形成沿铁路、公路、河流伸展的分散的块状组群结构。

以长沙市为例,城市形态的演化大致经历了如下过程:建国前,长沙市用地仅 7 km^2,用地形态沿湘江东岸呈带状分布;京广铁路建成后,虽然京广线沿线及火车站附近有所发展,但用地形态依然未变;1958 年京广线东迁,是长沙市用地形态变化的转折点,京广线老线以东大片地区得以发展,原有的带形结构开始打破;随着 1977 年火车新站的建成,京广线新线内的大片土地得到开发,城市形态也逐步由带状向块状转变,逐步形成了目前长沙市城市发展现状。

表 6-2-6　长沙市城市规划的变化

年　份	1949 年	1957 年	1977 年	1989 年	1998 年	2004 年
城市非农人口(万人)	34.42	60.25	68.44	108.89	133.40	158.1
建成区面积(km^2)	6.7	12.88	45.81	84.56	114.91	135.6

资料来源:长沙市规划局有关研究报告(2004 年)。

三、长株潭城市区域发展趋势分析

(一) 发展战略选择

从长株潭城市发展演化的阶段性看,今后一段历史时期是长株潭城镇群体逐步走向成熟的重要时期。预计这一时期将会有两大趋势,一是城市化发展在整个区域全面推行,小城镇数量将会进一步增加;二是长株潭一体化趋势将会愈来愈明显,3个中心城市在竞争中逐步走向协作与联合。根据这一时期城市群发展方式的不同,可将其分为两个不同的发展阶段。

第一阶段(1990~2000年):城市化在整个区域全面展开,大量小城镇涌现,而3个核心城市(特别是长沙市)在控制下逐步发展,使区域城市化表现出一种数量型特点,到2004年全区城镇人口已由1990年的240.26万人增加到460万人左右,城市化水平接近50%;城镇个数由1990年的57个增加到107个,城镇网密度从0.27个/km^{2}增加到0.51个/km^2,其中设市城市达到7个。

第二阶段(2000~2020年):城市化发展由数量型向质量型发展,城镇数量得到控制,城市平均规模逐步提高,长株潭三市逐步实现一体化。预计到2020年全区城镇人口将达到600万,城市化水平将达到45%左右,区域城市化发展达到或接近成熟水平,形成一种结构合理、发展协调、综合效益高的城镇体系。要制定一区域的发展战略,在研究了本区域的发展趋势和区内发展条件的同时,还对区域发展的外部宏观背景进行综合考虑是很有必要的。在新的历史时期,长株潭城市群发展应重点研究的背景条件包括:

(1)世界经济的全球化及我国加入WTO。20世纪80年代以来,在技术创新和跨国公司大发展的推动下,全球化现象越来越明显,全球化造成的资本、技术、信息及人才流动,正使世界城镇体系发生深刻的变化,主要包括:①全球城市体系开始出现由世界级城市、国家级城市、区域级城市和地方级城市构成的新等级体系;②经济的集中化趋势更为明显,大工业都市连绵区和大都市带在世界经济中的趋势更为明显。2002年我国加入WTO,经济全球化趋势将更加深入地影响我国及各区域的社会经济发展,长株潭城市群的未来发展将面临竞争更为激烈的外部环境。

(2)知识经济的兴起。1990年联合国研究机构提出"知识经济"(knowledge economy)概念后,知识经济逐渐为各国政府、学术界及企业界所重视。当前,人们普遍认为,21世纪是知识经济的世纪,知识经济作为不同于农业经济与工业经济的新的经济形态,给跨世纪的区域经济发展及城镇体系演化带来了前所未有的挑战。到了21世纪的初期,长株潭是全省智力资源最密集、高校最集中、科研机构最多的城镇密集区,集中了全省90%的科研人员以及80%以上的科研成果。拥有2个国家级(长沙、株洲)和一个省级高新技术产业开发区,特别是生物工程和计算机、有色金属研究等处在世界先进水平(谢守红、宁越敏,2005)。

(3)国家实施西部大开发战略。国家在实施了20多年的沿海经济发展战略之后,现在跨过中部,实施西部大开发战略。中央将给予更多优惠政策和投入更多的资金、人才以利于开发西部。这无疑给西部提供了一个巨大的发展机遇。长株潭地区位于我国中部,也必将面临这一挑战。

根据以上的分析,我们选择了以下发展战略:

（1）适当发展长沙市，合理发展株洲、湘潭两个中等城市，积极发展小城镇，形成有较高综合效益的城镇规模结构。长沙市是湖南仅有的人口超过百万城市，今后对人口规模的控制，既要控制人口数量，又要大力引进具有较高素质的专门人才。对其经济发展不应人为地控制，而着重发展其高精尖产业和第三产业。目前，株洲、湘潭二市均已步入大城市行列，目前基础条件较好，需要积极引导、合理发展。城市群内小城镇比较薄弱，需要在适当增加小城镇数量的同时，着重扩大小城镇规模，增加经济实力，使其成为吸引农村剩余劳力的主要场所。在小城镇中，对醴陵、湘乡、韶山、浏阳以及宁乡县城等具有较大发展潜力的城镇要加强培养。

（2）逐步形成以综合性城市为核心，以加工工业和交通枢纽城市为主体，与其区位、资源、技术条件相适应的城市职能优化组合。长沙市在进一步提高工业生产水平的同时，注意加强高新技术、金融、贸易、信息产业，提高城市的综合能力。湘潭、醴陵、湘乡等以加工工业为主的城市要充分发挥各自优势，走以科技为先导，内涵开发为主，向外延展为辅的发展道路，株洲要充分利用其交通枢纽地位，使其成为湘南的重工业基地、综合出口基地和流通信息中心。

（3）以沿交通轴扩张为总框架，形成以长株潭为核心，由里及外，逐步推进的圈层式城市群空间结构。长株潭三市要通过建立快速、便捷的交通通讯网络，促进其紧密地联合，三个核心城市通过醴陵、湘乡、宁乡等城市逐步向周围扩张，使整个湘东地区逐步向城市带发展，形成中南地区重要的城市密集区之一。

（4）逐步形成与城市群发展相适应的交通、通讯网络。水运：通过湘江航道的整治，长株潭三市均可通千吨位船舶，沟通城市群与长江流域的水运联系。铁路：通过新建长石铁路、湘黔线复线和电气化，醴荣铁路南延伸到资兴市的三都，铁路运力紧张的矛盾会有所缓解，综合运力也会进一步提高，城市群与周围区域的联系会更加密切。公路：长株潭三市通过三市快速干道建设，经济联系会进一步加强。通讯：将通过长潭光缆工程和长株微波工程，基本建成区域通讯网……总之，区域交通、通讯设施建设，将会为城镇群体的发展创造良好的基础。

（二）长株潭三市发展基本目标

1. 长沙市

长沙在湖南的地位和作用及其城市性质是：湖南省省会，全省政治、经济、文化、科技中心，全国历史文化名城。1998 年底市区非农业化人口为 133.4 万人左右，2005 年市区人口已达到 160 万人。预计 2010 年人口规模是 180 万人左右，年均递增 20‰。预计城市用地将由 1998 年的 114.91 km² 增加到 2010 年的 155.1 km²，人均用地达到 96.9 m²。城市布局以旧城为核心，与新建区有机地组合成一个主体，并向城市外围伸展东西两翼（即东翼—马泉、西翼—天望），发展两组团体（捞壋、坪塘两组团），组成规模不等、功能各异、各具特点的相对独立的群体，形成"一主体、两翼、两组团"的城市形态，工业将以轻纺、机械、食品、电子为主。见图 6-2-2。

2. 株洲市

株洲是我国南方重要交通枢纽，是一个以机械、冶金、化工、建材为基础，电子、轻纺、医药等门类齐全，具有商品、物流、信息中心的多功能、开放型的现代化工业。1999 年底市区非农业化人口为 53.10 万人，已进入大城市行列，2004 年城市人口达到 62 万人，2010 年城市人口将为 65～72 万人。预计城市用地将由 1998 年的 60 km² 增加到 2010 年的 95 km²，人均用地为 122 m²/人。株洲城市发展基本战略目标是把株洲发展成为现代交通枢纽城市，一个由铁路、公路、水运、航空多类型构成的立体交通枢纽城市,建设一批与物流、人流、信息流相关的城市配套设施。城市发展坚持"加速完善河东,积极、高质量开发河西"的方针,形成"五片一中心"(中心即市中心片,五片为响水岭、田心、荷塘辅、黄家段、河西)的城市形态。

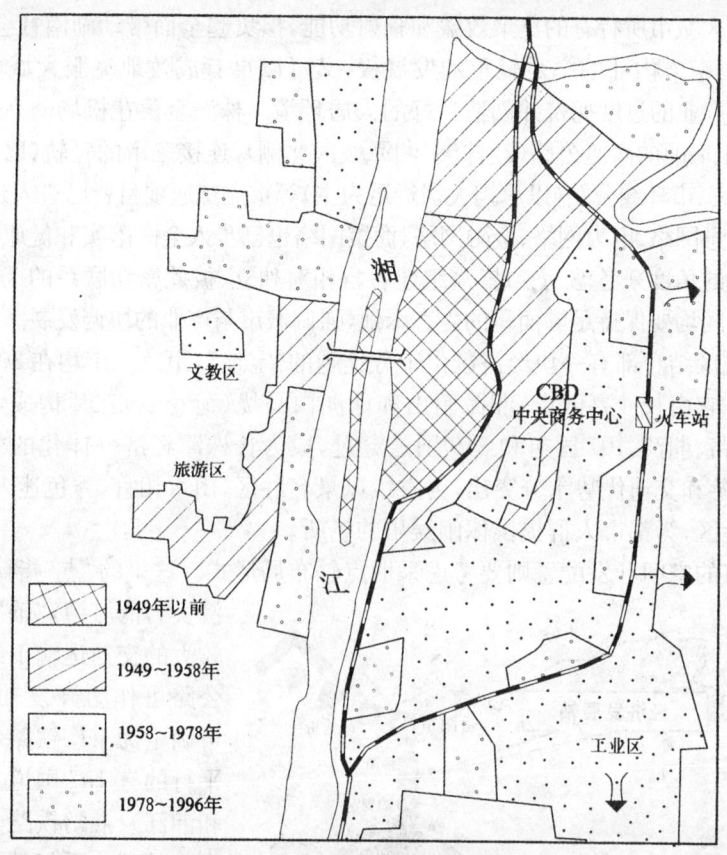

图 6-2-2　长沙市城市用地演变图

3. 湘潭市

湘潭是以机械、冶金工业为基础,以轻纺、建材、食品工业为发展重点,相应发展精细化工、电子工业的多功能、开放型、现代化的工业城市。1999 年底市区非农业人口为 53.10 万人,2004 年市区人口超过 60 多万人。预计 2010 年人口规模达到 75 万人左右,其中城区"三片一中心"的规模 55 万人,建成区预计由 1998 年的 44 km² 增加到 2010 年的 100 km²,人均用地达到 100 m²/人,城市形态将形成以三片一中心为主体的,连接外围 10 个点的"一城多点"的结构体系。城市空间发展方向是以湘江为主轴,沿长潭公路向北发展,适当向西向南延伸。

(三) 城市群区域的空间布局设想

长株潭城市地区的空间布局形式,应当是核心区为组团式和生态型的紧凑布局,外围区为楔形伸展的点轴式布局。布局的指导思想是:充分发挥城市群的集聚效益和各主要城市之间的互补职能,以构建高水平、高效益和可持续发展的城市——以区域社会经济体系为目标,力求形成和谐的人居环境,协调处理好人与城市和发展的关系,运用现代化的交通运输系统和信息网络系统,藉此来改善本区生态环境,并加强其作为省域增长极核的辐射带动功能。见图 6-2-3。

长株潭的空间布局形式,应是三足鼎立,各为一个相对独立的都市区,避免城市连片蔓延,采取组团式的空间布局结构。各城市间隔以广阔的绿地、农田和水面,保持良好的生态环境,依托基础设施网络建设三市构成一个密切联系的生态型城市群。由这三个城市所构成的城市群,既能够充分发挥超大城市所特有的集聚效益和辐射功能,担负起全面带动湖南社会经济发展的重任,以及作为我国南方内陆的举足轻重的发展极;又可以卓有成效地克服大城市固有的"城市病",避免人口和产业的过度拥挤并创造良好的人居环境。株洲至黄花机场的高速路、长沙至湘潭的铁路、上海至瑞丽的高速公路(经株洲、湘潭城区北侧)、连接三市的轻轨(以易家湾为核心,呈Y字形布局)、三市环线公路(以承担大宗货运为主)等重点交通项目皆已进入建设阶段。高效率连结三市的信息网络、电力网络、金融网络、商贸网络也已步入全面落实和健康发展的新时期。从空间布局优化的角度来考虑,三市皆需组建各自相对独立、彼此密切联系的工业区。因此,三市内部和三市之间均要保持足够面积的生态绿地,强调城市与产业的协调发展。

长洙潭三城区结合部有一块经济区位十分优越的"宝地",距离三市均在20~30 km之内,交通十分方便。它由长沙暮云市、湘潭昭山和株洲白马垅(荷花乡)三片构成,其间有京广铁路、京珠高速公路、湘江、107国道和319国道穿过,成为长株潭经济一体化的"金三角"地带。其中,昭山的旅游和交通优势十分突出,为省级风景名胜区,山水相宜,秀色迷人。三市结合部应建成生态旅游区,为都市人群提供休闲娱乐的场所。

长洙潭三市的空间开发配置则要考虑采取点轴布局形式。这里的"点"指拥有较强社会经济实力的城镇,"轴"则指流通量比较大的交通运输干线,铁路或干线公路可作为开发轴。一级开发轴可确定为京广铁路(境内与其基本平行的有107国道、京珠高速公路和湘江)、湘黔铁路与浙赣铁路(境内与其基本平行的有320国道、上瑞高速公路);二级开发轴可确定为319国道(境内与其基本平行的有石长铁路、长益高速公路和长浏快速路)、106国道(境内与其基本平行的有醴陵-茶陵铁路、醴陵-浏阳窄轨线)。这四条开发轴共同构成"井"字形空间布局态势。在此需要指出的是,株洲市的中南部,即攸县、茶陵、炎陵一线,距离长株潭核心区比较远,本身的经济社会发展水平也比较低。在此情况下,中期考虑重点培育攸县、茶陵两个区域性增长极,新建衡阳-茶陵的铁路。

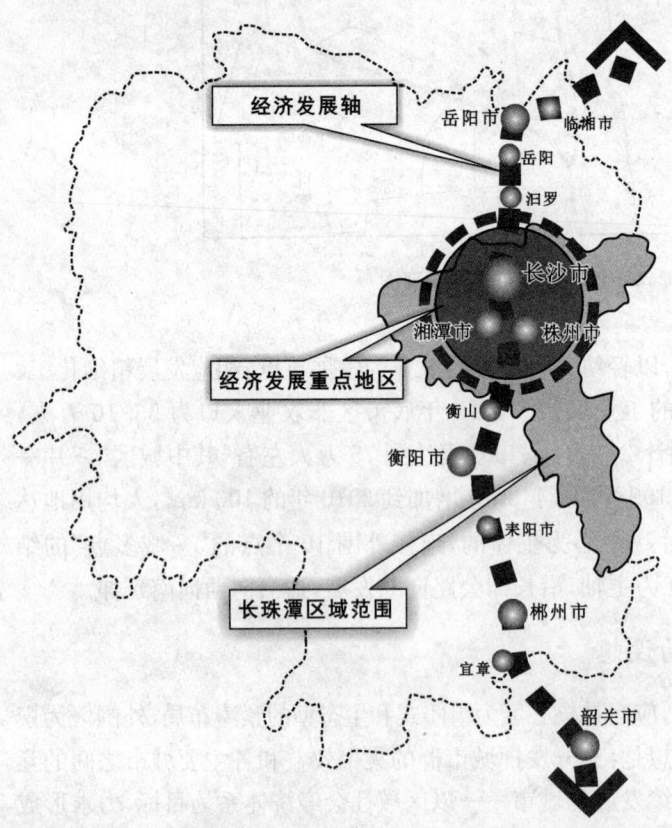

图 6-2-3　长株潭城市群区发展轴线与区域联系图(2006年)

第三节 中原地区城市密集区

中原(郑洛汴)城市密集区位于河南省中部偏北,以郑州为中心,包括洛阳、开封、新乡、焦作、许昌、济源、平顶山和漯河等在内共9个省辖(管)市,下辖巩义、荥阳、新郑、登封、新密、偃师、汝州、舞钢、卫辉和济源等14个县级市,34个县城,374个建制镇。土地面积 $5.87 \times 10^4 km^2$,人口3872万,分别占河南省土地面积和总人口的35.3%和40.3%,形成以陇海铁路为中轴的分散式城市密集区(见图6-3-1)。中原城市群是河南省经济发展水平最高和城市最为集中的地区。2002年,中原城市密集区GDP、财政收入分别占河南省的53.9%和48.7%,人均GDP、人均财政收入分别比河南省平均水平高34.1%和20.9%;一、二、三产业比为14:50.3:35.7,优于河南省20.9:47.8:31.3的经济结构。工业化水平较高,工业增加值在GDP中的比重达到44%,占全省工业增加值的57.7%。第三产业增加值占全省的61.6%。中原城市密集区成为我国中部地区城镇最为密集的地区之一,也是河南省城镇化发展最快的地区。2002年,城镇化水平为34%,高于河南省平均水平8.2个百分点。区域人口众多,劳动力资源丰富,消费市场广阔,存在着巨大的发展潜力。

中国城市群

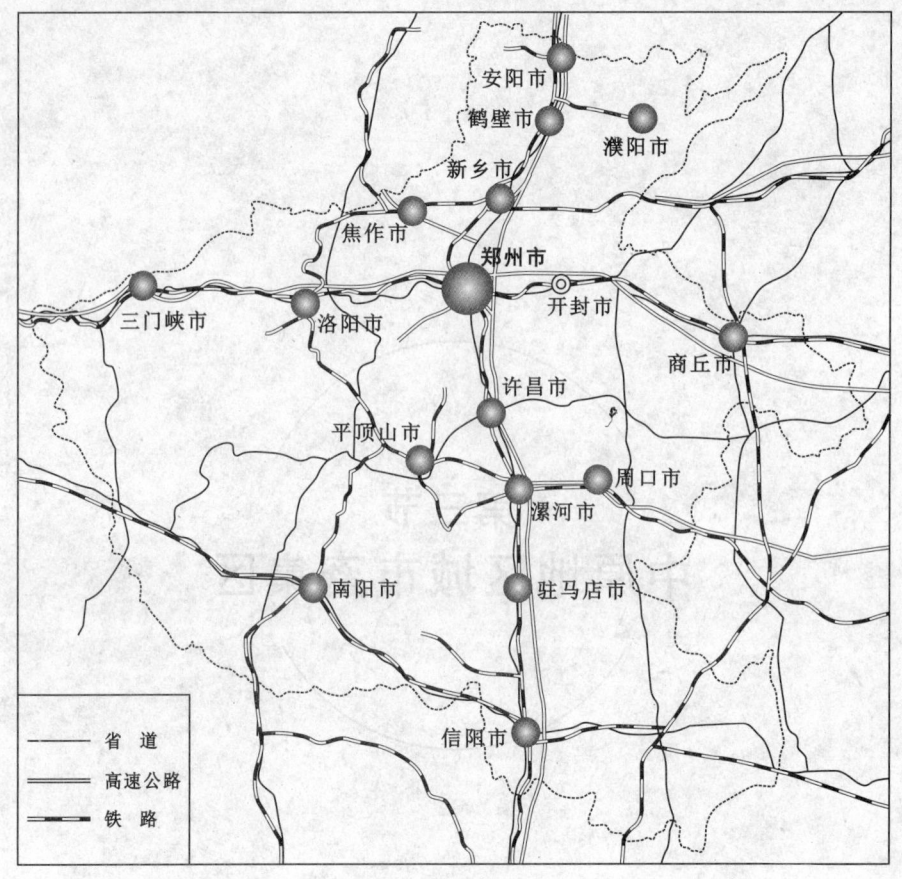

图 6-3-1 中原城市密集区地域空间范围

一、城市密集区形成发展的条件和历程

（一）形成发展的条件

1. 历史基础和区位条件

中原地区是我国古文明的发祥地之一，在夏代立国时，本区就已出现了城市。东周时，洛阳曾为国都。春秋时，河南大小城邑 200 座以上，战国时，也在 150 座以上，基本形成城市群的雏形。西汉时全国有 18 座大都市，本区有 4 座。唐末，开封成为五代的国都，由此促进了城市网络的建设和城市群的形成，历史上这里曾是我国城市相对密集的区域。在北宋以前的数千年间，本区域长期为古代中国政治、经济、文化中心，是中国古代先进文化的发源地，人民勤劳、聪慧，富有生生不息、开拓进取和融会贯通的优良文化传统。

中原地处我国东西南北交汇之地，东邻发展势头强劲的沿海发达地区，西接广袤的西部地区，具有实施东引西进战略，实现中部崛起的较佳地理位置。优越的自然条件和出于政治统治的需要，许多王朝建都于此，相应地兴起了一批城市。这里也成为汉民族居住的几何中心区，通往全国各地的路径均很畅通,是联系全国各地的枢纽区。本区平原广大,物产丰富,交通便捷,也成为城市建设的最佳区位和城市的集中分布区。

2. 丰富的矿产资源、充沛的水源和广阔的平原

本区矿产资源丰富,储量大,品位高,开采条件好,运输便利,已发现矿种超过河南省的3/5。具有全国意义的矿产有煤、铝土、石油、黄铁矿、耐火粘土等。煤炭主要分布于郑州、洛阳、平顶山、漯河、许昌等地;铝土矿分布在陇海铁路两侧的郑州和洛阳之间;耐火粘土分布在焦作至济源间的焦枝线北侧。本区不仅资源丰富,而且地域组合良好,如焦作、济源的煤、耐火粘土、黄铁矿、郑州、洛阳之间的煤、铝土、耐火粘土、石英砂等。另一方面,矿产资源的地理位置适中,均位于铁路、公路运输方便之处,外运条件好;同时,矿产资源临近城市,具有广阔的市场前景,为发展能源、化工、冶金、建材和其他加工工业提供了条件。

水源是城市群形成发展的基本条件。本区主体位于黄河、淮河冲洪积平原,地下水和地表水资源均很丰富。郑州、新乡、开封等城市处于黄河冲积平原,60 m 以下深层地下水条件好,且靠近黄河水源;洛阳位于盆地冲洪积平原上,有中浅层和中深层地下水可供利用,焦作至济源山前冲积扇发育,含水层厚度大,地下水资源丰富;南部平顶山和漯河一带靠近水库和河流,水源有保证[1]。适宜于人类居住和城市建设,地貌条件为单体城市的空间扩展和城市群网络的建立提供了前提。

3. 大型工业项目的建设

建国以后,随着国家投资开发这里的自然资源,以及不同时期大型工业项目的建设,不断完善着城市群。河南是国家在内地大规模建设的重点地区之一,从"一五"时期的十大重点项目,包括煤炭、纺织、机械和冶金等工业部门,分布于郑州、洛阳、开封、新乡、平顶山和新密等城市,至 20 世纪 90 年代陇海、京广沿线的炼铝、制药、纺织、电力等部门的建设,涉及的主要城市包括洛阳、郑州、平顶山、焦作等。工业项目的建设带动了第三产业和城市的发展,大规模的经济建设使城市用地扩大,城市数量增加。本区城市数量由建国初期的 6 座,发展到 90 年代初的 14 座,直到目前的 23 市,已初步形成具有全国意义的综合性工业区和城市群区。

4. 发达的交通网络

中原地区从城市区域到城市群的形成是伴随着交通网络的建设而进行的。现状城市群布局首先沿陇海线发展,其次沿京广线和其他支线发展。本区位于全国铁路网的中枢,为西煤东运、北煤南运和各大区物资交流的主要通道,区内重要的铁路干线有陇海、京广、焦枝、新焦、新石等。重要公路国道有 107 国道、207 国道、310 国道、311 国道,郑州与洛阳、开封、新乡、新密间均有高速公路相连(见图 6-3-2)。本区通航河道也较发达,以沙河和颍河最为重要。铁路、公路、水路相互贯通,将整个城市群联系在一起,并通过快速铁路向南跨越长江,经武汉直达两广,向东可达石臼所和连云港,西至陕甘,北接华北。目前,中原 16 座城市分布于铁路沿线,其中 7 座城市还有高速公路通过。除此之外,3 座城市位于国道线上,其余城市均有省道公路和内河航线相连通。

目前,本区已形成以郑州为中心,铁路为骨架,辅以公路、内河航运和航空的综合运输网。郑州航空港地理优势明显;在已有的陇海、京广、焦枝、新菏等铁路构成的铁路交通区位优势的基础上,随着国家大通道连霍、京珠等高速公路的贯通,河南省综合交通的区位优势更加突出;国家正在建设的京广高速铁路将纵横穿越本区域,使未来的对外通达度提升到一个新的层次;正在建设中的西气东输工程和即将开工的南水北调中线工程,建成后将从根本上改进本区经济和社会发展的限制要素和环境瓶颈。

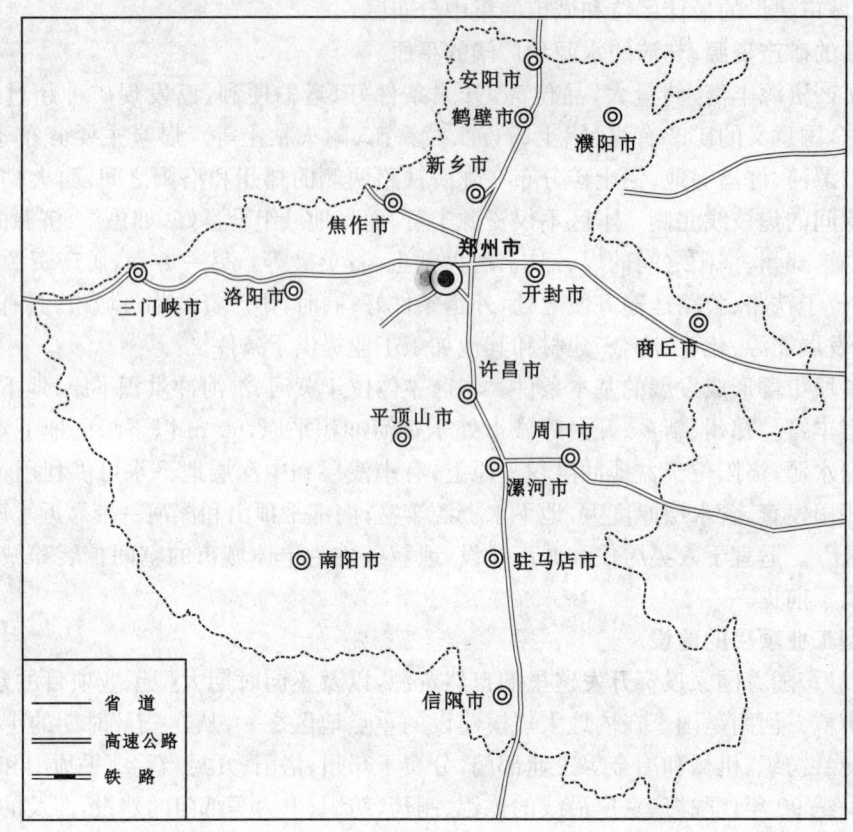

图 6-3-2 中原城市密集区交通干线(高速)网络图

5. 农业基础雄厚

发达的农业也为城市群的形成提供了条件。中原城市群区位于黄淮海平原,属暖温带气候区,雨量适中,热量充沛,作物生长期较长,农业生产历史悠久,盛产小麦、大豆、棉花、烟叶及各种暖温带林果和畜产品。粮食、油料、生猪、肉牛、林果、花木、烟叶、中药材等丰富的农副产品资源在河南省乃至全国占有重要地位。2003 年,本区有耕地 235.8×10^4 ha,粮食产量 $1\,483.2\times10^4$ t,占全省的 38.6%;粮食单产 4 823.1 kg/ha,比全省平均水平高 12.6%。棉花、油料、烟叶、蔬菜、水果和水产品产量分别占全省的 33.1%,28.1%,43.0%,40.5%,28.5%和 31.3%。所有这些都成为中原城市规模扩大、城市群发展的必要条件。

(二)城市密集区的历史演变过程

中原地区是我国古文明的发祥地之一,也是我国较早出现城市的地区之一。城市群的形成是 3 000 多年以来城市系统职能由单一发展到综合,从孤立城市到组合群体,规模由小到大,长期历史演变的结果。大体划分为四个阶段:城市系统的雏形阶段、城市群萌芽阶段、城市群发展停滞阶段和城市群网络形成阶段。

1. 城市系统的雏形阶段

距今 4 400 年前,本区就已出现了城镇,春秋时期河南有大小城池 200 个以上,战国时期虽有减少,也有150个之多,其分布以中原地区最为集中[1]。这一时期城市规模小、结构简单,有城而无市。

2. 城市密集区萌芽阶段

从秦汉到北宋是该地区城市高度发展的时期,西汉除京都长安外,全国有18座大都市,本区即有4座。秦汉实行郡县制,使县城得到普遍发展。东汉末年,河南除京都外,县级城市150多个,郡县以下设有许多小城邑,至此在全省范围内基本形成由都城、郡治、县城和小城邑的四级城镇网,洛阳、郑州、开封为这一网络的核心[1]。大运河的开凿,促进了洛阳和开封一带城镇的发展。洛阳是大运河的中枢,并有隘路通往四方,为唐代的东都。开封自战国开通鸿沟水系之后,即成为中原河网中心;唐代发展为仅次于扬州的国际贸易中心;唐末,开封成为五代的国都和历史上第二个全国的政治、经济中心[1]。

3. 城市密集区发展停滞阶段

五代至元朝,由于政治、经济中心的转移以及战乱的影响,中原城市发展处于停滞状态。近代以来,特别是随着铁路(陇海、道清、平汉)和矿山(煤炭)的建设,古代封闭的城市结构、模式逐渐被打破,围绕这些产业形成新的较大工矿城市(如焦作、郑州、漯河),也出现一些小的商业城镇。另外,远离铁路的城镇渐趋衰落,如起源于明末清初的朱仙镇成为一个普通小镇。

抗战时期,因东部地区厂商及院校、文化团体大规模西迁,河南黄泛区难民大量西逃,使本区各城镇人口有所减少,城镇发展迟缓。

4. 城市群网络形成和发展阶段

中原地区城市密集区的形成是在建国以后,随着工业生产力布局的调整和区域经济的发展,中原地区城市也获得长足发展。1949年,全区仅有郑州、开封、洛阳、许昌、漯河、新乡等6个城市,城市人口65.5万人,建成区面积30 km^2,城市工业总产值不足1亿元,仅有1个中等城市开封,城市群还没有形成。"一五"时期,国家将河南作为重点建设地区和"三线"建设地区,工业和城市获得较快发展。焦作和平顶山布局了煤炭工业,使之发展成为矿业城市,升格为省辖市;郑州于1954年成为省会城市,伴随着铁路枢纽和棉纺工业基地的建设,发展为大城市;洛阳成长为中等城市。至此,全区形成以郑洛汴为核心,包括1个大城市,3个中等城市,4个小城市的城市群[1]。

20世纪60~70年代,全区城市布局变化较小,城市数量基本稳定,城市人口年均递增2.1%。这一时期82个骨干企业投产,使原有城市规模有所扩大,新增2个中等城市,即新乡和平顶山。改革开放以来,中原地区城市发展迎来又一次高潮,由于其优越的地理位置和丰富的资源条件,发展为国家重要能源重化工基地。工业布局基本在原有城市和工矿区基础上进行,偏重于陇海铁路沿线和平顶山,建立了炼铝、制药、棉纺、电力等工业。城市数量增加,环境质量提高,城市区域不断扩大。

二、中原城市密集区的结构特征及存在的问题

(一)等级特征

城市等级是指城市在区域或城市系统中的地位和作用,它可用定量指标来衡量,以中心性指数来标度。影响城市等级层次的因素有人口规模、经济实力、区位优势、资源基础和交通条

件等,包括16项指标,即市区非农业人口、国内生产总值、百元固定资产利税率、社会商品零售总额、全部固定资产投资额、人均国内生产总值、职能多样化水平、自然资源状况、客货运输总量、人均道路面积、自然障碍、建成区面积、行政强度、科技人员比重、高校学生数、邮电业务总量等[2]。据此计算各城市中心性强度指数见表6-3-1。根据数值离散情况可将23个城市划分为4个等级。全省中心城市(＞2.5)有郑州;全省次级中心城市(0.5～2.5)有洛阳、新乡和开封;区域中心城市(0～0.5)有平顶山、焦作、许昌和漯河;地方性城市(＜0)共有15个。

表 6-3-1 中原城市密集区各城市中心性强度

城 市	中心性强度	城 市	中心性强度	城 市	中心性强度
郑州	2.608	汝州	−0.520	偃师	−0.271
开封	0.567	济源	−0.218	长葛	−0.529
洛阳	1.328	禹州	−0.477	新密	−0.425
平顶山	0.396	辉县	−0.416	荥阳	−0.325
新乡	0.650	卫辉	−0.456	新郑	−0.222
焦作	0.285	沁阳	−0.415	登封	−0.427
许昌	0.203	舞钢	0.138	孟州	−0.548
漯河	−0.722	巩义	−0.204	平均值	0

资料来源:根据《中国城市统计年鉴(1997)》、《河南省统计年鉴(1997)》、《河南年鉴(1995)》中统计数据计算而得。

(二) 规模结构特征

中原城市密集区现有城市23座,依据市区非农业人口数,参照目前普遍使用的城市规模标准,将各城市划分为不同的规模组,基本情况见表6-3-2。

表 6-3-2 中原城市密集区内部等级规模结构

规模等级 (万人)	城市数量		城市非农业人口		城市名称
	座	%	万人	%	
＞100	2	8.70	283.57	35.60	郑州(177.35)、洛阳(106.22)
50～100	4	17.39	257.87	32.37	开封(59.30)、平顶山(70.07)、新乡(66.03)、焦作(62.47)
20～50	3	13.04	98.21	12.33	许昌(35.74)、漯河(33.31)、济源(29.16)
10～20	10	43.48	124.92	15.68	禹州(10.79)、巩义(13.99)、长葛(10.59)、新郑(15.77)、汝州(10.79)、辉县(10.65)、卫辉(10.49)、新密(16.79)、荥阳(10.44)、沁阳(14.62)
＜10	4	17.39	32	4.02	舞钢(8.99)、偃师(9.32)、登封(7.90)、孟州(5.79)
合计	23	100	796.57	100	

资料来源:中国城市统计年鉴(1997);河南省统计年鉴(2004).

中原城市密集区规模结构畸形。按照城市规模划分的标准,即特大城市(人口大于100万)、大城市(人口50~100万)、中等城市(人口20~50万)、小城市(一级小城市人口10~20万,二级小城市人口小于10万)。中原城市群特大城市数量占8.7%,大城市占17.39%,中等城市占13.04%,一级和二级小城市数量分别占43.48%和17.39%,呈极不规则的塔状分布。城市规模结构偏小,城市首位度仅为1.80。这种结构特征较不利于中心城市的辐射,难以带动城市群的发展。

各规模等级城市人口分布相对不均衡,特大城市人口占全区域人口的35.60%,大城市占32.37%,中等城市占12.33%,而两级小城市分别占15.68%和4.02%。计算城市等级规模不平衡系数为0.452。由此可见,本区城市首位度和不平衡系数均较低,与区域经济发展水平不相适应,不利于带动城市群的发展和区域经济的发展。

(三)职能结构特征

城市职能是指城市在国家或区域中所起的作用,所承担的分工,可分为综合性、行政、工业、旅游、文化教育、科技、交通、商贸、特殊等职能。综合分析中原城市密集区各城市的职能,归纳出其职能细化特征见表6-3-3。

表 6-3-3 中原城市密集区职能结构特征

城 市	优势职能	显著职能	主导工业部门	职能特征
郑州	交通、商业、旅游	科技、文化、卫生、教育、体育、金融	机械、纺织	省区级、特大型、综合性
开封	工业、旅游	文化、商贸	化学、机械	地区级、大型、综合性
洛阳	工业	建筑、旅游	石油、机械	地区级、大型、综合性
平顶山	工业	采掘、建筑	电力、煤炭、纺织	地区级、中型、专业性
新乡	工业	商业、地质	机械、电子、纺织	地区级、中型、专业性
焦作	工业	采掘、行政	煤炭、电力、化学	地区级、中型、专业性
许昌	工业	商业、交通、地质	食品、皮革、造纸	地区级、中型、专业性
漯河	工业	商业	食品、皮革、造纸	地方性、小型、专业性
汝州	工业	采掘、建筑	煤炭、机械	地方性、小型、专业性
济源	工业	采掘	建材、化工、冶金	地方性、小型、专业性
禹州	工业	采掘	煤炭、机械	地方性、小型、专业性
辉县	工业	旅游、交通、建筑	建材、化工	地方性、小型、专业性
卫辉	工业	交通	机械、纺织	地方性、小型、专业性
沁阳	工业	商业、交通	机械、建材、食品	地方性、小型、专业性
舞钢	工业	建筑	冶金、机械	地方性、小型、专业性
巩义	工业	旅游、商业	机械、纺织、食品	地方性、小型、专业性
偃师	工业	交通、旅游	机械、食品	地方性、小型、专业性

续表

城 市	优势职能	显著职能	主导工业部门	职能特征
郑州	交通、商业、旅游	科技、文化、卫生、教育、体育、金融	机械、纺织	省区级、特大型、综合性
长葛	工业	交通	机械、建材	地方性、小型、专业性
新密	工业	采掘	煤炭、冶金	地方性、小型、专业性
荥阳	工业	采掘	煤炭、电力、冶金	地方性、小型、专业性
新郑	工业	采掘、交通	化工、建材	地方性、小型、专业性
登封	工业	采掘	冶金、建材、煤炭	地方性、小型、专业性
孟州	工业	采掘	煤炭	地方性、小型、专业性

从现状分析，中原城市密集区工业职能较为突出，工业、旅游职能优势明显。城市主导工业部门以机械、电子、煤炭、纺织、电力、冶金、化工和建材为主，特别是煤炭、机械和纺织工业地位重要，重工业比重较大。从职能综合特征看，除郑州具有省区级意义，洛阳、开封拥有较大规模外，其他城市仅具有地区性或地方性意义，且以中小型规模为主。

（四）空间分布结构

本区城市分布较为密集，密度为 3.91 座/10^4 km^2，建成区面积密度为 1.08 km^2/10^2 km^2，全省的数值分别为 2.28 座/10^4 km^2 和 0.56 km^2/10^2 km^2。从城市群内部考察，以地级市为地域单元，城市密度差异较大，基本情况见表6-3-4。

表 6-3-4 中原城市密集区城市密度空间分布

城市区域	郑州	开封	洛阳	平顶山	新乡	焦作	许昌	漯河	济源
城市密度（座/10^4 km^2）	8.06	1.55	1.31	3.41	3.67	7.36	7.36	3.82	5.18
建成区面积密度（km^2/10^2 km^2）	2.36	0.78	0.66	0.75	1.10	1.57	1.15	0.92	1.04

资料来源：中国城市统计年鉴（1997）.

1. 城市密集区空间网络框架初步形成

中原城市密集区的空间网络构建于相对完整的交通体系之上和较为密切的经济联系之中，区内铁路、公路、航空、管道运输齐全，城市网络框架基本形成以陇海铁路（310国道）、京广铁路（107国道）为主轴，侯月新铁路（新济公路）为副轴的"干"字型分布格局。第一"横"集中的城市有济源、沁阳、焦作、新乡、卫辉；第二"横"分布的城市有洛阳、偃师、巩义、荥阳、郑州、开封；"竖"上分布的城市有新乡、郑州、新郑、长葛、许昌、漯河；其他城市分布于京广线以西的轴线附近，即城市的分布与交通线的走向相一致。

2. 城市分布呈双集聚形式

中原城市密集区城市化分布不平衡系数为5.6085，城镇相对集中于陇海、京广和侯月新线上。陇海线(包括开封—洛阳高速公路)城市密度为 3.33 座/10^4 km²,京广线(包括107国道)城市密度为 3.18 座/10^4 km²。城市平均间距 30 km。中原城市群分为两个集聚组团,北部组团以郑州、洛阳、开封、新乡和焦作为核心,包括济源、沁阳、孟州、辉县、卫辉、荥阳、巩义、偃师、登封、新密、新郑等 16 座城市,城市化分布不平衡系数为 7.865;南部组团以平顶山、许昌和漯河为核心,包括长葛、禹州、汝州、舞钢等 7 座城市,城市化分布不平衡系数为 2.559。表明在南北两个组团中,北部组团具有更大的集聚性,南部组团则相对分布均匀。

3. 城市圈层空间分布明显

中原城市密集区城市分布以郑州为核心向外展开,选取不同的半径,城市分布于同心圆上。30~60 km 半径上,分布着新郑、荥阳、新密、巩义、登封等城市;70~90 km 半径上分布有洛阳、开封、新乡、卫辉、辉县、焦作、沁阳、孟州、偃师等城市;90~140 km 半径上分布有平顶山、漯河、舞钢、汝州、济源、许昌、长葛、禹州等城市。

三、中原城市密集区的功能组织

(一) 优化具有圈层特点的城市密集区

各圈层城市之间既相互独立又相互依存,构成统一的有机整体。中原城市密集区的空间发展构架可分为三个层次:第一层次是郑州都市区。郑州市建成区面积 113 km²,市区非农业人口 138.8 万,市区国内生产总值为全省的 12.3%,有两条铁路干线和两条国道线交汇,是圈层的核心城市,其辐射范围包括整个城市群。第一圈层上的 5 座城市均为郑州的卫星城,城市规模小,但经济实力强,市区非农业人口 45.8 万,国内生产总值为全省的 12.3%;第二层次以

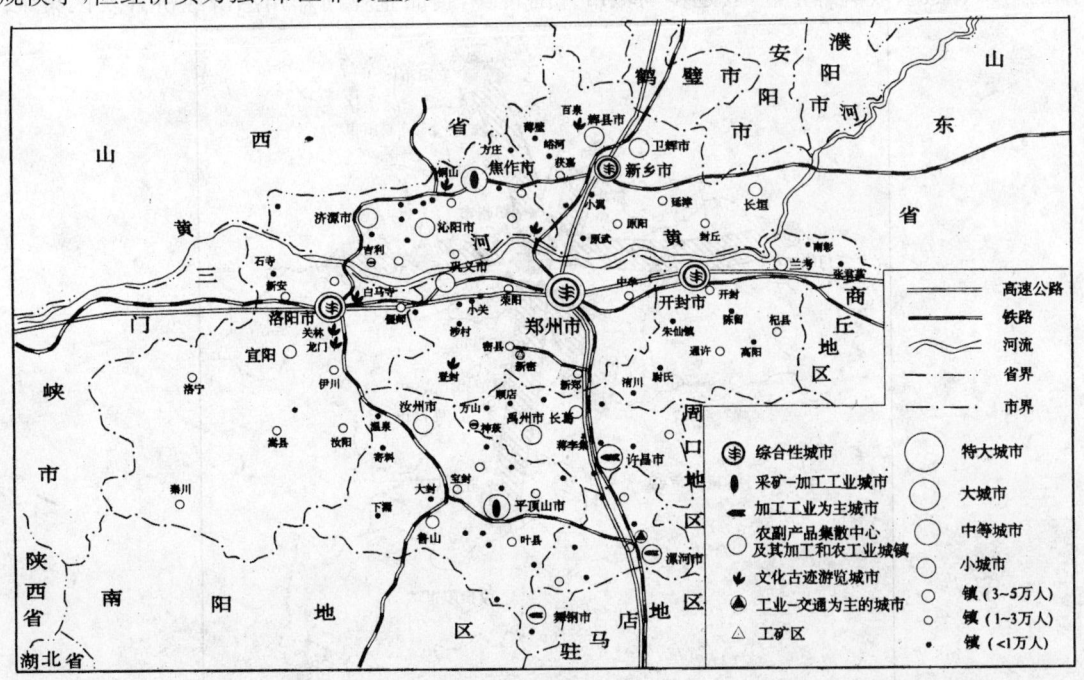

表 6-3-3 中原地区城镇分布图

郑州都市区为中心,以洛阳、济源、焦作、新乡、开封、许昌、平顶山、漯河等8个中心城市为结点,构成中原城市密集区紧密联系圈。该圈层中城市规模等级差异较大,但城市数量最多,分布区域最为集中,城市非农业人口299.8万,国内生产总值为全省的27.1%;第三层次为外围带,共分布有8座城市,分布于陇海铁路以南的地区,市区非农业人口177.1万,国内生产总值为全省的17.2%。总之,由核心城市郑州向外围圈层推移,区域经济发展水平和城市化水平呈递减趋势。所以,经济发展和城市化的推进,按照圈层进行组织是科学的,也是合理的[3]。

(二) 按照区域增长三角组织城市密集区

1. 建立郑洛汴城市综合体

中原城市密集区与周边城市密集区的规模相比较,具有明显优势,关中、晋中南、冀中、皖中、鄂东均不及之,但中原城市群缺乏规模较大的首位城市,不利于发挥核心城市的集聚和辐射功能,所以,有必要建立郑洛汴城市综合体,形成整体规模,带动城市群的发展。建立郑洛汴城市综合体的有利条件主要为:一是城市间相距较近,交通条件好。郑州位于三市的中心,东距开封70 km,西距洛阳120 km,城市间以高速公路和复线电气化铁路相连,郑州和洛阳分别有两条铁路干线(陇海、焦枝、陇海、京广)和两条国道线交汇,郑州和洛阳拥有航空港。二是城市功能的互补性。洛阳和开封是历史文化名城和著名旅游城市,郑州是全省的政治、经济、科技、教育、交通中心;从城市规模看,三城市形成规模梯度;郑州工业门类以纺织和轻工机械为主,洛阳以石油炼制和重型机械制造为主,开封以化学工业为主,其间具有传统的协作关系。同时,本区工业基础雄厚,科技力量强,也成为建立综合体的必要条件。今后,要重点建设郑汴洛城市工业走廊(见图6-3-4),强化郑州、洛阳两市在产业发展中的龙头带动作用,郑州和洛阳的纺织、酿造、玻璃等企业,要逐步向城市外围转移,食品企业向郑州惠济经济开发区集聚。

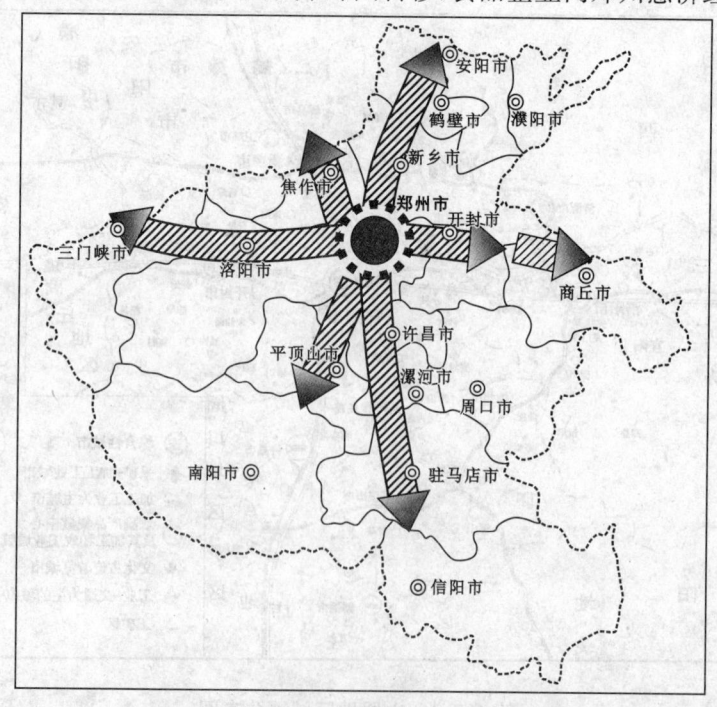

图6-3-4 郑洛汴城市综合体与工业走廊

增强开封的产业支撑能力,新上项目重点向市区西部杏花营组团集中布局。开封应重视加快与郑州的休闲、娱乐等服务功能的衔接,成为郑州都市圈中具有浓郁文化特色的休闲娱乐功能区,实现郑汴两市互补。此外,还应加强郑州与开封之间高速公路网建设,主要是郑州金水东路至开封大梁路的郑汴快速通道,改造310国道郑州至开封段,尽快建成一级公路,提高通行能力。建设郑汴高速公路,与郑州西南绕城高速连接,形成开封至郑州新郑国际机场的快速通道,使新郑机场变成开封、郑州共同的城市机场,并与连霍高速形成环形高速大通道。规划建设郑东新区-中牟-开封城市轻轨。推行郑汴两市金融票据异地清算为同城清算,实行郑汴通讯按同城收取资费。在郑东新区与中牟之间、中牟与开封之间,发展都市型农业和观光农业。

2. 建立城市群北部成长多边形和南部成长三角

在区域发展空间结构理论中,成长三角理论占据重要地位。成长三角是由若干个(不一定是三个)在地理位置上相近、生产要素上具有互补优势的地区构成的经济合作区(或城市)。成长三角的建立首先是距离相互靠近,其次是经济上的互补性。提出的理论依据在于空间上的稳定性、多种生产要素的互补性、较大的经济规模。北部成长多边形指以郑州-开封-新乡-焦作-洛阳组成的多边形城市圈,发展依据和目标同郑洛汴城市综合体。其中,重点发展新郑漯(京广)产业发展带,在新乡至漯河间南北长约250 km、107国道两侧宽约30 km范围内,重点布局电子电器、生物医药、食品、造纸、汽车零部件等产业。发展壮大新焦济(南太行)产业发展带,以能源和重化工业为主,在新乡至济源东西长约120 km、省道309线和南太行旅游公路之间展开布局。南部成长三角指以平顶山-漯河-许昌组成的城市区。其组织方式同城市群的圈层特点。重点培育洛平漯产业发展带,以洛阳-南京高速公路、省道、焦枝线中段、孟宝铁路为依托,重点布局能源、煤化工、钢铁等产业。

(三)城市化水平的测算

城市化水平的测算结果依赖于对城市人口的统计口径,城市化水平可用单项指标和综合指标来测算。单项指标可用市区非农业人口占市区总人口的比重衡量。综合指标法的基本思想是将城市化过程视为人口、经济、社会文化、地域景观等多要素的转化过程,故指标体系选择4大类22项指标(见表6-3-5)。

由此计算中原城市密集区及各城市的城市化水平见表6-3-6。由计算结果可知,单项指标与综合指标具有高度的一致性,综合指标更能反映城市化水平的本质。根据两种方法的计算结果,以下城市存在差异:卫辉、舞钢、登封、偃师、巩义、郑州、开封和洛阳。卫辉、舞钢位次的急剧下降,主要是由于产业结构低级化、经济规模小、科技人才不足所致;登封的位次上升主要是由于城市社会文化设施水准相对较高,其他各项指标较为均衡所致;偃师和巩义的位次上升是由于经济指标和社会文化指标值较高所致;开封的位次降低是由于经济结构层次低和经济规模小所致;而郑州和洛阳的位次上升导源于良好的城市化水平的综合特征。

(四)城市功能定位

中原城市密集区今后应积极实施区域性中心城市带动战略,通过整合区域资源和经济优势,着力构筑城市群经济隆起带,成为河南省对外开放、东引西进的主要平台,全国重要的制造业基地,中部综合竞争力较强的开放型经济区,形成以郑州为中心、洛阳为副中心,其他省辖市

表 6-3-5 城市化水平综合指标体系

指标类	人口类(0.390)	经济类(0.152)	社会文化类(0.068)	地域景观类(0.390)
指标项	市区非农业人口占区域总人口比重(0.234) 市区二、三产业就业人数占市区就业人数比重(0.078) 市区人口密度(0.078)	市区国内生产总值占区域国内生产总值比重(0.030) 区域第二产业与第一产业产值之比(0.030) 区域第三产业与第一产业产值之比(0.030) 市区国内生产总值与市区面积之比(0.030) 市区二三产业占国内生产总值比重(0.030)	市区职工人均工资(0.041) 市区人均用水量(0.005) 市区人均用电量(0.005) 市区气化率(0.005) 市区万人拥有电话数(0.005) 市区万人拥有中级以上科技人员数(0.005) 市区万人拥有影剧院数(0.005)	县级市(区)占县级政区总数比重(0.078) 建制镇占乡镇总数比重(0.078) 市区面积与区域面积之比(0.078) 建成区面积占市区面积比重(0.039) 市区万人拥有公交车辆(0.039) 市区人均道路铺装面积(0.039) 市区绿地覆盖率(0.039)

注：括号中数字为各指标类和指标项权重。

表 6-3-6 中原城市密集区城市化水平的比较

城市	单项指标(%)	位次	综合指标	位次	城市	单项指标(%)	位次	综合指标	位次
郑州	71.09	6	0.7186	2	卫辉	19.87	13	0.1036	23
开封	74.41	4	0.5998	8	沁阳	18.20	14	0.2308	11
洛阳	70.13	8	0.6844	4	舞钢	28.52	11	0.1577	20
平顶山	71.00	7	0.6200	6	巩义	14.47	16	0.2316	10
新乡	80.20	2	0.7146	3	偃师	8.72	23	0.1718	16
焦作	73.76	5	0.6169	7	长葛	16.70	15	0.2213	13
许昌	75.71	3	0.6218	5	新密	11.27	19	0.1397	21
漯河	92.86	1	0.7261	1	荥阳	13.82	17	0.1587	19
汝州	10.60	21	0.1121	22	新郑	21.18	12	0.1743	15
济源	37.51	9	0.3325	9	登封	9.40	22	0.1958	14
禹州	10.62	20	0.1681	17	孟州	28.69	10	0.2250	12
辉县	12.03	18	0.1601	18	平均值	37.86		0.3515	

资料来源：①中国城市统计年鉴(1997)．
②河南省统计年鉴(1997)．
③河南年鉴(1995)．

为支撑,大中小城市相协调的新格局。区内各城市应根据现有基础、发展态势对其功能定位和局。区内各城市应根据现有基础、发展态势对其功能定位和空间结构进行重构。特别是与中原城市密集区经济关联度较强的周边城市,特别是鹤壁、安阳、三门峡等市,要调整城市功能定位和产业发展方向,融入区域一体化进程。

(1)郑州市:省会,中国历史文化名城,国际文化旅游城市,全国区域性中心城市,全国重要的现代化物流中心,区域性金融中心,先进制造业基地和科技创新基地。郑州要努力建设成全国区域性中心城市,全面实施中心城区组团＋荥阳、上街组团＋中牟组团＋航空港组团＋花园口组团＋卫星城(巩义、登封、新郑、新密四市)的组团式空间发展;坚持"共生城市",明晰城区功能分工。在重点支持郑东新区向东拓展的同时,加快荥阳、上街组团发展,通过产业和人口集聚,实现荥阳与郑州的空间对接。积极支持航空港、花园口组团和卫星城发展,加强与中心城区的快速交通联系,逐步建成与中心城区功能和产业互补、生态和居住环境良好的城市功能区。

(2)洛阳市:中国历史文化名城,国际文化旅游城市,中原城市群副中心,全国重要的新型工业城市,先进制造业基地,科研开发中心和职业培训基地,中西部区域物流枢纽。

(3)开封市:中国历史文化名城,国际文化旅游城市,纺织、食品、化工和医药工业基地,郑州都市圈重要功能区。

(4)新乡市:高新技术产业、汽车零部件、轻纺、医药工业、职业培训、现代农业示范基地,北部区域物流中心。

(5)许昌市:高新技术产业、轻工、食品、电子装备制造业、特色高效农业示范基地和生态观光区。

(6)焦作市:国际山水旅游城市,能源、原材料、重化工、汽车零部件制造基地。

(7)平顶山市:中国中部重化工城,重化工、能源、原材料、电力装备制造业基地。

(8)漯河市:中国食品城,轻工业、生态农业示范基地,南部区域物流中心。

(9)济源市:中国北方生态旅游城市,能源和原材料基地。

第四节
福厦城市密集区

福厦城市密集区位于长江三角洲和珠江三角洲之间,是以特大城市——福州和大城市——厦门为核心,由不同性质、类型和规模等级的城市构成的保持一定交互作用和社会经济联系、沿多条交通走廊分布的城乡一体化区域(图6-4-1)。就经济实力而言,本区域仍是我国东南沿海的经济低谷地带,但从福建全省范围来看,却是经济的核心区,是福建省经济发展水平最高和城市最集中的地区,人口和经济分布较密集的核心地带。尤其是改革开放以来,香港、澳门回归祖国,加之本区因毗邻台湾,闽台、闽港、闽澳合作存在广阔的前景,本区成为我国对外经济发展的前沿和窗口,故经济总量的增加和工业化、城市化的速度之快令人瞩目。2003年福建全省GDP总量达5 232亿元,2005年接近7 400亿元,其中福厦沿海地区占全省的76%与74%,本区是全省工业集聚、城市化与经济发达的地区。福州与厦门两市的GDP总量占全省的1/3强,是发展海峡两岸经济贸易最为直接的地区。福建省全省3 360多万人,其中非农人口约有1 100万人,本区城镇人口占全省的54%。

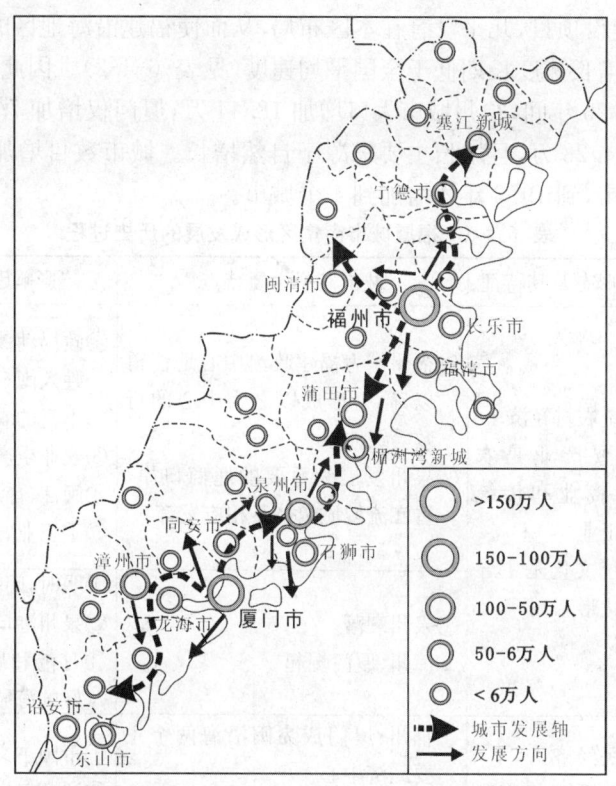

图 6-4-1 福厦城市密集区城市发展示意图

一、福厦城市密集区形成、发展的历史过程和发展条件

(一) 城市形成的历史过程

纵观人类历史发展过程,城市发展状况基本上能反映社会经济发展的实质。根据生产方式和社会经济结构的状况,福厦城市带的形成、发展过程可分为四个阶段。各阶段城市发展的主要特点和促使这种发展的影响因素如表 6-4-1[①]所示。与长江三角洲比较,福建省经济开发较迟,历史上人口移动和地区发展的趋势是沿闽江流域而下,并逐渐向南发展起来,先是福州、泉州,随之漳州、厦门。在这个过程中,福建沿海地区的城镇不断发展起来。至明清后期,人口与城镇分布的基本布局已经形成。鸦片战争后,福州、厦门被辟为通商口岸,帝国主义的侵略由口岸城市延伸至广大内陆地区,客观上形成了福州与闽西、闽东北地区,厦门与漳州、泉州及各县的商品流通网络。福州、厦门发展成为闽东沿海两个主要的经济中心。新中国成立后,闽东沿海城市虽然得到一定的发展,但由于海峡两岸长期军事对峙,其形势较为紧张,在"准备打仗"的指导思想影响下,国家集中大量财力、物力投入内地三线建设。国家工业项目,

---

① 之所以选择 1866 年而不是以 1840 年作为分界点,是因为 1866 年福建第一个现代化企业——我国第一个现代造船厂马尾船政局建立,标志着本区域现代经济形态的产生。

尤其是大型的重点建设项目,几乎没有在本区布局,从而使福建沿海地区的经济发展受到较大遏制,福建经济平均增长速度长期低于全国平均速度(见表 6-4-2)。因此,城市化进程十分缓慢,1955~1978 年这 23 年间,福州城市人口增加 18.44 万,厦门仅增加 7.74 万,泉州、漳州两市分别为 1.52 万和 4.28 万,且增长主要来源于自然增长。城市数目增加也不快,解放初,只有福州、厦门 2 个城市,到 1978 年才增加到 4 个城市。

表 6-4-1 福厦城市密集区形成发展的历史过程

发展阶段		经济形态及其特征	城市发展主要特点	影响因素和动力机制
1866年以前	秦汉至宋元	①传统农村经济 ②主要产业是农业、商业和传统手工业 ③传统文化是主导文化形态	①福州作为福建政治中心地位得以确立,形成以之为中心的行政等级体系 ②泉州发展为重要的通商口岸,晋江流域城镇体系相应发育	①政局动荡,北方民族南迁,百姓入闽 ②丰富的农业资源 ③农业生产力的发展 ④闽江、晋江及沿海交通的发展 ⑤手工业、造船业的勃兴
	明清		①泉州衰落 ②漳州、厦门崛起	①明时,闭关禁海,倭寇入侵 ②泉州港口淤塞 ③月港和厦门港交通便利,良好的海域条件
1866~1949年		①殖民经济 ②工业和现代交通运输业的兴起和外来文化的输入	①福州、厦门成为闽沿海两个主要经济中心 ②马尾、安海、东石等新兴工商业小城镇的出现 ③闽南及沿海居民大量外迁	①帝国主义侵略 ②通商口岸设置 ③民族工业的兴起 ④商业贸易发展
1950~1978年		①计划经济体制 ②经济恢复并有较大发展,集中的管理体制对城市发展的制约	①城市发展十分缓慢,规划与建设存在不少问题 ②城镇数目增加不快,城市规模等级低	①海峡两岸长期军事对峙的政治因素 ②国家某些政策的失误,如"大跃进"、"三线建设"、"文革"等
1979~1998年		①有计划的商品经济 ②经济体制改革和对外开放政策的实施	①城镇人口增长迅速,增长构成发生变化 ②城镇数目增多,密度增大	①吸引外资,发展外向型经济与台商企业 ②乡镇企业的勃兴 ③商品经济意识的增强 ④不同开放层次的确立

表 6-4-2 福建与全国社会总产值平均增长速度(1952~1978 年)(%)

年份	1952~1957年	1958~1965年	1966~1978年	1979~2004年	1952~2004年
福建	13.1	4.0	7.6	11.5	10.7
全国	11.3	5.3	8.3	19.2	12.6

资料来源:全国各省、自治区、直辖市历史统计资料汇编(1949~1989).

经济体制改革和对外开放政策的实施,乡镇企业勃兴和商品经济的发展,加速了本区城市化的进程。改革开放政策使本区的区位条件发生重大变化,由海防前哨变为改革开放的前沿,由抑制经济发展的不利因素变为促进经济迅速发展的突出优势。由此,本区形成了全方位开放的格局,进出口贸易急剧增长,外资大量引入,强劲地推动了福建全省及本区的经济快速发展,进而加快了城市化的发展速度。首先,城镇人口增长迅速,从1978年的191.65万增加到1997年的391.32万。比较福州、厦门等几个主要城市各阶段的人口变化更体现了这一趋势(见图6-4-2)。

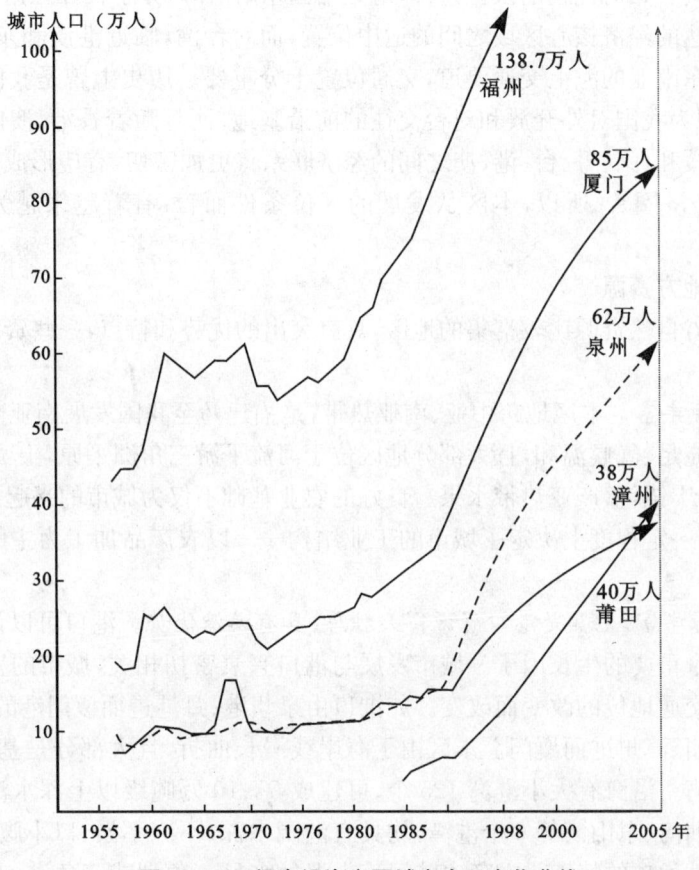

图 6-4-2 闽东沿海主要城市人口变化曲线

1955～1978年期间,人口增长与城市发展只是凭借某种惯性。1978年之后,沿海各城市人口增长曲线几乎呈直线上升。由此也说明国家政策对城市人口、经济发展的决定性影响。其次,城镇数目增多,密度增大。1978年,本区只有4个城市(福州、厦门、漳州、泉州),1989年城市总数达8个,2004年城市总数达12个,同期建制镇由95个增加到225个,净增130个。城镇密度也由1.47座/10^3 km² 增为3.56座/10^3 km²。改革开放后福建沿海城市带的经济发展很快,城市化水平也快速提高。福建沿海城市密集地带,其中以厦漳泉地区为经济密集地区,这一区域总面积为25 180 km²,占全省面积的20.98%,2004年地区总人口为1 262万人,约占全省的36%,GDP达到3 188.2亿元,占全省的53%,人均GDP达到25 267元,已成为福建省经济的"火车头"(刘克华、陈仲光,2005)。

(二)城市地带的发展条件

回顾福厦城市密集区的演变过程,可以看出现今区位优势、地方资源、开放政策、与海外的亲缘优势是本区区域发展和城镇赖以生存的基本条件,在现在及未来发展过程中均受之影响与制约。

1. 区位优势

福厦城市带具有相对优越的区位条件,地处中国东南沿海,介于长江三角洲和珠江三角洲这两个国内最发达的经济核心区域之间的适中位置,面对台湾,临近港澳和东南亚,沿海港口又是东北亚通往东南亚的海上交通要道,交通位置十分重要。历史上曾是我国对外经贸往来的重要中转地,现为我国对外开放和对台交往的前沿基地,而且随着香港、澳门回归祖国和海峡两关系的逐步缓和,闽、粤、台、港、澳之间的经济联系将更加密切,有望形成中国东南大金三角格局(南中国经济圈)。所以,本区从发展的区位条件而言,有着越来越为重要的地位和作用。

2. 较丰富的地方资源

本区是福建省自然资源比较富集的地区,具有突出的优势和特点,一些资源在全国居有重要地位。

(1)农业资源丰富。本区地跨中亚、南亚热带,是福建乃至我国发展南亚热带经济作物的重要地区。光热充足、气候温和,且大部分地区位于河流下游三角洲平原,土壤肥沃,农业开发历史悠久,农产品丰饶,盛产亚热带水果。良好的农业基础不仅为城市的兴起与发展提供了物质保证,而且也在一定程度上决定了城市的工业结构——以农产品加工为主的轻工业占主导地位。

(2)海洋资源丰富,尤其是港口资源得天独厚,具有港湾优势。港口可以认为是本区城市发展过程中的一个重要的生长因子。城市发展与港口兴衰密切相关,城市的盛衰主体上随着以港口为中心的交通地位的改变而改变。如港口由泉州港、月港进而厦门港的发展,使城镇的区域中心也由泉州、漳州进而厦门。本区由于海岸线漫长曲折,且大部分是基岩海岸,拥有众多的天然深水港湾。沿海有大小港湾125个,可建成5~10万吨级以上深水泊位的港口有罗源湾、福清湾、湄洲湾、东山湾等6个港湾,均具有港阔水深、不冻不淤、口小腹大、风浪天然屏障良好和区位条件优越的特点。在各内陆河流入海处多呈三角洲或三角港,有利于港口群的形成。迄今为止,在闽东南地区已建和在建的有厦门港、福州马尾港、湄洲湾的莆田秀屿港和泉州肖厝港以及福清湾港、罗源港湾、龙海港尾港等大小港口数十个。预计到2020年,福州马尾港吞吐能力达8000×10^4 t,厦门港的吞吐能力(10个港口作业区)将达到1×10^8 t,其中集装箱为1000万TEU;泉州港已有10个万吨泊位,2020年吞吐能力接近2000×10^4 t;漳州港与东山港也将达到2000×10^4 t。深水良港的开发与建设,在促进对外经济交流、发展外向型经济方面将发挥重要的枢纽和窗口的作用,更是促进"三通"的重要前沿。同时,本区海域辽阔,蕴藏丰富的海洋生物、海产化学、海底矿产资源,为发展蓝色海洋产业提供了广阔的前景。

(3)多种非金属矿产具有全国意义。按资源保有规模占全国的份额,玻璃用砂与高岭土占1/10以上,花岗岩与建筑石材占1/10~1/3,铸型用矿与叶蜡石占1/2以上,宝石占全部,本区还是全国水泥标准砂的唯一产地。

(4)旅游资源丰富。本区气候宜人,景色秀丽、人文荟萃,旅游资源密度大,并在海内外享有盛誉,如福州鼓山、厦门鼓浪屿以及泉州伊斯兰教文化古迹、湄洲湾的妈祖庙等,同时,旅游客源市场广阔,很有开发前景。

3. 开放政策

国家对外政策开放与否是制约福厦城市地带兴衰最根本的因素。从福厦城市地带的历史演变中可以探寻出一个规律性特征,即经济的繁荣与对外开放密切相关。本区由于东面临海,多平原、低丘,西北则高山耸立,与内地交通不便,受此背山面海的特殊地理条件的制约,在历史上与内陆关系因高山阻隔而交通困难,随着航海技术的进步,发展海上贸易对繁荣当地经济有重要影响,因而决定了本区的外向性。从历史上看,实行开放时,贸易繁荣,城市则兴旺,如南宋时的泉州。长期以来,本区域对外联系密切,人民百姓具有较强的经商意识,整个社会与经济具有很大的外向型特点。现今已初步形成了区域外向型经济格局,建立了一个由厦门经济特区、福州开放城市与经济技术开发区、台商投资区、开放县市组成的自南而北的全线开放的多层次、多功能的对外开放地带。总而言之,福厦城市带地区要繁荣,必须有对外开放的环境。

4. 对外亲缘关系优势

本区是著名的侨乡和台胞的主要祖籍地。华侨众多,又与台湾仅一水之隔,习俗相近,血缘相连,语言相通。据统计,全国华侨和外籍华人总数超过2 100万人,其中福建籍的华侨、华人约800万人,占全国2/5。闽籍的港澳同胞有80多万人。台湾同胞有70%为闽籍,其中又近80%原籍为本区。出于对祖籍地的亲缘关系和乡土情谊,他们热心于本区的开发建设事业,这种广泛而密切的海外联系,成为本区社会经济发展的一个显著特点和优势。

除上述对本区发展的有利因素外,还存在诸多对本区发展不利的因素:

(1) 沿海港口的内陆腹地相对较小,以省内为主。
(2) 原有经济技术基础较差,现代工业不发达,区内的资金自我积累能力还不强。
(3) 现代化基础设施不足,不能适应区域迅速发展的需要。
(4) 人多地少、劳动力素质有待提高,粮食无自给保障,耕地少、用地紧张。

二、城市密集区的基本特征

福厦城市带包括福州、厦门、莆田、泉州、漳州5个省辖市,福清、晋江、南安、龙海、福安、石狮、宁德、长乐8个县级市和28个县。1997年土地总面积41 104 km^2,约占全省面积的37.57%;总人口2 174.88万人,其中城镇人口408.24万人,约占全省的67.85%;城市建成区面积195 km^2,约占全省的74.43%,是福建省城市最发达的地区。1979~2000年是我国城市化进程中一个比较特殊的过程,经过许多年曲折、缓慢的局面之后,城市化随着工业化的发展而迅速提高,本区城镇也经历了一个较快速的发展过程。

(一) 等级规模分布及其特征

福厦城市带现拥有特大城市1个(福州),大城市2个(厦门),中等城市5个,小城市5个以及中心城市外围的县城、建制镇及广大的农村集镇。2004年福州、厦门分别占城镇总人口的25.1%和16.5%(如表6-4-3所示)。在规模分布上层次较分明,但不协调,呈现大中城市少、小城镇多的特点。本区域城镇体系很不完善,城镇仅分布在低层次上,呈现均衡化发展的趋势。改革开放以来,本区小城市发展较快,已设市的城市由原来的 4 个增至 13 个,新设的 9 个城市均是近年来迅速发展起来的小城市。按 1990～1998 年现设各市范围的城镇非农业人口的年均增长率进行比较,新设小城市的城镇非农业人口增长速度一般都高出原有城市的一倍以上。

表 6-4-3 2004 年福厦城市带人口规模等级结构

规模等级序列	城镇个数	城市名称	城镇人口 实值(万人)	比重(%)
特大城市（100 万人以上）	1	福州	170.6(总人口) 138.0(非农人口)	25.1
大城市（50～100 万人）	2	厦门	150.5(总人口) 90.6(非农人口)	16.5
		泉州	101.1(总人口) 65.0(非农人口)	11.8
中等城市（20～50 万人）小计	5	漳州	55.6(总人口) 35.7(非农人口)	6.5
		南安	45.0	8.2
		莆田	39.8	7.2
		福清	24.5	4.5
		晋江	28.6	5.2
小城市（5～20 万人）	5	龙海	19.6	3.6
		福安	19.8	3.6
		石狮	13.8	2.5
		宁德	14.2	2.6
		长乐	15.1	2.7
小计	13		549.7	100

资料来源:建设部城市规划编制中心(2004)。
注:至 1991 年,本区的福清、晋江升级为市。

表 6-4-4 福厦城市带现有已设市城市非农业人口增长情况(1980～2003 年)

城市	1980 年人口（万人）	1998 年人口（万人）	2003 年人口（万人）
福州	66.48	105.74	133.74
厦门	29.25	59.34	83.74
莆田	4.90	14.51	38.80
泉州	13.97	28.19	57.62
漳州	13.95	23.13	30.87
福清	4.50	13.94	18.53
晋江	7.33	12.6	18.32

续表

城　市	1980年人口（万人）	1998年人口（万人）	2003年人口（万人）
石狮		19.13	10.09
龙海	5.21	10.19	14.52
福安	2.56	10.08	15.32
南安		7.46	38.73
宁德	3.27	10.87	10.67
长乐	—	8.48	12.67

注：晋江与石狮原在同一县内，1980年晋江的非农业人口包括石狮。

随着较早设市的泉州、漳州二市开始由小城市进入中等城市行列，在福厦城市带的规模等级结构中，中小城市比重增大，而大城市的相对比重下降。福州已突破100万人口大关而进入特大城市行列，厦门也突破了50万人口大关而进入大城市行列，并且厦门非农业人口的增长速度快于福州市。福州的城市首位度已由1980年的2.3降至1.78。福厦城市带福、厦两大城市的双中心格局已经形成。泉州、漳州是邻近厦门的两个次级区域中心城市，其中，泉州由于周围地区经济发展迅速，城市化加快，中心城市的地位也逐步提高。宁德、福安邻近福州，也是两个次级区域中心城市。而莆田则是位于本区中部的另一个次级区域中心城市。

（二）城市的经济职能结构

1. 城市的产业结构分析

城市的产业结构是决定城市经济功能和城市性质的内在因素。同时，产业结构的变化又是城市经济增长的重要原因。为此，在分析本区城市经济职能特征时，考察产业结构状况是至关重要的。

表6-4-5　2004年福厦城市带主要城市的产业构成

城　市	国内生产总值（亿元）	第一产业占GDP比重(%)	第二产业占GDP比重(%)	第三产业占GDP比重(%)
福州	1 548.46	10.48	51.02	38.50
厦门	883.23	2.26	59.32	38.42
莆田	308.48	14.79	50.60	34.61
泉州	1 602.97	5.91	53.50	40.60
漳州	701.06	20.24	41.44	38.31
宁德	309.04	24.89	36.59	38.52

资料来源：中国城市统计年鉴（2005）。

首先，从表6-4-5列出的2004年几个主要城市的产业构成来分析，除了位于闽东北发展相对于闽东南发展滞后的两个城市——福安、宁德外，其他城市第一产业仅占较小比重，第三产业比重正在上升,全部在1/3以上。工业已成为城市经济的主体。福州、厦门、莆田、泉州、漳州的第二产业产值都占国内生产总值近一半以上。根据发展阶段理论,产业结构的转型过程必然伴随人均实际收入的提高,预示着本区的城市经济将面临迅速增长与发展。其次,以福建省及福厦城市带的第一、二、三产业结构与全国及广东、浙江、江苏等工业较发达省份作比较,得出:第二产业比重明显偏低(见表6-4-6),说明当前工业化水平还不高,尚处于由工业化的初期将要转向中期的过渡阶段。由表还可以看出:上至全国下到各省的产业产值与就业人口均不一致,福厦城市带地区也不例外,反映出其城市化发展滞后于工业化进程。所以,在今后相当长的一段时期内,加速发展工业,提高第二产业的比重仍然是不可忽视的重要任务。不能过分强调第三产业的超速发展,否则势必造成经济基础不牢靠,反而成为城市发展的限制性因素。

表6-4-6　福建及福厦城市带与沿海邻近省份的产业结构(2004年)对比表

省份	按从业人员			GDP产值		
	第一产业(%)	第二产业(%)	第三产业(%)	第一产业(%)	第二产业(%)	第三产业(%)
全国	46.9	22.5	30.6	15.2	52.9	31.9
广东	35.7	29.1	35.2	7.8	55.4	36.8
江苏	31	36.2	32.7	8.5	56.6	34.9
浙江	26.9	39.7	33.4	7.3	53.8	39.0
福建	40.3	29.4	30.3	12.9	48.7	38.4
福厦城市带	43.4	28.6	28.0	10.1	51.0	38.9

资料来源:中国统计年鉴.(2005).

目前,福厦城市密集区第三产业产值在GDP总额中所占比重为38.87%,高于粤、苏、浙等省的平均值,但其结构层次不高,基础设施尚不适应外向型经济迅速发展的需要。与台湾省相比较,后者在1990年的第一、二、三产业的比重为5∶50∶45,本区不论是第二产业还是第三产业的发展,都还存在很大差距。随着本区产业结构的逐步转换升级,第三产业也必将有较大发展。

再者,改革开放以来,福建省沿海城市贯彻实施国家赋予的一系列开放政策,积极吸引外资,开展对外经贸活动,外向型经济迅速发展。在福建省及福厦城市带的经济发展中,外向型经济具有举足轻重的地位。福建省全省1995年实际利用外资41.4亿美元,折合人民币356.8亿元,相当于该省当年全社会固定资产投资总额的51%。其比重高于广东(44%)、上海(28%)、江苏(26%)等外向型经济较发达的省市,仅低于海南(61%),居全国第二位。而福建省实际利用外资90%以上集中在福厦城市带地区,该地区所利用外资相当于全社会固定资产总额的60%左右。福建省1995年对外进口贸易额为147.1亿美元,折合人民币1 232.3亿元,相当于该省当年国内生产总值的57%,外贸依存度在全国各省市中仅低于广东省,而全省的外贸口岸又几乎都集中在本区的沿海地带,因而大力发展外向型经济对促进本区的持续繁荣至关重要,是促使福厦城市带地区经济高速增长的决定性因素。外资主要投向工业部门,还涉及房地产、商业、金融、交通、能源等行业,极大地推动了本区工业和城镇的发展。1998年,福建对外贸易额为250亿美元。

最后,随着改革开放、外商独资、合作经营企业在城镇大量兴办,在促进城市工业迅速发展的同时,改变了企业所有制结构。厦门自1984年经济特区范围扩大至全岛后,"三资"企业增加很快,其职工人数总量的比重从1985年的2.70%提高到1996年的38.09%,仅1988年一年时间就增加了近4个百分点。而且"三资"企业产值的增长也相当惊人。1985年占乡以上工业总产值比重仅21.31%,1996年跃为79.8%,净增三倍多。与此同期,全民所有制和集体所有制企业的劳动者比重有不同程度的下降,城镇个体劳动者比重则上升近2个百分点(如表6-4-7)。可见"三资"企业在厦门经济特区中居举足轻重的地位。

表 6-4-7 厦门市区社会劳动者所有制构成变化

所有制类型	1985年		1995年		1997年	
	实值(人)	比重(%)	实值(人)	比重(%)	实值(人)	比重(%)
全民所有制	135 755	62.05	193 051	42.85	205 112	43.28
集体所有制	70 427	32.19	64 712	14.36	65 108	13.74
城镇个体	6 676	3.05	20 065	4.45	23 188	4.89
"三资"企业	5 914	2.70	172 699	38.33	180 512	38.09

资料来源:厦门经济特区年鉴(1997)。

2. 城市经济职能趋同化,缺乏合理的专业分工与协作,是本区城市职能的突出特点

本区1994年工业总产值中,轻工业比重高达68.97%,高出福建全省平均(65.3%)3.6个百分点和全国平均(47.1%)21.8个百分点。除传统的食品、机械工业外,自80年代以来本区迅速发展起来的轻型加工是走"进口原材料、零部件－加工增值－出口创汇"的路子。现有加工业仍以劳动密集型产业为主,技术含量较高的消费性电子产品亦多属组装性质。"三资"企业和乡镇企业的经济比重都已超过国有企业。企业具有小、多、散的特点。小型企业在企业规模结构中所占比重按企业个数占95%以上,按工业总产值占80%左右。近年来,一批较具规模的资金密集和技术密集型产业如电力、石油化工、冶金等基础工业以及电子设备、精密仪表、生物工程等高新技术产业正在兴起。近年来,新设市的小城市主要随工业的发展而兴起,商业和交通的发展也起促进作用,如福清、南安属工业型城市,晋江、石狮属工贸型城市,长乐、龙海属工交型城市,莆田除工业外,还兼次级区域中心的综合功能。

由于区域内工矿资源匮乏,近代工业投资较少,加上长期的行政壁垒和淡薄的商品经济观念阻碍了城市间的横向联系,城市工业多以当地资源加工为主,而各地资源又存在较大的相似性,从而造成城市工业结构雷同,均以轻工业为主体,大型企业少,中小型企业多。缺乏大中骨干企业,就形成不了地区专业化生产的格局。如福州、厦门两市在改革开放前均以机械、化工、食品、纺织工业为主要行业,工业行业结构非常相似。改革开放后,虽然随着外资企业的快速发展,两市工业行业结构呈现多样化,主要工业行业明显增多,但由于两市外商投资均以港、台、侨资为主,外资投向部门基本相似,两市工业结构雷同化现象并没有根本改观。1994年,两市工业行业结构均以电子及通讯设备制造业为主要行业,电气机械、机械工业、食品加工、缝纫业、纺织工业、化学工业等行业的比值均排在前十位(见表6-4-8)。

在此,应用相似系数公式:

$$s_{ij} = \sum_n x_{in} x_{jn} / \left(\sum_n x_{in}^2 x_{jn}^2 \right)^{\frac{1}{2}}$$

其中,x_{in} 与 x_{jn} 分别是部门 n 在 i 种结构与 j 种结构中所占比重。$0 < s_{ij} < 1$;$s_{ij} = 1$,表明两种结构完全一致;当 $s_{ij} = 0$ 则表示完全不相似;当 $s_{ij} > 0.5$ 即认为这两种结构具有较高的相似性。

表 6-4-8　福州、厦门工业产值分行业构成(%)

福州		厦门	
电子及通信	18.56	电子及通信	17.28
皮革制品	10.29	电气机械	8.25
电气机械	8.49	缝纫业	6.75
化学工业	6.34	食品加工	5.88
机械工业	6.33	机械工业	5.63
食品加工	5.15	烟草加工	5.53
缝纫业	4.61	橡胶制品	4.28
冶金工业	4.52	交通设备	3.64
纺织工业	3.98	纺织工业	3.46
塑料工业	3.95	化学工业	3.44

资料来源:福建省工业统计年鉴(1995).

计算沿海 5 个主要城市 37 个部门的工业结构相似系数,表 6-4-9 所列的结果均大于或接近 0.50,说明福州、厦门、泉州、漳州、莆田具有同态化结构变动倾向。这种结构高度雷同的态势必然造成城市生产从原料到产品自成体系,很少有纵向或横向技术、经济联系,造成城市之间分原料、争市场、重复布点、争项目等严重后果,从而城镇分工不明确,也无法形成较大的专业性城市。生产专业化水平不高客观上阻碍了区际生产的协作与联合。

表 6-4-9　闽东沿海主要城市工业结构相似系数矩阵

城市	福州	厦门	泉州	漳州	莆田
福州	1	0.8336	0.6206	0.6628	0.4160
厦门	—	1	0.5985	0.6516	0.4570
泉州	—	—	1	0.9007	0.8514
漳州	—	—	—	1	0.6751
莆田	—	—	—	—	1

结构相似而致使专业化优势不能发挥的现象还表现在对开发区的开辟与建设上,各类开发区的建设对吸引外资促进经济的发展起着十分显著的作用。建设开发区有利于招商引资,有利于对有限的资金和土地资源进行有效、合理的使用,有利于相关产业和企业的集聚和规模经济的形成。但近年来,尤其是 1992~1993 年来,一哄而起的"开发区热"中,不少城市先后划

定了外商投资区并予以优惠政策,如厦门的湖里工业区、杏林台商投资区,福州的马尾经济技术开发区,泉州位于通往后诸港的公路两侧的东梅工业区等。但这些投资区的工业结构均以电子、纺织、化工、建材、食品等行业为主,对投资区的职能分工和产业配置缺乏宏观调控,致使各种类型的投资区结构雷同,有的因未达到集聚规模而效益不佳,导致国家资产的大量流失,从而造成各种负面效应。

要消除以上种种产业雷同、结构重复、规模相似的弊端,首先在于城市合理选择主导产业部门,并加以集中发展;其次,加强不同职能、规模等级城市的宏观调控和经济联系,开展广泛的合作与交流,形成各具特色和风格的分工与协作。一方面,目前本区城镇群体内部缺乏有机联系,虽城镇群体间联系的交通网虽已形成,但城镇与城镇之间未能协调发展,各等级城镇之间缺乏有机的联系,城镇群体内纵向联系以行政联系为主,横向联系尚未健全。另一方面,福厦城市带地区各城市之间,尤其是福州、厦门两大中心城市为增强自身发展的竞争力,都在争取扩大对外开放的优势。例如,设立台商投资区,并在港口设立保税区,还允许开设外资银行,建立股票市场和房地产市场等等,在吸引资金、引进项目方面展开竞争。由于各城市之间存在竞争,产业发展又缺乏宏观调控,重复引进建设的项目过多,加剧了城市产业结构的趋同化。城市间产业结构的高度同构现象,不仅造成资金与资源的浪费,而且造成区域经济的规模效益和分工效益的丧失,不利于整个区域经济的发展。特别是针对福州、厦门两大中心城市在本区和福建全省经济发展中的举足轻重的地位,今后有必要加强对两大中心城市的宏观调控,使两个城市产业发展各有侧重,形成合理的分工与协作,优化产业结构,促进本区和全省经济的协调发展。总之,进行城市产业结构的调整和城市功能的转换,对于消除城市经济职能的趋同化,促进城市与区域的持续协调发展具有重大意义,从而也对城市空间结构的演变产生重大影响。

(三)城市空间结构

城市空间结构在城市-区域层次上显示为两种形式:城市外部空间结构与内部空间结构。前者是在更大的区域背景上,从城市群总体角度研究城市在空间上的位置,反映城镇间相互作用与相互关系的空间集聚规模和集聚程度;后者则在市域尺度上探讨城市的形态特征,城市各组成部分的比例关系、功能联系及其空间配置。城市的内、外空间结构具有地域上的延续性,我们从这方面着手分析。

1. 城市外部空间结构

城市在有利的交通位置生长,并沿交通线的节点或走廊向外发展,形成城市群。这是本区城市空间分布的最主要特点,符合"点-轴"空间开发的原则。6个城市自东北而西南均匀分布在福一厦一漳国道公路线上,初步形成以特大、大城市——福州和厦门为中心,4个城市泉州、漳州、莆田、石狮,以及这些城市周围70余个中小城镇环绕组合的沿海城镇密集带。近年来,闽沿海的小城镇、乡集镇不断涌现,这些城镇绝大部分是因乡镇工业、农村商品贸易而兴起,其分布区位自然靠近层次不同的交通线,结果加剧了城镇空间分布的集聚程度。据1989年资料(见表6-4-10),沿福一厦一漳公路线的15个县市在面积上只占整个区域的29.85%,却集中了全区近70%的城镇人口,城镇密度为4.82个/10^3 km^2,城市化水平20.47%,均高于全区相应值。在经济方面,拥有全区69.33%的国民生产总值,81.81%的工业产值和70.49%的社会商品零售总额。可见,福一厦一漳公路沿线已明显地成为城市和经济发展的空间集聚带。

表 6-4-10　福—厦—漳公路沿线 15 县市与全区几项指标比较(1989年)

项目	福厦漳公路 15 沿线县市	全区	占全区比重(%)
国民生产总值(亿元)	204.93	295.60	69.33
工农业总产值(亿元)	246.84	326.80	75.53
工业总产值(亿元)	217.94	266.40	81.81
社会商品零售额(亿元)	120.89	171.51	70.49
土地面积(10^4 km²)	1.60	5.36	29.85
城镇人口(万人)	237.60	339.74	69.94
城市化水平(%)	20.47	16.02	—
城镇密度(个/10^3 km²)	4.82	3.56	—

我们引用城镇化不平衡指数来进一步衡量福—厦—漳公路沿线的城镇集聚程度。公式表述为：

$$I_a = \sqrt{\frac{\sum_{i=1}^{n}\left[\frac{\sqrt{2}}{2}(Y_i - X_i)^2\right]}{n}} \quad i = 1, 2, 3, \cdots n,$$

将区域分成 n 个单位，第 Y_i 单元城镇人口占全区城镇人口的比重为 Y_i，第 i 单元的面积(或人口或产值)占全区的比重为 X_i，$I_a > 0$ 时，当 I_a 值越大，说明城镇分布的地域差异越显著；当 I_a 趋于 0 时，城镇呈均衡分布(这里选用面积值，故表示为 I_a)。我们以福—厦—漳公路沿线的 15 个县市为单位，计算出城镇化不平衡系数 $I_a = 8.5821$。类似地，计算整个区域的城镇化不平衡系数 $I = 3.7650$，显然 $I_a > I$，即公路沿线的城镇密集程度高于全区。这也预示着福—厦—漳公路将成为本区城镇发展中一条重要空间轴线。通过极化作用，也将带动整个区域经济的发展。

2. 城市内部空间结构

本区城市内部用地结构不尽合理，普遍存在交通用地和仓库用地所占的比例较低；生活居住用地中居住用地多，而公共绿地、公共建筑用地与道路广场用地少的情况。这是长期以来过分强调建设生产性城市，忽视生活设施和区域性基础设施建设的结果。1993 年，厦门城市工业用地 14.29 km²，占城市总建设用地的 27.28%，对外交通用地、仓库用地分别仅占 10.69% 和 8.67%。生活居住用地中居住用地比重高达 58%，其他三项只在 10% 左右。

在城市内部地域形态演变过程中，交通条件仍是至关重要的影响因素。从建成区空间扩展过程看，福州市基本上属向心放射状集中连片发展模式，以旧城区为中心向外蔓延发展(见图 6-4-3)。1928 年以前，由于闽江深水航道及海运成为福州主要的对外交通干线，沿岸具有相对好的基础设施和相对高的经济效益，使城区在闽江两岸的台江、仓山一带并沿市内交通道路向南、北同时延伸。1929~1949 年期间，市中心北移至鼓楼附近。至解放前夕，福州市区建成区面积达 11 km²，建成区分为三块，北面一块是鼓楼古城区，南面是闽江两岸的南台和仓山，在鼓楼老城区与南台之间是大片未开发的空地。两条南北向延伸的市区交通道路穿越空地，连接两块城区构成"哑铃"状的空间结构。解放后，南北两块之间的大片未来得及开发的空地逐渐被填补，连成一片。同时，福厦、福马公路的开辟，来福铁路的通车，改变了福州对外运输的方式，城市开始以市区为中心沿对外交通线扩展。

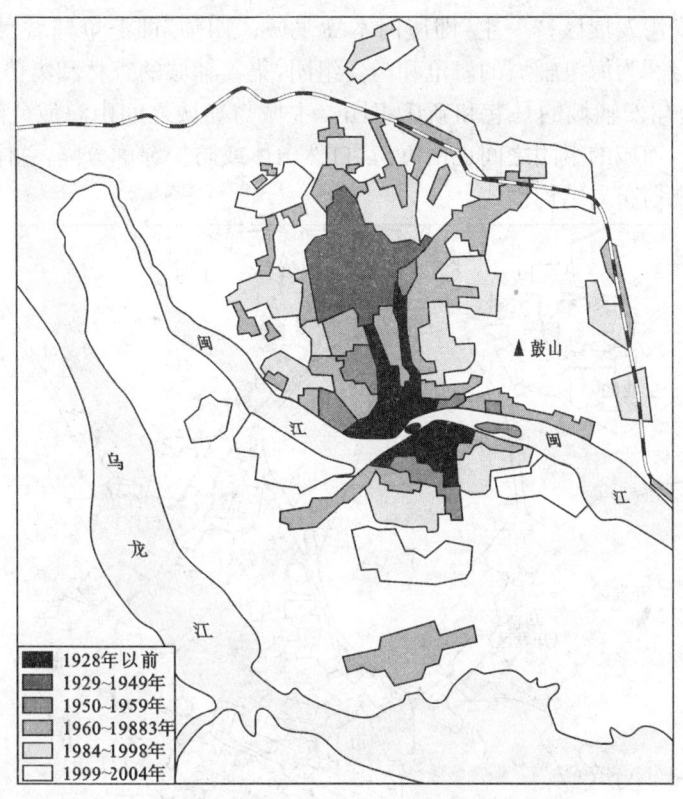

图 6-4-3　福州城市用地扩展图

厦门因具有优良的建港条件而形成和发展,尤其在开辟为通商口岸后,发展较为迅速。从城市用地扩展图上可以看出(如图 6-4-4),解放前,厦门市建成区范围城区主要在本岛西南沿海的狭小地带及鼓浪屿,面积约 6 km^2。20 世纪 80 年代以前,厦门由于地处海防前线,长期缺少国家投资,城市建设和发展比较缓慢。1980 年成立经济特区后,城市建设迅猛发展,城市用地扩展很快,建成区不断扩大。50 年代高集海堤建成,鹰厦铁路通车,加之本岛南部山地的阻碍,城市自然顺着铁路线在山地与圆当湖之间的狭窄地带延伸。改革开放后,尤其是厦门设立经济特区的几年来,开发了面积为 2.5 km^2 的湖里工业区、南部生活区,为尽快解决市区用地紧张、人口密集、道路狭窄等矛盾,提出"先建新区,后改城"的战略部署,修建了湖滨南、北路,湖中路和湖东路,形成了新的道路骨架,建设了莲花、振兴、东渡等居住小区,形成了目前新市区的西南部分。新市区已具有相当规模,并且以项目带开发把城市建设向岛外西海岸的集美、杏林、海沧拓展。同时逐步开展旧城改造,改造圆当湖。但 80 年代中后期,城市建设中心沿福厦公路和鹰厦铁路向北推移,江头镇一带成为新市区的东北部分。80 年代末 90 年代初,厦门本岛鹰厦铁路线以西可开发土地几乎全部成为城市建设用地。总的来说,并未改变本岛市区沿铁路扩展的趋势。此外,集美、杏林各自相对形成一个市镇,因此在总体上,厦门市区呈带状组团式的布局形态,由鼓浪屿、旧城区、新城区和湖里区等组团构成。

在最近修编完毕的《厦门城市总体规划》中提出,厦门要建设成为组团式海湾型城市,形成"一心两环、一主四辅八片"的海岛与海湾组团组合式空间布局结构。"一心"即厦门本岛中心城;"两环"是指围绕杏林湾、马銮湾和东屿湾为主之环四海域发展区,围绕同安湾、东坑湾为主之环东海域和同安湾发展区;"一主"即厦门本岛主城;"四辅"即海沧辅城、集美辅城、同安辅城、翔安辅城;"八片"为海沧辅城的海沧和马銮组团,集美辅城的杏林和集美组团,同安辅城的大同和西柯组团,翔安辅城的马巷和新店组团。主城与辅城之间由海域分隔,辅城之间由海湾、自然山体分隔,辅城的组团之间也由海湾、自然山体或防护绿廊分隔,总体形成与自然生态环境配合较好的规划布局结构模式。

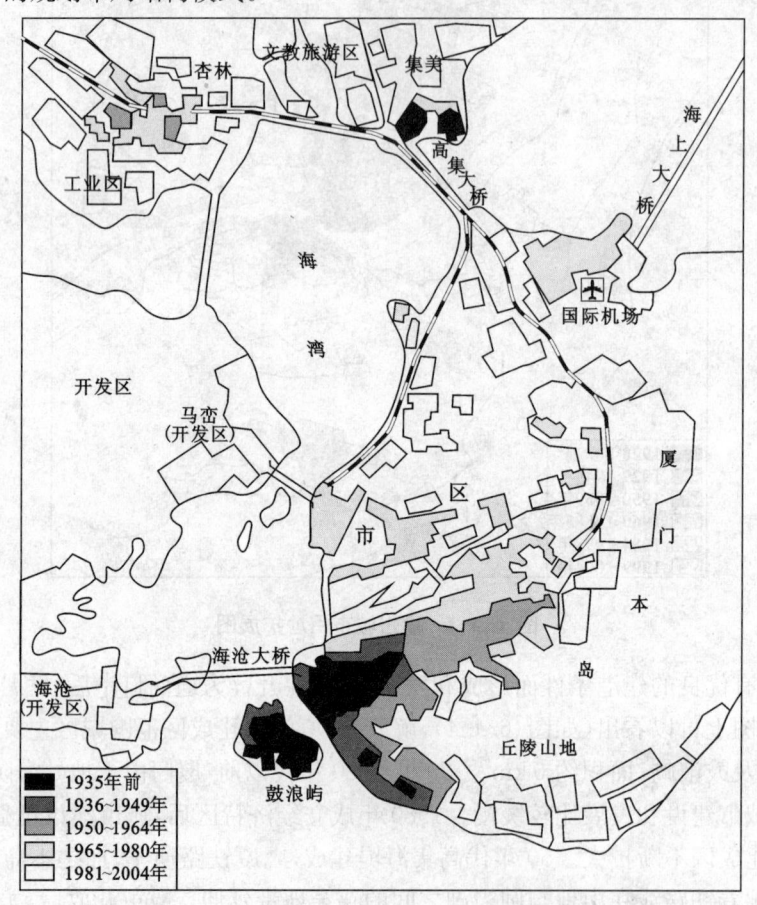

图 6-4-4 厦门城市用地扩展图

地形特点、交通条件的影响作用只是为城市提供了可能的发展框架,真正促使城市形态演变或加速城市用地扩展进程的是来自社会经济的作用力。

首先,基本建设投资地域分配的差异。最明显的是投资额与建成区面积成正相关。福州市1950年基建投资为64万元,1978年为13 234万元,1996年为571 186万元,相应地,城市用地规模由17 km² 扩大到42 km²,再到71.5 km²。同期,厦门随着投资的增加,建成区面积扩大了三倍多(见表6-4-11)。从年均递增率来分析,福州市1950~1978年期间为3.28%,高于厦门,改革开放后,厦门的递增速度却快于福州,这种结果的根本原因在于开放以前,福州是计划经济体制下投资安排的优先考虑地区,而厦门自上而下的投资很少,1980年成立经济特区以后,情况才大大改观。

其次,工业发展是空间结构演变的基本动力。仍以福、厦二市为例(见表6-4-11)。自厦门设立经济特区以来,在城市北面建成面积为2.5 km² 的湖里工业区;50年代末期,鹰厦铁路建成通车后,为减轻岛内老城区交通运输及水源供应的压力,厦门市在大陆滨海的杏林湾与台湾之间开辟了杏林工业区。为进一步鼓励台商、外商前来投资兴办企业,1989年在杏林工业区的基础上投资兴建总面积为 65.41 km² 的杏林台商投资区,引进台资和外资大幅度增加。到1995年,实际利用外资超过4.5亿美元,已形成以纺织为主,机械、电子、轻工、食品为辅的工业体系。1995年,全区工业产值达到59.76亿元,占全市工业总产值的15%,其中80%是"三资"企业创造的。随着工业的高速发展,城镇建设大大加快。目前城镇人口规模6.5万(包括外来人口与近郊亦工亦农人口)。

表 6-4-11　福州、厦门基建投资与建成区面积相关关系

城市	基本建设投资（万元）			建成区面积（km²）			建成区面积年均递增率（%）	
	1950年	1978年	1996年	1950年	1978年	1996年	1950～1978年	1979～1997年
福州	64	13 234	571 186	17	42	71.5	3.28	4.3
厦门	8	5 649	490 088	9	19	60.9	2.72	6.7

资料来源:福建省统计年鉴(1997).

厦门市还在岛外西部设立海沧台商投资区,它与厦门本岛市区隔海相望,北与杏林区相毗邻,这里有较长的深水岸线,具有发展商业港口和临海型工业的巨大潜力。至1995年已累计投资40亿元进行基础设施建设,建成了道路、供电、供水、通讯、排洪、排污以及一批市政配套设施。1995年全区实现工业产值17.3亿元。海沧全部建成后将成为厦门市最大的工业基地和厦门新市区的重要组成部分,人口可能会达到40万的规模。

另外,位于本岛北面,以新建厦门大桥和原有的海堤与厦门岛相连的卫星城镇——集美镇北面开辟了集美北部工业区,主要发展污染小的轻型工业。进入90年代,厦门随着城市建设大规模向岛外西海域沿岸陆地展开,集美、杏林、海沧迅速发展起来,随着居住、商业、娱乐设施的配置,日益成为具有一定规模的卫星小城镇。厦门市域向杏林湾发展,一个由鼓浪屿、本岛的旧市区、新市区、湖里区、集美、杏林、马峦、海沧等组团构成的"环海组团式"的海湾城市已见雏形(见图6-4-5)。

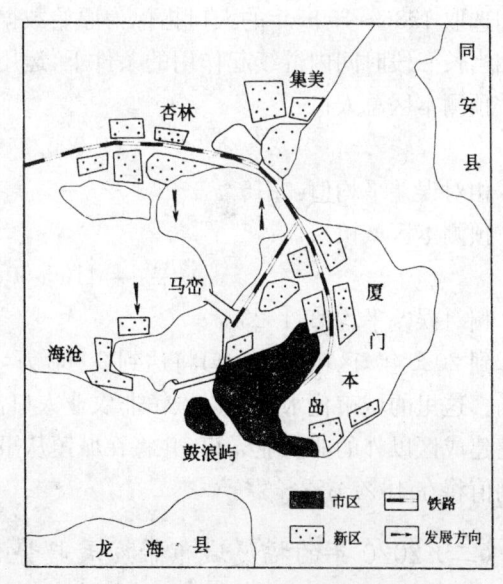

图 6-4-5　工业用地扩展对厦门城市形态的影响

福州市随着马尾经济技术开发区的建立,福(州)马(尾)高等级公路的竣工,以及福厦公路的扩建,沿线兴建了福兴投资区、快安投资区、仓山科技园区、盖山工业开发区,形成了以工业用地为主的向东和向南发展轴(见图6-4-6)。

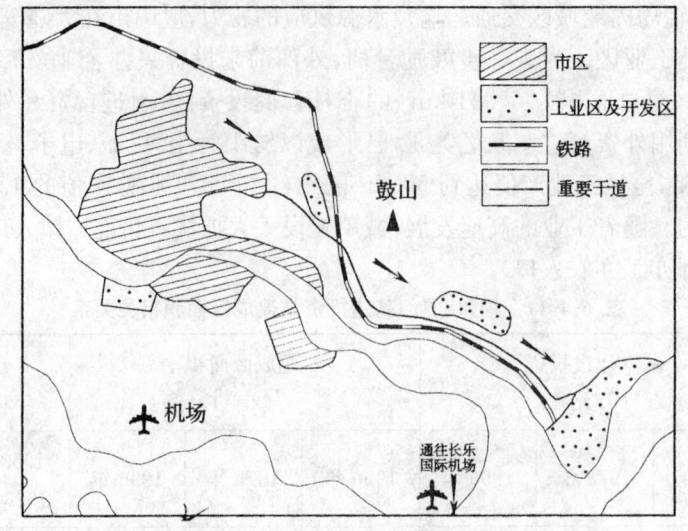

图 6-4-6　工业用地扩展对福州城市形态的影响

三、福厦城市密集区发展趋势及预测

（一）城市化水平的预测

对外开放以来，本区域城镇发展明显加快，其内在机制不同于以往凭惯性的发展。因此，我们选取1986～1998年的人口指标为原始数据，并在假定致使这种发展态势的内在机制在以后相当长一段时间内继续起作用的条件下，运用灰色系统GM(1,1)模型，获得如下结果。

预测本区总人口：

$$X^{(t+1)} = 115000.24e^{0.056t} - 113211.18$$

相对误差平均值：0.15%

预测本区城镇人口：

$$X^{(t+1)} = 4165.60e^{0.056t} - 3973.89$$

相对误差平均值：1.23%

到2020年，区域内总人口将达到2 568万，城镇人口将达到1 116.4万，则城市化水平为42%。这里的城市化水平是以城镇非农业人口占总人口的比重来表示的。如果包括一些住在城镇建成区以外的非农业人口，并将在城镇从事非农活动的农业人口计入在内，则城市化水平预测值将在48%～52%。

（二）2020年的福厦城市带发展趋势

至2020年本区双中心格局将不断完善，虽仍将仅拥有一个跨省域的特大城市——福州，一个大城市——厦门，两个区域性中等城市——泉州和漳州，但区域中心城市的实力将大大加强，小城市和建制镇的数目会有所增加，城镇体系规模等级结构初显合理，形成了以福州、厦门为两大区域中心辐射全区的大、中、小城镇相结合的狭长地带。虽然现阶段该城市群规模偏小，但从远景来看，本区与台湾西部城市相近，可一起构筑大型城市群。将来台湾回归祖国，台湾海峡将成为我国的黄金海岸，莆田、湄洲湾、泉州、厦门、福州、漳州、东山湾、汕头，隔海与基隆、台北、台中、高雄、台南交相辉映，随着世界经济由大西洋向太平洋转移，这一海峡也将成为世界性的繁荣区域之一，发展成为大规模的城市群地带，实现与长江三角洲城市群和珠江三角洲城市群的合理对接。

至2020年，在空间布局上，城镇地带仍以沿海一线（由北而南从赛江新城、福州、泉州、厦门至东山市）为主，以区域境内的来福线、鹰厦线两条铁路线为辅展开（见图6-4-7）。随着交通

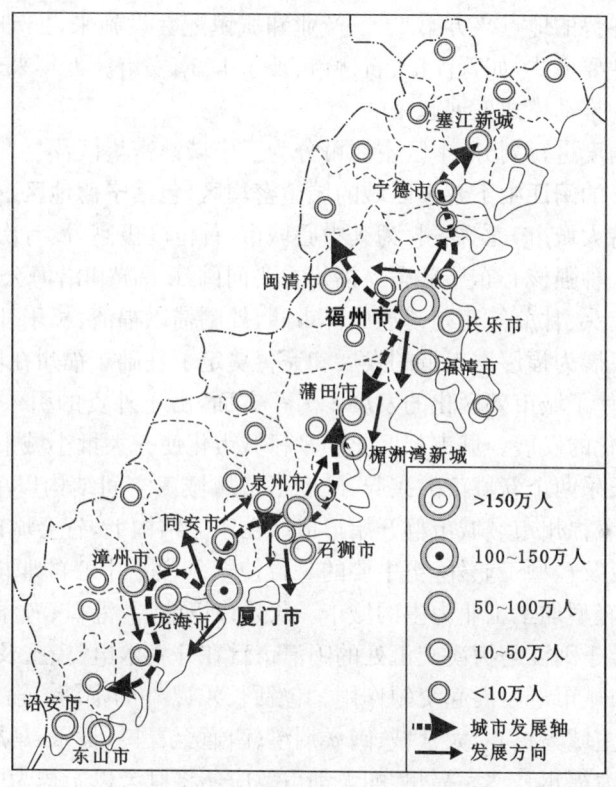

图 6-4-7　福厦城市地带发展轴

建设的网络化、快捷化，海陆空立体交通网的构建，特别是以福厦高速公路为走廊的开发建设，为众多小城镇的兴起和发展创造了有利的条件。小城镇较密集地分布在福厦开发走廊的沿线，尤其是在邻近厦门和福州两大城市的地带。开发走廊中段的湄洲湾地区，现有城镇发育程度尚相对较低，但随着深水港湾资源的开发，肖厝、秀岭等港口城镇群的崛起，将使这个福厦开发走廊的沿海地带，逐步连接成为中国主要的城镇密集带之一——福厦城市带区。福厦交通走廊沿线是福建省经济最发达、基础设施最完善、城镇发展条件最优越的地区。今后一段时间内经济仍将进一步向这一地区聚集，成为省内城镇发展最快的地区。在福厦走廊沿海地带现有经济实力较强的一些县市的中心城镇有可能进一步发展成为中小城市。如晋江市的青阳镇，有可能与同边的陈埭镇、池店镇共同发展成为人口集聚规模达20万人以上的中等城市；福清市的融城镇将与宏路镇、融侨经济技术开发区共同发展成为一个中等城市，随着元洪投资区

的全面开发建设,其规模将进一步扩大。长乐市的航城镇将西接筹东开发区,南安市的溪美镇将与美林镇相连接各发展成为10万人以上的小城市。此外,各县的城关镇(为各县的政治、经济、文化中心)区位条件较优越,经济基础较好或可依托大型建设项目和大型开发区的城镇如龙海市十的角美、港尾,惠安县的肖厝和东山县的两埠等镇,有可能发展成为人口达5~10万的小城市。乡村地区的人口向各类小城镇集聚将是今后总的发展趋势。本区城镇化的动力机制主要存在自上而下和自下而上的两种推动模式,而以自下而上的推动为主,以自上而下的推动为辅,两者相结合。自上而下推动模式有中心城市的扩展、扩散,大型建设项目带动和引进外资兴办开发区三种类型。而自下而上推动模式主要是通过民间集资,大量发展乡镇企业,在城镇区或具有区位优势的地点兴办第二、三产业和城镇配套设施来,推动乡村城镇化的进程,这是本区城镇化的主要模式,如晋江市、石狮市、长乐市、南安市。近年来建设县级市和许多建制镇都是主要以这种推动模式发展起来的。

从地域空间的角度进行划分,本区主要可分为三个城镇密集区:

1. 以福州为中心的闽江中下游小区域的城镇密集区,包括宁德地区

区内只有一个特大城市——福州,为其中心城市,首位度极高,没有次级中心城市,城镇体系在规模等级上是一种强核心布局形态。福州主要向闽江下游和沿海公路两侧发展,逐步和周围的马尾、亭江、琯头、甘蔗等建制镇连成都市圈,外围辅以福清、长乐、闽清等小城市。福州都市区或都市圈的发展为福厦城市带的发展和完善奠定了基础。福州在城市建设中推行旧城改造和新区开发,促使了城市郊区化的发展。另一方面,由于外资的引入,乡镇企业的大批兴办,促进了乡村城市化的发展。城市郊区化和乡村城市化使一大批小城市和小城镇迅速崛起。近年来,随着福清、长乐两个新城市的兴起,改变了市域城镇空间结构以单核心大城市带分散小城镇的格局,标志着福州市域城市群开始形成。在职能结构上,省会城市发展商业、贸易、金融、科技文化、旅游以及轻型工业外,更主要的是行使全省政治中心的职能。侨乡福清市发展成吸引外资、侨资的轻型加工工业为主的城市。长乐市以能源、港口、海洋化工、造船工业和地方乡镇企业为主。位于闽江与梅溪交汇处的闽清市旨在开发水电、瓷土及旅游资源。

福州将对闽江口城市群发展起统领作用。包括长乐以外的福清、连江、闽侯、闽清和永泰等城镇,形成一个以主城为核心,大学城、闽侯荆溪、南通至青口、长乐、马尾、长安到琯头、琅岐七个组团为枢纽的"大福州"。"大福州"的大都市效应还将刺激以宁德为中心的北方港口工业的迅速崛起和西部山区绿色旅游资源的开发。宁德市将加快电机电器、船舶制造、冶金、石化、能源、重型机械等产业发展,建设成为承接临港重化工产业转移的重要基地和临海发达的生态型城市。南平市(武夷山新区)主要是承接福州的特色工业和新型产业的转移,大力发展以武夷山为龙头的旅游大产业。三明市将重点培育发展冶金、机械和林产工业三大产业集群。

福州城市内部总体格局采取"组团结构、分片平衡"的结构形式。鼓楼、台江、仓山为城市中心区,在外围建立配套完善、相对独立的城镇(新店、盖山、鼓山、建新),规模为10~15万。各组团之间用绿带分隔,以快速交通干线相联系。远期福州的城市空间扩展将跳出"闽江口"走向"海湾",成为一个现代江口滨海港口城市。

2. 以厦门为中心的闽南城镇密集区

随着厦门市规模的日益扩大,漳州和泉州两市在闽南的地位相对下降,厦、漳、泉三足鼎立局面逐渐瓦解,厦门特区作为闽南经济中心的作用将越来越突出。厦门是主中心,而漳泉两市为次一级中心。厦、漳、泉三市各具特色,分居三方,支撑着闽南城镇群体的骨架,带动着群体的发展,是闽南社会经济发展的主要动力。厦门虽上升为中心城市,但其职能与作用更多的是区际的、省际的,甚至大区性的,与周围地区反而形成一种有形与无形的"隔阂"。漳州、泉州虽下降为次级中心城市,但与闽南各方面的联系大大加强,并由目前以行政联系为主转向以经济联系为主,在地方经济发展中的作用将大大提高。随着漳州向下游发展,龙海县建市,厦门迅速发展并向上游扩张,厦门和九龙江河口地段将逐步成为建设热点,远期可形成厦-漳城镇密集区,成为闽南城镇分布区域的核心。北部泉州、石狮一带也将形成一个城镇密集区。南部东山市开始壮大。这样闽南沿海轴线上形成三个层次的重点,通过河流、铁路和公路向闽南山区乃至全省辐射,作为省外向型经济建设的基地。厦门的城市性质为"海港风景城市",发展方向是以工业为主,兼营旅游、商业、房地产业的综合性、外向型经济特区,福建的经济中心。城市内部空间布局将呈现以本岛为核心,绕西海湾重点发展"一心两环、一主四辅八片"格局(图6-4-8)。

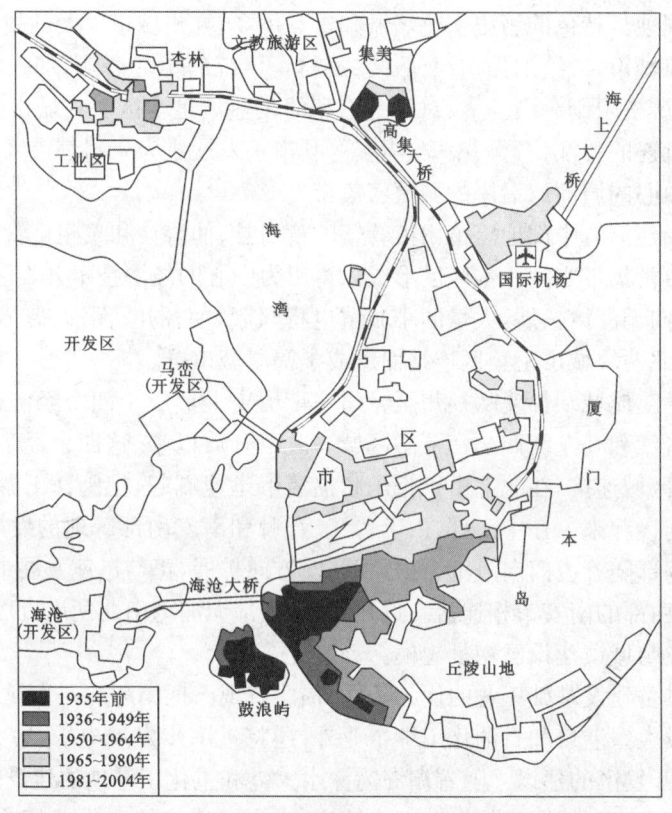

图 6-4-8 厦门城市空间扩展

厦门具有十分优越的地理位置与区位优势。随着香港、澳门主权的收回,未来台湾的回归统一,厦门将是东南沿海港口城市群体中(福州、温州、厦门、汕头、基隆、高雄)具有"枢纽性港口"的城市之一。它优越的海上交通位置与深水良港的近便性是其他港口所不能代替的。目前,厦门已形成了包括中心市区(岛内的开元、思明、湖里和鼓浪屿四个区)、岛外的集美和杏林两个区,外围辅以同安等县的都市区范围。未来厦门将突出发挥国际交流、对台合作、港口航运、金融服务、旅游和科技研发中心的作用,并伴随构建"海湾型城市"的战略展开,厦门产业部门将进行调整和重构,逐渐向漳州腹地跨进,与泉州、漳州等城市组成闽南区域经济圈,与珠江

291

三角洲和港澳台经济区有效衔接。

漳州在发展食品、机电、轻纺等工业方面具有广阔的前景;由于地处闽南沿海与山区交界处,具有特殊地位,是整个闽南均衡发展的支点,近期仍以食品、农副产品加工工业为主,远期则要充分发挥漳州现有基础和潜力,主动承接台湾加工制造业、现代农业的商贸服务业转移,继续把漳台经贸合作作为扩大开放的主攻点,走新型工业化道路;着力培育食品、机械、材料、能源四个主导产业。至2020年将成为超过50万人口的大城市。开发区与港口城镇的发展使漳州与厦门都市区有逐渐汇合的趋向。在漳州东部的厦门正向杏林、海沧方向扩展。而西头的乡城也正向东部步文、蓝田一带扩展,漳厦对向发展的经济和城镇密集带正在迅速形成之中,而作为联系这个密集带的龙海市的石码、港尾和角美镇将发展成为九龙江下游的新兴城市。

泉州是国家公布的第一批历史文化名城之一。因此除行政、地区经济中心等职能外,旅游业也成为泉州市重要的经济部门。历史悠久、各种宗教兼收并蓄的特点,给泉州留下极有价值的遗迹。作为中国独具特色的历史文化名城和重点侨乡,泉州城市发展的战略定位是,建成现代化工贸旅游港口城市,继续加强纺织、服装、石材等传统的优势产业,加强旅游业。为此,要对主城重新规划,严格限制污染环境、对旅游不利的工业涉足本区。在城市的空间分布上,泉州市区及其外围毗连的晋江、石狮、南安、惠安等县市正发展成为泉州都市区。

3. 以莆田为中心的湄洲湾沿岸的城镇密集带

湄洲湾位于福建沿海中部地跨莆田市管辖的莆田县、仙游县和泉州市管辖的惠安县,正好介于上述两个城市密集带之间。本区已形成以莆田为中心的经济技术开发区。随着湄洲湾的大规模开发,莆田向湄洲湾拓展,大量的小城镇也将兴起,使福州、湄洲、厦漳泉三角地带有机联系起来,促使南北两块城市密集区连结而形成了福厦城市群。

莆田地处木兰溪流域。福建从福州至漳州一带历史上形成了四个经济相对发达的区域,即闽江、木兰溪、晋江和九龙江四条江下游区域。改革开放以来,这四个经济区域经济发展很快,并迅速与相邻区域连接,在北部由于长乐和福清市迅速崛起,把闽江下游和木兰溪下游两个经济发达区域连接起来。在中南部,由于晋江、石狮和南安南部等地的发展,与泉州中心城也连成一片。在南部随着厦门向海沧、杏林和同安方向扩展,正与迅速发展中的九龙江下游的漳州、龙海和泉州西部的南安市相连接。近几年来,中部湄洲湾南北两岸肖厝参与两地建设发展迅速,港口、工业与城镇建设已初具规模。

由于湄洲湾具备建设基础工业的优越条件,福建省现已把湄洲湾列为开发建设重点区域,今后除了继续建设大型港口和石油化工等企业外,还将进一步发展电子、冶金等基础工业,引进外资,加速各类开发区的建设。随着湄洲湾深水大港和重化工基地的建设,湄洲湾地区将形成以肖厝、秀屿、东吴三区组团式的海港工业城市,成为福建省的重化工基地和湄洲湾区域经济中心。湄洲湾的开发将进一步带动湄洲岛旅游经济区的开发和莆田、仙游、惠安等县市的经济高层次的发展。未来,湄洲湾沿岸将会出现一批新兴的港口、工业城镇群,形成一个组团式发展、人口规模达到60万的现代化海港工业城市群,范围以莆田市为中心包括3个港区外围几个卫星城镇(鲤城镇、涵江镇、枫亭镇等)。主要开发方向是以港口工业、重化工为主,兼顾旅游出口加工的综合性开发区域,并以环湄洲湾开发为中心,以福厦公路和漳泉铁路等港口主要集疏运输系统为主轴,向外辐射,推动泉州、莆田等地的发展,带动福建中部地区的开放和开发,从而把南北两大片经济城镇密集区域更加紧密地联系起来,促使福厦城市群的加速发展。

第五节 哈大齐城市地带

哈大齐城市地带地处东北亚经济圈的网络区位中,也是中俄两国贸易联系最紧密的城市化区域。在我国内陆边境地区东北段的黑龙江省中西部的城市区,正迅速成长着一个地位越来越重要、作用越来越突出的城市地带,它就是以我国重要的机电工业城市哈尔滨为核心,以横贯我国最大的平原——松嫩平原的滨州滨绥铁路为纽带,连同我国最大的石油城市大庆、安达,重要的机械工业城市齐齐哈尔和新兴的中小城市绥化、安达、肇东、双城、阿城等组合而成的哈大齐城市地带(如图6-5-1)。

哈大齐城市地带作为黑龙江省乃至松花江流域经济、技术、文化、人口、城市分布的最密集区域,是我国最大的石油化工基地和重要的机械工业基地之一,也是我国内陆边境地区对外开放的战略地带。它的存在和发展至关重要,在东北地区占据着不可代替的战略位置。研究和探索哈大齐城市地带的发展规律,不仅对丰富和完善城市群发展理论具有重大的意义,而且对于哈大齐城市地带更好地面向未来、面向世界,进一步向国际化方向发展,并加强中俄、中朝与中韩等国际合作方面,具有重要的现实意义。

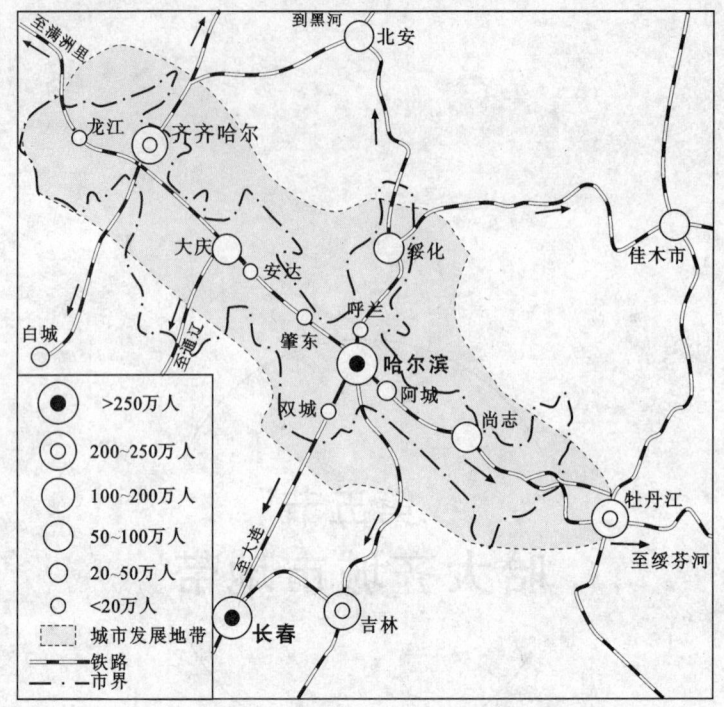

图 6-5-1 哈大齐城市发展地带示意图

一、城市形成发育过程与发展条件

（一）哈大齐城市地带形成发展过程具有明显的阶段性特征

哈大齐城市地带的形成发展，主要经历了古代城市形成与发展阶段（1898年以前）、近代城市形成与发展阶段（1899~1945年）和现代城市崛起与城市地带形成阶段（1946年至今）等三个历史阶段。不同历史阶段下，城市发展的影响机制不同，城市发展的主要特征也明显有异（见表 6-5-1）。

古代和近代阶段的城市发展，为哈大齐城市地带形成奠定了历史基础，特别是中东铁路（今滨州滨绥铁路）的兴建，奠定了哈大齐城市地域空间组织的基本走向。现阶段的城市发展又可大致划分为三个时期：

（1）重要发展时期（1946~1965年）。东北解放后，黑龙江省作为国家重点建设地区得到了大规模的开发和建设，哈大齐地区得到了重点的建设和发展，而作为聚集产业和人口的城市更是得到了迅速发育。特别是20世纪50年代国家将重型机械工业布局于哈齐两市，60年代国家对大庆油田的大规模开发，使哈尔滨一跃成为东北仅次于沈阳的第二特大城市，齐齐哈尔由小城市成为大城市，并兴起石油城市大庆，从而奠定了哈大齐城市地带的总体格局，这一时期是本区城市人口发展较快的时期。

（2）停滞发展时期（1966~1977年）。"十年动乱"受"左"的思想干扰，这一时期城市发展明显停滞不前。尽管大庆随石油资源的大规模开发而发展成为中等城市，但哈齐两城市均未有大幅度发展,郊区卫星城镇发展也很缓慢,市政设施很落后,环境差。此外,也未有新的小城市产生。

表 6-5-1 哈大齐城市地带形成发展过程简表

城市地带形成发育阶段	城市主要特征	主要城市	城市地带形成发育机制	
			发育动力	生产力和技术进步
古代城市形成阶段(1898年前)	○城市规模小 ○城市职能单一,主要为军政要冲和驿站	卜奎(今齐齐哈尔市)、金都上京会宁府(今阿城市)	○政治统治和军事 ○防御	○农业生产力的发展 ○农业技术的进步
近代城市形成与发展阶段(1899~1945年)	○城市规模逐渐增大,城市崛起 ○城市职能多样化,为帝国主义的军政统治中心,商品倾销中心,工业生产基地与掠夺东北农副矿产资源的物资集散地 ○城市沿中东铁路分布,奠定了今日总体分布格局	哈尔滨市、齐齐哈尔市、绥化	○外国资本主义侵入导致经济的畸形发展	○铁路革命 ○第三次科技革命
现代城市崛起与城市形成阶段(1946年至今)	○城市数量成倍增多,城市规模进一步扩大,呈大、中、小相结合态势 ○城市职能类型多样化形成,呈现综合型与资源型系统组合 ○城市带以铁路为主的交通干线为轴,以哈尔滨市为中心初步形成 ○城市带社会经济联系密切,初步形成经济网络系统	哈尔滨市、齐齐哈尔市、大庆市、绥化市、安达市、肇东市、双城市、阿城市、尚志市等	○工业化的动力 ○第三产业的动力与石油开采开发区 ○信息产业	○工业生产力的发展和技术的进步 ○第三产业和人民生活水平的提高及农业生产力的进一步发展

(3)城市地带形成时期(1978年至今)。随着改革开放的不断深入,由计划商品经济到市场经济的不断发展,哈大齐三城市均得到较大发展,哈尔滨成为超过250万人的特大城市,齐齐哈尔晋升为特大城市,大庆也发展成为大城市,成为举世瞩目的"东亚油都"。此外,随着农村经济实力的不断壮大,农村剩余劳动力的转移和城乡一体化战略的推行,20多年中,迅速成长起来6个中小城市。这一时期是哈大齐城市区城市人口增长最多的时期,从而初步形成了哈大齐城市地带。

表 6-5-2 哈大齐城市地带发展概况

年 份		1949年	1965年	1977年	1998年
>100万人	城市个数(个)	—	1	1	2
	城市人口(万人)	—	177.1	277.1	370.28
50～100万人	城市个数(个)	1	1	1	1
	城市人口(万人)	66.0	74.1	78.1	81.12
<20万人	城市个数(个)	1	1	—	2
	城市人口(万人)	17.6	17.2	—	35.37
合计	城市个数(个)	2	3	3	9
	城市人口(万人)	83.6	268.4	290.2	581.94

表 6-5-3 哈大齐城市地带城市人口发展速度

时间	1949～1965	1966～1977	1978～1989	1989～1998	1949～1998
年均发展速度(%)	75.6	6.5	46.1	1.11	4.03

(二) 哈大齐城市地带是在其独特的发展条件综合作用下形成发展起来的

尽管影响和制约哈大齐城市地带形成发育的地域条件在不同时期有所不同,但归纳起来,不外有以下五个方面:

1. 政治地理区位的波动性

哈大齐城市地带处于中国东北边陲,在国内国际政治经济环境的综合作用下,随着时间的推移呈现大幅度的波动性,直接影响着哈大齐地区的经济发展和城市化进程,已由"边远"和"敌对战略前沿"转化为具有国际意义和战略意义的对外开放前沿地带。从国内看,它面向前苏联、远东,背靠松花江流域广阔的腹地,与辽南城市群南北呼应,在我国对外开放格局中呈现经济特区→沿海开放城市→沿海开放地区→内陆开放地区→内陆边境地区的演进趋势下,是我国北方的重要门户;从国际看,它位于东北亚腹地中心地带,占据着从大连引进西方技术、资金向北转移和从俄罗斯进口物资向南输送的咽喉,是欧亚大桥上的"一串珍珠",尤其哈尔滨是东北亚地区重要的国际经贸城市,是我国对前苏联、东欧和东北亚地区进行广泛经济技术合作的前沿基地,是我国参与东北亚乃至亚太地区经济技术合作和国际地域分工的战略前沿地带之一,这一得天独厚的地缘优势是哈大齐城市地带面向未来合理发展的十分有利的前提。

2. 交通运输条件的超前性

哈大齐地区交通运输条件不断改善的超前性,是哈大齐城市地带形成发展的先决条件。古代城市奎卜依托当时最发达的驿道枢纽而兴建;近代城市哈尔滨随着中东铁路的兴起而迅速发展;现代城市的不断发育成长更依托于交通运输条件的不断改善,如表 6-5-4,铁路运输条件的改善强化了本区各城市的对外联系能力及其之间的横向联系,并为今后发展奠定了基础。

表 6-5-4　哈大齐地区铁路运输条件的完善过程

1949～1957 年	(1) 修复哈尔滨至长春间复线 220.6 km (2) 为"156"重点项目(哈齐两市)修建铁路各专用线
1958～1978 年	(1) 建设新线让通线,为大庆油田开发建设提供运输条件,建设哈大齐之间的电气化铁路 (2) 修建哈绥佳鹤复线和滨绥复线 (3) 重点进行哈尔滨、齐齐哈尔枢纽技术改造
1979 年至今	(1) 为配合化肥厂和 30×10^4 t 乙烯工程建设改造大庆站场,建设铁路专线、站场 (2) 全面改造齐齐哈尔枢纽站场 (3) 扩建哈尔滨站下停车场,哈尔滨铁路枢纽、地铁

目前,哈大齐地区水陆空交通四通八达,为其向国际化、高级化发展提供了桥梁和纽带,是沟通东北地区、欧洲和太平洋之间里程最短的"大陆桥"枢纽。陆路交通方面,铁路成环,并有两条交通干线通往北京、大连,与内地及海外相连,有东、西、北三个方向(绥芬河、满洲里、黑河)与俄罗斯、乌克兰等国欧亚干线("大陆桥")相通;公路成网,与周围地市联系畅通无阻,开通了哈尔滨至长春、哈尔滨至佳木斯、哈尔滨到齐齐哈尔的高速公路。水路运输可谓北托黄金水道,嫩江、松花江是我国北方最发达的内河航运水系,并可通往远东直接出海。航空运输主要依托哈尔滨国际航空港,国际航线直通俄罗斯远东和日本,国内航线通达全国各大重要城市。

3. 地理区位与自然资源的优势性

哈大齐地区地处松嫩平原,地势平坦,属中温带大陆性季风气候,冬长夏短,秋高气爽,四季分明,在东北北部地区为最优的自然地理环境,"平原是城市之母",因此这里成为黑龙江省最早进行大规模地域开发和最早出现城市的地域。

哈大齐地区自然资源丰富,石油储量占全国陆地已探明储量的 35%,高居全国之首;松嫩平原北部为大面积优良草原,南部土壤肥沃,农牧资源丰富,是全国著名的商品粮基地,大豆、甜菜、亚麻、马铃薯产量均居全国首位;丰富的自然资源为哈大齐城市区经济发展创造了优厚的物质基础。此外,水资源也比较丰富,使经济发展和城市建设大有保障。

4. 对外政策的开放性

清朝统治期间,清政府视东北为祖宗发祥地而施以封禁政策,不仅关闭了与周邻国家的门户,甚至同中原联系也被阻隔,这大大抑制了城市发展。近代,黑龙江地区被迫实施对外开放政策,畸形发展的外向型经济和对外贸易,客观上促进了哈大齐地区的城市作为帝国主义掠夺东北资源的集散地和倾销其商品的消费中心而畸形发展。解放后,50 年代哈大齐地区对前苏联开放,引进前苏联技术、设备,促进了哈大齐城市群的发展;而 60～70 年代因中苏关系恶化,哈大齐地区城市发展停滞不前;80 年代以来,中国实行开放国策,黑龙江省实施"南联北开、全方位开放"的方针,哈大齐城市地带在此方针政策指导下随着经济、社会的进步而初步形成。可见,坚持方针政策的开放性是合理建设哈大齐城市地带所必须遵循的主要原则。

5. 劳动力与人才资源的合理保障性

人口与劳动力条件是哈大齐城市地带形成的重要保证。大规模的经济发展和城市建设开始时,就有来自全国各地的建设大军迁入哈大齐地区,这不仅解决了人口与劳动力的数量不足问题,而且因移民中不乏工程技术人员和技术工人,所以还提供了智力和技术等方面的素质保证。时至今日,合理疏导哈大齐城市地带的人口发展与城市布点对本区经济发展十分重要。

6. 工业基础与技术力量的优越性

哈大齐城市地带经济基础雄厚,工业较为发达,这是城市地带形成的最直接的推动力量。1998年,哈尔滨、大庆、齐齐哈尔的国内生产总值分别为850.6亿元,361.4亿元和592.5亿元,名列黑龙江省前茅。哈尔滨是一个以机电为主体、工业部门比较齐全、商业贸易和科技文化较发达的综合性产业城市,有比较雄厚的工业基础和经济技术力量,许多企业和产品在全国占有一定地位,为全国各地提供了大批成套发电设备、精密仪器、量具、刃具、铝材等工业成品。哈尔滨是黑龙江省乃至东北地区重要的商品和物资集散中心,铁路货运量(包括通过量)占销货运量的1/2。同时,哈尔滨的科技力量比较集中,基础雄厚,全市现有独立科研机构和高等院校均占黑龙江省50%以上。雄厚的科技力量为经济发展和工业技术改造注入了强大的活力。

总之,上述六个方面在不同层面上共同作用,综合构成了哈大齐城市地带的形成发育机制,它们对城市发展的作用程度在不同历史时期,都以各自不同的形态,不同程度地影响或制约着城市空间扩展的方向、规模,对城市地域结构也产生很大影响。

二、哈大齐城市地带的基本特征

(一)城市规模等级分布与现状特点

1. 哈大齐城市地带的中心结构特征为单中心城市群体

2004年,哈大齐城市区首位度达2.69,首位城市哈尔滨作为超过300万人的特大城市而"鹤立鸡群",它综合实力最强,在仅占哈大齐地区6%的土地面积上,拥有47.21%的城市人口,70%左右的高等学院,80%左右的高校在校生……因此,它不仅是哈大齐城市区的首位城市,而且还是黑龙江省的首位城市,它的变化和发展对整个城市地带产生重大而深远的影响。

2. 哈大齐城市地带规模结构特征为倒金字塔型

根据吉夫(G. K. Zing)城市体系级别-规模原则所绘制的哈大齐城市地带等级-规模曲线与实际曲线比较表明,哈大齐城市地带规模结构呈现上大、下小的特征,即倒金字塔型规模体系,城市个数随着城市等级的降低而逐次减小,特大城市较多,大中城市偏多,小城市较少,小城市为城市中的薄弱环节(见表6-5-5,图6-5-2)。

表 6-5-5 哈大齐城市地带规模等级结构表(2004年)

规 模 (万人)	城市个数		城市人口		城市名称
	个	比重(%)	万人	比重(%)	
>100	3	33.3	616.33	82.55	哈尔滨(352.49)、 齐齐哈尔(142.64) 大庆(121.3)
20~50	4	44.4	98.77	13.23	阿城(22)、绥化(28.6)、 肇东(28)、安达(20.17)
<20	2	22.3	31.5	4.22	双城(18.8)、尚志(12.7)
合计	9	100.0	746.6	100.0	

资料来源:中国城市统计年鉴(2005).

(二)哈大齐城市地带经济功能结构特征

哈大齐城市区各城市已基本具备了适宜的经济功能尤其是工业功能,并初步有机组合,从而发挥出较大整体功效。

1. 哈大齐城市区经济功能结构特征明显

一方面,城市地带各市域内部功能结构呈现鲜明的二元结构特征,表6-5-6所展示的就业结构全面反映了各城市内部各部门的地位与作用,哈大齐三大城市工业部门就业职工占最高比重,而其余5个中小城市则以农林水利部门农业职工占最高比重(工业部门位居其后),反映出我国现阶段生产力水平较低及实施城乡一体制(县改市)的实际,同时也反映出哈大齐城市带中小城市非农业部门较弱的实际。

表 6-5-6 哈大齐城市地带八市就业结构比较表(%)

城 市	哈尔滨	齐齐哈尔	大庆	绥化	肇东	安达	阿城	双城
1.农业水利	6.7	10.1	15.0	53.0	53.8	40.8	39.2	72.2
2.工业	45.1	47.6	4.50	16.4	20.2	29.6	33.2	12.2
3.建筑和勘探	11.6	9.2	18.9	4.5	2.2	3.5	3.7	0.9
4.交通邮电	6.0	6.6	3.3	6.0	2.4	3.6	2.3	1.1
5.商饮服务	11.0	12.7	5.8	8.7	10.0	9.8	12.8	7.6
6.城市公园	6.0	3.2	2.1	0.9	1.1	1.7	3.4	0.4
7.文教卫生	6.7	4.5	3.9	5.6	5.8	6.8	3.5	3.4
8.科学研究	1.4	0.4	1.1	0.2	0.1	0.2	0.1	0.1
9.金融	0.7	0.7	0.4	0.6	0.4	0.3	0.3	0.3
10.国家机关	3.9	3.3	4.4	3.9	4.4	3.7	1.7	1.6
合 计	100.0	100.0	100.0	100.0	100.0	100.0	100.0	100.0

另一方面,本城市区域功能结构具有两极分化的特征,即利用纳尔逊分类法,通过对十大部门在8个城市中所占比重及其平均值(m)和标准差(δ)的测算和比较,得出各城市的专业化部门和专业化水平如下:

哈 尔 滨:工业　　交通邮电　　城市公用　　文化教育　　科学研究　　金融
　　　　　($m+\delta$)　($m+\delta$)　　($m+\delta$)　　($m+2\delta$)　　($m+\delta$)　　($m+\delta$)

齐齐哈尔:工业　　交通邮电　　商饮服务　　金融
　　　　　($m+\delta$)　($m+\delta$)　　($m+\delta$)　　($m+\delta$)

大庆:工业　　　建筑与基建　　科学研究
　　　($m+\delta$)　($m+2\delta$)　　($m+\delta$)

绥化:交通
　　　($m+\delta$)

安达:文化教育
　　　($m+\delta$)

阿城：商饮服务

$$(m+\delta)$$

双城：农林水利

$$(m+\delta)$$

因此，除肇东外，各城市均有一定分工，但主要功能都集中于哈大齐三大城市，其专门化部门占工业部门总数的76.5%，而中小城市功能较少，反映出哈大齐城市区尚处在刚刚形成阶段，城市专门化程度低，大都处在一级专门化水平的实际。

2. 哈大齐城市带工业功能结构特征鲜明

从市内工业结构看，各城市虽然规模不同，性质相异，建设条件与发展历程有别，但主要工业部门几乎都集中于化学、机械和食品工业，反映出哈大齐城市区工业结构相似性的特征(见表6-5-7)，同时说明处于形成阶段的哈大齐城市群还须进一步明确分工；从工业部门的专业化水平看，哈大齐城市区工业部门专业化率(k)大于100的专门化部门共有55个，占工业部门

表 6-5-7 哈大齐城市地带及各城市主要工业部门(前四位)产值分布(%)

规模类型(万人)	城市	石油工业	化学工业	机械工业	食品工业	冶金工业	纺织工业	建材工业	电力工业	森林工业	4个主要工业部门合计
>100	哈尔滨		34.6	13.2	13.0					77.7	
	齐齐哈尔	10.7	31.6	10.8	16.8						69.9
50~100	大庆	71.1	24.1		1.5				1.4		98.1
20~50	绥化			9.7	51.6			9.4		13.0	83.7
	阿城		33.0	13.4	23.3			13.1			82.8
	肇东		15.6	19.0	26.6		15.8				77.3
各 市	平均		30.4	19.4	17.5	9.3					

注：缺安达、双城的资料(20~30万人的城市)。

总数的45.8%，这充分体现了哈大齐城市工业经济功能三个大系列的有机组合，即建立在发达农业基础上的农副产品加工系列、建立在矿产资源基础上的(石油)开采和加工(化学)系列、建立在优越位置基础上的加工工业(如机械、冶金等)系列的协同和组合，从而形成了农业-矿产资源-加工工业的哈大齐城市功能类型结构系统，而且验证了哈大齐城市工业专门化水平较高的事实。

(三)哈大齐城市地带空间结构特征

1. 哈大齐城市地带空间结构呈现集中与分散的多重组合特征

从城市人口分布看，大城市人口分布集中，中小城市人口分布分散，如哈大齐三个城市占本区域城市人口的77.57%，而其占土地总面积仅为42%；从各市域空间结构看，哈尔滨、绥化、肇东、安达、阿城、双城等城市均为集中式地域空间结构，而齐齐哈尔、大庆则为一城多镇的分散式的地域结构；从各市域城市水平(按非农业人口占市域总人口比重计)的方差分析表明，本区城市水平方差为25.4，可见其地域空间分布是极不平衡的，各城市均位于松嫩平原上，之

所以分布不均,主要取决于开发历史与区域经济水平。测算城市分布的经济密度指标,并进行量化分析,表明城市化水平与经济发展的区域差异性是基本上吻合的(见表6-5-8),说明现在空间地域结构基本合理。

2. 哈大齐城市地域空间扩散呈现"点-轴"推进和"渐进-跳跃"扩散

从哈大齐城市发展的阶段性看,其空间扩散明显地沿以铁路为主线的交通干线(轴)推进和演化,从而形成了现状总体格局,见图6-5-2。

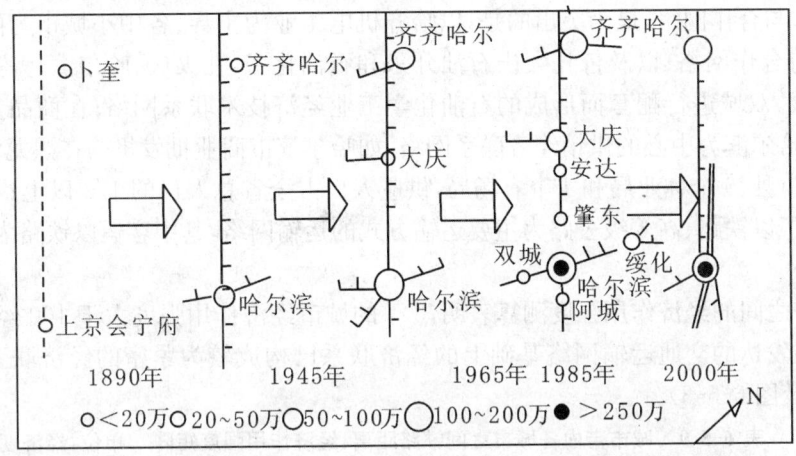

图 6-5-2 哈大齐城市地带"点-轴"式扩散

从本区城市的发展看,其地域空间扩散主要以渐进式和跳跃式进行扩展。渐进式扩散,使城市依托产业布局随城市对外交通干线逐渐延伸演化,往往形成集中型城市地域空间;而跳跃式扩散则使城市依托资源的多点开发或分散布局突变组合拓展,大多形成分散型城市地域空间结构,且受城市地理位置、微自然地理环境特征、资源分布、建设条件、经济发展水平、发展政策、城市规划管理等诸多因素的综合制约,不同城市在不同阶段(时期)所呈现的地域扩散方式也不同。如大庆市的地域扩散,在1960~1978年,主要随石油资源的大规模开发而跳跃式演化,形成了"点多、线长、面广"的一城市多镇型城市,而在1979~1989年,则在城市规划管理中实施适当集中发展城市经济政策,而呈渐进式聚集,初步形成了网络式组合型城市。再如哈尔滨的地域扩散与产业集聚同步,一直以渐进式演化为主,北靠松花江;但为控制人口规模膨胀,也采取了跳跃式扩散的方式,在哈尔滨的近郊和远郊区规划建设了卫星城(镇)。中小城市一般都以渐进式扩散为主。

表 6-5-8 哈大齐城市地带城市水平、城市分布经济密度方差比较

比较指标	哈尔滨	齐齐哈尔	大庆	绥化	肇东	安达	阿城	尚志	双城
城市化水平(%)	86.5	78.2	75.3	31.3	27.1	36.2	35.5	38.4	21.9
城市分布经济密度(万元/km²)	5.4 (k值)	5.8	1.1	5.3	3.8	6.0	4.3	3.5	1.5 (k值)

(四)哈大齐城市地带经济社会联系特征

哈大齐城市区经济社会联系比较密切,已初步形成了上下有机联系、左右分工协作的开放式的网络系统结构,它成为哈大齐城市地带趋向成熟的最重要标志之一。

1. 本区经济联系网络的初步形成

从工业经济联系看,本区围绕着专门化部门已初步形成了专门化与综合发展有机组合的经济技术协作与合作网络,最为突出的是,以哈齐机电工业为主导、各中小城市为配套而形成的机电工业与合作网络;以及依托大庆石油开采和石油化工,在大庆、哈尔滨、齐齐哈尔和肇东、安达、阿城、双城进行配套而形成的石油化学工业经济技术联系网络;在商品货物流通方面,形成了以哈尔滨为中心的供销经济联系网络,如哈尔滨市商业批发机构在黑龙江省内就直接供应33个市县、6个林业局和4个农场局,供应人口占全省总人口的1/2以上;从交通运输联系看,形成了以铁路、高等级公路为主要运输方式的运输网络,其中客运以铁路为主,货运以公路为主。

本区城市之间的经济作用强度测算表明,3/4的城市经济作用强度大于100经济度,充分佐证了建立在发达的交通运输网络基础上的经济联系已构成较为紧密的经济联系网络系统(见表6-5-9及图6-5-3)。

表 6-5-9　城市带内各城市之间铁路距离、经济作用强度矩阵　　单位:经济度(度/km²)

城　市	哈尔滨	肇东	安达	大庆	齐齐哈尔	双城	阿城	绥化
哈尔滨	0	63	127	1 509	288	51	41	25
肇东	3 452.0	0	64	96	225	114	104	188
安达	1 222.5	138.4	0	32	162	178	168	252
大庆	13 596.6	1 284.6	27.50	0	129	210	200	284
齐齐哈尔	5 234.2	382.2	381.2	6 624.0	0	339	329	413
双城	1 926.3	74.9	34.2	403.8	174.4	0	92	176
阿城	7 887.8	177.4	78.4	916.6	388.6	137.9	0	166
绥化	2 933.2	73.1	38.9	480.6	230.4	53.7	123.0	0

2. 本区对外经济联系网络也伴随着开放进程而形成

"南联"与全国各地建立了广泛合作的经济技术网络,仅以哈尔滨为例,1990年生产的516种主要工业产品中销往全国的就有279种,占54%,详见表6-5-10,同时也引进了南方的资金、技术、人才和样品。"北开"同世界各国尤其是前苏联的经济联系已成网络,仅哈尔滨市就与91个国家和地区建立了广泛的经济联系,其中已同前苏联15个加盟共和国的50多个城市建立了经贸伙伴。1989年,哈尔滨市出口创汇额达1.8亿美元.1998年达3.5亿美元,对前苏联易货贸易进出口总额达3.6亿瑞士法郎;特别是对前苏联经济贸易联系具有强烈的互补特点,哈尔滨出口90%以上为轻工、纺织、机械、电子、服装、汽车和土特产品,而从前苏联进口的60%为化肥、木材、钢材和化工原材,双方互利互惠,不仅拓宽了各自优势产品的市场,缓解了各自物资紧缺或剩余的矛盾,还节省了一大笔外汇。哈尔滨市引进了1 500线程控电话交换设备,并开通162个国外和国内562个城市地区长途电话,为哈大齐开放型经济联系网络的形成奠定了基础。"十一五"期间哈尔滨与齐齐哈尔市将成为全国重要的机械装配基地,同时还重点发展生物工程、石油化工、医药卫生等高新技术工业。

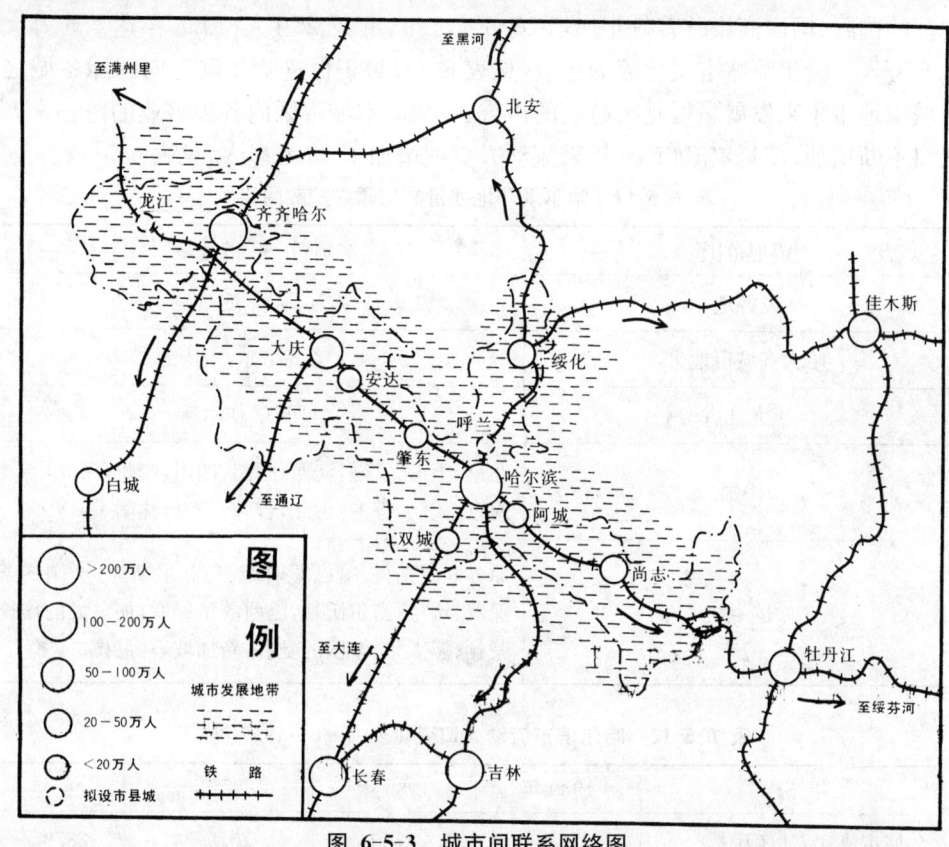

图 6-5-3 城市间联系网络图

表 6-5-10 哈尔滨市销往全国工业产品行业分布表

产品类别	品种数(种)	销往全国(种)	百分比(%)
机电	149	33	22
轻工	155	103	66
纺织	56	39	69
冶金	17	15	88
化工	36	24	67
建材	27	9	33
电子	34	28	82
农机	14	7	50
医药	24	18	75

3. 本区社会联系也日趋密切并初成网络

如以哈尔滨寒地冰雪文化的吸引→聚集效应以及辐射→扩散效应共同组成了哈大齐城市区内外日趋发达的冰雪文化联系网络。1985~1998年,在哈尔滨冰雪节期间(每年1~2月)来哈尔滨的国际、国内商旅游客每年递增23.6%,1991年近2万人,1998年达4.5万人,2000年达8.5万人。哈尔滨冰雪文化流的扩散(见表6-5-11)正促进哈尔滨走向国际冬城之都,为哈大齐城市地带未来发展赢得越来越高的声誉。再如,本城市区内各项事业的蓬勃发展,城市流动人口不断增加,使哈尔滨市10年来流动人口就增加了16万多人,见表6-5-12。

表 6-5-11 哈尔滨寒地冰雪文化辐射扩散网络

辐射范围	辐射→扩散地域
发源地	哈尔滨
哈大齐城市地带	齐齐哈尔,大庆
黑龙江省	牡丹江,佳木斯
中 国	北京,上海,安徽,江西,湖南,四川,广州,深圳,南京,武汉,香港,台北,吉林,长春,沈阳
国 际	原苏联莫斯科、哈巴罗斯德、乌苏里斯克,美国的圣保罗、沃兰、密尔沃基,巴西的圣保罗,加拿大的埃德蒙顿、渥太华,泰国的曼谷,新加坡,马尼拉

表 6-5-12 哈尔滨市流动人口变化表(1980~1996年)

年 份	1980年	1985年	1987年	1996年
城市流动人口(万人)	16.4	17.0	20.2	28.9
与城市非农业人口的比例(%)	8.0	7.6	8.9	10.1

三、哈大齐城市地带发展趋势分析

(一)总体发展趋势

区域性城市群是社会生产和城市化发展到一定高度的必然产物,是区域经济和人口聚集的必然结果,哈大齐城市地带是我国东北北部及我国内陆边境地区社会经济最发达的地区,2000年哈大齐地区在仅占黑龙江省6%的土地面积上,聚集了24.8%的总人口,41.4%的非农业人口,72.5%的国内生产总值,45%和28%的铁路客运量和货运量,62.1%的邮电业务量,充分显示出巨大的实力和举足轻重的作用,2003年哈尔滨的GDP总量达1 415亿元,2005年接近1 950亿元,在东北地区为第二大城市,城市人口已达到了300万人。齐齐哈尔达到了120多万人。可以预见,进入21世纪,随着我国改革开放和社会主义现代化建设的进一步发展,哈大齐城市地带势必朝着国际化、群体化方向拓展。

1. 哈大齐城市地带将日益向国际化方向发展

面向未来,在世界经济日趋国际化和区域化趋势下,哈大齐城市区要积极实施发展同内陆周边国家的经济贸易关系的方针。为适应东北亚区域经济一体化趋势的需要,应以进一步改造、改善、强化通讯能力、能源供给水平和对外交通运输条件为重点,集中力量切实强化哈大齐城市区内的基础设施网络系统,创造良好的投资环境,从而实现以哈尔滨为中心,哈齐铁路沿线为核心地带,以江岸城市(镇)为窗口,以滨州、滨绥地区和松花江流域为框架的全方位开放格局,使哈大齐城市地区以多方位、多形式、多渠道的积极姿态迎接挑战,参与远东区和东北亚地区的区域经济合作,从而最大限度地发挥地缘优势、商品优势和生产要素优势,从中获取国际分工和交换的比较利益,进而跻身国际化城市行列。

2. 本区城市地带将不断向高级化方向发展

未来城市地带的发展,将日益发挥其巨大的整体功能。随着对外开放的深入、横向联合的加强,哈大齐城市区将高度综合各城市的经济系统、社会系统、科技系统、文化系统,成为更加优越的城市地带,从而进一步集聚整个地区的人口、经济,取得更大效益,使哈大齐城市区产生更大的综合效益,产生超出区域性的吸引力和辐射力,成为更高一级重要的城市集聚区。

具体地说,哈大齐城市地带经济活动功能结构首先要向高级化迈步,应以高新技术开发区和经济技术开发区的强化和提高为突破口,提高整个城市区经济功能的档次,适应现代化、国际化需要,要以机电、石油化工为主导产业,向精深加工方向拓进。一方面强化完善以哈大齐为龙头的机电工业基地,重点发展大型成套设备和高技术的机电一体化产品;另一方面要以大庆为依托,加快发展哈大齐地区的石油化工,从而尽早为石油资源衰竭发展起强大替代产业;同时,要面向国际市场特别是东北亚市场,大力发展外向型产业,力争在未来15~20年将哈大齐建成高技术的机械、电子、石油化工密集带。

紧随外向型经济的发展,哈大齐地区城市规模等级分布也将重新组合,呈现高级化。一方面,大城市将继续保持其绝对地位,而小城市可望得到加强,贯彻我国城市发展方针,将建立大城市尤其是哈齐的反磁力体系,呼兰、龙江等均有由县改市的机会和可能;另一方面,小城市在大城市的带动和促进下,将有升格为中等城市的可能,如双城,目前人口接近20万,近期将会升成中等城市,从而强化城市地带规模等级结构的各个环节,尤其是大中城市环节。

伴随着哈大齐地区生产力布局与城市化进程的高级化,哈大齐城市地域空间扩散的"点-轴"推进将让位于更为高层次的网络推进,并将呈现与南部吉林、长春等大中城市,东北部牡丹江、佳木斯等大中城市相互衔接的大势,从而带动和促进未来松花江流域城市群带的崛起。可见,哈大齐城市地区的经济社会联系将进一步完善并更加紧密,从而为将来哈大齐城市群的形成创造必要的内外部条件。

(二)首位城市哈尔滨发展趋势

哈尔滨作为哈大齐城市区乃至黑龙江省的首位城市,发展条件更为优越,发展前景更加广阔,发展趋势更具国际化和高级化。

1. 哈尔滨将发展成为区域性的国际经贸城市

首先,把哈尔滨建设成为国际经贸城市是国际国内经济形势发展的客观要求,具有可能性和可行性。一方面,它具备建成国际经贸城市的最佳区位和交通运输条件,哈尔滨地处东北亚腹地中心地带,优越的地理位置和便利的交通条件,使哈尔滨成为我国东北的国际性水陆空枢纽;另一方面,它具备建成国际经贸城市的历史与现实基础。据史料记载,曾经每年对前苏联进出口额高达1亿两白银,约占当时全国对外贸易总额的80%~85%,这种历史渊源已为哈尔滨重建国际经贸城市奠定了基础。而经过解放后50多年的建设发展,哈尔滨市综合实力和城市多功能均大大增强,也具备了建设国际经贸中心的必备条件。从世界经济发展变化的趋势看,世界经济贸易的中心正由大西洋向亚太地区转移,随之而来亚洲东北部在世界经济格局中的地位愈益重要,哈尔滨必将适应这一形势,再度成为东方一个重要的国际经贸城市。

2. 哈尔滨人口增长与地域扩散疏散趋势

哈尔滨市作为超过250万人的特大城市,从今后的发展及人口的惯性看,预计今后10~20年每年平均增长人口2~3万人,2020年,哈尔滨将成为市区人口超过300万人的超大城市。

从哈尔滨地域扩散的惯性看,城市地域空间扩散主要以渐进式进行,未来扩散方法为三个方面:A. 主城适当向南、东渐进式扩散;B. 在近、远郊继续发展卫星城,建立反磁力体系;C. "跳跃"跨过松花江向北发展。主城现状用地已相当紧张,建成区人口密度达1.7万人/km^2,最高的道外区达4万人/km^2,因此A方案解决不了根本问题。B方案也不能完全从根本上解决问题。因为在远郊建卫星城投资大,而近郊三个卫星城镇均距离较近,据《哈尔滨城市总体规划》,这三个卫星城镇仅能容纳20万人,且未来发展余地不大。市中心100 km^2出现地下水漏斗,且愈演愈烈,因处于地下水流向的枯水位而无大发展余地。向南发展的城高子镇,因处于枯水区而未有大发展的前景。可见,只有考虑C方案作为哈尔滨未来地域扩展的根本途径。从地域空间看,松花江北部地域宽阔,有200~300 km^2的土地可利用;作为哈大齐城市地带首位城市的哈尔滨经济实力较强,经济腹地宽广丰厚;而且交通条件比较优越,特别是新建松花江公路大桥将松花江两岸南北贯通,更使城市跨江扩展成为可能;从国际经贸城市的特殊功能看,其必须具备充裕的水资源和优越的环境;从松花江北的城市化发展看,哈尔滨市几个重要的城市功能已在江北扩散,如著名的太阳岛风景区、我国最大的内河造船厂、疗养院、铁路仓库等,近来哈尔滨利用经济技术开发区,以吸引韩国外资项目为主,已在距松花江公路大桥18 km处开始兴建。此外,江北的建设条件很好,水源充沛,地势平坦,电力供应有保障,因此,哈尔滨未来地域的扩散,有可能也有必要跨江扩展,形成一个50~100万人的哈尔滨副城区。

3. 哈尔滨市远景设想

哈尔滨市将实现北通黑河、南联大连、西接满洲里、东达绥芬河沿边开放前沿地区,向确立东北亚经济圈中心地位转变,将成为连接欧洲、北美、东北亚、东南亚的国际航空港和经贸大通道,迈向国际化,成为功能齐全、环境优美、经贸发达、旅游兴旺的现代化大城市。到2030年,城市地面、地下相结合的道路立体交通网络将四通八达,联系松花江两岸将有6座桥梁或隧道,形成多元化、多层次的快速立体交通体系。而本区城市地带应加强铁路公路干线现代化建设,以适应本地区城市国际化、现代化的发展,使哈尔滨成为中国与俄罗斯国际贸易与文化交流最有吸引力的大城市(图6-5-4)。

●●● 第六章 近似城市群的城镇密集区

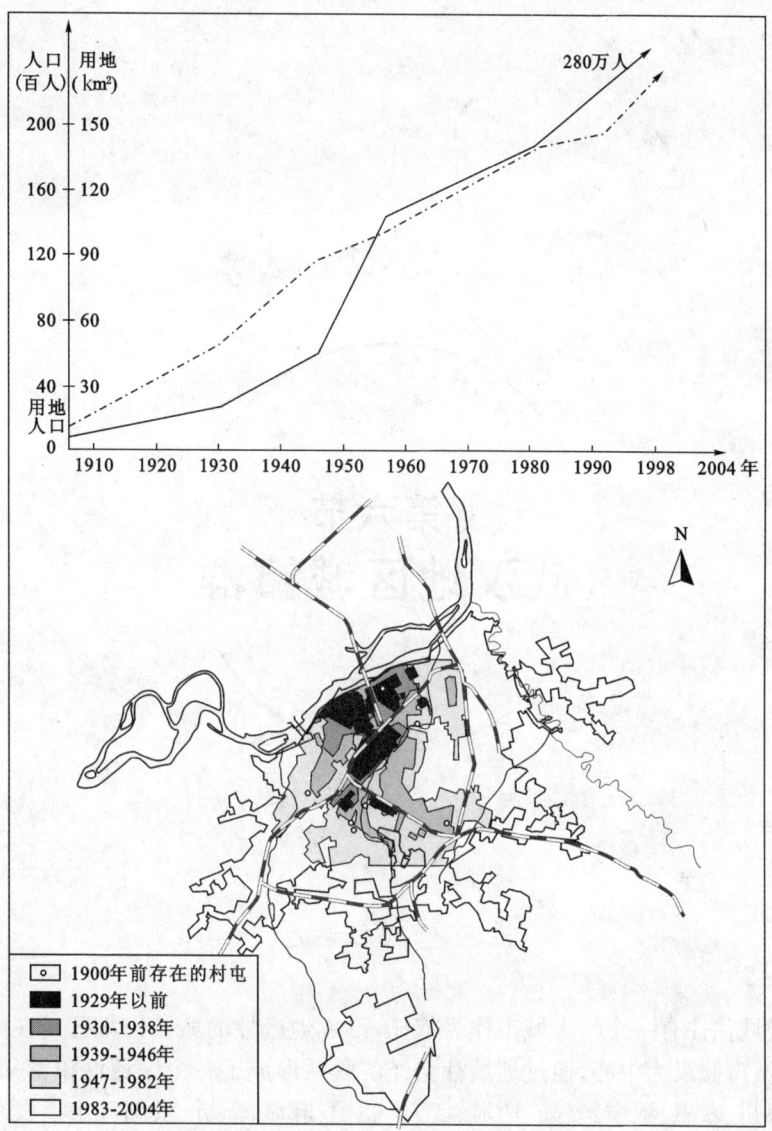

图 6-5-4 哈尔滨市城市用地扩展图

第六节 武汉地区城镇群

城市群区域往往有一个特大城市作为依托,形成地区性的城镇密集区。在湖北省东南部地区,以超大城市武汉为中心,通过地域社会经济联系形成了一个区域城镇密集地带,它包括武汉、黄石、鄂州、孝感、咸宁、安陆、应城、武穴、仙桃、麻城、蒲圻、洪湖等市以及众多的中小城市,涉及荆州、孝感、咸宁和黄冈等地区。这些城市所在的地区共同构成鄂东经济区。它的核心地区(武汉市域)占有面积 8 494 km^2,居住总人口 840 多万,其中有 100 多万常住的外来人口,城市化水平 82%,全市包括 6 个中心城区和 7 个远郊区(殷毅、曾文,2006)。因此,从地域生产综合体和经济区角度看,这一城镇群体就是鄂东经济区的城镇网络,称之为武汉地区城镇群。

一、本区城镇群的发育条件与演化过程

(一) 本区城镇群的发育条件

鄂东经济区有良好的区位,有适合于农业发展和人类生活的优越自然条件、丰富的矿产资源、广大的腹地、便捷的交通,这都促进了武汉城镇群区内大小城市的快速发展。

1. 优越的自然条件与稳定的农业基础

本区属于亚热带湿润季风气候,雨量丰富,光照充足,无霜期长,光热水资源的时空配合也较好,是我国重要的农业区,在省区,农业地位也很重要。本地区土地面积约占湖北省的32%,但生产了占全省62%以上的粮食、油料、生猪等,提供了占全省总产量78%以上的棉花、水产、茶叶以及竹材。因此,本区的人口承载力较高,可以容纳较多的城市人口,为地区城市化水平的提高提供了稳固的农业基础。

本地区的农副产品还是区内工业发展的重要原材料,在工业结构中,轻纺工业、食品工业的地位较重要。此外,还有造纸工业、饲料工业也以农产品及农副产品为原料。如仙桃、洪湖等市的发展就是以纺织服装和食品加工为增长极而获得扩展动力的。

2. 丰富的矿产资源

本区南部的幕阜山地,属新华夏构造,矿产多分布于幕阜山北侧缓坡地,经长期风化,矿产埋藏浅,易于开采,又邻近大中城市,并处于水运、铁路线附近,故促进了武汉、黄石、鄂州的发展。调查表明,黄石市有矿产四大类50多种,其中煤、铁探明储量占湖北省的14%和25%,铜矿占全省探明储量的90%,非金属矿有石英石、大理石、方解石、石灰石等29种,不仅储量大、质量好,而且易于开采。这些丰富的矿产资源是本区发展工业的优势所在。依托这些资源,本区内许多城市分别因地制宜地发展了钢铁、冶金、建材等工业,特别是在工业地区形成了冶金-建材工业走廊。

3. 优越的区位与发达的交通条件

武汉市是中原重镇,也是我国长江流域中部最大的城市,武汉地处我国东部、中部、西部三大经济地带的结合部,起着承东启西、联接南北的中间枢纽作用,是九省通衢。武汉也是我国内陆最大的水陆交通枢纽和经济中心,以武汉为中心的水运航线辐射面积达 180×10^4 km^2,影响我国1/5国土面积的经济发展。在陆路交通方面,京广铁路把华北、东北各省与南方诸省联接起来,汉丹线与焦枝、襄渝线相接,可达西南各省,武大线到九江后,又可达福建、上海。建成的京九线又把麻城等地与中东部紧密结合起来,公路交通也十分发达,形成了以武汉为中心、纵横交织的公路运输网络,以武汉为中心的省际公路交通把湖北与豫、皖、赣、川、湘等连在一起。

2005年本区内有干支铁路768 km,公路 2.4×10^4 km,铁路与公路总长度超过全省的1/3。武汉港现有港区岸线188.64 km,共有400多座码头,年吞吐能力达 3400×10^4 t,货物吞吐量在长江流域中仅次于南京,占第二位。武汉的国内航空运输业务也日益发达,正在修建中的国际机场,将大力促进武汉的国际交往。

4. 城市区域与外省联系的腹地广阔,省际交流频繁

武汉是华中经济区的中心城市。在附近的经济区内,有多种矿产资源,其资源腹地包括河南的平顶山、信阳、陕西的关中、安康、四川的万县、涪陵地区、湖南的常德、岳阳地区、江西的九江,安徽的安庆等地。农副产品腹地也很广阔,油料调入约有23%来自湖南、安徽,蚕丝从四川、江西调入,毛纺原料基本上全部依赖外地调入,棉花和油料则要从山东、河北调进补充。

本区内城市的大量工业品销往全国各地。据调查,2003年仅武汉市销往全国的60多种工业产品价值就达62.47亿元,其中销往东部地区有16.25亿元,占26%,销往中部地区有39.8亿元,占63.7%,销往西部地区有6.4亿元,占10.3%。从产品结构看,消费性产品主要辐射中部地区,生产性产品除调拨中部地区外,很大部分销往东、西部,充分体现了武汉的承东

启西作用。

上述分析表明,本区城市发展的生态环境、土地承载力、地理位置、矿产资源、交通运输条件以及农产品的供应均具有较高水平,中心城市武汉又具有很强的区际功能,有利于本区城市化的不断发展。本区非农业人口约有840万人,占总人口的82%,这在我国中部地区属于较高水平,这种情况与本区城市发展的优势条件是分不开的。

(二)武汉地区城镇群的城市形成过程

在本区,武汉市的历史发展悠久。公元223年,孙权在夏口(武昌)设郡治。此后,汉阳曾为汉阳县、郡、府所在地,武昌则为江夏县、鄂州府、湖广行中书省所在地。明成化年间,汉水改道,汉口得以兴起,由于长江主航道北移,商业中心也逐渐向北移动。到清朝时,汉口已发展成全国四大名镇之一。明代在汉口设立巡检司,武昌为湖广行中书省,清末升为总督署。清同治三年(公元1864年),环市镇西北筑成汉口城堡,光绪三十年(公元1905年),又在西北面自西向东修筑张公堤,汉口城区进一步扩大。到开埠前,武汉三镇人口已达30万人。1949年武汉解放,由于区位条件重要,城市规模较大,一度曾为中央人民政府直辖市,1954年6月后改为省辖市。

黄石与鄂州的文明记录也很长。黄石的铜录山矿冶遗址始于西周。公元221年,孙权曾在鄂州建都。就设市建制而言,解放初,本区只有武汉和黄石两个市,此后又建立了鄂城市。1983~1988年,又分别设置了9个县级市,从而形成了武汉城镇密地带(见图6-6-1)。

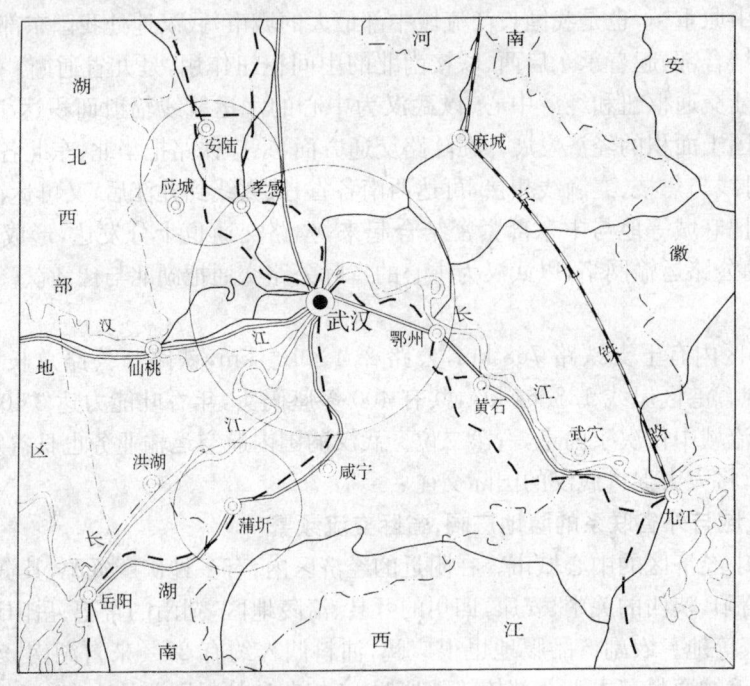

图 6-6-1 武汉地区城镇群范围

解放后,本区城市发展经历了四个阶段。第一阶段(1949~1957年),国民经济发展较快,城镇化水平也稳定增长。第二阶段(1958~1978年),过高的人口自然增长率使城镇人口迅速增长,但"文革"期间因为经济停滞,城镇人口出现负增长。第三阶段(1980~2000年),经济复苏和政策落实使城镇人口和城镇化水平又趋向稳步提高。第四阶段(2001~2006年)为快速发展到稳定发展阶段,主要集中力量解决城镇就业问题,提高城市职工文化素质与技术水平,走向现代化、社会化发展的新阶段。但从解放后50多年的总体水平上看,本地区城镇化水平提高的速度不快,这主要是因为第二阶段十几年徘徊造成的。当时工业规模有限,第三产业落后,城市化水平滞后。

本区城市化的演化还有一些独特性。在城市人口中,自然增长比重较大,机械增长略低于自然增长,这主要是因为武汉市人口在全区城市人口比重达60%以上。其次,城市等级体系基本保持两头大、中间小的格局,这种状况在全国也是少见的。但城市等级体系在解放后有了很大改善。在解放初,黄石还是10万人以下的城市,其他市尚未设制,故武汉市人口占本区城市人口比重高达90%以上,目前已降到60%。本区城市发展的第三个特征是区域发展不平衡。沿江地区,特别是武汉以东地区由于矿产资源较丰富,交通方便,城市发展较快。而西部平原地区为农业区域,城镇经济和非农产业发展都受到限制,发展速度一直较慢。本区北部的城镇发展速度比南部地区快。这种东、西部与南、北部的差异相结合,就表现为中部武汉-黄石-鄂州城市带和外围不发达的小城市的地域分异特征,中部三市非农业人口总数占全区非农业人口总数的78%。

二、武汉地区城镇群的空间特征

在武汉地区城镇群,城镇形成条件有较明显的东西差异,生产水平和交通条件的地域差异也很明显,城镇发展水平不均衡,城镇的经济特征、职能以及区域城市化水平都表现出东、中、西或南、中、北的差异。这种不平衡和地域差异在我国城镇密集带中有一定典型性。

(一)城市等级规模特征与空间分布特征

以城市非农业人口规模分析,本地城市体系的首位度高达7.22,四城市指数也为3.81,表现出很明显的不平衡等级规模分布。这种特征表明区域城市化还处于较低阶段,区域经济发展仍以集聚到武汉这个中心城市为绝对主流,区域经济的发展尚不能支持更广泛的城市化。根据2004年统计资料,本区12个城市的非农业人口规模差异明显,武汉市高达450万人(另有流动人口、暂住人口110万),而安陆仅11.25万人(见表6-6-1)。其城市等级规模曲线如

表 6-6-1 武汉地区城镇密集带的城市人口　　　　　单位:万人

城市	人口	城市	人口
武 汉	450	蒲 圻	16.50
黄 石	60.27	应 城	13.80
仙 桃	43.64	麻 城	19.38
洪 湖	21.70	武 穴	15.76
鄂 州	34.80	安 陆	12.60
孝 感	25.61	咸 宁	25.60
		合 计	764.64

资料来源:建设部城市规划司,2004;湖北省统计年鉴(2005)。

图6-6-2。武汉的中心城区近5年来不断扩大,现已有500 km²,居住人口超过450多万。这是典型的城市化初级阶段的结构。

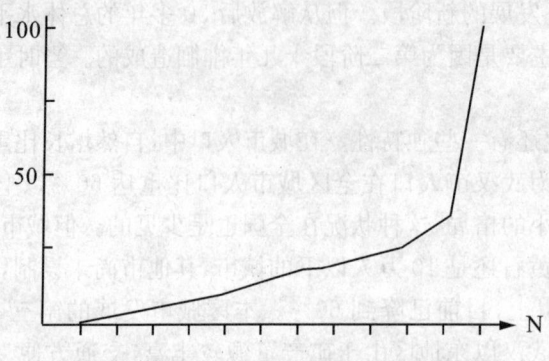

图 6-6-2 武汉地区城镇群城市等级规模曲线

武汉地区城镇群的城市化水平并不低,但等级规模结构却反映了低城市化水平阶段的特征,这与武汉的工业结构与区位优势有关。武汉不仅发展了高水平的机械、生物制药、电子工业,也发展了相当规模的纺织、食品、冶金、建材等加工业,武汉利用其大城市优势和区位优势压抑了附近城市利用自己原材料发展农产品、矿产品粗中加工业的水平,使这些城市失去了相应的发展动力。显然,要改变这种等级规模特征,附近城市发展新兴的工业、改变工业趋同化现象是根本途径。

城市的区域分布很不平衡。三个省辖市(武汉、黄石、鄂州)均分布在长江岸边,形成长约120 km的城市带,三市集中了全区非农业人口的65%,集中了全区12个市非农业人口的78%,这表明本区内城市人口分布非常集中,城市化的区域差异很明显。这是由城市职能、区位、交通条件、资源特征以及与中心城市——武汉的经济联系所决定的。三个省辖市均位于长江航道边,又有专线铁路联通,交通联系十分方便。黄石与鄂州的工业或是为武汉服务,或是与武汉工业配套成龙,形成沿江"建材-冶金"工业走廊,相互促进,故城市发展快,城市规模也较大。在县级市中,虽然与武汉的交通联系仍较发达,但一般不具备黄石与鄂州的水运-铁路-公路综合运输网,产业联系也不密切,故从武汉获得的发展动力不大。孝感、咸宁、蒲圻位于京广铁路上,安陆位于汉丹线上,武穴、洪湖位于长江边,仙桃和麻城到武汉有国道联接,应城到武汉的铁路与公路运输条件较好。这些城市从区域城镇中分异出来,形成一定规模的城市,交通条件的作用很大,但因与武汉市的产业联系不及黄石和鄂州,故城市发展速度也较慢。

(二)城市职能与经济特征

本地区的城市职能和经济特征,受城市规模、城市附近原材料供应以及与武汉市的联系等因素影响。其中武汉市既是本区中心城市,也是湖北省中心城市,甚至是华中经济区的中心城市,其城市职能特征和经济特征与其他城市的差别较大。

武汉市的许多职能都具有区际中心功能。武汉在我国"黄金水道"的长江中游,以长江、汉水为主的航运水系,连接我国中游湖泊,构成巨大的水网交通。在陆路方面,有纵贯南北的京广线和武浔线、汉丹线、武九线,加之逐年完善的现代化公路网络,以4条国道为主干,形成6条主要出口,加上15条省道,陆地交通四通八达。航空事业日趋发达,现已开通78条航空线,与国内众多城市通航,并有10条国际航线,空港旅客吞吐量达到650万人次(2004年)。武汉邮电局是南方七省(湖北、湖南、广东、广西、四川、云南、贵州)邮运调度中心,是全国十大城市邮运枢纽站之一,武汉电信局是中南地区电讯通信中心。武汉已形成了一个物流、能流、信息流比较通畅的立体交通网络。武汉的教育体系完整,目前各种类型高校35所,教职人员5万多人,教育力量在全国居第四,仅次于北京、上海和西安;武汉地区还形成了一个多层次的自然科学和社会科学综合发展的科研基地,中央和省、市属科研机构131个,技术人员2.2万人,科研力量仅次于京、沪、宁、津,在全国位列第五。此外,武汉市的医疗、体育在全国地位也很重要。

经过长期的经济建设,武汉已经形成了以钢铁、机械、纺织为主,轻工、化工、电子、建材具有一定水平,门类比较齐全的我国综合性工业基地,在全国具有举足轻重的地位。在全国城市中,武汉工业固定资产原值、全民企业利税总额均为全国第四,武汉已成为我国重要工业中心,是中国五大冶金基地、四大造船基地和五大纺织基地之一,为城市进一步发展提供了广阔前景。武汉高新技术研究和应用在全国也处于先进地位,其中,生物工程、水生生物、激光、光纤通信、计算机软件开发、空间物理、新材料技术等领域在全国处于领先地位,并形成了东湖新技术开发区。该区大专院校、科研单位、大中型企业密布,是仅次于北京中关村的我国知识技术高度密集区域。武汉的贸易、金融业迅速发展,初具中部地区中心的地位,武汉又是我国重要的历史文化名城,旅游业已成武汉的朝阳产业。武汉已经成为具有工业、交通、商贸、金融、旅游文化、教育、高新技术开发等综合功能的中心城市。

武汉地区城镇群的各个城市因充分利用本区资源发展工业,所以形成了区域差异较明显的工业结构,各市工业门类分布情况如图6-6-2和表6-6-3。

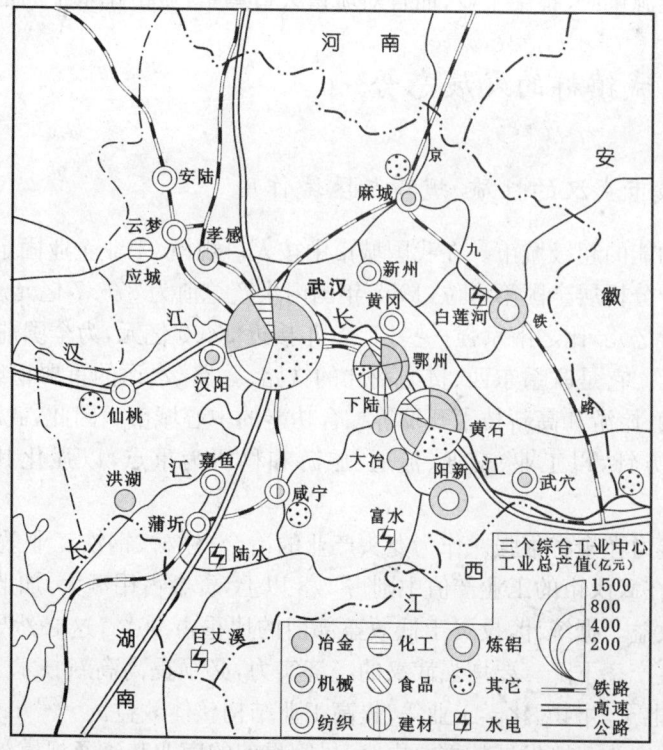

图 6-6-3　武汉地区城镇群各个城市功能结构分布图

表 6-6-2　武汉地区城镇群城市主要工业门类

城市	主要工业门类
武汉市	冶金、机械、纺织、食品、电子、化工
黄石市	煤炭、电力、机械、纺织、医药
鄂州市	冶金、建材、机械、纺织、服装、食品
孝感市	机械、食品、建材、皮革、造纸、饲料
咸宁市	机械、食品、轻纺
应城市	盐化工、石膏建材、饲料、纺织、服装
蒲圻市	机械、建材、造纸、服装、食品
仙桃市	纺织、服装、机械、食品
麻城市	纺织、机械、食品、建材、电子、化工
洪湖市	纺织、服装、机械、食品、建材
安陆市	轻纺、建材、电子、机械
武穴市	造纸、医疗、化工、建材、食品、饲料

注：武汉在长江流域15个城市中综合实力排位第三名，仅次于上海、南京，黄石为15名。

沿江的武汉、黄石、鄂州和武穴的港口交通职能很重要，在长江航运中也占有一定地位，相比较而言，铁路沿线和公路要道上的城市，其交通职能并不十分突出。

(三)城镇群区内城市相互作用

本地区工业联系最紧密的是武汉-黄石-鄂州。它们的大中型企业和地方中小企业相结合，形成鄂东钢铁工业基地，包括武钢、大冶铁山铁矿、大冶金山店铁矿、鄂城程潮铁矿等，武钢生产的各种钢材又提供给鄂州和黄石的机械工业，促进了两市的重型工业发展，从而形成了沿江冶金工业走廊，它以武钢为龙头，冶钢、鄂钢的大冶有色金属公司为骨干，地方钢铁工业为补充，形成了一个庞大的冶金工业体系。比较之下，其他城市之间的横向工业联系不强，大多是与武汉纵向的联系。最近5年来，长江三峡大型水力发电站的建设对于湖北省的武汉、宜昌地区影响最大，不仅给工业开发建设带来巨大的能源供应，集聚工业，而且对城镇人口集聚，城市化水平的提高起到巨大作用。

三、武汉地区城镇群的发展态势

(一)超级城市武汉的性质、规模与区域作用

武汉市是多功能的超级城市。在我国城市中按人口规模、工业企业固定资产、工业总产值以及税利金额综合分析居全国第六位，1998年国内生产总值为876.7亿元。2003年武汉市的GDP已达到1663亿元，比之南京强一些；2005年接近2400亿元，为全国前10名的城市。人均GDP 3400美元。它是联系东西、贯通南北的铁路、公路、水运的重要枢纽，是具有工业、交通、商业贸易、金融、旅游和高新技术开发等综合功能的中心城市。因此，武汉的建设要以服务全省、面向华中为方针，以工业、交通、流通、旅游和科研为重点，以强化其吸引能力和辐射能力。

武汉市经济实力在全省很强。作为龙头产业的冶金、建材、钢铁工业效益不太高，在西方已成夕阳产业，而在武汉市的工业产值中则占1/3以上，资金占用额大，加上前后工程不配套，严重影响了经济效益。据统计，投资于低效益部门的比重占80%，这必然导致百元产值实现利税和全员劳动生产率下降。要增强武汉的经济实力，必须提高高新技术工业和高效益工业的比重，重点发展电子、生物、化学工业等，提高工业结构整体效益。

商业流通已被定为武汉发展的重要内容，尽管目前的商业和流通规模较大，但其档次尚不能适应大经济区中心城市的职能，今后商业和流通要提高档次，商业设施水平要提高，并建成

大型、综合、新式的商业街,其水平应与上海的南京路、北京的王府井等相近。目前武汉商业集中在汉口,但汉口没有大型商场,而中南商场却布局在武昌。因此,今后城市商业建设不能只从武汉本身的三镇布局角度考虑,应从其作为华中经济区中心的高层职能考虑。武汉的旅游业也要提高整体水平。武汉是我国重要的历史文化名城,名胜古迹很多,自然、人文旅游资源非常丰富,武汉附近也有许多风景优美的自然景观。但为旅游服务的旅馆、导游及旅游资源管理水平有待于进一步提高。本省内的许多旅游资源,如神农架、九宫山等,与武汉的联系不紧,使武汉的旅游业资源单薄,吸引的游客也不多。武汉的重要职能——交通也要提高现代化水平。水运能力未充分利用,航道多处于自然状态,环境严重恶化,通航里程逐年减少。水陆联合运输发展较慢,对外航空还不很发达,这些都与武汉的中心职能不相适应,应大幅度提高武汉的交通现代化水平。

武汉市非农业人口为435万人(2000年),2005年城市人口达520万人,城市规模较大。和我国多数大城市一样,武汉也有住房紧张、交通拥挤、环境污染严重等问题,但为了适应华中经济区、湖北省和鄂东经济区的发展,武汉市还要有所发展,以使其中心度达到较高水平。为解决这一对矛盾,要走出400 km^{2}的现有市区,向附近地区扩张,形成城市群体。此外,汉口铁路线要改造,市区铁路应迁出,以解决汉口用地紧张、交通不便等问题。卫星城镇仍应沿江布局,将沌口汽车工业区、阳逻港口和电力区、葛店化工区建成生活设施配套水平较高的卫星城镇。

武汉市的区域职能既要考虑是华中经济区的中心城市,也要分析它对华东、西南地区的作用。武汉是华东、西南大部分地区和西北一部分地区的工业原材料和工业制成品、多种商品和客流的流通中心和外贸港口,在交通和动力方面,武汉是长江流域和全国的枢纽城市。武汉的发展不仅影响华中经济区的发展,也影响华东(上海)和西南(重庆)的发展。特别是三峡工程建成后,充足的电力资源将为本流域经济发展起重大作用。华东地区的煤和电靠武汉中转,华东经济区的发展今后在一定程度上受武汉煤炭与电力中转能力的制约,重庆物资出川靠长江水运,重庆港口的年通过能力在20年内未超过300多万吨,这种装船能力大、进出船少的现象,即是受武汉港的限制。因此,在分析武汉市的区域作用时应从广泛的地域来考虑,武汉的改造、建设与发展也要考虑到它既是华中区中心,对华东和西南的发展也有一定影响。

(二)武汉市城市用地扩展与改造

武汉市的城市用地在解放后有较大的扩展。其中工业用地扩展是城市扩展的主要动力。"一五"期间,武汉市被列为国家投资重点,这个时期开始建设武汉钢铁公司、重型机床厂、锅炉厂、青山热电厂、肉联厂以及武汉长江大桥。为此,先后在武昌开辟了以武钢为主的青山工业区等7个工业区。"二五"以后,为适应工业发展的新要求,又陆续建立了以机电工业为主的关山工业区,以纺织、机械工业为主的余家头区等四个工业区。"四五"以来,武钢扩建,一米七轧机工程以及武汉石油工厂等工程的新建,使青山工业区也有较大的发展。目前,武汉已形成了12个各具特色的工业区,这些工业区按专业化生产原则布局,有利于提高经济效益,但有的工业区布局不合理,如有的布局在居民稠密区,有的重污染企业布局在上风区域,影响城市生态环境,应予调整。

武汉市城市用地的扩展主要受工业用地扩展的影响。此外,文教卫生用地、居住用地、商业用地的扩展也促进了城市建成区的扩大。其中,武昌的文教、居住用地扩展较明显,汉口的商业和居住用地扩展较大。1994年,武汉建成区面积188 km², 人口320多万;2000年武汉扩大到350 km², 人口400多万;2005年为480 km², 人口450万。[①]

武汉的城市用地扩展在时间序列和空间上都表现为不平衡扩展(图6-6-4)。1949~1952年,城市用地变化幅度不大。1953~1957年,在武昌建设了武钢等工业基地,在武昌东北部开辟了新的青山工业区,从此形成了武昌南北两块用地的结构,这种结构直到现在仍未突破。同期,汉口的桥口区有较大的扩展,市区中的空白区基本全部被利用。1980年后,武汉的用地扩展基本上是围绕四块核心而向外围扩展,同时提高内部的建设密度。三镇的建成区规模变化差异很大。其中汉阳用地规模扩展较小,汉口则向东北、北部和西部扩展,另一方面,青山工业规模越来越大,仅青山工业区的用地规模就超过了原有核心区域的面积。特别是武汉长江大桥已新建了4座,跨江发展,沿交通走廊发展是武汉市用地扩展的主要方向。因此,武汉市的用地扩展主要受工业用地规模扩展的制约以及高新技术开发区发展的影响,不仅表现在时间序列上,也表现在空间序列上。

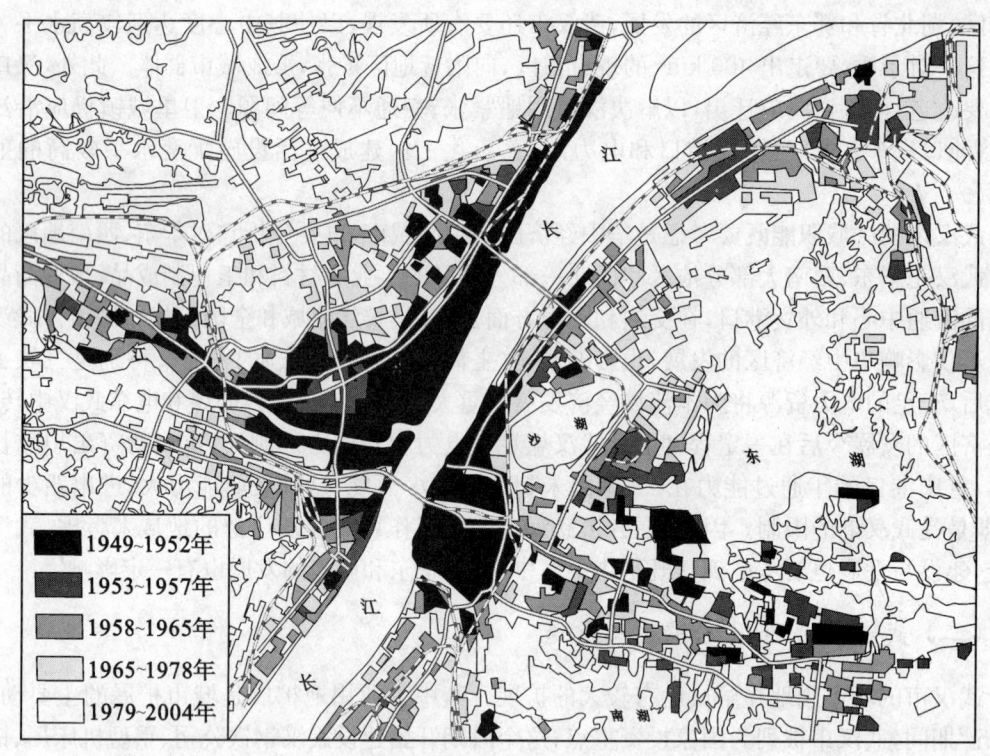

图6-6-4 武汉市城市用地扩展图

(三) 本区城镇发展与合理布局

武汉地区城镇群具有优越的区位条件和区域背景,而且已形成了以特大城市武汉市为中心的区域城镇体系,今后随着长江中游地区的开发和三峡工程的建设,区域城镇化水平将进一步提高,并将促进本区演化成我国中部重要的城市群。

---

① 根据《中国城市地图集:武汉》(中国地图出版社,1994)以及武汉市城市规划设计院有关资料(2005)。

本区目前城市化水平约38%,2020年后将达50%以上,城镇平均规模、城镇数量和城镇体系空间结构将有较大变化。必须加强区域城镇发展与布局规划,促进城镇体系的优化,调整城镇空间布局,促进城镇与产业的协调布局,改善城镇内部服务设施与对外联系通道,使各级城镇充分发挥其在区域经济中的增长极作用。

1. 城镇布局与产业布局相协调,建立京广轴线和长江轴线两大城镇带

本地区目前已形成了武汉－黄石－鄂州沿江产业城市带,今后随着长江航运开发和区域经济的进一步发展,沿江城镇的经济规模还会进一步加强,特别是大运量、大耗水的基础工业以及腹地较广的工业项目将集中到沿江,因此可能形成沿江产业密集带。配合产业发展,本地应通过内联外引,形成从洪湖到武穴的大型沿江经济走廊和沿江城镇密集带,这一带现有城市5个,还有许多小城镇(包括武汉的沿江卫星城镇),共有20多个市镇,城镇密度高,交通联系和产业联系均较强,是本地区也是湖北省今后的主要产业带和城镇带。

由京广铁路和汉丹铁路沿线城镇构成的南北向城镇带,将构成本地区第二个产业密集带和城镇密集带。该城镇带和沿江城镇带相交于武汉。这一轴线共有十多个城镇。由于资源、地形和农业基础的影响,城镇发展较慢,特别是各城镇因对地方腹地的交通条件较差,所以集聚和扩散的影响范围小,不能充分发挥城镇的增长极作用。今后应着力改善各中心城镇到相应腹地的交通,使城镇和区域互相促进,共同发展。

2. 建立反磁力城镇体系,逐步形成华中核心区的城市群

武汉城镇密集带所处地理位置优越,经济发展和城市发展的区域条件优越,今后城市化水平将有较大的提高。为了引导本区城市化向合理方向演化,应针对城市布局中存在的不合理现象进行调整。特别是针对中心城市规模大、缺乏次一级城市的特点,建立反磁力城市体系。武汉市不仅是湖北省的经济中心,也是华中经济区的中心。因此,其城市规模不仅取决于湖北经济发展和城市化发展,也取决于华中地区经济发展,而其他城市规模则主要取决于次级经济区的经济水平和城市化进程,故不能片面地从理想等级规模体系角度来安排城镇体系。本区可以围绕武汉市形成5个反磁力城市:孝感、麻城、黄石、咸宁、仙桃。这5个城市分别又是相应次经济区的中心城市,各次级经济区总人口在450万左右。按中心度15%～20%推算,各反磁力城市规模达到40～60万人左右较合理,据此分析,本区的四城市指数在2～3之间较为合理,目前除黄石市达到45万人外,其余城市人口规模介于10～25万人之间,离合理规模尚有较大的差距。为解决武汉的各种大城市病,积极发展这些反磁力城市是很重要的。这些反磁力城市的发展也会直接带动相应区域经济的发展。所以,本区今后城市发展的重点应是加强5个反磁力城市的建设。在5个反磁力城市腹地范围内,根据城市合理布局要求和区域经济发展水平等再发展中小城镇(图6-6-5)。

3. 合理布局卫星城镇

围绕中心城市积极发展卫星城镇,是促进城市化的进一步发展和解决现有大城市城市病的有效途径。在短期内,应积极发展在中心城市25～40 km范围内的沿江城镇,如阳逻、金口、沌口、濂口、纱帽、新沟、葛店等。这些卫星城镇的产业结构一般应有较强的专业化特征,如葛店以化工为主,阳逻以港口和能源工业为主,但也应避免因过于单一而出现市场应变能力差、就业矛盾突出等问题。卫星城镇和中心城市应有较强的地域联系。过去在卫星城镇建设中,曾出现过跳跃式布局,如把咸宁、阳新作为卫星城镇建设,因与中心城市距离远、联系弱和条件差而最终放弃。除武汉以外,其他城市如黄石等在必要的条件下也可适当发展卫星城镇,但卫星城镇建设应量力而行,因地制宜,如黄石可将大冶镇划入市区范围,同时也可考虑向江北地区发展。

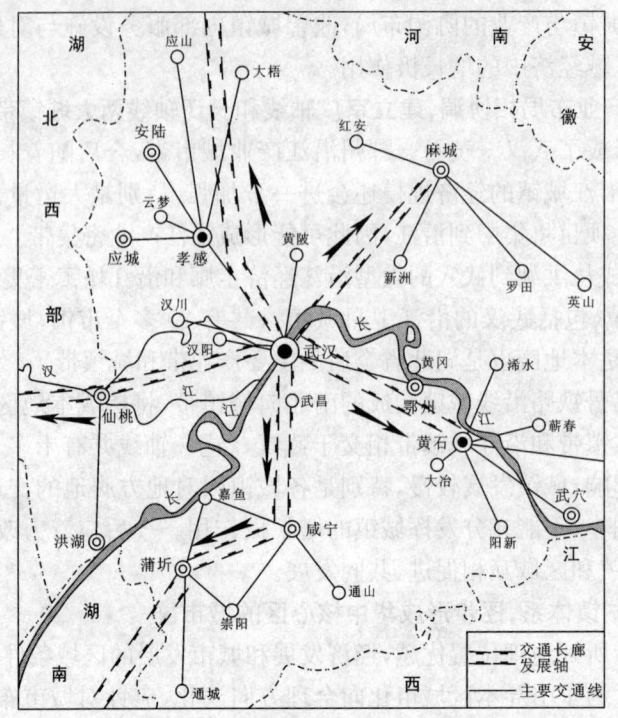

图 6-6-5　武汉地区反磁力城镇布局格局

4. 因地制宜发展多种类型的中小城镇

本地区许多城镇在发展初期是以农副产品和矿产资源为原料发展加工业的,仙桃、洪宁、咸湖、孝感、应城、麻城等均属此类城市,地方小城镇的主导产业更是主要依赖地方原材料。这类城镇今后的发展,除了继续保持地方特色外,规模较大的市、镇应积极开发机械工业、电子工业和第三产业,使城市用地扩展和城市产业结构升级换代同步发展,避免因产业结构落后而出现衰退现象。

本区江河湖泊众多,拥有许多港口,利用这些港口的既有基础,可以有力地促进城镇发展,如武穴、阳逻、洪湖等城镇,今后应解决港口集散能力配套建设,城镇第三产业发展和港口码头的现代化建设,并积极发展加工业,改变城镇基础产业薄弱的矛盾,使港口城镇获得多元化的发展动力。

总之,武汉大都市圈范围内,将形成沿长江的东西发展轴和沿京广线的南北发展轴,这决定了未来都市圈城市集聚的主要格局,也形成了武汉远景发展成为大都市圈的空间结构基础(许红卫、殷毅,2005)。在武汉地区城市密集地带,未来将形成我国华中地区最重要的区域性城市群体,从大的经济协作区分析,本地区城镇群地处京津唐、沪宁杭、珠江三角洲与川渝等几个大城市群密集区之间,是我国经济发达区的腹部核心地带,随着京广高速铁路、高速公路和长江三峡水电站的建成,其城市辐射的地域将越来越大,越来越明显。今后随着城市现代化建设以及对外开放,21世纪本区城市发展必然会朝着现代化、国际化的方向发展。

第七节
台湾西海岸城市带

近 50 年来,随着台湾省经济的起飞,其城市化过程大大加快,城市化水平得以迅速提高,目前已接近或达到发达国家的水平。本节试图为台湾经济空间演变与城市发展勾画一个大致的轮廓,并对该过程中经济增长和产业结构演进与城市发展的关系、都市连绵区的形成与发展、港口对工业区与城市的影响等方面作一些探讨,最后,对台湾城市发展做了几点深层次思考,旨在借鉴其经验,加快我国其他地区城市化步伐。

一、经济与城市发展的地理基础与历史背景

台湾省南北长、东西窄,分别为 394 km 和 144 km,总面积为 3.6×10^4 km^2,是我国最大的一个狭长多山的岛屿。其土地面积的 2/3 为山地和丘陵,分布在台湾岛的东部和中部,其余的 1/3 为平原和盆地,主要分布在西部沿海的狭长地带。这种地形决定了台湾经济与城镇发展东疏西密的基本格局。几乎所有的城市和人口都集聚在台湾西部从基隆到高雄这个南北走向的狭长地带,而东部地区人口仅占台湾总人口的 4%。

台湾与大陆很早就有接触,但永久的农业移民不多。1680 年郑成功收回台湾后的一段时间,台湾人口在 20~25 万人之间。清朝后期因福建、广东沿海地区人口增长幅度超过了粮食

供给能力,人口大量过剩,向台湾的移民迅速增加。台湾人口1892年达到250万人,1945年日本投降后为600万人,1950年770万人,1980年1 780万人,1989年2 005万人,1992年2 075万人,1998年2 160万人,2004年达到2 300万人左右,与澳大利亚的人口相当,可见台湾省的人口密度相当高。上述情况说明,台湾的人口只是在近百年中才大量聚集的,具有明显的海上边疆属性。

二、台湾城市化动力机制演变

  1945年以前日本占领时期的台湾,日本推行"工业日本,农业台湾"的殖民政策,以台湾农业发展的成果来支援日本经济,同时将台湾作为日本工业产品的销售市场,日本还出于本国利益之需,在台湾发展交通、对外贸易、专卖、金融等服务事业。日据时期,台湾城市化带有明显的殖民性质,城市化动力主要来自服务业的超前发展。城市发展主要集中在少数几个中心,其主要职能是发展农、林、牧、渔产品的加工工业和服务业。

  由于"二战"的破坏,台湾经济严重衰退。台湾当局采取了一系列恢复经济的措施,经过5年的艰苦复建,农业生产处于恢复阶段,大约有150～200万的大陆去台人员被服务业吸收,定居在五大城市(台北、高雄、台中、台南及基隆市)及邻近地区,造成服务业的继续膨胀,并继续成为城市化的主要动力。20世纪至60年代以前,台湾经济以传统农业占优势阶段,工业和服务业人口比重相对稳定,城市化进程相对减慢。六七十年代台湾当局把经济发展重心转向工业,台湾进入工业经济为主时期,经济高度成长。农业在经济结构中的地位逐渐被工业所取代,农业收入减少,迫使大量农业劳动力不得不转向工业和服务业,农村劳动人口大量移入城市。工业化进程加速,由此导致第一、二产业结构的转换以及第二产业内部结构的调整。劳动密集型工业的高速发展和农业生产的相对停滞、衰退是台湾城市化动力机制中的拉力因素和推力因素。这一时期,城市化发展迅速,至1970年城市化水平已达64%。台湾地域空间上最大的特色就是都会区的形成,大致上有三个主要的都会区,即台北都会区、台中都会区及高雄都会区。大都市及周围许多小城市成为一个在经济及社会上高度相互依存的区域(图6-7-1)。

  进入20世纪80年代,台湾的工业发展,尤其是出口加工工业发展已是饱和状态,台湾当局推动产业结构调整,由以发展"工业为主"转变为"工业与服务业并重"的平衡发展,工业内部重点发展技术密集工业,同时推动劳动密集工业向高技术方向发展。电脑、雷达、卫星等新科技革命带来了高科技服务业的发展,使得服务业的内部结构也发生了质的改变,由传统服务业向现代化服务业发展,不仅个人服务遍及各个角落,产业服务业也迅速扩张,创造了大量就业机会。80年代中期以后,台湾服务业逐渐取代工业作为吸收劳动力的主要产业,成为城市化的主要动力,2003年,台湾城市化水平已达81.4%。

  五十多年来,台湾的新兴工业经济增长极为瞩目,人均国民生产总值从1950年的50美元猛增至1993年的10 556美元。2003年已达到1.41万美元,仅次于香港特区、新加坡,比之上海、深圳高达1.5～2.5倍。经济的增长使台湾经济由传统农业经济社会逐渐向后工业经济社会迈进。第一、二、三产业结构在数量构成(产值构成、就业构成和投资构成)和质量构成(要素构成)及主导产业部门更替上发生了很大的变化(图(见表6-7-1)。随着产业结构的演进,作为生产要素之一的劳动力迅速从农业领域向工业和服务业转化,实现了劳动力资源的更新和有效配置。经济增长所带来的产业结构的演进,成为台湾城市化强有力的动力因素。农业占国

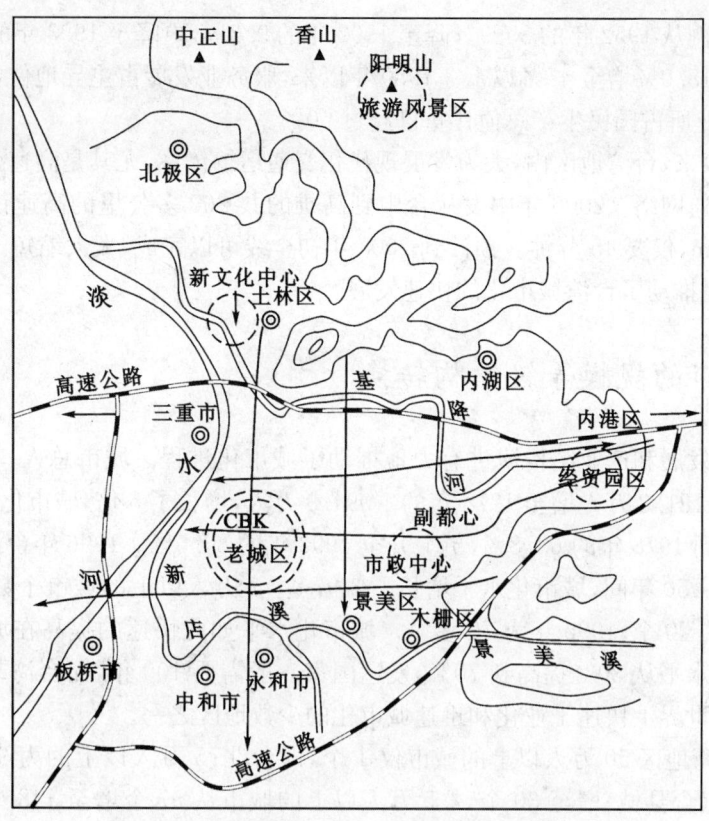

图 6-7-1 台北大都市区发展轴线与都心规划图

表 6-7-1 台湾三大产业结构指标与城市化情况（%）

年份	产业结构			就业结构			投资结构			出口构成		城市化水平(%)
	农业	工业	服务业	农业	工业	服务业	农业	工业	服务业	农业	工业品	
1952	35.9	18.0	46.0	61.0	9.1	29.9	20.5	28.6	50.5	91.9	8.1	47.6
1960	32.9	24.9	42.2	56.4	11.2	32.4	15.1	36.8	48.1	—	—	50.2
1968	22.1	32.5	45.4	39.7	24.9	35.4	9.9	45.5	44.6	—	—	56.1
1974	14.5	41.2	44.3	30.9	34.5	34.6	6.7	56.8	36.5	—	—	63.4
1980	9.2	44.7	46.7	19.5	42.4	38.1	3.0	46.9	50.1	9.2	90.8	70.3
1987	6.3	47.5	46.2	—	—	—	3.2	43.9	52.9	6.1	93.9	79.0
1993	3.4	40.7	55.9	11.5	39.1	49.4	—	—	—	0.6	99.4	80.5
1996	3.2	39.5	57.3	—	—	—	—	—	—	0.8	99.2	81.0
2003	3.2	38.5	58.3	10.9	38.1	51.0	3.1	40.5	56.4	1.3	98.7	81.2

资料来源："产值结构"、"投资结构"来自姜殿铭主编《台湾一九九三》1994；"就业结构"来自中国社会科学院台湾研究所主编《台湾总揽(1991)》，《中国统计年鉴(1993)》，《中国统计年鉴(1994)》；"出口构成"来自李家泉主编《台湾经济地理》1991，《中国统计年鉴(1995)》；"城市化水平"来自《中国人口年鉴(2003)》，《台湾总揽(2003)》。

民生产总值的比例从1952年的35.9%降至1992年的9.2%,更降至1993年的3.4%,而同期工业所占比重从18.0%增至45%以上。1980年以来,服务业发展占主导地位,至90年代以及21世纪初,服务业所占国民生产总值比重已超过50%。

自2002年以来,台湾地区内,大力发展现代化交通运输体系,尤其是高速公路、高速铁路,形成了便捷的交通网络。2006年中发从台中到高雄的共260多公里的高速铁路已经通车运行,时速为300 km,仅要45分钟。预计到2008年初全线可以完成,大大缩短了台湾省各大中小城市的距离,也推动了台湾城市化的快速发展。

三、台湾城市的规模等级结构转换

经济的快速发展和产业结构演进有力地推动了城市化进程。城市总人口(5万人以上城市)从1950年的181.8万人增至1978年的1 094.9万人,增长了5倍,城市化水平从1950年的24.07%上升到1978年的63.8%,更上升至1993年的80.5%。1996年台湾地区城市化人口达1 600多万。50年间,城市化水平增长了3倍多。5万人以上的城市个数由1950年的9个变为1978年的70个,1996年为70多个。城市化水平如此快速的提高在城市发展史上是罕见的。城市化水平从30%提高到70%,发达国家一般需要100年,而台湾却只用了30年。这使得台湾成为世界上快速工业化和迅速城市化的少数地区之一。

1950年,台湾地区50万人以上的城市仅1个,即台北;5万人以上的为9个。1960年,5万人以上的城市(含县城)增至30个,2.5万人以上的城市从57个增至148个,增长了2倍。1970年,100万人以上的城市1个(台北),50～100万人的城市1个(高雄),同时5～50万人的增至57个,近乎1960年的一倍,到1978年时,台北已成为200万人以上的特大城市,1988年台北市人口达264万,高雄为134万。至1996年,台北市人口达274万;高雄为141万,2004年台北市人口高达310万人,高雄156万人。

从台湾地区城镇规模等级历年变化(表6-7-2)中可以看出,随着台湾经济的快速增长,城市的个数迅速增加。同时,增长最快的等级是由2.5万向5万及更高的等级移动。城市等级体系(以个数计)从金字塔型演变为菱形,说明城市发展存在着向上集中的趋势。也显示出台湾城市发展走的是从小城镇、小城市逐步向中等城市和大城市发展的道路。

表6-7-2 台湾地区城镇规模等级个数的历年变化　　　　　　　　　单位:个

规模	2.5万人以下	2.5～10万人	10～50万人	50～200万人	2.5万人以上合计	5万人以上合计
1950年	261	50	6	1	57	9
1960年	170	139	8	1	148	30
1970年	126	178	12	2	192	57
1978年	129	167	17	4	188	70
1996年	128	169	16	6	191	72

资料来源:①台湾省图册.北京:中国地图出版社,1998.
②中国城镇人口统计资料,1998.

与城镇个数的变化相比,城镇人口增加与向上集中的趋势则更为显著(见表 6-7-3)。表中显示 2.5 万人以下城镇人口占总人口的比例从 1950 年的 53.3%降至 1970 年的 11.8%,而 50 万人以上城市占总人口比例则从 1950 年的 8.2%上升至 1978 年的 25.4%。到 1978 年,2.5 万人以上城镇人口所占的比例已高达 89.33%。1996 年,台湾地区城镇化人口比重达 81%。

表 6-7-3　台湾地区城镇各规模等级人口构成的历年变化(%)

规模 年份	2.5万人以下	2.5～10万人	10～50万人	50～200万人	2.5万人以上合计	5万人以上合计
1950 年	53.3	24.5	14.0	8.2	46.7	24.1
1960 年	22.6	49.7	17.6	10.2	77.4	39.7
1970 年	11.8	52.2	18.3	17.7	88.2	55.0
1978 年	10.1	43.9	19.9	25.4	89.3	63.9
1996 年	10.2	44.4	19.1	24.5	88.0	64.0

由于台湾可利用的土地局限于西部一带,这意味着在空间上城市人口有相当高的集聚程度。有趣的是,2.5万到5万人城镇的人口占总人口的比例为1/4。这层次的城镇中许多是工业开发区,广泛分布在从台北到高雄的交通线两侧,正是这些城镇起到了在空间上均衡经济发展与城镇发展的作用。

四、空间集聚与大都会区的形成

在台湾城市发展过程中,存在明显的空间集聚现象,城市人口主要集中在台北、高雄、台南、台中、基隆5个城市,这实际上是前面所讲的城市规模等级结构转换的空间表现。1950年仅有台北、台中、台南、高雄等7个城市超过10万人口,而1989年则增长为23个,且出现集中于台北、高雄和台中三大都市周围的倾向,被称为台北、高雄和台中三大都市会区。自1970年起,台湾工业生产组织结构受世界经济全球化发展的影响,形成一个网络式的生产链形态后,工业生产区即开始受到结构性的内部连锁力量影响。大厂在生产链中居于主导地位,对下游中、小企业甚至非正式部门具有结构性影响力,促使新投资不断向大都市周围集聚。结果大都市及其毗邻市镇、集居地,也因工业的集中发展,形成一个伴随世界经济全球化发展而形成的经济空间复合体,吸纳了绝大部分农业县市流失的人口,形成都市会区。

近年来,台湾城市发展开始由两极化转向为以台北为中心的一极化发展趋势。台北都市会区形成最早,也是当时台湾省最大的都市化区。1895年时,台北是一个小城镇,沿淡水河发展,仅有 4.5 km²,1920 年台北设市,城市人口发展到 16 万人,建成区面积为 12.5 km²,1944 年台北市人口增加到 40 万人,已经是一个中等城市规模了,建成区已有 45.6 km²,至 1980 年台北市人口已有 220 万人,建成区 200 km²(见图 6-7-2)。作为台湾最大的工商业城市、文化教育中心和陆路交通的枢纽,1990 年台北市人口已有 280 万人。1955年台北周围乡镇的城市人口增长率开始超过台北市,这预示着台北都市会区的形成,台北市的影响力已超过其行政界线。2004 年台北市区人口接近 510 多万,建成区面积为420 km²,成为台湾省第一大都会,也是亚太地区重要的国际性城市之一。由于台北市地处盆地,受地形限制,主要是沿着交通线向西南扩展,城市规模等级结构中以人口10多万的中型新兴城市的增长为最快,而这一类型的城市主要散布在台北市西南向的交通走廊地带。如板桥镇,1965年才7.3万人,1979年已超过基隆市,达37.8万人,1998年已有50万人成为台湾第五大城市。1979年台湾二十大城市中,有11个(包括台北和基隆)位于台北市50 km以内的地区。这进一步表明台北以其较多的就业机会和大城市优越的生活环境成为台湾最具吸引力的核心城市。

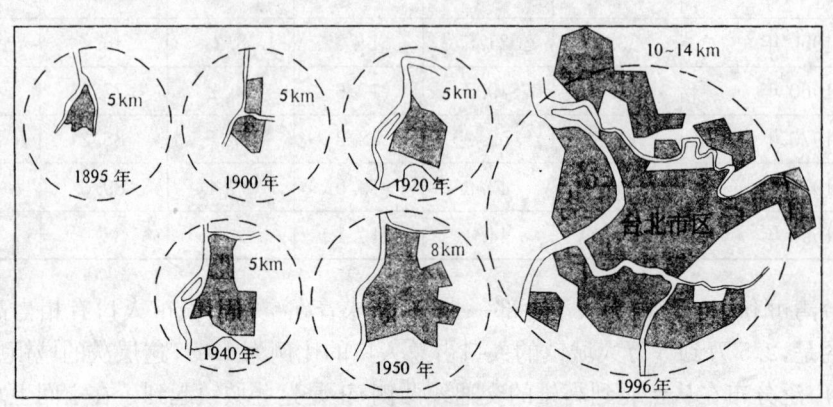

图 6-7-2　台北大都市区空间演化图(图中数字为市区半径公里数)

80年代初,曾有人研究以交通起止点的分布来描述台湾地区都市活动的分布情况,发现有52%的活动集中于台北地区,而其面积仅占台湾地区总面积的4.6%。80年代末,台北市周围县份已达80%~90%的城市化水平,尤其是台北县已超过95%,形成了从台北到新竹的台北大都市会区。

高雄和台中大都市会区形成较晚,而且规模也远不及台北大都市会区,但其发展的速度也相当快。1895年,高雄市只有3万人,至1930年,也只有6.2万人,但自1950年开始快速工业化后,人口开始迅速增加。60年代初以来,主要的重工业建设都集中在高雄市。70年代,台湾地区三个成功的"出口加工区"就有两个位于高雄市,出口加工区不但吸收了大量劳工,而且使劳工眷属定居于本市,人口增长最快的地区逐渐从市中心转移至边缘地带。得天独厚的海港优势和强大的工业建设,使得高雄市在1970年之后,逐渐成为台湾最大的工业城市,城市发展大大加快,高雄都市会区形成壮大,1976年,高雄市城市人口已达100万。高雄市在1950~1980年之间,一直是台湾地区城市化最迅速的地区,人口增长了4.5倍,城市人口增长率为5.1%,比台北(4.3%)还快。1985年,高雄市人口128万,2004年,高雄人口已近165万,建成区面积140 km²,成为台湾省第二大城市。高雄市的快速发展离不开发达的陆、海、空交通的支撑,在高雄市的城市用地结构中,交通用地占16.35%(其中,港区占2.55%,道路占14.80%),仅次于居住用地所占的比重(25.36%)。

根据目前的城市发展趋势,估计今后一二十年台湾的城市发展仍将持续,而且城市化要由数量扩张转为质量提高,由外延扩张转向内涵升级。城市发展的趋势主要表现为5万人以下城镇人口继续流向10~20万级快速成长的中小城市。在空间上则表现为三大都市会区的扩展,相互靠近,依托交通走廊,沿轴线发展成为南北走向的西海岸城市连绵区,并成为亚洲几个最大的都市连绵区之一。图 6-7-3 显示了台湾区域开发与大都市会区的扩展情况。

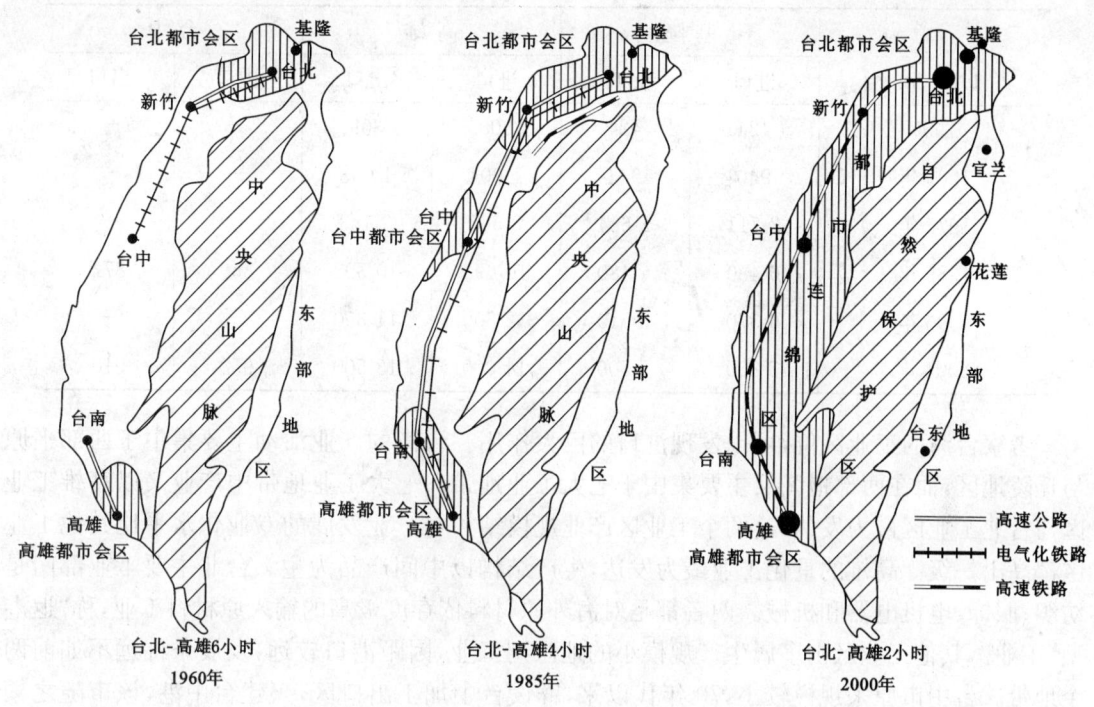

图 6-7-3 台湾区域开发与大中城市的发展

五、港口与城市发展

台湾是一个孤岛，2/3 以上的地域是山地和丘陵，自然资源贫乏，岛内市场狭小，经济发展对外依存度较高，形成"浅碟式"经济。对"加工贸易型"经济结构的台湾来说，港口既是大宗资源、中间产品和机器设备进口的重要通道，也是产品输往国际市场的门户。港口不仅是台湾岛经济发展的基础和瓶颈，也对岛内产业的空间分布产生重要的影响，对城市的形成和扩散有着不可忽视的作用。

高雄、基隆和台中是台湾最大的 3 个港口，基隆和高雄港建港都很早，是在 20 世纪二三十年代日本占领时期就已初具规模，而台中港则是在 70 年代，为促进台湾中部地区的经济发展于 1978 年建成的。

基隆邻近台湾最大的城市和政治中心——台北市，实际上是台北的港口城市，港口主要为其经济服务，运输业、仓储业和通讯业在其经济结构中占有比较突出的地位。50 年代中后期以来，随着台湾经济增长的加快，港口运输能力成倍增长。1965 年，基隆港口进出口总吨位比 1955 年分别翻了一番。与基隆港相比，高雄港的发展更为迅速，同期进出港总吨位增长 2 倍，并在 1965 年左右超过基隆港成为台湾第一大港。随着港口的发展，带来临海重化工业的发达。高雄的重要地位日益突出，成为台湾南部的经济中心，台湾的重化工基地，是台湾目前唯一高度生产规模带，1985 年，其港口总吨位已超过 1×10^8 t，1992 年集装箱货物装卸量达

1 090.9×10⁴ t，成为世界级大港(见表 6-7-4)。

表 6-7-4　台湾三大港进出总吨位的历年变化　　　　　　　　　单位：10⁴ t

总吨位 年份	基隆		高雄		台中	
	进口	出口	进口	出口	进口	出口
1955	424	424	308	309	—	—
1965 年	946	945	1 004	1 003	—	—
1975 年	2 711	2 634	3 563	3 483	—	—
1985 年	6 480	6 480	10 693	10 598	859	872
1996 年	6 570	6 510	12 500	11 350	—	—
2001 年	7 800	7 500	14 000	13 500	950	910

考察台湾的工业区位，可以发现港口的巨大作用。台湾的产业活动主要集中于西部平原与丘陵地区，而在西部地区又主要集中于七大工业地带。七大工业地带中产业又以高雄工业区与台北工业区最为发达，这两个工业区产业规模结构与产业发展的专业化水平比其他工业区都高出一级。高雄的重化工业最为发达，生产结构以中间产品为主。台北主要工业部门是纺织、服饰、电机电器和机械。两者都是对海外原材料依存度极高的输入原材料工业，称"返港型"工业。其他工业区则多属生产规模小的地区型工业，因距港口较远，发展条件远不如前两个地带。台中市原来规模较小，70 年代以来，辟设台中加工出口区，兴建台中港，该市随之繁荣起来，人口迅速增长，现有人口超过 80 万，逐渐成为台湾中部工业区的中心，成为全岛第三大城市，台中都市会区随之形成并迅速发展。

六、台湾城市发展的几点思考

1. 台湾经济发展、人口增长与城市化过程比较一致是城市化过程中少见的现象

与大陆相同，台湾的人口增长极为迅速，1950～1990 年 50 年间增长了近 2 倍。因没有限制人口流动的政策，并没有出现像大陆那样城市化不足(与工业化相比)的现象，乡村人口被快速而稳定地转变成城市人口。与许多第三世界城市不同，如埃及的开罗、印度的加尔各答，台湾城市没有出现城市人口过剩、失业率高、城市贫民窟等社会问题，大量的人口增加不仅没有成为包袱，反而成为促进经济发展的宝贵资源。一个主要的原因是 60 年代初台湾根据自己的经济与资源条件，选择劳动密集型产业，大力发展出口导向型经济，使工业就业率的增长大大快于人口的增长率，从而吸收了大量的农村劳动力到城市的第二、三产业。70 年代末以来，台湾适时调节产业结构，使其向资本和技术密集型转型，进一步推动了城市的发展。80 年代以来，台湾注重工业和服务业平衡发展，并且注重服务业内部向高科技方向发展，使服务业迅速扩张，吸引了大量从其他行业释放出来的劳动力，使服务业取代工业成为城市化的主要动力。例如新竹高新技术工业园区已经发展成为台湾地区的"美国硅谷"，年产值超过一千亿新台币，80%的产品出口世界各国。由此可知，灵活而富有竞争力的经济体系是城市快速发展的基础，城市发展反过来又推动了经济增长。

2. 台湾城市化过程中深受其历史基础的影响

日据时期因把台湾作为殖民地，后期作为通往东南亚的跳板，产业发展很早就跳出了自给自足的模式，如早期农业和农产品加工业具有很强的专业化程度，同时基础设施得以大大改善。如早在1908年就完成了从基隆到高雄的纵贯铁路，修建改善基隆、高雄两港，1938年建成了日月潭发电厂，为以后的城市与经济发展打下了良好的基础，台湾城市化水平在1946年就已达到42.2%。70～90年代，台湾全岛修建了两条高速公路以及环岛铁路，推动城市化进一步发展。

3. 全球经济一体化对台湾城市发展有着深刻的影响

第二次世界大战后，台湾的发展模式在全球经济发展的历程里，发生了几次结构性调整，特别是60年代后出口导向工业发展模式，替代50年代的进口替代发展模式。这一时期，最典型的产物是高雄、楠梓及台中加工出口区设立，吸引了大量跨国公司尤其是日本公司。同时，台湾当时具有初步萌芽的主要厂商，则一一被其他跨国企业收编，成为东南亚的外国卫星工厂，主要工业部门为劳动密集型的轻工业，急需大量劳动力，对乡村劳动力依赖严重。这一时期，小型都市即5～10万人的都市急速成长。

70年代后，国际经济危机及台湾劳动力不足，迫使当局与跨国企业合作，从事新产品与技术开发研制。世界经济的全球化，要求流通空间有地理的节点，有由高科技的电讯技术及其他都市服务来组织控制资本、资讯及决策的流通交换。台湾在全球化流通空间的组织经纬中，成为世界资本积累的地域中心之一。台北成为远东地区有关资本技术、资讯及决策的流通交换中心，高雄成为世界级大港。台北都市会区迅速在全球化发展中国际化，成为新时代台湾进步的象征。

4. 交通的改善，促进了区域间的物资流动和人口流动，推动了产业与城镇的发展

1978年以来，有多项大型交通工程相继投入使用，在台湾经济发展中发挥了重要的作用。在原有交通的基础上，南北高速公路于1978年完成，有支线与桃园、高雄机场以及高雄港、台中港相接，从台北至高雄仅4个小时。北部第二条高速公路和中正高速公路也于90年代相继竣工投入使用，大大便捷了台湾西部和北部区域间的物资流动和人口流动。1991年形成环岛铁路网，把全岛主要市镇连结起来，尤其是西部铁路纵贯西部各县，把西部各城镇、港口、工业区紧密联系起来，是另一条南北大动脉。此外，桃园机场1979年2月正式启用，成为目前远东较大的航空港，而高雄港目前吞吐量已达1.4×10^8 t，成为亚洲五大港口之一。这一切不仅加速了台湾经济的发展，而且使西部城镇最终连成一气，成为亚洲最大的都市连绵区之一，见图6-7-4。台湾交通的分布与经济城市发展相一致，也呈明显的东疏西密格局，因此可以认为交通的改进，促进了经济城市的发展，而经济城市的发展又不断对交通提出更高的改进要求，两者互相促进。

5. 大都市区的形成与发展不仅征用了大量耕地，而且广大地区的环境质量下降

据统计，1989年居住在人口密度万人以上的地域人口占总人口的27.6%，每平方公里1000人以上的占总人口的70.6%，可见其人口密度之高，仅生活污染就相当可观。而且由于快速发展的中小城市在行政等级体系中层次较低，虽然许多人口密度已高于五大都市，而人员编制与经费严重不足，加之近期发展速度最快，故污染最为严重。环境问题，特别是中小城市的环境污染已在成为台湾都市发展中应考虑首要问题。

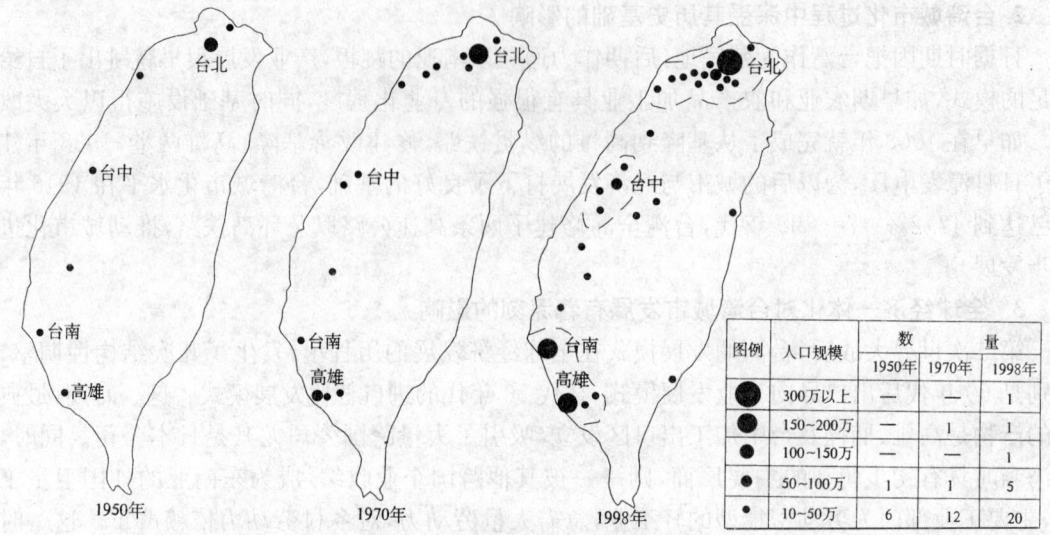

图 6-7-4 台湾西部城市发展地带

6. 经济发展及出口导向战略使台湾的外汇储备逐步增多，海外投资活动日益加强

1999年12月底，台湾的外汇储备已达1 002亿美元，全球排名仍居日本及祖国大陆之后位列第三。巨额的外汇储备使台湾海外投资活动日益加强，对我国大陆及东南亚各国的经济影响也在增强。据不完全统计，截止1999年上半年，台湾对祖国大陆投资协议金额达900多亿美元。其中，对沿海，尤其是福建、广东地区的投资占了相当大的比例。投资的主要行业集中在服装、制鞋、电子、塑料等劳动密集型行业，与香港投资的主要行业相似，而且有相当数量集中在乡镇一级。由于这些行业都是在目前新兴工业地区产业升级中转移出来的劳动密集型产业，对吸收农村剩余劳动力，推动小城市的发展有重要意义。反过来，台商来大陆投资的快速增长，也极大地带动了岛内相关产业的发展，促进了台湾的产业调整和升级。可以说，目前我国东南沿海城市发展态势与台湾六七十年代颇有相似之处，呈现出相同的格局。目前，福建、广东兴建了许多工业小区，用以吸收港台投资，城镇发展，尤其是小城镇发展大大加快，其速度已领先于我国其他地区，被称为我国的新兴工业化地区。在我国大陆现有国情的基础上，借鉴台湾城市发展的经验有助于加快城市发展步伐，并减少可能的失误。

总之，台湾地区城市化进程是与台湾经济高度发达、工业化运动密切相关的，从工业化过程分析，台湾城市化经历过三个阶段：前清时期，农业及小型商贸集市发展的城市初建阶段；日本占领时期的殖民经济发展的工业化阶段；台湾光复至今，经济起飞后的城市化阶段。目前，台湾许多城市特别是台湾西海岸经济发达——城市化地区，已进入一个经济繁荣、交通网络化、通讯信息化与城市现代化的新时期。但由于工业、交通的发展，城市扩展和工业化所造成的环境污染、城区人口密度过大的问题，也是台湾21世纪亟待解决的社会、生态与资源开发的关键问题。

主要参考文献

[1] 王圣学,刘科伟. 陕西城市发展研究[M]. 西安:西安地图出版社,1995.
[2] 吴启焰. 城市密集区空间结构特征及演变机制[J]. 人文地理,1999(1).
[3] 陕西省统计局. 陕西省统计年鉴,1998[M]. 北京:中国统计出版社,1998.
[4] 段汉明,陈兴旺."一线两带"建设与关中城镇群的双向促进机制研究[J]. 人文地理(西安),2005,86(6).
[5] 代合治. 中国城镇密集区的界定及其分布研究[J]. 地域研究与开发,1998(2).
[6] 胡序威. 沿海城镇密集地区空间集聚与扩散研究[J]. 城市规划,1998(6).
[7] 姚士谋. 我国城镇密集区的特征、类型与空间布局[J]. 城市问题,1992(1).
[8] 许学强,周一星,宁越敏. 城市地理学[M]. 北京:高等教育出版社,1995.
[9] 陈田. 我国城市经济影响区域系统的初步分析[J]. 地理学报,1987(4).
[10] 张萍. 城市经济区学[M]. 北京:改革出版社,1990.
[11] 陕西省建设厅,陕西省计委. 陇海兰新地带(陕西段)城镇体系规划. 1992.
[12] 陈彦光,周一星. 城市化过程中的阶段划分及其空间解释[J]. 经济地理(长沙),2005(6).
[13] 周一星. 再论中国城市的职能分类[J]. 地理研究,1997(1).
[14] 姚士谋,陈振光. 我国大城市区域空间规划与建设的思考[J]. 经济地理(长沙),2005(2).
[15] 胡焕庸,张善余. 中国人口地理:上、下册[M]. 上海:华东师范大学出版社,1984:262~278.
[16] 王成金,韩增林. 关于我国区域物流体系建设的思考[J]. 人文地理(西安),2005,86(6).
[17] 洪进峰. 台湾乡镇之旅[M]. 台北:益群书店股份有限公司,1989.
[18] 王纪中主编. 杭州概览[M]. 上海:上海人民出版社,1992.
[19] 龙冠书. 中国人口[M]. 台北:台湾出版社有限公司,1955.
[20] 乔启明. 中国农村社会经济学[M]. 北京:商务印书馆,1986.
[21] 孙本文. 现代中国社会问题[M]. 北京:商务印书馆,1987.
[22] 李雄飞. 历史文化名城建筑遗产的保护[J]. 城市规划,1982(3).
[23] 韩大成. 明代城市研究[M]. 北京:中国人民大学出版社,1991:468.
[24] 马洪主编. 中国国情(分省区)[M]. 北京:中共中央党校出版社,1991:250~281.
[25] 姚士谋. 闽南区域经济发展与空间布局[M]. 合肥:中国科学技术大学出版社,1990.
[26] 董鉴泓. 中国东部沿海城市的发展规律及经济技术开发区规划[M]. 上海:同济大学出版社,1991.
[27] 李文华,程鸿. 西南重工业发展与布局[M]. 北京:科学出版社,1990.
[28] 程鸿,章铭陶主编. 西南地区国土资源综合考察和发展战略研究[M]. 北京:科学出版社,1990:174.
[29] 李家泉. 台湾省经济地理[M]. 北京:新华出版社,1991.
[30] 李董枫. 经济地理[M]. 台北:大中国图书公司,1981.
[31] 张家堂. 台湾观光资源开发研究[M]. 台北:成文出版社,1981.
[32] 陈国新等编. 中国能源资源[M]. 北京:科普出版社,1991.
[33] 许美瑜. 中国地图册[M]. 北京:地图出版社,1983.
[34] 姚士谋. 我国东南沿海开放城市布局趋势[J]. 城市问题,1990(6).
[35] 胡序威. 中国沿海港口开放城市[M]. 北京:科学出版社,1991.
[36] 胡序威. 城镇与工业布局的区域研究[M]. 北京:科学出版社,1988.
[37] 陈敏之. 发展中的中国城市[M]. 上海:上海人民出版社,1986.
[38] 中国城科会. 中国城市研究[M]. 贵阳:贵州人民出版社,1988.
[39] 姚士谋,管驰明等. 宝岛台湾[M]. 南京:江苏教育出版社,2000.

[40] 崔功豪. 中国城镇发展研究[M]. 北京：中国建筑工业出版社，1992.
[41] 姚士谋，陈爽等. 长江流域经济发达地区城市发展思路[J]. 长江流域资源与环境，1999(1).
[42] 邢文信等. 福建省城镇发展与布局[M]. 福州：福建科技出版社，1990.
[43] 刘东海，杨敬梅. 基层区国土规划[M]. 北京：科学出版社，1989.
[44] 黄丙康，傅绶宁主编. 四川省经济区划[M]. 成都：四川科学技术出版社，1989.
[45] 陆大道. 中国工业布局理论与实践[M]. 北京：科学出版社，1989.
[46] 陆大道. 我国区域开发的宏观战略[J]. 北京：地理学报，1987，42(2).
[47] 魏心镇. 工业地理学[M]. 北京：北京大学出版社，1982.
[48] 吴传钧. 国土开发规划与生产布局[J]. 经济地理，1984(4).
[49] 刘再兴. 生产布局学原理[M]. 北京：中国人民大学出版社，1984.
[50] 李旭旦. 人文地理概说[M]. 北京：科学出版社，1985.
[51] 杨宋南，张雪莲. 台湾省产业结构演进与城市化初探[J]. 经济地理，1996(9).
[52] 台湾省地图册[M]. 北京：中国地图出版社，1996.
[53] 姚士谋主编. 中国大都市的空间扩展[M]. 合肥：中国科学技术大学出版社，1998.
[54] 姚士谋. 长江流域城市发展的个性与共性问题[J]. 长江流域资源与环境，2001，10(2).

第七章

城市化、城市群发展的国际经验
INTERNATIONAL EXPERIENCE OF URBAN AGGLOMERATIONS' DEVELOPMENT

第一节
城市与城市群发展的新因素

20世纪70年代以来,国际资本流动加快,科技创新成为产业升级、产品更新换代的原动力,计算机正在将世界连接起来,全球化成为一种蔚为壮观的大趋势。全球化所导致的产业转移,或者被迫进行的结构调整和产业空间重组已经成为影响当代城市发展的主导因素。进入21世纪后,经济全球化加速进行,世界产业结构调整和转移的进程加快,对中国的国际分工和区域分工格局产生巨大的冲击,这种冲击对中国都市发展产生很多新的影响。城市与城市群的发展除了受到地域地理区位、自然条件、经济条件、历史基础和城市基础设施建设等地域基础和物质条件影响外,还受到全球化、信息化、服务业的崛起和新的巨型项目等很多新因素的影响。这些新因素正在重建世界,必然对当今世界城市与城市群的发展产生深刻影响。在城市与区域有组织的变化条件下,不同地区间的相互连接已经导致世界范围内城市间越来越多的相互作用(Bontje and Musterd,2005)。

一、城市与城市群发展的新因素

1. 全球化

米思阿(Mishra,1999)曾经描述经济生产正在成为全球的、跨国家的甚至无国界的活动。

新的全球化趋势已经成为全球城市发展最重要的影响之一。全球化经济正在形成,但它不是统一的,不是完整的,不包括所有国家。

全球化概括起来主要有五方面的特征:①全球性资本流快速增长;②不同国家的文化产品随处可见;③国家不再是唯一影响人们政治生活和思想的实体;④所有经济活动、文化、信息跨界连接;⑤通讯媒介产生交流和流动。由此可见,全球化不仅仅表现为经济的全球化,它还包括文化的全球化、技术的全球化以及政治的全球化。全球化过程对城市的发展产生至关重要的影响。

全球化促进了全球资本和技术的流动。全球化允许跨国公司从全球范围内引进资本和技术;同时全球化允许跨国公司在任何地方兴办子公司,从而获得最大化的利润。全球化推进外国直接投资和出口贸易增长,但全球的生产量和消费量增长有限。这一过程的结果必然使全球区域发展不平衡,这种不平衡加剧了全球城市发展的分化。

全球化也带来了制造业的全球战略调整。21世纪开始,世界制造业正发生着两个方面的深刻变革,一是以原料、资本、劳动力为依托的传统制造业向以知识、技术、信息为依托的现代制造业转变,新技术和新产品在这一过程中加快流动。二是制造业的全球分布进行战略调整与重组(陈秀山,2005)。在全球化背景下,制约产品成本的主要因素就是土地和劳动力的价格。为了降低成本和扩大赢利,全球性制造业转包合同成为主流。从全球角度来看,发达国家制造业主要向东亚和拉美地区转移。由于中国拥有巨大的产品和充裕廉价的劳动力,改革开放和加入WTO又为中国经济融入世界并与世界接轨扫清了体制障碍。因此,中国迅速成为新的世界制造业基地,以上海为中心的包括珠江三角洲、长江三角洲、环渤海经济带在内的东部沿海地区,接受转移的产业比较广泛。全球制造业转移对城市和城市群发展的影响表现为,在全球化的推动下,产业总是朝着成本比较低的地方流动,形成了一系列产业集群,这种产业集群使得小企业、小城市也能切入全球生产链中。

全球化背景下,经济、文化和政治正在改变、重塑和改写以制造一个更全球化和一个更高的全球意识。不同国家的大量文化产品已经可以在一个地方获得;而且单一民族国家也不再是影响人民政治生活和思想的唯一实体。当代文化活动与经济生产一体化,使文化渗透到经济领域,精神产品以商品形式进入流通领域,一体化趋势与全球化趋势息息相关。

文化不再与经济疏远而成为生产要素的新源泉。据此,当代城市空间的布局强烈地表现为知识经济(Knowledge Economy)体和文化经济(Cultural Economy)体在原有城市空间的植入或再植入。城市在空间上已经成为一个再植入体(the City as Spatial Re-embedding Context),而不是一个无限的新区蔓延。

此外在全球化过程中,政府间组织,例如世界银行、OECD、IMF或WTO发挥越来越重要的作用,国家的作用相应降低。这些将不仅刺激更加弹性地发展经济,接受地区工资差异的现实,而且也弱化了国内社会政策的影响(Bontje and Musterd,2005)。

2. 服务业的崛起与转移

服务业的增长和多样化是20世纪后半段发生的最重要的经济变化之一。目前,世界第三产业增加值占GDP的平均比重已超过60%,并且比重日趋增大,与人均GDP呈幂函数型相关关系。生产型服务业的快速增长对服务业发展为当今世界的主导产业有很大帮助。国际服务业发展趋势是流通部门在第三产业中的比例降低,生活服务和生产服务部门比重提高,现代服务业比重上升,传统服务业比重下降(李江帆,2005)。在最近10余年,金融、法律、管理、创新、开发、设计、行政、个人服务、生产技术、保险、交通、通讯、批发、广告、情报服务、物流等生产服务业已经成为发达国家大多数城市最动态的、增长最快的部门。

在全球经济中,城市的生产力和竞争力是由团体指挥能力、世界级金融机构、高级生产服务业的集中程度和城市与国际电信、交通网络的联系程度,以及信息容量和生活质量共同决定的。此外,政府效率、城市策略、公共-私人部门的合作和制度上的灵活性在过去10年取得快速发展。其中尤其值得提及的是生产服务业,生产服务业的发展使跨国公司和银行能协调它们在世界上的分部和办事处,因此,生产服务业的多少能强烈地表明一个城市的经济能力在全球市场中的地位。Sassen(1991)认为,生产服务在决定城市在全球经济中的竞争力上是一个重要的新因素,因此,很多学者通过城市的生产服务业基础去勾勒全球城市等级体系。例如,从广告业市场大小看,纽约和东京形成了突出的第一梯队,伦敦、芝加哥和巴黎为第二梯队,包括洛杉矶、底特律、旧金山和明尼阿波利苏在内的其他一些美国城市成为第三梯队。

跨国公司是世界经济中最重要的角色。这些机构在创造一个综合的、世界范围的生产、交换、金融和共同服务网络中发挥着重要的作用。由于跨国公司的全球扩张,生产性服务业的增长呈现一种强烈的增长态势。生产服务公司的国际化起源于它们的客户跟随型活动,许多美国的服务公司已经跟随它们在海外的投资生产客户几十年了。这些美国服务公司在已有的客户之外,又成功地发现了新的市场。不断增长的国内竞争压力和电信、信息技术的前进极大地推进了美国服务公司的全球扩张及其优势地位。生产服务业的增长和多国公司的全球扩张呈现一种强烈的相互促进的态势。由于高度专业化的生产服务业主要集中在那些世界城市中,因此,这些城市在全球经济中的重要性也相应提高。

也有学者认为,相对于20世纪60年代和70年代,一个城市中跨国公司总部的数量不足以衡量城市的经济力量,因为金融和生产服务业在全球经济的协同运作中是更重要的因素(Sassen,1991)。金融机构在空间上的集聚如银行总部、股票市场和保险公司,已经被看做是产生许多世界城市在世界经济中的上升的最重要的因素。可以通过每个城市中世界100大银行总部的数量和主要股票市场上上市公司的资产与数量来衡量全球城市体系中作为金融中心的城市的地位。东京、巴黎、法兰克福、伦敦、纽约和大阪拥有世界前100家银行总部的一半左右,而且大部分是前20家最大的银行。其中纽约、伦敦和东京三个城市作为全球的金融中心,毫无疑问地成为全球城市等级体系中的第一梯队。股票市场的大小也是衡量一个城市的金融力量及其在全球城市等级体系中相对位置的一个很好的指标。巴黎和法兰克福是作为全球资本交易中重要一极的形式出现的。综合来看,东京、巴黎和法兰克福作为金融中心的重要性逐渐提高,而纽约和伦敦呈现下降趋势。中国市场经济体制的进一步完善和经济全球化促进了北京的银行活动,北京在全球金融中的地位不断提高。

3. 信息化

经济全球化、国际产业分工深化之所以能够推进,离不开信息技术革命。信息技术和电信技术的集中促进了通讯系统和网络在全球的延伸。在过去的二十多年,三项主要革新——传真、移动电话和国际互联网——说明了电信网络是如何被用来创造和改变人们的生活和生活方式的。服务费用不断降低,网络能力不断提高,电信部门私有化与商业化,基于电信、信息产品和服务的全球的供应商不断出现。电信业中革命性的转变是和全球金融系统和全球服务经济的开始、扩张联系在一起的,新的电信、信息技术的国际扩张,方便和加速了国际间金融和服务业的交易。

信息化使信息社会的建设成为可能。在这样一个新的信息时代,资本、技术、管理和市场突破了原先的政治、企业、文化的边界,随时可以在相对不受阻碍的情况下跨境流动。萨森(Sassen,1997)提出电子空间的出现不仅是一种信息传递的手段,而且还营造了全球资本运营的新场所。城市发展受信息枢纽和影响力作用,趋于全球化整合,有些未能跻身于信息空间和信息高速公路的城市则被逐渐边缘化。通过信息技术构建的全球性无边界经济体系已经形成(杨汝万,2004),这就是当代网络社会的新现象(Castells,1996;Yeung,2000a)。通讯、计算机、自动化等弹性要素成为信息经济形成的基本条件。信息化引发了新的时间-空间观。计算机网络的快速发展对城市空间的约束的消除具有重要的作用。网络技术从根本上缩短了传统的时间和距离。一个由信息、空间和信息通道可达性界定的新时空观开始出现。新的技术经济范式创造了崭新的空间地理,如电子空间,令传统的场所和距离都逐渐消失,另一些具有中心性和重要性的新中心兴起(Sassen,1996)。

城市群区域中心城市的发展壮大,过去依靠优越的区位,到了现代工业社会和城市化高度发达的社会,网络信息更为重要,对各种流的分析,直至信息社会的网络关系,对城市在城市群内的新功能及其未来发展,具有重大的作用(姚士谋等,2005)。信息社会的网络化思维观,还体现了城市群在全球城市体系中的综合层面,并在城市群区域内的每个领域,每一个部门都发生着经济、社会、政治和文化及其生态环境的相互联系与相互制约的关系(陆大道,2002)。

4. 巨型建设工程(Mega-projects)

城市在历史上就是信息集聚和信息交换的中心,并且是国家和国际活动,尤其是通过飞机和高速列车所进行的活动的重要节点。上述生产性服务业、跨国公司总部、金融中心在世界城市如纽约、伦敦和东京以及其他全球城市的集聚(Graham 和 Spense,1997;Lyons 和 Salmon,1995),又进一步刺激了交流和信息传播的需要。这种交流既包括面对面(face-to-face communication)的交流,也包括非面对面的交流。全球的电信网络和高速枢纽机场、高速铁路网、高速公路网和轨道等巨型工程保证了全球城市体系之间高效的网络化连接。

在全球化的全球电信网络中,新的电信科技以及电信基础设施越来越集中于一些需求量巨大的世界城市,如纽约、伦敦和东京。高级电信系统的出现极大地加速了未来导向型的信息密集型产业的增长,电信系统也被认为是拖动城市经济发展的重要工具。在发达的工业城市,以电信业为基础的城市发展对城市空间的概念及其规划提出了挑战。

在经济全球化的进程中,私人交通需求仍将继续上升,大部分的交通方式,尤其对于长途旅行来说,仍会是小汽车和飞机。航空交通正在向一些相对主要的枢纽机场(hub airports)集聚,这些机场都位于最高等级的城市,提供最大范围内的不间断飞行和最便捷、频繁的中转设施。而且,最重要的新特征(特别是就欧洲而言)是高速铁路网络及其与航空交通系统联系的发展。这些都促进了巨型工程项目的出台,从而解决面对面直接交流的可能。

全球主要航空港的等级层次与全球和世界城市等级层次相对应。这类机场正发展成为长距离(尤其是洲际)航空交通和短途高速交通之间的中心枢纽。在经济全球化的进程中,航空运输每年使数十亿人和上千亿美元的货物在世界范围内快速流动,而大型枢纽机场[①]是这些客货快速集散和中转的重要基地。作为中枢航线的节点和航空客货运的集散中心,枢纽机场

---

① 从国外枢纽机场运作的基本情况看,枢纽机场都处于航线网络的中心地带,其中转份额多在30%以上,每天可形成4~10个航班波,航班波的规模通常为10~80架次。

最主要的特征表现为空运位置优势,直航点多,航班密度大,具有高比例的中转业务和高效的航班衔接能力,中转效率高。枢纽机场实践表明,只有少数枢纽机场将多个航空公司的航班有效组合为航班波运作,多数机场的运作主要由1~2个基地航空公司进行,并且对基地航空公司依赖较大。国际上将枢纽机场分类为国际枢纽、国内枢纽和复合式枢纽。国际枢纽多处于国际航线网络的中心地带,主要承担国际转国际的中转业务,较少涉及国内中转;国内枢纽主要承担国内转国内的中转业务;而复合式枢纽则具有庞大的国际、国内航线网络,承担着国际国内相互中转业务,通常只有这两方面都相当发达的国家门户机场才可能形成此类枢纽。

在"交通密集"的城市化走廊地区建设高速铁路解决区域交通。在过去30年中高速铁路是欧洲交通运输的新特征。在网络中的结节区——西北欧地区连接了巴黎、布鲁塞尔、科隆、阿姆斯特丹和伦敦等城市(巴黎—布鲁塞尔—科隆—阿姆斯特丹—伦敦发展轴)。与此同时,新型高速线路建设使车站周围进行大规模重建成为可能。这里可以作为大规模商务办公、大型会展设施用地的集中区。

高速公路具有速度快,安全保障好的特点,两小时通勤圈内交通一般选择高速公路。因此,高速公路网建设已经成为当代城市密集地区城市间交通的主要方式之一。

轨道交通单位运输空间的运量大,节省能源,环境负荷少。轨道交通包括轻轨和地铁。从当代城市发展看,由"边缘城市"到中央商务区(CBD)间的交通主要采取地铁或轻轨交通。

二、各种新因素对城市和城市群发展的影响

1. 推动全球城市和全球城市区域的出现

经济全球化推动了管理、金融和服务业的国际化过程,使某几个城市成为全球经济的区域或全球的节点城市,深刻影响着全球城市的发展,推动全球城市和次全球城市(Sub-global Citiers)的出现。

1991年萨森在她的《全球城市(Global Cities)》著作中指出,当生产区位可能变得分散的时候,控制和管理新的服务经济的区位将变得更加集中,最终形成全球城市。这些城市是全球经济运行和管理的发达服务业和电讯设施集中的地方,同时也是公司总部尤其是跨国公司总部的集中地。次全球城市是金融服务业中心(银行业、保险业)和大部分主要生产公司的总部所在地,它们大部分还是世界性权力机构的所在地(King,1990;Sassen,1991)。这些城市吸引了专业性服务业,如会计、广告以及公共关系和法律服务等,它们促进了全球化,并且和控制性公司总部的区位联系在一起。与此同时,越来越多的金融机构正在联合起来并向最高层城市迁移,银行业和保险业的区位也趋向在这些城市集聚。斯科特(J. Scott)、萨森(Sassen,1990;1994)等将这类城市称为全球城市(Global City)。

经济全球化还推动了全球城市区域的出现。彼得·霍尔(2003)认为,在全球化时代,随着生产在全世界的分散服务活动越来越与物质生产地空间分离,全球性高端服务活动日益集中在少数几个贸易城市。萨森(1991)认为在过去的15年里经济活动的重心在很大程度上已经从底特律、曼切斯特等制造业基地转移到金融和高端专门化服务中心。这些职能的转移既有众所周知的"全球城市",也有所谓的"亚全球城市"。以全球城市为中心,形成功能相互交织的广域地区。全球化的过程中,这种地区的产生有着必然性。全球化使越来越多的大都市人口向巨大城市集聚。从世界城市密集地区发展趋势看,由几个全球城市再组成全球城市区域

(the Global Urban Region),共同面对全球化的挑战以及参与全球城市和区域间的竞争。

2. 从巨型城市到城市区域

伴随着高速公路和私人摩托化,城市极度扩张进一步加快,形成全球性巨型城市区(the Global Mega-City-Region)。这种全球性巨型城市区是一种从中心向外扩散半径达到150 km的城市体,并且是一种伴随着由私人小汽车所支持的在通勤腹地内就业的地方性集中发展模式。这种全球性巨型城市区具体的空间形式也因各国文化和规划体制的不同而存在差异。长江三角洲和英国东南部伦敦周围地区是世界巨型城市区的两个最主要代表。

据2004年的统计,中国长江三角洲、珠江三角洲、京津唐地区以2%的国土面积容纳约19%的人口,生产约31.4%的经济总量,已初步形成了三块跨省市的、以巨型或超巨型城市为依托的城市密集区。中国要参与经济全球化,并在国际经济中占有相对重要的地位,建设中国的全球城市区域势在必行。

与此同时,伴随着小汽车的快速普及,在高速公路的交叉互通口,新一代新城逐渐发展起来。在美国,表现为低密度低控制,伴随绿色空间中的"边缘城市(Edge Cities)"或"新兴商业区(New Downtowns)";在欧洲,表现为中等密度、由绿带和其他约束性因素控制、以中等规模商贸城镇和规划的新城为中心的发展形式(Garreau 1991,Scott 2001)。这些新城市具备就业场所、购物、娱乐等作为城市的基本功能。边缘城市迅速增长,逐渐与母体城市相连,传统的向心性城市空间结构逐步向低密度多核心城市空间结构转变,形成多核心型城市区。所谓多核心巨型城市区,一般是由30~40个城市和小城镇组成的巨大的网络化城市复合体(Vast Networked Urban Complexes),总人口达到或超过2 000万,通过交通和通讯网络连接起来形成网状城市体。

由于多核心巨型城市区核心之间的联系进一步加强,核心间的廊道逐步形成,城市发展表现为开敞性、模糊性(blurring)和非嵌入(disembedding)式的过程,致使城市密集地区的多核心巨型城市区空间结构进一步向低密度网络城市空间结构转变。今天,最发达的城市实体空间已经演化成为一个复杂、叠置且呈现网络结构型的城市区域(City Region with Complex Superposed Network Structures)。

3. 新的城市功能空间不断出现

城市功能空间布局反映了城市发展动力的演变,伴随着服务业的崛起,城市生产性功能不断弱化,消费性功能逐步强化。同时由于经济全球化,新的产业不断产生,商务中心、研发机构、产业园区及主题公园等新城市功能空间也大量出现,并在城市空间布局中越来越占主导地位。以美国华尔街为例,在长仅1.54 km,面积不足1 km^{2}的地方,云集了几十家大银行、保险公司、交易所及上百家大公司的总部,容纳就业人员50万人,是全球就业密度最高的商务地区。类似的高密度的商务中心和研发基地,如硅谷、128号公路等也在世界大都市中不断出现。美国大都市研究中心的最新研究资料也表明,郊区占据了大部分的办公楼市场,这表明随着信息时代的到来,家庭办公成为可能,城市中心的商务区丧失了优势地位,办公楼变得分散化,新的城市功能空间不断出现。不仅如此,美国的城市化地区科研基地、试验生产车间也大量迁移至郊区,在高速公路附近交通便利、风景秀丽之处重新建立自己的企业,大型郊区超级市场和低密度高级住宅区也随之蜂拥迁移(吴良镛,1997)。

由于所有生产过程的弹性增长,信息技术大大缩短了经济与社会间的距离,正在铸造一个新型的网络社会空间。当然,对城市而言,这种新型的网络社会空间,既不会替代现实城市空间,更不会摧毁原有的时空体系。可以说,网络空间将与地理空间相互作用,相互交融,构成以现实城市空间为基础,并与之相互交错的一个新型城市社会空间。两者的相互叠置互补,构成了网络时代多形态、多构化、多功能的城市空间(陈果等,1999)。在这样的网络空间(Network Space)中,工作组织和公司界线变得越来越模糊;工作地点和生活地点之间、工作时间和休闲时间之间传统界线也变得模糊。工作世界和生活世界间的界线成为流动性的(fluid);工作和生活变得具有越来越强的相关性。

4. 城市与区域的空间重构

全球化是与知识经济同步的,其结果造成了高科技知识类产业、文化产业在地理空间上高度集中,一般性的制造业则在全球分散,这两类产业在空间布局上出现新的趋势。这种切入对形成跨空间、跨地区、跨国界的城市功能辐射起了很大的作用。一个致力于均一化和普遍化建筑的社会基础已经被打碎(顾朝林,1994)。Raban 等提出在全球化资本主义的背景下,后现代城市主义的框架是在特大城市边缘组织中心,强调片段化和特定化,其重要主题包括世界城市、双元城市、杂交城市和赛博城市(Raban 等,2000)。全球化正在导致城市与区域的空间重构(Spatial Restructure)。全球产业网络(地方组织、地方机构和商会)与(半官方)孵化器、面对面交流(社会诚信、信息交换互惠)共同交织在一起,重造当地文化。

各种因素对城市和城市群的影响在世界各国也是不同的。相对中国而言,各种新因素对东部沿海地带的影响更加深刻,正在通过经济、社会、文化和制度等方方面面影响中国城市和城市群的发展。

第二节
世界城市化特征、现状问题

一、世界城市化特征

1. 世界城市化水平不断提高

虽然生活在地球上的人类已有几百万年的历史,但世界城市化过程可以说是近200多年的事。人类社会实现了三个转变,一是1万年前人类定居,二是5千年前出现城市文明,三是21世纪初进入城市时代,即50%以上的人口居住在城市。城市化是指人口迁移到城市或其他居住稠密地区,即一个国家城市人口比例不断上升的过程。城市人口规模是指居住在城市所在地的人口。世界各国对城市所在地的定义有很大差别,通常采用联合国给世界各国所确定的标准。联合国聚落中心将世界分为欠发达地区和发达地区。欠发达地区包括非洲、亚洲(除日本)、拉丁美洲和大洋洲(除澳大利亚和新西兰)。发达地区包括欧洲、北美、日本和澳大利亚及新西兰。

世界城市化水平的变化反映着人类社会的变化,1800年只有3%的世界人口居住在城市,20世纪初增加到14%,1985年已达到41%,1996年已达到45.5%。2000年,城市化水平达到47%。据联合国聚落中心预测,2010年前将达到55%,世界人口的一半将居住在城市。到

2020年,将有60%以上的人口居住在城市。虽然世界城市人口不断上升,世界农村人口绝对量还将不断上升,到2010年以后,世界农村人口总量才会下降。

城市化速度是指城市人口平均每年增长的速度,城市化速度一般大于总人口增长速度。目前,欠发达地区的城市人口每年以3.6%的速度增长,在21世纪初将达到顶峰。20世纪70年代和80年代,欠发达地区的城市化速度分别为1.4%和1.5%,2000～2005年为1.7%,2020～2025年为1.2%(联合国聚落中心,1988)。发达地区的城市化速度却很慢,80年代仅为0.3%,城市人口增长速度仅为1%。这是因为发达地区总人口增长速度很低,城市化水平起点高,1994年发达地区城市化水平已达到70%以上,预计到2025年将达到80%以上。

由于城市化发展阶段不同,世界各地区城市化模式也不同,联合国聚落中心将此分成以下几种类型(见表7-2-1):

表 7-2-1 世界城市化水平预测(%)

区域\年份	1920年	1970年	2000年	2025年
世界	19.0	37.2	46.7	60.5
发达区域	40.0	66.6	74.8	79.0
欠发达区域	10.0	25.5	39.5	56.9
非洲	7.0	22.9	41.3	57.8
东非		10.3	30.1	48.0
中非		24.8	47.6	64.7
北非		36.0	49.9	65.3
南非		44.1	61.7	74.2
西非		19.6	40.7	58.9
拉丁美洲	22.0	57.3	77.2	84.8
加勒比海		45.7	65.5	75.5
中美		54.0	71.1	80.5
南美		60.0	81.0	87.5
亚洲	9.0	23.9	35.0	53.0
东亚		26.9	32.6	49.0
东南亚		20.2	35.5	54.3
南亚		19.5	33.8	52.6
西亚		43.2	63.9	76.3

资料来源:联合国.世界城市化展望.1988.

(1)高城市化水平和低城市人口增长。这种模式的区域有北美、欧洲、澳大利亚和新西兰。联合国聚落中心预测这些区域的城市化速度将从现有的0.5%的水平持续下降,城市人口将以很慢的速度增长。

(2) 高城市化水平和城市人口适度增长。这种模式的区域主要指拉丁美洲（加勒比、中美和南美）。这些地区的城市化水平已达到70%左右，城市人口仍以3%的速度增长。联合国聚落中心预测这些地区的城市化速度将下降，但是城市人口将适度增长，因为这些地区总人口的增加速度将保持在2%这一高水平。

(3) 适度的城市化水平和城市人口快速增长。这种模式的区域是指西亚。这些地区的城市化水平已达到55%，伴随着总人口的快速增长，城市人口增长速度也相应达到4%。联合国聚落中心预测这些地区的城市人口增长速度将会变慢。

(4) 低城市化水平和城市人口的快速度增长。这一模式主要是指非洲、东南亚。总人口的快速增长和很高的城市化速度决定了城市人口的快速增长。据联合国聚落中心预测，南亚的城市化速度维持在很高的水平，2005~2010年为1.9%，2020~2025年为1.7%。总人口的增长速度将会下降，城市人口的增长速度相应会下降。西亚由于城市化水平很高，其城市化速度将下降到很低水平。

世界城市化发达地区和欠发达地区的城市化水平具有明显的差异。据联合国聚落中心预测，发达地区的城市化水平2000年为74.8%，2025年将达到80%，欠发达地区2000年为39.5%，2025年将达到56.9%（见表7-2-2）。

表 7-2-2 城市化水平地区差距(%)

区域\年份	1970	1975	1980	1985	1990	1995	2000	2005	2010	2015	2020	2025
世界	37.2	38.5	39.8	41.2	42.7	44.5	46.7	49.2	52.0	54.8	57.7	60.5
发达地区	66.6	68.8	70.2	71.5	72.7	73.8	74.8	75.9	76.8	77.6	78.4	79.0
欠发达地区	25.5	27.3	29.3	31.5	33.9	36.5	39.5	42.8	46.5	50.0	53.5	56.9

资料来源：联合国. 世界城市化展望. 1988.

2. 大都市区快速发展

虽然城市化是一个有始有终的过程，但是城市的空间扩展似乎没有尽头。发达国家城市化水平很高，城市化速度变慢，但其城市或大都市空间仍不断在发展，到目前还不清楚什么是城市或大都市实际扩展的界限。"我们正在经历一场革命就是离开区位明确的城市和区域的城市化社会进程，一种新的大规模的城市社会正在独立于城市而出现，早期工业化产生的城市正在被一种新的机制所安排"（韦伯，Webber，1968）。

目前，世界47%居住在城市中的人口分布在不同规模的城市中，近一半左右的城市人口居住在人口数大于50万的城市中，另一半居住在规模小于50万人口的中小城市中。虽然世界城市人口并不都集中在大都市区，但是世界大都市区，尤其是特大都市区处在不断地发展之中，人口增长速度快于世界人口增长速度。人口在200万以上的大都市区1972年有62个，到1985年增加到100个，其中40个分布在发达地区，60个分布在欠发达地区，大都市区人口占世界总人口的10%和世界城市人口的24%，1970~1985年期间吸收了近1/4的城市新增人口，预计欠发达地区和发达地区大都市区人口将分别以2%和0.6%左右的速度增长（参见表7-2-3）。

表 7-2-3 城市人口、数量和占世界城市人口比重

区域	世界				发达地区				欠发达地区			
年份	1950	1970	1990	2015	1950	1970	1990	2015	1950	1970	1990	2015
1 000 万人以上												
数目	1	3	12	27	1	2	4	4	0	1	8	23
人口	12	44	161	450	12	33	63	71	0	11	98	378
比例(%)	1.7	3.2	7.1	10.9	2.8	4.8	7.5	7.2	0.0	1.7	6.9	12.0
500～1 000 万												
数目	7	18	21	44	5	8	6	8	2	10	15	36
人口	42	130	154	282	32	61	44	56	10	69	110	226
比例(%)	5.7	9.6	6.8	6.8	7.2	9.0	5.2	5.7	3.5	10.2	7.7	7.2
100～500 万												
数目	75	144	249	472	43	73	98	120	32	71	151	352
人口	73	122	203	293	42	61	72	84	31	61	132	209
比例(%)	9.9	9.0	8.9	7.1	9.5	9.0	8.5	8.5	10.5	9.0	9.2	6.6
5～99.9 万												
数目	105	175	295	422	59	85	104	123	46	90	191	299
人口	73	122	203	293	42	61	72	84	31	61	132	209
比例(%)	9.9	9.0	8.9	7.1	9.5	9.0	8.5	8.5	10.5	9.0	9.2	6.6

资料来源:联合国. 世界城市化展望. 1988,2001.

人口在500万以上的大都市区1970年有20个,占世界城市人口的4.5%,1985年上升到30个,占世界城市人口的5.8%,1990年代初45个,占世界城市人口的7.6%。500～1000万人口的大都市区数量预计将从1950年的7个变成2015年44个,占世界城市人口的6.8%。

人口超过1 000万的大都市1950年只有1个,它占了1.7%的世界城市人口。1988年的有11个,其中在发达地区的4个城市群人口年平均增长速度为1%,在欠发达地区的7个城市群人口年平均增长速度是发达地区的3.3倍。1990年达到12个,它占了7.1%的世界城市人口(参见表7-2-4)。联合国预计到2015年将达到27个,发达地区占其中的4个,23个分布在欠发达地区。这27个城市占世界城市人口的10.9%,约有4.5亿人居住在此,其中3.78亿分布在欠发达地区。

人口规模在400～750万人的大都市区发展速度最快,1975～1985年年平均增长速度为3%,200～400万人的城市平均增长速度为2.2%,750万人以上的大都市区人口增长速度最慢,为1.9%。较高的自然增长率和机械增长率使欠发达地区500万以上人口的大都市区增长加快。

联合国定义的特大城市是指800万以上人口的城市。世界特大城市数目近几十年来不断增加,从1950年的2个(纽约和伦敦)到1970年的11个、1994年的22个、2000年的25个、

2005 年的 30 个和 2015 年预计的 33 个(见表 7-2-5)。其中大部分分布在亚洲。

表 7-2-4　1 000 万以上人口大都市区人口规模和增长速度

名次	城市群（大都市区）	人口(百万)			年平均增长速度(%)	
		1970 年	1985 年	2000 年	1970~1985 年	1985~2000 年
1	东京	14.87	19.04	21.32	1.65	0.75
2	墨西哥城	8.74	16.65	24.44	4.30	2.56
3	纽约	16.19	15.62	16.10	−0.24	0.20
4	圣保罗	8.06	15.54	23.60	4.38	2.79
5	上海	11.41	12.06	14.69	0.37	1.32
6	布宜诺斯艾利斯	8.31	10.76	13.05	1.72	1.29
7	伦敦	10.55	10.49	10.79	−0.04	0.19
8	加尔各答	6.91	10.29	15.94	2.65	2.92
9	里约日内卢	7.04	10.14	13.00	2.43	1.66
10	汉城	5.31	10.07	12.97	4.27	1.69
11	洛杉矶	8.38	10.04	10.91	1.20	0.55

资料来源:联合国.世界城市化展望.1988.

表 7-2-5　世界特大城市数目　　　　　　　　　　　　　　　单位:个

年份 区域	1970 年	1994 年	2000 年	2015 年
世界	11	22	25	33
欠发达地区	5	16	19	27
非洲	0	2	2	3
亚洲(除日本)	2	10	12	19
拉丁美洲	3	4	5	5
发达地区	6	6	6	6
欧洲	2	2	2	2
日本	2	2	2	2
北美	2	2	2	2

资料来源:联合国.世界城市化展望.1988

总之,发达地区的特大城市年平均增长远低于欠发达地区的特大城市,而且发展速度将越来越小。预测 2000~2015 年期间,纽约、洛杉矶、巴黎、东京、大阪、莫斯科的年平均增长速度分别为 0.39%、0.55%、0.03%、0.02%、0.00%和 0.02%。欠发达地区的特大城市将以高速度增长,尤其是亚洲特大城市。据联合国资料(1994),东京自 1970 年以来一直是世界上最大的大都市区,1994 年人口规模为 2 650 万,预计东京将保持世界第一到 2015 年。纽约已从 60

年代的第一下降到70年代的第二,预计到2010年降到第五,1994年仅次于东京的世界15个大都市区是:纽约、圣保罗、墨西哥城、上海、孟买(印度)、洛杉矶、北京、加尔各答(印度)、汉城、雅加达、布宜诺斯艾利斯、大阪、天津和里约日内卢。预计世界2010年仅次于东京的15个大都市区是:孟买、上海、拉各斯、圣保罗、纽约、雅加达、墨西哥城、北京、卡拉奇、达卡(孟加拉国)、加尔各答、天津、德里、洛杉矶。预计2015年世界仅次于东京的15个大都市区是:孟买、拉各斯、上海、雅加达、圣保罗(巴西)、纽约、卡拉奇(巴基斯坦)、北京、达卡(孟加拉国)、墨西哥城、加尔各答(印度)、德里(印度)、天津、马尼拉。由此可知,世界十五大都市区的最低人口规模界限呈上升趋势,从1994年的980万到2015年的1 470万,而且绝大部分分布在亚洲,从1994年的9个到2010年的10个和2015年的11个(联合国,1994)。

3. 城市化与全球化

全球化和信息化是影响世界经济空间重组的两个最重要因素。全球化是指全球产品生产和内在关联的战略区位的重组(Sassen,1999)。全球化的出现意味着生产地点量的扩展向生产地点质的提高的转化过程。全球化经济并不真的是遍布全球,它具有或多或少的界限。从资金流动和外国直接投资及其全球劳动力市场来看,全球化集中在世界发达地区和拉丁美洲、亚洲的部分地区。经济的全球化必然带来与之相关的金融、保险等服务部门的发展,这些部门一般集中在世界城市中,大约有30个左右的世界城市构成的网络支撑和控制着世界经济。这些世界城市同时也是全球人力、物力和财力的集散地。

全球化使现代各个城市的发展过程和模式与世界经济的发展息息相关,世界城市化过程也变得十分复杂,非传统理论所能解释。全球化导致世界劳动力的重新分工,国际政治经济因素影响着非核心国家内部的经济结构和城市化进程,国际资本的渗透影响了欠发达地区国家的民族工业、资金和知识密集型工业的发展以及农村劳动力转移速度。改变了发展中国家的劳动力传统分布模式,外国资本使发展中国家劳动力对外资企业高度依赖,廉价劳动力流向城市,带来城市人口的增加速度大于工业人口的增加速度,使欠发达地区的工业化进程和城市化模式朝着过度城市化方向发展。

同时,全球化加深了全球城市之间、区域之间和国家之间的交流与合作,与此同时,不断增加的人流和物流使世界主要交通枢纽不断发展。全球化不仅使大都市不断膨胀,而且使城市连绵区不断扩大,城市化的空间形式更加中心化。

全球化进程的最重要力量是跨国公司,跨国公司可以追溯到19世纪末的农业和采矿业,50年代开始涉及制造业,70年代以来,许多老牌工业国(美国、英国、法国、前西德等)的本国工业生产比重大幅下降,跨国公司大大增加,1969年全球仅有7 000个跨国公司,90年代初上升到2.4万个,2002年达到2.8万个,目前约有37 000个,控制着全球1/3的私有资金。1995年联合国排出年销售额在10亿美元以上的前600家跨国公司,这些公司占世界20%的产品生产。2004年全球销售额达12亿美元以上的跨国公司已有500多家了。

从整个跨国公司发展来看,跨国公司在全球范围内组织分公司进行生产,很少考虑实际的空间和时间因素,因为通过国际信息网络可以将这些分公司方便地连在一起。跨国公司的发展模式对传统产业区位论形成了挑战,传统生产力要素对城市经济发展的推动力和作用力逐步减小,城市发展要素变得更加复杂。新产品、新技术、新投资、社会价值并没有像传统理论所说的那样一步一步地"从上至下"地扩散,现代城市体系的发展越来越依赖于跨国公司决策或政府组织决策。

跨国公司总部逐渐向少数世界城市集中，使世界城市的功能和作用更加突出；制造业向世界各地分散，十分分散的经济活动的集中控制和管理模式不断改变着传统的世界体系；世界权力和财富的全球分布不断变化，带来一种新的中心和边缘地理，强烈改变了世界城市体系分布、城市功能的发挥和城市生活的性质。跨国公司不仅可以左右一个城市甚至一个国家的经济，而且可以削弱一国政府对本国的资金流、技术流和技术创新等要素流动的控制能力以及对城市发展的控制能力，跨国公司的直接投资对一个国家的工业化政策和地方工业产生重大影响，国家在某种意义上成了一种没有边界的特殊"器"。由于跨国公司的生产需要特殊的条件，所以，生产、资金、技术往往集中在特大城市，在选择生产区位时总是考虑条件好的城市或地区，根本不关心某国的急需开发的地区，因此，它的效率总是大大高于该国的平均效率。由于一个国家的城镇体系与该国的特大城市关系密切，从而也就与跨国公司的决策和走向关系密切，这些特大城市也就成为所谓的"世界城市"或"全球城市"。实质上，世界城市是跨国公司统治资本的全球系统的基点，特大城市的地位和作用变得如此重要，使得发展中国家的城市化面临着更大的困难，因为发展中国家的特大城市基础设施还较落后，企业规模小，城市管理水平还较低。

4. 城市化的网络化特征

信息化与全球化一样，也是影响全球经济空间重组的基本因素，它与全球化相辅相成，是全球化得以实现的基本保证。微电子技术的发展使数码通讯在全球范围内迅速扩展，国际互联网络正渗透到每个管理机构、每个工作单位、每个家庭等城市生活的每个角落。电子网络的蓬勃发展不仅使信息传递更为便捷，而且改变了时间、空间、距离、城市边界、城市生活质量等传统观念。信息远程技术使得空间和距离得以大大压缩(Sassen,1999)。

以工业生产为主的传统城市所具有的集聚经济和从中心商务区到城市边缘区的整体结构将会改变，传统城市的发展和规划管理的思想将会过时。未来城市将以技术密集型和全球经营型产业为主，不仅仅是建筑物的堆砌和政治、经济、文化、交通中心，而且是信息处理和通信网络中心，是全球经济、文化、信息交流网络的枢纽，城市生活变得更无常、更分散、更加令人困惑。

城市和社会结构一直是以客观的、绝对的、外在的空间和时间作为背景的，空间被认为是死的、固定的、形而上学的，具有几何形状的。时间总被认为是简单的、不变的、无限的。城市是这个空间的一部分，有封闭的边界，时间与距离成正比，交通运输条件是制约城市发展的重要因素，也是"中心地理论"和城市体系形成的重要基础。在这种传统思维下，生产者和消费者被默认为拥有全面的信息，搜集和获取信息被默认为是信息、服务、资金、劳动力流动的主要成本，信息高速公路即综合数据业务网的宽带化、个人化和智能化的高速发展使空间距离缩短到几乎可以忽略不计。

城市化的进程正经历一场数字化革命，城市从制造业中心转变成服务业中心后，又从服务业中心转变成信息业中心。城市的制造业和服务业已在全球范围内分布，传统的空间距离再也不是生产力布局的主要因素，国际范围内的城市经济联系打破了一定范围内的城镇体系，使之成为全球经济系统的一个节点，传统意义上的一个封闭的城市腹地范围已经不复存在。在这种情况下，国家或者城市面对资本的全球移动能力、信息的快速传递能力、市场渗透能力以及文化传播能力感到力不从心(卡斯特,1989)。

由于生产区在空间上的灵活性逐步增加，就业岗位、零售业、服务业、制造业、娱乐休闲业在空间上的分布也随之灵活，表现出离心化趋势。城市居民的居住地与就业地之间的空间关系变得更加松散,制造业更加扩散,人与人之间很少面对面交流,城市拥挤程度会减轻,城市将摆脱传统的距离束缚而变得更加松散,城市社会变成没有亲近力的社会。电子信息网络的发展改变着传统的城市体系,改变着城市的功能结构和规模结构。"未来的城市会随着中心区的腾空而继续蔓延,服务业会在社会交往方便的中心区和农村村落同时展开,城市和农村之间的环形地带将会分布着工厂和仓储区,以便吸引两侧的城市中心商务区和农村的人口。在人口稠密的大都市地区,中心区居民与外围的就业地的联系助长了对大规模交通系统的运用需求。然而,电子网络的家庭化,使得只有极少数人通勤去工作,与工作有关的交通拥挤现象将大大减少,除非被日益增加的旅游量所弥补,或者被由于电子销售而日益增加的送货交通运输所弥补,但这种交货时间在白天会分散分布"(Schule,1992)。

但是,全球化在地理空间上的分散化仍然将与集中化并存,全球化需要的是新型的空间集中形式和最高层次的经营和管理中心(Sassen,1999)。这些中心将随着全球经济和信息技术的变化而变化。这是因为信息产业仍需要广泛的物质基础设施作保证,信息产业的根本任务仍是振兴传统产业而不是消除传统产业。在这种情况下,这些中心与地理空间的集中并不直接对应,它可能以空间网络节点形式出现,这些节点通过信息网络集聚在一起成为最为先进的中心。

二、城市化现状问题

1. 欠发达地区的过度城市化及其问题

如果说 20 世纪 60~70 年代欠发达地区城市化的主要问题是城市化水平低,城市人口增长快,那么 80~90 年代城市化的主要问题是城乡人口分布和流动。大量农村人口流向城市,一方面改变了城市发展的传统模式,同时也给城市化带来了区域差异以及自然环境、城市环境恶化等问题。传统理论认为工业化和城市化之间的关系是因果关系,即工业化是城市化的基础,城市化是地区发展的必要条件。尽管城市发展的这种模式持续了 2 个世纪,但自从 50 年代和 60 年代以来,这种模式却发生着根本性的改变。直到 19 世纪末,大部分农村人口与城市中心区之间的联系还很少,他们仍居住在幽静的自我满足的农村社会中,而现在,世界各地的农村人口都跟城市有着密切的联系。在发展中国家,大量农村居民抱着美好的愿望来到城市,而贫困的城市常使得他们"上了城市的圈套"(Josef Gugler,1997)。

萨瓦尼(N. V. Sovani,1964)研究发现,在相同的城市化水平阶段,欠发达地区的工业化水平比发达地区的工业化水平要低,城市人口的增长并没有伴随经济的增长,于是提出了过度城市化概念。所谓过度城市化,简单地说就是只有城市化,而没有工业化。过度城市化的一个主要原因是城乡移民。发展中国家的投资、税收、价格和其他政策都是有利于城市的发展的,政府常常偏向发展城市而忽视了农村。城市偏好政策导致了农村的贫穷与城市的增长以及城市和农村的巨大差异,这种差异使得农村人口大量流向城市,高自然增长率和机械增长率使城市过度膨胀,大量农村人口在城市和农村之间摆动,例如中国的民工潮现象。从宏观经济看,这些新增的"城市居民"不仅失去了在农村的潜在产出,而且由于在城市中居住成本要比他们原先在农村居住大得多,增加了社会成本。另一方面,这些移民在城市中往往得不到充分的就业,使城市劳动力过剩,低技术劳动力多,失业率高,部分劳动力使用不当,为社会创造的价值少(Josef Gugler,1997)。

随着城乡移民的不断增加,城市的社会、经济和管理问题变得更加复杂。许多城市的非正规部门职工数超过了正规部门的发展,非正规部门的劳动力和非正规部门经济在城市中的比重越来越大。

欠发达地区的快速城市化始于战后,比发达地区迟100年左右,当欠发达地区快速城市化时,发达地区已经开始郊区化、逆城市化。在过去的30年里,世界经济结构的重建成为欠发达地区城市化的主要推动力量。欠发达地区的城市化是在世界经济体系的边缘位置和不同的国际经济关系中进行的。二战以后,许多发展中国家政治上纷纷独立,经济上也开始追求自主,随着出口替代战略的实施,中国、印度等许多发展中国家沿袭了前苏联的重工业化道路,建立了自己的重工业体系。60年代后,许多发展中国家通过刺激外来企业在本国发展产品能够返销的轻工业,实行出口替代战略,从而出现了大量的出口加工区和工业开发区。通过这些工业化战略,发展中国家的工业整体水平和城市化水平大大提高,一些新兴工业化国家或地区进入了世界前列,如中国、巴西、印度、韩国、墨西哥等。

大部分发展中国家并不完全是从工业化到城市化,而是直接进行城市化,这种城市化模式的动力来源于"推力"和"拉力"。所谓拉力是指二战以来,发展中国家实行进口替代战略,大力发展民族工业,产生了大量的就业机会,工业化拉动城市化。所谓推力是指二战以来,发展中国家农业生产效率大幅提高,推动了农村剩余劳动力向城市转移。

由于欠发达地区城市化的特殊性,世界城市化速度渐渐变成了跟经济发展水平呈反相关。发展中国家的城市化速度虽然很高,但与发达国家或地区由工业化引起的城市化模式却大相径庭。

2. 发达地区的逆城市化和郊区化及其问题

所谓逆城市化或郊区化就是指城市人口规模和密度不断下降的过程。20世纪70年代和80年代,北美、欧洲、日本等发达地区许多城市群人口缓慢增长或出现负增长,如美国的布法罗、克里夫兰、底特律、新奥尔良、纽约、匹兹堡、圣路易斯,英国的伦敦、伯明翰、里兹、曼彻斯特,德国的不来梅、杜塞尔多夫、埃森、汉诺威,日本的京都、大阪等城市。这些城市的人口不断地向小城市或者农村迁移。

不仅世界发达地区逆城市化已经取代了城市化而成为决定聚落模式的主要力量,人口移向小城市或者农村,而且欠发达地区的一些特大城市尽管人口增长速度为正值,也开始经历城市人口增长速度下降的过程,例如巴西的圣保罗、里约热内卢,墨西哥的墨西哥城,阿根廷的布宜诺斯艾利斯等。18世纪后期和19世纪早期的工业化使北美和欧洲得到了快速城市化,城市的工业发展需要大量劳动力,同时技术进步使农业人口大量过剩,农村人口源源不断地流向城市。世界发达地区的城市化是一个自然流畅的过程,可以用平滑的S型曲线来表示。英国在1811~1851年期间城市人口平滑上升,当城市人口达到50%时,曲线开始平缓,20世纪30年代左右当城市人口达到75%时,曲线开始平滑下降。由此可知,城市化是一个有限的过程,存在着一个转折点或者是最大点,在这一转折点后就是郊区化或者逆城市化。城市社会学将城市化分成了三个阶段,即工业化、后工业化(现代化)、资本主义扩展阶段。18世纪至20世纪初为城市转向工业社会时期,机械化大生产模式所造就的富裕的资产阶级有能力离开工人阶级居住的环境日益恶化的市中心区,中心区的工人阶级失去了社会上层阶级的控制,居住在空间上的分离导致了不稳定城市社会(David,1983)。针对工业化所出现的问题,20本世纪以来产生了政府干预、产业重组、环境保护等"后工业化"特征,政府成为国家工业化和经济发展的重要参与者,郊区化减少了工人阶级和富裕阶层之间的空间差距,从而成为后工业化时期城市化的主要特征。最近几十年工业资本主义已发展成了所谓的共同资本主义,城市化已步入了资本主义扩展阶段,相对独立的生产体系被重组成相互依赖的生产体系,高度专业化生产体系带来专业劳动力在空间上的更加集聚,城市居住空间也变得更加分散,郊区化被看成是现代城市不断产生不同居住模式的长期积累的过程。

近20年来,世界经济全球化不仅使城市之间联系更加紧密,而且极大地影响着城市增长、城市体系和城市生活。在20世纪50～60年代,制造业的扩散作为城市化的主要动力,不仅提供了丰富的城市生活用品,而且提供了城市和郊区扩展所需的基础设施,城市之间的竞争主要是在国家内部。70～80年代,国际金融、国际投资、国际旅游等成为城市增长的主要动力,极少数"世界城市"左右着全球经济,逆城市化或郊区化成为现代全球资本集聚系统在聚落空间上的一个重要表现。

在21世纪前半叶,逆城市化将在发达地区持续下去,郊区的住房、办公区、购物中心、工业园区已花了巨大的投资,郊区已与市中心并无多大差别,不仅可以居住而且可以就业,郊区生活对发达地区的城市居民来讲仍具有强大吸引力。市中心区的吸引力越来越小,相应的住房投资大幅减少,居住环境质量不断降低,医院、学校等社会性基础设施不再更新,商店因利润低而关闭,投资商对市中心区的投资信心不足,市中心区不断衰落。

虽然逆城市化或郊区化满足了社会经济的部分需求,但是它对个人交通的高度依赖不仅浪费了能源和污染了环境,而且浪费个人通勤时间。郊区化带来的城市中心区的萧条,使中心区的资源得不到合理应用。郊区化带来的低密度开发不仅浪费了土地资源,而且增加了基础性投资,增加了交通成本,拉大了中上阶层与下层居民消费水平的差距,加深了社会的不平等。

3. 城市化给自然环境造成了巨大压力

世界城市化水平不断提高,城市人口不断增多,城市发展对土地、住房、水、电等资源的需求及其"三废"排放,给自然环境带来了巨大压力,全球气候变暖,自然环境恶化。可持续发展成为世界城市化一大问题。

城市化带来了土地资源的过度消费,不管是东方还是西方国家,很少能够控制城市蔓延,城市边缘区的低密度开发,不仅增加了各项服务设施的成本,而且减低了土地利用效益。

发展中国家许多城市土地市场不成熟,城市规划不尽合理,城市用地每年以10%左右的速度向外扩展。例如开罗每年有1 200 ha的农业用地变为城市用地,墨西哥城每年侵占约1 000 ha的农田和700 ha的森林。快速城市化使城市中心区土地价格急剧上升,远远超过市中心区普通市民的承受能力,迫使他们迁移到城市边缘区。拥有土地所有权的政府部门借此大量批租,积累资金。而在城市边缘区,地产商进行土地投机。因此,发展中国家的城市土地不仅仅是土地总量少的问题,更主要的是土地使用效益的问题,在城市中心区仍然存在着没有充分利用或利用效益低的土地。

住房不仅是商品,而且是人们生活的必需品。不断增加的城市人口使城市住房相应增加。在发展中国家,由于城市建设资金有限,住房十分紧张。例如,泰国每年需要30万套城市住宅,但政府财力只能提供6千到7千套。印度马德里每年需要30多万套住宅,但政府和私人部门只能提供6千套。

城市的生产、生活需要一定质量的水,由于汲取和处理地表水需要较大的投资,发展中国家许多城市往往取用地下水。对地下水的过度开采常导致地下水位下降、地面下陷,沿海地区还会产生海水倒灌。城市化带来大量的城市污水。在发展中国家城市供水设施发达,但城市污水处理设施却相对落后,城市大部分生活污水和工业污水未经处理,大部分直接排放到地表。诸如曼谷、雅加达以及其他的东南亚国家城市没有公共污染水处理系统。

城市人口的增加使城市生产、生活燃料增加,城市交通废气也随之增加。大部分发展中国家城市空气污染指标已严重超过居民的健康标准。世界一半以上的家庭仍然用固体燃料进行炊事,尽管这些家庭大部分分布在农村,而城市中的大部分贫困家庭也在使用。城市空气污染会造成城市酸雨,甚至破坏地球大气臭氧层,导致全球气候变暖。

城市化也会带来大量的城市固体废弃物。大量的城市垃圾露天堆放,有些发展中国家城市将城市垃圾倾倒到河流中,不仅污染了周围空气,而且污染了所在地的地下水。

发展中国家的过度城市化所带来的环境问题对城市中的贫困居民的影响最深。许多贫民区常处在城市政府根本无暇顾及的、环境质量最差的地段,这些地段缺乏诸如给排水等最基本的生活设施,空气或噪音污染严重,低收入迫使城市贫民遭受恶劣环境的影响。

第三节
世界城市区域化的趋向

城市区域化与区域城市化(regional urbanization),是当代人类社会进步的一种表现形式,也是生产力高度发展的空间布局的存在形式。作为地区经济建设和人们从事各种政治、社会、科学、文化艺术活动不可或缺的物质载体——城市及其形成的城市群体,是社会先进生产力的凝聚点,是各种生产要素和资源进行优化结合和配置的最佳场所;城市同时也是一个国家国民经济的主要支撑点和现代化建设的基地。

城市的发展以及城市区域化(形成城市连绵区或城市群体),是当代社会生产力高度集聚的空间表现形式,"这种空间存在形式的规模多大,它的结构、布局如何,它采取什么具体形态,是经济、政治、文化、地理等诸多因素交互作用,在长期的历史发展中自然形成的"[16]。从这点看,城市区域化的范围、产业结构、布局形态和经济指数都是受地区自然条件与经济发展水平所制约的;而城市群体内各个城市的发展和形态,也总是受到一个国家和地区当时具体的历史条件和自然环境的制约而不能超越它。人口集中产生聚集效应,弘扬了科学文化、生产资料和生产力。在20世纪,大都市的光彩璀璨夺目。而在未来的世纪里,城市居民的数量将有史以来首次超过农村居民,成为名副其实的城市时代[17]。当前世界上经济高度发达的美国、日本和西欧共同体各个国家,城市区域化的发展日益成熟,日趋现代化、国际化、信息化,为举世所瞩目。据我们多年在北美、日本、德国和法国等地的考察证实,当代世界大城市区域化的发展趋势有如下几个特征。

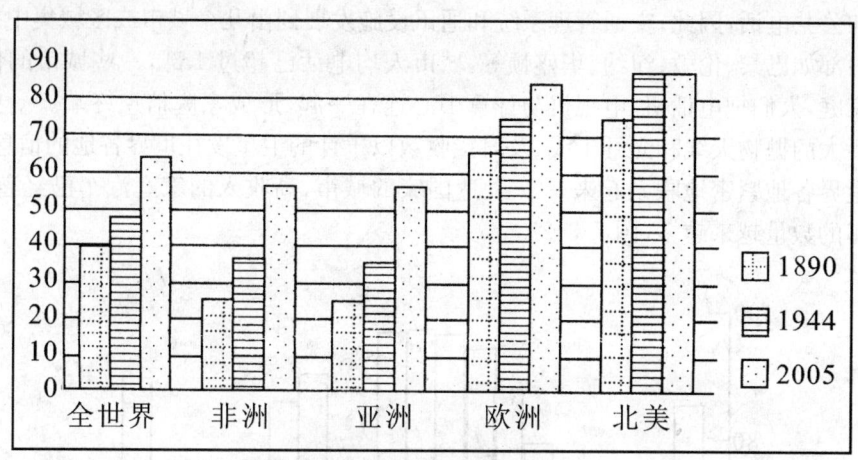

图 7-3-1　世界城市化水平比较图（1990 年、1994 年、2005 年）

资料来源：Klaus Daniele, Low-Tecb, Light-Tecb, High-Tecb.
Building in the Information Age. 1998.11.

1. 大城市区域生产力高度集中化的趋势

在一定的城市化区域范围内，尤其是超大型城市地区和大中小城市密集区域，由于生产力布局的集中和交通运输网络化的趋势，众多的城市密切联系、相互依赖为一个城市群体，其中有一二个城市起核心作用。例如，美国东北部与五大湖区是目前世界上最大的城市群之一。它以在全国的金融中心纽约为龙头，包括综合交通运输枢纽"节点"的芝加哥，钢铁城市匹兹堡等等，组成一个大型化、专业化、协作化的现代工业生产有机综合体。这一个庞大的城市群落的形成，促使这一地区的经济迅速崛起。目前，这一地区的面积和人口分别占美国的 15% 和 20%，而创造的工业产值却占 60%，可见城市群体化的优点是非常显著的[18]。而在日本的东京、横滨大都市区域，大阪-神户地区和德国的鲁尔区城市群，都是资本主义国家生产力高度发达、城市高度集中的地区，人才与财富高度富集地区，其发展趋势是日益走向大型化、区域化、生产集约化的工业与城市的有机综合体。世界银行《开发投资》（1985 年）有关城市化问题的十二章指出：从经济效益和实际上便于管理的观点来看，多大的城市规模最为理想，过去 30 年中理论及实验的研究得出的结论是，理想的城市规模并不存在，但城市人口规模也有一个相对的门槛，超越了就会出问题。人口密集的集中优势，产生了各种交流的机会，较容易进入市场形成规模经济；信息灵通、城市人口集中容易得到熟练工人与高新技术；一定时期内的经济发展状况、各种可能都会得到完善的服务，将使城市本身的作用及其未来发展体现现代化社会的明显特征。

2. 区域城市化是区域性基础设施日益现代化的过程，也是城市化的重要特征

城市区域化必须要求地区性的基础设施与之相配合，特别是城市之间要有发达的交通运输网、现代化通讯系统、供电、供水和上下水系统。今天的纽约和芝加哥之间就有 6 条平行的铁路，还有高速公路和其他干线公路 8 条，每周往来的飞机航班超过 150 架次，从芝加哥向全美国放射状的铁路线有 32 条，还有私人小汽车和各种出租汽车 210 万辆，形成了美国东北部和五大湖区发达的交通体系[19]。在巴黎和东京市区，几乎在 800～1 000 m 以内均能找到地铁车站和公共电话；在郊区或工业卫星城镇的干道上一般在 1.5～2.5 km 以内也设有各种公共汽车站和公共电话，因此，交通管理系统和通讯设施发展到由几个城市或区域集中控制。现代化城市内部如巴黎、伦敦、纽约、华盛顿等，城市人均电话已超过 1 部，一些城市的信息网络已延伸到家庭，人们把电话机、电视机与计算中心连在一起，形成家庭信息终端。一些特大城市还通过巨大的抛物天线和光纤干线，及时接收数以千计的卫星发往世界各地的信息，把全市与全国和世界各地紧密地联系起来[20]。发达国家的城市，高收入的家庭汽车已经普及了，而且拥有汽车的数量越来越多（图 7-3-2）。

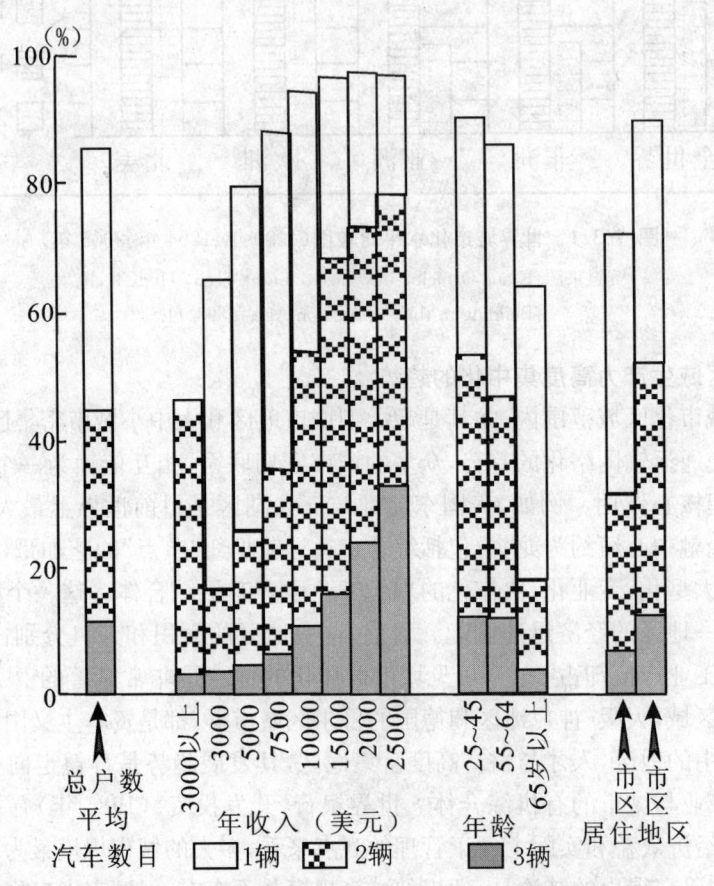

图 7-3-2　美国 80 年代初各户购买汽车数量分析图

3. 在一些城市密集分布的超大型城市群区，首位城市与重要的区域发展中心日益发展为国际化、信息化与现代化的中心城市

例如，日本东京湾的城市群区最大的城市东京，自江户时代明治维新以来，尤其是近半个世纪的发展非常之快，现在可以说是世界上最大的现代化城市，与美国的纽约相比人口规模已经超过一千多万人，建成区面积达 960 km²，城市群的开发地区有 2 162 km²。东京是世界有名的大城市，城市化水平与城市群的集中程度很高，东京如何走向 21 世纪，全市域的区域总体规划（1991～2000 年）令人瞩目，东京目前基本上完成了第三次长期计划（1991～2000 年），他们称之为"打开 21 世纪大门的十项提案"，非常雄伟壮观，规划事业的主要工程项目有 202 个，工程总费用达 311 791 亿日元[21]。包括住宅、交通、都市结构、人口就业、企业创新、卫生与环境等十个要点。上述十项重大计划实施成功后,使东京城市更加国际化、信息化、现代化和高度城市化。今后东京附近地域城市布局将更加合理地发展,具有充分的城市个性。中心城市与附近的新城市形成具有强大的吸引中心以及相当繁华、热闹众多的"副都心"所围绕的核心城市,形成多心型的城市群区域结构的空间特征(图7-3-3)。

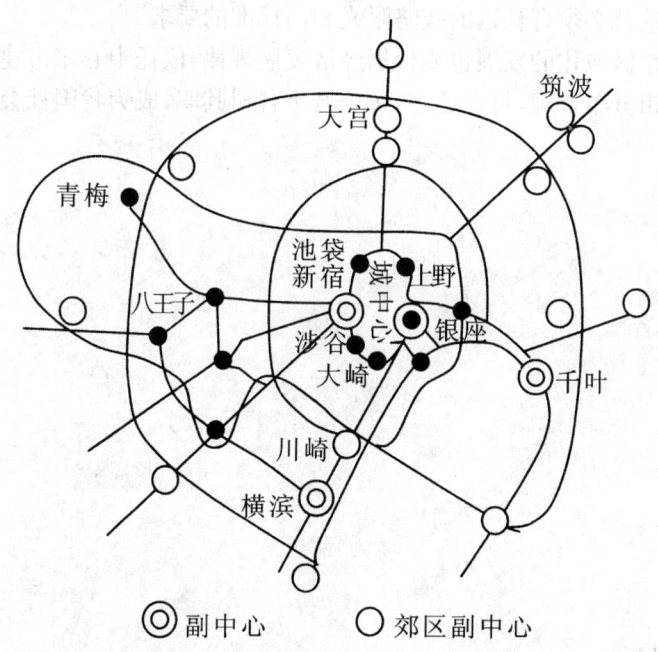

图 7-3-3　东京大都市地区城市群图

资料来源:Planning fo TOKYO, 1990.

4. 从城市群区域的空间布局考虑,不仅每一个城市,而且从城市群地区的整体观念出发,创建良好的工作与生活环境,这也是21世纪城市区域发展的重要特征

目前,世界上许多城市群区,如美国的五大湖区、英国的大伦敦地区、东京湾城市带、巴黎盆地和鲁尔地区城市密集区域,都十分注重区域性的生态环境与城市本身环境的改善。例如,东京在21世纪到来之前,总体布局中就考虑到如何创建一个人类与环境取得协调的城市,认为首先要极力控制资源与能源的消费,保护文物古迹、公园绿化,新建人文空间,创建市区郊区整体绿化地带和润泽的空间;同时,还要有效地治理环境、控制三废污染以及有效地利用城市垃圾和城市排出的热量,推进废物利用型城市的公益化社会的建设,实现城乡一体化、环境美化的建设(图7-3-4)。

当代世界城市区域化的发展前景是令人鼓舞的,对于我国的城市规划与建设有许多可借鉴

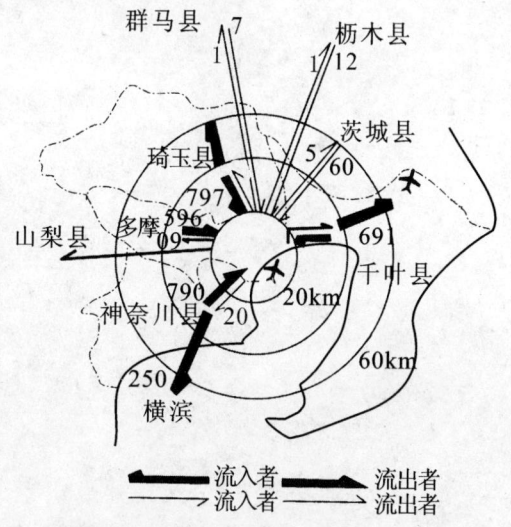

图 7-3-4　东京地区城市群昼夜间人流分析

资料来源:Planning fo TOKYO, 1990.

的地方。城市群的发展也要适应新的形势,"要立足现实,面向未来,要有预见,有远见,要高瞻远瞩。对于城市的发展不仅在人口规模上要有预见,而且在布局结构、建设标准上,也要有远见"。同时,"我们要建设环境良好的生态城市,在城市周围,只要条件许可,就有必要搞大面积绿化带,大城市一般应当搞分散组团式结构,扩大近郊绿地,留下必要的发展余地,而不是使城市继续'摊大饼',这就必须有长远的战略眼光和高标准的要求"[22]。

总之,我国城市区域化的发展也要根据经济发展规律,依托中心城市建立现代化的城市群区域,使大中小城市分布合理,规模适中,每个城市各司其职,成为我国社会经济现代化的重要基地。

第四节 城市体系发展趋势

一、在经济全球化条件下,亚洲的城市空间发展趋势[23]

经济全球化产生了新的国际劳动分工,发生在亚洲新兴工业化地区如韩国、中国台湾和香港,以及新加坡的新的国际劳动分工,以直接的外来投资为特色,以接纳来自发达国家的工业转移区成为主要的趋势,在这种背景下的空间趋势又如何呢?

道格拉斯(Douglass 1992)将其归纳为五点[24]:①在某一国家范围内空间极化更趋明显,跨国公司的活动集中在重要的地区及周围,而腹地的发展则滞后。②由于巨大城市地区的出现,以区域为基础的城市化升格为以城市为基础的城市化。③世界城市的联合与国际城市体系的形成。弗里德曼(Friedmann,1986)将诸如伦敦和纽约的城市描述为世界城市[25];而国际城市体系中第二层次的城市则大部分位于亚太地区,在世界城市与实际进行工业生产的城市之间扮演中间人的角色。④跨境发展。著名的跨境发展地区有:新加坡、马来西亚及印尼之间的增长三角,香港与华南地区,以及中国东北与俄罗斯的图们江地区。⑤国际发展走廊的形成。国际性的海陆空交通通道及网络的集聚,加上有效的通讯网络,将世界经济连接成一个生产、消费和交易的实体[26]。

二、企业家的城市与企业家主义[27]

20世纪80年代、90年代的西方城市在外观与感觉上与从前相比有了很大的不同。这种后工业的、后现代的城市形态具有矛盾的特质。一方面，新的城市形态灿烂壮观，郊区零售业中心、濒水发展项目、历史文脉的保留等等改变了城市空间的地理特性。另一方面，城市中用阶层、人种和性别划分人群从来也没有像今天这样严重，新的回迁重建地区以其顽固的依赖性、贫困和不稳定出现在曾衰落的城市中心附近，新的西方城市可说是极化的城市。因此，城市从未像今天这样令人既爱又恨，既蕴含了动人的未来之梦，又与动荡、剥削以及分化的预兆纠缠不清。

与此同时，城市的运行方式发生了变化。城市政府重新定向，从注重福利和服务转向注意促进和鼓励地方增长和经济发展。新的政策由一系列新的代理及机构支持和资助。通过与私人部门的合作，地方政府吸收了一些典型的商业特性，包括风险承担、创造力、宣传、利益趋动等。因此，许多评论家指出，企业家的城市出现了。

企业家主义的提法，鼓励探究城市被运行于一种更商业的行为模式的意义，目前是一个被广泛引用的概念。地方政治家和行政官员喜欢采用这样的措辞，他们也日益肯定采用企业家的立场有利于资本在城市里的积聚。不过，城市的这种转变，其影响到底有多深远还不大清楚。虽然有不少文献论及企业家的城市，但在理论与实验方面均显不足，在界定企业家主义的特征以及论述企业家主义与发达资本主义机制的关系上极少有一致性。有评论家指出，企业家主义的研究不应局限于城市政治地理的范畴，而应当是一个包括更广泛题材和内容的现代城市地理学词汇。

三、美国城市体系的研究举例

之一：弗里德曼的"城市田"(Urban field)概念

当欧洲使用"集合城市"与"都市综合体"来描述城市在物质形态及功能上的多核集聚时，美国则采用"城市田"（城市场）来描述后工业社会基本的城市单元。弗里德曼（1978）指出，城市田可以被认为是一个大的多核心地区，具有较低的密度，它的形态则由精密连结的社会、经济网络演化而成。城市田的多个核心分布在以农业和休疗养功能为主的绿色空间上，城市田赖以演化形成的中心城市渐渐失去其主导地位而成为该地区众多专业化核心中的一个而已[28]。

虽然弗里德曼没有精确定义城市田，不过通常城市田被认为是至少包括30万人口的核心吸腹地，以两小时的驾车时间所到达的地方为外边界。据此定义的城市田的人口规模从50万至2 000万不等，覆盖了美国居住了90%人口的占总面积1/3的地区（见图7-4-1）。因为城市田是基于较高水平的个人机动性来定义的，所以它包含了较广阔的低密度地区[29]。

之二：戈特曼"都市带"概念（也译作"都市连绵区"）

由于美国城市田的外边界日愈连接，更松散的互相连结的城市化地区的概念被提出。戈特曼（1961）首先提出"都市带"的概念来描述美国东北海岸从新汉普郡南部至弗吉尼亚北部长800 km，从大西洋至阿巴拉契亚山脚平均宽240 km的巨大城市化地区。这个地区的人口当时为3 800百万,以波士顿、纽约、费城、巴尔的摩和华盛顿为中心(图7-4-1)。

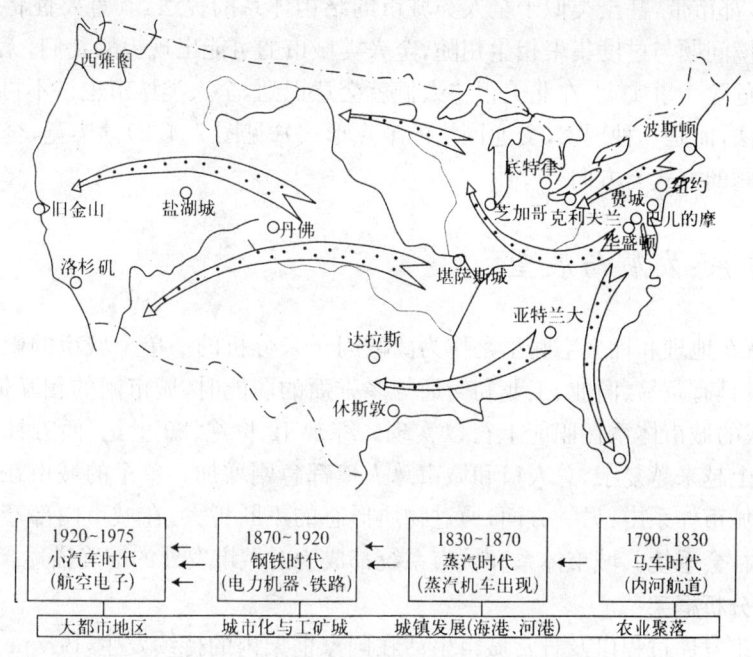

图 7-4-1 美国的城市地带及其城市化过程

1976年,戈特曼进一步定义了都市带城市体系的特征。他认为,都市带的人口下限为2 500万,并极具承担该国重要的国际贸易、技术、人才和文化交流职能的潜力。因此,交易行为应当是其经济结构的核心要素,其区位倾向于重要的国际交通转运点。由于规模巨大,都市带一方面是典型的多中心形态;另一方面,其内部物质形态的连续性和中心之间功能上的相互作用使其自成一体而与较低城市化水平的地区区分开来[30]。当然,完全的物质形态上的连续性不作为都市带城市体系的必要条件,相反,体系的凝聚力更主要的是依赖于交通通讯设施,美国东北海岸就是一个例子。按照以上的定义,最初被界定的6个都市带包括:美国东北海岸、五大湖沿岸、日本东海道地区、英国以东南为中心向西北方向延伸的地区、西北欧以阿姆斯特丹、巴黎和鲁尔为中心的地区,以及以上海为中心的长三角地区。

都市带的概念提供了对宏观城市化地区的一种表述,在物质形态和功能方面的内涵并不强。尽管如此,对于研究当代世界经济、社会、政治全球化背景下的正在出现的大规模的城市体系、都市带提供了一个大尺度的框架。

之三:杜克西亚迪斯的"全人类城市"

杜克西亚迪斯(Doxiadis 1968)提出了一个更具未来色彩的概念,"全人类城市"[31]。这个提法基于对世界人口趋势的纯理论的预测,它假设到21世纪末世界人口将达到预测基数的10倍。在这样的情形下,可以想见相互分离的城市化地区之间的功能联系会有极大增长,因此城市聚落在物质形态上的连续性也会随之增加。这种可能出现在可居住地表上的连续的城市体系,杜克西亚迪斯称它为"全人类城市"。全人类城市的空间界限是由所存在的可以支持未来人类聚落的适合的平地及气候条件所界定的。显然,这样长年限的人口预测包含了众多的不可预知性,而以此为"全人类城市"的立论基础,的确推测的成分居多。但这个概念并非没有价值,鉴于许多发展中国家的人口爆炸和大部分发达国家间歇性人口增长(尽管增长率很低),可以预见,都市带,甚至类似于全人类城市的结构体系的提法,其重要性将会上升。既然城市和社会环境问题与过度集聚相生相随,全人类城市的可能出现提醒我们,无控制的城市增长极具潜在的危险。事实上,在北美很快人们就会意识到,全人类城市也许不再仅仅是一种具未来色彩的提法,而是一种现实(交通网络的节点形式)(见图7-4-2)。毕竟,全人类城市提供了一个思考问题的方式与方向[32]。

四、城市体系:发展与展望

最初,城市在地理和社会空间里是作为离散因子来分析的。单个城市的影响不再局限于某个地方,并且具有贸易、商业、工业和交通等多方面的职能时,城市间的相互依赖增加,由城市、城镇连结成的城市体系在职能上得以实现。综观19世纪、20世纪,西方社会的城市体系在职能和形式上越来越复杂,总人口和城市总人口都急剧增加。单个的城市在职能上不断被整合到较大的城市体系中;另一方面,通过物质形态的不断扩大,在城市内部产生了整合的和较大的经济和社会系统。城市体系和城市系统都成为对城市发展的准确描述[33]。

1. 传统的分析框架

观察到城市发展过程以及日常城市生活在国家框架内的持续发生,Bowne(1975)[34]提出了一个相互作用的国家、区域及地方城市体系的图解模式,形成了城市群体的动态过程,对于分析城市体系在物质形态以及功能上的相互衔接,提供了一个思路较宽的初步框架。

波拉尼(Bourne)的阐述,将城市体系分为相互衔接的三个层次:国家、区域和地方。国家城市体系由多个大都市主宰,以阶梯状的规模层次为特征,每一层的城市数目随着城市人口规模的减小而有序地增加。区域城市体系套在国家城市体系之中(如图7-4-2所示),与国家城市体系比较相似,不过其差异清晰的规模层次比国家城市体系的要少。区域城市体系通常是由一个大都市组织起来,城市人口规模普遍较小,并且当沿着规模层次向下观察时,会发现城

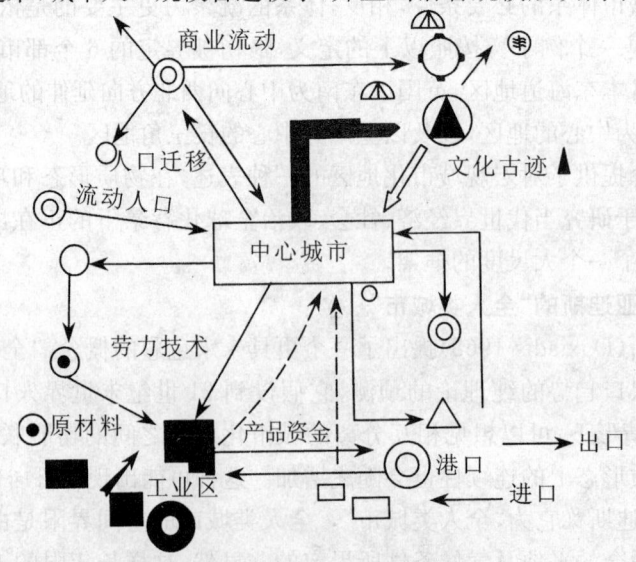

图 7-4-2 城市体系与城市群体的动态过程

市人口规模下降较快。包含在区域城市体系之中的是地方城市体系,或称日常城市体系,它们代表城市居民的生活空间,是当中心城市的影响向外扩张、吸收和重组邻地区时形成的。

伯尼(Barne)进一步指出,在较小的国家,可能较难区分全球城市体系与地方城市体系;而在较大的国家,正相反,这两个层次的城市体系均有可能再细分。波拉尼的解释模型作为传统的对城市体系框架的理解,至今仍应用于西方工业国家。

2. 对大都市形成发展的理解

在波拉尼的城市体系图理解模型中,大都市是所有三个层次的支撑点。认识大都市形成发展的过程,将有助于更好地理解城市体系的形成与发展。既然城市体系和城市系统都是对城市发展的准确描述,理解大都市内部的微观过程,无疑可以加深对城市体系宏观过程的认识。

霍尔(P. Hall,1989)[35]曾提出过一个城市发展的一般理论模式,他认为该模式适用于任何国家及不同的时间段。该模式正是针对大都市内部这样的研究尺度,考虑在不断改变的交通技术影响下,当只有一定程度的地方层面上的规划参与时,市场的力量所形成的一般大都市结构。

模式由三个不断演进的阶段组成。

在交通不发达的历史时期,任何地方的大都市,其内部结构的形成都极相似,都在历次政治动荡的防御职能的附近。随着时间的推移,不规范的街市成为有规划的市场。大一点的城市结构复杂,具有一系列小的次一级城市,有时候这些小城市有独立的防卫系统,并且个个都有自己的市场。劳动密集型的手工业从市场职能中分离出来,位于市场附近。工人通常住在商店的上边,因此居住与工作的区分不明显。总的来说,城市用地规模仍然较小,不过人口却相当密集,虽然经历不少的自然灾害、政治动荡和传染病流行而令人口短时间内骤减,但稠密的城市状况却保持下来。

第二阶段,现代交通系统的产生给城市带来了较大的改变。但总的来说,交通方式的改变对大都市的结构的影响,导致了尖锐的社会分化。铁路的发展促进了中产阶级向郊区迁移和城市核心因为商业目的再开发。机动性较小的工人阶级则被迫留在其工作地点附近,如制造工厂、市场、港口等。相当多的制造业仍然是传统的小规模、劳动密集型的作坊式生产,靠近城市核心,围绕着批发商号以灵活的生产方式组织起来。大规模的、集中式的生产首先是靠近港口或临水的资本密集型企业,接着是一系列大众消费品的生产。此时,一部分工人开始向外搬迁,更靠近这些新的工厂,结果,大都市形成二元结构:一部分具有很强的向心性,由铁路将通勤者所住的郊区与商业中心相连,另一部分则由一系列通常位于地形、气候或生活方式不够理想地带的工业镇所组成,工业镇的住宅离工厂或仓库非常近。至此,大都市形成了鲜明的社会结构,由环、扇形和多核心复合而成。工人阶级靠近城市核心,中产阶级远离核心谓之"环";工人阶级居住于低洼潮湿的地区,中产阶级居住于高亢通风地区谓之"扇形";大都市急速扩张吞并附近最初的独立城镇产生"多核心"。

有相当长的一段时间,基本上没有什么积极的规划干预来减缓此类社会分化。当后来有了规划干预,情形也没什么改观。由于规划主要采用功能分区的形式,把被认为不能和谐共存的城市用地分开,如将工厂从居住区搬走,将商店集中在商业区等。可是这种干预对现存的地区影响不大,这就意味着工人阶级继续占据旧的、不理想的功能混杂区,而中产阶级则成为功能分区的受益者。当时的小手工业者也因住不起功能分区完善的住宅地区,只得住在靠近自己工作或时常有小买卖的地方。因此,城市的两个部分日益具有不同的空间结构。

第三阶段,发达国家的大都市地区的大众的摩托化对城市结构产生了根本的影响。新的郊区在公交可以到达的地方被开发,新的购物与服务中心集结在小汽车容易到达的地点。城市土地利用的分化在更大的规模上形成。随处存在的劳动力促使雇主迁出大都市以寻找更低的租金和更充裕的劳动力,这不仅包括工厂和仓库的外迁,也包括服务业。大都市普遍采用多核心模式,传统的放射状通勤越来越弱,代之以互相交叉的、杂乱无章的交通结构,城市的交通干线日益拥挤。

霍尔指出,尽管上述模式具有普遍性意义,但在不同的国家或地区,细节上会有不同。论及发展中国家大都市地区与发达国家的区别,他指出,在发展中国家提大都市地区,应特别留意传统和现代两种城市形态并存的情况,这种双元的特点是真正的双元经济与双元社会的反映,其不平等的分化甚至仍像一个世纪前的发达国家大都市那样严重。

3. 对城市体系形成发展的理解

有一些城市体系形成发展的理论,从城市的规模分布探讨城市体系发展过程与规模分布的关系,如首位城市、等级序列模式;也有一些从分析城市与腹地的空间相互作用的动态过程着手,如中心地理论;还有一些则是从城市化的过程着眼。最简单的城市体系演化模式即是从城市化过程着眼的三阶段工业模型[36]。该模型认为城市化的特征与工业发展的三个阶段密切相关,而城市体系也由于各个工业发展阶段的交通通讯技术的变革而演化,表现出不同的规模特征、空间形态和联系的密切程度。这三个阶段即是众所周知的前工业、工业和后工业阶段,城市从单核演化成集合的城市体系(见图7-4-3)。

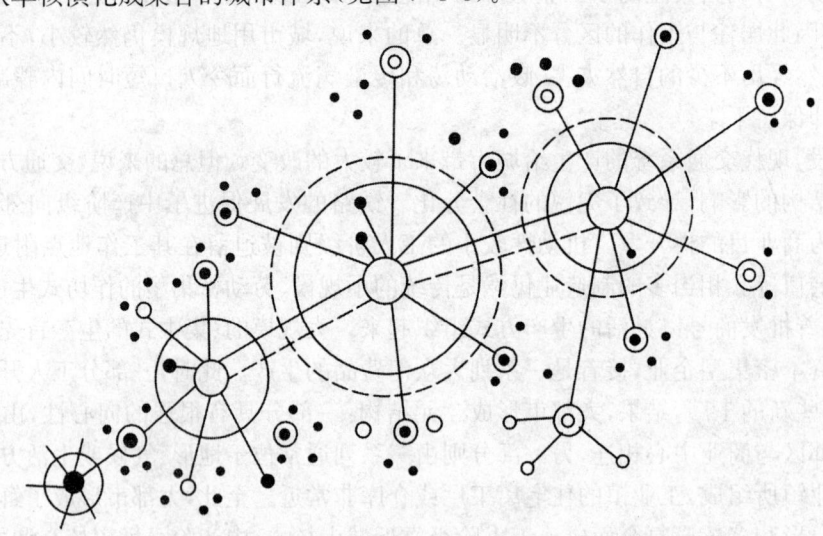

图 7-4-3 城市体系从单核演化形成

当然,这个三阶段模型并非放之四海皆准,不过至少反映了发达国家城市体系发展过程的某些规律。从前工业到后工业的过程经历了几个世纪,对世界上不同的国家和地区有不同的影响,理解后工业社会的特征无疑可以帮助我们更好地理解后工业的城市。比尔(Bell 1974)[37]认为后工业社会有五个特点:①经济方面,由注重制造业转向注重服务业;②社会结构方面,专业与技术阶层的地位大大提高;③理论与实践方面,研究与发展及其与政策的关系越来越受重视,理论研究成为新观念的来源;④技术方面,技术改变的影响受到越来越多的关注;⑤形成智力与高级信息系统的联合。这些趋势对城市的空间组织产生了显著的影响,中心城市不再是制造业的理想区位,制造业向城市边缘移动。某些批发零售业以及办公也受到了类似的影响。当然这样的外迁过程并不是均衡发生的,有的城市明显一些。比尔提出后工业社会的概念,一个关键指标是,非手工的白领阶层超过劳动者的50%。到20世纪80年代,美国、英国和澳大利亚的这类劳动者约为60%,可以说它们已进入后工业社会。

后工业社会逆工业化过程和服务业的兴盛,对城市产生了明显影响。Herbert(1997)[38]将其归纳为四点。首先,较大的城市在全球尺度上承担世界城市的角色时获得较为重要的角色。全球化的概念强调生产者与消费者之间的联系,以及在全球尺度上围绕世界城市运作的主要机构组织之间的联系。金融市场尤其是在全球化的情形下运作。其次,逆城市化现象中,传统的都市边缘的小城镇和半郊区开始成为吸引人和活动的磁石。再次,随着传统制造业的衰退,也产生了明显的区域效应。在美国,西部的阳光工业带由于高科技、研究与开发、资源导向等活动吸引工业再分布于此。在英国,以伦敦周围的快速干道为基础,形成了三个外围都市地区,亦形成了大量的就业的增长。最后是关于城市所依赖的信息基础和潜在的交流系统。随着信息传输的革命,空间摩擦下降,将许多行为束缚在具体地点的情形似乎消失了,"城市"似乎很难再被包裹在"地方"里。

4. 城市网络与信息时代

自20世纪70年代早期以来,世界经济日益全球化,城市体系也逐渐成为一个与此相关的重要尺度。城市体系的研究可以超越国家和地区的界限,城市网络成为城市发展的重要策略。经济以至文化、信息、行为方式的全球化,与通讯系统的发展与普及密不可分。信息时代经济、社会、文化与以前相比有很多不同,值得深思。

作为联系、生产与交换的本质的增长轴的城市,受到不断增长的政治、文化生活全球化的影响。传统的城市体系基于国家的框架,分为首都、区域中心等级别,但随着城市融入世界生产、流通、交换系统的机制的形成,传统的城市体系的框架的立论基础正在改变[39]。城市作为城市系统的一部分,不是按照传统理论的领土的连续性,而是建构在功能节点(中心城市)以及节点间的轴(商品流、人流、资金流、信息流)之上。

城市要想在全球化背景下运作,必须建立与其他城市的联系,允许城市在更宽的框架里运作。不断增加的中等城市之间的依赖与互补反映了一个事实:当考虑单个区域中或几个区域之间各城市的联系时,城市-区域的关系显得不那么重要了。因此,建构城市网络是在一个国家内形成更牢固和平衡的空间结构、增加凝聚力的基本要求。

从1985年至90年代,城市网络几乎成了大部分大中城市不可避免的战略。城市网络的目标主要考虑以下几点[40]:产生面向第三种力量的通道;团结微小的领土、经济、政治和人口空间,以产生和优化规模经济和集聚经济效益,加强通向边缘区的基础设施;在国际系统中定向,以便接近和利用不断增加的信息、交易经验和技术;实现领导职能;通过该网络,为各城市在更大的作用空间定位。简言之,城市网络是通过把城市体系的各城市带进更宽广、更密集的关系领域,以提升其地位的工具和机制。应当指出,城市网络这种领域的组织方式,是由建构城市网络的城市本身来界定的,而非以行政界限来界定。因此,城市网络跨越国家地区界限亦不足为奇。

如上所述,所谓的全球化与信息化过程,其所导致的社会转变亦有空间的量度。卡索尔

(Castells,1996)进一步地指出[41],这种空间的逻辑以"流的空间"为主宰,建构在把生产和管理的战略节点全球性地联在一起的电子线路上。不过,这并非我们这个社会唯一的空间形式,相反,我们见到"地方的空间"一如既往地作为绝大多数人日常生活领域的组织形式。应当说,主宰当今时代的重要机制是基于"地方空间"之上的"流的空间"。

关于当今所处的时代,Castells有进一步的论述。他指出,我们的社会已演化成基于"流的空间"的网络社会,并分析了网络社会中的社会变化[42]。值得留意的是,一方面时代预示人类正释放空前的生产能力,另一方面也许人类在短时间内还是无法解决诸多的难题。城市发展的研究当然也无法回避这样的矛盾。

五、结论

综上所述,城市体系的发展与社会、经济的发展密切相联。处于当今的网络社会和信息时代,处于经济全球化的背景下,客观认识"全球化"将有助于科学分析城市体系的问题。的确,发达国家的经济重构,产生了所谓的新的国际劳动分工,一方面使生产性服务业向大都市集聚,产生所谓"世界城市",因而有了"世界城市体系"的提法[43];另一方面,制造业的转移也为发展中国家提供了发展的机会,一部分国家和地区凭借这个机遇迅速崛起,如亚洲四小龙的崛起,相应地城市化进程也大大加快。

然而,有两点却不容忽视。一是从世界范围来看,城市内部的极化有增无减,社会不平等非但没有减少,反而增加。从"企业家城市"的特征[44]到发展中国家大都市[45]的特征,就是程度不同的社会极化的反映。另一方面,经济全球化并没有给大部分的发展中国家带来机遇,相反,众多的非洲、拉丁美洲国家在经济全球化的过程中,由于所赖以出口的原材料价格大幅度下跌,以及挥之不去的债务危机,陷入了严重的贫穷-灾害-更贫穷的恶性循环之中。由于经济的软弱无力,这些国家在自然灾害面前更加显得束手无策。

尽管亚洲在近二三十年来发展很快,然而问题却也不容忽视。一方面,国家是以牺牲环境利益为代价,接纳发达国家转移的污染性企业,结果严重破坏了自然环境。如果计算环境成本,这样的快速发展就会大打折扣。全球环境恶化,不但为发展中国家也为发达国家敲响了警钟。另一方面,亚洲金融风暴也提醒人们要清醒认识金融全球化的利与弊。应当说,这场地区性金融危机以及由此引发的全球性金融动荡是始料不及的,因为就在危机到来之前不久,东南亚几个国家还被视为发展中国家经济发展的样板。目前,虽然许多地区已出现经济复苏的曙光,世界经济所面临的问题仍十分严峻。由于日本经济积重难返,对东南亚的经济复苏将起着明显的制约作用。世界经济不景气导致初级产品价格持续低迷,将对非洲和一些拉美国家造成严重的困难。

因此,全球化的经济亟需全球化的管理。可是什么样的体制可以健全地服务于地区发展甚至全球发展呢?要想从矛盾重重的现有经验中寻找答案看来绝非易事。清楚认识到城市体系也处于同样的两难环境中,将有助于寻找折衷方案而非寄希望于一劳永逸,以减缓目前很多城市密集地区,特别是发展中国家的城市密集区的压力。

主要参考文献

[1] Castells M. The Informational City:Information Technology, Economic Restructuring and the Urban-Regional Process [M]. Oxford:Blackwell,1989.

[2] David Ward. The Place of Victorian Cities in Development Approaches to Urbanization [M]// John Patten, ed. The Expanding City. California:Academic Press, 1983.

[3] Josef Gugler. Overurbanization Reconsidered [M]// Josef Gugler, ed. Cities in the Developing World: Issues, Theory,and Policy. Oxford:Oxford University Press, 1997.

[4] Smith K R, Yok-Shiu F. Lee. Urbanization and the Environmental Risk Transition [M]// Kasarada J D, Parnell A M, eds. Third World Cities, Problems Policies, and Prospects. London:Sage Publications: Newbury Park, 1993.

[5] Sovani N V. The Analysis of "Over-Urbanization" [J]. Economic Development and Cultural Change, 1964,12:13~22.

[6] Peter Hall. Globalization and the World Cities [M]// Fu-chen Lo,Yue-man Yeung, eds. Globalization and the World of Large Cities. New York:United Nations University Press, 1998.

[7] Robert B. Potter, Sally Lioyd-Evans. The City in the Developing World [M]. Longman, 1998.

[8] Roger Keil. World City Formation, Local Political, and Sustainablility [M]// Roger Keil, Gerda R. Wekerle, David V. J. Bell, eds. Local Places, Black Rose Books. London:Montreal, 1996.

[9] Saskia Sassen. A New Geography of Centers and Margins:Summary and Implication in City in a World Economy. Califormia:Pine Forge Press, 1994.

[10] Saskia Sassen. The Impact of the New Technologies and Globalization on Cities [M]// Fu-chen Lo and Yue-man Yeung eds. Globalization and the World of Large Cities [M]. New York:United Nations University Press, 1998.

[11] Schuler R. E. Transportation and Telecommunications Networks:Planning Urban Infrastructure for the 21st Century [J]. Urban Studies, 1992,29(2):297~390.

[12] Stephen Graham and Simon Marvin. Telecommunications and the City, Electronic Spaces, Urban Places. London:Routledge, 1996.

[13] United Nations. World Urbanization Prospects [R]. The 1988 Revision. 1988.

[14] United Nations. World Urbanization Prospects [R]. The 1994 Revision. 1994.

[15] Webber M M. The Postcity Age. Daedalus, 97L1092, Fall,1968.

[16] 陈敏之. 时代赋予我们的历史使命[J]. 城市问题,1991(4).

[17] 吴良镛. 建筑学的未来(北京宪章)[M]. 北京:清华大学出版社,1999:37.

[18] 龚义清. 世界现代化城市的四大特征[N]. 中国城市导报. 1991-10-03.

[19] 姚士谋等. 现代化城市发展若干问题的探讨[J]. 地理科学. 1982(2).

[20] 沈道齐,崔功豪. 中国城市地理学近期进展[J]. 地理学报,1990, 45.

[21] 东京都厅城市规划局. 1960~1990国势调查[R].(日本)东京城市总体布局规划,1990.

[22] 周干峙. 在全国城市规划工作会议总结发言[J]. 城市规划,1991(6).

[23] Chan R C K. Urban Development Strategy in an Era of Global Competition:the Case of South China [J]. Habitat-lnternational, 1996, 20(4):509~23.

[24] Douglass M. Global Interdependence and Urbanization:Planning for Bangkok Mega-urban Region [D]. 1992.

[25] Friedmenn J. The World City Hypothesis [J]. Development and Change,1986,17:69~83.

[26] Rimmer P J. Megacities. Multilayered Networks and Development Corridors in the Pacific Economic Zone:the Japanese Ascendancy[R]. Working paper,1994.

[27] Hall T, Hubbard P. The Entrepreneurial City: New Urban Politics [J]. New Urban Geographies Progress in Human Geography,1996, 20(2):153~174.

[28] Friedmann J. The Urban Field as a Human Habitat [M]//Bounrne L S, Simmons J W, eds. Systems of cities. New York:Oxford University,1978.

[29] Herbert D T, Thomas C J. Cities in Space, City as Place[M]. 3rd edition. London: David Fulton Publishers, 1997.

[30] Herbert D T. see ref. 2.

[31] LeGates R T, Stout F, eds. The City Reader [M]. London: Routledge, 1996.

[32] Herbert D T. see ref. 2

[33] Herbert D T, Thomas C J. Cities in Space, City as Place [M]. 3rd edition. London: David Fulton Publishers,1997.

[34] Herbert D T. see ref. 1.

[35] Hall P. A Conceptual Framework for Strategic Areal Development in Managing Metropolitan Metamorphosis and Development: a Global and Historical Perspective [J]. Regional Development Dialogue, 1989, 10(4)(winter): 1~17.

[36] Herbert D T. see ref. 1.

[37] Bell D. The Coming of Post-lndustrial Society[M]. London:Heineman,1996.

[38] Herbert D T. see ref. 1.

[39] Borja J. see Castells M. Local and Global. UK:Earthscan,1996.

[40] Borja J. see ref. 4.

[41] Castells M. The Space of Flows:Elements for an Urban Theory of the Information Age[J]. New Media: Technology,Science and Culture,1996, 2.

[42] Castells M. The Information Age: Vol 1~3[M]. Oxfor Malden:Blackwell, 1996~1998

[43] Lo F, Yeung, eds. Emerging Cities in Pacific Asia [M]. New York: United Nationas University Press, 1996

[44] Hall T, Hubbard P. The Entrepreneurial City:New Urban Politics [J]. New Urban Geographies Progress in Human Geography,1996,20(2):153~174.

[45] Hall P. A Conceptual Framework For Strategic Areal Development in Managing Metropolitan metamorphosis and Development:a Global and Historical Perspective [J]. Regional development Dialogue,1989, 10(4)(winter):1~17.

第八章

中国城市群与城市化趋势
DEVELOPING TRENDS OF URBANIZATION AND URBAN AGGLOMERATIONS IN CHINA

第一节
中国城市发展的新特征

中国的经济建设走过了50多年的历史,虽然取得了巨大的成绩,但也经历了一定的曲折与反复。最近20多年来的改革与开放,使市场经济逐步完善化,有力促进了社会生产力的发展,取得了举世瞩目的巨大成就。从现在起到2030年,我国国民经济处于一个现代化的建设新高潮,这个阶段的经济成长,很大程度又反映在中国城市的现代化建设上。由于城市的现代化发展是人类社会进步的重要标志,因此,可以说,中国城市的现代化建设又真正是中国社会经济现代化的一个缩影。

中国原有的经济基础较差,历史上曾深受帝国主义的压榨,工业生产力水平低,以农立国,农村人口占80%,虽然城市的数量与城市人口绝对量在世界上占很高的地位,但城市化水平(主要是非农业人口的比重)在世界上却很落后,目前的城市化水平仍然低于经济不发达的印度、巴基斯坦和泰国等国家。因此,这里有一个工业化与城市化的漫长过程。陈敏之教授指出:"以天朝自诩的中国,建立在自给自足小农经济基础上的封建制度统治中国大地达数千年之久;用城墙把自己圈围起来的城市,在沉睡达数千年之后,在现代化浪潮的冲击之下开始苏醒过来。"[1] 从最近10多年来城市的成长与各类城市人口增长趋势分析,中国城市发展有较大的增长,进入了一个新的发展阶段,见表 8-1-1。

表 8-1-1 中国各类城市增长情况

规　模		1980	1985	1990	1998	2004
特大城市	个数（个）	15	22	31	37	49
	人口（万人）	3 509	4 747.2		7 973.1	11 655.8
大 城 市	个数（人）	28	30	28	48	78
	人口（万人）	2 220	2 191.8	1 899.6	3 349.9	5 113.9
中等城市	个数（个）	70	94	119	205	213
	人口（万人）	2 111.5	2 899.2	3 703	6 160.9	6 489.7
小 城 市	个数（个）	108	178	289	378	320
	人口（万人）	1 193.6	1 987.7	3 165.6	4 450	3 976.4
合　计	个数（个）	223	324	467	668	660
	人口（万人）	9 035	12 400	15 028.4	21 928.9	27 229.8

资料来源：①中国城市统计年鉴(1998,2004).
②姚士谋主编.中国大都市的空间扩展.合肥:中国科学技术大学出版社,1998.10～14.

改革开放以来的 20 多年，由于确立了以城市为中心的经济建设主导方针，城市的工业布局和第三产业发展很快，城市现代化也走出了可喜的第一步。在过去的几十年里，我国经济在布局上取得了历史性的进步，初步建立起了一个独立的、比较完整的国民经济体系和工业体系，各地的经济都有了较快的发展；工业布局在全国基本展开，我国的东部沿海地区与西部地区兴建了一大批工业基地，同时也兴建了许多大大小小的城市和工业镇。东部沿海那些外向型经济比较发达的大中城市如北京、上海、大连、天津、深圳、广州、青岛、苏州、宁波、厦门、福州、杭州等发展比较快，市区内不仅改造了大片老城区，建设崭新的现代化大厦，而且快速干线、地铁与高速公路网也逐步完善（尤其是特大城市），城市面貌发生了巨大的变化。

十一届三中全会以后，我国经济发展总体战略开始转向以城市为中心，以城市带动农村经济发展的总体发展思想。在这一方针指导下，各地区在经济发展上也做了相应的调整，一方面充分发挥沿海地区基础好的优势和潜力，开放了沿海 14 个港口城市，建立了 5 个经济特区，又重点开放了长江三角洲、珠江三角洲和闽南金三角地区，积极引进外资，建立很多"三资"企业和具有一定特色的沿海城市高新技术开发区、台商投资区等，促进了沿海城市的长足发展；另一方面又积极而有步骤地开发内地，沿海城市与内地联合，引进新技术、新设备、新的管理方法，也促进了内地许多城市的迅速发展。[2] 特别是 2000 年 3 月全国人大会议后，我国经济建设重点逐步向西部转移，国家提出了"西部大开发"的重大战略。预计 20～40 年后，西部广大地区的经济中心，如重庆、西安、成都、兰州、昆明与乌鲁木齐等城市，将会有一个较大的变化，将成为我国西部地区的重要经济中心与交通枢纽。

经济建设的变化带来了城市现代化建设的新面貌，新的建筑景观与城市社区社会化、现代化将会在 21 世纪逐步实现。概括起来有如下五个方面的新变化、新特点：

1. 中国城市化和城乡一体化的进程加快

自 1980 年以来尤其是 90 年代的大发展时期，市场经济与城乡经济迅速发展，尤其是城市经济发展很快。城市改革后，城市化发展是多元化的和多层次性的，既有许多沿海城市开发区、经济特区的发展和开放港口城市的发展，发挥着大中城市经济中心和地区中心的带动作用与辐射作用；也有乡镇企业的发展带动小城镇、小城市迅速发展的趋势。

在80年代初期,小城镇和乡镇工业发展势头较大,费孝通教授提出"小城镇大问题"的观点,也有不少学者认为中国城市化的主要趋势是农村人口城市化,小城镇的发展是中国城市化的重要目标。例如江、浙两省各有1 000多个建制镇,今后20年内,分别都作了重点规划,将重点发展各自100个中心镇,人口规模达5万人以上,成为农村城市化的中心城市与农村现代化的前进基地。也有不少学者不同意这一观点,认为中国城市化的关键是大中小城市所形成的城市群体(城市化地带)的巨大发展,这是我国城市化的一个重要标志。

2006年3月全国人大会议通过的十一五规划指出:城市群的发展作为我国城镇化的主体模式,已经得到充分的肯定。事实上,我国各类城镇都有不同程度的增长,到1990年末,我国已有城市467个,比1949年增加335个;大城市59个,比1949年增加47个;城市非农业人口15 038万人,比1949年增加12 297万人,占全国人口的13.2%。1998年全国城市数目增加到668个,建制镇发展更快,达到1.83万个,特大城市37个(人口100万以上)、大城市47个(人口50万人以上),成为世界上大城市数量最多的国家,城市化水平逐步提高。2004年全国特大城市增加到49个,大城市有78个。

城市人口不断增加,规模还在扩大,郊区化与城市边缘化现象越来越明显,许多专家认为,我国当前应当提高城市化质量,走健康城市化的道路。到80年代后期至90年代后期,中国沿海开放城市和内地一些大中城市发展很快,例如上海、天津、大连、青岛、广州、深圳、厦门、宁波、重庆、武汉和南京等城市人口规模和用地规模扩展很快,尤其是上海浦东开发区,天津、大连、海南岛等地一些开发区发展迅速。我们认为我国大中城市的发展是中国城市化最重要的特征。总之,"城市功能的加强,大中城市作为区域经济中心的作用进一步发挥;一批中等城市和小城镇的迅速发展;一大批围绕农副产品加工、资源开发、为城市大中型企业协作配套,发展出口创汇的乡镇企业蓬勃发展、不断成长,在沟通城乡联系,活跃农村经济,扩大就业等方面,日益发挥出重要作用"[3]。

从城镇人口看(包括一部分郊区亦工亦农的农民、流动人口计算在内),中国城镇人口的比重从1980年的18.4%,增加到1991年的25%左右,1999年达到34%,2002年达到40%,2005年达到43.3%。改革开放前10年,工业化刚刚起步,全国城市化速度有较大的增长,平均每年增加0.50~0.60个百分点;但后10年增长较快,平均每年增长0.95个百分点,特别是在沿海经济发达地区,增长更快些。在长江三角洲、珠江三角洲、京津唐地区城市化速度以每年超过1%的比例在增长,这些地区成为我国城镇人口密集地区和大城市连绵区。但由于我国农村人口基数太大,要提高城市化人口比重决非是短期内所能达到的。

2. 工业化水平提高将继续促进我国城市化的进程

从城市发展的历史进程分析,城市的产生和发展与工业的选点布局密切相关,工业发展了,城市经济才能繁荣,第三产业与城市公共设施才能相应发展。工业的发展又与国家政策、城市建设条件和历史基础等因素有关。从全国工业布局的宏观效益分析,我国"一五"、"七五"期间发展比较稳定,经济效益提高较快,对城市建设十分有利。"从每百元积累增加的国民收入看,'一五'时期为32元,'二五'时期为1元,'三五'时期为26元,'四五'时期为16元,'五五'时期为24元,'六五'时期提高到41元,'七五'时期为69元左右"[4]。到"九五"末已超过150元,"十五"时期已达180元。进入21世纪,随着改革开放政策的实施,我国沿海地区外向型经济迅速发展,一批新的城市在我国东部沿海地区崛起,西部地区也有一定程度的发展,我国城市的地区分布进入了一个基本与各地区经济发展水平相适应的协调时期。到1998年末,我国东部沿海省份有城市252个,中部地区有城市295个,西部地区有城市121个。从这个趋势分析,我国过去城市和城市人口偏集沿海的布局有所改善。但目前看来,我国城市化发展速度存在着明显的省际差异,从1982～2000年,我国的东、中、西部的年平均城市化水平增长1.115、0.681、0.519个百分点,其中,东部快速发展,由1982～1990年平均增长0.958个百分点增至1991～2000年的1.02个百分点;而中西部则处于减速之中,分别由年增长的0.73、0.59个百分点减至0.61、0.44个百分点,差距越来越大(周一星、王茂军,2005)。

改革开放后经济建设以提高经济效益为中心,因此要从指令性计划经济转向市场经济,从优先发展重工业转向加速发展轻工业和第三产业,同时还要发展原材料和能源工业。在此情况下,一批优先发展轻纺工业和第三产业的城镇得到迅速发展,并取得较高的综合效益。同时,大城市也发挥了它的工业基础好、规模经济好的经济中心的优势,在我国工业化和现代化过程中发挥了很大作用[5]。

从表8-1-2可知,我国特大城市经济总量指标向来比其他城市和地区高,这主要是因为这些城市高度集聚着工业企业,交通运输条件与区位优势较好,人才技术与信息高度集中,比之落后地区的城市,其效益规模要高出4～10倍。当然,近几年来,我国中等城市的效益规模也上升起来。尤其是沿海城市,如常州、无锡、苏州、宁波、烟台、厦门、深圳等,这些开放城市引进先进的工业项目与"三资"企业较多,近几年来发展较快,因此城市经济效益也上升较快。

表 8-1-2　2003年我国大城市经济总量指标比较

地 区		人均GDP（元）	人均工业总产值（元）	人均社会消费品零售总额（元）
大城市地区	北京	25 158.7	33 167.6	13 164.1
	天津	24 210.3	26 432.6	9 122.7
	上海	36 533.1	77 083.4	12 978.4
落后区域	内蒙	9 035.3	5 696.2	3 053.8
	安徽	6 197.2	4 071.8	2 076.8
	贵州	3 504.2	2 526.2	1 185.5

资料来源:中国统计年鉴(2004).

3. 开展各级城镇群体规划,以城市带动农村的经济发展,推动我国城市化的进程

自1980年以来,我国各地按照"严格控制大城市规模,合理发展中等城市和小城市"的方针,又在各地积极开展城镇体系规划,促进了我国城市化的过程。"各类城市要合理发展,形成城镇体系"是1984年国家12项重大技术政策中明确提出来的,这一布局思想收到了实际效果。1979～1998年,我国大中城市获得全面发展,这一时期发展迅速。人口100万以上的特大城市由13个增至37个,50～100万人口的大城市由27个增至47个,20～50万人口的中等城市由60个增至206个,20万人口以下的小城市由116个增至378个,城市总数由216个增至668个,建制镇由2 800个增至18 800多个,形成了一批以中心城市为核心,或因地理位置和交通条件、经济联系密切而联合的城市群和城镇网络,不仅发挥了中心城市的优势,而且与中心城镇相连接,取长补短,共同发展。[4,6]

从我国目前经济发展状况分析,城市化进程、城市人口增长和城市群发育的机制主要有三种情况:一是经济机制(表现在工业化过程尤其明显);二是政策机制(体现在我国的户籍制度的变化,商品经济、市场机制的引入和农村产品的配给制度以及城市政策);三是社会化的机制

(表现在对城市建设投入、外商投资的引入、城市基础设施的改善等等)。这三种机制往往相互启动、共同促进城市化过程。西方国家人口城市化主要机制表现为市场经济的经济机制,农民脱离乡村,离开乡土也是受市场机制的支配,农业劳动力不断被城市工业、城市商品市场所吸收,在工业化的过程中农民转变为城市工人。[8]当然我国过去以计划经济为主,基本上是以计划经济和政策来控制城市化的发展,改革开放后,许多部门转变了观念,除重大项目由政府安排、实行计划经济外,在很多城市内部与城乡关系上也实行市场经济政策,土地批租、外商引入,搞活了商品经济的流通系统,给城市化过程注入了新的血液。

4. 研究城市化的内容、方法和手段发生很大变化

城市化的观念也有根本性的变化,在我国城市规划界、地理科学界、建筑学界与社会经济学界的研究领域里,城市发展与城市化问题引起了众多学者的广泛兴趣,也是这些学科研究课题中很重要的内容。50多年来,我国城市科学工作者在城市化问题的系列研究中有以下一些突破:①突破狭隘的城市空间观念,建立了区域的观念,地理学界在20世纪80年代初期就发表了一系列有关"城市与区域"相互关系的研究文章[9],90年代后又对城市体系、城市连绵区等做了深入研究。②突破静态运行的观念,建立不断发展与城市可持续发展的观念,许多城市规划部门建立了动态分析的实例。例如,应用地理信息系统方法,监测城市发展的动态特征。③突破单一实体的观念,建立综合分析的手段,对城市分析由单因子验证转向多维空间的模拟分析,实现了城市立体空间的测试分析。④突破囿于建设科学的观念,建立城市科学系统分析的观念。[10]

尽管城市的产生并非完全是工业化的结果,然而由于现代城市发展的历史与工业化以及经济发展的进程联系在一起,因而人们往往把城市化与工业化和经济发展等同起来,甚至将城市化——人口迅速向大城市集中、城市规模膨胀的趋势及其联系的许多问题——看成是经济发展及工业化的必然结果。因此,我们研究城市发展问题、城市化实质与人口城市化的种种概念并不能过于理论化,应当从各国各地区的实际情况出发。例如,工业化国家研究城市化问题,不能离开工业化过程去考虑问题;发展中国家研究城市化问题,还不能脱离传统农业社会向现代化工业社会转变的过程,尤其是农村剩余劳动力由农业向非农业转移的过程;1978~1991年间,我国大中小城镇以及广大的农村集镇已容纳了大约9 480万农村劳动力,1990~2003年全国各地城镇又吸纳了农村剩余劳力8500多万人,其中65%已转为城镇非农业人口。由于我国农村人口基数太大,城镇人口比重仍然偏低。90年代中、后期,我国农村人口又大批流入城镇地区,全国大约有6 500万农村人口流入大中小城市。特别是四川、湖南、江西等省,每年分别有560万、450万和280多万农民进入城市地区(见1998年10月25日《中国日报》报导)。2000~2003年期间上述三省农村剩余劳力外出人口分别增加到1 200万、1 050万、560万人,而且趋势还在扩大。我们同意,不少学者提出的不同国家、不同地区存在着不同城市化模式和发展道路,主要原因是各国各地区的社会制度不一样、经济水平存在地区差异、城市化发展速度有快有慢,应当从社会的、经济的和自然条件的内在规律去寻求城市化发展的真正动力。

5. 我国城市化问题以及对城市发展方针、政策的新认识

在当前社会经济不断向前发展的情况下,我国的城市规模与城市数量不断扩大,不断增加,势必会提高我国的城市化水平。"城市是我国经济、政治、科学技术、文化教育的中心,是现代工业和工人阶级集中的地方,在社会主义现代化建设中起着主导作用。"[11]特大城市、国际性城市将是各个大经济区的中心城市、国际交流的枢纽。例如香港特区,这个国际性城市,人口规模已达 760 多万人,20 年后将达到 900 多万人,目前新建的香港大屿山(赤腊角)国际机场,每年旅客吞吐量达 4 100 万人次,货运量 $198×10^4$ t,已经超过东京成田机场,5 个小时内可以飞达日本、印度、印度尼西亚、新加坡和澳大利亚等国的主要城市,成为亚洲最重要的国际航空中心之一。[12] 再如,1998 年,全国 668 个城市,市区从业职工人数 14 464 万人,其中超大城市 3 554 万人,特大城市 2 397 万人,大城市 3 094 万人,中等城市 4 735 万人,小城市 683 万人。外商协议投资在城市市区达 317.8 亿美元,1997 年实际投资达 272 亿美元,其中在超大城市、特大城市投资额约占一半左右(以上数字不包括市辖县的)。城市又是我国各地区的交通枢纽和集散中心,在保证我国商品、物资南来北往方面发挥着重要作用。我国的城市在社会主义建设中的作用不断被人们所认识,引起很多部门的重视。

　　城市的作用这样突出,但目前世界上不少专家认为城市化将带来许多得不偿失的后果,如有人认为城市是冒险家的乐园、罪恶的渊薮,而且许多人极力主张回到卢梭提出的"自然人"的状态去。这种观点是片面的,甚至是错误的。一些经济地理学家认为,城市化是引起产业结构、就业结构、消费方式重大变化的乡村经济向城市经济转化的过程和机制;一些经济学家认为,城市化是改变传统落后的农村自然经济(郊区城市化表现得特别明显)、将落后的生产力变为现代化的社会生产力与用地空间不断城市化的过程,也是推动人类不断向文明社会和物质社会前进的过程;一些社会学者认为,人口集中是城市化的本质内容,把城市化理解为人口集中过程,但缺乏空间变化的概念,实质上城市化是近代产业发展导致农村地域变为城市地域的一个质变过程,是将许多农村土地增加许多工程设施,提高土地利用价值的过程。尽管城市化带来一些交通、环境与其他社会问题,但这些仍然不是社会的主流,也不是城市化的主流。"作为人类文明标志的城市,是一个时代经济、社会、科学、文化的高度集聚点,代表着整个社会的文化和生产力发展的高峰。"[13] 进入 21 世纪后,直至公元 2020 年甚至更长一些时间,我国经济形势将进一步发展。例如,举世瞩目的长江三峡葛洲坝工程已建成,其坝高 175 m,防洪蓄水库容达 $221.5×10^8$ m^3,是世界上最大的水电站之一,社会经济效益是巨大的,三峡水电站装机容量 $1 768×10^4$ kW,年发电量 $840×10^8$ kW·h,每年可替代原煤 $5×10^7$ t,相当于 10 座大亚湾核电站或 7 个 $240×10^4$ 功能 kW 的火电站。主要供电给华东的上海、南京、合肥、杭州、宁波等大中城市和华中的武汉、黄石、宜昌、长沙、南昌等大中城市,对于西部大开发和促进这些地区的城市现代化的发展以及城市群体的更好的组合起重大作用。[14]

　　还有我国经济建设的许多重大工程,如,南水北调,西气东送,西藏铁路,上海浦东开发,京九铁路与京广、京沪、京沈等高速公路的修建,许多港口城市的国际贸易港与金融中心的形成,以及国际空港的新建、扩建等,将推动我国城市现代化的建设,不断完善各地区的城市群体的发展,我国未来城市化的新形势是引人注目的。城市现代化将伴随着城市化,这是我国各地区经济发展的必然趋势。特别是全国将形成"五纵七横"的高速公路网络,20 年后将有 $7.5×10^4$ km 的高速路网通过 10 万人口以上的城市;经济发达地区的高速铁路和快速运输干线也将形成,将大大推动我国城市化的进程。因此,对我国城市化问题的认识应提高到一个更高的层次上去分析研究,探索城市发展所形成的集聚区域、城市地带或城市群体,进行规律性的研究,按照地区城市系统的整体构造、等级规模系列、城市发展性质与功能的相互转化,建立更加合理的城市布局形式,促进生产力的高度发展,实现我国城市现代化和地区城市化的远大目标。

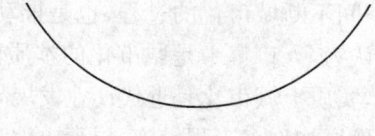

第二节
21世纪城市群的区域特征

　　城市是在一定的社会历史条件下,受地理因素(地理区位、用水、用地条件)、交通条件和物质基础共同作用下形成的。特别是现代社会,区域性基础设施的建设对城市发展尤为重要。实际上,"城市是地表空间的一个物质实体,是社会经济文化发展的产物,是在一定的历史过程中形成发展的"[15]。我国是一个幅员广阔、人口众多、历史悠久、经济落后的国家。在过去很长的历史中,尤其是自1812年鸦片战争后,中国沦为半殖民地社会,全国许多大大小小的城市不仅带有旧社会的烙印、帝国主义入侵的痕迹,而且整个城市化过程发展极为缓慢,城市区域仍然以农业经济为主,商品经济不发达,带有半殖民地城市的种种落后的习俗。因此,在一些城市比较密集的区域(如长江三角洲、珠江三角洲和京津唐地区等),城市之间的区际联系不紧密,城市个体较为松散,尚未形成发达的城市网络系统,也谈不上形成城市群的有机统一体。

　　自1949年,城市发展逐步走上新生的道路,许多城市由消费性的城市转变为生产性城市,城市的发展性质发生变化。"在第一个五年计划时期,我国的重工业建设和城市发展是有通盘筹划的。在当时国际国内各种具体条件下,采取了将重点建设项目相对集中布局,在中原和内地沿着铁路干线发展一批重点城市的形成工业中心的政策,取得了较好的社会经济效果;其中一条重要的经验,就是把经济建设和城市发展结合起来"[16]。随后的几个五年计划,由于经济建设出现了一些洋冒进,城市发展也无法可依,无章可循。只有到了1978年之后,城市建设才慢慢走上正轨,开始我国城市发展的春天。

随着我国城乡经济改革的逐步深入,城市区域的基础设施日趋完善,城市之间的各种社会、经济联系加强了,区域集聚效益提高,因此,由于城市集聚所形成的城市群体也日益显现出来。人口不断地向城市集中,城市密集地区也不断地向城市群演化,这真实地体现了城市化过程和工业社会的经济发展相同步的一个客观存在的历史过程,城市密集区的城市群演化是生产力不断发展和劳动分工逐渐完善的必然结果。社会学家和经济学家的未来经济和城市扩展计划是以现在起作用的力量为基础的,他们只能制定加速这种力量的计划,得出这样的结论:特大城市将会普遍化、机械化、标准化,完全丧失人性,这是城市进化的最终目标(刘易斯·芒福德,1964)。

我国第十一个五年计划开始之际,中国城市发展也出现了新的趋势:①城市化过程空前加速,每年城市人口增加一个百分点,2005年后应稳定发展,城市化水平降为0.8%为宜;②特大城市、大城市不断扩展,规模越来越大,如上海、北京、广州、沈阳、天津、武汉、重庆、西安等,今后要适当控制大城市的规模;③若干个大都市连绵区及其形成的大城市群区逐步形成;④三个国际性城市将进入全球城市网络体系。我们应当清楚,城市群的合理发展可以减轻"大城市病"的趋势,用科学发展观统筹城市与农村的合理布局,使城乡日益生态化。城市与城市群的形成发展是一个很长的历史过程,从全国各地区分析,城市群的形成发展始终存在不平衡性,即地区的差异性。因此,要探索21世纪城市群的区域特征,一定要遵循地区经济发展不平衡规律所支配下的城市群发展的地区差异规律,从这一基础来认识城市群的区域特征。

1. 大城市群区集聚程度越来越高,特别是首位城市的人口规模越来越大

根据经济规模效应的一般规律,地区首位城市即大城市和超大城市在城市群区规模越来越大,各种工业、商业和科学技术的集聚程度会更为集中。"从国内外的大量统计分析,大城市的经济效益高于中小城市。我国历年公布的城市人均工业总产值、职工净产值指标,200万人口以上的超级城市都高于其他级别的城市。2005年,日本东京人口占全国24%,国民生产总值占全国42%,巴黎和伦敦是法国和英国人均国民生产总值最高的地方。前苏联20世纪70年代100万人口以上城市工业劳动生产率比10~20万人口城市高38%,单位产值投资低50%,巴西圣保罗市1984年人均收入等于全国其他地区平均两倍"。奥格本和邓肯发现1890~1935年这段时期,美国曾进行过600项重要革新,其中半数以上是发生在人口超过30万人的大中城市里,有许多理由可以说明为什么革新与集中相关联,城市是区域经济的发展中心,也是科学技术创造发明的最重要发源地[17]。世界上六大城市群区中,最有影响、最具有规模的要算纽约、伦敦、东京、巴黎、上海、芝加哥、香港等这些超级城市了,其金融资本、跨国公司集团以及信息量、人口移动量等约占世界各大城市的1/4~1/3,位居全球前列。在全球经济中,城市的生产力和竞争力是由团体指挥能力、世界级金融机构、高级生产服务业的集中程度和城市与国际电信、交通网络的联系程度共同决定的。此外,政府的效率、城市发展策略、公共-私人部门的合作和制度上的灵活性也是很重要的(Kresl,1995)。

根据美国城市地理学家威廉斯(Jack Williams)教授的研究,世界各大区域的城市群首位城市的人口规模,由于受到工业商业的区位优势的影响以及交通条件的制约,人口集聚规模越来越大,2000年之后,像墨西哥、纽约、东京和圣保罗等超级城市,人口规模将突破2千万以上,成为世界瞩目的国际化、社会化、现代化的城市,见表8-2-1。

表 8-2-1　世界重要大城市人口增长趋势　　　　　　　　　　单位：万人

城　市 \ 年　份	1950 年	1980 年	2000 年
墨西哥	287.2	1 387.8	3 161.6
纽　约	1 234.0	1 790.9	2 221.2
东　京	673.7	1 970.5	2 612.8
上　海	578.1	1 200.0	1 915.5
巴　黎	544.1	990.8	1 229.3
伦　敦	1 024.7	1 096.2	1 269.3
圣保罗	245.0	1 249.4	2 604.5
布宜诺斯艾利斯	450	1 037.5	1 397.8
莫斯科	484.1	816.0	1 062.3
加尔各答	444.6	958.3	1 966.3
北　京	216.3	1 021.6	1 906.4

资料来源：D. Brumn and Jack Williams. Cities of the World. 1980：489～499.

注：威廉斯教授 1980 年、2000 年大城市人口预测是包括大都市地区、郊区和辖区县的人口数，而不是建成区、市区的人口。

像我国这样 13 亿人口的大国，要建设成为社会主义高度发达的经济强国，也要有一批高效率、高质量、高度现代化的大城市，特别是像我国四大城市群区的首位城市、重要城市如上海和南京（沪宁杭城市群区）、北京和天津（京津唐城市群区）、沈阳和大连（辽中南城市群区）以及广州和香港（珠江三角洲城市群）等，必将日益走上城市现代化、国际化，高度集聚社会物质与人类的智慧和力量，日益成为我国经济发达与社会进步的重要基地与区际中心。例如，广州中央商务区（CBD）的现代城市功能将越来越明显，像上海、香港的 CBD 一样，也向着 21 世纪城市现代化的方向发展。正在建设的珠江新城将设置金融、商务、保险、国际会议和办公中心，将建造两幢高达 400 m 以上的 100 层的摩天大楼，作为广州国际性城市的超高层建筑的新标志。根据 1985～1998 年的城市人口统计资料，我国 37 个特大城市人口年平均增长率为 11.5％，47 个大城市人口年平均增长率为 12.8％。考虑到城市的用水、用地条件和交通、环境的因素等等，今后 20 年我国特大城市的人口的平均递增率定为 6.5％～8.6％为宜（含城市暂住户口、流动人口的增长数），以 2004 年特大城市（城市人口）资料为基准，至 2020 年，下列十大城市全市城市人口与建成区人口规模为：

上海	1 280～1 400 万人	北京	1 000～1 100 万人
天津	550～750 万人	沈阳	560～750 万人
武汉	450～550 万人	广州	480～650 万人
重庆	350～550 万人	哈尔滨	320～400 万人
南京	350～450 万人	西安	400～600 万人

2. 城市群区各类城市规模结构的演化

根据同济大学宗林先生的研究，从全国范围看，2000 年我国城市规模结构调整的趋势是：

大城市的比重适当下降；小城镇的比重继续上升；中等城市基本上维持原有的比例，见表8-2-2。

表 8-2-2　中国城镇规模结构的变化趋势(%)

年份 规模	1949	1979	1989	2000
大城市	27.7	40.2	38.3	30～35
中等城市	8.0	16.3	17.1	17～20
小城市	64.3	43.5	44.6	45～50

资料来源：宗林. 发展与控制中国大城市的经验与前景. 香港会议，1991.

然而，这是一般规律的问题，根据我们从1980～1998年的资料分析，中国大城市群区的城市规模结构变化过程，在不同的区域范围内又有其特殊的规律，有些地区特大城市比重在上升，有些地区维持原有的比例或下降；其大城市与中等城市的规模结构一般还是上升的，小城镇的规模结构的比重也在上升，因此要预测2000年之后，我国城市群区内各类城市规模结构的演变规律要具体分析、具体对待(见表8-2-3)。

表 8-2-3　我国重要城市群区城市规模结构的变化(%)

年代 地区	1990年				2000年			
	特大城市	大城市	中等城市	小城市	特大城市	大城市	中等城市	小城市
沪宁杭地区	64.0	15.7	9.9	10.4	65.5	16.0	9.2	9.3
京津唐地区	84.9	3.6	9.1	2.4	85.5	3.5	9.0	2.0
辽中地区	61.9	20.1	15.9	2.1	60.0	20.5	16.3	3.2
珠江三角洲	59.7	5.3	25.0	10.0	60.5	9.0	21.5	9.0

资料来源：根据1990～2001年《中国城市年鉴》资料分析。

在考虑特大城市和大城市的人口发展规模时，仅仅从人口自然增长率和人口机械增长率分析是不够的，在当前我国改革开放的新形势下，商品经济发展很快，城市第三产业的人口比重也日益提高，因此要对各个大城市的流动人口给予高度重视。根据建设部有关部门的调查材料，我国大城市的流动人口具有以下几个特点：

(1)流动人口绝对数增长迅速。1988年10月20日调查，上海市的流动人口高达209万人，比1986年的134万增长55%；1988年中，北京的流动人口有131万，比1987年的115万人增长14%；同一年，广州市的流动人口达130万人，比1987年的30万人增长43.6%[17]。90年代中期以后，上海、北京、广州三大城市的流动人口有所增加，并逐步形成有地方特色的居住组团。如北京市郊区形成了许多"浙江村"、"河南村"、"安徽村"、"新疆村"等等流动大军，这一批流动人口目前已转化为北京的暂住人口。

(2)流动人口在大城市中滞留时间普遍加长，仅仅在京、津、沪、广等四大城市中，滞留时间超过3个月的就有300多万人，以北京的流动人口为例，1956年少于3个月的流动人口占85.4%，3个月以上仅占14.6%；但1987年少于3个月的仅占42.88%，3个月以上的却占57.12%。说明改革开放后，从全国各地到北京从事各种职业的流动人口越来越多，停留也越来越长。2004年北京市的外来民工、暂住人口高达388万人,上海有360多万人,深圳及其市域高达550多万人;无锡市有120万人,苏州市有150多万,昆山市有65万人(外资企业多)。

(3)大城市的流动人口59.3%都是来自农村,其余是来自中小城市和郊区农村。广州的流动人口来自四川、湖南、江西等省居多,其中四川省每年到珠江三角洲地区打工的农民有460多万人。珠江三角洲外来民工高达2100多万人。

(4)流动人口中以男性劳力为主,从事建筑、集贸和临时工,女性流动人口多为家庭保姆和第三产业等,但大部分流动人口的文化素质都较低,许多临时工、合同工等都是初中、高中毕业生,有些农民工连小学都没有毕业。[18]

3. 近似城市群的城镇密集区逐步增多,特别是在我国东部沿海省区一些经济发达地区

发达国家的工业化与城市化过程中,由于交通运输网络的逐步建成,城市化的内向性或集约性因素的作用大大加强,在生产力高度集中与城市化逐步扩展时,城市化范围从城市区域发展到农村地区,尤其是郊区与远郊区工业镇的城市化也在不断扩大。城市与城市之间形成日益联系密切的城市群区域,某些区域将组合成为一个有机结合的城市群体。

我国目前经济正处在发展之中,不少地区的城市群区域尚未形成也并不完善。根据我们多年的研究,我国城市群比较成熟的地区在本书第五章中作了较为详细的论述。像沪宁杭、京津唐、珠江三角洲和辽中南地区、四川盆地的城市群已基本形成,这些城市群区中的大城市正在被城市化区域所代替,反映在布局形态上是由集中连片的发展逐步向一定的区域范围或沿交通走廊的轴线发展,围绕一个或两个核心城市形成较大范围的城市群。我国还有不少地区,社会经济发展水平较低,交通没有形成网络体系,城市布局分散,自然城市发展各自为政,形成不了有机联系的城镇群体。但我国不少地区,城市分布比较密集,逐步形成一个城市(镇)密集地带,如湘中地区、中原地区、山东淄博地区和武汉市附近地区等。预计到2020年之后,我国的哈尔滨、长春、兰州、西安和柳州及我国沿海等地区,由于交通体系加强,工业项目的布点增多,也将会逐步形成规模较小的城市(镇)群体。但是这些城市(镇)群体形成过程需要相当长的历史过程,是伴随着地区工业化、经济现代化和区域性基础设施的完善才能形成的。

4. 城市群区内各个城市的边缘区出现空间扩展的现象,尤其是特大城市

自20世纪80年代至90年代以来,在我国改革开放的新形势下,城市郊区的工业布点、土地利用形式及其所表现出来的空间结构,发生了巨大变化。作为城乡过渡地带的城市近郊区日益成为城市发展的最敏感地带,特别是我国的上海、北京、天津、武汉、广州、沈阳、重庆、南京、西安和大连等城市的郊区,既是乡村城市化的先行区域,也是城市发展、扩散及蔓延的特殊重要区域。

早在二次大战期间,德国地理学家哈伯特·路易(H. Louis)从城市形态等角度研究了柏林的城市地域结构,并首次提出城市边缘区这一概念。"到了70年代,英、德地理学家哥曾(M. R. Conzen)和威迪汉德(J. W. R. Whitehand)等对城市边缘区已有较深入的研究。他们把边缘区概念引入城市地理学教科书中,促使边缘区的传统形态学研究进一步发展,与城市建设周期、地域理论及社会变革相联系,探讨边缘区的空间结构特征及演变机制。随着边缘区这一概念被各同行学者广泛接受,人们对边缘区研究的领域也不断扩展"[19]。

城市边缘区空间结构形成和演变的主要动力,是经济技术开发区、新的工业区和区域性基础设施的建设,特别是沿着交通走廊的轴线发展。由于生产力布局的郊区工业化、城市化的进程加快,同时大城市的用地与环境问题日趋严重,迫使城市发展在空间上寻找出路,城市周围边缘地带成为新工业选址和新的居住的理想地带。例如,上海市人口比北京多1/4,比天津多1/2,人均占有土地仅78 m^2,相当于天津的38%和北京的30%,市区人均占有用地更为不足,仅有70.5 m^2(1995年),与国家规定的90 m^2 相差甚远,与世界许多大城市人均用地263 m^2 相比,只是后者的1/4多一些。由于市区人口密集,土地负载能力过大,城市中心土地负载容量为 4×10^4 人/km^2,郊区平均密度达到896人/km^2,而且今后20年内,土地仍有减少的趋势。上海的例子说明了我国许多大城市边缘区的空间结构变化,特别在近郊区与远郊区是一种城市化连续发展的空间现象,农业用地随着郊区城市化进程的加快不断减少,随着多项工业与住宅建设项目的增加,征用大量的农业用地,一部分农民加入非农业人口,导致城市边缘区内部结构和空间范围发生变化。还有一个值得注意的问题,就是如何有效地控制城市郊区土地资源的大量耗用。据《经济日报》报导,中国20世纪80年代平均每年耕地减少1 200万亩左右(约 80×10^4 ha),同期人口每年净增1 100万人;1982年全国统计在册的城市面积为 25×10^4 km^2,1989年扩大到 88.6×10^4 km^2,但最主要占用土地的部门是农村兴修水利、农房建设、乡村工业的乱占地,工矿用地也浪费很大,这方面很值得我们反思。1999年6月24日《城市导报》称:仅1998年全国因非农建设占地和灾害毁地等因素,共减少耕地 57.1×10^4 ha。而最近的15年中,全国共减少耕地8 100万亩(约 540×10^4 ha),相当于减少了江苏或吉林省的耕地面积,每年因此粮食减产 500×10^8 kg。这对于我国人多地少的国情来说形势十分严峻。

表 8-2-4 我国若干特大城市郊区用地减少趋势

城 市	1949年以来减少土地 (万亩)	平均每年减少土地 (万亩)		2000～2025年 人均耕地(亩)
上海市	130.0(8.7×10^4 ha) (1949～1985年)	3.7 (0.2×10^4 ha)	8.9(0.6×10^4 ha) (近3年平均)	0.95→0.86 (0.06→0.06 ha)
北京市	9.0(0.6×10^4 ha) (1980～1985年)	1.80 (1.2×10^4 ha)	3.8(0.3×10^4 ha) (近3年平均)	0.76→0.60 (0.05→0.04 ha)
天津市	157.0(10.5×10^4 ha) (1980～1954年)	2.85 (1.9×10^4 ha)	3.4(0.2×10^4 ha) (近3年平均)	1.0→0.75 (0.07→0.05 ha)
南京市	98.7(6.6×10^4 ha) (1950～1989年)	2.10 (0.3×10^4 ha)	1.2(0.1×10^4 ha) (近2年平均)	1.4→1.10 (0.09→0.07 ha)
成都市	51.6(3.4×10^4 ha) (1950～1986年)	2.6 (0.2×10^4 ha)	5.0(0.3×10^4 ha) (近3年平均)	1.2→0.98 (0.08→0.07 ha)

资料来源:陈百明等.中国土地资源生产能力及人口承载量研究.北京:科学出版社,1991:54;580.

由此可以预见,我国东部沿海一些经济发达、工业布点较多的城市群区域与大城市边缘地区的不断城市化,也是21世纪我国城市群区的一个重要的区域特征。我国的城市化速度和比重如果过分盲目追求西方的指标,怎不让人想到问题的严重性呢。特别是大城市郊区的工业卫星城市的开发,在城市郊区形成许多经济发展的集聚节点,这也是一个经济空间扩散过程,城市边缘区的产业、技术、经济和文化等等,向郊区工业发展的节点不断集聚,不断形成新的城市区域,不断蚕食有限的土地资源。尽管城市化现象也在促进城市区域的经济增长与发展,但在有限的生存空间中,适当处置好人地关系,是任何一个领导与科学家不可回避的重大的责任。尤其是在我国城乡经济比较发达的地区,如南京到上海交通走廊间,城市不断向外围拓展,城市之间的距离越来越小了,估计到2020年苏锡常之间很快要连成一片了,成为我国一个新的巨大的城市连绵区,见图8-2-1。很多科学家也在不断地呼吁:适当建设、保护耕地,促进经济与环境的可持续发展,是当今时代的重大问题。

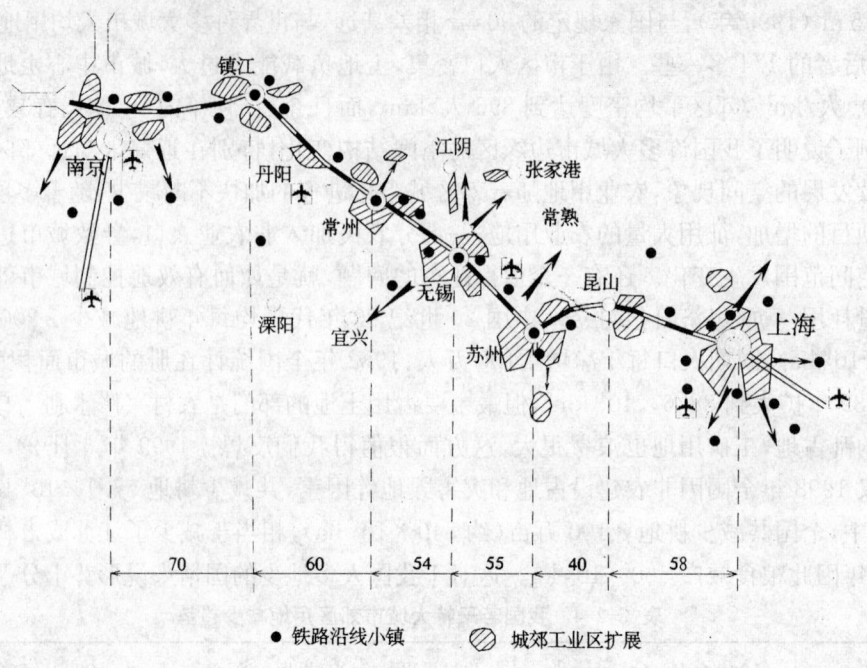

图 8-2-1 沪宁线之间城市连绵区域的趋势

第三节
21世纪城市群发展模式的探索

20世纪90年代以来,伴随着深化改革、扩大开放,经济持续快速增长,城市经济在国民经济中的中心地位和作用更加突出,根据我国目前城市化水平偏低及城市结构的特征,选择符合城市群发展模式的城市化发展方针,是我国城市群健康、快速、持续发展的根本保证。我国在80年代提出了"严格控制大城市规模,合理发展中等城市,积极发展小城市"的城市发展方针;90年代又进一步修改为"严格控制大城市规模,合理发展中等城市和小城市"的城市发展方针。在这种方针指导下,最明显、最直接的现象是中小城市的快速发展以及小城镇的"遍地开花",促进了地方经济的发展和城市(镇)布局的变化;同时特大城市、大城市的规模扩张趋势得到了遏制,其经济实力进一步增强,增长极的作用得到了强化,城市经济结构升级,素质提高。

21世纪中国的城市群发展模式如何考虑,如何选择 这里有许多复杂的因素,尚需综合研究。但归根结底,要考虑中国的经济发展模式与工业布局的趋势。今后50年,中国的经济发展由粗放的产值(规模)增长和供给推动型,向集约化的、需求拉动的结构效益型转移,这是我国城市经济发展的必由之路。正如《2000年的中国》研究报告指出的:基于对目标和国情的认识,经过预测和比较,我们选择了国民经济持续、稳定、协调发展的方案,这一点既是发展战略和政策研究的出发点,又是研究的归宿。党中央和国务院制定的十年发展纲要明确了我国必须坚持注重效益、提高质量、稳定增长和协调发展的战略。

城市化与人类居住区管理,是《中国21世纪议程》中阐明的中国可持续发展的重要内容之一。要适当控制大城市人口增长过快的势头,发展卫星城;积极适当发展中等城市,大力发展小城镇,加强城市暂住人口和流动人口管理。修改、深化区域和现有城市的总体规划,强化区域性不同规划的衔接与协调,加强并完善区域基础设施建设和组织城乡综合开发与建设,为城市群的可持续发展方针。

根据中国国情,我国产业结构高度化,首先要把农业、能源、交通、原材料工业作为战略重点,为经济发展和结构调整提供一个良好的基础。以强大的聚集效应和辐射力为特点的中心城市发展战略,加强中心城市的作用,完善中心城市的区域城市体系,形成有机结合的城市群体,这就是我国城市群发展模式的指导思想。

按照各地区现有的经济基础、自然条件与城市发展形态,中国城市群在21世纪后将出现如下四种发展模式:

第一种为高度集中型的发展模式(图8-3-1)

早在20世纪70年代初期,德国和美国的城市地理学家D. Brumn和Jack Williams在他们合作编著的《Cities of the World》一书中,引用了"城市集聚群体"(urban agglomerations)一词,说明世界上许多特大城市附近区域,由于地理位置的优越条件,城市用水、用地和动力煤的运输也十分方便,在德国的鲁尔地区、法国的巴黎盆地和美国的五大湖地区,都是城市群集聚区域。[20]随着时间的推移,这些地区的城市群越来越庞大了,形成了一个以超级城市为核心的集中型的发展区域。

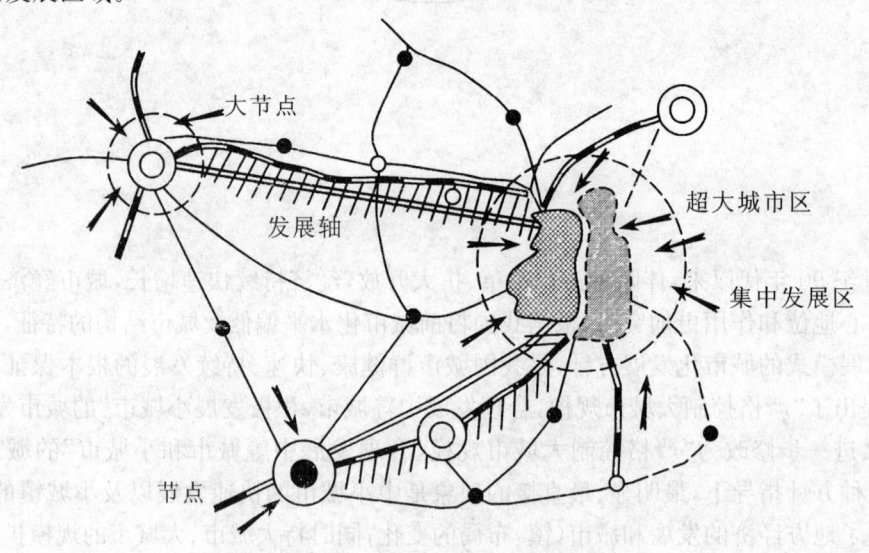

图8-3-1 集中型的城市群发展模式

我们可以运用熵极大化方法研究城市等级规模模型,得出城市集聚区的最大核心城市的熵值。可以利用《中国城市经济年鉴》5年或10年的资料,分析大城市居民平均生活费用和城市间迁移的平均费用以及城市用地每年扩大的数值,计算城市集聚地区最大核心城市的等级规模和其他城市相对比较的数值。在城市群区域先利用熵极大化方法进行分析计算,得出两个新的城市等级规模模型。

$$P = P_i - q\left(\sum\nolimits^{i-2}\right)^{-1}$$

$$P_i = (n-1)^x \cdot (P^{\frac{q}{is}} - P^{\frac{q}{is}})^{\frac{q}{-2}}$$

式中，P 代表所有城市总人口数，i 为城市等级，P_i 是不同等级城市人口数，参数 q 与城市居民平均生活费用相关，参数 s 与居民迁移费用相关。确定城市区域内城市等级规模后，然后用城市用地扩大的系数 L，人口规模扩大的系数 h，零售商品扩大系数 C 和每年城市运输量扩大的系数 T，相互加权，就可以得出城市群区最大核心城市高于其他城市的熵值，然后综合分析本区域的城市群是否为高度集中型的发展模式。

$$Ag = (P + P_i) L \cdot h \cdot C \cdot T^{(1+n)}$$

高度集中型的发展模式在我国城市群区表现比较突出的地区是沪宁杭地区城市群（以上海为最大核心城市，集中程度最高）；还有湖北中部地区的城市群区，形成了以武汉为核心城市的高度集中区域。这些区域城市集中的空间因素十分突出，社会化、生产集约化和城市规模不断扩大化的现象很明显，区域内的人口集中、物质要素的集聚和自然环境的开发利用的集约化程度也是最高的。在我国高度集中型发展模式的城市群区，有如下几个明显的特点：

(1) 人和许多社会活动、经济活动和文化科学的活动逐步集中在一个区域内的核心城市里，从而扩大了城市化的区域范围，增大了城市人口与用地规模。例如，上海浦东区的外向型经济发展和综合开发，将使上海市建成区用地规模由 1998 年的 460 km² 扩大到 660 多平方公里（外环线以内）；人口规模由 1998 年的 890 万人扩大到 1 200 多万人。根据《中国日报》报道（1998 年 12 月 5 日），上海浦东开发区今后 10 年可以开发 175 km² 的建成区，占开发规划区总面积的 1/3（现已建成 140 多平方公里）。

(2) 一个国家和地区的经济发生变化，城市生活方式将不断社会化、代替农业经济成分，农业活动不仅不是城市区域的主导经济，而且农村生活方式被城市所制约，逐步实现城乡一体化，农村城市化。如嘉定、松江、南汇、古浦、金山、川沙等县城，人口规模加大，出现城市郊区化现象。

(3) 城市社会经济结构、三种产业的比重发生较大的变化，特别是第三产业的发展越来越重要，所占的比重也不断提高。特别是上海这个超级城市，外来人口特别多，近年来超过 350 万。因此，上海第三产业比重已达到 56% 左右。

(4) 城市群体的区域结构，是以特大城市为中心，与本区其他大中小城市、郊区工业点、县城镇共同构成有机联系的城市群体系。城市等级主次分明，核心城市突出，居绝对的主导地位，是整个地区城市相互作用的引力中心和辐射源，首位度极高，城市间联系密切但以向心联系为主，同级规模的城市间横向联系较为薄弱。

第二种为双核心型的发展模式（图 8-3-2）

在我国许多城市群的区域内，无论是城市规模与吸引能力的强弱，还是城市在区域中所起的作用大小，有一对城市在城市群的形成发展过程中始终起到"双核心的作用"，从地区布局的特征分析，中心城市的主从关系不明确，城市间相互依存又相互制约，尤其体现在行政与经济职能中，区域原材料、能源供求关系和商品交换等等的联系方面是密切不可分的；在地区资源开发利用方面和交通运输条件以及未来的发展趋势方面，其中心城市的带动作用比较明显。例如四川盆地城市群，成都与重庆的"双核心作用"就十分相似，作用也很明显。成都是四川省省会，西南地区的中心城市，其作用在某种程度上超过重庆，成为四川盆地城市群的首位城市；但重庆过去曾经是国民党政府的"陪都"，抗战时为全国性的临时首都，现在又是西南地区最大的经济中心和直辖市，从发展趋势分析，重庆的经济职能的作用又超过成都。从总的条件分析来看,成都与重庆的发展趋势和建设前景均为"双核心作用"的一种城市群发展模式(见表8-3-1)。

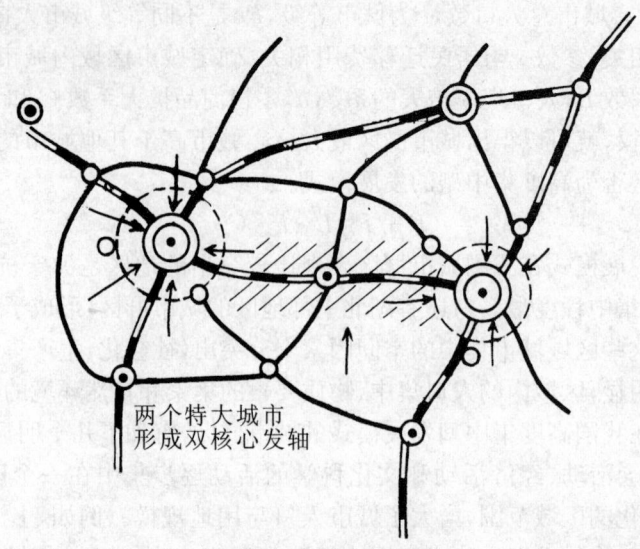

图 8-3-2 双核心型城市群

表 8-3-1 成都与重庆城市功能分析(2003年)

城市	建成区面积(km²)	人口规模(万人)	城市功能作用	全部工业产值(亿元)	国内生产总值(亿元)
成都	250	281.40	①省会与军区机关 ②高新技术工业基地 ③文化科技中心	1 588.9	2 250.56
重庆	320	441.46	①直辖市,西南最大经济中心和工业城市 ②水陆交通中心与通讯中心 ③商业贸易中心	970.07	1 870.8

资料来源:中国统计年鉴(2004);中国城市统计年鉴(2004).

　　近似于双核心型发展模式的城市群还有京津唐地区的城市群,1998年北京的城市人口达750万人,天津市为520万人。2004年北京为816万人,天津为580万人。虽然北京的首位度很高,具有全国性的政治文化中心的职能,发展趋势和现代化程度也大大加强;但天津作为华北经济大协作区的门户,国际性的海港城市,也是北京所不及的,这两个城市在京津唐地区城市群体中的作用,近似于双核心的发展模式。此种模式是以行政、经济区为地域单元建立的城市群体,在城市规模差不多的情况下,双核心作用更加明显,城市职能分工明确,但城市内部工业结构有些相近,结构雷同的现象仍然存在。由于中小城市处在区域网络的中心位置,长期以来受计划体制的影响及地方政府的干预,同时担负着行政中心及双重管理职能,中小城市尤其是工业城镇多依赖矿产资源和农村产品资源的开发、加工和利用,发展城市规模经济,城市规模与区域发展水平相关。

根据上述分析,在我国一些省区的城市地带均具有这种双核心发展模式的特征,尤其是沿海省区许多城市地带表现较为明显。如山东省的济南与青岛,浙江省的杭州与宁波,福建省的福州与厦门,辽宁省的沈阳与大连等等,大部分城市地域结构都具有行政与经济双重结构性,职能分工明确,而发展趋势日益明显。到2020年前后,沿海开放城市如大连、青岛、宁波、厦门等,其经济职能作用越来越大,外资企业与高技术开发区相继建立,这种经济中心的作用就在所在省区中占主导地位,从而形成省区城市地带中的"双核心作用"[21]。

第三种为适当分散发展的城市发展模式(图8-3-3)

我国的城市化发展呈现一种在规模上由小到大(建成区扩大)和由大到小(发展郊区卫星城)的双向运动,其结果在地区城市群发展模式上出现"两头大、中间小"的不平衡状态,这也是由于城市工业化的空间布局引出来的局面。

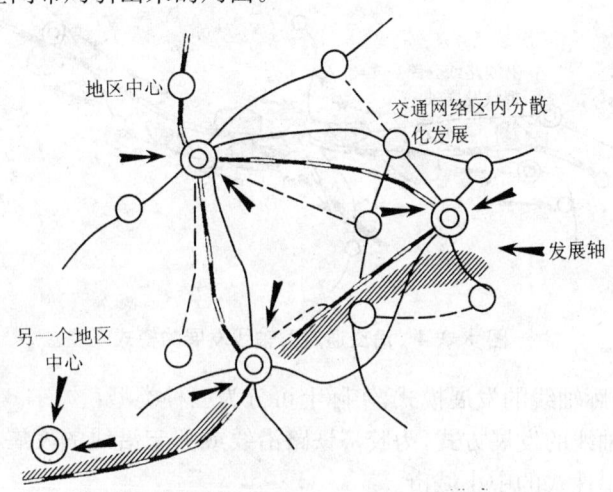

图 8-3-3　分散发展的城市群模式

由于我国幅员广大,各地区城市群形成与发展的因素也有一定的差异性,因此城市群发展模式也是多元的。在经济发展水平一般的条件下,如果资源条件与交通条件相同,城市发展呈现一些类似性,一般城市规模偏小,城市职能较为单一,工业门类不可能样样齐备,城市之间的互补性较强。例如,湖南省湖中地区的长沙、株洲、湘潭3个城市,其城市群体的发展模式呈现分散形式。长沙是湖南省省会城市,总人口167万人,其中非农业人口134万人,工业门类虽然比较齐全,但与株洲、湘潭的经济协作关系十分密切。1998年,湘潭市的人口有52.9万,株洲市的人口有51.6万,都是湖南省重要的工业城市,三市之间的相互距离不足100 km,联系极为方便。尤其是京广高速公路、沪渝高速公路通过本区,促进长湘株城市密集区迅速发展。长－湘－株三市附近区域还有湘乡、醴陵、郴州、韶山等几个小城市相连,共同组成一个中等规模的湘中城市密集地区。这种分散式的城市群发展模式在我国今后一段时间内,作为地区经济发展比较均衡的模式,是生产力布局趋向区域化、合理化的一种好的形式。

长湘株城市密集区域近似于城市群体的布局形式,一般说来,城市布局沿着优越的交通运输轴线展开,交通网络轴线与运输经济联系趋向合理化,有利于区域经济联系和城市区域之间的协作,客观上为城市拓宽了自己的经济腹地范围,增强了城市的辐射力与吸引力,更有利于城乡合作与实现城乡经济一体化。由于局部的资源优势、地理区位条件、自然条件和人口密度不同,当然也有的城市具有区域性的比较优势,其城市发展处于比较有利的地位,如长沙市在湘中地区城市密集区处于首位城市的地位,今后的城市发展也一定比其他城市来得快,城市现代化程度更高一些。

第四种为交通走廊轴线的发展模式(图 8-3-4)

从我国的经济发展水平分析,一般说来,我国许多城镇密集区的范围相对比较广阔,在可预见性的规划期限内,由于各地区财力、物力有限以及区域性基础设施水平较差,城市发展与区域经济总体布局总是沿着那些交通条件比较优越或用水、用地条件好的发展轴线展开。客观上,区域城市群的城市扩展大多数是沿着交通走廊的轴线的,形成了经济发展轴线和城市发展地带,如山东省的胶济铁路和蓝烟铁路线,解放后许多重要的工矿城市都是沿交通走廊发展的。

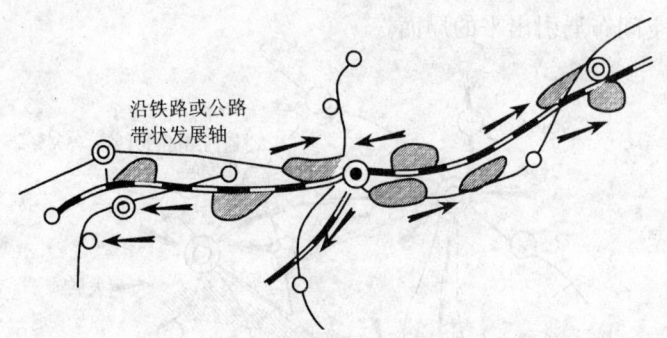

图 8-3-4 沿交通走廊轴线发展的模式

城市群沿交通走廊轴线的发展模式,实际上可分为三种类型:

(1)东西走向单轴线的发展方式,为胶济铁路沿线或洲宁沿线的发展模式,城市的发展两极为大城市,中间是串珠式的中小城市。

(2)构成十字型的交通轴线的发展方式,为京广线与陇海线交叉处以郑州为中心的中原城市地带,东西、南北两条轴线都发展了一系列的大中小城市,形成布局比较匀称的城市区域。

(3)放射状的交通走廊轴线发展方式,如东北辽宁省境内的城市群体,形成了以沈阳为中心的 5 条铁路为轴线的城市布局形式,每条轴线上在有利的交通位置上或矿产资源丰富的地区形成结节点,逐步发展成为中小城市,这些城市都与沈阳市有着密切的经济协作联系和文化科学的交流关系。

我国众多的城市(镇)沿着交通走廊或经济发展轴线,形成地区城市群体或城市发展地带,将是 21 世纪城市群主要的发展模式之一。由于我国正在发展市场经济,要求按照发展和变化调整经济和产业结构,今后几十年,中国的产业结构要高度化,城市布局要合理化,首先要把能源交通这个前提条件搞上去,以逐步形成强大的集聚效应的中心城市发展战略。"城市是人类进行各种经济活动集中的场所,在其一定的范围内总存在着通过各种运输、通讯网络,使物质、人口、信息,不断从多处向城市流动"。因此,城市布局应选择最有利的交通位置和经济发展轴线,这样才能节约有限的资金和人力物力,形成新的生长点,重点发展基础好的地区经济"结节点"或枢纽城市[22]。我国许多重要的特大城市的铁路枢纽是全国流动人口汇集之地,这是我国的城市人口规模、流动人口膨胀的重要原因之一。如北京、上海、沈阳、哈尔滨等城市,铁路枢纽每天人流接近或超过 10 万人,北京最高峰时达 34.5 万人,每天向全国各地发 150 对列车,春节期间高达 210 对列车;天津、广州、西安、南京、武汉等市也接近 10~15 万人,每天发

60~100对列车,对地区城市群集聚人口起很大作用。特别是广州,春运期间,每天发出140多对列车,超过20多万人次。因此,从城市群的地区范围来看,一定时期内,这种重点发展轴线不宜选择太多,应与全省社会、经济发展水平和规划期内区域总体投资水平相适应。相对来说,经济发展水平不高的地区,可以选择一条发展轴线逐步展开,如陕西省可以考虑西安东西向的陇海线为发展轴,向两端的发展方向展开。经济发展水平较高的地区,可以选择两条或三条发展轴线逐步展开,如山东省的胶济铁路和蓝烟铁路作为省内城市发展轴线,进行工业布点,开发资源比较丰富的交通走廊两侧,形成经济发展地带。

第四节
21世纪城市化区域的发展态势

城市化是各个国家经济发展的普遍现象,尤其是经济发达国家经济发展的普遍现象。18世纪60年代英国产业革命以后,世界各国先后开始从以农业为主的传统乡村社会转向以工业和服务业为主的现代社会,这是一个历史发展的过程。18世纪末,英国发明了蒸汽机,为了节省大量原料运输费用和市场等因素,工业出现了集中的趋势,经济得到了迅速发展。"圈地运动"和大量进口农产品的政策使农民破产,迫使大批农民进入城市,城市人口大量增加,英国的城市化得到很快的发展。据英国大百科全书的资料,英国城市人口比重由1804年的26%,增加到1891年的68%。到1995年,英国万人以上的城市全国有225个,城市人口比重已占86%,城市化水平已达到很高的水平。近年来许多学者将城市化概括为:变农村人口为城市人口的即为城市化。罗西(R. H. Rossi)在《社会科学词典》一书中采用一种综合的观点给城市化下了定义。他指出,城市化一词有四个含义:①是城市中心对农村腹地影响的传播过程;②是全社会人口逐步接受城市文化的过程;③是人口集中的过程;④是城市人口比重提高的过程。

美国和英国的城市发展过程与区域分布有不同的特点,首先表现在资本主义发展的长短不同,英国城市发展的历史较长,美国的历史较短。美国人主要是欧洲移民的后裔,美国资本主义发展仅有240多年的历史,城市的发展和分布大体上经历了大西洋沿岸(波士顿—纽约—费城—巴尔的摩—华盛顿)的巨大的城市群地带形成和发展;随后又在五大湖地区(芝加哥—

密尔窝基-克利夫兰-底特律和兰申)形成城市群区。而美国西部地区,经济开发较迟,城市发展也没有像东部地区那样高度集中,比较分散地分布在加州的北部与南部地区(即从旧金山到洛杉矶与圣地亚哥)附近的城市地带,由于工业发展很快,因此洛杉矶成为美国第二大都市,旧金山也成了中国人常来往的地方[23]。

我国国土面积广大,各地的自然、资源、经济与集聚的条件不同,形成的文化习惯与文明的程度也有很大差别。这种经济发展与城市发展的不平衡状况,今后仍将长期存在。今后随着沿海开发区城市的迅速发展,如上海浦东开发区以及深圳、厦门、汕头特区向更高层次的方向发展,广州、福州、大连、青岛、宁波等港口城市向着集中型的城市发展,将对东部沿海地区经济发展产生强大动力。"尤其是闽粤地区华侨多,广东濒临港澳,福建与台湾仅一水之隔,港、澳、台胞及华侨对本区投资势头甚高,发展速度迅速,大有后来者居上之势。而北方由于重工业、大中型企业比例高,面临着缺水的制约以及管理体制和运行体制诸多问题和困境。因此,南北经济差异问题将不仅仅是地域结构差异的扩大,而且将导致南北水平差距的扩大,而且可能将引起经济重心再度南移"[24]。这种经济重心南移就是指上海浦东开发促进会引起上海大都市的不断扩大,辐射作用越来越大;南方的广州、香港随着时间的推移,城市日益繁荣,深圳特区城市现代化建设飞速发展,又可能成为我国的另一个经济重心。

从历史、现状与典型区域的分析看,中国城市化区域发展趋势主要表现在:

1. 区域生产力相互关联所构成的城市网络体系将日臻完善

人口向城市集聚与生产力的空间集聚是人类社会不断向前发展和城市化过程的必然趋势。城市化过程与城市群的网络体系的日臻完善都是和社会生产力特别是工业经济发展相同步的一个客观过程。"在这一历史阶段,城市作为社会财富生产和积聚中心起着越来越大的作用,因此一个国家的城镇化水平与经济发展水平之间存在着密切的关系"[25]。我国在2020年后,城市化的区域特征差异更加明显,特别是以特大城市为中心的城市群区域,这里的城市用地高度集约化,城市中心地价越来越昂贵;城市之间的网络体系更加复杂,出现多层次化,无论是交通网络,还是通讯、信息设施网络,更趋向高度现代化、社会化。城市之间、城乡之间的网络联系,高度频繁,网络流动加快以及更加系统化,将大大加强城市群区域间的水平联系与垂直联系。

2. 城市群的区域生产力产业结构走向多元化

城市群区的各个城市一般都能在区域经济的相互关联中求得发展,城市区域的生产力产业结构走向多元化。每一个地区的生产力都高度集中在城市地区,形成了以优势产业为核心的城市地区,这里有许多具有区际意义甚至全国意义的主导产业。如沪宁杭地区城市群中,上海的机械、纺织、食品、造船、生物制药和一些尖端技术的企业均具有全国意义;南京的石化企业、电子行业、建材和一些高技术行业也具有区际意义和全国意义,形成了沪宁杭城市发展的多元化趋向,对加强城市群的聚合力具有重大作用。

3. 城市群的区域生产力空间结构更加合理化

在一个城市数量相对集中的区域,为了进行各项生产活动和社会活动,各个城市之间、部门之间经常进行各种频繁的联系,包括生产人员和管理人员的交往,产品产量的交换,资金、技术、信息的流动等等。同时,由于社会生产专业化分工越来越细,各部门之间的联系必然要求进行空间转移和位置的运动,从而使各地各企业间的联系在空间形成种种联系,区域生产力空间结构的网络要素更加集中,更加发挥出经济与社会效益。

城市群区域的空间结构要素主要有三个：①区域节点——大大小小的城市。②城市交通网络——城市间、城乡间的运输方式。③空间布局的域面，即生产力空间布局的地区，城市群区域的生产力空间结构的演变，始终取决于区域节点的两种效应，即城市生产地的极化效应与城市生产技术、人才、资金的空间扩散效应。这两者既相互依存，又相互制约，并在一定条件下相互转化，使区域生产力的空间结构更加合理化。

4. 城市群体内各个城市规模逐步合理，城市功能日趋完善

从鸦片战争后到抗日战争结束的漫长历史过程中，我国城市的发展受帝国主义侵略的影响极大，在沿海与内地少数几个大城市畸形膨胀（上海、天津等市），内地中心城萎缩（如兰州、成都、贵阳等），大中小城市严重脱节，城市规模没有形成含有等级差异的有机整体，城市基础设施水平较差，城市功能很不完善，城市分布极为分散，未能形成群体结构。

解放后，我国城市发展逐步摆脱了帝国主义和封建主义的影响，许多城市获得新生。特别是改革开放以后，我国各地区的城市（尤其是城市集聚区域）大中小规模进入协调发展时期。经过50多年的发展，我国以大城市为中心，以中等城市为骨干，以小城市为纽带的城市规模结构已初步形成[26]。

5. 区域城市化问题及其中国区域城市发展的重点

区域城市化发展水平首先体现在地区生产力发达水平，表现在工业发展水平与地区经济和文化的集聚规模。其次是城市人口（包括城镇人口和农村集镇的非农业人口）在地区总人口中所占的比重越来越大。第三是在工业与交通枢纽所在的地方，由于人民生活方式的改变，区域性的基础设施不断完善，形成城市社区；城市之间、城乡之间的各种联系（政治、经济、文化科技和信息等）不断加强。这样，城镇日益扩大规模，非农业经济占相当大的比重，形成了区域城市化的现象。

由于我国地域辽阔，地区之间的地理、历史、文化背景与生活习惯的差异较大，地区经济发展不平衡，因而区域城市化水平也很不一样。我国东部沿海地区，由于经济基础较好，自然环境也优越，开发虽然迟于中原地区，但发展速度较快，交通发展条件也好，因而成为全国城市化水平较高的地区。

在我国内地，除有交通枢纽或若干个矿山城市外，区域资源开发较迟，工业化大都是解放后陆续发展起来的，尽管内地地域辽阔广大、资源丰富，但区域经济基础差，实力弱小，交通闭塞，人口稀少，自然条件较差，等等，这也是内地城市化水平低的重要因素。不过，经过50多年的建设，一些地区城市化水平也在提高，中、西部地区只有随着西部大开发，各类城市才能快速发展起来。例如四川盆地的成都、重庆地区，兰州地区和西安、咸阳地区等，工业发展已形成相当的规模，城市和城市化都有了很大的发展。只是我国一些边远地区，由于地理和历史的原因，区域经济资源开发缓慢，工业化水平低，经济文化落后，城市数量少而且小，目前的水平虽然比之过去有了较大的发展，但仍然还很不发达，城市化水平仍较低，尚未形成城市化的发达区域（见表8-4-1）。

根据表8-4-1分析，我国沿海与内地城市化问题，不能归结为现代化城市人口简单的集中、非农业人口化或城市用地的扩大，而是城市人口在区域范围内的集聚、经济基础的增强和城市在国家与地区发展过程中所起的日益增强的作用。城市化与深刻的社会经济变革，借马克思的话表述：城市化实质也就是有着广泛的社会含义的"城市关系"[27]。

表 8-4-1 我国沿海与内地城市化水平比较

地　区	重要城市		区域城市特征		城市化水平	
	全国性的大城市	重要城市（中大城市）	特　征	城市数目	大城市地区(%)	(全省地区)(%)
①沿海 A 长江三角洲地区	上海 南京 杭州	苏州、宁波、无锡、常州、南通、扬州	城镇密布，大中城市间距短，有城市连绵区的发展趋势	43	上海市 77.4	50～60
B 京津唐地区	北京 天津	唐山、张家口、承德、保定	特大城市扩展快，城市间距小	13	61～71	55～64
C 辽宁省地区	沈阳 大连	鞍山、抚顺、本溪、营口、锦州	城镇分布稠密，城市集中扩展	24	64～70	55～61
D 珠江三角洲地区	香港 广州 深圳	珠海、江门、中山、佛山、澳门	城镇密布，间距小，有城市连绵区发展趋势	18	65～72	56～65
②内地 A 四川省地区	重庆 成都	内江、宜宾、渡口、南充	城镇分布较密，处在城市化过程	28	成都市 62 重庆市 54	45～48 46～50
B 新疆		乌鲁木齐、石河子、哈密	城镇分散规模小	19	48	35.0

资料来源：①中国统计年鉴(1998,2002,2004).
②陆大道等著．中国的区域发展报告，1998～1999 年；2002～2004．
③姚士谋．中国城市发展战略．城市科学，1999．
④姚士谋，王成新．21 世纪我国城市发展模式探索．科技导报．2004，42(7)．

我国各地区的城市化过程，至少与下述三个要素：①与本区最大、最活跃的中心发展有关，例如上海的浦东开发，将对整个长江三角洲甚至长江流域发生巨大影响；②与经济发展时期的国家政策有密切关系，特别是我国沿海地区的开放政策与优惠政策以及向西部大开发的政策；③与城市地区的基础设施日益改善（高速公路、高速铁路、国际航线开辟等）以及国家重大项目投资的比重增长成正相关。因此，区域城市化发展也与区域经济日益增长以及城市人口比重提高有密切的关系，这是我们研究问题的关键。

城市化是社会生产力达到一定高度上的必然产物，也是区域经济与人口集聚的结果。例如，我国目前最发达的城市化区域——长江三角洲、京津唐地区、辽宁中南部区域和珠江三角洲地区，都是我国社会经济最发达的地区，这里的城镇人口集聚的程度比任何区域都发达。当然，这是在长期历史过程中形成的，也是我国几千年来人类文明的反映，即在社会、经济、自然三大要素综合作用下形成的。

随着我国社会主义现代化建设的发展，特别是近十多年改革开放以来，城乡经济发展较快，城市人口不断上升，到2004年底为止，我国现有城市660个，总人口达5.88亿（包括城市郊区、辖县的人口），其中城市区域内的非农业人口有3.65亿，占城市区域内总人口的60.2%。

2004年,市辖建制镇7580个,总人口2.9亿人,非农人口6859万人;县辖建制镇12553个,总人口4.32亿人,非农人口8998万人;近几年来,进城市自谋职业的有7800多万,实际市镇上的非农业人口(即城市人口)超过5.24亿多,我国城市化人口比重已达43%(包括郊区许多兼业农民和从事非农业劳动的农民)。预测今后15~20年内,城镇人口将增加一倍多,城市的数量会有较大的增加,城市的平均规模也必然会相应扩大。关于城市今后的发展方针,目前较明显的有两种意见:一种意见主张控制大城市和特大城市的发展,合理地发展中、小城市,这体现在我国近期调整了的城市发展的方针与政策中。另一种意见认为,大城市发展不要人为地加以控制,应按其客观规律给予充分地发展。由于我国实行对内搞活、对外开放的政策以及积极发展沿海开放城市的政策,大中小城市按照自身的规律、资源状况和在一个地区的地位协调地发展,例如上海、北京、大连、天津、广州、深圳等20年来城市现代化建设很快,取得较大的成就,今后还要逐步扩大,逐步完善。这是有一定的内在规律的。今后特别是沿海一些大中城市原有基础较好、交通方便,兼有海港城市的优势,有利于发展外向型经济,城市的规模会得到相应的扩大,这是可以预测的,见表8-4-2。

表 8-4-2　中国十个超级城市人口动态变化分析

城市\年份	1951年	1981年	1990年	2010~2020年预测
上海	590	608.6	749.7	1280~1400
北京	401	466.5	577.0	1000~1100
天津	322	382.9	457.5	550~700
沈阳	241	293.7	360.4	560~750
武汉	215	266.2	328.4	450~550
广州	184	233.8	291.4	480~650
重庆	212	190.0	226.7	350~550
哈尔滨	155	209.4	244.3	390~400
南京	142	170.2	209.0	350~450
西安	131	158.0	195.9	400~600

注:2002年预测,主要根据:①40年各个城市人口自然增长的平均值;②40年各个城市人口机械增长趋势;③近10年内城市人口增长趋势平均推算(1990~1999年);④香港1998年城市人口已达630万人,2005年香港为710万人,预计2010年可达840万人(含流动人口)。

预测中国各类城市今后发展趋势如下:在城市总体结构上,将逐步形成以大城市为中心、水陆交通干道为依托,具有一定的职能分工,分布也较合理的城市群网。要注意发挥各类中心城市的作用,尤其是全国性的经济中心(如上海、北京、天津、广州、沈阳、重庆、武汉等),加强城市基础设施的建设,增强辐射能力,密切城乡经济联系,以促进区域经济的发展。中国城市化的趋势,主要从沿海到内地,从依托交通干线的枢纽城市向周围地区扩散,从商品经济比较发达的地区向生产力落后的农牧业区和边远地区推进[28]。

(1) 在沿海开放地带要重点建设一批现代化的港口城市和国际性的港口贸易城市。除继续加强对香港、上海、天津、大连、青岛、广州、秦皇岛等主要港口城市的建设外,还要建设连云港、宁波、厦门、汕头、北海、湛江、澳门和海口市等港口,加强与内地的经济联系。

(2) 沿长江两岸发展一批城市,主要以上海、南京、武汉、重庆为中心,发展长江中下游产业带和城市化地带。上海是全国最大的经济中心和贸易港,随着浦东开发区的建设(人口规模200万人,用地205 km²),大上海人口将达1千多万,将发展成为世界性的国际港口城市。南京、武汉、重庆可以发展成为全国性的经济中心之一。同时,建立长江中下游工业区和工矿城镇,进一步开发整个长江流域,加快我国东部向西部广大地区的生产力转移,重点要建设南通、芜湖、黄石、九江、宜昌、沙市、万县、宜宾和渡口等工业港口城市。

(3) 在铁路干线沿线建设一批城市,尤其是在铁路枢纽,例如徐州、株洲、衡阳、柳州、怀化、鹰潭、天水、银川、内江、六盘水、格尔木等地。铁路干线城市应考虑各地的自然资源与地理条件,建设一批现代化的工矿专业化城市,具有较强的个性,增强流通的功能。

(4) 在地区经济较发达、人口稠密、城镇密集的地区(例如长江三角洲、京津唐地区、珠江三角洲、四川中部地区和辽中南地区等),建立一些具有网络结构、联系密切的超级城市群体。

根据亚太地区经济发展趋势和我国重点建设项目的安排,以及各地区自然、经济资源的综合开发情况,沿海与内地的经济建设在今后10~20年内有较大的发展,形成一定的规模经济与集聚效应,我国各类城市发展的趋势分析如下:

1. 我国特大城市和大城市还将得到相应发展,尤其是人口规模超过200万人的超级城市将发展更快

我国200万人口以上非农人口的超级城市已有20个,其中有12个位于东部沿海地区,还有100万人口以上的特大城市29个,市区GDP超2000亿元产值的城市有香港、上海、北京、广州、深圳、天津、武汉、苏州、杭州、南京、宁波、青岛、大连、佛山等14个城市。本区产值超过1500亿以上的特大城市有武汉、沈阳、南京、大连、重庆、成都、济南、大庆、杭州等9个城市(2004年资料)。特大城市与超级城市无论在人口、投资、土地等方面均具有比其他城市更高的经济效益,是我国经济腾飞的中心城市,也是支持我国西部大开发的重要基地。由于我国目前处于工业化的初期,经济水平不高,大城市的经济活力以及中小城市周围地区存在的差别,强烈地吸引着人口与经济的集中,今后20年内还有较大规模的发展,尤其是具有吸引外资的那些沿海开放城市。

2. 大中城市具有较大的发展潜力,应确定合理发展的适度规模

1980年全国有70个中等城市,到1986年增加到95个,1998年中等城市达到205个,大城市48个,2004年特大城市49个,大城市78个,中等城市213个,小城市320个,今后还有增加的趋势。我国大中城市数量多,分布相对均衡,具有较强的工业基础和经济实力,大中城市的发展,消化了相当一部分农村剩余劳动力,容纳了相当数量的流动人口,减轻了人口向大城市流动的压力。我国340个大中城市大约消化了全国1/4的农业剩余劳动力,为加快我国城市化发展起到一定作用。

3. 小城市与小城镇应根据各地的人力、物力和财力情况,与大中城市相互协调、合理发展

1998年,全国已有378个小城市,2004年有320个小城市。其中,有7个省区(河北、江苏、浙江、河南、山东、广东、四川与重庆)小城市的数量均超过20个以上,共约150个,占全国小城市总数的40%左右,均为沿海省区。如果包括建制镇数量1.88万个,其中广东、四川、山东、江苏和浙江均在 1 000 个以上,分布较广。小城镇面广量大,占用耕地过多,效益也差。我国财力有限,小城镇建设投资不可能主要依靠国家财政。因此,我国小城镇的发展方针不宜提"重点发展"或"积极发展",要按照其自身的规律去"合理发展",应当有所选择[29],注意城乡协调发展,避免主观随意性和各自为政的投资分散,造成不必要的浪费。否则,就会影响我国沿海地区的发展战略,影响经济效益比较明显的大中城市的合理发展。

总之,中国城市化问题是一个综合性、多层次、动态变化的过程,城市化的形成与发展与我国经济发展(尤其是工业化)和区域开发密切相关。在相当一段时间内,经济由东部向中、西部逐步推移、扩散,带动城市化水平的提高,我国沿海区域的城市化以及大中城市的扩散规律是起决定性作用的。

第五节 城市化道路及其基本对策

　　城市化是伴随着区域工业化和社会经济现代化而出现的社会现象,也是地区生产力水平高度发达的一个重要标志。
　　城市是第二、第三产业的载体,是经济发展的主要推动力和先进思想及科学技术的主要策源地,是现代文明的摇篮。实现城市化是世界上所有国家和地区走向现代化的必由之路。因此,加速城市化是促进我国农业剩余劳动力转化、促进工业化、解决人口结构性矛盾的基本途径,是提高农业劳动生产率、实现农村现代化的基本出路,也是协调城乡关系、缩小城乡差别的推动器。我国农业、农民和农村建设问题的最终解决要通过城市化和现代化来实现[30]。
　　但由于我国经济基础薄弱,工业化水平不高,城市化起步晚,发展波动大、水平低,而且城市发展还受到较多因素的约束。例如,人口众多,素质不高,农村人口基数大,资源紧缺(尤其是可开发利用的土地资源少、城市淡水资源不足),高质量的粮食与农副产品供应不足,市场竞争下相当一部分轻工产品在国际市场销售困难,影响了我国广大城镇职工就业问题,限制了农村剩余劳动力向城市转移的相当数量人口;长期以来,重工业化道路和高积累率导致城市投资十分有限,就业容量和基础设施容量严重不足;政府在计划经济体制下,对城市化进程进行了行政干预,限制了农村户口进城,控制了城市人口的增长。城市人口比重低,城市发展严重不足,城市化一直滞后于工业化,严重制约了城乡经济协调发展。城市化滞后,阻碍了工业现代化和效益的提高,而且城市不发展,第三产业就发展不起来,服务设施落后,科技、教育、文化、卫生、社会保障、计划生育等社会各项事业的发展受到限制,人口素质也不可能提高。

我国城市化的问题开始面临着这样的基本问题:农村人口的巨大推力与城市对农村剩余劳动力吸纳有限之间的尖锐矛盾。长江三角洲、珠江三角洲、胶东半岛、京津唐地区和辽东半岛等人口稠密、工农业发达、城镇密集地区,人多地少与安排就业人员难度大的矛盾和劳动力过剩的问题就更为突出。因此,解决农村剩余劳动力出路和城乡人口结构性矛盾,主要靠工业化、城市化以及第三产业的发展,靠城市和建制镇数量增加与城镇人口规模的扩大。

根据建设部与民政部的城市发展规划,21世纪今后20～30年内,我国将要建设800个左右的大、中、小城市,2.1万个建制镇。不仅现有的城镇规模要扩大,而且还要建设许多新的城镇。如果有几亿农民转到第二、三产业,进入城镇,成为城镇的新居民,并交出原来承包的耕地,不但可以普遍地推进农业规模经营,提高劳动生产率,逐步实现农业现代化,从根本上改变我国农村落后面貌,而且可以极大提高国家整体生产力和现代化水平。经过大量实践与长期研究,我们认为:加速城市化是社会经济的客观要求,我国经济社会发展过程中,要提高国家的综合经济实力与国家现代化水平,根本出路在于加快国家工业化、城市化的进程。

我国目前的社会经济结构是长期存在的城乡差异的二元社会经济结构,改革开放后此种差异不但没有消失,反而在许多地区有扩大的趋势。为了解决农村人口转化和农业工业化问题,促进经济持续增长,减少和避免重复建设,节约耕地,保护环境持续发展,还应加大推进城市化的力度[31]。

城市化的动力机制是工业化,城市是伴随着工业化过程而来的,是一个很复杂的社会经济动态发展的客体。中国城市化的最终目的是要促进国民经济健康、持续、快速发展,实现城乡居民共同富裕,城乡经济共同繁荣,沿海与内地协调发展。目前,我国城市化水平与世界水准有较大的差距。近两年来,我国城市化水平仅有30%左右(包括城市中的暂住人口、建制镇中的亦工亦农人口等称之为隐性城市人口),而世界各国的平均水平已达到45%,发达国家达到70%～80%,发展中国家也有50%～55%。我国属于发展中国家,国土广大(但沙漠、荒漠、高原不适宜人类居住面积超过40%),经济发展处于上升时期,工业化、城市化、现代化水平也在不断增长。但我国人口多,农村人口基数大,土地资源中耕地少,各地自然灾害较多。1986～1995年,全国耕地平均每年受灾面积5033×10^4 ha,中低产田面积占全国耕地总面积的76%,全国还有666个县(区)人均耕地低于联合国粮食组织规定的0.05×10^4 ha的警戒线。这就要求我们必须充分考虑土地资源的合理分配,要重视我国有限的土地资源,尤其是耕地保护,不能造成粮食供求关系的紧张局面。因此,我国的城市化水平应当慎重地考虑我国国情的特征,特别是人多地少的特殊情况。[32]

我们认为:中国城市化水平"近期20年内提高到70%～75%"是太高了,脱离了中国的国情。在相当一段时期内(今后半个世纪),我国城市化水平应当界定在55%～60%为宜,而不应该盲目追求西方国家不同国情的高指标、高比例。这是我们通过对中国的农村人口基数大、有限的耕地资源、投资规模和有限的财力、物力、城市环境容量、人口、交通压力等多种因素综合分析,得出的比较合适的城市化比例。对我国城市化道路问题,两院院士周干峙、吴良镛教授等认为要大中小城市协调发展,走城市可持续发展的道路。我们经济地理界许多专家早在20世纪80年代初也提出了这个论点。但这里的关键问题是:农村剩余劳力如何吸纳、消化,城乡一体化如何考虑,最终是否能将近10亿多农民的70%转移到大中小各类城市中去,这是一个非常复杂的社会经济问题。

根据今后15年中国经济社会发展的总目标和到下世纪中叶国民经济发展分三步走的战略,预计中国的城市化还将持续增长,并时有加快。但根据建设部的远景规划:"到2010年或更长一些时间,全国大陆地区设市城市达1 000个左右,建制镇达2~2.5万个,城镇人口年均增长4%~5%,全国大陆地区城镇人口将达到6亿多,城市化水平约45%。"我们认为,城市化比重可能偏大了些,也就是说今后15年内将有2.7亿人口要进入各类城市与建制镇,每年新增城镇人口的数目达1 600~1 700万人。那时,城镇人口压力、就业安排、城镇有限空间以及城市环境问题就会更加突出出来。这么多新增的城镇人口往哪里安置?如果都放在大城市里,除现有100万人以上的48个大城市还得发展外,还要新建至少200个百万人口以上的大城市,这是不可能的。仍然把他们固定在农村吗?也不行。统计表明,1991~1997年,我国从事第一产业的劳动力从3.87亿人减至3.47亿人,6年中农村劳力减少4 000万人,平均每年减少660万人,按此速度,10年后全国富余劳动力约3.4亿多。为了促进工业化、城市化进程,提高我国城市化水平,必须加快农村劳动力的转化。为了既要保持一定的发展速度,又要维持社会稳定,安排好众多城乡人口的就业,维持城乡良好的生态环境,唯一可选择的道路,就是要协调好大中小城市(包括建制镇、乡集镇)的适度发展,提高城市环境质量,促进现代化的发展;同时将农村剩余劳动力(2010年将近2.7亿人;2030年全国总人口将达到16亿人,如果那时城市化水平达到60%的话,还得安排剩余劳动力3.2亿人)合理安排到各大中小城市以及建制镇。如果不建立以中心城市为依托的多层次的城镇体系网络,要将几亿人安排在城市中谈何容易。

今后半个世纪内,中国城市化进程应考虑如下几个因素:一是工业化已进入中期阶段,在沿海地区应由劳动密集型产业转向技术密集型和资本密集型产业,走集约经营、内涵挖潜、产业转换、提高经济效益与生态效益的道路,为数众多的富余人员将从企业分离,全社会对劳动力的需求将减缓,产业结构转向以第三产业为主,这将影响农村人口向城市转移的速度;二是增加城镇人口,扩大用地规模必须投入巨额资金,特别是城市规模扩大了,建成区范围的各种市政设施、管线工程、交通道路以及房地产业都需要很多资金投入;第三,城镇人口增加对土地、水资源、能源和环境质量等产生巨大需求。因此,根据上述各种因素与制约条件,我国城市化进程应当有序、健康、科学、合理地推进,城市化的比重、速度应当适合中国的国情,使我国的城市化持续稳步地实现。

中国的城市化道路是非常复杂的,涉及国家经济可持续发展的方方面面。从综合角度出发,我国城市化道路及其发展方向应采取以下几个关键性的对策。

基本对策之一

由于我国人口众多、资源短缺,我国国民经济发展应建立资源节约型的国民经济体系,实行开放型的资源开发战略,城市发展应走可持续、稳健的发展方针,城市化比重不能盲目追求西方高指标的路子。

中国的基本国情决定中国必须建立资源节约型的国民经济体系。我国是地球上人均资源比较贫乏的一个大国,如人均土地面积为世界的1/3(如果是人均耕地的话,仅为世界的1/5),人均森林资源为1/6,水资源为1/4。我国各项资源的人均值基本上都位居世界后列,如人均矿产资源居世界第80位,而且贫矿多、富矿少。同时,我国人口增长过快,农村人口基数大,城市化比重目前很低。这一切决定了我国今后建立的国民经济体系必须是资源节约型国民经济体系(周立三,1989;吴楚才,1996)。

目前世界上很多发达国家从总体上看是建立在对资源高消耗的基础上的,即资源高耗型国民经济体系。如美国2.8亿人拥有1.9亿辆汽车,年耗汽油约占世界汽油消耗总量的1/3。美国人均年耗原油约2.9 t,煤3.6 t,林木2 m³,钢0.35 t。如果拥有13亿人口的中国也达到美国的人均年消耗水平,那么,中国已探明的原油储量将在5~6年内耗尽,森林将在6~8年内伐完,铁矿石约能维持32年,煤能维持85~100年。同时,我们应当清楚:我国的资源消耗主要是在城市与集镇,约占全国资源消耗的60%,如果城市化比重过高,资源消耗更快、更多、更加浪费。我们应当清醒地认识到:21世纪初,中国总人口占世界的21.4%,而GDP国民经济总量仅占世界的5%多一点,却又消耗了世界能源总量的10%。目前中国的城市化速度过快。①为了中国人民的长远利益,为了中国经济持续发展,我们必须建立一个资源节约型的国民经济体系,城市发展应走持续、稳健发展的道路,城市化比重有一个适合中国国情的比例。

总之,资源节约型的国民经济体系包括以节能、节水、节地、节时为中心的城市工业生产体系以及以节水、节地、节能为基础的城市化发展体系,努力实现城市可持续发展方针。

基本对策之二

严格控制人口数量过快增长,提高全民族的文化科技水平,提高城乡人口的素质,重视城市现代化的建设水准,逐步缩小城乡差别。

人口数量过快增长,健康有序的城市化道路很难实现,严重制约着城市现代化水平的提高。根据国家发改委宏观经济研究院的研究,我国每年大约有2000多万人从农村转移到城镇,需要安排就业工作,但仅有900多万个工作岗位可以安排,城镇失业率已达到4.5%,也是一个社会问题。为了缓解我国人口过多与资源相对紧缺的矛盾,我们应当继续执行计划生育政策,严格控制人口增长,争取在2030年以后基本上实现人口的零增长,使人口绝对数量由21世纪中叶的16亿下降到21世纪末的14亿。

在相当长的一个时期内,我国应当大力发展劳动密集型产业,包括第二产业中的劳动密集程度较高的制造业和第三产业的商业、服务业和旅游业,增加城镇中的就业岗位,稳定社会。当前,还得提高全民族的文化科技水平,提高城乡人口素质。目前,各地旧城改造、新区开发建设已进入现代化初期,但各地大中小城市建设水准仍低,基础设施落后,基本建设资金不足,生态环境质量与发达国家比较仍有较大差距。因此,城市的人口、用地规模不能盲目扩大,这样会造成"老账未还,新账又欠"的局面,或者只求数量、不求质量的城市化水平滞后的现象。

我国农村目前存在着数量极大的剩余劳动力,如果采用较先进的农业生产和农业现代化管理,我国农业生产技术水平可以达到日本、德国、韩国和加拿大的平均水平。1990年我国有1.6亿农业剩余劳动力;1996年我国有2.5亿农业剩余劳动力;2004年我国有2.8亿农业剩余劳动力(目前,全国流动性的农村劳动力有9 800多万人,从四川、湖南、江西、贵州、安徽、山东、湖北、河南和东北、西北地区流入沿海发达地区)。这部分农业剩余劳动力约占农村总劳动力的2/3,严重冲击着城镇各类产业职工的有序安排,有些出现盲流、下岗现象[33]。当前我国政府与中科院系统正在研究全国性的城市都市区的功能区划,引导城市健康发展,防止过多的盲流进入城市,促进国民经济的稳定发展②。河南、江苏、山东、广东、浙江、安徽等省市城市有

---

① 周一星. 中国特色的城镇化道路刍议. 兰州:全国地理大会,2006.
② 国家发改委托咨询项目一报告之二:陆大道,樊杰,陈田等. 全国功能区划与支撑条件. 2004.

些规模过大,占用耕地过多。① 中国和其他发展中国家一样,人口增长过快过多,城市化也快速增长,给环境带来了沉重的压力。正是在这些城市里,对资源的透支性消耗及利用,产生了最主要的全球效应,特别是全球气温增高、酸雨增多,波及人类的社会生活质量。

基本对策之三

历史地、全面地认识一个城市,特别是在市场经济体制下充分认识、系统分析一个城市的地位、作用与功能定位问题,也是 21 世纪中国城市发展的关键,各市有关领导应当高瞻远瞩,审时度势。

如何充分地认识一个城市的发展方向与功能定位问题,我们可以从四个方面进行分析。

一是城市的定位问题。应充分认识一个城市在一个地区的中心地位和经济辐射的重大作用,特别是那些地理区位优越的超级城市、特大城市(人口规模 200 万以上的省会城市、历史文化名城与重要的港口城市),从历史基础、发展特点、产业趋势与城市的发展方向进行系统的综合分析。一方面要有战略眼光,另一方面也要实事求是,对于城市发展的区位作用、条件分析不能过分夸大,缺乏历史的全面分析,缺乏城市之间的互补分析。没有条件的或条件不足的一些沿海重要港口城市不能也去盲目追求"国际化大都市"或建成"香港式"的国际港口城市等等。

二是城市的定性问题。重要的是从城市的个性、城市的功能或潜在性的发展前景分析,应与每个城市所在的区域经济现代化过程中所发挥的关键作用进行综合分析,注意城市之间的职能分工,避免城市产业结构趋同化现象,防止城市工业布局、工业新建扩建项目过多重复,以免产生不必要的基本建设投资的极大浪费。

三是城市的定量分析问题。对城市今后的发展规模应有一个合理的限度,不是任何一个城市都是规模越大越好,这里有一个人口、用地、环境的合理容量。每一个城市的合理发展都应当与自身条件特别是自身的经济基础、综合实力与发展潜力基本一致,不能操之过急,盲目求大。

四是城市的空间发展问题。当代城市的合理、适度发展都需要有一个合理的地域空间,这里主要涉及城市的内部结构、空间范围是否科学合理,必须对每一个城市的人口结构、用地结构、产业结构、环境结构进行分析,注意城市本身的支撑体系(包括城市用水、交通体系、能源供给、防灾体系和市场潜力等因子)能否达到稳定、安全、可持续发展的基本要求,才能促进城市现代化的建设。城市空间的合理开发利用主要表现在房地产业的开发与地上、地下空间的合理开发问题,目前积极、稳妥地发展房地产业,不能盲目、过于超前;同时,积极开发地下空间,节约用地、保护耕地是一个有发展前景的领域[32]。

基本对策之四

关于我国城市建设方针的一个基本认识,应当有一个全面的、历史的前景分析,不应当割断历史,片面强调"发展大城市或发展小城镇作为重点",而要遵循每个城市历史阶段和客观条件去作出评价,或说:"国家的城市建设方针是经过长期的城市建设实践得来的,是符合我国国情的方针政策,控制大城市规模,合理发展中等城市,积极发展小城镇。"世界各地城市发展过程的经验表明,城市化的过程大体经过三个不同时期:①缓慢的发展时期,城市化水平达到 30% 左右,是第二次世界大战前许多发达国家刚刚完成工业化的初级阶段,一般城市化进程比

---

① 陆大道.防止我国城市化出现"大跃进"的严峻形势(向国务院领导反映问题).2006.

较缓慢。②加速发展时期,当工业化、城市化达到一定水平的时候,一般是在30%左右就进入城市化的第二阶段,大多数发达国家已经完成工业化阶段,城市工业化、城市化水平在20世纪50~70年代都达到了60%~70%的水平。③现代发展阶段,城市工业化、城市现代化的发展时期,许多发达国家城市化转入稳定发展的阶段,发达国家城市化水平达到75%~80%;发展中国家城市化水平也达到45%~55%。第三世界历史上比较贫困的国家,城市化水平大多数没有超过40%左右。

我国自改革开放以后,工业化、城市化水平发展较快,特别是90年代后,城市发展转入快速增长时期,但2005年的城市化水平刚刚超过43%左右,我国仍处在世界城市化发展第一和第二时期的结合部,即加速发展阶段。实际上,我国许多特大城市正在做"大北京规划"、"大武汉规划"、"大沈阳规划"、"大成都规划"、"大天津规划"、"大广州规划",城区人口连郊区人口将达到1000万人左右,势头迅猛,值得深思?!从我国实际出发,今后一个时期城市发展应加强分类指导,全面推进,从城市规模效益出发,对大城市应区别对待,市区非农业人口超过200万人以上的,应严格控制人口规模的膨胀(当然不是所有200万人口以上的特大城市,都不让其合理发展,如上海浦东开发区、大连、南京、重庆等城市还可以有控制地完善发展),而像北京、天津、广州、兰州、沈阳、西安、成都这些历史文化名城,环境恶化,淡水资源、地下水源稀缺,市内交通十分拥塞,这些城市还是应当严格控制其人口、用地的不断膨胀。有不少城市,市区人口200万人以下的省会城市,用水、用地潜力较大的那些重要港口城市、交通枢纽等,应允许其在完善基础设施和提高环境质量的基础上适当增加一些城市人口,让其充分发挥中心城市的规模经济、规模效应的作用。发挥中小城市成为城乡经济文化联系纽带的作用,同时发挥中小城市和建制镇吸纳农村剩余劳动力的主导作用。通过制定县级市标准、建制镇设置的新标准等,以政策为导向,引导我国城市合理、协调地向前发展,推动我国城市化、现代化、城乡一体化的更高层次的新发展。

在严格控制大城市规模,合理协调发展大中小城市的同时,应当积极推进小城镇的发展,但在我国农村人口基数大的情况下,小城镇面广量大,我们的经济实力有限,所以小城镇的发展还要进行合理引导,分期分批、有重点地稳步发展。1998年,江泽民总书记在中央农村工作会议上指出,"引导乡镇企业向小城镇适当集中,使小城镇成为区域性的经济中心","要大力发展非农产业,加速农业富余劳动力的就地转移"[34]。因此,我国的小城镇建设与发展,在起步阶段就应注意发展生态农业与生态工业,走集约化、专业化的道路,以免重蹈传统农村工业"家家点火、村村冒烟"的覆辙。小城镇的发展应当成为我国农村人口城市化的一个重要生长点和农村经济的中心[35]。从总体发展趋势看,我国城市化道路应当走大中小城市协调发展,走城市可持续发展的新路子,走使我国城市发展稳定健康有序发展的道路[36]。

总之,根据能量守恒定律和生态学的基本概念,要将国家城市化发展(发育)与资源环境基础开发纳入到"人地关系"协调机理的大系统框架中来(张雷,姚士谋,冯长春,2004)。具体而言,就是将国家和地区城市体系作为一个相对独立的人类生态系统,以此探讨这一系统的生存与发育过程的物质能量守恒与交换状态,以及实现这种守恒和交换的资源环境保障基础和有效的空间组织。只有这样,才能实现我国城市化健康、稳定、可持续发展的新路。①

---

① 2005年8月以张雷、姚士谋、冯长春等3人为主体的研究小组已申请到国家自然科学基金重点项目,主要研究我国城市化过程中的自然环境基础及其保障系统,将探索我国城市化发展的目标及其支撑体系。

主要参考文献

[1] 陈敏之. 时代赋予我们的历史使命[J]. 城市问题,1991(4).
[2] 顾朝林. 新时期我国城市化与城市发展政策的思考[J]. 城市发展研究,1999(5).
[3] 高能德,张万清主编. 中国地区产业结构[M]. 北京:中国计划出版社,1991:5~10.
[4] 李竞能,等. 中国城市化发展的道路[J]. 科技导报,1991(5).
[5] 周干峙. 在全国城市规划学会成立大会上的报告(1990年12月在四川)[J]. 城市规划,1991(2).
[6] 吴良镛. 展望中国城市规划体系的构成[J]. 城市规划,1991(5).
[8] 宋家泰. 城市区域与区域的调查研究[J]. 地理学报,1980(4).
[9] 姚士谋. 城市与区域发展的相互关系[M]// 城市发展战略研究. 北京:新华出版社,1985:164.
[10] 周干峙. 适应新的历史发展需要,提高我国城市规划水平[J]. 城市规划,1991(12).
[11] 崔功豪,等. 城市发展战略研究[M]. 北京:新华出版社,1985:146.
[12] 陈南禄. 航运业与大城市息息相关[N]. 香港大公报,2000-03-060·15.
[13] 姚士谋. 城市地理学发展动态[J]. 地理科学,1991,11(1).
[14] 中央电视台,1991-12-26,1996-06-18报道.
[15] 陈航,张文尝. 中国交通运输地理[M]. 北京:科学出版社,1999(6).
[16] 美帕克. 城市社会学[M]. 宋俊岭,等译. 北京:中国建筑工业出版社,1980:169.
[17] 中国人民大学书报资料中心. 城市经济,1996,1998.
[18] 李梦白,胡欣等. 流动人口对大城市发展的影响及对策[M]. 北京:经济日报出版社,1991.
[19] Whitchand J. R. Urban Fringe Delts, Development of an Idea[J]. Planning Perspective,1988(3).
[20] K. Brumn and Jack Williams. Cities of the World. New York,1978:40~45.
[21] 姚士谋. 关于长江流域国际化大都市建设前景的思考[J]. 科技导报,1998(10).
[22] 姚士谋,陈爽. 长江三角洲城市空间发展趋势[J]. 地理学报,1998,增刊.
[23] 姚士谋. 美国西部经济综合开发及其启迪[J]. 干旱区地理,1986,9.
[24] 周立三,吴楚材. 中国地区差异与资源开发[M]//国情分析分报告(1991).
[25] 周一星等. 城市发展战略研究[M]. 北京:新华出版社,1986:127.
[26] 我国城市化和城市现代化进程迅速[N]. 中国城市导报,1991-09-17.
[27] 姚士谋. 中国城市化进程的区域探索[J]. 城市经济研究,1990(12).
[28] 邹家华,侯捷,周干峙. 在全国城市规划工作会上的讲话[J]. 城市规划,1991(6).
[29] 杨吾扬. 区位论原理——产业、城市和区域的区位分析[M]. 北京:科学出版社,1988.
[30] 姚士谋主编. 中国大都市的空间扩展[M]. 合肥:中国科学技术大学出版社,1998.
[31] 杜启铭. 城市管理原理和方法[M]. 北京:中国城市出版社,1998.
[32] 姚士谋,陈爽,朱英明. 我国城市化道路及其对策研究[J]. 海峡城市,1998(3).
[33] 国家统计局. 中国城市统计年鉴,1998,1999,2002,2005. 北京:中国统计出版社,1998,1999,2002,2005.
[34] 中共中央有关农村工作会议文件[M]. 1998,2002,2004.
[35] 姚士谋,管驰明. 城市化问题急需数学思维[J]. 城市规划汇刊,1999(4).
[36] 姚士谋,汤茂林,陈雯等. 区域与城市发展论[M]. 合肥:中国科技大学出版社,2004.

[37] 杨汝万．全球化背景下的亚太城市[M]．北京：科学出版社，2004．
[38] 周一星．中国特色的城镇化道路初探[J]．江苏建设，2005，12．
[39] 崔功豪．谈谈对规划全覆盖的认识[J]．江苏建设，2005，12．
[40] 姚士谋、王书国．我国小城镇健康发展的新思维[J]．江苏建设，2005，12．
[41] 牛文元．中国城市发展报告[M]．北京：科学出版社，2003．
[42] 姚士谋，陈振光等．中国城市化健康发展的关键性策略[J]．海峡城市，2006，41(3)．

第九章
高新技术产业与中国城市群的协调发展
HARMONIOUS DEVELOPING BETWEEN HIGH-TECH INDUSTRY AND URBAN AGGLOMERATIONS IN CHINA

从20世纪80年代前后,世界各国的城市经济与区域资源开发迅猛异常,尤其是发达国家与发展中国家城市化区域,城市的运行模式、高新技术园区的创建和城市群内各个城市的协调发展引起极大的关注。这些层面的变化及其地区的经济结构调整都在适应全球经济一体化的潮流,各大区域内城市群中的每个城市,开发区与卫星城镇都在经济网络中紧密相连,甚至构成相互依存的关系,从而产生深远的影响。

第一节
中国城市群的协调问题

在全球化和信息化的综合作用下,发达国家的金融资本与高新技术产业正在向发展中国家扩散,特别是在沿海城镇密集地区,大型城市群地区郊区城市化发展迅速,许多新的工业区、高新技术开发区不断蔓延,形成一个个新的城市地区和超大型都市圈(Large Megalopolis)。近50年来,在我国的沪宁杭城市群区、珠江三角洲与京津唐城市群区增长趋势越来越明显,各项重大基础设施与大学城和开发区规模不断扩大,造成许多投资的重复浪费、无序建设的局面,因此,还需要进一步分析、论证城市群的协调发展问题。

一、城市群协调要素

"城市群"是在一定的经济发达区域范围内、分布较为集中的各类城市的聚合体。城市群内部有许多大城市以及分布在这些大城市周围的小城镇,其间点缀着大面积的农业区、园艺区与林区。群内大城市间依赖快速交通联系起来,这些交通线路两侧分布有大学校园、工业区、开发区、铁路设施、港口、度假区、旅游区等独立功能区。一般大的城市群区内的人口规模不少于3 000万人。城市群空间内以两个特大城市作为区域经济发展的核心,以快速交通体系与发达的信息网络为依托,具有现代化的网络特征。

世界上已发展得比较成熟的超大城市群有：美国东北部波士顿-纽约-华盛顿城市群、美加五大湖区城市群、日本的东海道城市群、以伦敦为核心的伦敦-伯明翰-利物浦大城市群、法国的巴黎-埃松-塞纳-伊夫林与德国、荷兰的莱茵河下游地区的城市所组合的城市群、中国以上海为中心的沪宁杭城市群[1]。协调的城市群具有以下特征：

1. 城镇体系的形成与金字塔式的网络群体

协调的城市群的显著特征就是以一个或多个中心城市为核心和依托，在一定的地缘经济范围内组成不同等级、不同规模的城市网络群体，中心城市在客观上发挥跨行政区域的管理协调作用。城市群大都以大城市为核心，以卫星城市为依托，形成类似金字塔的网络体系（Network system）。

一般而言，当社会经济生产力发展到一定程度后，城市之间的博弈结果可能最终会使城市群出现以一个有一定城市等级体系和类似金字塔式的城镇群体。在社会经济开发上处于主导型地位，而另外一些城市在社会经济发展上处于技术追随或技术依托的状态。中心城市的形成和发展是城市发展的主要杠杆，尤其是中心城市对周边地区产生强大的辐射和影响潜能将会有力促进资金流、信息流、科技流、人才流等在都市圈内城市间的流动，推动城市间的互动。城市群的成长与地区各个要素应当是协调发展的，社会经济技术互补型的城市群之间的信息和技术等要素的传递才能健康成长与发展（见图9-1-1）。

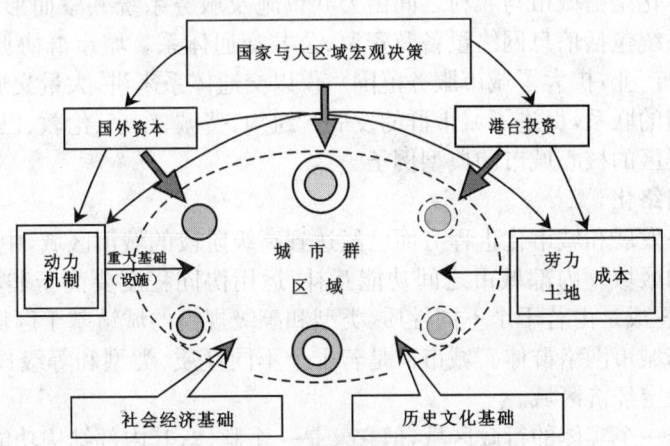

图 9-1-1　城市群成长与协调要素关系图

城市群的核心城市一般都是全国乃至世界性经济中心，如纽约、伦敦、东京等中心城市，均聚集了相当数量的跨国公司、金融财团、国际和地区性组织、科研和教育机构，其地域范围往往跨越不同的行政区域[2]。大城市为了完成研究和开发、制造、流通、服务，会把一些业务打散，交给小城市运作，或者利用大城市的优势支持小城市的技术开发；而小城市也利用自己的优势，为大城市提供配套服务以及技术服务。这样的专业分工，对城镇体系的建设都有相当地促进作用。中小城市和大城市形成了专业化的经济和发达的社会分工。

姚士谋等（1992，2001）首次在国内将城市群概括为在特定的地域范围内具有相当数量的不同性质、类型和等级规模的城市，依托一定的自然环境条件，以一个或两个特大或大城市作为区域经济的核心，借助于综合运输网的通达性，发生与发展着城市个体之间的内在联系，共同构成一个相对完整的城市"集合体"。崔功豪等（1992）指出"城市带指的是巨大的多中心城市化体系，它具有高度的连续性和很强的内部相互作用，其中的每一个城市都是具有完整体系的城市"。周一星则认为是城镇连绵区（城镇密集区）综合性新的概念。南京大学刘荣增博士经过对大量资料的分析和我国城市地理学发展30多年历史的研究,他认为国内学者对于城镇密集区发展阶段的研究,出现了周氏指标体系(周一星)和姚氏指标体系(姚士谋)两种新的见解,对城镇密集区和城镇群的概念做了科学的界定[3]。

根据中心城市影响力的强弱和距中心城市的远近,城市群可分成都市区、边缘区和影响区,这些区域呈圈层式分布在中心城市周围,其内部的众多中小城市或城镇受到中心城市的不同影响。

2. 城乡协调发展

城市群的基本特征是中心城市与周边开发区和广大农村的联系十分紧密,形成中心城与卫星城组团式分布的格局,同时城乡之间共享资源基本上是以交通、金融、信息、科技、物流、商贸等服务产业为主。例如,我国湖南省的经济核心区长株潭形成了"共同管治"道路、电力、交通、供水、卫生与防灾体系,促进了本地区的共同繁荣,符合我国城乡一体化的原则。①

在城市群内一般有一至两个中心城市,中心城市本身发展已经到了成熟阶段,这些中心城市通过扩散与反冲作用推动农村经济增长,这就是乡村都市化的发展过程。

城市群的协调包括城市与城市之间以及城市与广大乡村地区的协调发展,重点协调城市之间的基础设施、大型化的港口码头、航空港与快速干线系统,避免重复建设,缩小城乡差距,走共同富裕的道路,逐步实现城乡一体化。

所谓城乡一体化是指城市与农村之间由公共设施及服务系统共享而形成的联盟体系,而公共设施及服务系统包括信息网络设备及资源、公共交通体系。城市群协调的中心城市具有可共享的新兴服务产业,扩大了城市服务范围。仅以交通体系来讲,大量交通工具及设施的出现强化了城乡之间的联系,促进了城市群的发展。纽约、费城、东京、伦敦、巴黎、上海、香港、北京等都是大城市群区的核心城市的典型例子。

3. 区域发展网络化

城市群在经济发展和城市化进程方面已经达到高级阶段的城市区域,中心城市向外蔓延、扩散到更为广泛的区域。内部城市之间功能互补、运用协同程度要高于非城市群经济区域。因此,城市群可以看成是由若干个不同性质、类型和等级规模的城镇基于区域经济发展和市场纽带联系而形成的城市网络群体。城市群是若干个不同性质、类型和等级规模的城市基于经济联系而组成的特定经济区域。

城市群并非是一个实体的行政区域,但它又是一个整体,其内部结构功能的分工合理与否直接影响和制约城市群的整体功能发挥,其整体发展的战略定位又直接影响和制约城市群区域与各行政区域之间、城市群内部各城市之间的协调发展。城市群的发展,不仅仅只是单个城市的自由发展,而是群体内各城市的整体协调发展。区域分工中,处于产业链末端或下游的产品一般分布在经济发展相对较弱、劳动力和资源相对丰富的地区,从而促进城市间的合作[4]。

城市之间的产业技术开发具有较强的互补性,可以有效地发挥各自的比较优势,更快地带动新兴技术的研发和新产业的形成,如美国硅谷地区与美国东部一些城市通过技术合作开发,充分利用硅谷地区高科技人才及机制灵活的优势,同时发挥东部地区科研力量集中、设备精良、大型研发基地较多的特征,更快地促进新兴产业的形成。美国芝加哥大学著名学者萨森(S. Sassen,1997)已经提出一个说法,就是电子空间的出现不仅是传递信息的手段,而且是资金积累和全球资金运营的新场所。一个新的经济地理正在形成,其中枢纽和权力都被新技术和全球化重新组合,未能跻身于数码空间和数码高速公路的城市都不能受惠于信息时代所提

---

① 参见:中国城市规划设计院.湖南长株潭城市群规划报告.2005.

供的机遇[5]。在崛起的经济体系中,关键的空间相关因素是资金、货物、信息和人口。网络社会已经出现,这是当代世界的新现象(Castells,1996;Yeung,2000)。

二、中国城市群

中国形成的三大城市群包括沪宁杭、珠江三角洲和京津唐及其环渤海地区。以上海为中心、南京和杭州为次中心的沪宁杭地区城市群,共有各类城市和重要城镇55个;以广州为中心,深圳、佛山和珠海为次中心的珠江三角洲城市群(不含香港、澳门),共有各类城市和城镇24个;以北京和天津为中心、青岛和大连为次中心的环渤海地区城市群,共有各类城市和城镇52个。三大城市群已成为中国最具活力的经济区域,并日益成为中国经济增长的主要推动力。①

除三大城市群外,还有辽中南地区城市群(以沈阳、大连为核心的发达地区)、四川盆地城市群(以重庆、成都为核心城市)以及山东半岛城市群(以济南、青岛为核心城市),均为我国最近10多年来形成的在全国具有重大影响的城市群发达地区(姚士谋,2001;周一星,2003)。若干中型城市群近似于城镇密集区,如以福州和厦门为中心的闽东南沿海城市密集区、以哈尔滨为中心的哈大齐城市地带、以郑州为中心的中原地区城市密集区、以武汉为中心的武汉地区城镇群、以长沙为中心的湘中地区城市密集区(长株潭城市群)、以西安为中心的关中地区城市密集区等地区级城市群。

若干小城市群,如以石家庄和太原为中心的石太城市群、以常德和岳阳为中心的环洞庭湖城市群、以南昌和九江为中心的昌九城市群、以昆明为中心的昆明城市群、以贵阳为中心的贵阳城市群等地方级城市群(姚士谋认为这些地区级的城市群仍然不完善、不成熟,应称之为城镇密集地区)主要以一个特大城市为核心形成大都市圈形式的城镇密集地区,不少学者认为是以单核心出现的都市地区,或称之为都市圈(崔功豪、顾朝林、陈雯等,1996,2002)。

三、中国城市群协调

1. 中国城市群协调问题

首先,城市群内部城镇体系尚未健全。中国城市群的核心城市的集聚与扩散效应也不够强大,综合经济功能相比较而言显得较为薄弱,中心城市的综合辐射和影响力不突出,导致城市群区域内经济发展无法协调。

中国城市群的内部结构存在较大的缺陷,存在着较为严重的结构失衡问题。如珠江三角洲城市群区域内(不含港、澳地区)特大城市、大城市、中等城市、小城市结构比例不尽合理,大城市和小城市数量偏少,整个城市体系结构缺乏有效的传承环节。环渤海地区城市群主要是依靠海路沟通,在地缘上被分隔为京津唐、辽东半岛、山东半岛3个组团,整体结构松散。此外,环渤海地区城市群内部的城市等级结构也不尽合理,特大城市数量偏多,而大城市、中等城市数量偏少(阎小培,1997)。

在现行的行政管理体制框架下,中心城市的法定管理权只限于其所辖的行政区划范围,根

---

① 关于京津唐地区城市群的形成发展,早在1990年前后均有论述(见王丽萍、姚士谋等,1992),但后来有不少学者又提出更大范围内的"环勃海湾地区的城市群"各有千秋,说法不一,主要是地区范围不同(见中科院地理所的成果,陆大道、胡序威、陈田等,1995~2004)。

本不具备跨行政区划的管理协调权限,导致其无法在市场经济条件下充分发挥中心城市的核心作用。中心城市"管理协调权"的缺位和现有职能的不完备在很大程度上制约和影响了城市群区域内的协调发展,无力克服和解决城市群区域内的产业结构趋同、产业布局近似、重大基础设施建设重复、环保污染以及市场过度竞争等问题。如:在京津两地,虽然天津有国际大港,但北京仍远赴唐山兴建港口;在珠江三角洲地区,广州、深圳、珠海都建有国际机场,在业务上不仅三者之间竞争激烈,而且与香港、澳门两地的国际机场也存在着竞争(许学强、周春山,1994)。从2005年开始,南京大学顾朝林教授与辽宁省城乡规划设计院开始了"辽中南地区城市群规划"工作(第二次),对城市群内部各个重要城市进行功能定位、产业结构调整、综合运输网规划以及生态环境的空间管制等重大策略性的调整,就是对城市群发展规划做了战略性的协调。辽宁中南部城市群,以沈阳、大连为核心城市,在方圆近10万平方公里的土地上,对鞍山、抚顺、本溪、营口、丹东、铁岭、辽阳等大中城市的发展做了科学的定位分析与城市职能分工,对其未来的发展也做了科学的界定。[①][②]

其次,城乡发展不平衡。城市群内部城乡发展水平明显不平衡。城市凭借良好的地理位置优势、发展中积累的经验基础、优惠的政策优势发展已达到相当的规模与程度,目前正在向现代化方向推进。农村地区发展尚处于工业化状态,城市数量少和规模小。城乡不平衡发展加剧了城乡差距。加入WTO后,资金、技术与人才等要素更进一步地集聚在城市地区,这势必导致农村与城市之间的发展差距越来越大。

第三,内部结构功能不完善。由于中国区域经济发展呈现出明显的"行政区经济"特征,这种"板块经济"、"诸侯经济"模式使得城市群的发展备受现行行政管理体制的制约和束缚。一个城市群可能分属于不同的行政区,在发展目标、产业结构、产业布局、环境保护等方面,城市群区域与各行政区域之间、城市群内部各城市之间都有可能存在明显的冲突,集中表现为区域行政壁垒对要素自由流动的限制,导致要素流动与进入成本偏高,致使区域资源要素不能顺畅流向优势区位——城市,从而影响和制约了城市群的发展。

受行政区划和地方利益的影响,有关环渤海地区城市群规划、沪宁杭地区城市群规划、武汉城市群规划、长株潭城市群规划等大都只停留在学术界的讨论与论证之中,只是临时性的、局部性的和非制度化的。尽管各城市群区域内相关城市官方与民间的热情不断高涨,但由于缺乏一个统一进行战略安排和整体规划的组织,导致各城市群的整体发展规划明显滞后于城市群的发展。尽管城市间会就某些领域进行合作,但各城市追求自身利益的狭隘性和近期性,导致城市群整体发展的不经济性和不可持续性。

由于缺乏官方编制的整体布局规划与整体发展战略规划作指导,各城市的发展缺乏整体上的宏观协调,都立足于本地区利益,协调力度不足。因区域整体协调不足,各城市的功能不明确,产业结构趋同现象严重,产业整体布局不规范。产业趋同必然导致大量的重复建设,引起资源浪费和无谓竞争。

2. 沪宁杭地区城市群协调问题

沪宁杭地区城市群包括上海直辖市、南京、苏州、无锡、常州、镇江、扬州、南通、泰州、台州、杭州、宁波、嘉兴、湖州、绍兴、舟山等15个地级市,37个县级市。

沪宁杭城市群是世界各大河三角洲人口数量最多、密度最高和城镇数量最多的地区,长江

---

① 顾朝林,姚士谋,赵令勋等. 沈阳城市总体规划宏观层次综合研究报告(2005~2020). 南京大学主持,2005.

② 柴彦威,周春亮等. 辽西城市群发展规划综合报告. 北京大学等主持,2006.

三角洲目前城市化率已达到45%,平均每万平方公里有6.9个城市,平均每万平方公里分布着68座城镇,市镇密度是全国平均水平的10多倍(陈雯、杨桂山等,2005)。它是中国最大的经济核心区,以全国国土面积的1%和全国总人口的5.8%,贡献了全国GDP的18.7%、财政收入的22%和出口额的28%(陈振光、姚士谋,2005)。①

以上海为中心的沪宁杭地区城市群成为外国资本积聚和外贸增长最引人瞩目的地区。2004年吸收的国际资本总额占中国累计实际利用外资总额的25%以上,货物出口贸易总额近2000亿美元。占全国的24%。② 目前沪宁杭城市群是一个区域开放度、繁荣程度很高的地区,但是与城市群的标准相比仍然有一定差距,具体表现在:

城镇等级体系比较明确,但缺乏各地区之间的相互协调和谐发展的新局面,尤其是各大城市的水源地、生态环境问题等。城市群的城镇规模分布应该有层次性,合理的城镇规模体系应呈"金字塔"型。但目前,沪宁杭城市群的城镇规模分布中,缺乏包括特大、中、小城市和小城镇等级层次明显的城镇体系,城市的集中度偏低,小城市数量过多,中等城市发展不足。中心城市的规模与能级与次中心城市的差距没有拉开,影响了中心城市聚集、扩散和创新功能的发挥。上海的辐射、带动能力有减弱的趋势。

城乡之间缺乏功能互补。城乡的整合和协调发展、城乡之间的立足于地域优势发挥自身功能是实现"集聚效应"的保证。目前,沪宁杭城市群城乡产业缺乏一体化,农村地区随着基础设施的大力改善及其他投资环境不断得到优化,吸收的外国直接投资大幅增长,与城市之间产生了恶性竞争。

城市间科技、人才、资金等资源分配、重大基础设施、城市职能分工、开发区建设、产业布局、环境治理、生态保护等宏观发展问题应得到统一的规划管理。目前沪宁杭城市群规划与建设建立了相关机制,如长江沿岸中心城市经济协调会、长江三角洲城市经济协调会、长江流域发展研究院、长江开发沪港促进会等,但这些机制只是就各个城市之间发展存在的微观问题进行协调,与区域网络化的发展要求还相距甚远。因此,在这个全国经济最发达、城市化程度最高的城市群地区更需要进行国家级的区域规划、城市群规划来协调各个城市的合理发展以及有利于城乡统筹、和谐发展,应在市政府之间建立协调机制(见图9-1-2)。

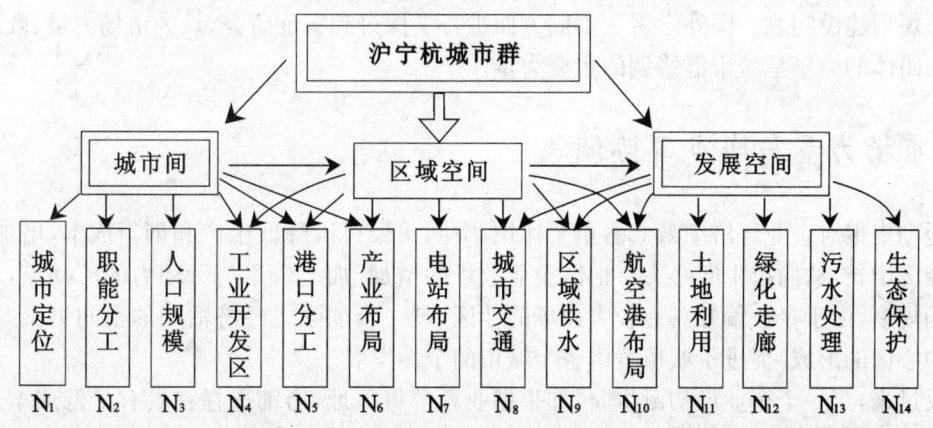

图 9-1-2 沪宁杭区域城市群重要协调因素图

---

① 姚士谋等.长三角地区大都市扩展规律研究报告.2005.
② 杨桂山,陈雯等.长三角地区综合性区域规划研究.2006.

第二节
城市群协调机制与主要力量

城市群的协调关系到城市间资源的分配、产业的布局重大项目投资以及区域性基础设施的统一规划建设问题。国外学者从不同方面进行了探讨和实证研究,认为市场力量、政府力量和民众团体的力量是城市群协调的主要力量。

一、市场力量与城市群协调

地理集聚对企业经济绩效起着重要作用,空间集聚可以降低生产和创新成本,增加收益,刺激经济增长,从而产生向心力。地区企业数量的增加,加之资本与劳动力的流动①,可以扩大市场规模,由于企业偏好具有较大市场的地区,进一步加强了经济活动的空间集聚,导致制造业中心区的形成,促进了城市群内各个城市的个性发展。

反过来,当一个企业最初诞生时,如果创业者都将厂址、店铺选择在具有最低成本优势的地区,包括劳动成本最低、运输费用最低、房屋费用最低和其中的某几项,那么结果肯定会产生

---

① 根据香港中文大学杨汝万教授的研究:中国从 1984 年放宽了对户口制度的控制后,由农村向沿海城市和地区的流迁人口达 8000 万到 1.1 亿人,预计今后 5 年内还有 1 亿的农村剩余劳动力准备迁移到各大城市群区内的大中城市里(Yeung,2004)。

集聚。经过几年的竞争以后,以上的成本将逐渐上升,生存下来的企业如果继续留在这个区域,那么这个区域的优势便不再只考虑以上的成本因素,或者说低成本已经不是经营者考虑的重点。由于过度集聚会提高生产和创新成本,产生离心力,使新企业倾向于选址于该区域的边缘,进一步推动了空间的扩散。尤其是全球经济一体化后,资本流动不断加速,劳动力市场活跃起来,导致了经济空间的同质化,与城市群区内的城市组团与企业分散化特征相联系,生产空间和社会重组在外围条件良好的情况下,新的开发区不断形成,促使了城市群的形成与发展(S. Sassen,2004)。

市场力量主要依靠产品生产与流通的比较经济利益为原则,加快城市、开发区与市场相互协调的原则。例如,新加坡在20世纪70~80年代,已经通过比较利益获得了东南亚的巨大市场,甚至占领了世界市场,经过20多年的完善市场体制,形成城市建设新区和工业区,促进城市的成长。投资和渐进的政策,使用了多元方法,持续向高技术推进,包括在研发、创新,建立相关的机构,通过教育和再培训协助政府,并关心支持民众掌握新技术。这一范例已推行到中国的苏州、昆山、深圳、天津等地以及东南亚许多国家(泰国、印尼、马来西亚、越南等),都有新加坡工业园区的范式,并与城市发展紧密结合(Yeung,2004)。

由此可知,城市群协调必须有强大的市场基础,区域内经济联系必须运用市场原则配置资源,合理利用资源,该地区内具有高质量的劳动力、各种各样的服务、地方物资和信息的投入产出联系等,低成本、高利润的知识密集型产业集聚就会于此。

二、政府力量与城市群协调

由于行政区划的限制,各个次区域的产业政策不同,城市群的协调必须通过政府来完成。

政府可以根据区域产业特点、地区的竞争优势、人力资本现况和利用资本市场的能力,制定各个地区发展战略,来协调城市群。在韩国、新加坡、日本与欧洲一些发达国家,城市群、社区与环境协调发展及其产业经济整合等方向都得到政府方面的有力支持。政府力量起的作用不在于使用权力去支配资本与人力,在于组织协调社会各方面的力量改善城市与区域发展的人居环境与提高民众的福利生活水平(McGee,1995)。

城市群协调政策主要包括:引导和扶持核心城市和主导产业,增强核心城市对周边地区的吸引力、凝聚力和辐射力,强化主导产业在经济增长中的带动作用。从信息化、人才、国际交流、城市环境上完善城市的综合服务功能。协调各个城市产业、居民点和基础设施的规划建设,提出鼓励、引导、控制、限制城市发展的措施和要求,避免重复建设,减少资源浪费,防止生态环境污染和破坏。

统筹协调城乡发展,研究制定城乡产业、边界协调以及空间资源利用、生态环境保护、基础设施共建共享等方面的规范性文件。按照互惠互利、优势互补、共同发展的原则,在尊重和兼顾都市圈内各方利益的基础上,加强协调和协作,实现整体效益和长远效益的最优化。

加强跨城市的联系与协作,制定有效的、具有可操作性的协调组织形式,研究制定共同遵守的准则,实现跨行政地域的要素流动、产业协作、城镇空间和资源优势整合、污染治理和生态环境保护。合理配置区域基础设施和重要的公共设施。统一安排市政、交通、能源、通信、水利等基础设施项目,如兴建工业园区、科技城等园区,实现区域基础设施的集约利用,促进区域设施共建共享。在珠江三角洲城市群规划中,政府的力量起到重大作用,例如:2003年3月建设部部长汪光焘同志对珠江三角洲城市群规划的指导意见,认为,做到珠江三角洲城市群规划及其实施,应把握好以下几个关系:①必须走新型工业化的道路,有利于经济结构调整;②贯彻可持续发展战略的原则,合理开发利用各种资源,协调生态环境;③统筹城乡建设,充分发挥城乡规划的调控作用;④必须以人为本,加强基础设施建设,改善人居环境。

事实上,政府要从前瞻性、全局性、综合性、强制性和连续性的高度,高起点、高标准地搞好城市群规划。引导合理、科学用地,优化城市土地利用和空间布局结构,实现空间资源的合理配置,实现区域技术企业聚集、人才聚集、产业聚集,需要获取大量信息,要分析区域现有财力,要分析可供投入的资金、资源,要量力而行,分析能够实质性提高区域核心竞争力的方面,要充分了解企业的技术特点,而要全面掌握这些信息是困难的。

因此,政府干预并不是城市群协调的充分条件,计划培育不出市场环境和公平的竞争。城市群协调不是靠计划造出来的,而是靠在自发的创新中的创业体制。如果城市的竞争力量要靠政府力量来获取,那么这些城市在市场竞争中会毫无优势。相反,政府过多地干预,反而会阻碍城市群的协调。

三、民众团体力量与城市群协调

城市群规划中根据市场需求,配置资源和合理利用人力、物力资源十分重要,政府的力量表现在宏观调控与相互协调之中,但必须通过民众团体的力量、充分体现民意。在我国社会主义市场经济体制还不完善之时,政府通过多种形式,征求民众意见,特别是依靠各个学科领域的专家(专业技术人员)评议活动非常重要。在珠江三角洲城市群规划之前,人们很容易发现,珠江三角洲地区不足 5×10^4 km² 的范围内,已经有香港、广州、深圳、澳门等国际机场,还有佛山、惠阳等国内二级机场,但在 1994~1998 年间,又重复建设了一个珠海国际机场,投入将近 20 多亿元巨资,建成后利用率太低,经济效益差,与邻近的澳门、深圳、广州机场争夺客源,造成珠江三角洲几大机场的利用效果很低,这就是不顾市场比较利益的原则,不顾民众、专家的反对意见,单纯地追求地方利益,只顾眼前利益所造成的恶果。从珠江三角洲大局来看,珠海国际空港的重大项目建设就是没有协调好,没有全局观点的一个深刻的教训。在我国一些经济发达地区(大的城市群区内),还有不少重大基础设施的规划建设(如港口码头、高速公路站场、加油站和电厂等等),地方政府各县、市之间还没有协调好,造成我国有限的资金与人力、物力资源的浪费现象仍然存在。因此,我们认为,城市群规划与各地的协调,也必须重视民众、专家的正确意见,只有这样才有利于大地区范围内资源合理开发利用,有利于每个城市的分工协作。

第三节
高新技术产业园区与城市群的协调发展

一、高新技术产业特点

高科技(Hi-Tech)主要包括信息科学技术、生命科学技术、新能源和再生能源科学技术、新材料科学技术、空间科学技术、海洋科学技术、有益于城市环境的高新技术和管理科学技术。从高新技术产业的行业来看,有机械、电子、冶金、精细化工与生物制药等行业,仅从新兴技术的分类来讲,就有新材料、半导体、信息工程、人工智能、生物工程、数据图像处理、光电子技术传感器等类别。

高新技术产业是一个动态的发展的产业,不同历史时期对高新技术及产业的定义有不同的内涵。高科技是一个动态的概念,不是比过去高的技术就是高科技,也不是引进的技术就是高科技,只有在深入探索科学前沿时产生的改变了人类向自然掠夺资源的工业经济生产目的的技术才是高科技(顾朝林,2001)。对一个国家来说,高新技术产业不是割裂现实的经济环境,更注重在现实技术基础上的创新,它包括市场创新和技术创新,包括技术实现之前的消费引导和市场创造过程,包括发展那些对现实的经济环境具有许多消费主体和市场价值科技产品。美国《纽约时报》(2001-05-28)已称苏州是全球经济中的一个高科技的前哨阵地。仅位于苏州新区的新加坡高技术电子公司(Logiyech. I. H. C)一年就能生产7 080万个电脑鼠标器,占全球同类产品的30%左右,苏州新加坡工业园区建设15年来,依托了包括38家世界500强企业在内的460多家企业,包括了各种电脑设备及其主机板,是我国最大的电脑生产基地之一。

  高新技术产业发展有其自身规律。首先,高新技术的产业化发展必须符合区域经济实际发展形态。由于传统生产要素(能源、劳动力、土地等)对经济增长的推动趋缓,并形成"增长的极限"和降低经济增长质量,高科技产业发展要符合现有的技术存量、研发能力、人力资源、创新能力和成果转化能力。例如,中国西部高新技术项目来源就有别于东部地区:来源于外向型、民营企业少,来源于军工、国企、科研院所项目比重尤其依托于传统产业、资源开发比例较大。高新技术产业集群微观主体是"小而精"或"大而专"的科技型企业,这与传统的"小而全"、"大而全"的企业结构具有明显区别。决定高新技术企业发展因素更多是新型人力资本因素和区域产品链和产业链配套能力因素等。而人力资本条件和创业文化制度条件等都是影响区域产品链和产业链配套体系完善和能力提升的基本因素。

  其次,高新技术的发展、高新技术产业的发展需要诸多的条件,需要各方面资源,包括自然资源、现有高新技术人力资源、研究开发、转化能力以及政策环境等,需要源源不断的研发资金、产业化风险投入,解决融资问题的方式方法;需要依赖于具有雄厚实力的大学、科研院所、大中型企业、中外学术交流等。科技产业的发展是一项复杂的系统工程,必须有产学研一体化的共同协作,科技中心的形成必然是由具有合作伙伴关系的政府机构、大学等教育机构、非营利机构、企业和国家实验室等共同合作的结果。区域高新技术产业集群要求形成分工与合作的新技术、新知识供求机制。高新技术、新知识的生产与供给能力是影响高新技术产品集群的重要因素之一,即研发能力直接关系到区域高新技术产业集群水平。

  再次,区域高新技术产业集群规模效应和溢出效应。高新技术产业或行业的发展往往都是以产业链的合作方式来进行的,分工与合作的产品链和产业链配套体系以及配套能力开发,对高新技术产业集群区域竞争优势建设十分重要。如现代生物工程同类产品开发常常以跨国、跨地区的技术合作方式进行。技术发展本身包含着突破世界前沿问题,如纳米技术、生物技术和新能源等等,科技资源的流动性强,跨出国界的研发活动和国际科技合作十分普遍。企业集聚是高科技产业区域发展的最重要特征。高科技企业是依靠密切的交易关系而组织起来的,往往都集中在某一个地区,例如美国硅谷、印度班加罗尔,台湾新竹等。价值链将企业分解为许多战略性相关的活动。高新技术产业集群优势构建依赖于其产品链和产业链配套体系和配套能力的形成和提升,企业正是通过比其竞争对手能更廉价或更出色地开展这些重要的战略活动来赢得竞争优势。产品链和产业链的形成是高新技术产业市场形成的基础条件,它构造了集群微观主体之间相互学习和相互合作的新机制,这既提高了区域学习效率,也放大了集群载体的"集体效应"。新型分工与合作的产品链和产业链配套体系有助于提高区域专业分工水平。

  最后,高科技产业与政府关系密切,政府主导的特点明显。各国都将高科技产业发展作为一个最重要的国家目标,发展高技术产业已成为各国必争的战略制高点。例如,布什政府的全球防御系统和生物领域研发的投资。同时,高新技术产业集群对有技术竞争力的跨国公司和研发机构的区域集聚具有特别的依赖性。有技术竞争力的跨国公司及其研发机构的集中对区域高新技术产业集群的作用不可低估。通过有技术竞争力的跨国公司和研发机构的集群进入,能促进区域高新技术研发的竞争合作新机制的形成,并能促进国内研发机构的集聚,形成研发活动的合作机制和学习机制,形成本土科技企业和研发机构集群供给优势,进而进一步放大基于国际直接投资(FDI)的溢出效应。

二、高新技术产业与城市群协调

在世界产业革命的历史上,每一次产业革命都伴随着新技术的开发和应用,每一个新技术的兴起都促进了区域发展,因此,高新技术产业发展一直被认为是区域经济增长的动力。而城市群是城市化发展的产物,工业化是城市化的基础,而科学技术又是工业化赖以产生、发展的技术基础。科技的发展和进步不仅为工业化创造出新的物质技术手段,加快了工业化的进程,而且拓宽了工业化的发展空间,提升了城市的配套服务功能。

技术革命引起城市工业的迅速崛起,吸引了大量的劳动者,由于产业的集聚性特点,使之一段时间内在某个区域内形成产业带,开始形成城市群的雏形。随着城市化进程的加快,导致人口的逐渐密集。一方面相关配套工业也由成本较高的地区向这块新兴城市聚集,从而自然形成多个城市功能的辐射;另一方面,由于产业的集聚而相应增加了对金融、信息、文化等经济及社会功能改善的需求,新兴城市就需要借助于城市群的作用,来扩展自身的服务功能,从而促进城市群的迅速发展。不同的经济增长类型与高新技术的发展,促进了不同的社会形态与城镇集聚的形成。二战后,经济增长以中产阶级和正式劳动力市场的大量扩张为特征,特别在大城市边缘地区高级住宅区的建设,郊区城市化不断蔓延,在城市群地区特别明显。

因此,高新技术产业的发展加快了工业化的进程,加快了城市郊区化沿高速公路的发展,郊区涌入了大批资金与劳动力,而工业化进程的发展又促进了城市群的协调,提升了城市的配套服务功能,高新技术产业的发展对城市群的协调能够起到重大的推动作用。

高新技术产业的发展对城市群的协调起着重大作用,具体表现在以下几个方面:

1. 高新技术发展能够促进城镇群体的形成

一个高科技风险企业从创业到发展成稳定的、持续的大企业,至少要经历三个阶段,第一是研发阶段,第二是孵化阶段,第三是生产阶段。处于研发、孵化和生产阶段的企业对资源的需求和获取资源的渠道以及生存的环境有不同的要求。一般说来,有如下规律:研发企业首选在大城市。研发企业的吸引力主要包括企业能雇佣到发展所需的高级管理人员,人才是研发企业决策的核心因素。大城市具有很好的人才环境,它能够支撑起大量的研发企业,所以大城市能集聚大量的研发企业,产生集聚效应。自第一次世界大战以来,世界各国的发明创造、新的创新源80%来自于大城市以及大都市连绵区。孵化企业一般选择在中等城市。在初期缺乏资金的情况下,低成本是他们考虑的重点。孵化企业会从自己收益的角度考虑而将企业选择建立在具有最低成本的区域,这些成本包括劳动力成本、房屋租金、政府政策(特别是税收)优惠、创业者自身资源的可利用程度、信息流畅等。但是,这些企业也不会离研发基地太远。生产企业一般选择在小城市。小城市劳动力便宜,能降低生产企业成本。这就导致生产企业扩散到小城市。

高新技术的存在和发展有利于城镇群体的形成。首先,由于高新技术产业发展对大城市的偏好较大,因为大城市的高校、院所特别集中,区位优势与建设条件好,因此,新兴的产业给城市带来了较多的就业机会,使中心城市规模不断扩大。特别是高新产业园区对于城市规模扩大,建成区向外延伸以及新区新城镇的形成有着决定性作用。从中国沿海一些特大城市的高新技术开发区规模看,可以分为各种类型:①城市边缘区的产业园区与高新技术区;②城市外围地区(远郊区)的大学城与研发园区;③卫星式工业城镇的高新技术园区;④环境优美型的高级住宅园区,居住着大量高级人才与服务人员。我国大部分的特大城市(人口百万以上的)均有2～3个高新技术与经济开发区,有的是省级的,有的是市级的,例如:上海有5个高新区,天津有4个,南京有3个,杭州有3个等(图9-3-1)。其次,中心城市的工业企业的技术改造以及产业结构转型给中小城市发展带来了新的机遇,高新技术产业的发展给大城市带来技术密

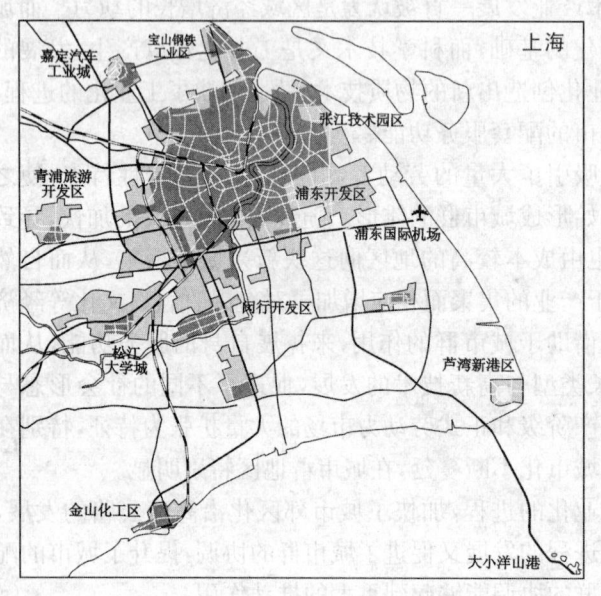
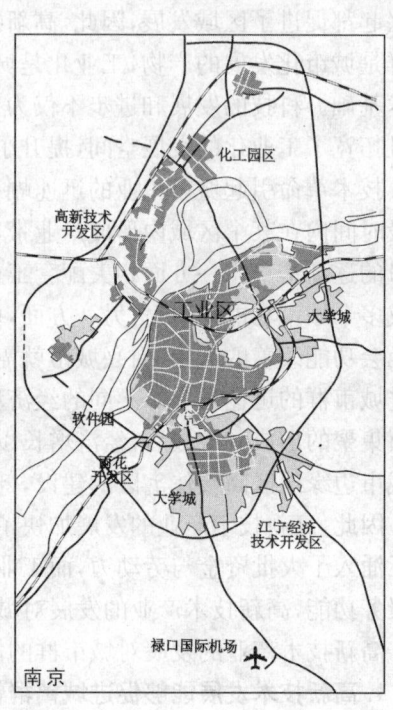
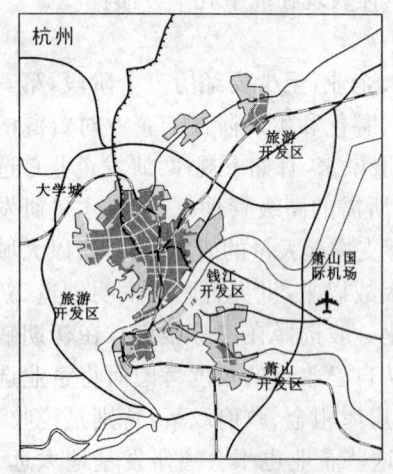
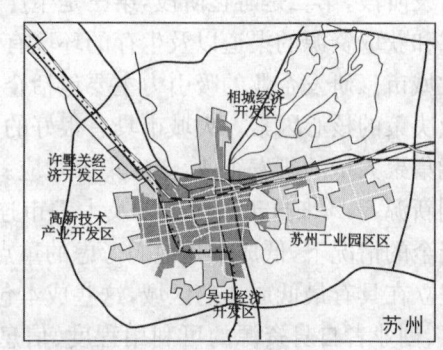

图 9-3-1 高新技术开发区与城市扩展的关系

集型大工业发展,中心城市的作用越来越突出。同时,大工业的发展需要很多的中小企业为之配套,生产各种零部件。配套企业成为中小城市又一发展机会。中心城市高新技术产业和大企业向中小城市转移,中小城市成为高新技术产业的生产基地和加工区。最后,由于高新技术

的扩散转移和成果转化的过程中,技术的持有者、发明人、中介机构、大学或科研机构会很自然地合作,从而将大中小城市的经济发展要素结合起来。高新技术开发区吸引了大批先进企业,外资商贸高度集中,高端管理部门以及现代服务业系统的转移,促进了城镇群体的发展与联合,国际管理经验的推广与标准化模式,都促进了城镇群体空间组织与市场发育的机制形成。

2. 高新技术发展能够促进城乡协调发展

经济发展的一般规律表明,一个国家在工业化初始阶段,农业在国民经济中占较大比重,农业和农村客观上承担为工业化提供积累的任务;当工业化达到相当程度后,工业自身积累和发展能力不断增强,具备了反哺农业的能力。

城乡协调,在某种意义上,就是城乡利润与社会公平的平衡。城市一般具有科研机构(如大学、科研院所等)和高素质的劳动力(科学家、工程师、技工),具有较强的技术开发能力(开发出新产品或者更新生产过程),竞争力往往大于农村,并可获得较高的利润。城市群协调发展必须提高农村地区的经济增长率,增加农民收入,提高农村社会化、现代化的水平。只有发展高新技术产业,引进新技术,才能提高农村地区资本产生的利润,使得它们取得比城市地区快得多的增长率,这样才能减少城乡差距。同时,城乡协调发展取决于城乡产业间合作和产业专业化分工(姚士谋、陈振光,2004),高新技术发展在很大程度上促进了城乡协调。

首先,创业型企业在城市获取非市场资源的成本较高,而农村地区出台了促进高科技发展的政策法规,包括税收、法律、咨询等。农村地区由于在与城市竞争上处于劣势,高科技企业容易获得农村政府的资源和支持,容易获得政府的青睐。

其次,高新技术开发区建设与农村发展密不可分,互动发展。农村地区为开发区提供土地与自然环境,开发区为农村提供生产技术、就业岗位、金融、保险等服务业。高新区的建设,促进了城市规模的扩大,吸纳乡村流动人口,安置就业,改造农业社会的传统经济,发展旅游业,促进农村的农副产品生产,蔬菜、果品生产高级化,发展生态农业、有机农业,促进城乡物资交流与文化科技深层次的发展,有利于提高农村面貌的改观与人民生活水平的提高。

再次,开发区科技含量高、对软硬件条件要求高的项目,有力地促进了农村经济结构调整、产业升级和高新技术产业的发展。随着开发区规模的扩大,能有效整合开发区资源。

3. 高新技术发展能够促进区域网络化

高新技术产业或行业的发展往往都是以产业链的合作方式来进行,由于产业合作不可能发生在同一个城市或地区,因此,高新技术产业的发展自然引起了城市群的协调,并促进区域经济网络化发展。越来越复杂的高技术产品需要产业融合和交叉繁殖,需要相关学科进行交叉融合、相关的科研机构和人员进行合作,产学研的结合,才能发挥协同效应。因此,产业联系是高新技术产业发展的基础。

产业联系,可以分为前向联系和后向联系。前向联系是企业和市场的联系,后向联系是企业与其供应商的联系。传统产业侧重于前向联系,它需要从大范围甚至全球范围内寻求资源。而高技术产业具有较显著的后向联系,主要原因是由于其产品还没有标准化,产品的独立性较强,其投入品的供应商也较强;规模小的企业多是地方性的,其组织结构不够发达,没有能力像大企业那样从大范围内寻求资源(王缉慈,2002)。

高科技开发区是高新技术产业集群的载体,具有规模效应、溢出效应和学习效应,以及高成长性、科技资源依赖性、区域创新体系和环境制约性的鲜明特点。这尤以美国硅谷最为典型。硅谷集聚了以英特尔、苹果、惠普、思科、升阳、网景等为代表的8 000多家电子科技公司和软件公司,吸引了全球近 1/4 诺贝尔奖金获得者、6 000 多名博士、跨国公司研发中心和美国近一半的风险投资公司的区域集聚,其电子产品年销售额超过 4 000 亿美元,占全球销售总额的 40%左右(陈振光,2001)。台北新竹科学工业园区集聚计算机硬件企业近 200 家,产值高达 300 亿美元,为影像扫描仪、网络卡、晶圆、终端机、集成电路设计等高新技术产品集群的世界性中心。

同时,由于高新技术关系到国家的竞争力,高新技术产业,如电子信息、新材料、环保、生物工程等,特别是基础研究领域、高技术研究、科技型企业技术创新,很容易获得政府的支持。高新技术产业的发展依赖于高新企业的聚集与发展壮大的规律和特点。在政府宏观管理上,要与地方经济社会发展的总体目标、区域整体发展规划之间进行衔接,要在人才、科技、金融、教育等多种要素上进行专业化培育,形成系统的政策支撑平台,建立人才流动、科技融资、知识产权保护等方面的有效机制。所以高新技术产业发展可以引导政府进行城市群的协调发展。

第四节
中国城市群协调机制

一、市场导向性机制

随着建立社会主义市场经济体制目标的确立以及市场化改革力度的不断加大,中国的城市化进程加快。然而,市场经济的发展未能解决城市群的协调问题。在市场经济发育较为成熟的珠江三角洲城市群,大城市的辐射带动作用及综合功能并不明显。外资的大量流入推动了城市化的迅速发展,城市化的动力不仅是来自区内大城市中心的经济发展,因而导致向郊区边缘扩展,或吸引农村人口向大城市向心式通勤,两者间的经济关系虽然并不很密切,规模较小、档次较低、技术成分不高的制造业投资因低收入成本因素推动了小城镇及县的发展,这种"郊区城市化"不仅突出了其城市化动力的外部因素作用,同时也正是通过外部因素,尤其是作为外资主要来源的港澳地区投资的牵引作用而使珠江三角洲内的农村城市化地区,和各级城镇一样直接(不经过省会城市广州)与世界经济结构重组,进行国际劳动力分工以及与世界城市体系联系起来(薛凤旋、杨春,1997)。

外资的引进以及我国加入世贸组织,使城市发展和开发区建设在很多方面都引入了市场导向性机制,这必须一方面注意国际市场的导向,引导城市开发区的建设;另一方面注意市场机制与城市开发区规模的建设,注意如何合理利用资源与产品流向。

二、政府宏观调控机制

在城市群发展进程中,由于城乡二元分割政策,广大乡村地区在户籍制度、社会保障制度、土地制度等方面与城市不同,加上行政区划的限制,造成城市群内部市、镇两级之间的产业布局缺乏有机的联系,中心城市的功能弱、城乡分割、城市建设布局分散、盲目竞争,造成了城乡差距不断扩大、土地资源浪费、污染源分散难以治理等问题。

在城市群协调中,政府始终发挥着导向性作用。20世纪80年代初期,国家调整城市发展政策,提出以大城市为中心组织跨行政区域的经济活动,并把沈阳、大连、哈尔滨、青岛、上海、广州、重庆、西安、南京、深圳、成都等14个城市列为计划单列市,赋予其省一级经济管理权限(仇保兴,2003)。

80年代中后期,国家进一步鼓励以大城市为核心发展横向经济联系,因此出现了一批不同层次的区域联合与横向协作群,如以广州为中心的珠江三角洲经济区、以上海为中心的长江三角洲经济区、以武汉为中心的武汉经济协作区等,中心城市的辐射带动作用凸显,城市间市场分割状况开始松动,呈有限开放态势。90年代后,我国建设部非常重视城市群的规划工作,先后在广东、浙江、辽宁、黑龙江、山东、河南、湖南、江苏、安徽等省区内,开展了重点地区的城市群规划工作,取得了明显的效果。

进入21世纪以来,中国制定了"重点发展小城镇、积极发展中小城市、完善区域性中心城市功能、发挥好大城市辐射带动作用、积极引导发展城市密集圈"的城市发展战略。同时调整户口政策,改变城市和乡村地区基层政权的传统的组织方式、调整土地政策(胡序威,2001)。2005年起,国家发改委与中科院地理资源所、中科院南京地理所同时开展了京津唐地区、长江三角洲地区的区域规划以及有关的城市群地区的综合性区域规划研究工作(陆大道、杨桂山等,2005)。

以广东省为例,区域的城市布局的政策倾向是特大城市、大城市、中小城市齐头并进,现在较大的城镇将来朝着中小城市的方向发展,中小城市向大城市发展,大城市向特大城市迈进。《深圳市卫星新城发展规划》按照充分结合高新技术产业和现代物流业的空间发展布局等原则确定了8个卫星新城:西部工业组团的沙井新城、宝安中心组团的新安新城、中部高新产业组团的公明新城、中部服务组团的龙华新城和布吉新城、东部物流组团的横岗新城、龙岗中心组团的龙岗新城、东部工业组团的坪山新城、东部生态旅游组团的葵涌镇(李晓江,2003)。卫星新城不是各自孤立发展,而是在整体协调的系统内共同发展,以现代化交通联系卫星新城,以信息网络促进新城发展的系统工程[12]。大力发展以轨道交通为主的公共交通系统,并整合与协调各类交通系统减少相互干扰提高组团间联系效率。在信息网络方面,卫星新城则将形成发达的信息网络,以支撑高新技术产业、现代物流业和现代服务业的长足发展,特区和卫星新城、卫星新城和卫星新城之间则将通过高容量、高效率的信息网联系。

政府宏观调控机制的着力点在于:①从区域角度协调好各个城市发展的个性、共性的问题,特别是在资源、资金有限的情况下,协调好大型基础设施的合理布局;②按照各地区建设的条件和基础,对项目安排、规划要点以及针对社会、经济、环境之间的难点与问题等,应当分清轻重缓急和远近期的投资效果,优化布局,突出重点,有利于大局的效果。

三、高新技术产业与中国城市群的协调

中国目前经济增长的基本形态,还是建立在要素投入和劳动力比较优势的基础之上。在制造业领域,目前全行业人均劳动生产率仅为美国的 1/25,德国的 1/20。全社会生产过程中的能源、原材料消耗过高,主要用能产品的能耗比发达国家高出 25%～90%。高科技含量的关键装备基本上依赖进口,占固定资产投资 40%左右的设备投资中,有 60%以上要靠进口来满足[13]。由于缺乏先进制造工艺技术装备的规模开发能力和重大装备的设计制造能力,产品的技术含量和附加值低,科技进步对经济增长的贡献还不突出。虽然我国人多地少、资源短缺,但目前的经济发展模式是一种高能耗、浪费水土资源及生物资源的非集约型发展的经济体系。根据周立三院士 20 多年的国情研究,我国的城乡发展、城市扩大与经济增长都应当走资源节约型的国民经济体系。

中国研究开发投入占 GDP 的比重仍然非常低,目前仍低于 1%,而发达国家的此项指标一般在 2%～3%,具有自主知识产权的关键性技术供给和技术储备严重不足。由于产业技术投资不足,中国许多产业的发展与技术进步陷入这样一种恶性循环:产业越是落后,技术投入越低;技术投入越低,产业越是落后。高技术领域研发投入不足。因此,我国高新技术产业的开发应结合城市传统产业的改造以及城市群区经济增长模式,走集约化发展的新路子。

在对国际技术装备引进过程中,对引进技术的再创新却一直是薄弱环节。中国主要资金和精力用于硬件设备和生产线的进口,而忽视技术专利的引进,消化吸收能力不强,缺乏对引进技术的综合创新,导致持续的重复引进、续代引进,加大了对国外技术的依赖程度。近些年,我国设备投资中的 60%是靠进口,其中光纤制造装备的 100%、集成电路芯片制造装备和石油化工装备的 80%以上、数控机床和纺织机械等的 70%被国外产品占据。特别是在一些关键领域,如航空设备、精密仪器、医疗设备、工程机械等,正在形成强烈的对外技术依赖。

在传统产业领域,由于核心硬件、系统软件开发长期滞后,使得以信息化带动工业化进程进展缓慢,钢铁、有色金属、电力、机械、石油化工等传统产业的技术水平与国际先进水平比较差距较大,多数大中型企业关键技术的开发与应用能力相对不足,主要工业产品的高附加值、高效益的优势尚不显著。

在城市群协调过程中,由于经济增长建立在低成本劳动力供应、高资本投入和高能耗基础之上的发展模式,门槛低,各地对科技含量低、资源消耗高、环境污染多、具有人力资源优势的产业进行恶性竞争,影响了城市群的协调。

由于大城市技术含量高、附加值高、档次高产业严重短缺,使得大城市地区依然只能处于中低档产品生产以及加工制造业的中低端生产环节,城镇低水平重复投资严重,中低档产品生产能力过剩,城镇体系建设受到严重制约。

进入 21 世纪以来,发展高新技术产业,形成以高新技术产业为先导、基础产业和制造业为支撑、服务业全面发展的产业格局,成为政府的首要目标,国家高新技术产业增加值率得到很大提高(表 9-4-1)。

在国家各项政策的激励下,中国形成了各个层次的高新区,中国高新技术产业取得了飞跃的发展。1985 年中国在深圳市建立了第一个高新技术产业开发区以后,中国在除西藏以外的所有省市、自治区建立了高新技术产业开发区。到 2002 年,已相继建立了 53 个国家级高新技

术产业开发区。这些开发区约有1/2分布在中心城市或省会城市,1/4在工业城市,1/4在沿海城市。到2001年,53个开发区的企业数由1993年的9687家增加到2.4万多家,技工贸总收入为11 928亿元,工业总产值10 117亿元,从业人员达到294万人,出口创汇227亿美元。到2004年,全国国家级的高新技术开发区仍然有53个,省市县各类开发区还有2800个左右,主要分布在沿海地区的五大城市群区内。近几年来高新技术开发区发展很快。但经过了前几年的调整,缩小了开发区的规模与项目。国家级开发区的工业总产值、利润、上缴税额和出口创汇分别占到全国所有开发区产业总量的41.5%、42.3%、39.5%和46.2%,研究开发投入是全国平均水平的9倍(人民日报,2004-8-28)。

表9-4-1 中国及部分国家高新技术产业增加值率(2002年)

国家	中国	美国	德国	日本	法国	韩国
增加值率(%)	25.2	42.5	39.6	39.7	25.8	25.2

政府增加了对大学、科研院所、企业技术中心、工程中心的投入。政府以产业聚集、产业链、产品链、市场导向、技术创新、产学研结合为手段,创造具有特色的产业化示范区。政府还通过发展高新技术产权交易、发展风险资本市场实现高新技术的引进和发展。为了以高新技术发展增强企业在核心技术方面的竞争力,形成产业的相关组装配套生产,政府采用了大中小企业技术同时引进的策略。

政府大力支持基础研究领域、高技术研究、科技型企业技术创新。地方政府在土地费用、场地费用、奖励措施方面给予企业技术改造方面以一定的支持。

由于高科技产业发展需要城市之间的合作,需要一个人才、技术、资源、信息、公共设施等方面的共享体系,城市群协调能力得到加强。以城市之间产业的合作关系为主线,以高新技术开发区为载体而组成的城市群协调机制正在形成,如京津塘高新技术产业开发带、江苏沿江火炬高新技术产业开发带、辽东沈大高速公路高新技术产业开发带及齐鲁高新技术产业开发带等。

高新技术产业开发区带动了中国城市群发展。高新区不仅产业结构与中心城市高度互补,对城市群形成要素起到了基础性配置,而且在城市合作方面作用也非常突出。伴随着高新技术产业发展,中国城市群的协调程度在不断提高。

第五节
沪宁杭地区高新技术园区与城市群协调发展

沪宁杭地区由于独特的区位优势、人力资本优势,正在迅速成为中国高新技术产业成长基地。在此情况下,分析城市群协调机制可以更好地了解城市群协调和高新技术发展之间的关系。

本地区经济一体化,是长江三角洲高新技术产业集群的基本条件,而这首先需要长江三角洲城市政府间的合作,这才是激发企业间科技经济一体化合作的重要保障。各地政府为了推进科技经济一体化,实现共赢,城市群协调已经成为政府制度创新的重中之重。各地政府为了获取竞争优势,开始打破行政区划的限制,各级地方政府为代表的诸多利益主体的"诸侯经济缺陷"开始被消除,本地区各城市之间利用外资和产业集群竞争中的深层次利益矛盾开始被解决。

一、沪宁杭地区高新技术园区发展

本区的高新技术产业近 10 多年来得到了迅速发展。无论是高新技术产业发展规模,还是高新技术及其产业化的发展速度、高新技术产业销售收入与出口总额,都明显扩大、加快和提高。

以软件业为例,上海市政府把软件出口作为软件产业发展的突破口,每年拨5亿元资金引导产业发展,软件出口遍布全球各地区,软件产业已成为高产出行业,主要布局在浦东张江、闵行、嘉定、松江等高新技术园区,这些地区区位条件好,有便捷的交通运输体系与世界各地联系。

江苏省在南京、苏州、无锡、常州市建设了4个火炬计划软件基地、集成电路设计产业化基地,在江苏沿江地区初步形成了"软件、集成电路、计算机及其设备、现代通信和数字音频"等五大类上下游软件和集成电路产业集群体系。位于南通的联合国农药剂型开发中心是亚太地区最先进的农药剂型开发中心,完成了多项具有世界先进水平、拥有自主知识产权的科技成果;依托该中心的7家孵化器和一批公共技术服务平台形成了富有特色的区域技术创新体系。

南京市高新技术产业发展迅速(表9-5-1),已形成电子信息、生物医药和工程、化工新材料、光机电一体化四大高新技术产业群体。至2004年底,经认定的高新技术企业累计达632家,其中国家级高新技术企业34家,省级高新技术企业254家;制造业信息化工作稳步推进,南京市已被列入国家制造业信息化重点城市,高新技术产业已成为全市经济增长的重要力量。联创科技、南瑞科技、南大富士通、南京润和信息4家软件企业被认定为国家重点软件企业,熊猫电子、联创科技、南瑞集团、南瑞科技、南大苏富特、东大金智、南瑞继保7家企业被评为2003年国家百强软件企业。圣和药业、先声东元、中脉集团等一批原先的科技型中小企业通过大力推广标准化、引进新设备、采用新工艺,已发展成为著名的生物医药企业,其中中脉集团已实现销售超10亿、纳税过亿元。

表 9-5-1 2002~2004年南京市高新技术产业主要发展指标

主 要 指 标	2002年	2003年	2004年
高新技术产业销售收入(亿元)	540	703	1010
高新技术产业销售收入占工业销售总收入比例(%)	27	28	29
高新技术产品出口额(亿美元)	8.6	14.0	20
高新技术产品出口额占全市出口总额比例(%)	39.4	35.3	29.2
经认定的高新技术企业累计数(个)	453	590	632

资料来源:中国城市统计年鉴(2002,2004).

无锡市吸引世界一流跨国公司,在无锡市区域创新体系建设中,世界一流的跨国公司已成为无锡高新技术产业集群的主体。进入世界500强前30位的12家日资企业中,有8家投资无锡;无锡电子产品如电容器的集群就是世界最优秀的多家日本企业投资的结果。目前无锡拥有世界500强跨国公司企业52家。无锡希捷集中了国际领先的研发技术和生产能力,硬盘驱动器的技术每三月更新一次。无锡电子、机械、化工、医药四大重点特色产业集群经济效应开始产生。通用电气、柯达、索尼、阿斯利康等30家具有国际一流技术的世界500强企业进入,建立了41家企业,总投资14亿美元。索尼在无锡新区打造其全球制造业基地,将研发中心、笔记本电脑的软件研究等都集聚在该区域。

江苏昆山通过仁宝、DELL等世界六大笔记本生产基地集群落户的优势,大力发展信息电子产业集群,昆山已形成了以笔记本电脑产品为主体,电脑、鼠标、显示器等相关高新技术产业集群的产品链。目前,昆山生产的笔记本电脑已占到国际市场总量的1/3,成为国际上最大的笔记本电脑生产基地。

二、高新技术产业发展与沪宁杭地区城市群

本区高新技术园区产业发展促进了城市群协调,它是城镇体系发展的重要动力,促进了城乡产业结构调整和沪宁杭地区城市群区域网络化。

1. 高新技术产业发展与沪宁杭地区城市群体的建立

沪宁杭地区是世界第六大城市群区域,大多数学者对沪宁杭地区的界定为16个地级市的范围(佘之祥,2002;崔功豪,2000;姚士谋,2001),土地总面积 9.93×10^4 km²,总人口达7500万人(其中城镇人口4500万),还有来自安徽、山东、江西、湖南、湖北、河南等省的外来民工与流动人口达1500多万人。目前是我国经济最发达、交通发达、城镇密集的城市群区域,其高新技术开发区引进项目、资金和效益也是全国最好的地区。

高新技术特色产业发展是推动区域城镇体系建设的最有效途径。本地区16个城市不可能都成为区际的中心城市,因为本区不可能提供相应的研究与开发供给能力,也不可能提供如此多的高新技术产业化的孵化条件体系及产业配套体系。因此,包括上海在内的本区16个城市必须发挥比较优势,扬长避短,合理选择。从历史基础、区位条件与发展趋势分析,上海、南京、苏州、杭州、无锡和宁波等大城市是本地区高新技术产业发展的核心城市。

高新技术产业发展对沪宁杭地区城镇群体的建设具有十分重要的推动作用,本地区高新技术产业发展使上海与本区之间的人员、企业和机构流动加快,上海成为创新企业的"策源地"。上海化工区总投资金额超过了80亿美元,30家企业几乎全是外商独资或中外合资,世界三大化工巨头英国石油、德国拜耳和巴斯夫公司在该园区集聚投资。而规划面积 2km² 的浦东微电子产业带,国际知名芯片公司集聚效应也十分明显,目前该园区建成或在建的微电子项目达到66个。其中,8家投资额过亿美元的企业,均以境外投资为主,包括:中芯国际30亿美元、宏力16.3亿美元、华虹NEC 12亿美元、泰隆10亿美元、英特尔5亿美元、IBM 3亿美元、威宇2亿美元、贝岭1.3亿美元。上海市通过实施"聚焦张江"战略,促进中外生物医药企业和研发机构的张江集中度,构造生物新药创新体系和产业化体系。目前,张江"药谷"初步形成以"一所七中心"为代表的创新平台,集聚了国家人类基因组南方研究中心、上海新药研究开发中心等14家生物医药领域的研发机构,集群了350多名高层次生物医药创新创业人和90多家生物医药科技型企业(包括世界医药产业前20强的罗氏、史可必成、勃林格殷格翰等为代表的跨国公司等),吸引了注册资金15亿元的近50家风险投资机构、CRO药物开发临床服务机构、通用GMP生物医药孵化基地等专业服务机构等的集聚[13]。

上海高科技企业生存和发展,对科技资源配置相对不足的沪宁杭地区以下诸城市如舟山市、湖州市、泰州市、嘉兴市、绍兴市、常州市、南通市、镇江市和扬州市地区产业升级具有特别重要的意义。借助上海高新技术产业发展,这些城市可以配套发展。

江苏政府大力提升土地集约开发水平,不断整合开发区,提高投入密度和产出强度,科学利用土地资源,引导城市土地资源合理开发,城市空间布局优化。2001年,江苏省政府制定的

《江苏省城镇体系规划 2010～2020》①中,提出构建 3 个都市圈和 5 条城镇聚合轴的城镇空间组织,即南京、苏锡常和徐州三大都市圈和徐连、宁通、沪宁、新宜和连通 5 条城市聚合轴。根据现有基础和产业集聚同步推进的原则,对城市体系进行了统筹考虑,调整产业结构(张泉、邹军,2002,2004)。

开发区已从单一的形态空间扩张,逐步走上了注重内涵发展的道路,推进了城镇体系建立的步伐。例如,南京的大型石化企业区规划建成全国著名的石油化工产业密集区;张家港、常熟、太仓、泰兴、南通等沿江城市发展沿江精细化工产业密集区;依托沿江两岸各具特色的旅游资源,规划沿江旅游风光带。

江苏高新技术产业的区域聚集度较高。2004 年,江苏省苏州市高新技术产业产值占全省的比重为 40.3%,产值总量几乎相当于南京、无锡、常州和镇江四个苏南城市高新技术产值总和。计算机及办公设备制造业、电子及通信设备制造业、医药制造业、电气机械及设备制造业的产值占高新技术产业产值的比重为 87.5%,航空航天制造业、新材料产业和专用科学仪器制造占高新技术产业产值的比重为 12.5%。从地域内部看,苏州的新区、园区和昆山三大国家级开发区约占到高新技术产业总量的七成,而昆山、吴江、常熟、张家港、太仓所占份额为三成。整个江苏高新技术总产值达 18000 亿元,占全省 GDP 的 40%以上,其中 90%集中在沿江地区(2006.3)。

产品价值链扩张是跨国公司产业整体转移的基本方式之一。不少跨国公司在长江三角洲产业转移过程中采取了投资链和产品链等模式,产品链、企业链以及生产、研发、销售链发展迅速。产品链和产业链配套体系建设,为本土企业形成和发展提供了巨大的机会,更为本土企业参与国际产业分工和国际竞争开拓了崭新的思路和途径。无锡积极引导地方企业参与国际分工,在形成与区域特色产业和骨干外商投资配套体系上大做文章,拓宽了本土企业学习机会。同时,还通过民企与外资嫁接和融合,提高了本土企业与外资企业合作的效率。

本地区不少城市区域经济活力和竞争力的凸显,在较大程度上得益于区域内各地政府在区域产品链和产业链配套体系建设上的有效定位。这是提高地方政府高新技术产业集群和产业集群、促进行为定位的准确性和政府行为效率的前提。

沪宁杭地区城市群依靠建立产品链和产业链配套体系,提高区域产品链和产业链配套能力。例如,苏州市以提升地区产品链和产业链配套能力为重点,积极筹划民企与外企的配套协调会,开拓吸引国际先进制造业区域集群的新路径。昆山市地方民企为本地区集群的台资和其他外资企业提供了 3100 亿元的配套总量,昆山地方民企累计超过 7 万家,同时也大大降低了外来投资企业在昆山的商务成本,成为昆山企业集群最大的竞争优势所在。越来越多的跨国大公司,在昆山建立研发中心。目前昆山集聚了微星科技、通力电梯、恩克斯、统一食品、台湾神达等 30 多家研发中心。

2. 高新技术产业与沪宁杭地区城市群城乡一体化

沪宁杭地区城乡经济发展经历了三个重要阶段。20 世纪 80 年代,乡镇企业发展迅速、实现了由农业经济向工业化转变的历史性突破。90 年代,致力于发展开放型经济,积极兴办开发区和工业小区。21 世纪以来,大力发展高科技产业,企业的技术创新能力不断增强,已形成

---

① 2001 年经过国务院审批的《江苏省城镇体系规划》,是由江苏省建设厅组织的重大科研项目,由江苏省城乡规划设计院、南京大学、中科院南京地理所共同完成,此项目已获得建设部科技进步一等奖(2003 年)。

一批具有自主知识产权的产品,真正使本地区城乡关系进一步协调。

高科技产业发展加速了本地区的资本重组与转移,大城市逐步成为科技投资的热点,大城市高新技术产业化,拉动了农村经济社会发展、经济结构调整,农村经济社会发展加快,城乡一体化速度加快。

高科技产业发展要求城乡大规模要素流动,又包括城市群整体创新能力提升和区域创新体系的完善。

高科技产业发展是推进城乡一体化进程的载体。高科技产业发展促进了城市空间的迅速扩展,提供了城市发展新的空间,使城市建成区面积大幅度增长,加速了城市化水平的提高。1982年,苏州市建成区面积为 30 km², 随着苏州新区及苏州工业园区(65 km²)的建设发展,市区面积迅速扩展,2002年已达到 155.7 km²。苏南开发区扩大了就业,已累计吸纳从业人员128.8万人。

高新技术产业集群有力地促进了城乡一体化发展,郊县域正在成为富有竞争优势的载体。高科技产业发展使沪宁杭地区城市郊县经济发展迅速,苏锡常地区县域经济增长速度一般比市域平均水平高一些。2003年江阴、常熟、张家港、吴江等地的GDP增幅都在 20% 左右,昆山更是高达 32%。在 2003 年 12 月公布的全国县域经济基本竞争力百强县(市)中,本地区就有49个,占据了半壁江山,在前10位中更是占了8个席位。2004年、2005年的百强县(市),本区仍保留了全国的经济强势。

南京高等院校数量众多,科研院所实力雄厚,信息技术研发力量居全国前列,南京市区已有 40 多所高等学校和中国科学院一流的科研单位 4 所,全国著名的南京大学、东南大学和南京航天航空大学等,共有 56 名院士,仅次于北京、上海;形成了移动通信、计算机及相关设备、数字化视听设备、专用信息处理设备、显示器件、通信设备、软件与系统集成、新型元器件等八大产品群。南京高新技术企业的 60% 集中在高新技术园区,为了协调城乡发展,南京市政府根据出口加工区和港口优势,将电子信息、生物医药等高科技产业布局在经济技术开发区。随着统宝光电、翰宇彩欣、华日液晶、新华日液晶、LG飞利浦、LG电子、中华映管、华宝、光宝、仁宝等外资企业的引进,平板显示和通信产业集聚效应开始出现,基地雏形基本形成。为了避免竞争,南京市政府根据出口加工区建设和禄口机场国际航班增加的机遇,将电子信息、通讯设备等IT高端产业和汽车产业安排在江宁经济开发区,目前该区统宝光电、华宝手机、南亚家用汽车等外资项目已成为园区的重要支柱。

高新技术园区按区域分布一览表(表9-5-2)表明,城乡协调发展态势良好,农村高新技术产业园区成为农村区域经济的发展极、吸引外资和技术创新的主要基地、高新技术产品出口的大本营。

表 9-5-2 南京高新技术企业按区域分布一览表(2003年)

名 称	高新企业数	占全市比例
高新技术园区	345	58.5%
浦口高新区	182	30.8%
江宁开发区	83	14.1%
新港开发区	80	13.6%
城区	134	22.7%
郊县(区)	111	18.8%
合计	590	100.0%

资料来源:南京市经济年鉴,2004.

3. 高新技术产业与沪宁杭地区城市群区域网络化

区域产品链和产业链配套体系和配套能力开发,提高了区域高新技术产业集群的分工和合作水平,提高了长江三角洲分工和合作的水平,也相应提高了长江三角洲区域网络化发展。

长江江苏段是连接苏南、苏中和苏北三大区域的重要纽带,由于自然和历史的原因,长江南岸与北岸经济社会发展和城市化发展水平差距较大。

江苏省政府以生产要素和资源合理配置为前提,积极探索区域网络化发展的新路子,例如行政区划的联合开发、跨江开发等,实现优势互补。政府特别制定了《江苏省沿江开发规划》[1],包括长江两岸的城市发展、产业布局、资源和环境保护,对沿江各地的产业园区、城镇布局、基础设施和生态建设做出了统一明确的安排。2005年后,国家实行宏观控制,本着科学发展观的思想,对本规划进行了调整修编。

江苏省政府出台了相关的政策措施和一系列奖励政策,鼓励跨江合作。让苏南的开发区、保税区和出口加工区向江北地区拓展,推动产业、企业、资本向苏中转移;要求苏中地区主动接受苏南的辐射带动,积极为吸引苏南项目、资金、技术、人才创造条件。该政策打破行政区划分隔,强化经济区域联系,推进两岸联动发展,加强长江南北的经济协作,推动区域共同发展,形成全省整体优势。

在区域设施共建共享方面,从2000年开始,在苏锡常都市圈实施了区域供水规划,实现了200多个乡镇的联网供水,取得了良好的社会效益和经济效益。

江苏高技术产业发展导致了行政区划调整。近年来,调整了13个省辖市中的8个市的行政区划,基本解决了市县同城问题。截至2002年,全省乡镇总数由1998年的1 974个减少为1 330个,对重点中心镇发展、开发区整合发展起到了很好的推动作用。同时对全省1 100多个建制镇,经过科学规划分类研究,评选出100个重点中心镇,作为近期内(10~20年)的发展重点,保证了江苏省城镇建设的有序进行。

全省开发区已形成了梯次发展格局,苏南、苏中、苏北交相辉映,逐步形成了有鲜明特色的区域性产业集群。苏南地区充分利用靠近上海的区位优势和便捷的交通条件,抓住国际产业和资本加速向我国特别是本地区转移的机遇,沿沪宁线的开发区重点发展壮大IT、IC和生物工程等高新技术产业。沿江地区利用长江黄金水道资源,抓住沿江开发和国际制造业转移的机遇,发展大运输量、大吞吐量的重大基础产业项目,把沿江地区建成国际制造业基地。苏北地区则充分利用本地资源丰富的优势,重点推进农产品产业化经营和一般工业品的深度加工,形成各具特色的区域生产力布局。

高技术产业的迅猛发展加强了上海、江苏与浙江的广泛联系。以上海为经济中心和高科技中心的长江三角洲其他14个城市纷纷制定与上海科技经济一体化的战略。

浙江省科技厅在2004年制定"长三角"高新技术产业发展规划,同年4月份出台了《积极参与"长三角"科技合作与交流的若干意见》,提出要加强浙江省与上海、江苏在发展高新技术产业方面的分工协作,强强联合,形成优势互补、制度互动的区域创新的城市群规划建设的新体系。

嘉兴把接轨上海、当浙江省接轨上海的桥头堡作为发展的首选战略,建成"半小时交通

---

[1] 《江苏省沿江开发总体规划》,2002~2003年制定,由省发改委组织,中国科学院南京地理所完成的规划,已向省政府汇报并得到批准实施(2004)。

圈"。湖州欲成为浙江省承接上海辐射的"门户城市"。宁波积极利用杭州湾跨海大桥的建设机遇,融入沪杭甬之间2小时交通的"金三角"。绍兴作为中国的轻纺名城提出"接轨上海,就是融入长三角经济圈,就是接轨世界,就为自身的发展抢抓了机遇,打造了较高定位的借力平台"的口号。

江苏制定了"积极接轨、主动服务、加强配合、共进共荣"的原则,在基础设施对接、产业合作、双向投资、旅游业发展、市场一体化、区域生态建设和环境保护等方面,加强与沪、浙的合作与交流,进一步深化分工协作,优化本地区域生产要素配置,形成叠加效应和整体优势,提高区域综合竞争力。

南京为承接和延伸上海的辐射,定位为本区向中部省份辐射的一个"中转加油站",并加大苏北开发,向我国中西部辐射,发展区域合作,使南京成为长江中下游地区一个重要的经济增长中心和创新基地。

苏州制定了"错位发展"产业战略,在招商引资上,苏州避免在石化、钢铁、汽车制造等行业上与上海的同构,而积极促进以电子、IT业为主的电子产品、机电一体化产业、生物医药、家用电器和新材料产业等高新技术产业集群发展。

无锡也提出了"对上海的产业进行配套"的集群战略。无锡市汽车零部件生产企业集群就是这方面成功的典范。由中国华源集团、无锡市人民政府、无锡市惠山区人民政府共同创办的无锡惠山生命科技园区,则以建设21世纪大上海经济圈、发展大上海知识经济和生命科学的对外窗口为己任。常州确立了作为上海工业的后方基地的目标,把常州建成长江三角洲地区重要的现代制造业基地。2002年底出台的《南通市城市总体规划》,提出建设"亚上海"的目标。扬州也提出要成为"北上海",将江苏省苏中地区的一些重要城市建设成为上海的"后花园"和产业转移的重要地带,促使沪宁杭城市群地区的交通网络产业合作、城乡和谐发展的现代化基地[①]。

三、结论

研究表明,高新技术发展与中国城市群协调关系密切。高技术产业包括着庞大的技术群和产业联系,为中国城市群协调提供了丰富的、多样化发展的机会。高新技术产业发展促进生产要素资源的共享和优势互补,有利于产业和劳动力的转移,促进城市群的协调,高新技术发展加强了城市之间的联系,促进了城乡一体化发展。

目前中国现代化水平不高,传统产业仍居主导地位。多数企业规模小、技术装备落后、产品技术含量低。高新技术产业仍处于起步阶段,主要集中在大专院校、科研院所密集的大中城市和沿海发达地区。由于高新技术产业是一个高投入、高风险、高回报的产业,中小城市受区位、人才、资金、技术等诸多因素的束缚,高新技术产业发展常常感到力不从心,中小城市的高新技术产业规模更小。因此,中国欠发达地区的城市群协调问题依然存在。

未来中国城市群的协调取决于高新技术发展水平。在高技术领域,无论是新材料、新能源还是生物技术、信息技术都是一个极为宽泛的科学和技术领域,都有着极为庞大的技术群和市

---

① 江苏省人民政府关于沿江各市发展战略(开发区)规划的研究报告(省建设厅、省城乡规划设计院、中科院南京地理所,2003~2004)。

场发展的机会。应根据城市自身发展的条件和可利用的资源,建立在这些领域不同技术方向上的竞争优势。

由于高技术产业已成为中国国民经济高速增长的重要推动力量,高技术产业将在未来保持旺盛的发展势头,对中国城市群的协调发挥重要的作用,使城市群的协调更具有可行性。

高新技术产业发展是城市群的协调的基础。高新技术产业发展具有跨越式成长的特征,能够在短期内迅速形成具有一定规模和效益的产业群。因此,政府在制定城市群的协调政策时,应充分认识和利用科技资源流动性的特点,寻找城市之间的产业关联性及相对优势,通过发挥比较优势来促进城市群的协调。每一个重要城市的高新技术开发区域城市群规划的协调应当注意两条基本的主线:第一,努力寻求城市和地区自然环境的基本平衡,寻求人和自然条件的和谐发展以及经济增长与自然资源合理开发的相互关系;第二,每个城市的开发区的建设不能盲目开发,过度消耗能源、土地与淡水资源,应当把经济建设与生态环境紧密协调起来。通过制度保证、法制约束、道德规范和社会公平等有效组织与政策实施,去达到人与人之间、城市发展与开发区之间、经济与自然之间的和谐与公平。

高新技术产业的发展领域应根据城市的自身特征来制定,政府要充分掌握高新技术产业转移的基本规律和趋势,掌握城市产业转移政策,制定有利于城市群协调的产业领域,优先发展在某一高科技领域具有优势产业并培育成较大规模的产业,向周边城市或其他城市辐射。对于不具备优势的城市,根据该城市资源、人才、基础设施,选择具有后发优势和成长性的高科技产业,集中力量,重点扶持。

解决城市群协调问题首先要解决高新技术产业发展问题。目前高新技术产业发展最主要的障碍是人才的竞争。同时,现有的银行机制并不能完全解决高技术产业发展的风险融资问题,面对高技术产业本身的高风险性和信息不对称性,现有银行很难也不可能提供足够的信贷供给。因此,必须积极探索建立一个适应创新活动过程特点的、多层次的人才流动机制和投融资机制,使高技术产业得以健康发展,从而不断提升城市群的协调。

主要参考文献

[1] 杨汝万. 全球化背景下的亚太城市[M]. 北京:科学出版社,2004.
[2] Sassen S,William Testa(forthcoming). Global Financial Centres[J]. Foreign Affairs,1999,78(9):75~87.
[3] 刘荣增. 城镇密集区发展演化机制与整合[M]. 经济科学出版社,2003.:112~118.
[4] 薛凤旋,杨春. 外资:发展中国家城市化的新动力——珠江三角洲个案研究[J]. 地理学报,1997(5).
[5] Six key Thrusts of NSTB. National Science and Technology Board(2000)[OL]. http://www,nstb.gov.sg.
[6] 许学强,周春山. 论珠江三角洲大都会区的形成[J]. 城市问题,1994(3).
[7] 阎小培. 穗港澳都市连绵区的形成机制研究[J]. 地理研究,1997(2).
[8] 姚士谋,陈振光等. 中国的城市群[M]. 合肥:中国科技大学出版社,1992、2001.
[9] 崔功豪,王本炎,查彦育. 城市地理学[M]. 南京:江苏教育出版社.
[10] 孙奇雅·沙森. 全球城市(纽约、伦敦、东京)[M]. 周振华,等译. 上海:上海社会科学院出版社,2005.
[11] 潘希,牛文元. 一个负责任政府的战略抉择[N]. 科学时报,2005-09-05(1).
[12] 姚士谋,王成新. 21世纪中国城市化模式的探讨[J]. 科技导报,2004,193(7).
[13] 国务院信息化办公室. 国家高新技术开发区的二次创业[OL]. 新浪财经网,2004.8.28.
[14] 姚士谋,胡刚. 城市化过程中的自然法则[J]. 城市问题,2002(6):8~10.
[15] 姚士谋,王万茂,等. 我国沿海地区水土资源保护与城市建设问题与建议[J]. 国土资源,2003,9.
[16] 周立三,吴楚材,等. 城市与乡村[M]. 中科院国情分析小组,北京.科学出版社,1994.
[17] 许学强,周一星,宁越敏. 城市地理学[M]. 北京:高等教育出版社,2003.
[18] 李小建,等主编. 经济地理学[M]. 北京:高等教育出版社.2003.
[19] 陈瑛著. 城市CBD与CBD系统[M]. 北京:科学出版社,2004.
[20] 黄梦平,姚士谋. 东亚都市行(有关东京、上海、香港)[M]. 厦门:厦门大学出版社,1997.

第十章

城市群发育机制及其创新系统
DEVELOPMENT MECHANISM AND CREATIVE SYSTEM OF URBAN AGGLOMERATIONS

在全球经济一体化的新形势下,具有国际意义的超大型城市群发展很快,超出了人们的预计,为城市地理学界、经济学界与规划学界所关注,引起很多学者的兴趣。城市群是一个大的区域空间各种自然要素、社会经济要素和文化科技要素等构成综合系统的有机体,是一个社会与自然大系统中具有较强活力的子系统,无论在区域层次上,还是在区域经济与城市连续发展的层面上,都是一个充满着创新的实体。

第一节
经济全球化与城市群的成长

工业化达到一个新阶段以来,科学技术的创新和经济全球化使劳动、资本、技术和信息等生产要素在全球流动,导致世界范围内的资源得到有效配置和合理开发,跨国公司的扩张和全球生产系统的建立、强化,国际劳动分工和专业化生产的深化、经济的全球化导致全球城市体系的出现以及国际大都会的形成。[1,2]随着21世纪的到来,超巨型城市(城市群)正成为一股全球经济模式的重要力量,其中一个关键因素是超巨型城市的日益成长(杨汝万,2004)。

发达国家工业化、城市化的高度发展以及发展中国家的城市化水平的提高和快速发展,导致的全球经济的集中与扩散,形成了若干个发达的城市群区域,逐步又形成了以全球城市(世界城市)为核心的全球城市体系(顾朝林,2005),以国际性城市为中枢,沿国家级重要城市-区域性城市-地方性城市-小城镇的脉络,将全球的经济活动纳入其基本框架,调动资源,组织生产,交换产品,形成巨大的消费市场和资本流动,是一个复杂的巨系统,而非各国城市体系的简单叠加。它的形成和发展,对各国城市化进程将产生巨大影响,在最发达的城镇经济区形成了信息量集中的网络社会,产生了新的时间-空间概念,新的技术经济范式创造了新的空间地理,并且从根本上缩短了传统时间和距离(Sassen,1996)。

全球化正在导致城市与区域的空间重构(Spatial Restructure),各大城市地区的产业网络、知识经济创新与社会经济极化等等效应,促进了城市规模的扩大与城市功能的多层面发展,许多城市边缘化、特定化,不断形成全球城市(Global Cities)和国际性城市(International City),对于各个国家和地区的政治、经济和文化生活产生深刻的影响。[6,7]菲布瑞(Fiburou city)1975年提出了关于城市"中心职能学说"后,将城市功能划分为七个等级,即领导、控制、交换、转运、批发、零售、消费等七类专业城市,当然每个城市有一个或两个突出的功能特征,也兼有其他功能比较综合性的城市。按照美国弗利得曼教授(J. Friedmann)的研究,最高等级的城市是全球经济的控制和管理中心,资本集聚的主要场所和交通运输的枢纽,如:纽约、伦敦、东京、巴黎,在这里跨国公司总部与国际性组织、联合国组织高度集中;第二级城市是区际性金融、管理和服务中心,也是大区域的旅游、文化、科技与信息中心,如洛杉矶、芝加哥、法兰克福、香港、新加坡、北京、上海、汉城、柏林、莫斯科、大阪、曼谷和悉尼等国际城市。[10][11]

虽然"全球化"的概念众说纷纭,甚至认为"全球化"就等于"美国化""西欧化",此类说法有很多误区,并带有一些垄断集权主义或"超级大国"的政治色彩,这是世界上大多数国家所不能接受的。20世纪80年代以来,国际政治关系向国际经济关系逐步转化,各国各地区尤其是大城市之间的多种联系越来越密切,国际分工和经济全球化程度越来越高,资源要素、资本要素、生产要素在全球范围内的自由流动和优化配置不断加速,又不可避免地刺激了城市化的飞速发展,在生产力高度发达的区域空间形成了城镇密集布局的城市群区;经济外向度越来越高,全球资本、技术、信息、劳动力、智能管理等活动与交流越来越强。[3]城市是人类经济文明发展的一个重要舞台,在全球化影响下,超巨型城市(联合国先后定为800万和1000万人口以上的城市)的崛起更充分展现了这个舞台无与伦比的聚合发展功能。在这方面,亚洲的重要性显而易见(杨汝万,2004)。因此,可以说,经济全球化与城市群的成长有着紧密的联系,而且集中的趋势、高度发达的趋势越来越明显了。

从经济全球化与城市群成长的紧密关系分析,一般要注意如下五个层面:

(1)资源要素的开发利用与城市群区内工矿城镇或加工工业城镇的形成,有着相互制约与发展的紧密关系。城市群区内每一个城市的发展应当符合资源开发利用的可持续发展原则,尤其是水资源与土地资源,应当严格保护,合理开发利用,提高资源利用率,保护生物多样性和文化多样性。要把改善生态、保护环境作为经济发展和提高人民生活质量的重要内容,加大环境保护和治理力度,使资源永续利用,造福于子孙后代。

(2)生产要素的充分利用,新型工业化道路的选择与工业开发区的建设对于城市群区内的大中城市的扩展有着紧密的关系,特别是组团式城市。城市化是现代大工业主导下非农产业发展的结果,因此,生产要素、工业化水平以及整个社会的产业结构变化与城市群地区发育有着密切的因果关系。特别是发达国家和地区临海工业区的建立,国际制造业活动和现代服务业已经与国际多方面的生产活动紧密相连,形成了企业集群,促进了城市群的发育完善。20世纪70年代霍利·钱纳里(1989)等通过对世界各国工业化、城镇化的比较分析,得出了人均国民生产总值越高、工业化水平越高,城市化水平也高的结论。

(3)劳动力要素的流动与集中,与经济发达区内的城市群各个城镇产业转型,尤其是城市内部二、三产业发展和繁荣有着密切关系。特别是现代化大城市,现代第三产业的高度发展,促进了城乡之间的各种物质、文化、科技和信息方面的交流,形成城市区域城镇化的新局面。在我国珠江三角洲、长江三角洲与京津唐地区城市群内,其核心城市的暂住人口、流动人口高达几百万人,据2004年资料,广州有405万人,深圳有490万人,北京有388万人,上海达499万人。

(4)资本要素对城市群地区的建设与可持续发展影响极大,特别是在全球经济一体化过程中,资本要素的流通、吸收与投放市场,促进大中城市的基础设施建设与城市规模的扩大。不能把资本流动简单地归纳为一种运动,相反,资本流动的真正组件,是包括了区位的集中、盈余价值来源的重组、技术条件等多样化构成。[12]大多数资本的可移动及其各种形式的非物质化,表明了这个观点也同样适用于全球金融。世界许多国家的国际金融中心(纽约、伦敦、东京、香港、法兰克福等),正日益承担国内外资本进出循环的通道和连接的功能……也是国内财富与全球市场之间,国外投资者与国内投资机会之间的纽带(S. Sassen,2004)(表 10-1-1)。目前,我国资本要素比较活跃的地区主要集中在珠江三角洲、沪宁杭及其京津唐的城市群区,其次为沿海各个城镇密集区内。

表 10-1-1 世界上最大 100 家银行中所占的份额

主要银行		银行资产(百万美元)	比重	银行资本	比重
东京	15 家	4 569 260	21.32%	916 337	31.81%
纽约	8 家	1 361 993	6.36%	169 022	5.87%
伦敦	5 家	1 505 686	7.03%	130 587	4.53%

资料来源:周振华等译. 全球城市. 上海:上海社科院出版社,2005:172~174.

(5)市场要素,特别是改革开放后的中国,日益活跃起来了。1980 年代,国债和股票、国际债券和外资债券的发行开始了中国资本市场化的进程。过去在纽约、东京、伦敦和香港市场要素非常活跃,现在在我国的上海、深圳和大连、青岛、广州一些城市也开始活跃起来了,虽然目前还不规范,但相关的改革措施的出台,为资本市场化奠定制度基础,节约了交易成本。全球城市有许多跨国集团公司集中和全球性通讯职能力量的全球运作,大公司的调控作用具有先导性。

总之,上述五个方面的要素集中与流动,只有在经济全球化的背景下,中国的资源、生产、劳动力、资本和市场要素才能开始新的前景。改革开放后,有了巨大的国际需求,产生了有比较利益的国际地理分工,才能形成以大都市圈为核心的城市群区,促进了经济社会的高度发达与高度集聚,促进了城市群地区的现代化过程及其完善程度的变化,形成了一个理想的构架(见图 10-1-1)。

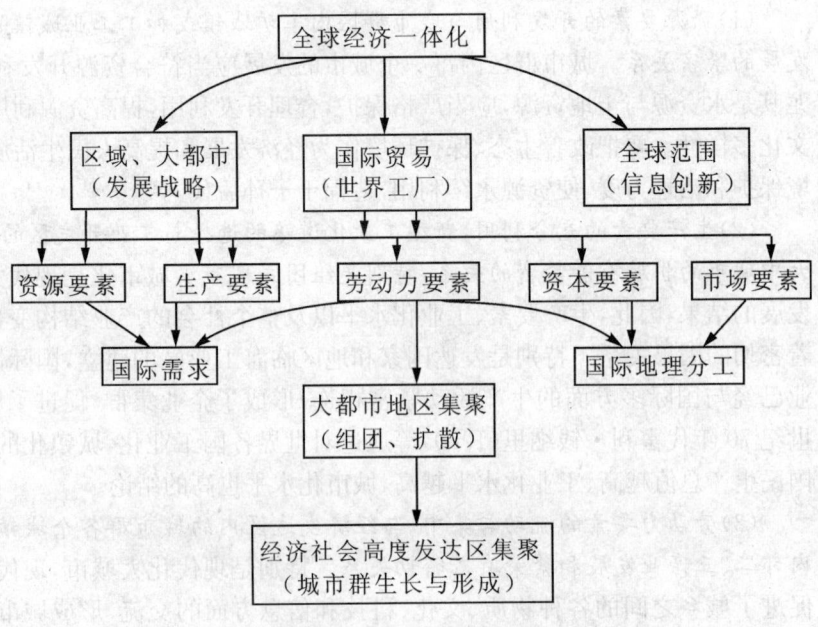

图 10-1-1 经济全球化与城市群成长的关系图

第二节 城市群发育机制及其制约因素

在全球经济一体化的时代,世界各国的经济社会与政治情况发生很大的变化,各国家与地区形成的城镇密集地区、大都市地区或城市群区域,出现了新的全球市场,新的企业集团担任跨国公司的角色,新的国际组织重新组合(如欧共体、北美共同市场、东北亚共同体等等),这些新的现象成为城市群区域形成的巨大推动力。城市化所集中反映的"城市群"现象,也是经济全球化的重要内容之一,使城市群区域内一流的国际城市成为全球化活动的主要舞台,经济全球化进程也改变了城市群形成和发展的国内外背景及其高度集聚与外向化。有不少经济学家认为,经济全球化就是全球经济和市场的一体化,是世界资源的优化组合,使绝大多数国家将在经济全球化过程得到长远的比较利益(K. ohmae,1995,W. Grieder 1997)。

在全球化时代,生产要素的全球贸易活动,新的国际劳动地域分工的建立,世界产业重构与升级,以及由于信息技术的高度发展,综合交通体系的建立,产生新的时空现象与城镇组合形成的新模式,导致了世界产业布局与生产力集聚的新景象,形成了巨大的城市地带或城镇密集区。这种空间秩序在形成过程,将会对城市群特征与城市化过程产生巨大作用,世界各国的城市集聚空间将产生巨大变化,其主要表现为:

①全球城市的崛起与发展,形成新的全球化城市(Globalizing City)的代表。
②世界城市体系的形成与演变,全球城市网络系统的不断形成演化。

③大都市区(Metropolitan Area)、城市地带(Urban Belt)、超大城市圈(Large Megalopolis)或城市群的出现。

④城市化区城内每个大城市的空间形态和空间结构变化(P. Hirst, 1996, G. Thompson, 1996, 1998)。

经济全球化所带来的区际性、洲际性,甚至是全球性的生产要素在城镇地区的自由流动,产业结构的重组、转型及其迁移,以及全球市场的建立和金融资本在超级大城市的集聚与投入,进一步推动了各国各地区的工业化与城市化的进程,在城镇密集区,经济发达区形成了巨大的城市地带或组合成超大型的城市群。目前世界上大多数学者或媒体承认已有六大城市群区域,其中我国的"长三角"地区为世界第六大城市群区[①]。

南京大学吴莉亚博士认为,在中国市场经济建设深化发展以及产业结构变迁的过程中,国家发展战略、政策、法规等的安排与创新,必然会促进农村人口向城市人口转变,增加中国城市数量(建设部的我国城市化远期规划中提出,中国将由2001年的660个城市发展到2020年的1000个城市。但从最近一段时期考察,我国城市总数不宜过速发展太多,应控制在650～800个左右,走城乡一体化与健康城市化的发展方针),从而促进城市规模的扩大,推动中国城市化的发展[②]。建设部周干峙院士早在1992年就认为,在我国城市化持续、迅速发展的过程中,城市群的发展是十分惊人的。像珠江三角洲、长江三角洲地区以及京津唐、山东半岛地区城市群发育极为快速。可见,工业化、城市化孕育与推动了城市群的生长与完善,在当今时代是经济社会发展最为明显的特征。

与经济的观念不同,在全球化新的视角环境下,我国的城市群发育机制应当归纳为如下四个方面:

(1)城市及其城市区域财富的集聚,是城市群发育成长与完善的最重要的经济基础。工业经济和现代第三产业加快了世界各国的城市化的进程,同时也推动了经济发达地区城镇密集区城市群区域的成长。城市群是全球视角下新时代经济、社会和科技文化高度发展的新现象,它受国内外经济、社会、政治和文化发展的影响,又在一定程度上决定了国内外经济、社会、政治和文化发展的状况和特征。

世界银行家认为,一国的国内生产总值(GDP)达到1万亿美元是一个标志性台阶,意味着财富的积累已经步入新的航道。美国的GDP总量在1970年时刚刚达到1万亿美元,到了1980年GDP总量达到2.7万亿美元,2004年接近9.5万亿美元,成为世界上最富裕的国家,现代化程度也最高。日本的GDP总量在1978年也达到1万亿美元,随后的1988～1990年经济总量达到了2.4万亿美元,2004年达到4.3万亿美元。日本的国土面积小,但科学技术十分发达,它的GDP总量在世界上占第二位是很不容易的。

我国由于经济基础薄弱,人口众多,资源相对短缺,生态环境脆弱,要赶上世界先进发达国家也是非常艰难的。2000年时,我国的GDP总量达到1万亿美元,2004年突破1.4万亿美元,预计到2010年可以达到2.30万亿美元,但人均水平与世界发达国家比较还是很低的(见表10-2-1)。

---

① 上海浦东,国际金融报(M5),2003年7月7日(上海)。
② 吴莉亚. 当代中国城市化机制研究(D). 南京:南京大学,2005.

表 10-2-1　世界大国近况的关键指标比较

国　家	国土面积 (10^4 km^2)	总人口 （亿人）	经济发达度 （人均 GDP）（美元）	城市化水平 （%）
1. 俄罗斯	1 708.0	1.44	2 140	68.0
2. 中国	960.1	13.00	1 000	43.3
3. 美国	937.2	2.88	35 060	77.5
4. 德国	35.6	0.82	22 670	81.5
5. 日本	37.8	1.27	33 550	78.0
6. 英国	24.4	0.59	25 250	84.0
7. 法国	55.1	0.59	22 590	82.0
8. 巴西	854.7	1.74	2 830	80.1
9. 印度	297.4	10.20	650	36.5

注：资料来源于联合国 2003 年联合国公布的数字；中国 13 亿人口数字，应是 2003 年联合国引用的数字，我国建设部数字为 12.61 亿(2004)，2005 年中国总人口为：13.0675 亿人。

国民财富的集聚对城市现代化建设（需要巨大的投入）十分重要，是城市群发展与城市化水平提高的最主要的因素[①]。上述数字表明，为什么美国用了 10 年时间使得 GDP 增长了 1.7 万亿美元；日本增长了 1.4 万亿美元，中国分别比他们少增长 0.7 万亿至 0.4 万亿美元，原因是多方面的，顾朝林教授与吴莉亚博士认为，美国当时的城市化率已达 78%，日本城市化率超过 76%，而中国在 2000 年城市化率仅为 36%（2004 年城市化水平已达到 42%），也许可以更深一个层次地认识到城市化率的不同所导致的社会财富集聚能力的差异性了。

就国民财富的集聚对城市发育完善的重要关系而言，我国目前沿海四大城市群区就是一个明证。十多年前，珠江三角洲、长江三角洲、京津唐和辽中南地区，国民财富最为集中，成为全国四大城市群区；其中，长江三角洲地区 16 个城市 GDP 总量达 3.4 万亿元，占全国总量的 21%，上海市达到 9 144 亿元，南京、杭州、苏州等三个大城市已超过 2 400 亿元，位列全国的前茅，仅次于上海、广州、深圳。最近几年来，山东半岛的国民财富集聚加速，全省的 GDP 年增速超过了江苏、广东和辽宁，因此，山东半岛城市群发育非常快，发展速度超过了辽中南、四川盆地，成为我国第四大城市群区域了。山东半岛的济南、青岛、烟台、威海以及淄博、潍坊等城市发展很快。

(2) 金融资本与劳动力的流动对我国城市群区域的发育与完善非常重要。曾担任过世界银行的首席经济学家 Songsu Choi 在 2000 年时指出："对中国城市化政策主要的建议应该是增加资本和劳动力的流动，以及经济一体化，反过来会增加经济效率与平等。"经济全球化对我国城市化及其沿海地区发展最快的几个城市群区域构成的动力机制，就是通过全球发达地区的金融资本的投入，促进生产要素的自由流动和全球市场来促进中国的制造业、加工工业及城市的第三产业的发展。近三十年来，中国的对外开放，引进外商、台商、港商资本，不仅缓解了中国资本的短缺，带来了先进的生产技术和管理经验，更为重要的是促进了城市群地区大中小

[①] 我国全社会固定资产投资规模巨大，据国家统计局数字，"七五"期间为 2.059 万亿元，"八五"期间为 6.38 万亿元；"九五"期间为 13.9 万亿元，"十五"期间将超过 18.5 万亿元，其中在城市投资约占 70%。

城市的发育完善,尤其是开发区的建设、建成区的扩大,使得整个城市群内城市化水平提高和城市现代化建设的质量不断完善,参见表10-2-2。

表 10-2-2　中国三大城市群区内若干城市的外资投入与建成区的扩展

	城市名	2003年全部实际使用外资(亿美元)	建成区(km²)			
			1978年	1997年	2004年	2005年
京津唐	北京	21.47	190.4	488.0	580	780
	天津	16.33	90.8	380.0	405	424
沪宁杭	上海	58.50	125.6	412.0	550	610
	南京	22.10	78.4	198.0	212	280
	杭州	10.08	28.3	105.2	190	227
	苏州	68.05	24.8	78.1	109	140
珠江三角洲	广州	25.81	68.5	266.7	410.0	560
	深圳	36.23	(县城)	86.5	147	188
	东莞	17.54	(县城)	50.8	150	169

资料来源:①中国统计年鉴(2004年);
②建设部有关城市总体规划资料;
③中国城市统计年鉴(2004).

城市群区内外来劳动力多少是与外商投入、国内建设规模密切相关的。从长江三角洲、珠江三角洲两大城市群区分析,这些地区改革开放后投入最多,从全国各地到这些地区打工的流动人口也最多(参见表10-2-3)。根据不完全统计(2004年),珠江三角洲地区目前外来民工超

表 10-2-3　重要城市群区内核心城市外来人口统计

城　市	非农人口(万人)	1995年后外来人员(万人)	平均居住时间(天/年)
北京	789.43	388	306
天津	524.12	168	295
上海	1024.99	340(2005)	310
南京	372.39	85~92③	300
杭州	216.13	80	295
苏州	127.08	65	290
无锡	172.90	60	290
广州	586.35(662万人)③	405(含大都市区)	300
深圳	122.39(210万人)③	520(市域)	310
东莞	57.76(78万人)③	480(市域)	310
佛山	343.70	125	300

资料来源:①姚士谋、王成新等,赴珠江三角洲考察报告(2005年)有关资料。
②国家统计局,有关统计资料(人口等),2003、2004年。
③表格中括弧内数字属于各城市总体规划,发展战略规划资料,2001~2005年。

过2100多万人,长江三角洲地区有1600多万人,京津地区接近760多万人。由此可见,从农村流入城镇地区的千百万农村青壮年劳力主要从事城镇内的建筑、环保、市政、工业生产以及第三产业等行业的艰苦劳动与创业,为城市现代化建设贡献出巨大力量。

(3)产业重构与高科技化是全球主要城市群地区最近50年的重大变化,也是城市群发育完善化的基本动力。产业重构是城市化的主要驱动力之一,同时也是城市群区内重要枢纽城市走上新型工业化与城市可持续发展的必经之路。20世纪中期之后,北美、西欧与日本等发达国家对产业结构进行了三次大的调整。第一次,20世纪50年代,美国将钢铁、纺织业、造船业等向日本、西德等国转移;第二次,20世纪60~70年代,日本、西德等将部分劳动密集型产业向发展中国家尤其是向东亚(韩国、中国台湾地区)和东南亚各国转移;第三次,1980年以后,全球范围内兴起了以信息技术、信息产业为主导的知识经济革命,发达国家产业重构,逐步走向新型工业化的道路,致使像美国东北部、五大湖地区、东京大都市圈、西欧莱茵河下游地区的城市群地区产业走向新型化、信息化与高技术化的新路。

产业重构与产业结构知识化及其用高新技术装备各类产业,促进产业转型是全球产业结构调整的主要方向,也是各类城市走向工业生态化、居住与工作场所园林化的主导方向。在我国的珠江三角洲、沪宁杭城市群区内,资源密集型、劳动密集型产业逐渐被技术密集型和知识密集型产业所代替(如深圳、东莞、上海、南京、杭州、无锡、苏州、昆山等城市区内有许多重要的高新技术开发、工业园区与大学城就是很好的范例)。[14]

在城市群区的核心城市,其产业转型表现在产业集群的整合功能上,促使一个城市提高综合竞争力,成为全国其他地区与城市发展所追求的目标。2005年全国前10位综合竞争最强的城市为:上海、北京、深圳、苏州、杭州、广州、南京、重庆、成都和武汉,除了后三个城市外,前面七大城市均为我国三个超大型城市群区内的核心城市,原因在于这七大城市的产业转型、产业集群以及外商投资和文化科学技术均居全国城市的前列,是我国最具有创新功能的城市。

(4)信息化将是全球化与城市群区创新发展的核心功能,也将推动人类社会的现代化。在过去的一百年中,城市一直是经济与文化的中心,也是工业生产、物质商品和交通贸易的中心。而随着信息技术发展、远程通讯和信息网络的广泛应用,城市经济的构成和城市功能发生重大变化,特别是最近50多年来的信息技术革命,是人类历史上从未有过的,也对现代城市的发展产生巨大的历史影响。以电子计算机为代表的信息技术所提供的信息收集、传递、处理能力可以帮助政府、企业、学校、公司与众多媒体公众有效地处理信息,改进城市规划、管理,提高工作效率,节省时间,开拓空间,防止失误。信息技术的广泛应用,已经改变了城乡之间人类生产、生活的各种行为,一切都变得迅速、便捷、自如;而且将对人类社会产生更广泛、更深刻的影响(Abu-Lughod,1999;Short and Kim,1999)。

应当承认,信息化进入了人类社会经济生活的方方面面,网络资讯时代对我们的现在和未来的城市空间结构的冲击无疑是相当巨大的,特别在城镇密集、交通发达、人口集中的超大城市群区表现得更加突显。高强度的集中及其表现在大都市地区形成复杂性与系统性。

资讯网络、城市的国际信息网络作为一种先进的生产工具和生产方式,波及到城市与区域之间信息交流的四面八方,许多行业甚至可以完全将生产与生活功能集中在一个狭小的空间完成。网上阅读、网上工作、网上购物、网上聊天、网上娱乐等等出现了全新的信息平台与智能的发挥,它使人类在许多不同空间情况下,可以更为自由地摆脱时空的限制而实现对城市群区内资源的充分利用,资金的集聚与分散、人力资源的安排及其优势的发挥,使城市群内各个城市联系更加密切,并能发挥各自特色的分工与协作,取得更大的社会经济效果。[15]

在全球一体化的新形势下,信息化将对城市群区内的创新功能发挥更大作用。总之,从新的视角前提下,经济全球化与城市群的创新系统可以划分为如下几个方面:①新的国际区位:即全球经济高度发达区域与世界城市的集聚与彰显,处于城市体系的顶峰。例如纽约、东京的信息枢纽覆盖着全球各地区,国际区位越来越重要。②新的功能角色:国际化的经济网络(WTO跨国公司与金融市场)形成的生产与市场一体化,名牌效应、名牌经济占据垄断地位,领导与控制着全球专业化生产。③新的市场体系:不断扩大的全球性服务市场——银行业、保险业、运输业、证券股票市场,受市场体系控制的消费市场,特别在世界城市中特别明显。④新的产业链(环):在新的城市集聚区域(城市群)中,产业转型,二、三产业高度化,在城市群区域中,产业链连接着"世界工厂"。⑤新的传输载体:即互联网和电子通讯系统,快捷、便宜、舒适的航空、铁路与高速公路系统。

总之,信息化城市是指城市社会生产、生活已经实现信息化,使城市与社会、城市与地区的发展构成了网络化系统,信息经济占主导地位的空间网络系统的城市。信息化城市群的重要特征是区域系统结构要素的网络化,从大的区域到小的地区的空间特征有着明显的流的空间(枢纽性与物流园区的集中性及其迅速扩散特征),其城市文化、城市商贸活动出现虚拟化、复合化与整体化的重要特征,成为现代化城市的最突出的特征。

然而,我们还要充分认识到城市群区域发展的制约因素:

(1)全球化新格局带来的国际经济弱势区位的制约。在我国沿海一些超大城市群区内,有些城市区位条件不错,但还没有充分发挥它的区位优势,投资环境尚未与国际接轨。然而,也有一些内地城市,区位条件不好,却超越客观条件,盲目追求发展,相互攀比,出现了投资效果甚差的局面。

(2)区域工业化、城市化水平及其传统观念的制约。工业化、城市化水平的提高可以为服务业发展创造需求的基础,服务业发展的规模和结构,也取决于城市化和城市规模结构。现阶段农村人口和生产生活方式对服务业需求较小,使得农村地区许多中小城镇缺乏人气,商贸活动不繁荣;但有些地区过分追求城市化的百分比,脱离当前的消费水平,也可能会造成虚假繁荣。

(3)城市群发育过程中所依托的区域整体国民素质所制约。城市群区内由于历史原因,许多城市的国民素质与现代化社会还有较大差距;加上在发达地区外来民工及其剩余劳力不断迁入,整体文化素质有待提高。

(4)生态脆弱态势所带来的环境问题日益严重对城市群发育的制约。城市群地区内城镇密度程度高,人口集中,工业生产比较发达,造成周围地区生态环境恶化,已成为普遍性的问题。在我国实行节约型国民经济体系过程中,应大力强调节能降耗,促进清洁生产。促进资源集约利用、综合利用、循环利用,确保城市化地区的环境质量。

(5)社会经济发展水平与重大基础设施的不完善化对城市群成长的制约。目前国内一些重要的城镇密集区、城市群地区基础设施尚不完善,城市之间交通不便捷,信息传递以及大宗物资传送也有障碍。因此,必须从区域整合的角度完善其基本基础设施。

第三节
区域发展中"城市群现象"的发展规律与空间系统

21世纪是全球经济一体化的新时代,是人类社会迈进工业化、城市化、现代化最重要的发展时期。1993年联合国东京国际会议称"21世纪将是一个新的城市世纪",在这一背景下,世界许多大的三角洲、大的区域出现资源要素和经济集聚、人口集中、交通网络化、生态环境恶化及城镇连绵叠加高速发展的现象,出现相互制约、相互联动的不断演化过程。在全球化的新形势下,城市化地区的城市群组合与联系,可以被定义为资本投入、工业生产与企业的集聚、现代第三产业服务系统以及思想文化在世界性规模上的互相连接,多种要素高速度流动和信息人才跨境活动。特别是在我国的沪宁杭地区、珠江三角洲和环渤海湾地区,出现新的区域经济增长趋势与城镇密集地带,人们称之为"城市群现象"。

随着现代化生产力的进一步发展,城市在一定的区域范围内集聚,组合而逐步形成地区性的城市群体,这种空间存在的规模大小,以及组成群体的城市集中度、布局结构和发展模式,都是受到经济、政治、文化、生态环境等各种要素的相互作用、相互制约,在长期的历史发展过程中逐步形成的。

在我国城市化持续、迅速发展过程中,城市群的发展是十分惊人的。周干峙院士认为,最明显的像珠江三角洲地区、长江三角洲地区和辽宁中南部地区,仅仅在三四十年时间内就形成了今天这样城镇密布、经济发达繁荣的局面,深圳及周围的城镇发展更快,只用了二十来年的时间就成长起来。这种"群体的"城市化在世界上一般恐怕至少要几十年甚至上百年才能形成[16]。到2002年,珠江三角洲地区引进外资中,港资就达80%以上,出口商品的76%也是通过香港转口到国际市场,境外投资所办各类企业、加工工业公司总部78%也设在香港,与珠江三角洲已形成了互补互利、紧密相连、高度一致的共生共荣的关系。借助于港澳的辐射带动,珠江三角洲地区的工业化、城市化程度不断提高,已形成的以香港、广州、深圳为核心的大珠江三角洲呈现了国际化的城市群区域。2005年本区域总人口近5000多万人,还有外来打工的暂住人口2500多万人,城市化水平高达68%[17]。

一、城市群现象的生成规律

城市群是由一定数量、一定规模等级的城镇集聚在一个地区区域单元,由一定的自然要素和经济基础、人口数量、交通网络和各种社会人文因素紧密地结合在一起而形成的一个有机联系的区域整体。城市群现象同其他事物一样,有它自身逐步完善、自身运动的生成规律,认识和解释这一现象有极其重要的科学意义。我国城市群演化、生成规律离不开一定的历史条件,离不开独特的自然地理环境,离不开现代社会生产力(工业化的推动)的发展,其演化机制与原动力可以概括为如下三个方面。

1. 城市群体内经济社会形成的原生动力

内生动力是任何一个物体的原动力、聚合力。在一个工业化较为发达的城镇密集区域内,由于核心城市生产力要素与人力、资本、物力资源要素的组合形成强大的内生动力,加之城市规模不断扩大,创新机制的更新,城市的发展不仅加强了城市经济集聚与扩散的功能,而且也增大了城市群体内的聚合力。"这种大规模的集中,250万人这样集聚在一个地方,使这250万人的力量增加了100倍"[18]。

确实,在一个城市群区域内(例如珠江三角洲、沪宁杭地区)各个城市聚集了大量的人力、物力和财力,使许多城市相互组合发展、相互依存、相互促进。加之,在信息社会条件下,近代城市群区域内科学技术的高度集聚、交通与通讯技术的日益现代化,城市综合交通(地上与地下空间联系)工具、电脑软件、传真电报、卫星通讯、光纤通讯和因特网的迅速发展,使城市群区域的内聚力更加强大[19]。

城市群区域对国家或区域的社会经济与政治、文化生活的影响是任何地区都不能比拟的。像以北京、上海、香港、广州这些超大城市的都市圈为核心形成的城市群,集中了全国各地的科技文化艺术和体育卫生的精华,又是全国的经济、交通和信息的聚集地。如法国的巴黎集中了全国晚报的81%、周报78%、期刊的78%(发行量);经济总量占全国的61%[20]。根据美国城市规划学家S·萨森的研究,东京大都市集聚了大量金融资本,世界最大的100家银行中,东京的国际银行占有31.8%的份额,约有9163.4亿美元;东京银行的资产占有21.3%的份额,约有45692.6亿美元。全球1000家最大公司总部的一半集中在东京,全日本驻外公司(共125家)中有84.6%的总部设在东京(Fujita,1991)。

2. 城市群区域内首位城市具有强大的辐射力

缪尔达尔认为,某一地区社会因素的变化,会引起另一个社会因素的变化,而第二种的变化反过来又会加强最初因素的变化,并导致社会经济过程沿着最初那个变化的方向运动。他提出了"扩散效应"与"回吸效应"的创新观点。[21]在特定的城市群的空间地域内,由于地区经济的增长、交通系统的完善,城市规模的不断扩大,城市群的辐射力不断加强,形成了新的"增长极核"(Growth Pole)。[22]其主要变化过程有三个:①城市群的辐射力表现为单个城市的扩散,由市区向郊区,由城市向农村不断扩散,表现在工业项目、开发区建设、基础设施的完善以及相当一部分农业人口转化为非农人口,例如上海、苏州、杭州的城市边缘出现大片开发区,居住园区与大学城。城市边缘区出现"城市化"、"郊区化"现象,整个地区出现"城市群现象"。②城市之间的各种联系加强(人流、物流与信息源密度加大),形成一个地区内城市群的网状式的辐射,使城市群进入更高一级的发展阶段。例如:京津唐与沪宁杭城市群地区,近10多年来,客流量的巨大增长与变化,使目前的交通系统不能适应经济社会与旅游业发展的需求,京沪高速铁路的规划建设问题已经过长时间的讨论(表10-3-1),目前即将开工建设预计2010年投入运营。③首位城市的创新源点增加,城乡之间的各种联系加强,城市群区内主要的创新源点集中在核心城市的核心部门,如高层决策领导系统、名流大学以及中国科学院、部、省属重点研究院所内。例如:长江三角洲地区内有全国著名大学,如南京大学、浙江大学、复旦大学、交通大学和东南大学等,每年所发表的SCI论文数目以及创新项目亦在全国有名。

表 10-3-1　沪宁杭与京津唐两大城市群城市间客流密度

交通	年份	南京—上海距间			北京—天津距间		
		区间密度	平均增长速度(%)	市场份额(%)	区间密度	平均增长速度(%)	市场份额(%)
铁路	1994 2000	1 629 2 415	6.8	82.4 75.4	2 305 3 376	6.6	90.7 75.2
公路	1994 2000	264 555	13.2	13.4 17.3	168 913	32.6	6.6 20.3
航空	1994 2000	83 234	19.9	4.2 7.3	67 199	19.3	2.34.5

资料来源:沈志云.论修建京沪高速铁路势在必行.科技导报,1996(8).
注:城市区间密度单位:万人·km/km(单方向)。

3. 城市群内相互联系的网络功能强化作用的规律性

城市群内各个城市之间相互联系的强化与网络功能作用的加强是城市群发育成熟的重要标志,也是地区经济发展规律所支配的。

城市群内相互联系的网络功能(Network Function)的强化作用,主要表现有两种形式:一是城市之间向心式的相互联系(城市磁场作用);二是城市之间离心式的相互联系(空间辐射作用)。城市群际之间的相互联系包括主要的客流、货物流、资金流和信息流等;联系范围、规模系统包括:省、区、县(镇)的行政经济管理系统、生产装备、技术装备和技术援助系统;文化科技卫生教育服务系统;居民生活日用百货商店和超市服务系统;邮电和现代通讯联系的技术系统等等,建立这些复杂的功能系统,是一个现代化城乡网络体系演进的普遍要求,也是城市群区域强化作用的规律性的体现[23]。网络功能的强化作用表现在城市间的横向与纵向联系方向,随着城市现代化、国际化的演进,网络功能作用又由低中层次向高级层次转化,逐步成为国家经济发达的一个重要标志。

二、城市群现象的空间组织系统

近20多年来,发展中国家由于工业化、城市化快速发展,许多大中城市地区郊区化带来的城市无序蔓延,导致经济成本、社会成本、环境治理成本十分高昂,花费巨额投资,出现了城市发展缺乏科学发展观指导的现象。因此,需要城市群的合理规划、建设与管理。城市是人类社会经济活动高度集中的产物,而城市群应该是很多城市集聚在一个地区的更高一级的社会经济活动的产物。这种城市化区域自然产生独特的"城市群"现象,而这种城市群现象客观存在着空间组织系统,这也符合区域空间内城市群相互作用、相互促进的空间组织结构的演化规律。尽管这种演化规律的形成是有较长的历史阶段和复杂的经济建设过程,都是符合城市群发展的本质特征的。[24]

国内外城市群演变规律说明,城市群现象都有一定空间组织系统,每一个城市都在特定的区域中形成与发展。美国的规划学家提出过城市的"精明增长"(Smart Growth),我国城市地理学家提出过"有机集中与分散"理论(崔功豪,2001)。特别在高度发达的城市群区域,城市精明增长与有机发展,城市的形成必须沿着城市群内部的空间自组织方向发展,城市群的空间聚散的演化可能要经历更长的时间才能获得较为均衡性的发展,而通过政府组织合理的规划可能改变集中与分散的方向、范围、程度以及发展的进程,促使城市空间结构更加符合人类理想的目标模式演化(朱喜钢,2002)。

因此,城市群现象的空间组织系统是十分复杂的有机组织系统,存在着自然规律与社会发展规律的交互作用以及相互聚合的整合现象。其空间结构的范式一般包括如下四个方面:

1. 区位辨析与空间组织范式

城市群进入高级发展阶段,区域内的城市空间集中与扩散都是在同一水平线上展开的,依托人口集中、工业项目的分散、交通网络的形成以及新的规划理念加以运用,城市群区域内各个城市之间的边界无法清楚地界定,城市广域之间边界是模糊的(姚士谋,1992,2001),城市外部边缘彼此连绵相接(例如大上海与苏、锡、常边缘地区;上海与杭、嘉、湖等城市郊区),既存在一个由功能区域构成的相对独立的中心城区,又存在另一个日常相互通勤形式的城市群联络体系,即郊区城市化现象。

每一个较大规模的城市群地区,有2~3个重要核心城市,例如长江三角洲城市群的上海、南京与杭州,最主要城市是上海;珠江三角洲城市群中的广州、香港与深圳,最主要的目前是广州(今后发展趋势应为香港)。从亚太地区的视角分析,上海与香港的区位优势可分为几种类别进行辩断(见表10-3-2)。城市群区域内各个城市都有自己的定位(称之为区位辨析),其中最重要的核心城市(龙头城市)的区位最优越,影响着其他城市的发展,其城市群的空间组织系统都有不同的分布范式,其目的都是充分利用城市群内部重要城市的区位优势,促进城市合理发展,以及再造优化组合的城市群区域空间。

2. 功能集聚与空间组织结构范式

区位辩析与选择以及区位的组合总是通过功能集聚(Function Cluster Integrated)与空间组织结构的整合表现出来的。城市群内部各个城市的功能区分与城市的个性、产业结构特征有很大的关系,功能的集聚与空间组织结构的范式也是不尽相同的。从城市群内部城镇网络系统发展的空间特征看,有他们的个性与共性问题。主要表现在:①空间相互作用的复杂性、系统性,在城市群区域内有一个城市功能集聚过程及其城市个性发展的差异,促进了城市之间相互作用的加强;②区域范围内基础设施的开放性与完善协作,促进了城市之间产业专门化发展及其地理分工的高度化(周一星,1995)[26];③城市功能作用与地域之间的相对完整性,这种

表 10-3-2　香港、上海地理区位辨析与比较

区 位		香 港	上 海
地理区位	经济地理区位	珠江三角洲经济发达的城市群区的领先城市和国际性城市。	长江三角洲经济发达的城市群区的龙头城市,经济中心。
	自然地理区位	位于我国华南地区、珠江三角洲的南端,面向中国南海。	位于长江与沿海轴线结合部,长江三角洲的东端,面向太平洋。
经济区位	国际交通区位	亚太地区与世界主航道的要冲,具有国际航线枢纽的地位。	亚太地区重要的枢纽港之一,位于国际主航道的西侧。
	市场区位	国际金融、贸易港城之一,世界上最大的集装箱港。	中国最大的金融、贸易中心,中国最主要的集装箱港口。
	信息区位(航空港)	世界重要的信息港、亚太地区重要的航空港之一。	亚太地区重要的航空港、信息港之一。
	政体区位	香港特别行政区(一国两制),其最高行政长官可以参加国际性的重要会议,举办各类国际会议,世界性的自由贸易区。	中央直辖市,可以举办各类国际会议、世界博览会与国际文化交流,主要开发区为自由贸易区。

相对完整性又表现在城镇网络系统内的结构与功能作用比较完备(曾菊新,2001)[27]。例如长江三角洲城市群的上海近 20 多年来的浦东开发与浦西老城区改造的整合,使大上海向国际性城市迈进,其国际功能日益增强(包括①国际航运中心;②中国最大的港口;③中国最大的经济中心;④中国最重要的交通枢纽与文化科研基地)。上海许多国内外重要的功能集聚,使大上海的空间组织更趋于合理化,并与长江三角洲城市群区的次中心城市南京、杭州、无锡和宁波等的城市分工更加明确,区域经济发展日趋平衡[25]。由于南京与上海、杭州与上海之间主要的交通通道呈东西向为主,因此该地区城市群呈现为 V 字型的平放范式(见图 10-3-1)。这样,区域城市群的空间组织结构更加合理。

图 10-3-1:A. 长三角城市群为 V 字型的平放范式　　B. 珠江三角洲城市群为倒 V 字型的范式

又如:珠江三角洲城市群的广州、深圳、珠海,甚至包括香港、澳门这个大三角洲区域,通过

大体呈现南北向的交通通道连接成倒 V 字型的空间结构(图 10-3-1),逐步形成比较完整的地区空间,每个城市形成了彼此相对独立但又有密切联系的加工工业体系,如电子工业和成衣、玩具、食品工业等。

3. 要素集合与空间组织系列范式

城市的一切功能活动,都依托于各类城市物质要素的相互作用来进行的,这些诸多的物质要素及其功能活动总是依据一定的空间秩序有规律地联系在一起。城市空间结构的规模控制就是要在分析和研究城市各类物质要素相互作用及其发展方向的基础上,寻求各类物质要素集中及分散的内在原因,有意识地使某些要素集聚,使有些要素分散,从而达到控制空间结构集中与分散的演化方向。在要素流集聚与分散的引力模型中可以分为单约束与双约束引力模型两种范式。

这里的要素集聚表现在城市空间引力模型上(Spatial Interactive Models),在城市群地区内,根据城市之间的辐射力、约束力与网络系统的空间组织密度。在一个城市群地区内,若用 O_i 表示从始点区 i 开始的出行量(Origin),D_j 表示在终点区 j 结束的出行量(Destination),T_{ij} 表示从始点 i 到终点区 j 间的出行量,则当 O_i 为常数时,即始点受约束的引力模型称之为单约束引力模型,由下述公式表示:

$$T_{ij} = K A_i O_i B_j f d_{(ij)}$$

其中 B_j 表示终点 A_i 的吸引指数(表示吸引程度的参数),A_i 为平均因子,确保 O_i 发生量分配到各区的比重总和等于 1,即:

$$A_i = \frac{1}{\sum_{j=1}^{n} B_j f(d_{ij})}$$

另一种为双约束引力模型,在城市群区内应用最多的在于城市区际间的交通出行分布模型中,假定始终点的数量已知,应用此引力模型可以预测从各始点区到终点区间的出行量,这就是标准的交通规划过程中的出行分布预测[28],尤其在大城市间的高速公路出行量分析与预测中具有重要的指导意义。有关双约束引力模型,预测的出行分布将是一个出行表(T_{ij}),始点和终点都受约束(即 O_i 与 D_j 皆为固定常数),该表必须满足下列约束:

$$\sum_{j=1}^{n} T_{ij} = O_i, \quad \sum_{i=1}^{n} T_{ij} = D_j, \quad \sum_{j=1}^{n}\sum_{i=1}^{n} T_{ij} = T$$

此处的 O_i、D_j、T_{ij} 与前面的含义相同,T 表示预测的交通出行量。此外,所有出行还要满足总费用 C 的约束:

$$\sum_{I=1}^{n}\sum_{j=1}^{n} T_{ij} C_{ij} = C$$

对于在城市群区域 i 和 j 之间出行产生的费用 C_{ij} 不要用消耗的时间单独表示,而最好表示为时间、距离和费用的某个复合函数。出行表 T_{ij} 可以看做是随机变量的集合(Wilson)[29]。

前面分析论证的几种范式,也可以用一幅示意图,表示城市群空间网络系统的复杂性及其可分解性(见图 10-3-2)。

4. 城市地域空间与生态斑块结构范式

在城市群区域内重要城市空间结构的演化过程中,由于地域生态环境条件不同以及城市本身的性质、功能、内部结构等多方面的差异性,使得这一地域的城市群区内的不同城市产生不同结构的生态功能差别,产生因多种生态链而生成的不同的生态斑块结构,这里有许多建筑空间与生态空间的耦合关系,从而形成不同城市群类型的空间差异性特征。

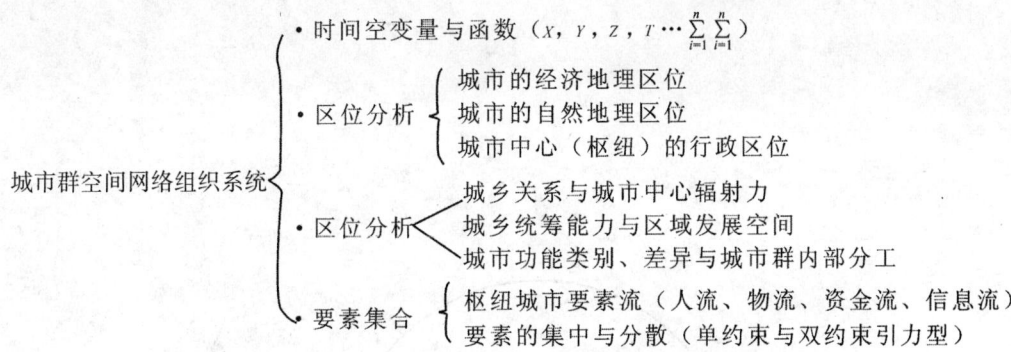

图 10-3-2 城市群空间网络组织系统

不仅可以从一个城市群区域分析,也可以从一个城市市区内考察,地域空间与生态斑块结构具有不同的范式。在城市群地区内,城乡之间的生物物种与营养物质及其他物质、能量在空间范围内频繁的集聚与扩散称之为生态流(Eeco-flow),它们是城市群地区内生产、营运、产销的生态过程的具体体现[29],受城市经济总量、引力场强度与人流物流的复杂性影响,表现为城市的引力与扩散度的大小、规模与空间作用形式[30]。其运行方式以水平流为主,它需要通过克服空间阻力来实现对城市空间的理性布局与调控,城市之间大量的物质运动过程同时又伴随着一系列的能量转化,斑块间的物质流可视为不同能量级上的有序运动,斑块的能级特征由其城市的区位、物质组成、生物因素和交通可达性等因素来决定[31]。

城市用地空间可分为生产性与非生产性两种空间,前者一般称为物流空间,十分繁忙,后者称为生态斑块空间,自然幽静。两种空间相互依存,产生不同层面的交换方式,对于城市的生长、人们的集聚以及城市基础设施的要求和完善化具有十分重要的作用和影响,在城市群区域空间组织系统中也是不可忽视的重要的物质要素。

第四节
我国城市群区空间规划的新认识

在我国城市化持续、迅速发展的过程中,城市群的发展是十分惊人的。最明显的像珠江三角洲地区、长江三角洲地区和辽宁中南部地区,仅仅在三四十年时间内就形成了今天这样城镇密布、经济发达繁荣的局面[32]。其他还有像京津唐地区、山东半岛区域和大武汉地区等等,城市群现象也越来越明显。当前,不少省市领导非常重视并热心邀请专家对重点地区的城市群进行规划设计,继各地城镇体系规划与大都市区(含都市群)的概念规划之后,又掀起了"城市群规划"的新高潮,这充分体现了党中央、国务院关于"城乡统筹规划"的精神,也可以说是我们城市规划界的第三个春天的到来。

然而,作为城市规划的每一个科学工作者,任重而道远,既有责任,也要有科学思维的思想做好这一个战略性的长远规划,真正为各级领导提供科学决策服务。我们深深感到城市群区的空间规划还有许多本质问题、方法问题和规划思路问题,值得加深认识。

一、城市群规划的导向性原则

城市群(Urban Agglomeration)是工业化、城市化过程中,城市集聚与城市扩散的一种组团发育的高级现象,基于区域经济发展和市场经济完善化,依靠现代交通运输与信息化的手段,不断形成的一种新的城市网络群体(Urban Network System)。

自从我国改革开放和新的市场经济体制形成以来,国家调整了我国城市发展的方针政策,提出以大城市为中心组织跨行政区域的经济活动,并把广州、武汉、西安、沈阳、南京、成都、大连、青岛、哈尔滨、长春、杭州、深圳、宁波、厦门等 14 个城市列为计划单列市,并赋予其副省一级经济管理权限。到 20 世纪 90 年代初,国家又进一步鼓励以大城市为核心发展横向经济联系,因此出现了一批不同类型、不同规模的具有区域联系的城市群体[33]。为了引导我国城市群区域向着现代化、市场化的协调与完善发展,国家与地方政府采纳了专家与学者的正确建议,在我国沿海许多重要地区①,开展了新层次的城市群规划,经过专家学者及其行政领导的多次研讨,提出了一些新的城市群规划原则的新理念,也是各地城市群区空间规划的导向性原则。

在广东珠江三角洲和山东半岛城市群规划过程中,以统筹城乡发展、统筹区域发展、统筹经济社会发展、统筹人与自然和谐发展、统筹国内发展与对外开放为指导思想,确定了以下几条重要的规划原则。

首先,树立统筹规划新意识,明确指出"有限开发"的重要原则。

例如,在长江三角洲的城市群开发空间范围内,近几年曾有过"100 km^2 的化工区"规划(南京北部)、"100 km^2 的开发区"(江阴—靖江),在江苏海门、启东市都有过 60 km^2,甚至 100 多平方公里的新区开发区。绍兴到宁波的杭州湾南岸也有几个规模过大超过几百平方公里的开发区,浪费土地严重,造成许多长江岸线利用不合理。科学的规划必须明确以空间布局框架为载体,对三次产业、基础设施、人口分布等进行综合部署,以确定一定的资源环境容量为基础,充分考虑区域承载力与合理的资源开发,实现区域资源与环境的有限开发。这就避免了各县市盲目乱开发、破坏资源环境的恶果,在很大程度上保护了各地区有限的水、土资源和生物资源,使城市群区域的经济发展与城市成长符合可持续发展的客观规律。

其次,加强经济发展过程中的资源保护与优化配置的基本原则。

我国各地城市总体规划与城市群区域性规划中,有些建设单位或经济部门,每项重大规划中,总是过多地强调本部门的利益,强调地方政府的近期效应,对于那些具有重大战略性或长远性的利益,往往有所忽视[34],使经济发展过程中的自然资源特别是生物多样性得不到根本性的保护。

在环杭州湾城市群区域规划中,浙江省建设厅与省规划院多次强调要优化本地区的土地、水、海洋、能源、潮汐资源的保护与配置②,环杭州湾的一些重要城市如杭州、绍兴、嘉兴、宁波等地的开发区、工业区不能过多占用杭州湾的海岸线与滩涂、湿地等,应以经济、社会、环境综合效益的提高为目标,保护好区域内的不可再生资源。同时也注意核心城区地下空间的开发与保护,特别是沿钱塘江两岸的保护[35]。

第三,发挥城市群区中心城市的优势,实现地理分工的原则。

在市场经济体制下,发挥各中心城市的优势,搞好城市产业转型与专业化分工,提升区域

---

① 目前,我国的珠江三角洲、长江三角洲、浙江、山东、辽宁、河南、湖北、福建、黑龙江等省,一些城镇密集的经济发达地区正在组织城市群规划。

② 参考浙江省建设厅与浙江省规划院编制的《环杭州湾城市群规划》(2003 年 10 月)研究报告有关内容。

性的城市竞争力。健全城市群区域产业发展与要素流动的市场机制,以效率为导向、城市为核心、产业专门化为基础,加强城市群地区内产业在空间布局上重组,整合优势资源开发,提升城市竞争力,促进产业升级换代。在珠江三角洲城市群新一轮规划中,特别注意区域范围内产业重组,重大基础设施(如机场、港口、高速公路等)统一规划,优势互补,发挥整体效益,避免资源、人力、资金浪费型的重复建设项目,真正使我国有限的基本建设资金用在刀口上,发挥更大的规模经济效应与骨干作用[①]。

二、不同地理空间尺度的分析与实际意义

地理空间尺度在城镇体系规划、城市总体规划以及市域规划、概念规划等方面都普遍得到采用,在许多地区的城市群规划中也受到重视和应用。这里指的地理空间尺度,包括了人们认识事物的宏观尺度与微观尺度两个方面,通常指像局部至全局而至全球这样的连续系列。"这种连续系列可从非常局部的(如一个城镇或城镇的一个街区)直至全球(即全球一体化的尺度)。地理学家和规划学家一般把这个连续系列分为宏观尺度、中观尺度和微观尺度。"在日常使用中大体相当于局部地方尺度、区域尺度和全球尺度[36]。

我国沿海省区或大的河流三角洲的城市群规划中,应用宏观、中观、微观尺度研究复杂的城市与城市群现象,具有十分重要的科学价值及其指导意义。例如,在广东省政府与国家建设部主持下,许多专家合作编制的《珠江三角洲地区城市群规划》(2003年),对于城市群区域发展的背景,采用了三种视角分析方法:①全球背景下——看香港、广州、澳门与深圳的发展,即宏观尺度;②从我国沿海或华南地区——看珠江三角洲城市群的发展(珠江三角洲地区),即中观尺度;③从珠江三角洲本身城镇密集区——分析珠江三角洲城市群的形成与发展,分析大中小城市发展的个性、共性及其相互关系,即微观尺度的视角分析。

对城市群这一复杂的"城市与区域"现象(包含自然、人文与社会内容的综合现象),采用三种地理空间尺度分析问题、研究问题,比较全面、比较综合,有高瞻远瞩的科学思维的视角,具有丰富内涵的科学价值,对于城市工作者、领导者解决各种复杂问题均具有重要的指导意义。当代城市规划工作者与城市地理学家,常常注意到改变分析的空间尺度能提供深入了解城市化过程和城市连绵发展现象(主城区、都市圈、城市郊区化等等)的洞察力,能够更深入了解这些过程和现象在不同尺度上是如何相互联系的,从而提供了有关控制机理的时间、空间与发展规模的重要线索。在沪宁杭(长江三角洲)城市群的发展机制与发展趋势分工中,上海市政府多次提出:上海的发展要依托江浙两省,发挥地区资源与空间的优势,取得"双赢";江浙两省同样提出要主动接轨上海,融入上海相互协作的长远发展方针与政策,促进区域合作,优势互补,共同发展。

从长江三角洲地区城市群规划思路分析,上海与江浙两省邻近城市的空间相互作用的形成需要三个重要条件,即城市之间的互补性(Complementarity)、中介机会(Interrening Opportunities)和可运输性(Transferability)。从经济学的市场供求关系深入分析,改革开放

---

① 参考广东省建设厅与国家建设部联合编制的《珠江三角洲地区城市群规划》(2003年12月)综合报告有关内容,珠江三角洲在没有城市群规划前,十多个大中城市各自为政,重大基础设施未能统一规划,在40~50 km之间,国际机场盲目布点,造成基本建设投资严重浪费的局面。

后,城市间的互补性导致了巨大的物流、人流、商品流、资金流和信息流,因此需要建设长江三角洲发达的高速公路、铁路、轻轨以及比较密集的农村公路、水运和其他形式的运输方式,适应本地区城市群的完善化、现代化与高度化成长的需求。2001～2005年间,上海与南京、杭州、苏州、无锡和宁波的客流、货流密度为全国各地区之最。其中上海与苏州、无锡铁路联系度达到65%与61%,与杭州和宁波的联系度为57%与41%。

三、动态考虑城市群区内各种要素的配置与组合

城市群是一个区域空间、自然要素和社会经济等要素组成的有机整体,是一个大系统中具有较强活动的子系统。无论在区域层次上,还是在全国性城市体系的层面上,都具有相互联系、相互吸引与扩散的网络性区际联系的基本特征,是一个区域经济发展的实体。

城市群区内地理空间表达的方法与一整套核心的空间概念(包括区位、区域分布、空间的相互作用、尺度变化)紧密相联系,这无疑的对具有广博知识的城市规划学家如何去观察、分析城市群问题,提供了充分的科学依据。[37]从地域空间考虑,城市群是一个特定区域内相对独立的有机体,也是一个处于动态发展中的开放性的有机系统,其生产要素、服务业要素以及现代物流要素等构成复杂的社会经济现象,表明它是一个充满着不断变化的物质生产世界和精神文化世界的总体层面。但城市群区内各种要素的配置与组合,要遵循客观内在的规律才是合理的,符合区域可持续发展原则的。特别是在今后进一步改革开放、加快城市化发展过程的新形势下,树立城市群的观念,建立城乡统筹、城乡一体化的观念,有利于各个城市的发展并认清本城市在城市群的地位(区位作用),发挥自己的特点和优势,避免重复建设与盲目开发,具有重要实际意义与理论研究的价值。①

构建上海作为长江流域广大地区的"龙头城市"的关键要素配置,是一个十分复杂的巨系统工程,涉及经济、社会与自然环境的多层面要素,如何配置组合还得考虑上海与江苏、浙江两省的密切关系,涉及我国东部地区许多城市的相互关系。这里,我们从上海未来发展趋势(国际性城市的导向)进行综合思维,必须考虑经济增长、金融贸易、国际航空、综合性交通运输枢纽以及建立全国性的文化科教基地等方面的要素配置;在地区空间组合方面也有一个最紧密圈与次紧密圈的空间组合问题,涉及许多要素的综合思维(见表10-4-1)。

表 10-4-1 上海构建"国际城市"的主要要素配置与地区组合

城市主导方向	主要要素	次要要素	地区空间组合	
			最紧密圈区	次紧密圈区
1.全国最大的经济中心与工商业中心	机械电子、汽车造船、石油化工、现代服务产业、南京东路与浦东的CBD	食品生产、印刷出版、轻工纺织、装修家具、淮海路商行	浦东、陆家嘴、南京东路、人民广场附近、城隍庙	闵行、嘉定、松江、徐家汇及其郊区城市化地区

---

① 参见周干峙.序.见:姚士谋等.中国城市群.2版.合肥:中国科学技术大学出版社,2001.

续表

城市主导方向	主要要素	次要要素	地区空间组合	
			最紧密圈区	次紧密圈区
2. 国际航运中心与集装箱港	集装箱码头、拥有上百个万吨泊位及其建设中的大小洋山港 集装箱能力 100×10^4 t	黄浦江岸吴淞口长江下游区各码头（南通、江阴、张家港等）	上海与宁波、舟山的分工与协作上海与南通、张家港、太仓港合作	上海与南京、江阴、镇江和张家港等
3. 亚洲金融中心（仅次于东京、香港）	国际性财团迁入，设立世界各国银行、国际证券公司	沪深证券期货公司股市交易	上海与南京、杭州、苏州、无锡、宁波的协作圈	上海与南通、泰州、扬州、绍兴、湖州、嘉兴的协作圈
4. 综合交通运输枢纽	浦东国际机场，一流的铁路、公路枢纽站场，交通通讯网络化	各县、区的交通站场外圈地区	与南京、杭州国际机场的合作分工	上海外围地区的大中型交通枢纽（如南通、苏州、杭州、嘉兴等）
5. 全国性文化科教基地的构建	复旦大学、交通大学、同济大学、一流科研所，国际博览会（世博会）、国际电影节	第一军医大、华东师大、华东政法大学、印刷出版业	上海与南京大学、浙江大学构成长三角的智力圈，院士总数占全国的1/4	各市、地的大专院校与科研所，长三角各大城市承办全国运动会、创办一流文化交流中心与展览会

注：根据近几年的主导产业职工、产值与利税关系比率进行主成分分析，得出主要要素部门。

四、增强最大增长中心的集聚与扩散功能是城市群区完善化的动力源

城市增长中心（City Growth Center）的空间集聚与扩散指的是创新的发展，所谓创新（Innovation），即新知识、新思想、新技术、新组织、新观念和新风尚等。创新的扩散是城市系统（城市群）和城市间的空间相互作用的重要内容。最大增长中心在一个区域中一般具有六种极化效应的功能：①工业生产的集聚，②就业劳动力的集聚，③金融资本的集聚，④商贸物流的集聚，⑤人才、技术信息的集聚，⑥决策功能的集聚。由于现代城市规模大，交通方便，运输条件好，能将周边地区，甚至更远的辐射区的各种活跃的要素集聚到城区来，同时又扩散出去[38]。

珠江三角洲与长江三角洲地区的城市群都必须具有最大的增长中心，前者为香港与广州，后者为上海，其次为南京与杭州。这两个地区的城市群要完善化，向着现代化高度发展，都必须具有以上六种城市集聚功能，同时也向周边地区扩散。最大的增长中心，也是长期历史发展过程中形成的，无论经济总量、人口规模、区位作用都是第一的。以上海为例，这不仅是长江三角洲区域最大的城市，也是全国第一大都会，未来可以与世界名城纽约、东京、伦敦和巴黎相媲

美(见表 10-4-2)。

表 10-4-2 世界名城合理人口规模最大化比较

	主要指标	纽约	东京	伦敦	巴黎	上海（现状）	上海（规划）
核心区	人口（万人）	154	193	240	213	382	280
	城区人口密度（万人/km²）	2.66	1.18	2.27	2.03	3.54	2.60
	城区用地面积（km²）	56	163	105	105	108	108
中心城区	总人口（万人）	732	813	234	616	911	850
	城区人口密度（万人/km²）	0.89	1.31	0.73	0.80	1.38	1.29
	城区用地面积（km²）	832	621	763	762	660	660

资料来源：①上海市城市规划管理局，2001年资料(总体规划资料)。
②建设部城市规划司，2002年资料(部分城市)。

目前上海高强度开发与人口集聚带来环境恶化，追逐高楼，造成地面沉降①，市内交通阻塞，同时直接影响上海市政设施的服务水平与居住区质量，与世界其他一流的国际城市比较，上海中心地区现状平均人口密度高于纽约、伦敦和巴黎，略高于东京[39]。因此今后上海作为长江三角洲第一增长中心，必需根据城市群规划原则，有机疏散城市人口与产业、服务业等，首先向大上海市域(郊区县)九大中心城镇扩散，然后向江浙两省邻近城市扩散，特别是相当一部分外资企业、高新技术产业，而不仅仅是向自己行政区内扩散。扩散的方式可以按照三种模式：①扩张扩散(Expansion Diffusion)。例如为了疏解浦西，就向浦东扩散；例如上海市总体规划中，已确定了中心城区的人口疏散策略，到 2020 年由目前的 980 万人疏解 130 万人，规划控制区为 850 万人；还有一部分人口向郊区中心镇疏散。②新区位扩散(Relocation Diffusion)。除上海建成区外，上海市规划局制定了向区位条件好的嘉定、松江、闵行、南汇、青浦以及浦东国际机场地区扩散，增加新区、开发区的人口规模，将市区的相当一部分产业、高校与服务行业向新区集聚[40]。③外围的等级扩散(Hierarchical Diffusion)。上海的产业(包括高新技术产业与技术人才等)，一方面向郊区、县的重点城镇扩散，另一方面也要与江浙紧密合作，向上海市行政区以外的一些中小城市(例如南通、苏州、无锡、昆山、常熟、嘉兴、湖州、绍兴等地扩散)，将相当一部分资金、技术、人才和产业等向这些区位条件好、交通方便、劳力低廉、用地优越的城镇转移，但绝不能破坏当地的生态环境，促进上海与邻近地区的社会、经济持续发展、稳定发展。

---

① 上海中心城区地面，1957～1961 年平均沉降 98.6 mm；1996～1971 年稍有回弹－3.0 mm；1972～1989 年平均沉降 3.5 mm；1990～2000 年，高楼叠起，沉降加速，平均为 14.3 mm(见：许凯．大上海因何沉降？科学生活，2003(12))。

五、从中心城市的区位论分析到网络思维的营运系统

城市群区域的中心城市的发展壮大,过去依靠着优越的区位,到了现代工业社会以及城市化高度发达的社会里,网络思维的信息社会越来越重要了,尤其是对发达地区的城市群内部、外部各个城市之间的多种联系更为重要了。在当前的城市群规划中,许多城市规划工作者都关注城市成长的区位因素,对各种条件的评估直至方案的决策,都贯穿区位论的作用,但对各种流的分析,以及信息社会的网络关系分析不够。这样,就难以确定每个城市在城市群内的新功能作用及其未来发展趋势。

信息社会的网络化思维观,体现了城市群在全球城市体系中的综合层面,并在城市群区域内的每个领域、每一个部门都发生着经济、社会、政治和文化及其生态环境的相互联系与相互制约的关系。这种网络思维的关系在大的城市群区域中(如长江三角洲、珠江三角洲等)表现得更加突出。"我国正处在社会经济转型的关键时刻,地理学(与其他城市规划学科)大有用武之地。目前经济全球化的潮流需要这些学科共同探索城市群规划的关键问题"。[41]

在我国几个大型城市群地区,跨区域的城市群规划有的已做完,有的正在规划设计,但有待于深化,特别是如何协调省、市、地各个行政单元,统一规划,达到成效,必须加强规划的实施,管理,建立相应的机制与信息管理平台,这是十分重要的。例如在珠江三角洲与长江三角洲城市群规划中,在信息管理系统方面,正在实施四方面的政策措施与运营系统:①城市群地区内信息决策系统的建立,加强上一级对全局性的宏观指导;②建立起稳定的、严格的、层层嵌套的空间统计单元,完善公共信息平台;③在各大中城市的规划编制中的信息技术应用和城市管理信息系统应充分地协作、相互结合;④选择1~2个城市作为信息管理的综合试点,有利于城市与区域的协调发展。

总之,对我国城市群区空间规划的复杂问题、区域问题,需要更多的探索,更多的实践,更多的系统总结。如何根据21世纪全球化的新理念,结合我国各地的实际情况,总结出符合我国社会主义市场经济特色的城市群规划,我们认为需要更多层面与更加深入的认知与研究,还需要从国内外城市群发展动态深入分析与思考。

主要参考文献

[1] Geography in the age of Mega-cities[J]. International Social Science Journal, 1997,151(3):91~104.
[2] Globalization and the World of Lasge Cities[M]. Tohyo:United Nations University Press,1998.
[3] 杨汝万. 全球化背景下的亚太城市[M]. 北京:科学出版社,2004:8~15.
[4] Friedman J. The World City Hypotheis[J]. Revelopmeat and Change,1986,177:69~75.
[5] Mcgee T G. The Southeast Asiam City[M]. Newyork:Praeger. 1969.
[6] Saskia,Sassen. Cities in a World Economy in Handbook on Urban Studies. 2001.
[7] Saskia,Sassen. 全球城市(纽约、伦敦、东京)[M]. 周振华,等译. 上海:上海社会科学院出版社,2005.
[8] 崔功豪,马润潮. 中国自下而上城市化的发展及其机制[J]. 地理学报,1999,54(2):106~115.
[9] 顾朝林,等. 经济全球化与中国城市发展[M]. 北京:商务印书馆,1999:12~15.
[10] 宁越敏. 新城市化世程——90年代中国城市化动力机制和特点探讨[J]. 地理学报,1998.50(5):470~475.
[11] 姚士谋,王兴中,陈振光,等. 中国大都市的空间扩展[M]. 合肥:中国科学技术大学出版社,1998.
[12] 赵燕青. 国际战略格局中的中国城市化[J]. 城市规划汇刊 2000(1):6~12.
[13] 姚士谋,王成新. 21世纪中国城市化模式探讨[J]. 科技导报,2004(7):42~45.
[14] 姚士谋,William. Y. B. Chang. 中国特色的城市化问题[J]. 长江流域资源与环境,2001(5):401~406.
[15] 牛文元,等. 中国城市发展报告(2002~2003年). 中国市长协会编. 北京:商务印书馆,2004.
[16] 周干峙. 序言[M]//中国城市群. 2版. 合肥:中国科学技术大学出版社,2001.
[17] 姚士谋,陈振光. 香港与上海大都市定位发展的比较研究[J]. 上海:城市规划汇刊,2003(2):28~30.
[18] 马克思,恩格斯. 马克思恩格斯全集:第2卷[M]. 北京:人民出版社,1974:303.
[19] Graham S, Marvin S. Telecommunication and the city:Electronics, Urban places[M]. London:Boutledge 1996:56~60.
[20] 杨汝万. 全球化背景下的亚太城市[M]. 北京:科学出版社,2004:28~35.
[21] Myrdal G. Economic Theory and Underdeveloped Regions[M]. London:Duckworth, 1957:121~124.
[22] Friedman J. Regional Development Policy:A Case Study of Venezuela[M]. Cambridge:Mess. (MIT) Press, 1996
[23] 姚士谋,朱英明,陈振光. 中国城市群[M]. 2版. 合肥:中国科学技术大学出版社,2001:15~18.
[24] 朱喜钢. 城市空间集中与分散论[M]. 北京:中国建筑工业出版社,2002:109~115.
[25] 姚士谋,王兴中,等. 中国大都市的空间扩展[M]. 合肥:中国科学技术大学出版社,1998:156~160.
[26] 周一星,史育龙. 建立中国城市的实体地域概念[J]. 地理学报,1995,50(4):250~258.
[27] 曾菊新. 现代城乡网络发展模式[M]. 北京:科学出版社,2001:110~115.
[28] 程建权. 城市系统工程. 武汉:武汉测绘科技大学出版社,1999:61~70.
[29] 麦克劳林 J B. 系统方法在城市和区域规划中的应用[M]. 金凤武,译. 北京:中国建筑工业出版社,1987:56~61.
[30] 姚士谋,于春. 试论城市枢纽经济新的发展层面[J]. 城市规划汇刊,2002,5:17~18.
[31] 姚士谋,管驰明. 经济地理学新的思维范畴[J]. 地球科学进展,2001,6(4):473~477.
[32] 周干峙. 序言[M]//中国城市群. 2版. 合肥:中国科学技术大学出版社,2001.
[33] 叶南客. 全球化时代的可持续城市建设[J]. 中国城市化,2003(10):65~67.
[34] 姚士谋,陈振光,陈彩虹. 中国大城市区域规划与建设的思考[J]. 经济地理,2005,25(2).
[35] 陈志龙,杨延军. 杭州市钱江新城市核心区地下空间的概念规划[J]. 城市规划. 2003(10).

[36] 美国国家研究院编.重新发现地理学[M].北京:学苑出版社,2002:30~32.
[37] Martin J. Your new glabal workforce[J]. Fortune, 1992(12): 52~60.
[38] 姚为群.全球城市的经济成因[M].上海:上海人民出版社,2003:82~83.
[39] Kutscher, R. E. 1993. Historic trends, 1950~1992, and current uncertainties[J]. Monthly Labor Review,116(110):3~10.
[40] Fierman J. The contingency workforce[J]. Fortune,1992(12) 23:30~36.
[41] 吴传钧,中译本序:我们更需要重新发现.见《重新发现地理学》与科学和社会的新关联[M].北京:学苑出版社,2002.
[42] 朱英明.城市群空间经济分析[M].北京:科学出版社,2004.
[43] 李小建,曾刚,等.经济地理学[M].北京:高等教育出版社.2003.
[43] 姚士谋,陈振光.中国城市化健康发展的关键性策略分析[J].城市规划,2006,10(增刊).

附录一

专业术语中英文对照

中文	英文
安全设施	Safety device
斑块	Patches
半殖民地	Semi-colonial country
闭塞系统	Close system
边防要塞	Frontier fortress
边界模糊	Vague periphery
边缘栖息地	Edge habitat
边缘限制	Edge restraint
不景气经济	Depressive economy
不良住宅	Deteriorated housing
布局测量	Layout survey
布局方法	Layout methods
布局和测量	Layout and surveying
布局形态	Distribution pattern
布局要求	Layout requirements
采矿业活动	Excavating industry
层高	Story height
产业结构	Industrial structure
产业结构高度化	Intensification of industrial structure
超大型城市群	Super large-size urban agglomeration
超越门槛	Step across the threshold
城市边缘地区	Urban fringe
城市病	Urban degradation
城市布局	Urban distribution
城市地带	Urbanized zone
城市发展形态	Urban development pattern
城市防灾规划	Civil disaster planning
城市分区规划	City district planning
城市服务行业	Urban service sector
城市服务业	Urban service industry
城市腹地	Urban hinterland
城市改造	Urban redevelopment
城市高度集中化	High concentration of cities
城市公用设施	Urban public facilities
城市功能	Urban function
城市功能恶化区	Deteriorated area in city
城市管理	Urban management

城市规划	Urban planning
城市规划体制	Urban planning system
城市规划委员会	Urban planning commission
城市规模	City size
城市规模分布	Urban rank size distribution
城市河流	Urban streams
城市化地带	Urbanized belt
城市化过程	Process of urbanization
城市集聚	Urban cluster
城市集聚区	Agglomerative area of city (Area of urban agglomeration)
城市建设	Urban construction
城市郊区化	Suburbanization
城市街道	Urban street
城市经济	Urban economy
城市景观	City scape
城市抗震规划	Civil seismic planning
城市空间扩展	Expansion of urban area
城市脉动规律	Urban pulsing law
城市密度结构	Urban density structure
城市密集地区	Dense area of cities
城市群	Urban agglomeration
城市群辐射力	Radiating force of urban agglomeration
城市群概念	Concept of urban agglomeration
城市群落	Urban cluster
城市群内聚力	Cohesive force of urban agglomeration
城市群强化	Urban agglomeration intensification
城市群网络	Network of urban agglomeration
城市群形成	Formation of urban agglomeration
城市群引力	Gravitational force of urban agglomeration
城市人防规划	Civil defense planning
城市人口调查	Urban demographic survey
城市人口结构	Urban demographic structure
城市人口状况	Urban demographic situation
城市设计	Urban design
城市社会	Urban society
城市社区	Urban community
城市生态系统	Urban ecological system
城市体系	Urban system
城市网络	Urban network
城市位置	Urban location
城市吸引范围	Urban attractive range
城市形成	Urban formation
城市形成部门	Urban forming sectors (department)
城市性质	Designated function of a city

城市引力	Urban attraction
城市用地	Urban land use
城市与区域发展	Urban and regional development
城市运输系统	Urban transportation system
城市中心	Urban center
城镇格局	Distribution pattern of cities and towns
城镇经济体系	Urban economic system
城镇人口	Urban and town population
城镇体系	Urban and town system
传统方式	Traditional method
大城市圈	Large-sized urban region
大都市地区	Metropolitan region
大型场地	Large-scale sites
带状发展模式	Bandlike development model
带状式城市群	Bandlike urban agglomeration
当地的或小街道	Local or minor streets
道路尺寸	Roadway dimensions
地被植物	Ground covers
地方的规范(规定)	Local regulations
地基	Foundation soil; subgrade; subbase; ground
地理位置	Geographic situation
地区差异性	Regional difference
地区结构	Regional structure
地下水保护	Groundwater protection
地下水补给	Groundwater recharge
地下水资源,地下水储量	Groundwater resources
地形测量	Topographic survey
地域范围	Territorial scope
地缘关系	Geo-relationship
第三产业	Tertiary industry
第一增长中心	Primary growth center
电力线	Electrical lines
动态分析	Dynamic analysis
动态特征	Dynamic change
都市化	Metropolism
都市化程度	Degree of urbanization
多核心结构	Multi-core structure
多元性与稳定性	Plurality and stability
多中心动态城市	Dynametropolis (dynapolis)
发展中心	Developing center
繁荣地区	Prosperous area
反馈作用	Feedback action
防洪	Flood protection
房屋建筑工程	Building engineering

459

非均衡发展论	Unbalanced development theory
非农业人口	Non-agricultural population
分区规划规范(规定)	Zoning regulations
分散发展模式	Scattered development model
分散发展型	Scattered development pattern
分散化过程	Process of decentralization
分散式城市群	Scattered urban agglomeration
风景名胜保护	Conservation of scenic spots
辐射功能	Radiating function
辐射能量	Radiating energy
抚养人口	Dependency population
复杂整体	Complicated entirety
干线公路	Arterial highway
刚性铺装,刚性路面	Rigid pavement
港口	Port; harbour
港口与航道工程	Port (harbour) and waterway engineering
高层低密度	High-rise/low density
高层高密度	High-rise/high density
高度集聚	Highly agglomeration
高度集中型	Highly concentrated pattern
高技术产业	High technology industry
高技术开发区	High technology development zone
高架轻便铁路	Elevated light rail transit
个别城市	Individual city
个性发展	Development of specific character
个性发展特征	Idiosyncrasy
给水	Water supply
耕作技术	Farming technique
工程管线	Engineering pipeline
工程结构	Building and civil engineering structures
工程结构设计	Design of building and civil engineering structures
工商业城市	Commercial and industrial city
工业成组布局	Grouping distribution of industry
工业建筑	Industrial building
工业结构	Industrial structure
工业类型	Industrial type
工作期限	Limit-of-work line
公路	Highway
公路定线	Route location
公路工程	Highway engineering
公路网	Highway network
公路线形	Highway alignment
公路选线	Route selection
公用电话	Public telephone

功能规划	Functional planning
功能结构	Functional structure
共性关系	General relation
孤立状态	Isolated state
古建筑保护	Conservation of historic buildings
规模经济	Scale economy
规模序列	Size-distributed order
国际性港口	International port
国情分析	Analysis of national condition
国情认识	Cognition of national condition
国土规划	Territorial planning
合理容量	Rational capacity
核心城市	Core city
互补性与移动性	Complementarity and mobility
环境标准	Environmental standards
环境设计	Environmental design
环境问题	Environmental problem
环境修复	Environmental modification
环境影响报告书(EIS)	Environmental impact statement (EIS)
环境影响分析	Environmental impact analysis
换乘枢纽站	Pivotal transport station
灰水	Gray water
基础	Foundation
基础工业	Basic industry
基础结构	Infrastructure
集聚发展	Concentrated development
集聚功能	Concentrated function
集聚活动	Concentrated movement
集聚与扩散	Concentration and dispersion
集中布局	Centralized distribution
集中发展模式	Centralized development model
集中建设	Centralized construction
集中开发项目	Concentrated exploitation program
计划经济	Planned economy
加工工业	Processing industry
价值观念	Value
建设场地规划	Site planning
建筑高度	Building height
建筑红线	Building line
建筑结构设计	Design of building structures
建筑面积比	Floor-area ratio
建筑物(构筑物)	Construction works
交通闭塞	Inaccessible communication
交通干线	Main communication artery

交通管理系统	Traffic control system
交通量	Traffic volume
交通流量	Magnitude of traffic flow
交通线状布局	Layout of transport line
交通咽喉	Traffic hub
交通走廊轴	The axis of transportation corridor
街道交通	Urban traffic
结点区	Nodal area
结构	Structure
结构调整	Adjustment of structure
金融中心	Financial center
经济部门	Economic sector
经济地理要素	Economic geographical element
经济复苏	Economic recovery
经济规律	Economic law
经济活动人口	Economically active population
经济集散区	Economic collecting and distributing area
经济开发	Economic development
经济扩张	Economic expansion
经济联系原则	Principle of economic linkage
经济贸易市场	Economic trade market
经济起飞	Economic take-off
经济区域	Economic region
经济吸引范围	Economic attractive range
经济相互依赖	Economic interdependence
经济协作网络	Economic coordination network
经济影响	Economic impact
经济增长	Economic growth
经济职能	Economic function
经济中心	Economic center
景观规划	Landscape planning
景观规划对策	Landscape planning strategies
景观评价	Landscape assessment
景观系数(KL)	Landscape coefficient(kl)
景观种植用水量的计算	Landscape plantings, calculating water
静态分析	Static analysis
就业结构	Employment structure
居民点体系	Settlement system
居住标准	Residential standards
居住建筑面积密度	Density of residential floor area
居住开发	Residential development
居住密度	Residential density
居住面积密度	Density of living floor area
居住人口密度	Density inhabitation(Density of registered inhabitants)

聚落中心	Settlement center
涓滴过程	Trickling down process
决定趋势	Determinating tendency
决定性模型	Determinative model
均质区域	Homogeneous region
郡县制度	System of prefectures and counties
开发投资	Development investment
开放系统	Open system
可补偿费用	Reimbursable expenses
空间布局	Spatial distribution (Space planning)
空间概念	Spatial concept
空间特征	Spatial features
空间网络	Spatial network
空间形态	Spatial pattern
空间演化	Spatial evolution
快速地铁	Rapid-transit subway
快速干道	Freeway
廊道	Corridors
劳动地域分工	Territorial division of labor
历史背景	Historical background
历史文化名城保护	Conservation of Historic Cultural Cities
历史性建筑保护	Historic preservation
历史性市区	Historic district
连接性与开放性	Connection and export orientation
联邦的规范(规定)	Federal regulations
邻里尺度	Neighborhood scale
邻里商业	Neighborhood commercial
林荫公路	Parkway
临界分析(门槛理论)	Threshold analysis
零售商业开发	Retail commercial development
流域	Watershed
路线交叉	Route intersection
绿带	Greenbelt
绿色用地	Greenfields
贸易口岸	Trade port
密度指标	Densely index
民用建筑	Civil building; civil architecture
民用建筑业	Civil building industry
模仿效应	Imitation effect
内地城市化	Urbanization in inland area
内在联系	Internal relation
能源保护	Energy conservation
逆城市化	Counterurbanization
农村城市化	Rural urbanization

农村经济	Rural economy
农耕经济	Agrarian economy
农耕历史	History of agricultural cultivation
农业生活方式	Rural life style
农业税收	Agricultural tax
排斥,阻止,抑制	Rejections
平面图,布局平面	Layout plans
平面线	Horizontal curve
平面线形	Horizontal alignment
铺装,路面	Pavement
普通地铁	Underground tube
前工业化时期	Pre-industrialization period
轻工业	Light industry
区位理论	Location Theory
区域城市群体	Regional urban agglomeration
区域经济	Regional economy
区域空间	Regional space
区域优势	Regional advantages
区域资源开发	Regional resource exploitation
群集式城市群	Centralized urban agglomeration
人工湿地	Constructed wetlands
人口变迁过程	Process of demographic change
人口分布	Population distribution
人口构成	Demographic composition
人口过渡论	Demographic transition theory
人口机械增长	Population growth from migration
人口集中	Population concentration
人口集中地区	Density inhabited district
人口密度	Population density
人口迁移	Population migration
人口潜力	Demographic potentiality
人口指标	Demographic indicator
人类聚居地	Human settlement
柔性铺装,柔性路面	Flexible pavement
儒家思想	Confucianism thought
商品经济	Commodity economy
商品性农业	Market agriculture
商品性生产基础	Commercial production base
商业发达城市	Commerce-flourishing city
商业范围圈	Commercial sphere
商业邻里	Commercial neighborhood
商业普查	Census of business
商业网点	Commercial network
社会化	Socialization and coordination

社会结构	Social structure
社会经济要素	Socio-economic element
社会生产力	Social productivity
社会效益	Social benefit
生产联系	Production linkage
生长点	Growth point
生长极	Growth pole
生长期	Growing season
生态影响	Ecological impact
施工许可	Construction permits
十字路	Cross road
实体规划	Physical planning
世界城市化	Global urbanization
世界银行	The World Bank
市场经济	Market economy
市场区位	Market location
市政排水系统	Municipal sewer systems
市政设施	Prosperous facilities
适宜程度	Degree of appropriation
首位城市	Primary city
束状交通走廊	Beamy communication corridor
竖曲线	Vertical curve
竖向规划	Site engineering
双核心型	Double-core pattern
水电站	Hydro-electric station; hydropower station
水工建筑物	Hydraulic structure; marine structure; maritime construction
水库	Reservoir
水库构筑物,蓄水池,贮器	Reservoir structures
水利	Water conservancy
水利发电工程(水电工程)	Hydraulic and hydroelectric engineering
水利工程	Hydraulic engineering
水利枢纽	Multipurpose hydraulic project; key water-control project; hydro-junction
水源	Water resource
水源保护	Water resource protection
水源需要	Demand on water resource
水质	Water quality
水质容积	Water quality volume
特大(超级)城市	Super city
特定功能	Specific function
特征值与特征向量	Eigenvalue and eigenproduction
天际线	Skyline
铁路(铁道)	Railway; railroad
铁路车站	Railway station

铁路工程	Railway engineering
铁路枢纽	Railway terminal
铁路线路	Permanent way
停车场	Parking lot
停车场要求	Parking requirements
通达性	Accessibility
通商口岸	Trading port
同心环式地域	Concentric zone
同心圆学说	Concentric circle theory
土地利用调查	Land use survey
土地利用规划图	Land use plan
土地利用评价	Land use assessment
土地使用控制	Land use controls
土木工程	Civil engineering
推进型产业	Propulsive industry
外向型发展	Export-oriented development
外向型经济	Export-oriented economy
网络功能	Network function
网络节点	Knots of networks
文化背景	Cultural background
文物古迹保护	Conservation of historic landmarks and sites
屋顶花园	Roof garden
物质消耗	Material consumption
系列立交	Stereoscopic transportation
系统分析	System analysis
系统理论	System theory
细胞形增长	Cellular growth
县属镇	County town
乡镇企业	Township enterprise
相关系数	Correlation coefficient
相互吸引	Reciprocal attraction
详细规划	Detailed planning
向心化	Centralization
消费性城市	Consumed city
小径	Pathways
小径照明	Path lighting
协调发展	Coordination development
协议,商议,协商	Negotiation
心理因素	Psychological factor
新石器时代	Neolithic age
信息传输	Information transmission
信息技术	Information technology
信息通达性	Information accessibility
信息终端	Information terminal
需求评估	Needs assessment
沿海地带城市化	Urbanization in coastal area
要塞之地	Fortress
驿道相通	Connection by post road

用地结构	Land use structure
用地平衡	Land use balance
优化功能	Function optimization
有规划的单元开发规范(规定)	Planned unit development regulation
有机整体	Organic entirety
有机综合体	Organic complex
原材料工业	Raw and processed material industry
再分区规划	Rezoning
再细分规范(规定)	Subdivision regulations
战略重点	Strategic emphasis
整体功能	General function(Integrated function)
支线公路	Feeder highway
中等规模城市群	Medium-size urban agglomeration
中介机会	Intervening opportunities
中心城市	Key city
中心地理论	Central place theory
中心机构	Central institution
中心区设施	Central facilities
中心商业高度指数	Central business height index
中央集权	Centralization authority
中央商业区	Central business center
重工业	Heavy industry
重化工工业	Heavy chemical industry
州的规范(规定)	State regulations,
主干道	Arterial street(Arterial road)
住房建设规划	Housing program
专业化与协作化	Specialization and coordination
资源开发	Resource exploitation
自然地理要素	Physical geographical element
自然规律	Natural law
自然排水道	Natural drainage ways
自然因素	Natural element
自然增长率	Natural increase rate
自然资源	Natural resources
综合发展城市	Comprehensive developed city
综合思维	Comprehensive thinking
综合性工业城	Comprehensive industrial city
综合运输网	Integrated transport network
总体规划	Comprehensive planning
纵面线形	Vertical alignment
组团式城市群	Grouping urban agglomeration
组团式结构	Grouping structure

附录二

主要作者简介

姚士谋 教授,博士生导师。男,汉族,出生于1940年6月,广东省梅州平远县人,毕业于中山大学经济地理系(1964年)。现在中科院南京地理所工作,曾任城市研究中心主任,研究室主任,学位委员,学术委员。中国城市规划学会理事,江苏省城市规划学会学术委员会副主任委员(1982～1992),中国地理学会人文地理、城市地理专业委员,江苏省经济学会和交通学会的常务理事。江苏省行政区划与地名学会副会长,南京宏观经济学会副会长。

自1970年以来,先后主持与参加过国家与地方以及自然科学基金重点项目、攻关课题10多项,国际合作项目4项。与他人合作的"南京市城市总体规划专题研究"、"南京市域城镇体系规划"等曾获得1983年省政府科技二等奖,主持的《连云港城市总体规划专题研究》,1986年获得江苏省科技成果二等奖;《厦门特区综合开发研究》获1988年中科院科技进步三等奖。参加过长江三角洲国土规划的理论与实践研究,曾获得中科院科技进步二等奖;1996～1998年间参加过我国沿海地区可持续发展研究,曾获得中科院科技进步二等奖(陆大道主持)。近30多年来先后在国内外发表论文共160多篇,(其中英文近10篇)出版专著、编著共12部,其中代表性著作有:《中国大都市的空间扩展》、《美国风光》、《中国城市群》、《城市用地与城市生长》等,后两项于1996年获得中科院自然科学二等奖(主持)。1998年,被评为中国科学院首届双文明建设标兵,为全院十佳人物之一。多次出国留学、讲学与访问,1983年获得美国路斯科学基金会的奖学金,1994年获得德国马普学会奖学金在科隆大学合作研究;1999年获得日本京都大学城市研究奖学金,在日本访问讲学。2000年8～9月赴美国10多个城市考察与访问,2003年第二次获得德国马普学会奖学金,在科隆大学工作3个月。2006年出访悉尼大学等。近十几年来先后出访美、加、日、德、法、意大利、比利时、荷兰、奥地利、匈牙利、澳大利亚、新西兰、前苏联等十余个国家,有较高的国际学术地位。

陈振光 先后毕业于香港中文大学、英国伦敦经济学院,1989年获英国牛津大学哲学博士学位。现为中国地理学会会员,中国城市规划学会区域规划学术委员会委员,香港地理学会理事长,香港大学城市规划与环境管理中心副教授,博士生导师。从事城市和区域发展及规划的教学及研究工作十余年,80年代开始赴内地进行调查研究。编著或参与编写了《中国区域经济发展(英文)》、《中国开发政策下的上海转变和现代化(英文)》、《珠江三角洲地区发展(英文)》、《珠江三角洲地区经济和社会发展(英文)》、《中国大都市空间扩展》、《后邓小平时代的中国(英文)》、《广东开发模式和挑战(英文)》等著作。在国内外学术刊物上发表论文60多篇(其中英文论文20多篇)。先后主持或参与了多项联合国发展计划署、联合国科教文组织等咨询项目;中国国家自然科学基金项目;以及国家建设部、国家计划经济委员会等部委软科学研究项目。

朱英明 男,汉族,1965年11月生,山东省莱芜市人,经济学博士后,区域地理学博士。1982年起先后就读于山东师范大学、中国科学院南京地理与湖泊研究所,1986、1992和2000年分别获得学士、硕士和博士学位。曾先后工作于曲阜师范大学地理系和南京大学商学院,现在南京理工大学经济管理学院工作。1986年、2001年先后荣获山东省教委"优秀毕业生"和南京大学优秀博士后称号。在南京地理所时先后参加过浙江、安徽、江苏等6个县市的城镇体系规划工作。主要从事城市群和城市发展、产业集群和产业集聚以及区域发展与规划的教学和研究工作。主持或参与国家自然科学基金项目,中国科学院重大项目和教育部重大项目等十多项科研项目,先后出版了《产业集聚论》、《城市群经济空间分析》、《中国产业集群分析》和《中国城市群》(第二版)专著四部。先后在地理学和经济学核心刊物发表学术论文50多篇。